서울의 생김새

문화과학 이론신서 80

서울의 생김새

지은이 | 강내희

초판인쇄 | 2021년 11월 10일
초판발행 | 2021년 11월 19일

펴낸이 | 박진영
펴낸곳 | 문화과학사

출판등록 | 1995년 6월 12일   제 406-3120000251001995000032 호
주소 | 10881 경기도 파주시 심학산로 12, 302호
전화 | 02-335-0461
팩스 | 031-902-0920
이메일 | moongwa@naver.com
홈페이지 | https://culturescience.kr

값 29,000원
ISBN 978-89-97305-20-9   93300

문화과학 이론신서 80

서울의 생김새
자본주의 도시적 형태의 시학

강내희 지음

문화과학사

서 문

반세기가 넘는 세월을 도시에서 살았고, 그중 대부분은 서울에서 지냈으니 이제는 영락없는 도시인이요 서울 사람이지만, 나는 자신이 촌사람임을 자주 느끼는 편이다. 사실 그런 정체성을 강력하게 내세우기에는 시골 고향에서 보낸 세월이 그리 길지는 않다. 같은 세대의 많은 다른 이들처럼 내가 시골에서 지낸 것은 어린 시절뿐이며, 오늘날의 내 습속들은 10대 후반 이후에 줄곧 살아온 도시에서 익힌 것들이 대부분이다. 그래도 내게는 유소년 시절에 형성되었을 습속과 감성체계가 아직도 사투리를 쓰게 만드는 발음 근육처럼 질기게 남아 있는 것 같다. 수십 년 동안 살아온 도시에 대해 문득 거리감을 느끼곤 하는 것도 평소에는 잠겨 있다가 무의식처럼 불쑥 솟아나는 그런 습속들, 또는 그것들과 관련된 기억의 작용 아닐까 한다.

나는 50여 년 전 초봄 새벽 완행열차를 타고 서울역에 내리면서 서울에서의 삶을 시작했다. 새벽의 찬 공기를 가르며 달리는 버스 유리창을 통해 그때 처음 본 대도시의 현란함을 아직도 기억한다. 그 후로 서울에서 겪은 숱한 경험은 한동안 나를 혼란케 한 새로운 감각들의 집중 사격이었다. 내 사투리를 알아듣지 못하는 사람들의 표정을 보고 들었던 당혹감, 처음 엘리베이터를 타고 가졌던 전혀 새로운 신체 이동 느낌, 인파로 혼잡한 종로 거리에서 뒷사람들에 떠밀려 가던 때의 자포자기적 심정, 만원 버스 안에서 바로 앞 사람과 아무런 말도 섞지 못하고 계속 붙어 서 있어야 했던 어색함, 건물들이 시야를 가로막아 생기는 답답한 면벽 느낌, 건물 아래 대상들이 갑자기 부감으로 잡혀 다가올 때의 현기증, 전화 저쪽의 목소리가 주던 이질감 등은 촌놈을 참 난감하게 했다. 그런 기분은 서울의 어떤 다름, 나의 것이라 할 수 없는 서울의 서울임, 서울다움과의 만남에서 비롯되었을 것이다. 그리하여 느끼게 된 서울의 낯섦은 때에 따라 나에게 당황스러움, 주눅 듦, 눈치 보기, 신기함, 달뜸, 화남, 갸우뚱함 등 실로 다양한 감정과 반응을 유발했던 것 같다.

서울에서 겪은 경험, 특히 감각적인 경험을 반추하며, 그에 관한 생각을 글로 써볼 마음을 갖게 된 것은 1980년대 중반쯤이다. 책 제목을 '서울의 생김새'로 정한 것도 그때였다. 그런 화두를 잡은 것은 서울이 생겨 먹은 꼴이 내게는 계속 낯설게만 느껴졌기 때문이다. 시골 출신인 탓이겠지만 서울에서 보이는 것들은 생경한 것들이 많았고, 지금도 그렇다. 예컨대 골목에서 만나는 사람들이 서로 전혀 아는 체하지 않고 지나다니는 것은 골목 도랑에서 새끼를 거느리고 모이를 쪼고 있는 암탉이 누구네 것인지도 알던 시골 출신에게는 너무나 이상한 일이었다. 호롱불로 초저녁을 밝히며 유소년 시절을 지낸 나에게 전깃불로 밤을 환하게 밝히며 사는 삶도 전적으로 다른 일상의 시간성을 경험하게 했다. 수십 년 전 서울에서 본 다층 건물들은 그 높이가 오늘날 저층으로 분류되는 빌라 건물들 정도였지만, 그때는 얼마나 드높게 보였는지 모른다. 처음에 서울, 특히 그 생김새를 주제로 삼아 책을 써볼 마음을 먹었을 때 내가 집중했던 것은 새로운 경험과 감각을 안겨주는 서울의 그런 모습이었던 것 같다. 그러나 시간이 지나면서 서울의 생김새도, 내가 관심하는 그것의 의미나 특징도 많이 바뀌었다.

서울의 생김새는 처음에는 그 현상학적 측면에서 내게 다가온 것이 아니었는가 싶다. 그것은 시골 출신으로서 내가 서울에서 느꼈던 생경함, 낯섦을 자아내는 도시 특유의 공간적 형태였을 것이다. 서울의 생김새는 이때 현상적 경험 유발성을 지닌다고 할 수 있다. 유발성은 우리에게 특정한 행동을 유도하는 대상과 환경의 성질이나 특징에 속한다. 처음 대면했을 때 서울은 내게 너무나 낯설었으며, 그것이 요구하는 습속이나 감응체계에 나는 너무나 서툴렀던 것으로 기억된다. 그렇게 다가온 서울의 생김새는 그래서 내가 겪은 경험과 의식의 수준에서 파악된 도시적 형태였다고 볼 수 있다.

서울은 그런 현상적 대상으로서 오랫동안 내 관심을 끌었고 지금도 그렇지만, 다른 한편으로 다양한 비유법들과 기호 체계가 작동하는 텍스트 공간으로 다가오기도 했다. 도시란 사실 복잡하고 거대한 독자적 의미 생산의 공간이다. 우리는 거기서 각종의 의미들을 생산하는 다양한 기호적 실천을 발견할 수 있다. 예컨대 강남 신도시와 강북 구도시의 대조적 배치와 여기서 한강의 위치가 갖는 의미와 기능, 국회의사당과 정부종합청사 또는 청와대의 건축적 형태 등은 중요한 기호학적 독해 대상이 된다. 서울은 상징이나 알레고리, 이미지의 공간으로도 읽어낼 수 있다. 거기서 우리가 행하는 보행은 때로는 제유(synecdoche), 때로는 연사 생략(asyndeton)으로 현상하며, 건물들은 과장법과 대구법, 환유법 등을 구사하고, 차량의 흐름을 포함한 각종 물류는 다양한 형태의 은유 작용을 따른다. 이처럼 다양한 스타일과 비유법으로 쓰인 텍스트 공간이라는 것은 도시란 짜여 있고 짜일 수 있다는 말과 같다.

하지만 이 책에서 주목하고자 하는 것은 무엇보다도 자본주의적인 도시적 형태로서의 서울의 생김새다. 현상적 대상으로서의 서울, 텍스트로서의 서울은 초역사적인 형태를 띤 것으로 여겨질 공산이 크다. 서울의 생김새, 그 도시적 형태는 그때 우리가 그것을 지각하고 읽어내기만 하는 객관적 대상인 것으로만 파악된다. 그러나 시간이 갈수록 서울이 내게 문제적 대상으로 다가온 것은 이 도시가 끊임없이 그 모습을 바꿔낸다는 점 때문이었다. 그리고 이 변화는 자본의 운동과 이 운동의 변동을 전제하지 않고서는 결코 제대로 이해할 수 없다는 것이 내가 내린 결론이다. 이 책은 그래서 서울의 생김새가 계속 변화해온 것은 무엇보다도 서울이 자본주의적 발전을 통해 도시화를 전개한 것과 긴밀하게 연결되어 있다는 관점에 근거해 있다.

반세기 전에 처음 본 서울의 생김새와 오늘날의 그것은 하늘과 땅 차이다. 1970년대 초의 서울은 시골 출신에게는 혼이 나갈 정도로 현란했지만 사실 도시화가 그리 많이 진척되지 않아서 청와대 근처에 초가집이 간간이 남아 있을 정도였다. 이제 글로벌 도시가 된 서울의 가장 화려한 도심을 형성하는 강남도 1980년대 초까지는 시골의 내 고향 마을과 별로 다르지 않은 농촌 모습을 간직한 곳이 적지 않았다. 물론 서울은 그 이전부터 도시화를 진행하고 있었다고 봐야 한다. 급속한 인구 팽창으로 '서울은 만원'이라는 말이 이미 1960년대 중반에 회자했고, 도시화의 범위도 계속 확장되고 있었다. 이 도시화는 지금까지도 계속 진행되어 그 물결이 이제 서울의 시역뿐만 아니라 외곽의 수도권까지 범람시키고 있다. 오늘날 서울의 생김새는 도시의 형태가 계속해 바뀌어 형성된 결과에 해당한다.

이 변화는 한국 사회가 이룩한 자본주의적 발전에 조응해서 서울의 도시화가 진행함으로써 일어났다고 할 수 있다. 서울의 자본주의적 도시화는 크게 두 차례의 순환을 거친다. 그 첫 번째 순환은 1960년대에 시작되었으며, 특히 1960년대 말과 1980년대 중반에 이루어진 한강의 개발과 긴밀하게 연결되어 있다. 즉, 서울은 한강의 개발을 통해 한편으로 새로 확장된 시역 전체가 경부고속도로를 통해 한반도 남쪽 지역들과 연결되고, 다른 한편으로 강남에 형성된 신도시가 강북의 구도시와 합쳐지며 오늘날 볼 수 있는 도시적 형태의 얼개를 갖추게 된다. 두 번째 순환이 시작된 것은 대략 1990년대 초다. 서울은 그때쯤에 이르면 1960년대 초부터 진행된 강남과 강북의 도시화를 거의 완료하지만, 그 뒤로도 외곽에 신도시들이 건설되고 수도권 전체가 도시화함에 따라, 도시의 내파 이후 외파의 과정을 거치게 된다. 서울의 오늘날 도시적 형태는 그래서 자본주의적 도시화가 두 차례의 순환을 겪은 결과라고 할 수 있다.

자본주의적 도시화는 언뜻 보기에 다가오지 않는 종착역을 향해 달리는 기차의 운동만 같다. 그것은, 자본주의적으로 진행되는 한 공간의 생산은 끝없는 축적을 지향하는 자본의 운동과 연동되어 일어날 수밖에 없기 때문일 것이다. 그에 따라 서울은 1960년대 이후 도시의 개발과 재개발이 그치지 않았으며, 지금도 젠트리피케이션이 빈발하고 있다. 이런 흐름은 신자유주의적 금융화로 인해 특히 최근에 들어와서 더욱 강화되었다.

이 책에서 나는, 이런 변화가 한국에서 진행된 자본의 운동과 긴밀하게 연계되어 있다고 보고, 자본의 가치법칙이 서울의 도시적 형태가 형성되는 과정에서 어떤 작용을 했는지 살펴보고자 했다. 이 작업은 가치법칙을 형태론적으로 살펴본 것, 또는 거꾸로 도시적 형태를 가치법칙의 관점에서 살펴본 것에 해당한다. 이 과정에서 내가 핵심적인 이론적 자원으로 활용한 것은 맑스가 『자본』에서 펼친 '형태 비판'의 작업이다. 나는 맑스가 자신의 주저를 통해 정치경제학 비판을 수행한 데 그치지 않고 비판적 형태론도 함께 수립했다고 믿고 있다. 서울의 생김새 또는 도시적 형태를 비판적으로 이해하는 데 가장 큰 도움이 된 것이 자본주의 사회에서는 존재하는 것들의 형태 변화가 기본적으로 자본의 가치법칙에 의해 영향을 받으며, 이때 가치란 자본주의적 생산양식에서만 등장한다는, 가치 및 형태에 대한 맑스의 역사유물론적 이해였다. 이 책을 통해 오늘날 서울의 생김새를 자본주의적인 도시적 형태라는 측면에서 살피는 것은 그래서 그의 형태비판론을 활용하는 작업인 셈이다.

　이 책은 자본주의적 도시 서울의 생김새에 대한 비판적 형태론에 기반을 두고 수행한 연구의 결과물로서, 모두 9장으로 구성되어 있다. 서장은 도시적 형태에 대한 지적 관심이 오늘날 어떤 형태로 전개되고 있는지 도시형태론을 통해 살펴보면서, 서울의 생김새는 내가 '도시적 형태의 시학'으로 명명한 관점에서 볼 필요가 있다는 논점을 펼친다. 제2장은 형태 개념의 역사적 고찰이다. 통념상 형태가 형식, 생김새, 형상, 외관 등과 어떤 의미 관계를 맺고 있는지 살피면서 형상으로서의 형태와 형식이 그리스 철학 전통에서 중요한 개념으로 등장하는 에이도스와 모르페와 어떤 관련이 있는지 살펴봤다. 이를 위해 플라톤, 아리스토텔레스, 하이데거가 형상(形相)을 이해한 방식을 검토하고, 맑스의 가치 개념을 통해서 형상을 이해해야만 그것에 대한 초역사적이고 관념적인 이해에서 벗어나서 역사적인 이해를 할 수 있다는 점을 규명하고자 했다.

　제3장부터 제8장까지는 제2장에서 수립한 비판적 형태론을 활용해서 서울의 생김새를 한국의 자본주의적 발전과정에서 작용한 가치법칙과 더불어 자본주의적인 도시적 형태가 어떻게 형성되었으며, 그 특징들이 무엇인지 살펴보는 내용으로 구성되어 있다. 제3장은 대략 1960년대 이후 지금까지 서울의 형태상 변화가 자본의 운동과 어떤 관련이 있는지 다룬다. 이 과정에서 우리는 오늘날 서울의 모습이 신자유주의적 금융화에 의해, 자본주의적 도시화가 본격적으로 진행된 1960~80년대와도 얼마나 다른지도 확인하게 될 것이다. 이제 서울은 행성적 도시화가 진행되어 인류세 상황을 염려해야 하는 단계에까지 이르게 되었다.

　제4장의 주제는 서울의 '수직적 도시화'다. 20세기 초만 하더라도 서울은 인구가 불과 20만 정도였으나 이제는 1천만에 가깝고, '세계에서 가장

수직적인 도시'가 되었다. 서울이 그런 도시로 바뀌게 된 것은 한국경제의 금융화와 긴밀하게 연계된 현상에 속한다. 즉 서울이 수직적인 도시가 된 데에는 부동산시장과 금융시장이 결합해 건조환경이 거대하게 건설되고, 특히 건물들이 '이윤 내는 기계'로 작동한 것이 중요한 역할을 한 것이다. 나아가서 그 과정은 건조환경의 거대화와 더불어 서울이 이제 인류세의 상황을 악화시키는 환경을 만들어 낸 것이기도 하다. 여기서 우리는 금융 자본을 포함한 자본의 운동을 극복해야만 서울의 생김새가 새로워질 수도 있다는 점을 확인하게 될 것이다.

제5장은 서울의 도시적 형태가 지닌 문제점을 일상적 공제선의 실종 현상을 통해 점검하는 내용으로 꾸려져 있다. 세계 어떤 대도시 수도보다도 빼어난 자연환경을 가지고 있는 곳이 서울이지만, 과거에 주변의 자연 풍경을 즐기며 사람들이 일상적으로 누리던 조망권의 행사는 이제 소수의 특권이 되었다. 이것은 한국 사회가 자본주의적 발전과 함께 갈수록 불평등한 사회로 바뀌고, 시곡면의 왜곡 등을 통해 시각적 환경이 크게 악화한 결과다.

제6장의 주된 논의 대상은 젠트리피케이션이 집중적으로 진행됨으로써 서울이 최근에 겪고 있는 경관화 현상이다. 젠트리피케이션은 이미 1970년 대에 진행되기 시작했지만, 2000년대에 들어와서 금융화의 본격적 가동과 함께 새로운 양상을 띠게 된다. 서울의 젠트리피케이션은 대체로 신축형과 상업형으로 양분되며, 건조환경 가운데 특히 주거용 부동산의 금융 자산화를 통해 부추겨지고 있다. 이 과정에서 공간의 고급화가 이루어지면서 서울은 이제 아파트단지만이 아니라 빌라촌까지도 경관이 지배하는 도시가 되었다. 문제는 경관은 자연적 변화를 거부하는 '죽음의 공간'이기 십상이라는 데 있다. 우리는 도시가 화려하지만 죽음의 공간이 되는 것을 막기 위해서는 자본의 운동을 철폐하는 것이 핵심임을 확인하게 될 것이다.

제7장에서 내가 주목하는 것은 젠트리피케이션, 경관화, 수직 도시화, 공제선 실종 등을 통해 서울이 스펙터클과 판타스마고리아가 지배하는 도시가 되었다는 점이다. 스펙터클과 판타스마고리아는 상품의 물신적 효과가 나타나는 중요한 방식들이며, 최근에 들어와서 그것들이 만연한 것은 상품의 물신주의가 서울을 포함한 한국 사회 전반을 지배하고 있다는 징표다. 아울러 그것은 서울의 도시적 형태가 새롭게 형성되었음을 말해준다.

제8장은 대중의 일상적 삶 공간인 골목에서 도시적 형태가 어떤 변화를 겪었는지 살펴보고 있다. 자본주의적 도시화가 진행된 결과 오늘날 도시 골목은 직선화한 모습을 보여주며, 과거와는 달리 사용가치보다는 교환가치가 더 큰 지배력을 행사하는 공간이 되었다. 이것은 빌라촌의 형성을 통해 골목들이 자본의 순환운동에 직접 포섭된 결과에 속한다. 편의점 등이 침투해 골목들이 대거 유통 공간으로 바뀐 것이 단적인 예다. 이런 점은 사람들의 일상생활을 위한 공간도 이제는 자본주의적인 도시적 형태로 전환했다는 것을 말해주고 있다.

제9장은 결론의 장이며, 수직 도시화와 젠트리피케이션, 골목의 직선화, 판타스마고리아의 지배 등으로 경관으로 바뀌었지만 바로 그런 점 때문에 '화려한 죽음의 도시'가 된 서울을 '삶 공간'으로 바꿔내려면 어떤 실천이 필요한지 살핀다. 이와 관련해 내가 특히 중요하게 여기는 것은 도시에 대한 권리의 강화다. 이 장에서 나는 서울이 삶 공간으로 전환하려면 도시권의 민주화가 절대적이며, 이때 시학적 접근이 요구되고, 이 과정에서 '시적 정의'를 구현할 필요가 있으며, 그것을 공간적 정의와 결합하기 위해 '발명학적 접근'도 요구된다는 것을 강조할 것이다.

이 책을 준비하는 동안 여기서 다루는 주제와 관련해서 몇 번 발표할 기회가 있었다. 2019년 초에 이명원 교수의 초빙으로 경희대학교 '후마니타스 특강' 프로그램에서 '서울의 생김새와 자본주의 도시적 형태의 시학'을 주제로 한 강연을 한 번 했고, 같은 해에 박배균 교수의 초청으로 서울대학교 아시아연구소 아시아도시사회센터에서 '서울의 생김새—자본주의 도시적 형태의 시학' '도시 골목의 맑스적 형태 비판—실체와 본질과 현상의 관계' '젠트리피케이션과 도시경관화—상징과 알레고리의 모순' '도시의 형이상학과 은유작업—인문학의 공간-시학적 과제' '도시에 대한 권리와 시적 정의—공간적 민주주의의 시학'을 주제로 총 다섯 번에 걸친 특강을 진행했으며, 2020년 6월에는 전주대학교의 한국고전학연구소 인문한국플러스 연구단의 초청으로 '자본의 금융화와 도시적 형태의 시학'을 주제로 삼아 강연을 한 번 한 적이 있다. 그리고 지순협 대안대학에서는 2020년 여름에 <도시공간의 문화정치경제> 과목을 맡아 이 책의 내용을 중심으로 8회의 강의를 진행했다. 그런 기회를 제공하여 책의 내용을 가다듬을 수 있게 해준 분들에게 감사드린다. 나아가서 대안대학의 학생들, 교수들과 함께 2019년 7월부터 거의 매주 강독 모임을 가져 『자본』 1권과 2권을 거듭 읽은 것, 지인들과 격주로 여는 다른 독회 모임에서 같은 책의 1, 2, 3권을 함께 읽은 것도 맑스의 자본주의 비판 작업을 집필 과정에서 활용하는 데에 큰 자양분이 되었다. 일차로 완성된 원고 초고는 문화과학사의 편집자 손자희 박사와 지기 이재현 선생이 꼼꼼하게 읽어주며 비평을 아끼지 않았다. 특히 이재현 선생은 초고에서 지대와 관련된 논의가 빠진 점을 지적해주어 많은 도움이 되었다. 내용이 중복된 부분이나 논점이 미비한 부분을 고치고 보완할 수 있게 해준 두 사람에게 감사의 말을 전한다. 물론 그래도 남아 있는 오류는 모두 내 책임이다.

2021년 9월 서울 구산동

목 차

서 장
─자본주의 도시적 형태와 시학

1. 서론

이 책의 주된 논의 대상은 서울의 **생김새** 또는 **도시적 형태**다. 서울의 생김새는 지난 1세기 남짓한 기간에 상전벽해라는 말이 무색할 만큼 엄청난 변화를 겪었다. 제국주의의 침략을 받기 시작한 19세기 말의 서울은 당시 조선 최대의 도시이긴 했으나 인구가 20만 정도에 불과했고, 중국이나 일본 등 주변 나라 것들과 비교해서 그리 높다고 할 수 없는 궁궐들을 빼고 나면 건조환경 대부분이 단층 기와집과 초가집으로 구성된, 자연환경이 건조환경을 압도하는 비교적 한적한 도성이었다.1 반면에 오늘날의 서울은 세계적으로도 손꼽힐 만한 글로벌 도시라고 할 수 있다. 세계의 대도시들 가운데서는 보기 드물게 많은 큰 산들과 하천들을 가리며 엄청난 수의 고층 및 초고층 건물들이 빽빽이 들어선 거대한 메트로폴리스가 되었다. 그 규모가 커진 만큼이나 서울은 정신을 못 차리게 할 정도로 복잡하고 모순적인 삶의 양상을 드러낸다. 인류가 처한 보편적 삶의 방식과 관련된 온갖

1_ 궁궐을 포함한 한국 전통 건축의 규모가 과대하지 않은 것은 외부 지형을 고려한 건축술을 사용하기 때문이기도 하다. 한국에서는 거의 어디서건 주변에 산들이 있어서 '차경' 기술의 활용이 쉽게 이루어질 수 있다. 정기용에 따르면, 차경 효과는 "기둥과 도리가 만들어내는 시각적 틀의 작용" "적절한 누마루의 높이로 인한 단축법의 사용" "스케일의 법칙"의 세 요소에 의해 만들어진다(정기용, 2008: 89).

발전 기회와 도전, 편의와 불편, 풍요와 빈곤, 또는 희망 어린 전망과 아득한 문제점들을 안고 있는 도시가 된 것이다. 이 도시는 한편으로는 인상적이고 흥미롭게 보이는 현상들, 사건들과 함께 달뜸과 부산함의 축제 분위기를 사람들에게 제공하면서, 다른 한편으로는 수탈·착취적이고 기회-박탈적인 작용들로 만연한 냉혹하고 잔인한 나락이 되기도 한다. 서울이 이런 **이중도시적** 모습을 드러낸 것은 특히 최근의 일로서, 그것은 이 도시가 세계의 다른 많은 도시와 마찬가지로 지난 수십 년에 걸쳐 신자유주의적 자본주의와 그 부대 사회적 장치들의 지배를 받게 되면서 문화정치경제의 거대한 변동을 겪은 결과다. 물론 이런 변화는 주의 깊은 조사나 분석을 하지 않고선 진상을 파악하기 어렵고, 여간한 비판적 성찰 없이는 의미를 헤아리기 어려운 복잡성을 안고 있다. 하지만 제도와 관행, 삶의 방식 전반에 걸친 그런 복잡성의 형성과 더불어 서울은 자신의 동시대적 정체성과 나름의 시공간적 짜임새를 지닌 도시, 즉 서울**로서** 부상한 것 또한 사실이다.

서울을 서울로 만드는 핵심적 기제는 무엇이며, 우리는 그것을 어디서 찾을 수 있는가? 그동안 서울의 정체성을 구축하며 일어난 각종 변화, 관련된 수많은 자취는 이 거대도시에서 영위되고 작동하는 삶과 제도, 시공간적 짜임새의 온갖 구석과 층면에 각인되어 있겠지만, 여기서 나는 그런 흔적을 무엇보다도 서울의 **도시적 형태**에서 찾아볼 필요를 느낀다. 서울이라는 도시가 겪었거나 당면하고 있는, 우리네 삶과 밀접하게 관련된 문화·정치·경제적 변동을 도시 형태와 연계해서 탐색해보겠다는 것은, 서울을 특정한 한 시각에서 살펴보겠다는 말이기도 하다. 이와 관련해 주목하고자 하는 것이 서울의 **생김새**라는 문제다. '생김새'는 이때 서울을 서울이게 하고 서울을 서울로 만드는 어떤 것으로 상정된다. 무슨 말인가 하면, 서울의 정체성은 적어도 몇몇 핵심적 측면에서는 그 생김새에 의해 결정된다는 것이다. 이는 곧 서울은 서울로 **생겨 먹어** 서울이 된다는 말, 서울의 정체성은 그 생김새로부터 비롯된다는 말과 같다.

서울의 생김새가 이처럼 서울의 정체성, 다시 말해 서울의 서울임을 규정하는 핵심적 요인으로 작용한다고 본다는 점에서, 이 책에서 진행되는 서울 탐구는 **도시형태론적 접근**인 셈이다. 도시형태론은 이때 서울의 **도시적 형태**를 생성하는 다양한 결정 요인들과 과정들이 서울을 서울로 만들어내는, 오늘날 서울이 서울로 생겨 먹게 만드는 핵심적 사안임을 인식하고 그에 따라 서울의 문제를 다루는 접근법에 해당한다. 다시 말해 그것은 서울의 서울로서의 문제를 서울에서 발생하는 각종 도시적 쟁점들, 난관들, 사건들, 현상들에서 유래하는 것으로 보되, 그것들을 특히 서울의 생김새, 즉 그 도시적 형태와 관련된 것으로 보려는 시각이라 할 수 있다. 하지만 내가 여기서 도시형태론의 관점을 취하려는 것은 서울의 생김새를 단지 객관적인 형태의 측면에서만 살펴보기 위함은 아니다. 그보다 생김새는 여기서 역사적인 견지에서 파악된다. 서울의 생김새가 오늘날의 그것으로 만들어진 것은 최근에 한국에서 전개된 사회적 변동과 무관하게는 결코 이해될 수 없다. 이와 관련하여 내가 주목하는 것은 한국에서 최근에 자본주의가 새로운 발전을 전개했다는 것, 그와 함께 새로운 도시적 형태가 형성되었다는 점이다. 지난 수십 년 사이에 자본주의는 신지유주의적 축적을 진행해왔으며, 이 과정에서 금융화를 핵심적인 축적 전략으로 가동해왔다. 따라서 오늘날 서울의 생김새는 신자유주의적 금융화와 더불어 진행된 공간 생산의 산물에 해당한다. 이런 맥락에서 볼 때, 도시형태론의 관점은 도시적 형태의 변화를 자본의 운동과 도시화의 관계를 통해 헤아려보려는 시도라 할 수 있다. 여기서 도시형태론을 서울의 서울임, 서울의 '정체성'을 이해하는 접근법으로 택하는 중요한 목적 하나는 최근에 서울이 갖게 된 도시적 형태, 그것을 형성한 사회적 변동을 자본의 축적 운동과의 관계 속에서 살펴보고, 오늘날 대도시의 역사–특수적 현상들, 특징들, 문제들을 파악하려는 것이다. 이 책 전반을 통해 나는 서울이 지금 생겨 먹은 꼴에 주목해서 최근에 한국에서 전개된 자본의 운동이 어떻게 공간의 생산에 개입해 왔으며, 그에 따라 어떤 특징적인 도시적 형태를 만들었는지 신자유주의적 금융화의 작용을 중심으로 살펴보려고 한다.

2. 자본주의 도시적 형태의 시학

'자본주의 도시적 형태의 시학'을 이 책의 부제로 삼은 것도 그런 문제의식의 소산이다.[2] **도시적 형태**란 그냥 주어지지 않는다. 그것은 나름의 역사적 조건 속에서 복잡한 문화정치경제적 과정을 통해 특정한 방식으로 형성되어야 하는 것이다. 이런 점은 오늘날 서울의 생김새가 예컨대 고대 백제의 첫 근거지로 조성된 위례성 또는 몽촌토성 일대, 정선의 그림들에서 그 일면을 볼 수 있는 조선 영·정조 시대의 한성, 일제강점기의 '경성'이 지녔던 모습들은 물론이고, 1960년대 이후 급속한 근대화와 도시화의 대상이 된 서울의 모습과도 뚜렷이 구별된다는 데서 확인되고 있다. 지금 서울이 나름의 생김새를 지니고 있다면, 그것은 이 도시가 최근에 특정한 **시공간적 짜임새**를 갖춤으로써 새로운 도시적 형태를 갖추게 되었다는 것, 다시 말해 그 나름의 **공간 생산 과정**을 거쳤다는 것을 말해준다. '도시적 형태의 시학'에서 '시학'이 가리키는 것이 그런 것이다. '시학'은 이때 서울과 같은 도시가 저절로 그 모습을 갖게 되는 것이 아니라 그 형태를 형성하는 나름의 방식, 그것이 지닌 공간적 '문법'이나 '구조'를 통해 그렇게 됨

2_ '자본주의 도시적 형태의 시학'이라는 표현은 사실 어색하다. 그것보다는 '자본주의적 도시 형태의 시학'이 더 자연스럽게 들린다. 그런데도 '자본주의 도시적 형태'를 선택한 것은 '도시 형태' 대신 '도시적 형태'를 사용해야 할 필요성 때문이다. 이 책 전반에 걸쳐서 강조하겠지만, '도시적인 것'은 '도시'와는 개념적으로 구분될 필요가 있다. '자본주의적 도시 형태'라는 표현을 사용하면 그래서 '도시적인 것'의 의미를 살릴 수 없는 문제가 생긴다. '자본주의 도시적 형태의 시학' 대신에 '자본주의적인 도시적 형태의 시학'을 쓸 수도 있지만, 표현의 긴장감을 살리고자 '자본주의 도시적 형태의 시학'을 선택했다. 그러나 본문에서 필요할 경우 '자본주의적인 도시적 형태'도 사용할 것이다.

을 시사해주고 있다.

시학은 통상 시문학의 작법 즉 창조 방식에 관한 학문으로 이해된다. 시학과 관련된 가장 오래되고 권위 있는 논의를 제공하고 있는 아리스토텔레스의 『시학』도 비극이라는 특정한 문학 장르의 구성 방식과 특징 등을 주된 내용으로 다루고 있다. 『프린스턴 시문학 및 시학 백과사전*Princeton Encyclopedia of Poetry and Poetics*』에 따르면, 시학은 좁게는 "특정 시인이 지지하는 작품구성의 원리들", 넓게는 "어떤 담론, 장르, 또는 문화적 체계가 특정한 효과를 만들어내도록 해주는 구조들, 장치들, 그리고 규범들에 대한 모든 정식 또는 비정식 점검"을 의미한다(Reed, 2012: 1059, 1060). 시학의 전문가 즉 시학자(poetician)에 대해 프랑스의 문학이론가 롤랑 바르트는 다음과 같이 말하고 있다.

문학작품 앞에 앉게 될 때 시학자는 자신에게 다음의 질문을 하지 않는다. 이것은 무엇을 의미하는가? 이것은 어디서 오는 것인가? 그것은 무엇과 연결되는 것인가? 하지만 더 단순하게 그리고 더 열심히 이렇게 묻는다. **이것은 어떻게 만들어져 있는가**?(Barthes, 1989: 172. 원문 강조)

바르트가 말하는 시학자의 질문 또는 과제는 해석학자, 역사학자, 사회학자 등의 그것과 구별된다. 해석학이 작품의 의미 문제를 다룬다면, 역사학은 그것의 연원을, 사회학은 그것의 사회적 위상이나 작용을 다룬다고 할 수 있다. 반면에 문학작품이 "어떻게 만들어져 있는가"의 문제는 작품이 어떻게 구성되었는가의 문제이며, 그런 점에서 그것은 작품에 대한 구조적 분석인 셈이다. 작품의 구조는 이때 그것의 편성, 짜임새, 형식, 플롯 등의 문제와 관련된다. 시학자 고유의 태도가 바르트의 말대로 이런 문제에 주목하는 것이라면, 우리는 자본주의 도시적 형태에 대한 시학적 태도 또한 비슷할 것으로 짐작할 수 있다. 그런 형태를 시학의 관점에서 살펴본다는 것은 그것이 어떻게 **그렇게** 형성되었느냐의 문제를 다루는 일이 될 것이다.

단, '자본주의 도시적 형태의 시학'이란 표현은 오해의 소지도 있을 수 있다. 시학은 좁게는 시문학이나 시작법과 관련된 기술과 학문을 의미하지만 넓게는 생산 활동과도 관련된다. 고대 그리스에서 '시학'은 기술을 구성하는 두 분야인 실천적 기술(praktike tekhne)과 생산적 기술(poietike tekhne) 가운데 후자에 속했다(Preus, 2015: 381). 생산적 기술은 창조와 발명을 활용한다는 점에서 기본적으로 긍정적인 성격을 지닌다. '자본주의 도시적 형태의 시학'에 오해의 소지가 있을 수 있는 것은 자본주의 도시에서 전개되는 활동을 긍정하는 표현으로 들릴 수도 있기 때문이다. 물론 그것은 이 책의 의도가 아니다. 사실 서울의 도시적 형태를 '자본주의적'이라고 규정하는 그 자체가 비판적인 시각을 전제하고 있다. 자본가들과 그들의 동맹 세력은 오늘날의 지배적 질서를 자본주의라고 규정하는 것을 대체로 꺼린다. 그렇게 하면 자본주의가 다른 지배적 질서들—고대노예제, 중세봉건제, 사회주의 또는 코뮌주의 등—과 구분되는 **역사적으로 특수한**, 따라서 **한시적인** 생산양식이라는 점이 들추어질 소지가 있기 때문이다. 가능한 한 자본주의를 언급하지 않는 것이 그들에게는, 그것을 자연적이고 보편적인 질서인 것처럼 포장하는 데 유리하다. 도시적 형태의 측면에서도 관련된 문제들이 자본주의에서 기원한다는 점이 드러난다면 비판적 인식과 저항, 실천이 조직될 공산이 커진다. 이 책의 부제에 '자본주의 도시적 형태'를 포함한 것은 이렇게 보면, 일견 객관적이고 자연적인 과정으로 형성된 듯싶은 서울의 생김새가 각종 사회적 모순을 동반한 자본의 운동과 긴밀하게 연결되어 있다는 점을 강조하려는 취지인 셈이다. 그리고 '시학'은 서울의 생김새가 **자본주의적인** 도시적 형태**로서** 어떻게 만들어져 있는지 살피려는 관심의 표명에 해당한다. 시학적 작업은 이때 자본주의적 도시로서 서울의 형태론적 구조와 문법을 살피는 일이 될 것이다.

다른 한편, 시학의 관심사와 질문이 "그것은 어떻게 만들어져 있는가?"

에만 국한될 수는 없다. 한 대상에 대해 그것이 "어떻게 만들어져 있는가?" 하고 묻는 것은 그것이 **이미** 특정한 방식으로 만들어져 있음을 전제한다. 도시적 형태가 그것이라면, 이때 그 형태는 주어진 것으로서, 즉 가소성이 사상된 **기성의 제품**인 것으로 여겨지는 셈이다. 그러나 시학은 **창조와 발명**의 기술이기도 하다. 시를 문학의 한 장르로만 여기지 않고 넓은 의미의 시, 즉 문학 장르로서의 시는 물론이고 문학을 넘어서는 생산적 활동 전반을 가리키는 것으로 폭넓게 해석한다면,[3] 시학은 광의의 시작법에 해당한다. 이 후자의 맥락에서 보면, '자본주의 도시적 형태의 시학'은 자본주의적인 도시적 형태를 새로운, 즉 비자본주의적인—예컨대 사회주의적이거나 코뮌주의적인—형태로 바꿀 필요가 있다는 문제의식을 담고 있는 셈이다.

이 책의 부제는 그래서 이중적인 목적을 지닌다. 한편으로 나는 자본주의적 도시로서 서울의 도시적 형태가 어떤 방식으로 형성되었는지, 즉 그것이 '어떻게 만들어져 있는지' 살펴보고자 한다. 이때 이 책은 주로 서울이 지닌 생김새의 구성 원리와 특징을 자본주의적인 도시적 형태의 측면에서 다루게 될 것이다. 다른 한편으로 나는, 서울의 자본주의적 도시적 형태가 계속 생산되는 것을 지양하려면 도시적 공간의 생산을 어떻게 해야 할 것인지에 대해서도 생각해보고자 한다. 그런 점에서 이 책은 서울을 '비자본주의적인' 도시로 전환해내기 위한 조건이나 도시-형태적 방향이 무엇인지 살펴보려는 취지도 담고 있다. '자본주의 도시적 형태의 시학'은 그렇다면, 자본주의 사회에서 형성되는 도시적 형태의 특징과 구조 또는 '문법'을 살핌과 동시에 오늘날 지배적인 도시적 형태의 변형 가능성을 탐색하는 도시형태론적 접근에 해당하는 셈이다.

이런 맥락에서 바르트가 제시한 시학자의 과제가 타당한지 다시 검토

3_ '시'에 해당하는 그리스어 'poēma'는 "만든, 창조한 것"을 의미하며, "만들다" "짓다"를 뜻하는 동사 'poein' 'poiein'과 어원이 같다. 그것은 "생성" "창조"를 의미하는 포이에시스 (poiēsis)와도 통한다.

해 볼 필요가 있다. 그에 따르면 시학자는 무엇보다 문학작품이 "어떻게 만들어져 있는가"에 관심을 기울여야 한다. 하지만 바르트가 설정한 시학의 **감사 범위** 즉 시학이 살펴볼 값어치가 있다고 보는 영역은 너무 제한적인 듯싶다. 시학자가 문학작품이 "어떻게 만들어져 있는지" 살펴보는 것은, 다시 말해 그것의 요소들이 어떻게 편성되어 있고, 장르나 스타일 등에 드러나는 특징과 경향은 어떠하며, 서사 구조는 어떠한가와 같은, 작품의 **구성** 문제에 관심을 지닌 것은 일단 당연하다. 바르트는 그런 관심을 드러낸 전형적 시학자의 예로 세 사람을 꼽는다. 『시학』에서 "비극 작품의 차원들과 부분들에 대한 최초의 구조적 분석을 제공"한 아리스토텔레스, "문학이란 언어로 이루어진 대상으로 정립되어야 한다고 주장"한 폴 발레리, 그리고 "그 자체의 언어적 기표를 강조하는 어떤 전언도 **시학적**이라고 여긴" 로만 야콥슨이 그들이다(Barthes, 1989: 172. 원문 강조). 하지만 시학자란 작품의 구성과 짜임새에 관심을 집중하는 사람이라는 바르트의 지적을 수용하더라도, 시학자의 작업이 작품의 의미나 연원, 사회적 관련성과는 무관하다는 주장까지 수용해야 할는지는 의문이다.4 예컨대 아리스토텔레스의 경우 비극에 대한 "최초의 구조적 분석을 제공한" 점에서 시학자임이 분명하지만, 자신의 작업에서 작품의 사회적 연관성을 무시했다고 보기는 어렵다. 그는 '공포와 연민'을 비극의 효과로 말했고, 연례적으로 디오니소스 극장에 모여 비극을 관람한 아테네 시민들이 그런 효과를 통해 카타르시스를 느낌으로써 다시 새로운 시민적 삶을 살게 됨을 암시하며 비극이 지닌 공동체적 역할을 인정한 바 있다.5 이런 점은 시학적 관점을 통해서도 작품의 사

4_ 바르트가 자신의 견해를 밝히는 장소가 제라르 주네트의 저서 3부작(*Figures I, II, III*)에 대한 서평이라는 점을 고려할 필요가 있다. 바르트가 시학자란 문학작품은 어떻게 만들어져 있는가의 문제에 전념한다고 강조하는 것은 당시의 문학 비평이나 연구에 나타나는 지배적 경향과는 구분되는, 문학작품의 짜임새를 중심으로 진행한 주네트의 작업을 지지하는 발언인 것으로 해석된다. 그리고 그가 이 서평을 쓸 당시에는 '구조주의자'였다는 점도 작용했을 것이다.

회적 역할에 대한 논의가 가능함을 귀띔해준다. 작품의 연원과 의미에 대해서도 같은 말을 할 수 있다. 작품의 시학적 규명이 그 형태 분석에 집중된다고 하더라도, 그렇게 규명된 형태는 어떤 의미를 갖는지, 그리고 그 작품 세계는 역사적으로 어떤 연원을 지닌 것인지 따지는 일이 금지될 필요는 없다고 하겠다.

바르트가 설정한 시학의 감사 범위에 대한 이런 유보적 판단이 꼭 도시적 형태에 대한 시학적 관점은 쓸모없다는 결론으로 이어질 일은 아니다. 서울과 같은 특정한 도시가 고유한 생김새 즉 나름의 도시적 형태를 갖추고 있다는 것은 그것이 특정한 방식으로 만들어져 있다는 말과 다르지 않다. 그런 점에서 그것은 구성적 원리에서 문학작품과 상당 부분 겹치는 셈이다. 특정한 도시는 따라서 특유한 구성과 짜임새, 형식을 가진 구성물로서 시학적 탐구 대상이 충분히 될 수 있다. 다만 그렇더라도 '작품'이 이때 어떻게 이해되느냐에 따라서 그 위상이나 의미는 달라질 것이다. 이런 점과 관련해서 도시 문제의 중대함을 누구보다도 강조한 프랑스 철학자 르페브르의 도시 이해 방식을 참조할 필요가 있다. 그에 따르면 도시는 **제품**이 아니라 **작품**이다.

> 요컨대, 그것들[도시들]은 부만이 아니라 지식, 기법들, 작품들(예술작품들, 기념비들)이 축적되는 사회적이고 정치적인 삶의 중심들이다. 이 도시는 그 자체가 '작품(oeuvre)'이며, 이 성격은 화폐, 상업, 교환, 제품(produits)을 지향하는 뒤집을 수 없는 경향과는 대조를 이룬다. 다시 말해 작품은 사용가치이고, 제품은 교환가치다. 도시의 돋보이는 용도 즉 그 거리와 광장, 건축물들과 기념비들의

5_ 아테네 시민은 역사상 전쟁을 가장 자주 치른 인구 집단에 속한다. 대략 30만 정도의 도시인구 가운데 시민에 속한 20만 정도는 거의 해마다, 때로는 한 해에 몇 차례씩 참혹한 전쟁을 치러야 했다는 점을 고려하면, 아테네 시민들에게 비극적 공포와 연민은 엄청난 심리-현실적 의미를 지녔을 것이라 할 수 있다. 이런 점 때문에 비극적 카타르시스는 상상의 문제로만 끝나지 않고 의료적 의미를 지닌 것으로 해석되기도 한다.

용도는 즐거움과 명성, 그리고 화폐와 물품들로 이루어진 어마어마한 재물 말고는 다른 이점 없이 비생산적으로 소비하는 축제다(Lefebvre, 1996: 66).[6]

제품과 작품은 둘 다 인간의 생산물에 속한다. 하지만 르페브르가 일깨워주듯이 양자가 구분되고 또 그래야 한다면, 둘의 차이를 드러내기 위해서는 그것들이 생산된다는 것 이외의 측면도 검토할 필요가 있다. 작품으로 만들어질 때와 제품으로 만들어질 때의 생산물은 그 지향과 위상, 작용이 다르다. 작품이든 제품이든 노동생산물은 **사용가치**와 **교환가치**—엄밀하게 말하면 가치—를 함께 지닌다.[7] 하지만 강조되는 성격은 경우에 따라 달라질 수밖에 없을 것이다.[8] 도시가 작품과 제품 가운데 어떤 성격을 더 크게 갖느냐는 그렇다면 그것의 사용가치와 교환가치 성격 가운데 어느 것이 더 강조되느냐에 달린 셈이다.

르페브르는 도시가 작품임을, 또는 작품일 수 있거나 작품이어야 함을

6_ 이 인용문은 영어 번역판을 먼저 본 뒤, 불어 원문을 대조해서 번역한 것이다. 주요 개념어는 원문대로 표기했다. 참고로 '작품'에 해당하는 영어 표현은 'work'다.

7_ 자본주의 사회에서는 노동생산물이 대부분 상품으로 전환되며, 상품은 일견 사용가치와 교환가치를 지닌다. "사용가치는 부의 사회적 형태가 어떠하건 부의 소재적 내용을 이룬다. 우리가 고찰하는 사회적 형태[자본주의 사회]에서 사용가치는 동시에 교환가치를 지니는 물건이다"(맑스, 2015a: 44-45). 하지만 "상품은 사용가치임과 동시에 교환가치다"라는 말은 이것은 통상적인 표현일 뿐이고, 엄밀하게 보면 "옳지 않다." 왜냐하면 "상품은 사용가치 또는 유용한 물체이면서 '가치'"이기 때문이다. 맑스는 가치와 교환가치를 개념적으로 구분하고 있다. 교환가치는 가치의 현상형태다. "상품은 고립적으로 고찰할 때는 교환가치라는 형태를 취하는 일이 없고, 그것과 종류가 다른 한 상품에 대한 가치관계 또는 교환관계에서만" 교환가치의 "형태를 취한다." 그렇다고 하여 상품에 사용가치와 교환가치가 있다고 말하는 것이 전혀 쓸모없는 것은 아니다. 교환가치가 가치의 현상형태라는 점을 이해하고 있기만 하면, "상품은 사용가치임과 동시에 교환가치"라는 "부정확한 표현 방식도 유해한 것이 아니라 오히려 간편한 것이 된다"(맑스, 77. 번역 수정).

8_ 동일한 노동생산물이 사용가치로만 취급될 수도 있고, 사용가치와 함께 교환가치를 지닌 것으로 취급될 수도 있다. 예컨대 가족들이 먹기 위해 텃밭에서 기르는 채소는 사용가치일 뿐이지만, 시장에 내다 판다면 교환가치를 갖게 된다. 물론 노동생산물들의 이런 상품화 경향과 그 교환가치의 측면이 강화되는 것은 자본주의적 생산이 발전하는 것과 비례할 것이다.

일깨워줌으로써 **도시의 시학**을 제창했다고 볼 수 있다. 시학은 이때 도시적 형태를 주어진 것으로 보기보다는 구성되고 창조될 수 있는 것으로 보는 관점이다. 그런 점에서 르페브르의 시학은 바르트의 그것과는 구분된다. 시학의 대상이 작품인 것은 두 사람에게 공통적이다. 하지만 바르트가 시학의 대상을 작품이 **이미 된** 것에서 찾는다면, 르페브르는 아직 작품이 아닌, 작품이 **되어야 할** 것에서 찾는다는 점에서, 두 사람은 서로 다른 시학적 과제를 안고 있는 것 같다. 바르트가 시학적 탐구의 대상으로 삼는 것은 문학작품이며, 이것은 이미 완성된 상태에 있다. '시학자'가 문학작품에 대해 "이것은 어떻게 만들어져 있는가?"라는 질문을 던져야 하는 것은, 그 작품이 그의 앞에 완성된 채로 놓여 있기 때문이다. 반면에 르페브르가 자신의 탐구 대상으로 삼는 작품으로서의 도시는 그렇다고 볼 수 없다. 현실에서 도시가 하나의 완성태로서 나타난다면 그것은 제품으로서 그렇게 나타날 수는 있겠지만, 제품으로서의 도시는 그가 수용하고 싶지 않은 도시의 형태다. 르페브르는 제품–도시가 아니라 작품–도시를 선호하며, 이 후자의 도시는 아직 실현되지 않은 **잠재태**의 상태에 놓여 있다.

바르트가 시학자의 질문은 "이것은 어떻게 만들어져 있는가?"여야 한다고 보는 것은, 그가 문학이론가로서 문제를 설정하고 있음을 말해준다. 문학이론가는 자신이 살펴볼 작품을 완성품으로 취급하는 경향이 크다. 물론 작품을 어떻게 분석하고 해석하느냐는 복잡한 문제이며, 해석 과정에서 문학작품은 그 바깥 세계에 열릴 수밖에 없지만,9 바르트가 인용문에서 설정한 시학적 대상으로서의 작품은 그 생산이 완료된 상태라고 봐야 한다. 그가 "이것은 어떻게 만들어져 있는가"를 시학자 고유의 질문인 것으로 여기는 것도 그 때문일 것이다. 하지만 그런 질문은 "이것은 어떻게 만들어질

9_ 작품의 의미는 작품을 쓴 작가에 의해 완성되는 것이 아니라 독자에 의해 새로이 생산될 수 있다고 보는 '독자반응비평'의 시각에서 보면, 문학작품은 결코 이 완성된 작품일 수 없다.

수 있는가, 어떻게 만들어야 하는가?"라는 질문과는 근본적으로 다르다. 시학자-바르트의 경우 후자의 질문은 하지 않는다. 반면에 르페브르가 말하는 작품-도시는 이미 만들어져 있기보다는 앞으로 만들어가야 할 대상이다. 이것은 도시란 문학작품과는 달리 끊임없이 변하기 때문이기도 하다. 르페브르는 작품으로서의 도시란 완결된 대상이 될 수 없다는 것을 나타내기 위해 **도시적인 것**(l'urbain)이라는 개념을 도입한다. '도시적인 것'은 '도시(la ville)'와는 구분될 필요가 있다. 도시가 하나의 총체성 또는 완성된 어떤 체계의 범주에 속한다면, 도시적인 것은 무정형이며, 잠재성의 영역에 속한다. 도시는 이때 "어떤 명확하게 규정된 확정적 대상, 과학적 대상, 행위의 직접적 목표"인 것으로, 도시적인 것은 "더 복잡한 관념"을 지닌 "가상적이거나 가능한 대상"인 것으로 여겨진다(Lefebvre, 2003: 16). 르페브르는 또 도시는 "현재적이고 즉각적인 현실, 실제-물질적인 건축적 실상"인 반면에, 도시적인 것은 "사유에 의해 상상되고 구성되고 재구성되어야 하는 관계들로 이루어진 사회적 현실"인 것으로 파악하기도 했다(Lefebvre, 1996: 103).

르페브르가 제출한 '도시적인 것' 또는 작품으로서의 도시는 서울의 생김새를 새로운 시학적 관점에서 이해할 수 있게 해주는 중요한 개념이다. 그것은 도시적 형태를 작품으로 생각할 수 있게 하되 이미 완성된 텍스트 공간에 묶어두지 않고, 현실 속에서 구체적인 실천을 통해 새로 만들어갈 수 있는 것으로 이해할 수 있게 해준다. 하지만 도시를 작품의 견지에서 도시적인 것으로 파악하자는 르페브르의 제안은 그 중요성과는 별도로 아직도 요청의 수준에 머물러 있고, 그런 요청이 제기되었다는 사실에 대한 인식도 매우 얕은 편이다. 서울의 생김새를 말하면서 여기서 시학의 관점을 끌어들이는 것은 이런 상황을 개선하려면 **도시적인 것의 문제의식**을 더 널리 공유할 필요가 있겠다고 보기 때문이다. 도시가 르페브르의 의미에서 작품이 될 수 있으려면, 도시적인 것에 대한 인식이 활성화될 필요가 있고, 이를 위해서는 도시적 형태를 결정하는 과정에 대한 시학적 접근과 개입도 함께 요구된다. 나중에 우리는 이런 시도가 **도시에 대한 권리**의 확장을 위한 노력과도 깊이 관련됨을 살펴보게 될 것이다.

서울의 도시적 형태를 시학의 관점에서 접근하는 것은 이중적인 과제를 제기한다. 우선 이 도시가 어떻게 (문학작품처럼) 구성되고 조직되어 있는지, 즉 그것이 어떤 특정한 시공간적 짜임새를 갖추고 있는지, 그리고 우리의 삶과 어떤 관계를 맺게 되는지 살펴보는 일이 필요하다. 도시란 그 나름의 형태를 지닌 생산물 또는 건조환경으로서 중요한 작용을 하는 현실적 존재다. 도시적 형태의 시학은 그렇다면 그런 것으로서의 도시의 존재 및 작용 방식을 살펴볼 필요가 있다. 이때 서울의 생김새는 한편으로는 **구조론적 분석**의 대상이 되고, 다른 한편으로는 **현상학적 분석**의 대상이 될 것이다. 구조론적 분석 대상으로서 그것은 특정한 내적 짜임새를 지닌 것, 예컨대 완성된 하나의, 하지만 물론 복잡한, 전체로서의 텍스트로 간주할 수 있다. 바르트의 질문에서 언급된 '이것'으로서의 문학작품이 그런 것이다. '이것'은 이미 만들어져 있다는 점에서, 시학자에게 주어지는 주된 과제는 그것이 **어떻게**—비극으로? 희극으로? 희극이라면 어떤 구성적 특징을 지닌 희극으로?—만들어져 있는지 규명하는 일이 된다. 나아가서 도시적 형태는 그 자체의 내적인 구조적 원리를 지닌 대상으로서만이 아니라 '드러난' 어떤 것, 즉 언제나 이미 우리의 **경험 대상**이 된 어떤 것으로 여겨질 수도 있다. 거대한 고층 건물이 갑자기 우리에게 어린 시절 읽은 동화 속 거인처럼 나타나거나 길거리 전광판에서 어떤 상품 이미지가 움직일 때 그것들은 일차적으로 우리에게 **그렇게** 나타난 현상들이 된다. 이때의 분석 초점은 그것들과 우리가 맺는 관계 양상—예컨대 그것들이 발휘하는 특유의 행위 유발성—즉 현상적 특징일 것이다.

다른 한편, 도시적 형태에 대한 시학적 관점은 비판-생성적인 견지에서도 구성될 필요가 있다. 도시를 시학의 관점에서 본다는 것이 그것을 작품으로 여긴다는 것이라면, 그것을 제품으로 여기지 않는다는 말이기도 하다. 제품은 작품과 마찬가지로 생산물이지만, 사용가치로만 만족하지 않고 그 가치를 실현하기 위해 교환가치를 가진 상품으로서 작용한다는 점에서, 작품과는 차이를 지닌다. 도시가 그런 성격을 갖기 시작한 것은 근대 자본 주의의 출범과 함께 도시의 공간적 생산이 바뀐 결과이지만(Isin, 2002: 313), 도시의 상품화가 극단에 이른 것은 시공간 생산의 금융화가 전개된 최근 이며, 한국의 경우 이 흐름은 21세기에 들어와서 본격적인 단계에 접어들 었다. 이와 관련해 시학적 관점은 양면적인 과제를 갖게 될 것 같다. 한편 으로 그것은 도시의 제품적 성격을 규명하는 일로서, 그것의 현재 지배적 형태가 구성된 방식, 그리고 그런 것으로 그것이 경험되는 방식을 살피는 작업이 요구된다. 하지만 동시에 도시적 형태의 시학은 도시의 작품적 성 격을 어떻게 새롭게 구성할 것인가의 문제도 다룰 필요가 있다. 이때 그것 은 도시의 제품으로서의 교환가치와 무관한 또는 그것에 종속되지 않는 사용가치의 측면에서 도시를 재구성하는 일을 자신의 과제로 갖게 될 것 이다.

시학적 관점은 그래서 서울의 생김새와 관련된 제반 사안들을 살펴보 기 위해 이 책에서 채택하려는 도시형태론의 내용과 방법, 의제들을 설정 하는 데에도 중대한 함의를 지닌다. 그 관점은 사실 도시형태론에 대한 비 판적 수용 또는 변형을 요구한다고 볼 수 있다. 다음 절에서 보게 되겠지 만 도시형태론은 지금까지의 그 지배적 형태로서는 도시를 작품으로 간주 하는 경향을 잘 드러내지 않는다. 그것은 도시적 형태를 주된 고찰 대상으 로 삼고 있지만, 그것을 비판적으로 검토하거나 새로이 창조해야 할 무엇 으로 파악하는 경우가 드물다. 하지만 르페브르가 지적하듯이 오늘날 자본 주의적 생산양식의 지배를 받는 도시가 제품으로 만들어지고 있다는 것이 문제라고 한다면, 도시를 작품으로 즉 도시적인 것으로 재개념화할 필요가 있다. 이 맥락에서 시학적 관점이 필요한 것은, 그것이 기존의 도시형태론 에서는 찾아보기 힘든 **작품-도시** 개념을 통해 도시적 형태를 새롭게 파악할 수 있게 해주기 때문이다. 그러나 적어도 지금까지 제출된 도시형태론에서는 제품-도시의 문제들을 인식하고 극복하기 위한 작품-도시 관점의 접근법을 발견하기가 쉽지 않다. 이 책에서 채택하는 도시형태론과 기존의 도시형태론 사이에는 그런 점에서 차이점이 있다. 여기서 도시형태론을 시학적 관점에서 설정하려는 것은 무엇보다도 오늘날 도시적 형태는 **자본의 가치법칙**에 지배되고 있고, 그에 따라 사용가치로서 도시의 측면은 크게 위축되는 반면에, 교환가치로서 도시의 측면은 지나치게 강화됨으로써 '도시적인 것'의 가능성이 갈수록 사라지고 있다고 보기 때문이다. 기존의 도시형태론에서는 이와 같은 문제의식이 뚜렷하게 나타나지 않는다. 하지만 도시형태론이 그동안 기본적으로 어떤 문제의식을 지니고 어떤 작업을 해왔는지 먼저 살펴볼 필요가 있겠다.

3. 도시형태론과 그 '감사 범위'

도시형태론은 도시적 형태와 관련된 연구와 실천을 포괄하는 한 지식 영역이다. 다음 인용문에서 이 분야의 통상적 논의 범위를 확인할 수 있다.

가장 넓은 의미의 도시형태론은 "도시적 형태의 연구"(Larkham and Jones, 1991)로서, 여기서 도시적 형태란 도시의 주요 물리적 요소들ㅡ거리들, 부지들, 건물들ㅡ을 가리킨다(Oliveira, 2016). 도시적 형태는 계속되는 변형과 교체 속에 놓인 상이한 분석 차원들에서 이해될 수 있다(Moudon, 1997). 그것은 도시적인 건조환경의 변화를 묘사하고 정의하고 이론화하는 데 주력하는 지식 분야다(Scheer, 2016). 그것은 도시 성장의 순환적 성격, 개조 및 재개발의 내부 과정들, 그리고 도시적 형태들의 생산 과정에서 다양한 행위자들의 역할을 다루며, 미래의 발전들과 그것들의 관리에 대한 방안들을 제시한다(Whitehand, 2001). 도시형태론적 연구의 본질은 그렇다면 도시경관의 발생 또는 생성 과정을 드러내는 데에 있다. 지각, 의도, 그리고 해석이 도시경관을 빚어내는 근본적인 사회-문화적 과정들이다(Kropf and Malfroy, 2013). 따라서 도시형태론적 연구의 주요 목적하나는 건조환경의 구조, 형성, 변형에서 반복되는 패턴들을 알아내 그 요소들이 어떻게 함께 작용하는지 파악하도록 돕는 것이다(Kropf, 2014: 41). 도시형태론은 패턴 인식을 다루며, 도시 디자인은 패턴 창출을 다루는바, 여기서는 건물들과 공간들의 조화, 그리고 형태-기능 관계들이 패턴 형성에서 주요한 성분이 된다(Marshall and Çalışkan, 2011). 그런 패턴에 대한 인식이 없을 경우의 "통상적인 한 오해가 맥락적 건물 설계라는 것으로, 이것은 [건물] 기본 구조의 실제 규모, 건물과 거리의 관계, 건물들의 용량감, 시간에 걸친 건물들의 한 유형에서 다른 유형으로의 개조에 대한 아무런 참조 없이 인근 건물들의 세목을 흉내만 내는 것이다(Scheer, 2013)"(Ünlü, 2018: 34).

최근에 나온 한 도시형태론 논문 모음집에 실린 톨가 원뤼의 이 글은 이 분야와 관련된 연구 및 교육의 개황을 다루고 있어서 도시형태론이 대체로 어떻게 이해되고 있는지 짐작하게 해준다. 여기서 언급된 내용으로 보면 도시형태론자들은 '도시적 형태'를 주로 **사회과학적**이거나 **공학적**인 견지에서 이해하는 듯싶다. 이 분야를 대표하는 원로에 속하는 화이트핸드의 경우,[10] 도시형태론을 "도시의 성장" "개조 및 재개발"의 문제, "도시적 형태들"을 생산하는 "다양한 행위자들", 그리고 "도시의 미래 발전" 방향과 그 "관리 방안"을 다루는 연구 분야로 이해하는 것으로 소개되고 있다. 그렇게 이해될 경우, 도시형태론은 사회과학적 사안인 **사회적 변동**을 중시할 수밖에 없을 것이다. 비슷한 경향은 "도시적 형태"를 "변형과 교체 속에 놓인 상이한 분석 차원들"에서 이해한다는 앤 무동, 도시형태론을 "도시적인

10_ 도시형태론에서 화이트핸드의 학문적 권위는 같은 분야 학자들이 그에게 80세 기념 논총 (*J.W.R. Whitehand and the Historico-geographical Approach to Urban Morphology*, ed. Vítor Oliveira [Cham, Switzerland: Springer, 2019])을 헌정한 사실을 통해서도 확인된다.

건조환경의 변화를 묘사하고 정의하고 이론화하는 데 주력하는 지식분야"로 보는 브렌다 쉬어에게서도 확인된다. 다른 한편, 도시적 형태를 공학의 문제로 보는 경향도 상당하다. 언급된 연구자들 가운데 이런 경향을 지닌 이들은 비토르 올리베이라, 칼 크로프, 스티븐 마샬과 올구 찰리쉬칸, 쉬어 등이다. 예컨대 "도시적 형태"란 "거리들, 부지들, 건물들"을 포함한 "도시의 주요 물리적 요소들"(올리베이라)을 가리킨다고 이해하는 것은 그들 요소를 공학적 구성의 대상으로 간주하는 것과 다르지 않다. 이런 관점은 도시적 형태를 "건조환경의 구조, 형성, 변형에서 반복되는 패턴들"(크로프), "건물들과 공간들의 조화, 그리고 형태-기능 관계들"(마샬과 찰리쉬칸), "기본 구조의 실제 규모, 건물과 거리의 관계, 건물들의 용량감, 시간에 걸친 건물들의 한 유형에서 다른 유형으로의 개조"(쉬어) 등의 견지에서 파악할 때도 나타나고 있다.

　　도시적 형태에 대한 사회과학적, 공학적 관심은 개별 연구자들에 따라서 그 중 어느 한쪽이 더 강조되기도 하고, 두 가지가 동시에 고려되기도 한다. 두 가지를 동시에 고려하는 한 예를, 도시 형태를 "건물과 거리의 관계, 건물들의 용량감" 견지에서 공학적 고려를 하다가도 "건조환경에서의 변화를 묘사하고 정의하고 이론화하는" 과정에서는 사회과학적인 고려도 하는 브렌다 쉬어에게서 찾아볼 수 있다. 위의 인용문에서는 공학 편향의 도시형태론자로만 소개되고 있는 올리베이라도 두 가지 관심을 결합해 도시형태론을 수행하는 전형적 연구자에 속한다. 올리베이라는 이 분야의 대표적 연구자에 속하는 만큼, 이 지식 분야의 감사 범위를 가늠하기 위해 그가 도시형태론을 어떻게 이해하고 있는지 좀 더 들여다보는 것이 필요하다. 그는 도시형태론의 가장 중요한 학술 조직인 국제도시형태학회(International Seminar on Urban Form, ISUF)의 사무총장으로서, 위에서 인용한 원뒤의 것을 포함한 17편의 논문을 모아 자신이 서문과 결론을 덧붙여 펴낸 논문 모음집 『도시형태론 교육*Teaching Urban Morphology*』(2018)과 J.W.R. 화이트핸드 탄생 80주년 기념 논총(*J.W.R. Whitehand and the Historico-geographical Approach to Urban Morphology*, 2019)의 편자이자, 단행본 『도시형태론 *Urban Morphology*』(2016)의 저자이기도 하다. 올리베이라는 자신의 저서에서 도시형태론을 다음과 같이 정의하고 있다.

> 이 책은, 도시형태론이란 도시적 형태들, 그리고 그것들의 변형을 일으키는 동인들과 과정들의 연구를 의미한다는, 그리고 도시적 형태는 도시를 구조화하고 그 모양을 빚어내는 주요 물리적 요소들—가장 중요한 것들을 언급하자면 도시적 짜임새들, 거리들(과 광장들), 도시 부지들, 건물들—을 가리킨다는 기본적 정의를 따르고 있다(Oliveira, 2016: 2).

올리베이라는 자신의 "기본적 정의"를 통해 도시형태론을 공학적임과 동시에 사회과학적인 성격을 지닌 연구인 것으로 말한다. 그 정의에서 도시형태론은 "도시를 구조화하고 그 모양을 빚어내는 주요 물리적 요소들" 즉 도시적 형태들의 연구와 함께 그 형태들의 "변형을 일으키는 동인들과 과정들"의 연구로 제시되고 있다. 도시형태론은 도시적 형태들을 "물리적 요소들"로서 연구할 때는 공학적 또는 기술과학적 성격을 가질 것이고, 그들 형태의 "변형을 일으키는 동인들과 과정들의 연구"를 진행할 때는 사회과학적 성격을 가질 것이다. 실제로 올리베이라는 자신의 책 제2장에서 "도시적 짜임새"를 "자연적 맥락" "거리 체계" "부지 체계" "건물 체계" 등의 관점에서, 제3장에서는 "도시의 변형" 문제를 "변화의 행위자들"—개발업자, 건축가, 건설업자, 지역당국 기획담당관, 지역정치인—의 견지에서 그리고 "도시 변형 과정들"을 "설계"와 "계획 실행 및 개발 관리"의 견지에서 살펴보고 있다.

　도시형태론의 감사 범위는 올리베이라의 책 구성이 예시하고 있듯이 기본적으로 **공학적, 사회과학적 영역들**인 것으로 보이지만, 그렇다고 다른 영역이 아예 배제되는 것은 아니다. 앞에서 인용한 글에서 언급되고 있는 크로프와 말프로이의 입장을 살펴보자. 원뤼는 그들이 "도시경관의 발생 또는 발생과정을 드러내는" 것을 "도시형태론적 연구의 본질"로 보고 있고, "지각, 의도, 그리고 해석"을 "도시경관을 빚어내는 근본적인 사회-문화적 과정들"로 이해하는 것으로 소개한다. 두 사람은 그렇다면 "도시경관을 빚어내는" 일을 꼭 물리적인 도시적 형태를 빚어내는 일로만 이해하지 않는 셈이다. 크로프와 말프로이는 자신들의 한 논문에서 다음과 같이 말하고 있다.

> 원칙적으로 지각, 의도, 그리고 해석이 건조환경의 창출과 성장으로 이끄는 사회-문화적 과정들에서 근본 요소들이다. 도시적 형태의 생성을 이해하려면, 그것을 **내형하는**(inform) 근원적 생각들을 이해하는 것이 결정적이다. 『성시의 형상*The idea of a town*』(1988)이라는, 조셉 리쿼트의 연구는 로마 성시들의 물리적 형태와 그것들의 형성과정이 어떻게 특유의 문화적 내용—우주적 질서에 대한 발상들—에 깊이 뿌리박고 있는지 보여준다. 약간 다른 방식으로, 카니쟈와 마페이(Gianfranco Caniggia and Gian Luigi Maffei, 2001)에게는 직관적 생각으로서의 어떤 건물에 대한 고유한 착상이 도시적 형태의 유형론적 과정과 진화에 필수적이다(Kropf and Malfroy, 2013: 129. 원문 강조).

지각과 의도와 해석은 여기서 도시적 형태를 '내형(內形)하는' 요인들인 것으로 제시된다. 그런 것들이 도시적 형태를 내형한다고 보는 것은 그것들이 그 형태를 규정하는 어떤 근원적 힘으로 작용한다고 여기는 것이다. 이것은 이때 지각, 의도, 해석 등이 형상(形相)의 요소로서 작용한다는 것이며, 특히 도시적 형태들의 에이도스를 이룬다는 말이기도 하다('형상'에 대해서는 제2장에서 자세하게 언급할 것이다). 중요한 점은 생각들, 형상들이 그런 역할을 할 경우, 도시적 형태의 문제가 꼭 공학적이거나 사회과학적인 시좌에서만 파악될 필요가 없다는 것이다. 이것은 지각과 의도와 해석은 예컨대 **인문학적** 사안인 인간의 실존적 의미나 **예술적** 사안인 미감 등과 관련되어 있기 때문이기도 하다. "사회-문화적 과정들"로서의 "지각, 의도, 그리고 해석"은 그렇다면 적어도 공학적 관점의 범위는 분명히 벗어나는 셈이며, 사회과학적인 시좌도 넘어서서 인문학적이고 예술적인 관점까지 포괄하는 셈이다. 이런 점은 도시형태론 영역에서 상당한 영향력을 지닌 마이클 콘젠의 견해에서도 확인된다.[11] 콘젠은 국제도시형태학회(International Seminar on Urban Form, ISUF) 2012년 회의의 기조연설에서 다음과 같이 말하고 있다.

> 도시형태론은 도시들의 건조 형태의 연구이며, 도시 구조들과 개방 공간들의 배치 및 공간적 구성, 그것들의 물질적 성격과 상징적 의미를 그것들을 창출하고, 확장하고, 다양화하고 변형시켜온 힘들에 비추어 설명하고자 한다(Conzen, 2013a).

도시적 형태의 문제란 공간적 구성물들의 "물질적 성격과 상징적 의미"를 포괄하는 것으로 규정한다는 점에서, 콘젠의 도시형태론은 공학적(또는 과학기술적), 사회과학적, 인문학적 관심을 통합하는 **학문 통합적** 또는 **분야 횡단적** 성격을 지닌 셈이다.

도시형태론의 이런 성격은 이 지식 분야가 "몇몇 분과 학문과 연구 전통에 속한 학자들의 증대하는 관심"을 끌어모으기 시작한 1980년대와 1990년대에 이미 나타났다고 볼 수 있다. 이 시점은 "지배적인 형태론적 접근들"을 보여주는 주요 저서들(Caniggia and Maffei, 1984; Hillier and Hanson, 1984;

11_ 마이클 콘젠은 독일 출신으로서 영국에서 활동하며 도시형태론의 영독 학파를 창시한 M.R.G 콘젠의 아들이며, 2009-13년 사이에 국제도시형태학회(ISUF, International Seminar on Urban Form) 회장을 역임했다.

Batty and Longley, 1994)이 출간되고, "도시형태론과 관련된 국제적 협력"(Merlin et al., 1988; Slater, 1990; Whitehand and Larkham, 1992)과 주요 학술대회가 조직되기 시작한 때였다(Oliveira, 2019: 9-10). 당시에 "새로운 지적 상황의 기미가 감도는" 것을 느낀 화이트핸드가 점검한 바로는, "도시 지역의 물리적 형태들"에 관심을 기울이기 시작한 분과들은 "지리학, [도시]계획 및 계획사, 도시설계, 건축학, 도시사" 등이었다(Whitehand, 1994: 620). 도시형태론이 공식적인 학제적 분야로서 조직된 것도 1990년대다. 도시적 형태 연구의 가장 중요한 국제 조직인 ISUF가 1994년에 창립되었고, 1997년에는 그 공식 학술지인 『도시형태론Urban Morphology』이 창간되었다.

앤 무동에 따르면, 도시형태론이 이렇게 체계적인 조직 형태를 갖추어 공식 출범한 것은 도시 건설 및 연구의 이론과 실천 분야에서 중요한 역할을 하며 영향력을 지니고 있던 세 조류 또는 학파가 협력 관계를 맺어서 나온 결실물에 해당한다. 그 조류들은 각기 영국, 이태리, 프랑스에 기반을 두고 있었으며, 모두 2차 세계대전 이후 도시 건설과 연구 분야에서 지배력을 행사하던 모더니즘적 경향이나 양적 연구 지향을 거부하고 역사적, 경험적, 귀납적 접근을 한다는 특징을 공유하고 있었다. 그중에서 역사가 더 오래된 영국 및 이태리 전통에서는 두 인물의 역할이 특히 중요했던 것으로 알려져 있다. 먼저, 영국 학파가 형성된 데에는 2차 세계대전 이전에 독일에서 이주한 M.R.G 콘젠의 영향이 컸던 모양이다. 콘젠은 옛 장시 안윅의 도시계획에 대한 형태론적 연구(Alnwick, Northumberland: A Study in Town-Plan Analysis, 1960)로 영국 도시형태론 형성에 큰 영향력을 행사한 지리학자로서, 그가 개시한 연구 전통은 제자인 화이트핸드가 1974년에 창립한 버밍엄대학의 도시형태론 연구집단(Urban Morphology Research Group)을 통해 이어졌고, 또 시카고 대학의 교수가 된 아들 마이클 콘젠에 의해 미국에도 전해졌다. 이태리 학파는 건축가인 사베리오 무라토리가 시작한 도시적 형태에 대한 유형-형태론적 접근법을 중심으로 영향력을 키웠으며, 이 전통은 카니쟈 등에 의해 주로 실무적 건축 분야에서 발전된 것으로 평가된다. 끝으로 프랑스 학파는 1960년대 말에 건축가 필립 판느레와 장 카스텍스, 사회학자 장-샤를르 드폴르가 주도한 베르사유 건축대학을 중심으로 형성되었다. 이 전통은 앙리 르페브르도 참여한, 도시적 삶에 대한 당시 지적 담론 지형의 영향을 받았던 것으로 알려져 있다. 1990년대에 ISUF가 창립된 것은 이들 세 조류가 개인적 접촉, 개별적 정황에 의해 서로 연결되고, 두 갈래로 진행되던 도시형태론의 국제화 흐름—영어권 지리학 저서들의 체계적 보급과 이태리 건축의 세계적 평판 상승—이 결합한 결과였다 (Moudon, 1997: 4-5).

도시형태론은 기본적으로 다양한 형태의 **분과 횡단**과 **학문 통합**을 지향했다고 볼 수 있다. 무동에 따르면, 서로 다른 언어권과 학문 분야 출신들이 도시형태론을 새로운 지식 영역으로 성립시킨 기반은 두 가지의 공통 인식이었다. **도시**란 "그 물리적 형태의 매개를 기준으로 해 '읽히고' 분석될 수 있다는 합의"와 "형태론적 분석이란 기본적으로 세 가지 원칙에 기초한다는 인식의 공유"가 그것이다. 그 세 원칙은 다음과 같다.

1. 도시적 형태는 건물들, 연관된 빈터 즉 필지, 그리고 거리라는 세 가지 근본적인 물리적 요소들에 의해 규정된다.
2. 도시적 형태는 상이한 해상도 차원에서 이해될 수 있다. 통상 건물/필지, 거리/블록, 도시, 그리고 지역에 해당하는 네 가지 차원이 알려져 있다.
3. 도시적 형태는 그 구성 요소들이 계속되는 변형과 교체를 겪기 때문에 역사적으로 이해될 수 있을 뿐이다(Moudon: 7).

이에 따라 도시형태론에서는 '형태' '해상도' 그리고 '시간'이 도시적 형태의 분석에서 근본적인 주제가 되는데, 도시형태론이 학제적 또는 통합학문적 접근을 지향하는 것은 그런 주제들은 개별적으로 존립하는 것이 아니라 서로 연관을 맺고 있고, 따라서 특정한 지식 분야에만 의해 독자적으로 다뤄질 수 없다고 보기 때문이라고 볼 수 있다. 홈페이지에 나와 있는 학회 소개에 따르면,

ISUF는 연구자들과 종사자들을 위한 도시 형태의 국제 조직이다. 이 조직은 세계의 도시형태론자들이 모여 1994년에 출범했으며, 건조환경과 관련된 영역들에서 연구와 실천을 진작시키고자 한다. 회원들은 건축학, 지리학, 역사학, 사회학, 도시설계 분야를 포함한 다양한 분과들 출신이다(http://www.urbanform.org/).

ISUF가 도시형태론 분야에서 국제적으로 가장 중요한 학술조직임을 고려하면, 여기서 소개되고 있듯이 그 회원들이 도시 공간의 조성과 연구, 관리 등과 관련된 다양한 학문 분야에 속한다는 것은 도시형태론의 감사 범위가 매우 포괄적일 것임을 예상케 한다. 도시형태론이 도시의 물리적 형태가 다양한 규모로 역사적 과정에서 만들어지고 변형된다는 데 주목한다는 점에서, 그것은 당연한 일이다. 무동이 말하는 형태와 시간과 해상도의 문제는 기술공학적인 문제이자 역사적이고 사회학적인 문제이고, 나아가 예술과 인문학의 문제이기도 하다. 도시형태론이 기본적으로 통합학문적인 성격을 갖는 것은 그런 점 때문이라 할 수 있다.

4. 도시형태론에서 형태와 의미

하지만 도시형태론이 통합학문적인 성격을 갖는다고 하더라도 구체적으로 어떻게 실천되느냐는 도시적 형태 영역에서 작업하는 개별 학자와 종사자에게 달린 일이다. 이 지식 분야에 속한 서로 다른 학자들이 도시적 형태와 그 의미의 관계를 이해하는 방식에서 그런 점을 볼 수 있다. "지각, 의도, 그리고 해석"을 "도시경관을 빚어내는 근본적인 사회-문화적 과정

들"로 보는 것으로 앞서 소개된 바 있는 크로프와 말프로이의 경우를 살펴보자. 언뜻 보면 두 사람은 도시형태론에 대한 매우 포괄적 정의를 제출하는 듯 보이지만, 사실은 그 반대다. 그들은 "사회-문화적 과정들"에는 "우주적 질서에 대한 발상들"이나 "직관적 생각으로서의 어떤 건물에 대한 유기적 착상"과 같은 "근원적 생각들" 즉 형상적 사유가 도시적 형태에 중요하다고 인정하면서도, 그런 것을 살피는 일을 도시형태론 **고유의** 과제로는 보지 않는다. 그들은 오히려 도시형태론은 자신의 고유 영역을 엄밀하게 규정해야 한다고 하면서, "도시 건조 형태"의 "물질적 성격과 상징적 의미"를 함께 다룰 필요가 있다는 마이클 콘젠의 입장을 명시적으로 반대하는 쪽이다. 그들에 의하면, 도시적 형태의 이해는 그 모델을 언어학적 형태론에서 찾는 것이 필요하다.

> 도시적 형태를 이해하는 데 의미가 필수 불가결하다는 콘젠의 견해에 대응하려면 언어학의 형태론을 참고하는 것이 도움이 된다. 언어학에서 형태론은 의미를 **배제한다.** 그것은 언어의 내용과는 관련이 없고 소리들과/또는 상징들 체계의 형태적 특징들, 체계의 요소들, 그리고 그 요소들이 내용을 표현하는 **수단**을 제공하기 위해 어떻게 결합하는가에 관심이 있다(Kropf and Malfroy, 2013: 129-30. 원문 강조).

나아가서 그들은 "건조 형태들의 모양 짓기에서 의미의 문제는 정확하게 보면 도시 기호론, 기호학, 또는 도시 도상학에 속"하므로 도시형태론에 고유한 것이 아니라고 보고, "도시형태론이 지니고 작업해야 하는 유일한 기호 범주는 퍼스의 용어를 사용하자면 '도상'이나 '상징'과 대립하는 '지표'다"라는 주장을 제출한다(Kropf and Malfroy: 129).

"언어학에서 형태론은 의미를 배제한다"는 진술은 사실이라 하기 어렵다. 언어학의 형태론은 의미와 형태의 **관계** 문제를 다룬다고 볼 수 있기 때문이다. 언어에서 형태는 개념적으로는 의미와 구분되더라도 그 자체로 만 존재한다고 볼 수는 없다. 이런 점은 언어의 의미 단위인 기호가 구성된 방식을 보면 알 수 있다. 언어적 기호는 표현(음성-이미지)의 측면인 기표와 내용(개념)의 측면인 기의로 구성되어 있지만, 언어적 기호가 의미를 생산할 수 있는 것은 기표와 기의 양자가 **불가분하게** 결합해 있기 때문이다. 기호에서 굳이 형태와 의미의 측면을 구분해내자면 표현에 해당하는 기표가 전자, 내용에 해당하는 기의가 후자를 담당한다고 할 수 있지만, 그렇게 보더라도 의미가 생산되는 것은 양자가 불가분하게 결합해 있기 때문이라고 봐야 한다. 소쉬르는 이것을 기표와 기의는 종이의 앞뒷면과 같아서 가위로 저 하나를 자르지 않고서는 이 하나를 자를 수 없다는 말로 표현한 바 있다(Saussure, 2011: 113). 크로프와 말프로이가 언어학의 형태론은 의미의 문제를 배제한다고 말하는 것은 이런 점에서 근거가 박약하다. 퍼스의 기호 개념에 대한 두 사람의 이해도 일면적이다. 지표와 도상과 상징은 상이한 기호의 유형이나 종류라기보다는 특정한 기호의 상이한 측면에 해당한다. 기호에 따라서 도상적, 상징적, 지표적 측면이 각기 다른 정도로 부각할 수는 있지만, 도상이 되면 지표와 상징은 될 수 없고, 지표가 되면 도상과 상징은 될 수 없으며, 상징이 되면 도상과 지표는 될 수 없는 기호를 찾기란 어렵다. 예컨대 어떤 인물의 모습을 보여주는 초상 사진은 일차적으로는 도상이라고 할 수 있겠지만, 카메라 렌즈가 특정한 조건에서 빛을 받아들인 자국이라는 점에서 지표이기도 하다.[12]

12_ 앨버트 애트킨에 따르면 퍼스는 대상들이 자신들의 기호들을 결정한다고 보기도 했다. "다시 말해 대상의 성격이 성공적인 기호 작용이 요구하는 바에 따라 기호의 성격을 제한하는 것이다. …퍼스는 이들 제한의 성격이 세 광범위한 부류─ 질적인, 존재적이거나 물리적인, 그리고 관습적이고 법칙과 유사한─ 로 나뉜다고 생각했다. 나아가서 성공적 기호 작용의 제약들이 기호가 대상의 질적 특징들을 반영할 것을 요구하면 그 기호는 **도상**이다. 성공적 기호 작용의 제약들이 기호가 기호와 그 대상 간의, 존재와 관련된 또는 물리적인 어떤 연관을 활용하도록 하면 그 기호는 **지표**가 된다. 그리고 끝으로 대상의 성공적 기호 작용이 기호가 기호와 그 대상을 연결하는 어떤 관습, 습관, 또는 사회적 규칙이나 법칙을

크로프와 말프로이가 지표를 도시형태론이 수용해야 할 유일한 기호 범주로 여기는 것은 그것을 "물리적 흔적들이나 동물 자취들 같은, 그 대상들과의 인과적 관계를 지닌 기호들"로 이해하기 때문으로 보인다. 그들에 따르면 "도시형태론의 핵심 과제는 건조 형태들과 건설자들의 상징적 목적 간의 관계를 분석하는 데 있는 것이 아니라 그런 형태에 영향을 주는 행위자들의 의식을 벗어나는 도시적 형태의 측면들을 들춰내는 데 있다." 그리고 그들은 "건조환경"을 "그것을 만들어낸 인간 활동 지표들의 거대한 집합"으로 보고, "도시형태론의 한 과제 그들 지표를 읽어내려는 우리의 시도를 돕는 것"(Kropf and Malfroy: 129)이라고 말한다. 건조환경은 "인간 활동 지표들의 거대한 집합"이라는 말이 잘못되었다고 보기는 어렵다. 하지만 그렇다고 해서 그 집합이 도상이나 상징적 측면과는 무관하다는 말까지 성립하는 것은 아니다. 두 사람은 "베이징의 자금성, 그라나다 알람브라 궁전의 **의미**를 설명하는 것은 도시형태론의 일"이 아니라고 본다(130. 강조 추가). "그들 형태가 그것들을 구성하는 요소들, 요소들 사이의 내적 관계들, 요소들 전체가 그것들이 일부가 되는 더 큰 구조들과 맺는 관계, 그리고 그것들의 형성에 개입된 포괄적 과정들"(130)을 설명하는 것이 도시형태론의 고유한 과제라는 것이다. 이처럼 도시적 형태를 기본적으로 물리적인 인과관계의 측면에서만 이해하는 것은 거기서 지표의 측면만 보고 도상과 상징의 측면, 나아가서 의미의 측면에서는 보지 않으려는 태도에

사용하도록 하면, 그 기호는 **상징**이 된다." 이렇게 볼 때 하나의 기호는 도상이거나 지표이거나 상징이 된다고 하겠으며, 따라서 퍼스는 도상과 지표, 그리고 상징을 기호의 서로 다른 유형, 범주로 이해한 셈이다. 하지만 애트킨은 퍼스가 나중에 이런 생각을 수정했다고 본다. "1903년에 이르러 퍼스는 도상들과 지표들의 순수한 사례를 찾아내는 것은 불가능하지는 않아도 어려울 것임을 깨달았다…그는 도상들과 지표들은 언제나 부분적으로는 상징적이거나 관습적이지 않을까 생각하기 시작했다. …1903년에 이르면 단순한 도상/지표/상징 삼분법은 비현실적인 관념이 되었으며, 퍼스는 어떤 단일 기호라도 도상적, 지표적, 상징적 특징들이 어떻게든 결합해 있음을 보여준다는 것을 알게 되었다"(Atkin, 2010. 원문 강조).

속한다고 하겠다.

물론 도시형태론 분야에는 다른 입장을 지닌 논자들도 있다. 마이클 콘젠이 그 한 예로서, 그는 "지표들의 문화적 의미를 배제하는" 크로프와 말프로이의 관점에 반대한다. 콘젠에 따르면, "건조 형태들과 건설자들의 상징적 목적들 사이의 관계"를 추적하는 과정에는 "예컨대 양자[도시형태론과 도시기호학], 그리고 몇몇 다른 영역들까지 만나서 겹치고, 그리하여 관련된 통찰을 흡수할 수 있는 비옥한 터전이 있다"(Conzen, 2013b: 132). 이에 따라 그는 도시형태론이 "행위자들의 의식을 벗어나는 도시적 형태 측면들"을 다루는 '설명적' 방법들과 도시 형태의 의미를 다루는 '해석학적' 방법들을 포괄할 것을 주장한다. 양자 간의 "방법론적 구분"이 중요하다고는 해도 "어떤 학문이 다른 하나를 엄격하게 제외하며 하나만 구현"(Conzen: 132)할 수는 없다는 것이 그의 논거다.

도시형태론 전통에서 의미의 문제에 관심을 두는 논자들은 콘젠 이외에도 더 있지만, 케빈 린치의 관점만 추가로 소개하고자 한다. 올리베이라에 따르면, 린치는 "도시의 생김새, 이 생김새의 중요성, 그리고 그것을 바꿀 가능성"을 다룸으로써 "우리가 물려받은 도시적 짜임새의 영향력을 인식하게 하는 도시설계의 패러다임 변화"(Oliveira, 2016: 92)에 중요한 공헌을 한 사람이다. 그는 또 맑스주의 문화이론가 프레드릭 제임슨이 '인지적 지도 그리기(cognitive mapping)'라는 개념을 설정할 때 참고한 『도시 이미지 *The Image of the City*』(1960)의 저자이기도 하다.[13] 이 책에서 린치는 도시란

13_ '인지적 지도 그리기'는 제임슨이 린치의 공간적 분석을 루이 알튀세르의 이데올로기 개념 정의와 결합하여 사회적 분석을 위해 도입한 개념이다. 제임슨은 도시 경험에 대한 린치의 생각에서 "직접적 지각의 여기 지금과 부재한 총체로서 도시에 대한 상상적 또는 가상적 감각 사이의 변증법"이 작동한다고 보고 린치의 발상을 알튀세르의 이데올로기 정의에 대한 공간적 유사물로 본다. 알튀세르에 따르면 이데올로기는 "개인들이 자신들의 현실적 존재 조건들과 맺는 상상적 관계의 '표상'이다"(알튀세르, 2007: 384). 제임슨은 이런 정의가 "개별 주체의 현지 위치와 그가 처해 있는 계급구조들 전체 간의 간극, 현상학적 지각과 모든 개별적 사유 또는 경험을 초과하는 현실 간의 간극"에 주목하도록 하는 장점이

"생활공간 안의 방위 측정에 효력이 있어야만" 하고, "여러 해석이 가능하고 변화에 적응해서 개인이 [도시적] 현실을 탐사하고 구성할 수 있게끔" 자신의 이미지를 갖출 필요가 있음을 강조한다. 이것은 도시란 이미지-능력(image-ability)을 갖춰야 한다는 말로서, 린치에 따르면 그 능력은 "어떤 물리적 대상에 깃들어 있는, 어떤 특정한 관찰자에게서도 강력한 하나의 이미지를 불러일으킬 높은 개연성을 그 대상에 부여하는 그런 성질"(Lynch, 1960: 9)이다. 린치는 도시란 그와 같은 성질이 있어야만 사람들에게 구체적인 인상을 심어주며 친밀감을 제공할 수 있다고 생각한다.

이런 특이한 의미에서 고도로 이미지-능력이 있는(명백한, 읽기 쉬운, 또는 보면 알 수 있는) 도시는 모양이 좋고, 구별되며, 주목할 만해 보일 것이다. 그것은 눈과 귀가 더 많은 주의를 기울이고 참여하게끔 할 것이다. 그런 환경의 감각적 파악은 단순화되기만 하지 않고, 확장되고 심화하기도 할 것이다. 그런 도시는 시간이 흘러도 알기 쉽게 서로 연결된 많은 변별적 지역들로 이루어진 고도의 연속성을 지닌 하나의 패턴으로서 파악될 수 있는 도시일 것이다. 직관력을 지닌 익숙한 관찰자라면 자신의 기본 이미지에 지장을 주지 않고 새로운 감각적 충격을 흡수하고, 또 새로운 충격 각각은 이전의 많은 요소를 건드릴 것이다. 그런 사람은 방향을 잘 잡을 것이며 쉽게 이동할 수 있을 것이다. 그는 자신의 환경을 아주 잘 자각할 것이다. 베네치아가 고도로 이미지-능력이 있는 그런 환경의 한 예일 것이다. 미국에서는 맨해튼, 샌프란시스코, 보스턴의 일부 지역들, 그리고 어쩌면 시카고의 호반을 예로 들고 싶다(Lynch: 10).

있다고 본다. 이때 이데올로기는 "의식적이고 무의식적인 표상들에 의한 눈대중 또는 조정, 지도 그리기의 시도"인 것으로 긍정적으로 이해된다. "여기서 제안되는 인지적 지도 그리기 개념은 따라서 사회적 구조의 영역, 즉 우리의 역사적 국면에서는 지구적(또는 다국적) 규모의 계급 관계들 총체에 린치의 공간적 분석을 외삽하는 일을 수반한다"(Jameson, 1988: 353). 인지적 지도 그리기에 대해서는 제5장에서 도시적 공제선 현상을 검토할 때 더 언급할 기회가 있을 것이다.

통상 도시, 특히 서울과 같은 거대도시는 그 모습이 불명확해 보이고, 읽어내기 어려우며 한번 봐서는 알기 어려운 탓에 사람들로 하여 방향감각을 잃게 만들기 십상이다. 린치는 도시의 이미지-능력 제고를 그런 문제에 대한 해결책으로 제시한다. 도시 환경은 감각적으로 파악될 필요가 있고, 그러려면 도시는 사람들이 감각기관으로 쉽게 파악할 수 있도록 직관적으로 알 수 있는 이미지를 가져야 한다는 것이다. 중요한 것은 이때 이미지란 기본적으로 도시에서 생활하는 사람들이 뇌리에 간직한 무엇이라는 것, 그리고 이것은 도시에 대한 경험과 그 축적의 결과물이라는 점이다. 도시 이미지는 그렇다면 도시와의 반복적 접촉, 즉 도시에서의 삶을 통해 얻은 어떤 인상이라고 할 수 있다.

　린치가 말하는 '도시의 이미지'는 크로프와 말프로이의 관점보다는 콘젠의 그것에 더 가깝다. 크로프와 말프로이의 주된 관심이 "행위자들의 의식을 벗어나는 도시적 형태의 측면들" 다시 말해 물리적이고 사회학적인 사안들에 가 있다면, 콘젠의 도시형태론은 "그런 지표들의 문화적 의미"(Conzen, 2013b: 132)도 그 감사 범위 안에 포함한다. 문화적 의미는 의식의 내부에서 작용하며, 그래서 현상적(phenomenal)인 경험 대상이기도 하다. 그런 경험을 중요하게 여기기는 린치도 마찬가지다. 그가 말한 도시 이미지란 단순한 물리적 대상인 것만이 아니라, 사람들이 도시에서 겪는 구체적 경험의 결과물이다. 그런 이미지는 도시적 형태 자체라고도 할 수 있겠지만, 이때 형태는 "행위자들의 의식을 벗어나기"보다는 그것에 포착된, 따라서 그들의 경험을 구성하는 어떤 것이 된다. 물론 도시적 형태는 그런 의식에만 속박되지 않고, 크로프와 말프로이가 말하는 "인간 활동 지표들의 거대한 집합"이기도 하다. 건조환경이나 도시 형태는 그래서 "그 대상들과의 인과적 관계를 지닌"(Kropf and Malfroy, 2013: 129) 지표로서 물리적이고 공학적이며 사회과학적인 탐구 대상이 될 수 있다. 단, 그렇다고 해서 그것들이 일상적 삶의 구체적 경험과 연관된 철학적 반성과 인문학적 탐색의 대상이 될 수 없는 것은 아닐 터다. 이런 점은 도시형태론이 도시적 형태의 문화적 의미를 검토하는 것도 자신의 과제로 삼아야 함을 말해준다.

도시형태론 분야에서 도시적 형태의 의미에 관한 관심은 그래도 꾸준히 표출되어온 것 같다. 창간 20주년을 기념하며 쓴 편집인 논평에서 화이트핸드는 ISUF의 공식 학술지 『도시형태론*Urban Morphology*』에 실리는 논문들에는 "도시적 형태의 문화적 기반들에 대한 언급"이 "두드러진다"(Whitehand, 2016: 3)고 지적하고 있다. 존스 등의 최근 논문이 그런 한 예다. 거기서 그들은 "도시경관은 물질적 형태들과 주관적인 인간 경험의 결합을 통해 만들어져" '분위기'의 지배를 받는 만큼, 분위기, 물질적 형태, 주관적 경험을 "서로 엮어서 살펴볼" 필요가 있다고 말하고 있다. 세 사람에 따르면, "분위기는 인간의 활동, 개인의 감정상 반응, 그리고 건조 형태들에 대한 주관적 지각이 결합해 만들어진다. 그것은 개인에게 특유하지만 공유된 장소감을 만들어낼 수도 있다"(Jones, et. al., 2017: 29). 공동묘지와 도시적 형태의 관계를 살펴보고 있는 2018년에 나온 한 글에서도 형태와 의미의 관계에 관한 관심이 확인된다. 콜른버거는 매장지의 위치가 역사적으로 변하는 것은 도시의 계획 및 건설의 주요 변화와 관련된 것으로 보면서, "묘지 필지의 형태와 그 기본 방위, 접근성의 크고 작은 변화"를 "종교적 믿음의 변화, 위생 규칙, 실용적 및 미학적 고려"의 견지에서 살펴보고 있다(Kolnberger, 2018: 119). 사실 도시적 형태가 "물질적 형태들과 주관적인 인간 경험의 결합"(Jones, et. al.)인 한에서는, 그것을 주된 관심사로 삼는 도시형태론이 형태와 의미의 관계에 천착하는 것이 이상하다고 보기는 어렵다. 예컨대 구체적 건물들의 스타일이나 특정한 도시의 경관 등은 "건축가들과 도시 설계자들 같은 행위자들의 생각들과 관행들을 통해 빚어지기"(Lilley, 2009: 67) 마련이며, 그런 것들이 "도시적 형태의 문화적 기반들"(Whitehand, 2016: 3)로 작용하는 것은 당연하다. 이런 점은 도시적 형태의 문제는 문화적 의미의 문제와 분리되기 어려움을 말해준다.

그러나 대체로 기술공학적이고 사회과학적인 관심사를 지닌 도시형태론이 도시적 형태의 의미 문제를 더러 다룬다고는 하더라도 거기에, 앙리 르페브르의 도시론에서 제출되고 있고 여기서도 채택하고자 하는 **도시-시학적** 관점이 반영되어 있는지는 의심스럽다. 후자의 관점은 도시를 작품이라 파악해 새로운 형태로 전환해낼 가능성을 모색하는 접근법이라는 점에서 자본주의적인 도시적 형태에 대한 **비판적** 이해를 전제한다. 하지만 도시형태론의 전통에는 비판이론의 관점이 부족한 편이라 할 수 있다. 예컨대 "영어권 도시형태론에는 '비판적' 이론이 사실상 전반적으로 부재"하다는 지적이 나온 것도 그런 점 때문일 것이다. 데이비드 하비나 데릭 그레고리, 에드워드 소자와 같은 비판적 지리학자들의 "좀 더 이론화된 의제"는 도시형태론에서 별로 수용되지 않는다. 거기서는 공간 생산에 대한 비판적 이해에 도움이 될 이론적 자원들을 제공할 수 있는 앙리 르페브르, 미셸 푸코, 자크 데리다 등의 작업이 중요하게 다뤄지지 않는다는 지적도 있다 (Lilley, 2009: 69).

하지만 이 책의 관점에서 볼 때 기존 도시형태론의 가장 큰 문제점은 무엇보다도 **도시적 형태와 자본의 운동 간의 관계**에 대한 문제의식이 아주 미약하다는 것이다. 다음은 위키피디아에서 도시형태론을 소개하고 있는 내용이다.

도시형태론은 인간 정착지들의 형태와 그것들의 형성 및 변형 과정에 관한 연구다. 이 연구는 어떤 메트로폴리탄 지역, 도시, 성시 또는 마을의 공간적 구조와 성격을 그 구성 부분들과 소유권 또는 통제, 그리고 점유 사용의 패턴들을 살펴봄으로써 이해하려고 한다. 전형적으로 물리적 형태의 분석은 때로는 집합적으로 도시적 결이라 불리는 거리 패턴, 용지 패턴, 건물 패턴에 초점을 맞추고 있다. 구체적 정착지들의 분석은 통상 지도 제작 자료들을 사용해서 이루어지고 발전 과정은 역사 지도들의 비교를 통해 도출된다(Wikipedia, 2019년 2월 8일 검색).

여기서 도시형태론은 기본적으로 도시적 형태의 사회과학적이고 기술공학적인 문제들을 다루는 것으로 소개되고 있다. "인간 정착지들의 형태"와 그 정착지들의 "형성 및 변형 과정", 그리고 크고 작은 도시가 지닌 "공간적 구조와 성격", 그런 지역에 속한 "구성 부분들"이나 "소유권이나 통제" "점유 사용" 등의 문제는 대체로 사회적 경쟁과 지배의 문제라는 점에서 사회과학적 사안에 속한다. 그리고 거리나 용지, 건물 등의 패턴을 구축하고 건설하는 일이나, "지도 제작 자료들"을 분석하는 일은 주로 공학적이고 기술적인, 따라서 기술과학의 응용과 관련된 문제들이다. 도시형태론의 감사 범위에 대한 이런 설명은 위에서 살펴본, 원뤼의 도시형태론 개황 소개에서 제출된 내용과 크게 다르지 않다. 위키피디아의 설명은 도시형태론에 사회과학적, 기술공학적인 문제들 이외에도 **문화적 의미**의 문제에 관한 관심이 있다는 점은 직접 언급하고 있지 않지만, 건물이나 용지, 거리의 패턴을 생산하는 것이 건축가나 도시설계사 등 구체적인 문화 전통 속에 있는 행위자들이고 도시 단위들의 소유권, 통제, 점유 사용 등 사회과학적 문제들 또한 다양한 사회적 의미와 가치들을 둘러싸고 펼쳐질 것임을 생각하면, 그런 관심이 내재할 것이라 볼 수 있다. 그러나 기존의 도시형태론이 이처럼 기술공학적이고 사회과학적이며 문화적인 문제들을 종합적으로 다루는 통합적 시야를 갖고 있다고 하더라도 문제는 남는다. 무엇보다도 거기서는 오늘날 도시적 형태를 결정적으로 규정하는 것은 **자본의 운동과 그 가치법칙**이라는 인식이 중요하게 작동하고 있지 않다. 도시적 형태의 형성과 변형, 관리 등의 과제와 관련하여 그 형태의 의미를 다루고, 그것과 관련된 사회적 변동을 다룬다고 해서, 오늘날 도시적 형태는 자본주의적 생산양식의 산물이라는 점이 분명히 드러나는 것은 아니다.

도시적 형태가 오늘날은 자본주의적 성격을 갖고 있음을 분명히 하는 것이 중요한 것은 어떤 형태이든 건조환경의 그것처럼 생산된 것일 경우에는 그에 대한 구상과 모델에 따라 형성되기 때문이다. 제2장에서 더 다룰 예정이지만, 자본주의적 생산양식의 지배를 받게 되면 도시적 형태는 **자본의 가치법칙**을 그 기본적 형성 원리로 갖게 된다. 이것은 도시적 형태가 가치—사회적으로 필요한 노동으로 생산되며, 노동생산물들이 일정한 비율로 서로 교환되게끔 해주는 기준이 되는—의 운동과 연결될 수밖에 없다는 말과 다르지 않다. 따라서 자본의 운동을 전제하지 않고 오늘날의 도시적 형태를 말하는 것은 그것이 형성되는 기본 원리를 외면하는 것과 비슷하다. 하지만 도시형태론 분야에서 도시적 형태와 가치 운동의 관계에 천착하는 연구자를 찾기는 쉽지 않다. 이것은, 도시적 형태를 포함하여 오늘날 사물들의 지배적 형태가 자본의 운동과 분리해서 일어나기 어렵다는 점을 생각하면 이해하기 어렵다. 이런 점에서 지금까지 살펴본 도시형태론은 분명한 한계를 가진다고 할 수 있다.

5. 복잡계로서 도시적 형태와 자본의 운동

새로운 비판적 도시형태론은 따라서 그 감사 범위를 새롭게 조정할 필요가 있다. 도시적 형태의 형성과 변형은 인간적 삶 전반과 관련된 문제다. 그것은 기술공학과 문화·정치경제적인 사회적 관계 이외에도, 문화예술적 자기표현, 일상적 경험, 보건과 정신건강, 자연과의 물질대사, 삶의 시공간적 조건 등 무수하게 많은 차원의 사안들과 관련되어 있다고 봐야 한다. 이들 차원 각자도 고립되어 있다기보다는 다른 것들과의 연관 속에서 작용하는 것으로 이해될 필요가 있다. 공학의 문제만 놓고 보더라도 반드시 기술공학의 시좌에만 갇힐 것으로 보기 어렵다. 예컨대 초고층 건물과 같은 특정한 형태의 구조물은 재료공학을 포함한 다양한 공학 분야 기술의 지원을 받아야 건립될 수 있다는 점에서 공학 영역 내부에서도 여러 분야의 협력이 필요하겠지만, 그 건립 과정에서든 완공 이후이든 그 자체로 우리의 경험적 대상으로 존재하게 되며, 그로 인해 중대한 인지적 대상으로 작용하고, 그에 따라 복잡한 행위-유도적 효과를 만들어내곤 한다. 건물이나 도로, 골목, 도시는 공학적 대상일 때 이미 인지과학의 사안이기도 한 것이다. 이것은 도시적 형태란 뇌과학과 신경과학, 정신분석학 등의 영역들에서도 검토가 필요한 사안임을 말해준다. 그리고 이들 영역은 기초 자연과학 분야인 생물학과 물리학, 화학 등의 영역과도 연결될 수밖에 없다는 점에서 도시형태론의 공학적 경향은 사실상 자연과학, 나아가서 이에 기반을 둔 과학기술 전반과 연관을 맺고 있는 셈이다.

그뿐만 아니라 자연과학, 과학기술과 관련된, 도시형태론의 공학적 측면은 도시 공간에서 건조환경을 조성하고 이 과정은 구체적인 역사적 사회적 현장에서 이루어져야 한다는 점에서 다양한 사회과학적 문제들을 안고 있기도 하다. 도시적 형태의 형성과 변형은 그 나름의 시공간적 조건속에서 이루어질 수밖에 없고 따라서 관련된 다양한 사회적 요인들을 지닐 것이기 때문이다. 예컨대 도곡동이나 목동에 들어선 타워팰리스, 하이페리온 같은 초고층 주상복합 건물이 조성되려면, 한편으로는 거기에 거액을 투자하며 거주할 개인들, 이들의 재정 운용을 도와줄─한 예로 이자율을 낮춤으로써 부동산에 투자하게끔 하는─금융제도, 건축조례 제정과 관련된 지방정부의 협조, 대규모 개발에서 빈발하는 항의와 저항을 억누를 공권력의 투입, 해외 설계사무실이 국내 건축가들과 '글로벌 스탠더드에 따라' 설계 입찰에 참여할 수 있게끔 하는 개방된 건축 시장의 형성, 그리고 이런 복잡한 과정 전체를 부유층에게 유리하게 만들어내는 전반적 법체계를 수립하기 위한 정치경제적 권력관계의 수립 등이 필요하다. 이런 점은 "도시적 경관에 책임을 지는 행위자들"이 "지주들, 건축가들, 개발업자들"(Whitehand, 1992: 626) 이외에도 아주 많을 것임을 말해준다. 그리고 그들은 도시형태론 분야를 훨씬 넘어서는 수많은 지식 및 실천 영역에 속할 것이다. 물론 오늘날 도시에서 진행되는 공간 생산의 현장에서 핵심적인 역할을 하는 것은 적어도 전문적 지식과 기술을 관장하는 분야에서는 사회과학과 과학기술 분야의 공학적 성향의 전문가들—꼭 도시형태론자들이라 할 수는 없겠지만 그래도 이들과 식견과 노하우를 공유할 수 있는 지식생산 영역들에 속한—이라고 할 수 있다. 도시계획을 세우고, 건물들의 위치, 높이, 스타일 등의 기술적 문제들을 전문적으로 다루는 것이 그들이다. 그리고 이들의 도시적 형태 이해가 지닌 중요성은 아무리 강조해도 지나치지 않을 것이다. 하지만 그들 역시 더 큰 엘리트 집단에 속해 있다는 점 또한 간과할 수 없다. 예컨대 최근 서울에서 거대한 공간적 변형을 야기하며 진행된 젠트리피케이션에서도 그런 점을 확인할 수 있다. 그 과정을 주도한 세력은 "건설자본, 부동산개발업자, 건물·토지 소유주, 프랜차이즈 기업, 금융기관, 개발주의 학자군, 도시계획 전문가집단, 언론, 관료 및 공무원, 지방 및 중앙 정치인, 법조계"(강내희, 2017a: 266) 등이라 할 수 있는데, 여기서 도시형태론자의 위상은 그리 높다고 보기 어렵다.

이런 점은 예컨대 건축가들과 개발업자들 그리고 이들에 의존하는 지주들이, 구체적인 어떤 부지에서 진행되는 건축 과정을 통해 도시적 형태를 결정하는 직접적 행위자가 된다고 하더라도, 그들의 행위가 단독적일 수 없음을 말해준다. 특정한 건축가가 개별 건물을 설계해 그 양식을 결정하더라도, 그의 설계는 그가 어떤 건축 교육과 훈련을 받았고, 그때 어떤 이데올로기에 포획되었는가에 따라, 아울러 그가 건물주로부터 어떤 압박—사무실 건물일 경우 공실률을 낮출 수 있는 설계에 대한 요구, 용적률을 최대한 반영해달라는 요구 등—을 받고 있느냐에 따라, 건물주는 건물주대로 어떤 사회경제적 조건에 처해 있느냐에 따라, 그리고 건축 행위가 언제 어디서 일어나느냐에 따라 특정한 형태-지향성과 제약성을 가질 수 있다. 이 것은 건축가의 설계란 면밀하게 따져봐야만 그 실상을 알 수 있는 엄청나게 복잡한 사회적 요인들을 그 조건으로 갖고 있다는 말이다.

건축가들의 건축 행위는 그래서 그들의 전문가적 관점과 능력의 영향을 받음과 동시에 그런 것을 초과하는 요인들에 의해서 규정된다고 봐야 한다. 1970년대에 여의도가 새로운 모습을 갖춘 과정이 좋은 한 예다. 여의도의 하단과 그 근처 한강 하류는 국회의사당이 건립되면서 모습이 전면적으로 바뀌게 된다. 의사당이 들어선 양말산(羊馬山)은 원래 40여 미터 높이를 가진 곳이었으나 건물터로 바뀌느라 완전히 깎여버렸고, 그전까지 자연 상태로 있던 섬 남쪽 가장자리의 모래톱은 인공 둑으로 바뀌어버렸다. 여의도 바로 옆에 있던 밤섬이 사라진 것도 그것을 폭파해 얻은 자재로 섬 둑을 쌓기 위함이었다. 여의도의 섬둑 조성과 양말산 일대의 평지화 작업은 여의도 아래의 선유도가 만들어진—엄밀하게 보면 창조보다는 파괴라고 봐야 할—과정과 판박이다. 원래 선유봉이었던 이곳의 옛 모습이 어떠했는지는 18세기 중엽에 활동한 정선의 『양천팔경첩 陽川八景帖』에 들어있는 <선유봉 仙遊峯>을 보면 알 수 있다.

선유봉은 원래 바위산으로 절경을 자랑하던 곳이었으나, 일제강점기인 1935년 여의도에 비행장을 건설하는 과정에서 한강에 둑을 쌓고 비행장으로 가는 도로를 만들기 위해 채석장으로 전락하며 송두리째 사라지고 말아 오늘날의 선유도로 바뀌었다. 여의도 하류 일대가 옛 풍광을 잃고, 각지고 인공적이며 추상적인, 다시 말해 전형적으로 모더니즘적인 경관을 갖게 된 것은 그 결과다. 모더니즘은 이때 개발주의적 상상력으로 반생태적이고 권위주의적인 새로운 도시경관을 만들어낸 디스토피아적 미학에 해당한다. 여기서 작동한 상상력은 기술 주도로 발휘되면서 효율과 생산성을 목표로 하는 새로운 형태들을 조형해낸 종류의 것이다. 모더니즘은 수많은 혁명적 예술가들이 실천한 사례에서 볼 수 있듯이 반드시 디스토피아적 상상력의 지배를 받는 것은 아니지만, 그 파괴적인 모습을 드러낼 때가 적지 않다.

이 전반적 과정이 개별 건축가들, 도시 설계자의 미학적 관점에 의해서만 지배되었을 리는 만무하다. 기암으로 이루어진 바위산이 평평한 섬으로 바뀌고, 여의도 하단부의 양말산이 파헤쳐지고 그 자리에 국회의사당이 들

폭파 이전의 밤섬 모습 (출처: 위키피디아)

어선 것은 전체주의적 공간 생산의 전형적 사례에 해당한다. 선유봉의 파괴는 일제가 자행한 일이고, 양말산에 국회의사당이 들어선 것은 한국의 군사정권이 주도한 일이다. 새로 조성된 여의도에 군사 퍼레이드를 포함한 대대적 군중대회가 열리곤 하던 콘크리트 광장—지금은 철거된—이 들어선 것도 박정희의 명령과 그에 따른 다양한 행정적 수

정선, <선유봉>, 개인소장 (출처: 최열, 2020)

단의 동원에 의한 것이었다. 의사당 건물은 원래는 한 층 더 낮게 설계된 것이었으나 박정희가 당시 정부청사로 쓰던 중앙청 건물보다 한 층 더 높이라고 하여 6층 높이로 되었고 대신에 폭은 더 좁게 설계되었다(경향신문, 2015.10.3.). 돔을 머리에 얹고 여의도 남단에서 북쪽을 향해 보고 선 의사당의 모습은 제3 제국의 군수상을 지낸 '히틀러의 건축가' 알베르트 슈페어가 설계한 '인민궁전'을 연상시킨다. 이런 점은 도시적 형태를 결정하는 핵심적 요인인 건물들의 모양을 결정하는 것은 건축가들만의 문제는 아님을 말해주고 있다.

도시적 형태는 자

위의 사진은 국회의사당 앞쪽의 여의도, 아래의 사진은 히틀러의 명을 받아 슈페어가 구상한 베를린의 모습이다. 인민광장은 상단에 보인다. (위 사진-필자; 아래 출처: wikipedia)

연적인 것이 아니라 **사회역사적인 산물**이다. 자본주의적 생산양식의 지배 아래 있게 되면 같은 도시더라도 자본의 가치법칙이 전개되는 방식에 따라서 도시적 형태의 형성과 변형, 관리 방식이 변할 수밖에 없다. 박정희 정권에서 서울의 여의도가 오늘날과 같은 모습을 갖추게 된 것은 당시 한국에서 전개된 자본축적이 발전주의적 전략을 따랐던 점과 무관하지 않다. 자본의 발전주의적 축적 전략에서는 국가의 주도적 역할이 중요하며, 따라서 정치적 권력, 또는 한국 같은 경우에는 독재자의 의중이나 선호가 공간 생산과 관련한 결정에서도 큰 비중을 차지한다. 반면에 오늘날 한국의 지배적 축적은 발전주의적 전략이 폐기되지는 않았더라도 상당히 약화한 가운데 특히 **금융화**의 논리가 강력하게 작동하는 **신자유주의적 방식**을 따르고 있다. 한국에서 금융화가 본격적으로 진행된 것은 세계 금융자본의 공격을 받아 외환위기를 맞았던 1997년 이후이며, 21세기에 들어온 뒤로부터는 공간의 생산과 도시적 형태의 지배적 형성 방식이 주로 금융화의 규정을 받게 되었다. 따라서 대략 2000년 이후부터 서울이 갖게 된 자본주의적인 도시적 형태는 공간의 금융화가 본격적으로 진행된 것과 연동해서, 나중에 보게 되겠지만 '자산 도시주의'나 '금융적 매개' 등이 강화된 것과 긴밀한 관계를 이루며 형성되었다고 봐야 한다.

도시적 형태란 사실 기술공학적이거나 사회과학적일 때 미학적이거나 이데올로기적임과 동시에, 그것이 미학적일 때 기술공학적이면서 정치경제적이거나 이데올로기적이라고 할 수 있다. 그것을 구성하는 것은 다양한 지식들과 기술들, 복잡한 계산들, 사회적일 뿐만 아니라 이제는 생태적이기도 한 조건들, 그리고 이 속에서 벌어지는 온갖 연대적이고 적대적인 사회적 관계들의 복잡한 전체인 셈이다. 서울의 생김새에 대한 도시형태론적 접근을 수용할 때, 도시형태론의 감사 범위를 그 전통적 유형들이 보여주는 것보다는 훨씬 더 포괄적인 것으로 만들어야 할 이유도 여기서 나온다. 도시적 형태의 공학적 차원도 미학적, 정치경제적, 문화정치적 차원들과 긴밀한 관련을 맺을 수밖에 없음을 고려하면 그렇게 하는 것은 너무나 당연하다.

아니 그것만으로는 부족하다. 도시적 형태는 복잡하게 구성될 뿐만 아니라 특정한 방향성을 갖고 있기도 하다. 도시적 형태는 공학적이면서 사회과학적이고 나아가 미학적이고 인문학적이라는 점에서 문화정치경제기술적인 복잡한 전체라고 할 수 있지만, 하나의 전체인 한에서는 나름의 **경향성**을 가질 수밖에 없다. 특정한 골목이나 거리, 동네, 도시의 생김새는 문화정치경제기술적인 측면에서 배타적이거나 포용적일 수 있고, 폭력적이거나 평화로울 수 있으며, 또한 생태적이거나 반생태적일 수 있다. 이런 점은 도시적 형태를 **단지** 복잡성 체계인 것으로**만** 파악할 경우, 여기서 채택하고자 하는 도시형태론은 그 소임을 다 하지 못할 것임을 시사한다. 이 지식 영역이 그 감사 범위 안에 공학과 사회과학 이외에 미학과 인문학까지 포괄하며 통합적 성격을 강화하는 것이 중요한 학문적 진전이 될 것이라는 점과는 별도로, 그에 따라 파악된 도시적 형태의 복잡성이 단순한 사실로서만 파악된다면, 개재된 수많은 사회적, 인간적 문제들의 핵심적 측면들이 외면될 공산도 작지 않다.

그런 문제를 극복하려면 도시적 형태를 무엇보다도 '운동하는 가치'로서 자본의 운동 또는 '자본의 가치 운동'과 연결해서 파악하는 것이 필요하다.[14] 제2장에서 더 자세하게 살펴보겠지만 존재하는 사물들은 어떤 것이

14_ 맑스에 따르면, "단순상품유통[C-C-C]에서 상품의 가치가 그 사용가치에 대해 기껏해야 자립적인 화폐형태를 취한다면, 여기서[M-C-M] 그것은 진행하는, 스스로 운동하는 하나의 실체로 갑자기 나타난다. …이제 가치는…자신과 사적인 관계를 맺는다. …따라서 가치는 진행하는 가치(prozessierender Wert), 진행하는 화폐가 되고, 또 이런 것으로서 자본이 된다"(Marx, 1962: 169-70; 맑스, 2015a: 202; 2019a: 226-27. 번역 수정). 여기서 자본은 "스스로 운동하는 하나의 실체"로서의 가치, 즉 "진행하는 가치"로 정의되고 있다. 『요강』에서도 맑스는 "자본은 그래서 모든 순간에 자본은 진행하는 가치로 정립되어 있다"(2007b: 172. 번역 수정)고 말한다. 하비는 이런 점을 고려하여 맑스가 자본을 "운동하는 가치(value in motion)"로 정의했다고 해석하고 있다(Harvey, 2010: 90; 2018a: 4-7).

든 본질과 현상형태로 구분해서 생각할 수 있으며, 생산됨으로써 존재하게 된 것들, 예컨대 오늘날의 서울의 생김새 같은 경우는 그 외부적 형태와 이 후자의 형성 원리를 구분하여 생각하는 것이 가능하다. 이때 서울의 도시적 형태는 한편으로는 외부적으로 드러나는 **현상**의 층위와 그런 층위의 형성 원리로 작용하는 **본질**의 층위로 나뉠 수 있다. 자본의 운동이 이 과정에서 핵심적인 역할을 하는 것은 오늘날은 **존재하는 것들** 가운데 갈수록 더 많은 것의 생산이 자본주의적 생산을 통해 이루어지기 때문이다. 본질과 현상의 구분과 관련하여 이것은 본질의 차원에서는 '자기-증식하는 가치'로서의 자본의 운동이 일어남과 함께 현상의 차원에서는 다양한 형태의 생산물들이 상품으로 생산된다는 것을 말해준다.[15] 다시 말해 서울의 생김새 또는 도시적 형태는 자본의 운동에 의한 존재하는 것들의 생산과 이때 발생하는 물질대사의 작용을 통해서 형성되는 것이다. 복잡계로서의 서울의 도시적 형태도 이런 점에서 이해할 필요가 있다고 여겨진다. 복잡계는 그 안에 다양한 흐름을 안고 있지만, 언제나 그 안에서 '지배 내 구조'가 작동하는 하나의 전체를 이룬다고 봐야 하며, 그에 따라 나름의 운동 지향성을 지닐 것이다. 서울의 생김새와 관련하여 이 지향성은 역사적인 성격을 지닌다고 하겠으며, 자본주의적 생산양식이 지배하고 있는 오늘날의 상황에서 그것은 궁극적으로 자본의 운동과 가치법칙이 작동하는 양상에 따라 규정된다고 할 수 있다. 여기서 말하는 가치는 자본주의적 생산양식의 발전과 더불어 역사적으로 처음 나타난 것이다. 그것은 인간의 생산행위가 자본주의하에서 임금노동의 형태를 띠게 될 때 비로소 나타날 수 있기 때문이다. 오늘날의 도시적 형태가 가치의 운동과 연결되는 방식에 대해서는 제2장에서 더 자세하고 다루고자 한다.

15_ 자본을 '자기-증식하는 가치'로 규정하는 정의는 맑스, 2015a: 201, 260, 285, 773과 2015b: 125, 186, 261, 그리고 2015c: 451, 498, 499, 500, 503, 1118 등에서 확인할 수 있다.

6. '도시에 대한 권리'와 시학의 재개념화

도시적 형태가 오늘날 중대한 문제로 떠오른 것은 그것이 인간적 삶의 조건을 결정적으로 좌우하는 요인이 된 때문이기도 하다. 도시화의 급속한 전개와 도시인구의 급증으로 도시적 삶은 이제 누가 보더라도 인류의 보편적 삶의 방식이 되었다. 세계은행에 따르면 도시인구는 2010년에 세계인구의 50%를 넘어선 뒤, 2014년에는 53.4%에 이르렀다고 한다(The World Bank, n.d). 2014년에 나온 유엔의 보고서 「세계 도시화 전망」은 도시인구가 2050년에 이르면 세계인구의 66%나 될 것으로 예상하고 있다(UN Department of Economic and Social Affairs, 2014). 이런 변화를 이해하는 다른 관점, 즉 도시화를 단순히 도시인구의 증가라는 견지에서 농촌이나 소읍, 미개발 지역 등 비도시가 도시로 성장하는 과정으로만 이해하는 것과는 다르게 이해하는 관점도 존재한다. 제3장에서 우리는 도시화를 지구 행성 전체가 도시적인 상태로 전환되는 변화로 해석하는 '행성적 도시화론'을 살펴보게 될 것이다. 그래도 도시화가 현실이 되었다는 점, 도시적 삶이 지배적인 삶의 방식이 되었고 삶의 공간이 대거 도시적 형태로 바뀜에 따라 사람들의 일상적 삶과 그 체험 방식도 새롭게 규정되고 있다는 점은 누구도 부정할 수 없다. 도시의 물리적 형태를 핵심적인 지적 점검과 연구, 통찰의 대상으로 삼고 있는 도시형태론이 시학적 관점에 의해 재정비되어야 할 필요가 있는 것도 그런 점 때문이다. '시학'은 이때 도시적 형태가 어떻게 만들어져 있느냐는 질문만이 아니라 그것을 어떻게 만들어야 할 것인가 하는 질문도 함께 던지면서 도시적 형태를 생각하는 문제의식에 해당한다. 하지만 시학 자체도 재개념화될 필요가 있다. 도시적 형태의 형성에 관여할 경우, 시학은 '도시에 대한 권리'(도시권)를 고려하는 것이 필요하다.

자본주의적 생산양식의 지배가 심화한 가운데 진행되는 도시화는 도시와 비도시의 **전통적 구분**을 해체하는 경향을 드러낸다. 앙리 르페브르는 이미 1960년대에 도시와 시골의 이분법은 더 이상 통하지 않으며, 그에 따라 자연에 대한 권리 즉 **자연권**보다 **도시권**이 더 중요한 인권 범주가 되었다고 말한 바 있다. 르페브르는 "도시적인 것이 시골을 황폐하게 만드는" 문제가 만연함을 인정하면서도, 도시권을 "권리들 가운데 최고의 형태"로 파악했다. 도시권은 이때 사람들이 도시에 대해 갖는 권리로서 도시화 과정에 개입할 권리를 가리킨다. 반면에 일견 긍정되어야 할 것만 같은 자연권은 오히려 사이비 권리로 치부된다. 자연이 도시 거주자들에게 "여가 추구의 게토, 분리된 쾌락 공간, '창조성'의 은신처" 역할을 맡게 되면서, 자연에 대한 권리의 주장이 시골과 자연 파괴의 원인으로 작용하게 되었다는 것이 그 이유다. 이런 상황의 전개는 자연이 이제 "구매되고 판매되기 위해 교환가치와 상품"이 되고, '자연성'도 "상업화하고 산업화하고, 제도적으로 조직된 여가 추구로 파괴된" 결과로서(Lefebvre, 1996: 158), 도시권을 더 중요한 권리로 간주해야 할 논거로도 여겨진다. 도시가 인류의 보편적 삶 터전으로 전환된 오늘날의 상황에서는 그렇다면, 도시권을 얼마나 증진하느냐가 도시화에 대한 대중적 또는 민주적 개입 능력의 가늠자가 되는 셈이라 하겠다.

도시권의 부상은 도시적 형태에 대해서도 새로운 시각을 갖출 것을 요구한다. 사실 도시권을 확보하려는 노력은 기본적으로 도시적 형태를 어떻게 구성할 것인가의 문제와 직결된다고 볼 수 있다. 도로의 직선화, 초고층 건물의 도심 스카이라인 지배, 아파트단지나 빌라촌 등 집단적 거주 공간의 광범위한 형성, 도시의 수직화와 확산(sprawl) 현상 등 기존의 도시적 형태를 변형시키는 다양한 흐름은 도시에 대한 **대중의 권리**에 대해서도 영향을 미치기 마련이다. 1980년대에 서울 서부의 목동과 동북부의 상계동에서 신시가지가 조성되는 과정에서도 그런 점이 확인된 바 있다. 당시 진행된 것은 젠트리피케이션으로서, 그 과정에서 평평한 논밭이 대부분이었던 지역에 고층아파트 단지들로 이루어진 신도시가 들어서며 새로운 도시적 형태가 형성되었지만, 그 과정은 그 일대에 살다가 삶의 터전을 빼앗긴 주

구룡마을과 타워팰리스
(출처: 아주경제, 2019.2.1. https://www.ajunews.com/view/20190208131912947)

민들의 관점에서는 **수탈적 인클로저**이기도 했다. 1980년대 말 잠실에 롯데
월드 단지가 처음 들어섰을 때 부근에서 영업하던 포장마차들―그 가운데
는 폭력단체가 관리하는 '기업형'도 있었다고 한다―이 대거 철거된 것도
같은 맥락의 일이다. 자본주의 사회에서는 새로운 도시적 형태가 조성되는
과정에서 그런 일이 어김없이 일어나며, 그로 인해 **이중도시적** 상황이 야
기되곤 한다. 도곡동의 주상복합 건물군 타워팰리스와 최근에도 남아 있던
인근 구룡마을 판자촌의 극심한 대비가 그런 상황의 단적인 예일 것이다.
타워팰리스와 같은 초고층 건물들이 건립되면 공제선을 포함한 일대의 시
각적 환경, 도시적 형태는 크게 바뀔 수밖에 없다. 하지만 그로 인해 조성
된 새로운 도시경관은 바로 옆 구룡마을에 사는 사람들, 특히 초고층 주상
복합 건물군의 건립 과정에서 축출되어 그곳으로 쫓겨난 사람들에게는 박
탈감만 안겨주는 그림의 떡일 뿐이다.
　이런 점은 도시적 형태의 조성이 도시에서 일어나는 소유와 통제 등과
관련된 권력관계와 무관할 수 없다는 것, 그리고 이런 관계는 사회과학적

인 사실이면서 동시에 사람들의 일상적 경험에 녹아들 갖가지 감정들—회한, 분노, 슬픔과 함께 희망과 염원, 욕망도 포함된—과도 연결될 것임을 말해준다. 도시적 형태의 형성, 관리, 통제, 변화 등은 그래서 사회공학이나 기술공학, 정치경제 어느 하나만의 사안이 아닌, 인간적 삶 전반과 얽힌 복잡성 체계를 구성하는 문제들로 볼 필요가 있다. 도시적 형태의 문제를 도시권의 관점에서 재조명할 필요가 있는 것도 그 때문이다. 도시권은 이때 도시적 형태의 결정 과정에 대한 여성, 노동자, 외국인 노동자, 빈곤층, 성적 소수자, 청소년, 노년층, 시골 출신 등 다양한 사회적 주체들—도시에 대한 상이한 기대와 요구를 지닌—의 **민주적 개입** 권리와 관련된다고 봐야 한다. 최근에 도시권이 민주주의의 새로운 의제로 부상한 것은 그렇다면, 도시적 삶과 관련된 여러 문제가 그동안 특정 분야의 전문가 또는 엘리트로 구성된 소수의 배타적 소관으로 취급되어온 관행에 대한 문제의식이 생겨났다는 말이기도 하다. 도시적 형태와 관련해서도 그런 문제의식이 요청된다면, 도시적 형태의 연구와 탐구, 도시적 형태의 형성과 관련된 각종 실천도 민주적으로 이루어질 필요가 있다고 하겠다.

시학적 관점도 새로이 다듬어야 한다. 오늘날 도시에서는 다양한 주체가 도시적 형태를 놓고 서로 다른 요구와 주장을 내놓고 있지만, 자신의 도시권을 관철해내는 세력은 늘 특권적 소수로 정해져 있다. 도시권에 대한 요구가 도시적 형태의 결정에서 배제되는 소수자, 민중의 요구 형태를 띠고, 도시적 형태의 민주적 구축이 사회적으로 중요한 과제로 떠오르는 경우가 많은 것은 그 때문일 것이다. 도시권은 이때 사람들—정확하게 말하면 민중—이 도시적 형태를 자신의 욕구와 욕망에 따라 새롭게 만들어낼 권리가 되며, 그런 점에서 그것은 도시적 형태를 자신들의 **작품으로 만들 권리**, 대중의 '작가 될 권리'라고 할 수 있다. 도시적 형태를 새로이 주조할 권리로서의 도시권이 시학적인 성격을 갖는 것은 그런 이유 때문이다. 그런 권리는 무엇보다도 대중이 도시를 **제품**이 아니라 **작품**으로 대할 수 있고, 그 구성과 형식, 짜임새를 결정하는 과정에 참여할 수 있어야만 획득된다는 점에서 시학적이다. 시학의 관점은 이때 도시를 가능성으로서의 작품으로 보려는 관점이다. 여기서 도시는 **도시적인 것**으로 재개념화된다. 앞서본 대로, 도시가 "어떤 명확하게 규정된 확정적 대상"이라면, 도시적인 것은 "더 복잡한 관념"을 지닌 "가상적이거나 가능한 대상"이다(Lefebvre, 2003: 16). 따라서 도시를 작품으로, 도시적인 것으로 보자는 것은 그것을 이미 주어진 것, 확정되어 소비만 해야 하는 대상이 아니라, **새로이 전유하고 창조해야 할 대상**으로 보자는 것이다. 이때 새로 주조해야 할 대상은 도시적 형태라고 할 수 있다.

도시권의 개념은 시학에 대해서도 새로운 사고를 할 것을 요구한다. 시학은 도시를 제품이 아니라 작품으로 보게 해주는 중요한 작용을 하지만, 사실 "도시는 하나의 예술작품일 수가 없"고, 따라서 예술가**만의** 공간이 **아니**라는 점도 기억할 필요가 있다. 도시적 형태를 구축한다는 것은 한 편의 소설이나 시, 그림을 창작하는 것과는 다르다. 제인 제이콥스의 말대로, "예술가들은 자신들의 매체가 무엇이건 무수히 많은 삶의 재료들로부터 선택을 해서 선택된 것들을 예술가의 통제 아래 있는 작품들로 조직한다" (Jacobs, 1993: 485). 이리하여 탄생하는 작품이 예술로서 아무리 훌륭하다고 하더라도 그 자체로 도시적 형태를 대체할 수가 없는 것은 예술작품이란 선택과 배제를 바탕으로 구성되며, 따라서 복잡성과 다양성을 그 기본적 짜임새로 지닌 삶 자체와는 다를 수밖에 없기 때문이다. 예컨대 서울을 하나의 특이한 미학적 성향을 구현하는 거대한 건축 공간으로 구축하는 것은 불가능할뿐더러 바람직하지도 않다. 아무리 작은 도시라도 그 전체를 미술관이나 박물관으로 만든다면, 그것은 그 도시를 박제품—제7장에서 살펴볼 '박물관 도시'—으로 만드는 일에 불과할 것이다. 도시를 작품으로 만들자고 제안할 때, 우리가 도시권의 관점을 취해야 하는 이유도 여기에 있다.

단, 도시권도 **민주주의적** 관점에서 재설정하는 것이 필요하다. 도시에 대한 권리는 누구나 가진다고 봐야 하지만, 오늘날 도시권을 가장 강력하게 행사하는 사회적 세력은 도시계획을 주도하고 도시적 형태의 형성과 변형, 관리를 지배하는 상층 자본가계급이다. 맑스가 지적한 대로, "동등한 권리와 권리가 서로 맞섰을 때는 힘이 문제를 해결"하게 된다. 오늘날의 도시적 형태가 형성되고 재개발되고 관리되는 과정에서 자본 세력이 주도권을 쥐고 있다는 것은 그런 점에서 "총자본 즉 자본가계급과 총노동 즉 노동자계급 사이의 [계급]투쟁"(맑스, 2015a: 313)에서 전자가 지금까지 승리한 결과인 셈이다. 문제는 그런 상황에서는 도시를 작품으로 만드는 권리가 소수의 특권, **그들만의 예술작품**을 만드는 권리가 된다는 데 있다. 이런 점을 고려하면 도시권의 관점에서 도시를 작품으로 만들자는 제안도 비판적으로 검토하는 것이 필요하다. 이제 그 제안은 도시를 제품 즉 상품으로 만들며 자본의 독점적 지배하에 두는, 도시적 형태의 자본주의적 생산에 대한 **민주적 개입**의 제안인 것으로 이해해야 할 것 같다. '도시를 작품으로 만들기'는 그래서 물론 예술가들도 포함된, 그러나 그들에게만 국한되지 않는 공간적 실천이 되어야 한다. 다시 말해 그동안 도시가 제품으로 만들어지면서 도시적 형태 형성 과정에서 배제되어온 노동자, 여성, 이주민, 빈민, 노인층, 성 소수자, 취약자, 지체 부자유자 등 다양한 사회적 주체들이 그 과정에 참여할 수 있도록 하는 것이 필요하다.

이런 점은 도시적 형태의 시학과 관련해서 중대한 함의를 지닌다. 서울의 도시적 형태는 한편으로는 한국의 수도가 지닌 이미 만들어진 텍스트 또는 시공간적 짜임새임이 분명하며, 그런 점에서 **주어진** 셈이다. 이와 관련해서 우리가 던져야 할 질문은 바르트의 시학자가 통상 던지는 것ㅡ"이 것은 어떻게 만들어져 있는가?"ㅡ과 다르지 않을 듯싶다. 이때는 제품으로서의 그것의 성격, 그것이 구성된 방식에 주목해야 하지 않을까 한다. 아래 장들에서 우리는 서울의 도시적 형태가 오늘날 어떻게 자본주의적 형태를 띠고 있는지, 거기서 시공간적 형태의 **실체적, 본질적, 현상적 차원**이 어떻게 서로 관계를 맺고 있는지 살펴보게 될 것이다. 다른 한편 우리는 서울의 생김새를 '도시적인 것'의 견지에서도 생각할 필요가 있으며, 이때 질문은 "이것은 어떻게 만들어질 수 있는가, 어떻게 만들어져야 하는가?"로 바뀌게 된다. 물론 두 종류의 질문을 양자택일해야 할 성질의 것으로 볼 필요는 없다. 도시란 이미 만들어진 것이면서 동시에 앞으로 만들어가야 하는 것이기도 하다. 서울의 생김새, 그 도시적 형태는 그런 점에서 현실성과 가능성 또는 잠재성을 모두 가진 셈이다. '자본주의 도시적 형태의 시학'도 앞서 말한 것처럼 그런 이중적 의미를 지닌다. 시학은 이때 도시권의 관점에서, 한편으로는 서울에서 진행된 자본주의적 공간 생산을 통해 어떤 시공간적 짜임새가 형성되었는지 살펴보면서, 다른 한편으로는 그 도시적 형태를 어떻게 새로이 형성해야 할 것인지 생각해보는 작업이 될 것이다.

7. 결론

도시적 형태는 오늘날 자본주의적 생산과 관련하여 핵심적으로 중요한 의제로 부상했다. 그것은 도시적 형태를 형성하는 도시화 과정이 자본의 순환운동에서 갈수록 중요한 기능을 하고 있기 때문이기도 하다. 자본의 축적은 가치의 증식을 통해 생겨난 잉여가치의 자본으로의 전환을 통해 이루어지고, 상품의 생산이 이 과정에서 핵심적인 기능을 한다. 다시 말해 가치와 잉여가치가 형성되고 증식되어 자본이 축적되는 것은 상품의 생산과 유통을 통해서 이루어지는 것이다. 이것은 "자본주의적 생산의 기초 위에서는 상품이 생산물의 일반적 형태"(맑스, 2015b: 162, 625)가 된다는 말로서, 오늘날 도시적 형태를 지배하는 것이 **건조환경**인 이유이기도 하다. 상품의 생산이 자본의 축적에서 핵심적인 기능을 하게 되면 자본주의적 생산의 발달과 함께 상품생산의 규모는 필연적으로 거대해진다. 도시적 형태를 새롭게 만들어낸 건조환경이 오늘날 대규모로 구축된 것은 건조환경이 대부분 상품의 형태로 생산된 결과다. 건조환경의 중요성은 그래서 갈수록 높아지고 있고, 관련된 연구와 검토도 많이 수행되고 있지만, 도시적 형태의 견지에서 이루어지는 경우는 그리 많지 않다. 도시형태론의 수용 상황을 보더라도 그런 점이 드러난다. 앞서 본 대로 도시형태론은 감사 범위가 제한적일 때가 흔하고, 비판적 전통이 약하다는 문제점도 있지만, 그 자체로도 큰 관심을 끌고 있지 못하다. 『국제인문지리학백과사전*International Encyclopedia of Human Geography*』의 '도시형태론' 항목을 작성한 키스 릴리에 따르면

> 영국에서도 미국에서도 도시형태론은 인문지리학 전반에서 우위를 차지하지 못했다. 그것은 그 분야의 아주 주변적인 부분으로 남아 있다. 실제로 1990년대에 이르게 되면, 영국의 지리학자들 일부가 '경관'에 대한 도시형태론자들의 견해는 형태론보다는 도상학에 더 관심을 둔 영어권 역사 및 문화 지리학에 뿌리를 내리기 시작한, 경관에 대한 더욱 이론화된 접근법에 비춰 볼 때 너무 협소하고 너무 경험적이라고 주장하기 시작한다(Lilley, 2009: 68-69).

도시적 형태에 대한 무관심은 한국도 예외가 아니다. 개인적으로 확인한 바로는 도시형태론의 존재를 인지하고 있는 지리학자들이 그리 많지 않았다. 도시형태론에 대한 국내 학계의 무관심은 도시형태론이 지리학 내부에서 지닌 주변적 위상을 반영하는 것이기도 하겠지만, 도시의 생김새나 형태의 문제가 지적 관심의 대상이 되고 있지 못함을 말해준다. 사실 이 책의 제목으로 삼은 '서울의 생김새'도 잘 쓰이는 표현이 아니며, '서울의 모양'이나 '서울의 형태'도 마찬가지다. 대중적으로도 도시적 형태에 관한 관심은 별로 많지 않다. 서울의 외부 형상은 충분한 관심거리가 될 법한데, 2018년 11월 말에 구글링해본 결과로는 '서울의 생김새'는 검색 건수가 63건, '서울의 모양'은 7건, '서울의 형태'는 59건밖에는 나오지 않았다. 그런

검색 결과는 한국에서 문화정치경제적으로 가장 중요하다고 볼 수 있는 도시를 언급할 때 한국어 언중이 그 생김새나 모양, 형태의 측면을 그리 중요하게 생각하고 있지 않다는 징표라 할 것이다.16

하지만 도시인구가 세계인구의 절반이 넘고,17 도시권이 보편적 인권의 하나로 인식되기 시작했다는 것은 도시적 형태의 문제가 중요해졌음을 시사한다. 지난 수십 년 사이에 도시형태론이 독자적인 지식생산 영역으로 성립된 것도 그런 문제의식의 표명일 것이다. 그렇더라도 도시적 형태에 대한 인식은 더욱 벼려질 필요가 있다. 기존의 도시형태론에서 제시되는 도시적 형태의 이해 방식은 비판적 시각을 결여해 그대로 수용하기 어렵다. 여기서 서울의 도시적 형태를 살펴보고자 하면서 시학적 관점을 채택하려는 것은 그런 점 때문이다. 오늘날 제품으로 생산되고 있는 도시적 형태의 문제점을 점검함과 동시에 그것을 작품으로 전환할 가능성을 모색하려면 시학적 관점이 필요하다. 단, 이때 시학적 관점의 대상인 도시적 형태는 자본주의적 성격을 지닌다는 점에서 그것을 **자본의 운동, 그 가치법칙과의 관계**를 통해서 살피는 것이 무엇보다도 중요하다. 이 책의 나머지 부분에서는 그래서 자본의 운동과 도시적 형태가 연계되는 방식을 논의의 중심에 두게 될 것이다. 아울러 도시적 형태를 시학적 관점에서 살피고자 하는 것은 사회과학적이고 기술공학적인 경향이 큰 기존의 도시형태론에 충분히 반영되고 있지 못한 **인문학적 관점**을 더 많이 반영하기 위함인 것

16_ '서울의 모습'의 경우 예외적으로 215만 건이 검색되었다. 하지만 '모습'은 '생김새' '모양' '형태 등과 밀접한 관련성이 있기는 해도 그 의미 구성이 다르다. 후자의 단어들이 사물의 형상을 상대적으로 분명하게 가리킨다면, '모습'은 그것을 '느슨하게 가리킨다. 예컨대 1960년대 서울의 복잡한 버스 탑승 상황은 서울의 '모양'이나 '형태보다는 '모습'에 더 가깝다. '서울의 모습'에 대한 검색 건수가 많은 것은 '모습'이 지닌 의미상의 느슨함 때문일 것으로 여겨진다.

17_ 세계에서 '도시인구'가 절반이 넘게 되어 '도시시대'가 열렸다는 주장도 나온다. 하지만 '도사'의 개념이 모호하다는 비판도 없지 않다. 이와 관련해서는 제3장에서 '행성적 도시화론'을 다룰 때 더 자세하게 다룰 것이다.

이기도 하다. 오늘날의 도시적 형태에 대한 비판적 점검을 위해 도시적 형태와 자본의 가치법칙 간의 관계를 통해 살피면서 가치의 **형태** 문제에 특별한 관심을 기울이는 것도 그런 취지와 무관하지 않다. 형태는 앞서 살펴본 것처럼 **의미**의 문제와 분리되지 않는다는 점에서, 어떤 도시가 특정한 형태를 지니게 된다는 것은 그와 연동된 의미망이 형성된다는 말과 같다. 오늘날 복잡한 건조환경의 구축으로 도시적 형태가 새롭게 형성된 것도 새로운 의미들이 탄생했음을 말해준다.[18] 도시적 형태의 시학을 시도하는 것은 그런 점에서 새로운 삶의 영위가 가능한 도시적 형태에 대한 모색이기도 하다.

그 중요성에도 불구하고 도시적 형태에 관한 관심이 부족한 것은 중대한 문제가 아닐 수 없다. 도시적 형태가 어떻게 형성되느냐는 이제 지구 행성의 시스템 위기와도 직결된 문제가 되었다. **인류세 상황**의 전개로 지구 행성은 이제 절체절명의 위기에 빠져 있다. 앞으로 살펴보겠지만 그런 위기가 도래한 데에는 자본의 운동이 핵심적인 작용을 했다고 봐야 한다. 자본의 운동력 확대, 지배 강화와 함께 인간과 자연의 관계를 규정하는 **물질대사**가 이제 인류의 명운을 위협할 정도의 교란 양상을 드러내고 있다. 서울의 생김새가 최근에 새롭게 바뀐 것도 사회적 자연적 물질대사의 교란을 초래할 만큼 자본의 운동이 강력하게 전개됨으로써 생겨난 일이다. 도시적 형태는 그런 점에서 우리가 결코 경시할 문제가 아닌데도 그에 대한 비판적 인식이 부족한 것은 한편으로 보면 지식생산이 파편화되고 지

18_ 데이비드 하비의 다음 말이 이 맥락에 들어맞는다고 여겨진다. "나는 사무실들, 공장들, 작업장들, 집들과 헛간들, 학교들과 병원들, 온갖 종류의 유흥가들, 거리들과 뒷골목들, 고속도로들, 철도들, 공항들과 부두들, 공원들과 상징적 기념비들을 단순한 물리적 대상들로만 간주하는 것이 아니라, 인간이 생산한 물질적 세계로도, 즉 인간노동을 통해 생산되고 사회적 의미를 지니며 수백만 명의 일상적 삶을 구성하는 장소이자 크거나 작은 재산 보유자들의 투기적 환상들, 꿈들, 냉정하게 계산된 기대들을 충족하면서 대출금을 분할 상환하고 지대 및 이자 지불의 거대한 흐름을 만들어내는 거대한 양의 자본이 매일 단위로 유통하고 있는 세계로도 간주한다"(Harvey, 2013: 86/하비, 2016b: 180-81).

식과 현실이 유리되어 생긴 부작용이라고 여겨진다. 통합적인 지식생산에 저항한 것은 앞서본 것처럼 도시형태론의 일부 논자들도 마찬가지였다. 하지만 인문학자로서 나는 다른 분야의 지식생산에 대한 무관심이 도시형태론의 대종을 이루는 기술공학적이거나 사회과학적인 영역에만 있다고 여기는 것은 극복해야 할 착각이라 생각한다. 국내 인문학계에서는 도시적 형태가 지적 탐구의 대상이 될 수 있다는 인식 자체가 형성되어 있지 않다. 최근에 '도시인문학'이 새로운 연구 분야로 등장하기도 했지만, 거기서도 도시적 형태의 문제가 주된 관심사로 떠오르는 경우는 드물며, 특히 인문학, 사회과학, 그리고 과학기술의 **통합적 관점**에서 그런 문제를 다루고, 더구나 그것을 자본의 운동 또는 가치법칙과 연결해서 살펴보는 경우는 거의 없다. 도시적 형태의 문제를 다루는 연구가 아예 없지는 않아도 산발적으로만 이루어지고 있고,[19] 여기서 시도하려는 **비판적 시학**의 관점에서 도시적 형태를 다루는 사례 역시 찾기 힘들다. 이런 점에서 이 책은 한편으로는 도시적 형태에 대한 연구자들의 관심을 불러일으키면서, 더욱 중요하게는 자본주의적 도시적 형태가 어떤 문제점들을 안게 되는지 살펴보고, 나아가서 비자본주의적인 도시적 형태의 형성 방향을 모색하려는 취지를 지닌다.

19_ 국내의 도시형태론적 연구 개황에 대해서는 Kim(2012) 참조. 도시적 형태와 관련된 국내 연구 상황은 건축도시공간연구소의 자료실(http://www.auric.or.kr/User/Rdoc/RdocMain. aspx)에서 살펴볼 수 있다.

제 2 장
형태와 가치

1. 서론

이 책에서 '도시적 형태의 시학'은 '도시적인 것'의 오늘날 구성과 편성, 짜임새와 형식, 그것의 생김새 등이 어떻게 이루어져 있고 형성되는 것인지 살펴봄과 동시에, 그런 것들이 새로워져야 할 필요가 있다면 어떤 방향이나 방식으로 그 변화가 이뤄져야 할는지 가늠해보려는 기획으로 설정된다. 서장에서 본 것처럼 시학을 '창조와 발명, 생산의 기술'이라고 이해할 경우, 우리는 그런 기술이 펼쳐지는 과정을 시학적 과정이라고 할 수 있다. 그리고 이 과정은 무엇인가를 만들어내는 과정, 예컨대 재료를 버무려 어떤 생산물을 만들어내는 과정이며, 그 생산물은 '제품'으로서든 '작품'으로서든 **형성되어야** 한다는 점에서 특정한 **형태**를 지니게 된다. 어떤 것이 형성된다는 것은 형태를 갖추게 된다는 것이기 때문이다. 형성되는 것, 만들어지는 것, 생산되는 것은 무엇이든 그것의 형태에 의해 정체성이 규정된다. 서울의 생김새, 그 도시적 형태도 서울이 서울**로서 드러나도록** 만드는, 즉 서울의 정체성을 규정하는 결정적 요인으로 이해될 수 있다.

어떤 사물의 정체성을 그 생김새 또는 형태에 의해 규정한다는 것은 그 사물 외부에 있는 어떤 시각을 전제하는 일이다. 사물의 생김새를 보려면 그것을 외부 대상으로서 봐야 하며, 이를 위해서는 그것으로부터 일정한 방식으로 떨어져 있는 관점이 요구된다. 그런 관점은 한 사물을 그 전체상의 견지에서 인식하려면 필요한 것으로서, 서울의 생김새를 말한다는 것은 그렇다면, 서울을 '다' 본다는 것, '전면적으로' 파악한다는 것을 전제한다. 어떤 것을 전면적으로 다 본다, 파악한다는 것은, 그것이 무엇인지 속속들이 보고 안다는 것이며, 따라서 그것의 진실을 알아낸다는 것과 같다. 이런 일을 가능케 하는 것이 형태 또는 생김새라면, 후자는 사물의 **형상**(形相) 즉 그것의 본래 모습, 그것을 **그것인 것으로서** 드러내는 것과 다르지 않다. 다시 말해 서울의 형태와 생김새는 서울을 서울로 만드는 어떤 것인 셈이다. 서울의 생김새는 그런 점에서 서울의 형상―진면목, 정체성, 진실 등으로 이해될 수 있는―이 된다고 할 수 있다. 형상은 이때 서울의 그것임에 해당하며, 형태가 이와 관련된다는 것은 서울의 경우 그 도시적 형태가 그것의 그것임을 규정한다는 말이다.

그러나 어떤 것의 '생김새'나 '형태'를 말한다는 것은 단순한 문제가 아니다. 사물의 생김새는 통상 그것의 **외관** 즉 겉모습을 가리킨다. 외관은 사물의 **현상**(現象)**적 형태**다. 서울의 생김새와 형태가 그 형상, 즉 진면목을 구성한다는 것은 그렇다면 현상이 본질을 구성한다는 것, 다시 말해 통상 우리가 서로 근본적으로 구분된다고 여기는 실재의 두 차원이 어떤 동일성의 원리에 의해 연결되어 있다는 말이 된다. 이 대목에서 우리는 어떻게 겉모습이 진면목과 같을 수 있느냐는 불신 섞인 질문을 예상할 수 있다. 여기서 현상이 곧 본질이라는 주장을 제출하려는 것은 아니다. 이 장 말미에서 맑스의 **가치** 개념을 검토하면서 살펴보겠지만, 현상은 본질이나 실체와 함께 실재에 속하더라도 그것들과는 다른 차원에서 거기에 속한다고 봐야 하며, 그것을 본질 또는 실체와 개념적으로 구별하지 않으면, 우리는 현상에 의해 사태의 진면목, 본질이 은폐되는 상황에 놓이게 되고, 이 결과 사태의 진상을 파악할 수 없게 된다. 사실 이것이 맑스가 자신의 주저 『자본』에서 현상형태의 **물신주의**가 자본주의적 생산양식에 관한 과학적 인식에 초래할 위험과 문제점을 끊임없이 지적하며 환기한 바이기도 하다.

하지만 현상이 본질이나 실체와 구분된다고 해서 그것들과 실질적이고 필수적인 관계를 맺지 말라는 법은 없다. 그 형태나 생김새가 서울이라는 도시의 현상적 차원이라고 하더라도, 그것을 서울의 '정체성' '본질' 차원과 무관한 것으로 여기는 것은 맑스도 끊임없이 환기한 것처럼 그 자체로 문제가 될 수 있다. 예컨대 사물의 현상과 외관을 제거해버리면 그 참모습을 알 수 있으리라는 과학주의의 오류가 그것이다.[20] 중요한 것은 현상의 차원에 속한 형태가 본질의 차원, 실체의 차원과 어떤 관련을 맺는 것인지 밝혀내는 일이다. 형태의 문제는 현상에만 깃든 것이 아니라 본질과 실체의 차원에서도, 즉 현상형태로서만이 아니라 본질의 형태, 실체의 형태로서도 작용하는 것으로 이해하는 것도 중요하다. 아래에서 살펴보겠지만 이들 형태는 자본가치의 필수적 요소들, 즉 자본의 가치가 가치로서 성립하기 위해서는 꼭 지녀야 하는 것들이다. 물론 예컨대 상품―교환가치, 가격, 화폐, 이윤 등과 함께 가치의 현상형태 중 하나인―의 경우 자신이 본질적으로 사회적 필요노동에 의해 생산된 가치물임을 은폐하는 **물신주의**를 발휘하기도 한다. 하지만 다른 한편으로 그것은 본질인 가치가 실현되게끔 하는 필수적 존재이기도 하다. 본질로서의 가치는 자신을 은폐시키는 **현상**

20_ 맑스가 '과학적' 정치경제학자들을 비판한 이유가 바로 이것이기도 하다. 토모나가 타이라코에 따르면, "맑스가, 경제적 현실의 표면에 나타나는 관계들에만 관심을 기울인다는 이유로 소위 조야한 경제학자들을 비판한 것은 널리 알려져 있다. 그러나 그가 외관을 단순한 시각적 환상 또는 잘못된 인상으로 간주한다는 이유로 데이비드 리카도 같은 유식한 경제학자들의 과학주의를 비판하기도 한다는 점은 거의 알려 있지 않다. 그들은 우리가 과학적 진실과 교육을 통해 간단하게 외관을 없애버릴 수 있다고 여긴다. …이것은 계몽주의의 전형적 사유 방식일 뿐이다"(Tairako, 2002: 52). 맑스는『자본』제1권에서 다음과 같이 말한다. "일정한 생산양식을 토대로 해서 사물들이 취하는 사회적 특성들이나 노동의 사회적 규정이 취하는 물적 특성들을 단순한 상징이라고 말하게 되면, 그런 것들은 사람들의 반성 능력에 의한 자의적 산물이라는 말을 동시에 하는 셈이 된다. 이것은 사람들이 그 생성 과정을 해명할 수 없었던 인간관계의 수수께끼 같은 형상들로부터 그 기이한 외관을 적어도 일시적으로나마 제거하고자 18세기가 즐겨 쓴 [계몽주의적] 설명 수법이었다"(맑스, 2015a: 119. 번역 수정).

으로서만 표현될 수 있는 것이다. 이것은 가치란 그것을 구성하는 실체인 인간노동이 거기에 붙어 응고되는, 즉 대상화되는 상품이라는 형태로 생산될 수밖에 없다는 것을 말해준다.

서울의 도시적 '형태'를 살펴본다는 것은 이렇게 보면 그것의 실체, 본질, 현상 차원들을 개별적으로 따로, 나아가서 그것들 간의 관계라는 견지에서 살펴본다는 말이 될 것이다. 이때 이들 차원은 자본, 즉 자기-증식하는 가치의 운동과 근본적으로 연결되어 있음을 아는 것이 중요하다. 앞으로 보게 되겠지만, 서울의 도시적 형태가 새로워졌다면 그것은 자본의 운동이 특히 **금융화**를 통해 새로운 양상을 전개함에 따라 생긴 현상에 속한다. 최근에 거대한 시공간적 변동이 일어나고, 건조환경이 대규모로 새로이 구축된 것은 자본 운동의 새로운 전개와 함께 물질대사가 새롭게 이루어진 결과라고 할 수 있다. 이렇게 보면, 서울의 생김새는 **자본의 가치 운동**과 떼려야 뗄 수 없는 관련을 맺고 있는 셈이다.

지금까지 우리는 '서울의 생김새'와 '서울의 도시적 형태'를 유의어로 사용해왔지만, 사실 '생김새'와 '형태'는 복잡한 함의를 지닌 용어들이다. 자본주의 도시 서울의 도시적 형태를 시학의 관점에서 이해하려면 그래서 그것들을 용례로나 개념상으로 정밀하게 살펴볼 필요가 있다. 도시적 형태와 관련해서 중요한 함의를 지닌 개념어들에는 '생김새' '형태' 이외에 '형식' '외관' '형상' 등이 포함된다. 이들 용어는 매우 오래된 복잡한 역사를 지니고 있어서 그 **용례와 개념 지형**을 살펴보는 것도 중요하겠지만, 여기서 그런 작업을 하는 것은 무엇보다도 자본주의적 도시적 **형태의 구성, 그 방식 또는 문법**을 이해하는 데 유용한 개념적 자원을 얻기 위함이다.

도시적 형태의 문법을 확인하는 것 못지않게, 아니 더 중요한 것이 그것의 역사적 성격을 파악하는 일이다. 자본주의적인 도시적 형태는 초역사적이라기보다는 **역사특수적** 현상이며, 그런 점에서 그것은 특정한 사회적 조건 속에서 특정한 방식으로 출현한 것이라고 이해될 필요가 있다. 이때 주목해야 할 것이 자본주의적인 도시적 형태가 어떻게 현상, 본질, 실체의 차원에서 상이하게 작용하면서 동시에 그들 차원이 그런 형태로서 현실적 작용을 하느냐, 즉 실체와 현상과 본질은 어떻게 **형태적 작용**을 하느냐는 것이다. 이런 문제의식은 한편으로는 가치의 작용에 주목하게 하면서 다른 한편으로는 **형태로서의 가치**가 역사적으로 어떻게 변화하는지 살펴보게끔 만든다. 이 장의 뒷부분에서는 그래서 서울의 최근 생김새가 어떻게 자본의 가치법칙과 관련될 수 있는지, 즉 도시적 형태는 **가치의 운동**과 어떤 관계를 맺고 있는 것인지 따져볼 것이다.

2. '형태'와 '형식'

'생김새'는 매우 복잡한 의미망을 지닌 용어다. 우선 그것은 넓은 의미의 **형태**와 관련되어 있다. '형태'의 사전적 정의는 "사물의 생김새나 모양"이다. 여기서 '생김새'나 '모양'은 일단 사물의 외부 측면을 가리키는 것으로 여겨진다. 우리는 사물의 외부를 보지 않고서는 그 생김새와 모양을 확인할 수 없다. 형태는 그렇다면 어떤 사물이 외부로 드러나는 방식과 연관되어 있다고 하겠으며, **형식**과도 밀접한 관련성을 시닐 것으로 여겨진다. '형식'의 사전적 정의는 "사물이 외부로 나타나 보이는 모양"이다. 일견 둘다 사물의 외부 모습과 관련성을 갖는다는 점에서 '형태'와 '형식'은 의미상 상당한 유사성 또는 공통성을 지닌다. 그러나 차이점도 있다. "사물이 외부로 나타나 보이는 모양"(형식)과 "사물의 생김새나 모양"(형태)은 엇비슷한 상황을 말하고 있는 듯 보이나, 후자가 사물의 **나타난 모습**을 가리킨다면, 전자는 사물이 **나타나는 방식**을 가리키는 측면이 크다. 형태는 사물의 외관을 가리키는 경향이, 형식은 그 외관이 드러나는 원리를 가리키는 경향이 상대적으로 큰 것이다. 예컨대 특정한 건축물은 형태의 측면에서는 높거나 낮고, 덩치가 크거나 작을 수 있고, 또 삐죽하거나 둥그스름할 수 있다면,

형식의 측면에서는 한옥이거나 양옥, 로마네스크식이거나 고딕식이 된다.

이런 구분은 '형식'의 경우 철학적 담론에서 "다양한 요소를 총괄하는 통일 원리"나 "사물의 본질을 이루는 것" "시간, 공간 범주 따위와 같이 사상(事象)을 성립하게 하는 선험적인 조건" "개개의 논증이 지니고 있는 그 논증을 타당하게 하는 논리적 구조"를 가리키는 용어로 사용되고, '형태'는 사회적, 문화적 현상·사실과 관련해 "어떤 구조나 전체를 이루고 있는 구성체가 일정하게 갖추고 있는 모양"(예컨대 시조의 형태, 가족의 형태 등)을 가리키거나 심리적 현상으로서 "완전한 구조와 전체성을 지닌 통합된 전체로서의 형상과 상태"라는 의미의 게슈탈트(Gestalt)로 이해될 수 있다는 사실에 의해서도 확인된다.[21] 게슈탈트의 경우 어느 순간에 특정한 대상이 드러나는 양상으로서, 그것이 드러나는 순간 그것의 대상에 속한 것 즉 그 대상의 **형상**(形像)으로 나타난다고 할 수 있다. 형상은 이때 대상이 나타난 **결과적 효과**와 같다. 반면에 형식은 사물의 모습, 생김새와 무관한 것은 아니지만 그런 모습, 생김새를 나타나게 하는 **원리나 본질, 구조** 등을 환기한다는 점에서 형상의 외관적 또는 시각적 측면만이 아니라 그런 외관이나 시각적 특징이 나타나거나 형성되는 **법칙성**과 관련된다.

이런 구분을 인정할 경우, 여기서 살펴보려는 서울의 생김새는 일단 형태의 측면에서 파악된 서울의 모습인 것으로 여겨야 할 듯싶다. 표준국어대사전에 따르면 '생김새'의 정의는 "생긴 모양새"다. 어떤 사물의 생김새

21_ 이상은 인터넷으로 검색 가능한, 국립국어원의 표준국어대사전에서 인용한 것이다. 여기서 '형태'는 "1. 사물의 생김새나 모양", "2. 어떤 한 구조나 전체를 이루고 있는 구성체가 일정하게 갖추고 있는 모양", "3. <심리> 부분이 모여서 된 전체가 아니라, 완전한 구조와 전체성을 지닌 통합된 전체로서의 형상과 상태"로 정의되고 있고, '형식'은 "1. 사물이 외부로 나타나 보이는 모양", "2. 일을 할 때의 일정한 절차나 양식 또는 한 무리의 사물을 특징짓는 데에 공통적으로 갖춘 모양", "3. <철학> 다양한 요소를 총괄하는 통일 원리. 사물의 본질을 이루는 것", "4. <철학> 시간, 공간, 범주(範疇) 따위와 같이 사상(事象)을 성립하게 하는 선험적인 조건", "5 <철학> 개개의 논증이 지니고 있는 그 논증을 타당하게 하는 논리적 구조"로 정의되고 있다.

는 그래서 그것의 모양 즉 형태적 측면과 분리될 수 없으며, 내가 서울의 생김새라는 문제를 이 책의 핵심 주제로 삼는 과정에서 서울의 도시적 형태 문제를 살펴보겠다고, 즉 서울의 문제에 대한 나름의 도시형태론적 접근을 시도해보겠다고 하는 것도 그런 점 때문이다.

하지만 일이 그리 간단하지는 않다. 생김새는 꼭 형태만이 아니라 형식과도 관련되어 있다. "생긴 모양새"가 형태에만 있고 형식에는 있지 말라는 법은 없다. '형태'와 '형식'이 혼용되곤 하는 것도 이처럼 상당한 공통성이 양자에게 있다는 점 때문일 것이다. 두 용어가 혼용되는 대표적 사례는 자본주의 생산양식의 작동 방식을 설명하기 위해 맑스가 『자본』에서 사용하는 핵심 개념어들—'Wertform' 'Preisform' 'Warenform' 'Äquivalenzform' 'Geldform' 'Erscheinungsform' 'Naturalform' 등—을 동북아시아 문화권에서 한자어로 번역하는 방식에서도 볼 수 있다. 현재 한국어와 일본어 번역본에서는 이들 용어에 포함된 'form'을 모두 '형태'로—'가치형태' '가격형태' '상품형태' '등가형태' '화폐형태' '현상형태' '현물형태'—새기는 데 반해, 중국어판에서는 '형식(形式)'으로 옮기는 것이 관례다.[22] 맑스의 용어들은 그 쓰임새로 보면, 가치나 가격, 상품, 화폐, 현상, 현물 등이 작동하는 방식과 원리 즉 어떤 법칙성을 가리긴다는 점에서 'form'에 대한 한자 기반 번역어로는 '형태'보다는 '형식'이 더 적합하다고 할 수 있다. 형태와 형식에 사용되는 한자 '態(태)'와 '式(식)'은 전자가 "모양" "모습" "생김새"를 의미한다면, 후자는 "법"이나 "제도" "의식(儀式)"과 함께 "본뜨다"나 "본받다"를 의미한다. 하지만 'form'을 '형태'로 옮긴다고 해도 이상할 점은 없다. 중국어에서 '形式'이 의미로나 어감으로나 더 어울릴는지 모르지만, 한국어에서는 상품이나 가

22_ 현재 『자본』의 한국어 완판 번역은 김수행(비봉출판사)과 강신준(길출판사)에 의해 이루어진 두 판본이 있고, 1권은 황선길(라움)과 채만수(노사과연)의 번역도 있다. 일본어 번역본은 한국 것처럼 '형태'를 사용한다. 필자가 참고한 중국어 번역본은 中共中央马克思恩格斯列宁斯大林著作编译局, 『资本论』(2000)이다.

치, 화폐의 범주가 작동하는 모양을 표현할 때 '형태'를 사용해도 전혀 문제가 되지 않는다.[23] 이런 점은 '형태'와 '형식'이 쉽게 호환될 수 있을 만큼 공통점을 많이 공유하고 있음을 말해준다.

그래도 두 용어 사이에는 의미상의 차이가 있다. '형태'의 경우 통상 중립적인 의미로 사용되는 편인 데 반해, '형식'은 부정적 용법으로 사용되는 경향이 상대적으로 크다. 나무가 높다거나 길이 꾸불꾸불하다는 것은 사물의 형태와 관련된 사실이며, 이때 사물이 특정한 형태라는 것은 그 자체로 중립적인 사실에 해당한다.[24] 반면에 형식은 그것만으로는 하찮고 쓸데없다는 의미의 겉모양, 겉치레, 허울이라고 여겨지는 경우가 있다. 이런 점은 특히 형용사적 용법에서 두드러지게 나타나는데, '형식적'은 중립적인 의미로 사용되는 만큼이나 부정적인 의미로도 자주 사용된다.[25] 다시 맑스에게서 예를 찾아보면, "여기에서는 판매와 대부 사이의 구별이 전혀 중요하지 않은 형식적인 것인데, 이 구별이 현실의 관련을 전혀 모르는 사람에게는 본질적인 것으로 나타난다"(맑스, 2015c: 782)에서 '형식적'은 '본질적'과 대립하는 의미로 사용되고 있다.[26] 이런 용법은 맑스가 자본주의적 생산양식이

23_ 『자본』 1권 제24장에 나오는 다음의 구절을 살펴보자. "이리하여 자본가와 노동자 사이의 교환관계는 유통과정에 속하는 외관일 따름이며, 거래 그 자체의 내용과는 관계가 없고 도리어 그것을 모호하게 할 뿐인 단순한 형태(Form)에 불과하다. 끊임없이 반복되는 노동력의 매매가 그 형태(Form)다. 그것의 내용은 자본가가 이미 대상화된 타인노동의 일부를 아무런 등가물도 지불하지 않은 채 끊임없이 취득하고, 그것을 더 많은 양의 살아있는 타인노동과 끊임없이 교환한다는 것이다"(맑스, 2015a: 796. 번역 수정). 여기서 김수행이 '형태로 옮기고 있는 독일어 'Form'을 강신준(맑스, 2008b: 800)과 황선길(맑스, 2019b: 311-12)은 '형식으로 옮기고 있다. 이처럼 한국어에서는 '형식과 '형태가 쉽게 호환된다.

24_ 꾸불꾸불한 길은 꾸불꾸불하게 생겨서 난관 또는 잘못된 길로 이해될 수 있으며, 그런 점에서 길이 꾸불꾸불하다는 사실, 즉 길의 형태적 사실로 인해 그 길의 부정적 의미가 만들어진다고 볼 수도 있다. 하지만 그렇다고 꾸불꾸불함의 형태적 특징 그 자체가 중립적이라는 사실이 사라지지는 않는다.

25_ 라틴어 계열의 관련 용어 사용법도 사정이 비슷하다. 예컨대 영어의 'formal'이나 독일어의 'formell'은 중립적인 의미로도 부정적인 의미로도 사용될 수 있다.

26_ 맑스－정확하게 말하자면 맑스의 한국어 번역자－가 '형태와 '본질'을 대비시킬 때도 있다. "상품유통은 형태에서뿐만 아니라 본질에서도 직접적 생산물교환과는 구별된다"(맑스,

아직 그 진정한 발전의 수준에 미치지 못한 시기에 나타나는, 자본에 의한 노동력의 포섭을 '형식적 포섭'이라고 부를 때에도 나타난다. 맑스에 따르면,

> 상대적 잉여가치의 생산은 진정한 자본주의적 생산방식을 요구하게 되는데, 이 생산방식은, 자본에 대해 노동이 형식적으로 종속한다는 토대 위에서 자기 자신의 방법·수단·조건을 만들어내면서 자연발생적으로 발전한다. 이 발전과정에서 자본에 대한 노동의 형식적 종속은 실질적 종속으로 대체된다(맑스, 2015a: 689).

여기서 형식적 포섭은 어떤 불완전성을 의미하며, 그런 점에서 형식은 실질에 미치지 못하는 사물 상태를 가리키는 셈이다(물론 맑스가 여기서 형식적 포섭과 실질적 포섭을 구분하면서 전자보다 후자가 꼭 더 바람직한 상태라고 보는 것은 아니다).

'형태'가 부정적인 의미로 사용될 때도 있다. 『자본』 3권에서 맑스는 생산가격과 상품가치의 분리 현상을 언급하며 전자는 후자의 "완전히 외면화된 명백히 비합리적인 형태"(맑스, 2015c: 245)라고 말하는 것으로 나온다. 여기서 '형태'는 독일어 'Form'의 번역어로서, 내용 또는 본질과는 동떨어진 허울이라는 의미가 강하다. 'Form'의 번역어로 '형식'보다 '형태'가 더 적합해 보이는 것은 이때 가치는 이미 "외면화된" 상태이기 때문이다. '형식'이 어떤 것이 나타나는 과정이나 방식을 가리키는 측면이 있다면, '형태'는 이처럼 그것이 이미 나타난 상태를 가리키는 경향이 크다. 가격의 '형태'가 "완전히 외면화된 명백히 비합리적"인 것은 그것이 가치의 현상형태이기 때문이다. 맑스에게서 가치의 현상형태는 통상 본질로서의 가치와 구분되며, 물신적 성격을 띠는 것으로 나타나곤 한다. 다음의 구절이 그 점을 잘 보여주고 있다.

2015a: 146).

'노동의 가치'라는 표현에서는 가치의 개념이 완전히 소멸될 뿐 아니라 거꾸로 되어 그 반대물이 된다. 이것은 토지의 가치라는 것과 같은 환상적 표현이다. 그러나 이런 환상적 표현은 생산관계 자체에서 생긴다. 그것은 본질적 관계의 현상형태를 나타내는 범주다. 현상에서는 사물이 흔히 거꾸로 되어 나타난다는 것은 정치경제학을 제외한 모든 과학에서는 잘 알려진 사실이다(맑스, 2015a: 730).

'형태'가 이런 식으로 사용되는 것은 그것 또한 '형식'처럼 내용이나 실질, 본질과 분리되었다는 의미의 부정적 용법으로 사용될 수 있음을 말해주지만, 그래도 그렇게 되는 경우가 '형식'보다는 드물다. 예컨대 영어 'formal'을 한국어로 번역하면 중립적 용법으로는 '형식적'과 '형태적'을 다 사용할수 있겠지만, 부정적 의미로는 '형식적'이 더 적합하다고 할 수 있다. '형식'이 부정적인 의미를 더 쉽게 갖는 까닭을 찾는다면, '형태'에 비해 그것이 사물의 모습이 드러나거나 만들어지는 원리나 방식, 법칙성 등과 더 밀접한 연관성을 갖고 있다는 데서 찾아야 할 것이다. 그런 점이 너무 강조되면 형식은 내용, 본질, 실체와는 오히려 무관한 것으로 여겨지기 쉽고, 그결과 하찮고 쓸데없는 것으로 여겨지는 겉모양, 겉치레, 허울 등에 더 가깝게 여겨질 공산이 크다.

이상의 비교 검토는 '형태'와 '형식'이 의미상으로 공통성과 더불어 미묘한 차이도 함께 갖고 있음을 보여준다. '형태'는 "사물의 생김새나 모양"으로서 부정적인 의미로 사용되는 때도 없지 않으나 중립적 용법으로 사용되는 경향이 상대적으로 높고, '형식'은 "사물이 외부로 나타나 보이는 모양"으로서 사물의 외현 방식을 가리키면서 중립적 용법만큼이나 부정적 의미로도 자주 사용되고 있다. 그래도 양자의 차이를 말하자면, '형태'는 **외부로 드러난 사물의 모습**, 다시 말해 사물이 그 모습을 이미 드러낸 상태를 가리키고, '형식'은 사물이 어떤 원리나 법칙에 따라 **외부로 드러나는 방식**, 사물이 외현되는 법칙성을 가리키는 것 같다.

이런 점은 '서울의 생김새'와는 어떤 관련이 있는 것일까? 서울의 생김 새를 도시형태론의 관점에서 이해한다는 것은 생김새를 일견 형식보다는 형태의 견지에서 본다는 것처럼 여겨진다. '서울의 형태'를 말하기는 쉬워도 '서울의 형식'을 말하기는 어렵다. 하지만 '서울의 생김새'가 그것의 '도시적 형태'라고 할 때, 이 표현을 '도시적 형식'으로 대체하는 것도 무방해보인다. 여기서 '서울의 생김새'의 짝으로 '도시적 형태'를 사용하는 것은 한국어에서는 '형태'가 '생김새'나 '외관'과의 친연성이 큰 점과 함께, '형태'와 '형식'의 호환 가능성으로 인해 그것이 '도시적 형식'의 의미까지도 포괄할 수 있다고 여겨지기 때문이다.

3. 외관/생김새

'형태'와 '형식', 그리고 '생김새' 세 단어는 모두 사물의 외관과 관련된 만큼, '외관'의 의미구조, 그리고 그것과 세 단어의 관계도 따져볼 필요가 있다. '외관(外觀, semblance, Schein)'은 사전에서는 "겉으로 드러난 모양"으로 정의되며, '형식'의 부정적 용법에서처럼 '겉치레'나 '허울'과 유사한 것으로, 즉 부정적 의미를 지닌 '형태'로 여겨지는 경우가 많다. 맑스에게서 볼 수 있듯이 우선 그것은 부정적 의미의 관형어와 자주 결합한다. "실체 없는 외관"(맑스, 2015a: 105), "기이한 외관"(맑스: 119), "잘못된 외관"(121), "현상의 외관"(418), "일상적 현실의 단순한 겉모양"(597), "그릇된 외관"(718; 맑스, 2015c: 33), "현상의 겉모습"(맑스, 2015a: 732), "단순한 외관"(794), "가장 피상적인 외관"(2015c: 507) 등의 표현이 그런 예들이다.[27] 나아가서 '외관'은 독

27_ 여기서 나오는 '외관'과 '겉모양'은 맑스가 사용한 독일어 'Schein'의 번역어다. 'Schein'은 '현상(現象)'으로 번역되는 'Erscheinung'과 구분되고, '가상(假象)'으로 번역되기도 한다. 여기서는 『자본』의 한국어 번역판 가운데 김수행 것을 따라서 '외관'을 번역어로 선택했다. '가상'보다는 '외관'이 '형태'와의 친연성이 더 높다고 여겨지기 때문이기도 하다. 'Schein'의 영어 번역어로는 'semblance'와 'appearance'가 사용된다. 본문에서 인용한 한국 번역어 표

자적으로, 즉 부정적 의미를 지니는 관형사와 함께 쓰이지 않고 홀로 쓰일 때도 그 자체로 부정적 의미를 갖는 경우가 숱하다. 다음은 맑스가 '외관'을 어떻게 이해하고 있는지 전형적으로 보여주는 한 대목이다.

> 그러나 정치경제학이 보는 것은 **현상한** 것(was erscheint), 즉 유통시간이 자본의 가치증식과정 일반에 미치는 영향뿐이다. 따라서 정치경제학은 이 소극적인 영향을, 그 결과가 적극적이라는 이유로 적극적인 것이라고 생각한다. 정치경제학이 이 **외관***(Schein)에 점점 더 집착하는 것은 그것이 다음의 것에 대한 증명을 제공하는 것**같이 보이기***(scheint) 때문이다. 즉 자본은 자기 증식의 신비한 원천을 가지고 있으며, 이 원천은 자본의 생산과정[따라서 노동의 착취]과는 아무런 관련이 없고 유통영역에서 유래한다는 것이다. 과학적 정치경제학까지도 이 **외관***에 사로잡혀 있었다는 것을 뒤에서 볼 것이다. 이 외관은 다음과 같은 현상(Phänomene)에 의하여 더욱 강고하게 되고 있다. …따라서 자본축적에서 추가적 가변자본으로의 전환은 유통영역에서 또는 유통시간 중에 행해진다. 그러므로 이처럼 행해지는 축적은 유통시간 때문으로 **보인다***(scheint)(맑스, 2015b: 149-50. 번역 수정 및 원문 강조, *는 강조 추가).[28]

현을 독일어, 영어와 비교하면 다음과 같다.

한국어(김수행 번역, 권수, 쪽수)	독일어(MEW, 쪽수)	영어(펭귄출판사판, 쪽수)
실체 없는 외관 (Ⅰ: 105)	substanzlosen Schein (95)	insubstantial semblance (174)
기이한 외관 (Ⅰ: 119)	Schein der Fremdheit (106)	appearance of strangeness (186)
잘못된 외관 (Ⅰ: 121)	falschen Scheins (107)	false semblance (187)
현상의 외관 (Ⅰ: 418)	Schein (325)	mere semblance (421)
단순한 겉모양 (Ⅰ: 597)	blosser Schein (465)	a mere semblance (569)
현상의 겉모습 (Ⅰ: 732)	Schein	appearances
기만적인 외관을 뚫고 (Ⅲ: 209)	durch den Schein hindruch (178)	behind the semblance (269)
그릇된 외관 (Ⅲ: 33)	falschen Schein (37)	false semblance (119)
가장 피상적인 외관 (Ⅲ: 507)	oberflächlichsten Schein (411)	most superficial appearance (522)

28_ 강신준은 이 구절에서 '외관'에 해당하는 'Schein'을 모두 '표피적인 외관'으로 번역하고 있다(맑스, 2010: 157).

앞 인용문에서 정치경제학一속류경제학은 말할 것도 없고 리카도 등이 수립한 과학적 정치경제학까지 포함된一이 집착하는 "외관"은 겉으로만 '그렇게 보이는 것'이다. 그런 외관은 **본질과 구분되는 현상**(Erscheinung)인 것으로 간주된다. 현상은 다음의 예에서 볼 수 있듯이 현실 또는 진실의 관계를 보지 못하게 하고 오히려 그와 정반대되는 것을 보여주는 것으로 제시된다.

> 노동자와 자본가 양쪽이 견지한 모든 정의 관념, 자본주의적 생산양식의 모든 신비화, 자유에 대한 자본주의의 모든 환상, 속류경제학의 모든 변호론적 속임수는 그 토대를 현실적 관계를 보이지 않게 만들고 그와 정반대되는 관계를 보여주는 **현상형태**에 두고 있다"(맑스, 2015a: 734. 번역 수정, 강조 추가).

외관 또는 현실을 진실이라 수용할 경우, 자본의 증식은 자본의 생산 즉 노동의 착취 과정과는 아무런 관련이 없고 유통영역에서 이루어진다는 환상이 만들어질 수 있다. 맑스는 그런 환상을 만들어내는 현실은 외관 또는 현상이라고 말하고 있으며, 그런 점에서 외관과 현상을 부정적인 사태로 파악하는 셈이다. 외관 자체가 기만적인 의미를 갖는 것으로 이해될 때도 있다. 『자본』 3권의 김수행 번역본에는 "기만적인 외관을 뚫고"(맑스, 2015c: 209)라는 표현이 나오는데, 이 구절의 독일어 원문 "durch den Schein hindruch"(Marx, 1964: 178)와 (김수행 번역의 저본으로 알려진) 영어본의 번역 "behind the semblance"(Marx, 1981: 269)에는 '기만적인'에 해당하는 단어를 찾아볼 수 없다. 역자가 그런 표현을 덧붙인 것은 외관은 기본적으로 기만적이라는 생각을 가졌기 때문일 것이다. 맑스가 그 단어를 사용하는 방식이나 한국어 번역자가 그것을 이해하는 방식에서 우리는 '외관' 또는 '겉모양'은 어떤 근본적이고 본질적인 것, 그것과 연원을 같이 하더라도 진실성, 본질성, 실체성 측면에서 상위에 있는 것과는 분리될 가능성을 지닌 것으로 이해되기도 함을 확인할 수 있다.

물론 '외관'이 부정적인 의미로만 사용되는 것은 아니다. 외부로 드러난 사물의 모습으로서 그것은 중립적인 의미도 지닌다. 외관은 이런 점에서 형식과 형태의 의미를 모두 갖는다고 하겠는데, 다만 형식과의 연관성이 클 때는 부정적 의미를, 형태와의 연관성이 클 때는 중립적 의미를 더 많이 지니는 듯싶다. 덧붙여 말해, 그것이 형식보다는 형태와 더 많은 친연성을 갖는다면, 이것은 전자가 사물의 모양이 드러나거나 만들어지는 **내적 법칙**을 가리키는 데 반해, 후자는 이미 만들어져 있는 그것의 **외부 모습**을 가리키는 측면이 더 많기 때문일 것이다. '외관'이 '생김새'와 의미상으로 밀접한 관련을 지니는 것도 이런 점과 관련된 듯싶다. 외부의 모습을 일차적으로 가리킨다는 점에서 생김새는 외관과 비슷하다. '생김새'의 접미사 '-새'는 "모양" "상태" "정도"를 뜻하고, 이것들은 모두 외부 형태나 모습을 나타낸다. '외관'과 '생김새'는 그래서 서로 대용어가 되어도 괜찮을 듯하다.

이제 우리가 생각해봐야 할 것은 생김새가 이처럼 그 부정적 의미가 해소된 외관 즉 사물의 중립적 외부의 모습이라 여겨지고, 그것이 '형식'과 '외관'이 때로 지니는 부정적 의미보다는 '형태'가 통상적으로 지니는 중립적 의미만 가졌다고 여겨진다면, '형식'의 법칙성과는 어떤 관련을 맺을까 하는 점이다. 생김새는 사물의 외관이라는 점에서 일단 지각 대상에 해당한다고 볼 수 있다. 우리는 통상 존재하는 사물의 외부 형태를 그 생김새로 파악한다. 하지만 존재하는 어떤 사물은 언제나 원래 그렇게 존재하는 것이 아니며, 생성되거나 생산되어야만 존재할 수 있는 경우가 많다. 이미 존재하는 사물의 생김새는 그래서 많은 경우 그것이 **존재하기 이전에** 어떤 구상, 상상, 기획 과정에서 예상되고 예측될 필요가 있다. 이것은 한 사물의 생김새=외관이란 그것이 현실적으로 존재하기 전에 **이미 그것이었던 것**이기도 하다는 말이다. 이 후자의 경우 생김새는 형식의 의미도 지닌다. 왜냐하면 어떤 사물이 존재하기 이전에 이미 하나의 생김새를 가질 수 있다면, 이 사전-생김새가 그 사물의 실현된 생김새를 규정할 것이고, 따라서 그것이 나타나는 방식과 결과에 영향을 미칠 것이기 때문이다. 생김새는 이때 사물이 나타나는 방식을 규정하는 어떤 원리로 작용하게 된다. 그렇다면 그것은 단순히 형태로만 규정될 수 없으며, 그보다는 형태와 형식을 포괄하는 개념으로 이해되어야 할 듯싶다. 이런 점을 고려한다면, '서울의 생김새'는 서울이라는 도시의 형태와 형식을 한꺼번에 가리키는 표현으로 사용될 수 있을 것이다.

다만 여기서 나타나는 개념적 지형은 언뜻 보더라도 복잡하게 얽히고 설켜 있음이 분명하다. 관련된 논의 또한 오랜 역사를 갖고 있어서 방금 말한 것—생김새는 형태와 형식을 모두 포괄한다는 것—만으로는 이 책에서 핵심 개념어로 사용하려는 '생김새'나 '형태'의 함의가 충분히 규명된 것 같지는 않다. 생김새 및 그와 관련한 일련의 용어들이 구성하는 개념의 지형도를 좀 더 명확하게 하려면 추가적 점검이 필요하다. 이를 위해 이제 형태와 형식, 생김새, 외관 등과 관련된 철학적 논의의 검토를 위해 좀 긴 우회로를 거치고자 한다.

4. 에이도스와 모르페, 포르마

형태, 형식, 생김새, 외관은 각기 그리스 철학의 존재론에서 핵심적인 형이상학적 위상과 의미를 지닌 형상(形相)의 문제와 중대한 연관성을 지닌 용어들이다. 형상(形相)은 그리스어에서 때로는 '에이도스(eidos, εἶδος)'나 '이데아(idea, ἰδέα)', 때로는 '모르페(morphe, μορφή)'로 표현되었고, 그리스 문화가 로마 문화로 수용되는 과정에서 라틴어로는 '포르마(forma)'로 새겨졌으며, 이 말은 영어(form), 독일어(Form), 프랑스어(forme), 스페인어(forma), 이탈리아어(fórma) 등 많은 현대 서양어에서 동일하거나 약간 변형된 형태로 사용되고 있다. 모르페와 에이도스는 둘 다 형상을 의미하기에 혼용되기도 했지만, 모르페는 주로 "가시적"이거나 "감각적인" "지각 가능한" 형상을 가리켰고, 에이도스는 "개념적인" 또는 "이해 가능한" 형상을 가리키는 데 사용되었다고 한다(Tatarkiewicz, 1973: 216; Hendrix, 2013: 4). 이런 점은 '모르페'의 경우 예컨대 식물과 같은 유기체를 대상으로 하고, 이 "대상의 본질보다는 형식 또는 구조에 더욱 주목"하는 "형성(formation)과 변형(transformation)에 대한 체계적 연구"(구형찬, 2004: 58)를 가리키기 위해 괴테가 처음 만들어낸 용어로 알려진 형태론(Morphologie)에 사용된 데에 반해(Brady, 1987), 에이도스나 이데아는 '이데올로기'와 같은 용어에 사용되었다는 데서도 확인되고 있다. 이데올로기는 개념 또는 관념에서의 인식론적 오류 현상을 지칭하는 용어로 사용된다는 점에서 형상의 문제적 현상에 해당한다.

모르페와 에이도스의 구분은 애초에 그리스 철학 전통에서 나타난 것이며, 그 한 예를 플라톤에게서 볼 수 있다. 다음은 플라톤이 『파이돈』에서 한 말이다. "에이도스 자체만 모든 시간에 걸쳐 동일한 이름에 대한 권리를 지닌 것은 아니다. 에이도스가 아니지만, 에이도스가 존재하면 언제나 에이도스의 모르페를 지니는 다른 어떤 것도 그런 권리를 갖는다"(Plato, *Phaedo*: 103E; De Santis, 2015: 166에서 재인용). 여기서 에이도스와 모르페는 명확하게 구분되고 있다. 모르페는 "에이도스가 아닌" 것, "에이도스의 모르페"인 "다른 어떤 것"으로 간주되는 것이다. 데 산티스에 따르면, 인용된 구절에 나오는 모르페는 "개별 대상 안의 어떤 비-개별적 에이도스의 '현전'"에 해당한다. 예컨대 "개별적인 한 색깔인 '빨강'은 비-개별적인 한 에이도스를 가리키는 개별적인 한 모르페가 그 안에 현전하기 때문에 빨강"이라는 것이다. 혹은 빨강이 빨강인 것은 "한 대상의 개별적 모르페 안에서 어떤 에이도스가 '실현되기' 때문"이다. "만약 대상과 모르페가 언제나 개별적이라면, 상응하는 에이도스는 대조적으로 언제나 비-개별적이다. 즉 그것은 '그 자체로 빨강임' 또는 '그 자체로 하양임'인 것이다"(De Santis, 166-67). 모르페는 이때 현실적으로 존재하는 어떤 것으로 간주되고, 에이도스는 현실에는 속하지 않는 상정된 어떤 실재, 모르페가 구체화할 수 있는 근거가 되는 어떤 것이 된다. 에이도스가 **개념적**이라면, 모르페는 **가시적이고 감각적**인 셈인 것이다.

하지만 모르페가 형상(形相)의 일환임을 생각할 때 적어도 플라톤에게서는 그것이 현실적인 물질성을 갖는다고 하기는 어렵다. 그가 상정한 형상은 모르페로 보든 에이도스로 보든 아무런 질료를 갖고 있지 않은, 그래서 오직 **원리와 형식**의 차원에 속한 어떤 것일 뿐이기 때문이다. 노부루 노토미에 따르면 플라톤은 형상들(forms)을 나타내기 위해 "사물 그 자체"(thing itself, auto), "그 자체에 의한 그 자체"(itself by itself, auto kath' hauto), "그것인 것"(what it is, ho estin) 같은 구절들과 더불어 '에이도스' '이데아' '모르페' '게노스(genos)' 등을 사용했다고 하는데(Notomi, 2006: 202), 이것은 그가 이들 용어를 혼용했다는 말로 들린다. 하지만 "플라톤은 그 단어[모르페]를 많이 사용하지 않았다"(Wenstrom, 2007: 2)는 지적도 있다. 데 산티스에 따르면, 모르페와 에이도스의 분명한 구분은 『파이돈』에서 단 한 번, 즉 하파스 레고메논(hapax legomenon) 으로 나타날 뿐이라고 한다(De Santis: 166). 플라톤에게서 모르페가 드물게만 등장한다는 것은 형상의 문제와 관련된 그의 관심이 주로 이데아나 에이도스 즉 형상의 **개념적인 측면**에 가 있었다는 말일 것이다.

고대 그리스에서 에이도스와 이데아는 거의 같은 의미로 사용되었던 것으로 보인다. 두 용어의 어원이 같았다는 점에서 그것은 전혀 이상한 일이 아니다. 그리스어에서 '이데아'는 "보다"의 뜻을 지닌 동사 'idein'에서, '에이도스'는 같은 뜻의 동사 'eidenai'에서 파생했으며, 전자의 인도유럽어 공통조어는 'wid-es-ya-', 후자의 그것은 'wid-es-'이고, 둘은 어근 'weid-'를 공유하고 있다. 학자들이 통상 로마문화의 그리스문화 수용 과정에서 라틴어 '포르마(forma)'에 의해 대체된 그리스어 용어들로 '에이도스'와 '모르페'만 언급할 뿐 '이데아'는 전혀 언급하지 않는 이유도 여기에 있을 것이다.

브와디스와프 타타르키비츠에 따르면, "처음부터 라틴어 '포르마'가 두 개의 그리스 단어 '모르페'와 '에이도스'를 대체했고"(Tatarkiewicz, 1973: 216), 에리히 아우어바흐에 따르면, "'모르페'와 '에이도스'에 대한 라틴어로 '포르마'가 사용될 수밖에 없었다는 점은 자연스러울 뿐이었다"(Auerbach, 1984: 14). 이때 이데아가 언급되지 않는 것은 에이도스가 그것을 대신했기 때문일 수 있다. 노토미에 따르면, 학자들이 '이데아'의 사용을 회피하는 경향을 드러낸 것은 그것이 "초기 근대철학에서 사람들의 마음에 존재한다"는 새로운 함의를 갖게 되어 그것을 사용하면 혼동을 불러일으킬 수 있다는 우려 때문이었다. "플라톤 자신이 형상들이란 생각들처럼 사람들의 마음에 속한다는 견해를 [『파르메니데스』, 132b-c에서] 분명히 거부"(Notomi, 2006: 202)했기 때문에 후세의 학자들이 그 점을 고려해 '이데아'보다는 '에이도스'를 주로 사용하게 되었다는 것이다. 하지만 이것은 근대 이후에 생긴 일로서, "당시 그리스어에서, 또한 철학자들의 언어 용법에서 이들 단어 즉 '이데아'와 '에이도스'가 호환되었다는 것은…부인할 수 없다"(Gadamer, 1986: 27).

이데아와 에이도스의 혼용이 고대 그리스의 관례이기는 했지만, 양자를 구별해서 사용한 적도 있었던 모양이다. '모르페'를 드물게 사용했다고 하는 플라톤이 한 예로, 그는 '이데아'와 '에이도스'도 엄격하게 구분했던 것으로 알려져 있다. 한스게오르크 가다머에 따르면, 플라톤은 '선(善)의 이데아'라는 표현만 사용하고 '선의 에이도스'라는 표현은 전혀 사용하지 않았다.

그래도 플라톤이 '선의 에이도스'에 대해 한 번도 말하지 않는 것은 '선의 이데아'가 그것만의 어떤 특징을 갖는다는 것을 말해준다. '에이도스'는 그것이 중성형인 것에 맞춰 언제나 대상만 가리킨다. 무엇이든 대상화하려는 우리 사유의 자연스러운 성향에 따라, 여성형인 '이데아'도 '독사'와 '에피스테메'처럼 분명 어떤 대상을 가리킬 수는 있다. 그러나 '어떤 것의 일별(a view of something)'로 간주되는 '이데아'에서는 바라보고 응시하는 것이 '어떤 것이 보이는 방식(how something looks)'으로 간주되는 '에이도스'에서보다는 더 두드러진다. 이 결과 '선의 이데아'는 '선의 일별'보다는 '선을 보살핌(looking to the good)'을 함축하게 된다(Gadamer, 1986: 27-28).

가다머의 관심은 여기서 플라톤이 에이도스와 이데아를 다른 의미로 사용한다는 데가 있다. 그에 따르면, 플라톤에게서 에이도스는 대상이 보이는 방식, 즉 그것의 생긴 모양에 가깝다. 반면에 이데아에서는 어떤 사물을 응시하는 행위가 더 강조되어 나타난다. 그뿐만이 아니다. 선을 대상으로 하는 경우, 이데아는 그것을 바라보는 데서 더 나아가 그것을 주시하고 돌보는 적극적인 행위와 관련된 것으로 이해된다. '이데아'가 이런 용도로 유독 '선'과 관련해서만 사용되는 것이 "그것만의 어떤 특징"인 셈이다.

"플라톤은 '최고의' 이데아[선]에 대해서는 '에이도스'를 절대 사용하지 않지"만, 그렇다고 이 용어의 사용을 아주 회피하지는 않은 모양이다. 가다머에 따르면 "플라톤에게서는 다른 경우에는 '이데아'와 '에이도스' 사이에 아무런 구분도 이루어지고 있지 않다"(Gadamer, 2016: 262). 가다머는 (이제는 에이도스와 동일시될 수 있는) 플라톤의 이데아 개념은 피타고라스 학파가 제출한 수학 모델에 그 기반을 두고 있다고 말한다.

그는 피타고라스 학파가 대수-숫자와 관련된 멋진 그들의 상상력으로 수적 개념들로 표현되는 비율을 통해 우주, 음악, 그리고 영혼을 봤다는 것을 알았다. 이것이 그런 개념들은 진정한 실재라고 그들이 의미한 방식이었다. 이제 이와 관련해 우리는, 나타나는 감각적인 것으로부터 무엇인가가 포착되어야, 말하자면 그 고유한 존재 측면에서 응시되어야(hinschauen) 함을 그가 보여줬을 때, 플라톤의 위대한 결정적 걸음이 무슨 의미였는지 알아봐야 한다. '응시하다'는 그 속에서 어떤 것을 생각하면 그것이 우리 눈앞에 놓이게 되는 테오레인

(theorein: "바라보다" "살피다")의 적극적인 플로티노스적 의미로 이해된다. 이것은 우리가 그것을 만들어낸다는 의미가 아니다. 우리가 그런 식으로 자신에게 현전시키는 것은 그것이 보이는 감각적 외관보다 어떤 존재자(seiend)에게 전혀 덜 속하지 않는다. 사실 그것은 외관들이 이미지로서 접근만 하는 바의 것이다 (Gadamer, 2016: 262-63/1987: 409-10).[29]

플라톤에게 이데아는 "그 고유한 존재 측면에서 응시되어야" 하는 무엇에 해당할 것이다. 응시 또는 바라봄의 대상은 이때 물리적 대상이라기보다는 **수학적 개념**에 속한다. 물리적인 형상인 원―판자나 모래에 보이는―과 수학적인 원은 혼동되지 않고 서로 구분될 필요가 있다. 그것은 물리적 형상에서는 "원을 제대로 규정하는 정의의 조건이 충족되지 않을" 수 있기 때문이다. 우리가 여기서 다루고 있는 이데아와 관련된 진실은 그렇다면 "존재하는 어떤 것에 대해 형상(形像, Figur)으로 나타나는 것을 관통해서 봐야만" 얻을 수 있는 "지식"(Gadamer, 2016: 263/1987: 410)과 관련된 셈이다. 이런 점은 플라톤에게서 이데아는 **순수한 사유의 대상**일 것임을, 다시 말해 통상적으로 형상(形像)을 가진 것으로 여겨지는 경험적 대상과는 다른 종류일 것임을 시사한다. 이때 이 대상은 생산과는 물론이고("이것은 우리가 그것을 만들어낸다는 의미가 아니다"), 어쩌면 통상적인 지각과도 무관한, 오직 순수한 사유 앞에만 나타나는 것일 가능성이 크다. 플라톤이 관념론적 실재론자인 것은 이처럼 그가 순수 사유의 대상이 존재한다고 믿기 때문이다.

29_ 괄호 안의 쪽수 중 앞엣것은 영어번역본, 뒤엣것은 독일어본의 쪽수를 가리킨다. 전거를 이런 순서로 표기하는 것은 필자가 영어 번역판을 한국어로 번역한 뒤에 독일어판을 참고해서 수정했기 때문이다. 앞으로 전거를 이중으로 표기해야 할 때는 별도로 표시하지 않는 한, 필자가 먼저 참고한 판본을 앞에, 나중에 참고한 것을 뒤에 표기한다.

5. 존재의 네 가지 원인 – 아리스토텔레스의 형상 개념

쉽게 예견하겠지만, 아리스토텔레스의 형상(形相) 이론은 플라톤의 그 것과는 크게 다르다. 스벤에릭 리드만에 따르면, 그는 "형이상학적 발상"으로 인해 현실 세계에서는 신뢰할 수 있는 형상을 접할 수 없다고 본 스승과는 달리, 사람은 "첫눈에는 어떤 것도 계속 같을 수 없는 감각들 세계에서[도] 관찰을 통해 반복적이고…안정적인 것을 마주칠 수 있다"고 봤다. 이것은 감각들 세계에서도 동일성의 유지가 가능하다는 생각으로서, 그런 점을 가리키기 위해 "그는 주로 '에이도스'에 대해 말하고 '이데아'라는 단어는 플라톤과 플라톤의 초월적 세계 관념에 대한 자신의 비판을 위해 남겨둔다"(Liedman, 2007: 128). 아리스토텔레스는 플라톤과는 다른 방식으로 '이데아'와 '에이도스'를 이해한 셈인 것이다.

형상(形相)의 문제와 관련해서 플라톤과 아리스토텔레스 간의 중요한 차이는 후자에게서는 형상이 구체적인 모양 즉 형상(形像)을 지닌 **현실적인 물적 대상**으로 나타날 수 있다는 점에서 찾아진다. 아리스토텔레스에 따르면, 어떤 존재의 원인으로는 **질료인, 형상인**(形相因), **효과인, 목적인**의 네 가지가 있다. 이 가운데 질료인은 "어떤 사물이 그로부터 만들어지고 계속 만들어지는 것, 예컨대 어떤 조상(彫像)의 청동, 어떤 그릇의 은, 그리고 청동과 은이 그 종에 해당하는 유"(Aristotle, 1996: 194b24)를, 형상인은 "어떤 사물이 무엇인 것에 대한 법칙"(194b27)을, 효과인은 "변화나 정지의 원래 근원"(194b30, 어떤 계획의 입안자, 아이의 아버지, 산물의 생산자, 변화의 원인자 등)을, 목적인은 "목표"로서 "어떤 것이 그것을 위해 있는 것"(194b33, 예컨대, 걷기에 대한 건강)을 가리킨다. 여기서 우리가 눈여겨볼 점은 아리스토텔레스에게서는 질료가 존재 원인의 하나로 인정받고 있다는 점이다. 플라톤의 경우 '모르페'를 거의 사용하지 않았고, 예컨대 '이데아=에이도스'로서 수학적인 원을 생각할 때도 판자나 모래에 보이는 물리적 형상으로서의 원과는 구분했다는 점에서, 질료적 차원에 대해서는 근본적인 불신을 품고 있었던 셈이다. 반면에 아리스토텔레스는 어떤 사물이 왜 그 사물인지 물을 때 **질료형상론적**(hylomorphic) 접근법을 취한다. 이것은 어떤 사물의 본질을 설명하기 위해 그것이 어떤 질료들로 어떻게 조직되어 있는지 묻는 방식이다. 그에 따르면 "어떤 사물이 왜 그 자체인지 묻는 것은 아무것도 묻지 않는 것이다"(1994: 1041a14). 예컨대 왜 하나의 집은 하나의 집인 것인가 하고 묻는 것은 아무런 의미가 없다. 반면에, "왜 여기 이것들(예컨대 벽돌들과 돌들)이 하나의 집인지를 물을 수 있다." 그런 질문이 유의미한 것은 그것이 집이라는 실체의 존재 원인을 묻는 일이기 때문이다.

존재의 네 가지 원인은 서로 구분되고 있기는 하지만, "동일한 하나가 한 가지 의미 이상의 원인이 될 수도 있다"(Cohen, 2016). 『자연학』에서 아리스토텔레스는 "질료, 형상, 변화의 근원, 목적" 가운데 "마지막 셋은 많은 경우 동일한 것이 된다"고 말한다. "어떤 사물이 무엇인 것과 그것의 목적은 같은 것이며, 변화의 원래 근원은 형상의 견지에서는 이 둘과 같다. 결국 보면 사람을 만드는 것은 사람인 것이다"(Aristotle, 1996: 198a24). 아리스토텔레스는 『영혼론』에서 그런 "동일한 하나"의 대표적 예로 영혼을 제시한다. "영혼은 운동의 근원으로서, 목적이 되는 것(that for the sake of which)으로서, 그리고 혼이 깃든 신체들의 실체로서, 하나의 원인이 된다"(2016: 415b10)는 것이다. 하지만 이처럼 형상인과 효과인과 목적인이 동일한 하나라고 하더라도, 그 셋 가운데 아리스토텔레스가 가장 중요하게 여기는 것은 형상인이다.

우리는 "하나의 사람은 무엇인가"가 물어질 때처럼 서로에게 속성이 되지 않는 사물들에서 우리가 찾는 것을 알아차리지 못하기가 특히 쉬운데, 그것은 그 질문이 단지 제출되기만 하고 이들 사물을 저런 것인 것으로 식별하지 않기 때문이다. 그러나 우리는 묻기 전에 우리의 질문을 분명히 해야 하며, 그렇지 않으면 어떤 것을 물으면서 아무것도 묻지 않는 경우가 될 것이다. 그리고 그 사물의 존재는 이미 주어져야 하므로 질문은 "왜 질료가 이러이러한가"가 되어야 함이 분명하다. 예컨대 질문은 "왜 여기 이들 사물은 하나의 집인 것인가?"일 수 있고(그러면 답변은 "하나의 집의 무엇임은 그 사물들에 속해있기 때문이다"가 된다), 또는 "여기 이 사물은 왜 하나의 사람인 것인가?" 또는 "이런 상태의 이 신체는 왜 하나의 사람인 것인가?"일 수 있다. 그래서 우리가 찾는 것은 질료가 그에 의해 이러이러하게 되는 원인, 즉 형상이다. 그리고 그것이 실체다 (1041a32-1041b8).

여기서 형상은 어떤 사물이 그 자체가 되는 원인인 것으로 제시되며, 그런 점에서 그것은 그 사물의 본질이자 실체로 간주되는 셈이다. 형상은 예컨대 벽돌들과 돌들이 하나의 집이 되게 만드는 원인으로서, 아리스토텔레스적인 의미에서 실체가 된다. 그에게서 실체는 "존재의 본원(archê, 원리)이고 원인(aitia)"(1041a9; Cohen, 2016)이다. 중요한 것은 이때 실체로서의 형상은 어떤 사물을 온전하게 그것 자체로 보존하게 해준다는 점이다.

그리고 음절은 그것의 요소들인 것만이 아니고—BA는 B나 A와 같지 않다—살도 불과 흙인 것만은 아니다. 왜냐하면 살과 음절은 시리지면 더 이상 존재하지 않으나, 문자들은 존재하고 불과 흙도 마찬가지이기 때문이다. 음절은 그렇다면 그것의 요소들(모음과 자음)이기만 한 것이 아니라 또 다른 어떤 것인 셈이다. 그리고 살은 불과 흙, 또는 뜨거운 것과 차가운 것인 것만이 아니라 또 다른 어떤 것인 셈이다. 그리고 이 다른 어떤 것은 그 자체 하나의 요소일 수 없으며, 요소들로 구성될 수 없다. 왜냐하면 그것이 하나의 요소라면, 동일한 논증이 계속 적용될 것이고(살은 이 요소와 불과 흙과 또 다른 어떤 것으로 구성될 것이므로), 그래서 우리는 어떤 무한후퇴를 겪게 된다. 그리고 그것이 요소들로 구성된다면, 그것은 하나의 요소 이상으로 구성되어야 하며(그렇지 않으면 그것은 그 한 요소가 될 것이다), 그래서 우리는 살과 음절에 대해서와 동일한 논증을 적용하게 될 것이다. 그렇다면, 이 다른 어떤 것은 정말 존재하고, 그것은 하나의 요소가 아니며, 그리고 그것은 이 사물이 살인 것과 저 사물이 하나의 음절인 것의 원인이 된다고 할 수 있을 법하다. 다른 경우에도 비슷하다. 그래서 이것은 각 사물의 실체가 되는 셈인데, 이는 그것이 각 사물의 존재에 대한 일차적 원인이기 때문이다(1041b12-27).

여기서 "이 사물이 살인 것과 저 사물이 하나의 음절인 것의 원인"이 되는 것은 그들 사물의 실체로서, 그것들의 형상 또는 본질을 이룬다고 할 수 있다. 어떤 사물의 실체가 그것의 일차적 존재 원인이 되는 것은 그 실체가 형상으로서 그 사물의 본질적인 모습을 빚어내기 때문이다. 이런 점에 비추어 본다면, 아리스토텔레스는 형상인을—이것을 어떤 사물이 그 자체로 존재하게 되는 원인의 하나로서만 봤을 뿐, 그 사물의 유일한 본질적 근거로 본 것은 아니라 하더라도—가장 중요한 원인으로 여겼다고 할 수 있다. 이와 관련해서는 위에서 인용한 한 구절에 대해 코언이 해설한 부분이 도움이 된다. 여기서 인용한 아리스토텔레스의 『형이상학』은 데이드 보스톡의 번역으로 옥스퍼드 대학 출판부에서 출간한 것인데, 거기에는 "그래서 우리가 찾는 것은 질료가 그에 의해 여차여차하게 되는 원인, 즉 형상이다. 그리고 그것은 실체다"(1041b6-9)라고 되어 있는 데에 반해,[30] 코언은 다른 영어번역본[31]을 활용해서 다음과 같이 말하고 있다.

우리는 예컨대 "왜 이 사물들, 즉 벽돌들과 돌들은 집인 것가"(1041a26) 하고 물어야 한다. 아리스토텔레스가 제출하는 답변은 어떤 실체(substance; 예컨대

30_ 한 한국어 번역에서는 이 부분이 "이렇듯, 우리가 찾는 것은 밑감의 원인이며 [이것은 꼴(형상)이다], 이것 때문에 밑감은 어떤 [특정한] 것이 된다. 그리고 이것은 실체다"라고 되어 있다(아리스토텔레스, 2007: 351).

31_ 코언이 사용한 번역은 윌리엄 데이비드 로스에 의한 것(*Metaphysics*, tr. William David Ross [Oxford: Clarendon Press, 1924])이다.

집)의 존재 원인은 그 실체를 구성하는 질료(예컨대 벽돌과 돌)에 속해 있는 형상 또는 본질이라는 것이다. 본질이 언제나 형상인만인 것은 아니다. 그것은 아리스토텔레스의 말로는 어떤 경우에는 목적인(그는 집과 침대를 예로 제공한다)이 되기도 하고, 어떤 경우에는 효과인이 되기도 한다(1041a29-30). 그러나 어느 경우든 "우리가 찾는 것은 원인, 즉 질료가 그 때문에 어떤 명확한 사물이 되는 형상이며, 이것이 그 사물의 실체"(1041b6-9)이고, "그 존재의 일차적 원인"(1041b27)이다(Cohen, 2016).

여기서 코언은 아리스토텔레스가 형상을 가장 중요한 원인으로 간주했다고 해석하고 있다. 그가 힘주어("어떤 경우든") 강조하는 것은 형상은 아리스토텔레스에 의해 "그 때문에 질료가 어떤 명확한 사물이 되는" "원인"이고, "그 사물의 실체"요, "그 존재의 일차적 원인"으로 여겨지고 있다는 것이다. 형상은 이때 어떤 사물이 그 사물 자체가 되게끔 만드는 **가장 본질적인 것**으로 이해된다. 예컨대 청동으로 빚은 어떤 조형물이 하나의 조상(彫像)이 되게끔 해주는 것은 무엇보다도 후자의 형상이라는 것이다. 아리스토텔레스는 이 형상을 만들어진 조상의 실체이자 본질로 보고 있기도 하다. 즉 그 조상을 구성하는 질료가 청동이라면, 이 청동을 그 조상으로 '형질 전환'을 이루게 하는 것은 그 조상의 형상이고, 이것이 그 조상의 본질이라는 것이다. 이렇게 보면 형상(形相)은 형상(形像)에 따라 그것이 되는 셈이라 하겠다.

아리스토텔레스에게서 형상(形相)이 본질이고 실체라는 것은 그에게서 그것이 모르페이자 에이도스라는 것과 다르지 않다. 고대 그리스어에서 모르페와 에이도스가 동의어로 취급된 것도 이런 점 때문이라 할 수 있다. 로마문화가 그리스문화를 수용할 때, "처음부터 라틴어 '포르마(forma)'가 두 개의 그리스 단어 '모르페'와 '에이도스'를 대체"(Tatarkiewicz, 1973: 216)할 수 있었던 것도 그런 점 때문 아닐까 한다. 포르마가 그런 역할을 할 수 있었던 것은 에리히 아우어바흐에 따르면, "그것이 원래 모델의 관념을 지니고 있었기 때문"(Auerbach, 1984: 14)이기도 했다. 이것은 모르페와 에이도스가 둘 다 형상(形相)을 나타내고, 따라서 본질, 실체의 의미를 지녔다는 점과 무관하지 않을 것이다. 하지만 양자 사이에는 나름의 차이도 존재한다. 위에서 우리는 모르페가 주로 가시적, 감각적, 지각 가능한 형상을, 에이도스는 개념적 또는 이해 가능한 형상을 가리키는 데 주로 사용되었음을 언급한 바 있다. 물론 두 용어의 의미 차이가 무엇인지는 더 밝혀봐야 한다.

이런 점을 놓고 보면 아리스토텔레스가 말하는 형상(形相)은 우리가 말하는 생김새 또는 외관과 유사한 의미망인 것으로 해석할 여지가 있다. 형상=생김새=외관. 생김새가 앞서본 대로 형태와 형식이 결합한 어떤 것이라면, 형태는 모르페로, 형식은 에이도스로 생각할 수 있지 않을까 한다. 모르페와 에이도스가 서로 호환될 수 있는 것처럼 형태와 형식도 호환될 수 있으며, 모르페가 가시적, 감각적, 지각 가능한 형상이고, 에이도스가 개념적 또는 이해 가능한 형상이라면, 형태는 전자의 형상에, 형식은 후자의 형상에 가깝다고 할 수 있다. 이런 점과 관련해서는 마르틴 하이데거의 논의가 도움이 된다.

6. 생김새로서의 에이도스/이데아

하이데거의 논의에 주목할 필요가 있는 것은 우리의 핵심 관심사인 서울의 '생김새' 개념과 관련해서 그가 매우 유의미한 생각거리를 제공해주고 있기 때문이다. 하이데거에 따르면, 생김새는 그 개념에서 모르페와 에이도스 중 후자에 더 가깝다. 생김새가 모르페보다 에이도스에 더 가까운 개념이라고 보는 견해는 언뜻 이해되지 않는 측면도 있다. '모르페'는 통상 "형태"나 "모양"의 의미로, '에이도스'는 "본질"의 의미로 이해되는 경우가 많은데, 한국어에서 '생김새'는 그 쓰임새로 보면 통상 본질과 연관이 더 큰 형식보다는 형태, 특히 외관과 더 가깝게 여겨지기 때문이다. 하지만 하이데거에 따르면, 고대 그리스에서는 **지각의 관점**을 취하느냐 **생산의 관점**을 취하느냐에 따라 사물의 사태 이해가 달랐기 때문에 생김새가 에이도스와 더 깊은 연관을 맺게 되었다. 그는 먼저 모르페와 에이도스가 지각의 관점에서는 서로 어떻게 작용하는지 살핀다.

> 우리는 어떤 사물의 형상(形像, Gestalt)과 인형태(印形態, Gepräge)로부터 그 사물의 사태가 어떠한지 짐작한다. 인형하기와 형상화하기는 만들어질 것과 만들어진 것에 그 고유한 생김새(Aussehen)를 부여한다. 생김새는 그리스 표현 에이도스 또는 이데아의 존재론적 의미다. 우리는 어떤 사물의 생김새에서 그것이 무엇인지, 그것의 사태성, 그것의 인형된 성격(Geprägtheit)을 볼 수 있다. 우리가 어떤 존재자를 그것이 지각을 통해 접해진 대로 여긴다면, 그것의 생김새는 그 인형태에 근거해 있다고 말해야 한다. 사물에 그 생김새를 부여하는 것은 형상(Gestalt)이다. 그리스어 개념들과 관련해서 보면, 에이도스 즉 생김새는 모르페 즉 인형태에 정초하고 근거해 있다(Heidegger, 1988: 106/1989: 149).

'형상(形像)' '인형태(印形態)'[32] '생김새' '에이도스' '모르페' 등 위 인용문에 나오는 용어들은 각기 추가적 설명이 필요한 복잡한 의미망을 갖고 있지만, 여기서 관심을 끄는 것은 '형상' 또는 '형태'와 '생김새'의 관계다. 어떤 사물의 형상과 형태는 그것에 가해진 인형하기와 형상화하기 작용의 결과이며, 하나의 사물은 그런 작용으로 인해 그 고유한 외관 즉 생김새를 갖게 된다.

32_ 독일어 'Gepräge'의 일반적 한국어 번역은 '특징'이겠지만 여기서는 이 단어가 'prägen'에서 파생된 것을 고려해서 '인형태(印形態)'라는 표현을 택했다. 동사 'prägen'은 "찍거나 눌러서 형태를 만들다"라는 뜻으로 통상 "각인하다" "주조하다" "특징짓다" 등으로 번역되는데, 여기서는 "눌러서 형태를 만들다"라는 문자적 뜻을 살리기 위해 '인형(印形)하다'로 번역한다. 'Gepräge'는 그렇다면 "인형해서 특징이 새겨진 것" 즉 "인형된 형태"가 되는 셈이다. 참고로 영어번역본에서는 'Gepräge'가 'impressed form'으로 번역된다.

하이데거는 이 생김새를 고대 그리스 철학 전통에서 제출된 핵심 개념인 "에이도스 또는 이데아의 존재론적 의미"로 보고 있다. 한 사물의 생김새는 "그것의 무엇임" "그것의 사태성" "그것의 인형된 성격"으로서 이데아=에이도스라는 것이다. 그리고 그는 사물의 생김새는 "그 인형태에 근거해 있다" 하고, "사물에 그 생김새를 부여하는 것이 형상(形像)"이라고 말한다. 이것은 우리가 어떤 사물을 지각할 때 그것의 그것임—고유한 생김새—을 그것이 인형되어 나타난 형태 즉 형상(形像)에서 찾게 된다는 것이며, 사물의 에이도스(생김새)는 모르페에서 비롯된다는 것과 같다. 모르페는 이때 사물의 인형된 형태 즉 형상(形像)을 가리킨다. 이 경우는 **형상**(形相)을 지배하는 것이 **형상**(形像)인 셈이다.

그러나 사태가 항상 그렇지는 않다. 하이데거에 따르면, 그리스 존재론에서 어떤 사물의 생김새와 형상(形像)의 관계는 지각의 관점만이 아니라 생산의 관점에서도 이해될 수 있으며, 그럴 경우는 "에이도스와 모르페, 생김새와 인형태 사이의 정초적 관계"는 "정확히 반대"가 된다. 다시 말해 이제 "생김새가 인형태에 근거해 있지 않고 인형태 즉 모르페가 생김새에 근거하게"(Heidegger: 106/149) 되는 것이다.

> 도공은 진흙으로 꽃병을 하나 만든다. 형성물의 조형은 모두 모델이란 의미의 어떤 이미지를 지침과 기준으로 삼아 이루어진다. 사물은 조형하고 인형하게 될 그것의 예견된 생김새를 고려해 만들어진다. 그리스인들이 에이도스 즉 이데아에 의해 존재론적으로 의미하는 것이 선취되고 예견된, 사물의 이 생김새다. 그 모델에 따라 빚어진 형성물은 그 자체로 모델의 닮은꼴이다(106/150).

이미 만들어져서 현실로 존재하는 어떤 사물의 경우 그것의 형상 또는 형태를 먼저 지각한 다음 그것의 생김새(에이도스)를 파악하게 되는 것이 이해의 통상적 순서다. 즉 지각 중심의 이해 순서에서는 모르페의 파악이 에이도스의 파악에 선행하는 것이다. 하지만 아직 존재하지 않는 어떤 사물을 만들어야 할 경우는 현실적인 형태와 형상 즉 모르페에서 출발하기보다는, 그에 따라 그 사물을 "조형하고 인형하게 될 그것의 예견된 생김새"인 에이도스로부터 출발하는 것이 필요하다. 왜냐하면 만들어질 것은, 그것에 대한 어떤 **미리-봄**을 전제하고, 이를 통해 보인 것 즉 예견된 생김새를 하나의 **사전-이미지**(Vor-bild)로서 가질 수 있기 때문이다. 이때 그 이미지는 아직 존재하지 않는 사물이 현실화하고 나면 갖게 될 형태와 형상(形像)의 **모델**로서 작용하는 셈이며, 그런 점에서 에이도스 또는 이데아로서의 생김새는 형태 또는 형상인 모르페의 모델이 된다.

> 예견된 생김새, 즉 사전-이미지는 사물을, 그것이 그것의 생산 이전에는 무엇이었던 것인지, 그리고 생산물로서는 어떻게 생겨 먹을(aussehen) 것인지 보여준다. 예견된 생김새는 인형된 것(Geprägtes), 현실적인 것(Wirkliches)으로 아직 표면화되지 않았지만, 이미지-화(Ein-bildung)의, 그리스인들이 말하는 판타지아의 이미지에 해당한다. …상상력에서 예견되는, 인형될 것의 생김새로서의 에이도스가, 사물이 모든 현실화 이전에 이미 무엇이었고 [현재] 무엇인지와 관련해서 그 사물을 보여준다. 따라서 예견된 생김새, 에이도스는 티 엔 에이나이(ti en einai)라고, 즉 어떤 존재자가 이미 그것이었던 바의 것이라고도 불린다. 한 존재자(ein Seiendes)가 현실화하기 전에 무엇이었던 것, 생산이 그 산물에 대한 척도를 그로부터 얻게 되는 생김새는 동시에 인형되는 것이 고유하게 그로부터 도출되는 것이다(Heidegger: 107/150–51).

생산 과정에서 발생하는 모르페와 에이도스의 인과관계는 이렇게 되면 그것들이 지각 과정에서 갖게 되는 것과는 정반대가 되는 셈이다. 에이도스＝이데아로서의 생김새는 이때 앞으로 인형될 것의 사전-이미지가 되는 것이고, 그런 점에서 그것은 현실적으로 존재하게 될 형성물, 나름의 형상(形

(像)을 지닌 존재자에 대한 모델—도안 또는 디자인—이라고 할 수 있다.

7. 에이도스/이데아/모르페와 생김새/외관/형태/형식

하이데거는 에이도스와 이데아를 한편으로 놓고 그 양자를 모르페와 구분한다. 그는 "생김새는 그리스 표현 에이도스 또는 이데아의 존재론적 의미다"(Heidegger: 106/149), "그리스인들이 에이도스 즉 이데아로 존재론적 으로 의미하는 것이…사물의 이 생김새다"(106/150), "에이도스 즉 생김새 는 모르페 즉 인형태에 정초하고 근거해 있다"(106/149) 하고 말하며, 생김 새와 관련된 개념들 사이의 다양한 관계를 제안한다. 이때 우리가 식별할 수 있는 관계들은 동일성을 언급하는 관계 셋과 차이를 말하는 관계 하나 다. 즉 1) 에이도스가 이데아와, 2) 그 양자가 생김새와, 3) 모르페가 인형태 와 동일하다고 취급되고 있고, 4) 에이도스=이데아=생김새가 모르페=인 형태와 구분되고 있다. 이들 용어와 관련한 하이데거의 관계 설정은 앞으 로 서울의 생김새 문제를 본격적으로 다룰 때 상당히 중요한 함의를 갖는 다고 여겨지기 때문에 자세하게 살펴보는 것이 필요하다.

1) **이데아와 에이도스의 관계.** 하이데거는 이데아와 에이도스를 동일 시하고 있다. 앞에서 살펴본 대로 로마의 그리스문화 수용 과정에서 그리 스어 '에이도스'와 '모르페'가 라틴어 '포르마'로 통합되어 번역되었다는 사 실에 비추어 볼 때, 하이데거의 생각은 관례를 따른 것으로 보인다. 라틴어 에서 '포르마'라는 단일한 한 단어가 '에이도스'와 '모르페'를 번역했다고 하는 것은 '이데아'를 '에이도스'와 분리해서 새로운 라틴어로 번역할 필요 가 없었기 때문일 공산이 크다. 앞에서 우리는 '에이도스'와 '이데아'를 혼 용한 것이 (플라톤의 경우를 제외하면) 고대 그리스의 관행이었음을 살펴 본 바 있다. '모르페'와 함께 라틴어 '포르마(forma)'—한국어에서는 일반적

으로 '형상(形相)'이라고 번역하고, 영어로는 대체로 대문자 'Form'이라고 쓰는—로 통합 번역될 때, '에이도스'와 '이데아' 가운데 후자가 사용되는 경우는 거의 없다. 이것은 '에이도스'가 '이데아'를 대체할 수 있어서 생긴 일일 수 있지만, 앞서본 대로 두 용어가 각기 독자적인 의미를 지니게 된 것이 이유일 수도 있다. 노토미의 지적대로, '이데아'가 마음속의 생각을 의미하게 되면서 '이데아'는 다른 용도로 사용되었을 공산이 크다. 이런 점은 '이데아'의 현대 영어 표현인 'idea'가 'form'과는 완전히 분리되어 "생각" "관념" "착상" 등의 의미로 사용되고 있는 데서도 확인된다. '이데아'는 그리스어 '에이도스' 및 '이데아'와 '모르페'가 결합하여 라틴어 '포르마'로 전환됨에 따라, 의미가 변했을 것이다. '이데올로기'라는 용어가 현대 자본주의의 지배적 인식론에서 중요한 위상을 차지하고 있는 것도 '포르마'에 흡수된 '에이도스'와는 다르게 '이데아'가 별도의 의미를 지니며 사용되는 좋은 예다.

2) 에이도스 및 이데아와 생김새의 문제. 이데아=에이도스의 등식을 일단 수용한다면, 두 용어가 한국어 '생김새'와 어떻게 동일한 의미를 지닐 수 있느냐 하는 문제가 생긴다. 이것은 여기서 하이데거가 사용한 독일어 '아우스제엔(Aussehen)'의 번역어로 채택한 '생김새'의 해석 문제이기도 하다. 'Aussehen'은 접두사 'aus'가 "밖으로/밖에"를, 'sehen'은 "보다/보이다"를 의미한다는 점 때문에 한국어로는 통상 '외관'으로 새겨진다. 내가 여기서 '외관' 대신 '생김새'를 선택한 것은 물론 이 책의 주제인 '서울의 생김새'를 고려한 점 때문이지만, '생김새' 즉 '아우스제엔'이 어떻게 하이데거가 말하듯이 '에이도스/이데아'의 의미를 담을 수 있는지는 더 살펴볼 필요가 있다. 생김새는 외관으로 간주할 수 있다는 점에서도 드러나듯이 어떤 가시성을 시사하며 그런 점에서 "형태" 또는 "인형태"에 해당하는 '모르페'에 더 가깝다. 그런데도 하이데거가 생김새/아우스제엔과 에이도스/이데아가 상

통한다고 보는 것은 그에게서는 그것들 역시 가시적인 어떤 것으로 상정된다는 말일 것이다. 어떤 사물이 생산될 때 에이도스=이데아로서의 생김새가 인형될 그 사물의 사전-이미지가 되는 것이 그런 경우다. 하이데거에 따르면, "예견된 생김새, 즉 사전-이미지는 사물을, 그것이 그것의 생산 이전에는 무엇이었던 것인지, 그리고 생산물로서는 어떻게 생겨 먹을 것인지 보여준다"(Heidegger: 107/150). 단, 여기서 제시되고 있는 가시성은 **아직은 관념적**이다. 외관이나 생김새가 그런 종류의 가시성이라면, 아직은 "인형된 것, 현실적인 것"은 아니다. 아무리 생생하더라도 그것은 관념 또는 상상의 차원에 머물 뿐이고, 그래서 실현을 기다리는 계획, 예컨대 도시나 마을의 경우 물질적 구체성을 띠려면 일정한 생산 과정을 거쳐야 하는 설계도와 같다고 볼 수 있다.

하이데거의 '아우스제엔(Aussehen)'은 그렇다면 한국어 '생김새'가 지닌 의미의 일면만을 가리키는 셈이다. 그에게서 생김새는 이데아=에이도스로 이해되는 만큼 모델, 계획, 설계, 디자인에 가깝다. 한국어 '생김새'에서 이와 비슷한 의미는 그것이 '형식'과 결부될 때 나온다. 그 안에 포함된 '식(式)'이 "법"이나 "제도", "본뜨다"나 "본받다" 등을 의미한다면, 형식은 형태에 비해 하이데거의 아우스제엔에 더 가깝다고 할 수 있다. 반면에 '형태'는 하이데거가 생김새(Aussehen)로 해석하는 에이도스=이데아보다는 인형태라고 해석하는 모르페에 더 가깝다. 하지만 앞서본 것처럼 한국어에서는 생김새(외관)가 형식만이 아니라 형태도 의미할 수 있다는 점을 고려하면, 에이도스=이데아와 모르페를 구분해야 할 경우는 생김새와 인형태 사이를 구분할 것이 아니라, 에이도스=이데아와 모르페를 포괄하는 단어로 '생김새'를 사용하고, 이 후자의 안에 포함된 형태(또는 인형태)와 형식 사이를 구분하는 것이 더 낫지 않을까 싶다. 이럴 경우는 모르페와 에이도스를 포괄하는 라틴어 '포르마'가 한국어 '생김새'와 동등한 개념이 된다. 그리고 그에 따라 한국어 '생김새'는 그리스 형이상학의 핵심 개념들인 이데아=에이도스, 모르페를 다 아우르는 번역어인 '형상(形相)'과 대등하게 사용될 수 있다. 그리고 여기서 '서울의 생김새'에서 '생김새'를 '도시적 형태'와 등치하는 것은 앞에서 살펴본 대로 '형태'와 '형식'이 호환될 수 있다는 점으로 인해 '형태'만 사용하더라도 '형식'의 의미가 그 안에 포함될 수도 있기 때문이다. 이런 점은 아래에서 다룰 맑스의 '형태' 개념과도 긴밀하게 연결된다.

3) 모르페와 인형태의 동일성. 하이데거는 "그리스어 개념들과 관련해서 보면, 에이도스 즉 생김새는 모르페 즉 인형태에 정초하고 근거해 있다"(106/149) 함으로써, 한편으로는 에이도스=생김새의 등식, 다른 한편으로는 모르페=인형태의 등식을 제출한다. 전자의 등식에 대해서는 이미 살펴봤고, 이제는 후자의 등식에 대해 살펴볼 차례다. 여기서 하이데거는 모르페의 일반적 이해와 별로 상치되지 않는 해석을 제출하고 있는 것으로 보인다. 앞에서 우리는 에이도스가 주로 "개념적인" "이해 가능한 형상"을 가리키는 데 반해, 모르페는 "가시적" "감각적" "지각 가능한" 형상을 가리키는 것이 고대 그리스어의 관행이었음을 언급한 바 있다(Tatarkiewicz, 1973: 216; Hendrix, 2013: 4). 모르페=인형태의 등식은 그렇다면 가시적이고 감각적이며 지각 가능한 형상(形像)의 차원에서 이루어지는 셈이 된다. 물론 모르페가 에이도스와 혼용된 것이 또 다른 그리스어 관행이었음을 고려하면 인형태는 개념적 형상(形相)을 구성할 수 없다고 할 일은 아니다. 플라톤에게서는 모르페까지도 관념적인 존재였기 때문에 인형태는 진정한 형상(形相)일 수 없다고 할 수 있지만, 아리스토텔레스에게서는 질료인도 형상인과 더불어 존재 원인을 구성한다는 점을 상기할 수 있다. 그렇기는 해도 인형태는 독일어 '게슈탈트(Gestalt)'를 번역할 때 사용하는 형상(形像)에 더 가깝고, 우리가 생김새의 두 측면으로 설정하고 있는 형태와 형식을 놓고 보면 전자에 더 가깝다고 봐야 한다. 인형태는 이미 생산된 사물의 모습과

연관되기 때문이다. 여기서 '인형태'라고 새기는 독일어 'Gepräge'는 지각의 관점에서 보면 사물이 이미 만들어져 있는 형태 즉 "인형하기와 형상화하기" 과정이 이미 일어나서 사물이 "그 고유한 생김새"를 가진 상태에 속한다. "사물에 그 생김새를 부여하는 것"은 이때 "형상(形像)"인 셈이다(Heidegger: 106/149).

   4) 에이도스=이데아=생김새와 모르페=인형태=형상(形像)의 구분. 하이데거는 한편으로는 생김새를 에이도스, 이데아와 동일시하고, 다른 한편으로는 모르페와 인형태 또는 형상을 동일시하면서, 양쪽을 구분하고 있다. 이때의 구분은 우리가 앞에서 살펴본 내용과 크게 다르지 않기 때문에 추가적인 분석은 필요할 것 같지 않다. 다만 에이도스=이데아와 모르페의 구분에 따라서 생김새와 인형태 또는 형상(形像)을 서로 구분하는 것은 오해의 소지가 있을 수 있다. 그것은 한국어에서는 인형태나 형상(形像)이 모두 형태에 속하고, 형태는 그것대로 형식과 함께 생김새에 포함된다고 볼 수 있기 때문이다. 물론 이 문제는 한국어의 용법에서 생기는 것으로서, 하이데거의 독일어 용법에서는 생긴다고 할 수 없다.

   ## 8. 생김새와 형태의 역사적 성격

   하이데거는 에이도스=이데아=생김새와 모르페=인형태를 구분하면서, 지각의 차원에서는 후자가, 생산의 차원에서는 전자가 상대방의 모델 즉 바탕이 된다고 말한다. 서울의 생김새와 관련하여 우리가 특히 관심을 기울일 부분은 그가 생산의 측면에서 사물의 에이도스=이데아와 모르페의 관계를 말하고 있는 부분이다. 이때 문제가 되는 사물은 자연적 대상이라기보다는 인간적 행위의 산물에 해당한다. 생산은 인간적 행위이기 때문이다. 사물의 생김새를 그 생산과 결부시킬 때 하이데거는 생김새의 문화적 차원 또는 성격—순수 자연적인 것과는 구분되는—을 환기한다고 볼 수 있다. 만들고자 하는 사물의 "예견된 생김새"가 "그리스인들이 에이도스 즉 이데아에 의해 존재론적으로 의미하는 것"이라고 하면서 그가 도공이 꽃병을 빚는 행위를 예로 드는 것이 그런 경우다. 하지만 그가 생산을 이해하는 방식에는 중대한 문제가 있다.

하이데거가 말하는 생산은 구체적인 인간 활동에 해당한다. 적어도 꽃병의 생산은 그렇다. "진흙에서 꽃병을 하나 만들" 때 도공은 손이나 발을 그 제작 과정에 개입시킬 것이며, 그런 점에서 특정한 신체적 행위를 동반한다. 그런 과정은 도공의 몸과 진흙 간의 특정한 관계 맺기를 통해 이루어지는 만큼 예컨대 씨를 뿌리는 행위나 베를 짜는 행위 등과는 질적으로 구분되는 행위다. 동시에 그것은 인간이 손과 발을 나름대로 사용하는 호모사피엔스로서 존재하는 한 변함없이 이루어질 수 있다는 점에서 보편적인 행위이기도 하다. 그런 솜씨는 도공이 어떤 특정한 시대에 살고 있느냐, 어떤 유형의 사회에 살고 있느냐와 무관하게 나타날 것이다. 하이데거가 사물의 생김새를 사고할 때 취하는 관점에서 생산은 따라서 한편으로는 자연적으로 주어지지 않는 산물을 탄생시키는 인간적이고 문화적인 행위이지만, 다른 한편으로 인간이 존재하는 한 지속될 초역사적인 성격을 띨 수 있다. 하지만 하이데거는 생산이 **역사특수적인** 성격을 지닐 수 있다는 점은 무시한다. 진흙을 빚어 꽃병을 만드는 특정한 생산 행위는 어떤 사회구성체에 출현하느냐에 따라 그 사회적 역할, 인간 행위로서 그 의미나 역할이 달라질 수 있다. 예컨대 농사를 짓는 일은 어떤 사회에서건 외형상으로 같은 모습을 지닐 수 있지만, 주인을 위한 노예의 노역, 영주를 위한 농노의 부역, 시장에 판매될 식량을 생산하는 임금노동자의 노동, 자유로운 개인이 자아를 실현하는 활동으로 그 사회적 성격이 변하게 된다.

사실 이것이 맑스가 생산 행위인 **노동**을 인식한 방식이기도 하다. 맑스의 '노동'은 하이데거의 '생산'과 외관상으로 같은 종류의 인간 행위다. 하지만 맑스는 『자본』 제1권의 1장 2절에서 생산적 행위로서 노동에는 초역사적인 성격만 있는 것이 아니라 역사적인 성격이 동시에 깃들어 있다는, 생산적 행위에 대해 하이데거와는 근본적으로 다른 해석을 제출한다. 그에 따르면, 노동생산물인 상품과 그것을 생산하는 노동에는 모두 **이중적** 성격이 있다. "상품은 사용가치와 교환가치를 둘 다 지니고"(맑스, 2015a: 51. 번역 수정) 있고, 노동은 "사용가치의 창조자"(맑스: 53)이자 동시에 가치의 창조자 역할을 한다는 것이다. **사용가치**와 **가치**는 상품의 두 요소로서, 전자의 경우 물건으로서 상품의 유용성으로 인해 존재하게 되고(44), 후자의 경우 인간노동의 생산물인 상품들 예컨대 1리터의 밀과 X킬로그램의 철이 서로 교환될 수 있도록 해주는 "동일한 크기의 공통된 요소"(45, 번역 수정), "어떤 공통적인 것"(46), "상품의 교환관계 또는 교환가치에서 나타나는 공통인자"(47)에 속한다.[33] 사용가치를 창조하는 것이 **유용노동**이라면, 가치를 창조하는 것은 **추상노동**이다. 추상노동과 유용노동은 동일한 노동의 상이한 측면으로서, 유용노동은 그것이 창조하는 사용가치처럼 질적이고 구체적인 성격을 지닌다면, 추상노동은 그것대로 그것이 창조하는 가치처럼 추상적인 성격을 지닌다. 맑스에 따르면, 유용노동은 인간이 유적(類的) 존재로서 지상에 출현한 이래 지금까지 계속되고 있는 노동 형태로서, "사회형태와 무관한 인간생존의 조건이며, 인간과 자연 사이의 물질대사, 따라서 인간 생활 자체를 매개하는 영원한 자연적 필연성이다"(53). 반면에 추상노동, 다시 말해 가치를 생산하는 노동은 사용가치를 생산하는 노동과 같은 모습을 띤다고 하더라도 역사적으로 특수한 성격의 노동, 즉 **자본주**

33_ 맑스는 가치가 서로 다른 상품들에서 공통되는 요소가 될 수 있는 방식을 다음과 같이 설명한다. "간단한 기하학의 실례가 이 점을 설명해줄 것이다. 온갖 다각형의 면적을 결정하고 비교하기 위해 우리는 그것을 삼각형으로 분해한다. 또 그 삼각형 자체도 그 외견상의 모습과는 전혀 다른 표현 즉 밑변과 높이의 곱의 절반으로 환원한다. 이와 마찬가지로 상품들의 교환가치들도, 그에 대해 그것들이 더 크거나 더 작은 양을 나타내는, 어떤 공통적인 것으로 환원되어야 한다"(46, 번역 수정).

의적 생산양식에서만 출현하는 노동 유형이다. 노동의 이런 성격 전환은 그것에 의해 만들어지는 생산물이 이제는 대부분 **상품**이 된다는 사실과 관련된다. 과거에도 노동생산물이 상품으로 시장에서 판매되는 경우가 없었던 것은 아니지만, 노동생산물 대부분을 상품으로 만든다는 데 자본주의적 생산양식의 고유한 특징이 있다. 상품의 생산이 생산적 활동의 유일하지는 않더라도 지배적인 형태로 전환되면,34 "상품의 가치를 형성하는" "추상적인 인간노동"(58)이 노동의 지배적 형태가 된다.

노동을 이처럼 유용노동과 추상노동으로 구분하고, 전자는 "인간 생활 자체를 매개하는 영원한 자연적 필연성"으로, 후자는 자본주의적 사회에 **국한된** 노동 형태로 파악한 맑스의 관점은 하이데거의 그것과는 근본적으로 다르다. 생산을 초역사적인 성격을 갖는 인간 행위로만 본다는 점에서, 하이데거에게는 자본주의 사회에서는 그것이 특수한 성격을 지닐 수 있다는 인식이 결여해 있다. 진흙으로 꽃병을 빚어내는 종류의 작업은 다른 종류와 구체적으로 질적으로 구분되는 생산 행위이면서, 고대나 중세, 근대, 당대 어느 시대에서도 일어날 수 있는 보편적 인간 행위임이 분명하다. 하지만 이미 살펴본 대로, 같은 유형의 작업도 어떤 종류의 사회에서 이루어지느냐에 따라 노역, 부역, 임금노동, 또는 자아실현 활동이라는 전혀 다른 성격을 가질 수 있다. 꽃병을 빚는 행위는 자본주의적 생산양식에서는 한편으로는 유용노동으로서 초역사적인 성격을 지니지만, 다른 한편으로는 가치를 생산하는 추상노동으로서 자본주의 사회에 **특유한** 생산 형태가 되는 것이다.

34_ 자본주의에서도 비자본주의적 생산이 다양한 형태로 지속될 수 있다. 여성이 주로 맡는 집안 또는 돌봄 노동이나 농가에서 소규모로 이루어지는 자가 생산, 재능 기부 등이 그런 예다. 그러나 이런 활동은 자본주의 사회에서는 '비생산적'인 것으로 치부되어 가치 생산 노동과는 달리 부불노동의 지위를 갖게 된다. 단 이때 가사노동 등을 '비생산적'이라 보는 것은 잉여가치의 생산에 직접 참여하지 않는 인간 활동은 모두 비생산적이라 규정함으로써 그 축적의 조건을 최대한 유리하게 만들려는 자본의 관점임을 인식할 필요가 있다.

이런 점은 생김새와 그것의 다양한 측면들─에이도스/이데아와 모르페, 형태와 형식, 형상(形像) 등─을 **역사적인 관점**에서 이해할 것을, 다시 말해 사회역사적 변화에 따라 그것들의 성격이 달라지는 것으로 이해하도록 요구한다. 『자본』 제1권에서 맑스는 아리스토텔레스를 "사고형태·사회형태·자연형태와 함께 가치형태를 처음으로 분석한 위대한 학자"(75, 번역 수정)로 꼽은 바 있다. 그는 아리스토텔레스가 "'5개의 침대=한 채의 가옥'이라고 말하는 것은 '5개의 침대=얼마의 화폐'라고 말하는 것과 '다르지 않다'"고 한 데에 주목하면서, 상이한 사물들 사이의 가치표현을 그런 등식으로 나타낸 것은 "가옥이 침대와 질적으로 동일하다는 것을 조건으로 한다는 것, 그리고 이 감각적으로 다른 물건들은 이와 같은 **본질상의 동일성** 없이는 같은 단위로 잴 수 있는 크기로 서로 비교할 수 없다는 것을 통찰한"(75-76. 강조 추가) 것이라고 평가한다. "감각적으로 다른 물건들"이 지닌 "본질상의 동일성"은 맑스의 관점에서 보면 가치, 즉 서로 다른 노동생산물들이 지닌 "동일한 크기의 공통된 요소"(45), "상품의 교환관계 또는 교환가치에서 나타나는 공통인자"(47)다. 그래도 아리스토텔레스는 가치를 개념적으로나 과학적으로 이해하지는 못했다. 그에 따르면 "종류가 서로 다른 물건들이 같은 단위로 측정된다는 것"은 "실제로는 불가능하다." "침대의 가치표현에서 가옥이 침대를 위해 표현하는 그 공통적인 실체는 무엇인가?"라는 질문에 대한 그의 답변은 "실제로는 존재할 수 없다"였다. 하지만 맑스는 그런 공통적인 실체가 실제로 존재하며, 가치가 바로 그것이라고 말한다. 아리스토텔레스의 결론에 대한 맑스의 반응은 다음과 같다. "없기는 왜 없어? 가옥이, 침대와 가옥 모두가 가진 진실로 똑같은 것을 대표하는 한, 가옥은 침대에 대해 어떤 동일한 것을 표현하게 된다. 그것이 바로 인간노동이다"(76).[35]

35_ 이 맥락에서 아리스토텔레스가 형상과 관련하여 제출한 4가지 원인─질료인, 목적인, 효과인, 형상인─가운데 노동과 관련한 원인이 없다는 점에 주목할 필요가 있다. 아리스토

맑스의 비판에서 관심을 끄는 것은 무엇보다도 그가 가치라는 **개념의 역사성**을 지적하고 있다는 점이다. 맑스에 따르면 아리스토텔레스는 "상품의 가치표현에서 하나의 동등관계를 발견한" 데서 "천재성"을 드러냈지만, "그가 살고 있던 사회의 역사적 한계 때문에 바로 이 동등관계가 '실제로' 무엇인가를 해명할 수 없었다"(77). 이것은 아리스토텔레스가 살고 있던 고대에는 가치 개념이 역사 현실 속에서 작동하지 않았기 때문이다. 그런 개념은 노동생산물이 보편적으로 상품의 형태를 지닌 채 출현해야 비로소 실제적이 된다고 할 수 있는데, 그러려면 모든 노동이 "동등한 인간노동, 따라서 동등한 질의 노동"으로 표현되는 것이 필수적이다. 하지만 아리스토텔레스가 살던 사회는 "노예노동에 의거하고 있었고, 따라서 사람들도 같지 않고 그들의 노동력도 같지 않다는 것을 사회의 자연적 토대로 삼고 있었기 때문"(76)에 '동등한 질의 노동'이라는 개념이 **현실적으로** 성립할 수 없었다. "상품의 교환관계 또는 교환가치에서 나타나는 공통인자"인 "상품의 가치"(47)가 형성되는 것은, "상품형태가 노동생산물의 일반적 형태며, 따라서 인간들이 상품소유자로서 맺는 관계가 지배적인 사회적 관계로 되는 사회" 즉 자본주의 사회에서만 "비로소 가능하다"(76-77).

***

이런 점은 형상, 외관, 생김새, 그리고 형태나 형식 등의 개념을 **역사적인 것**으로 이해해야 함을 말해준다. 서울의 생김새와 관련하여 우리가 그 도시적 형태의 문제를 다룰 때는 특히 그렇게 하는 것이 필요하다. 여기서

텔레스는 노동을 존재하는 것들의 원인으로 꼽고 있지 않다. 그 까닭은 "그리스 사회는 노예노동에 의거하고 있었고, 따라서 사람들도 같지 않고 그들의 노동력도 같지 않다는 것을 사회의 자연적 토대로 삼고 있었다"(맑스, 2015a: 76)는 점 때문일 것이다. 모든 노동을 노예가 짊어진 사회에서는 노동이 존재하는 것들의 형상을 구성한다고 생각하는 것이 어렵다.

서울은 무엇보다도 **자본주의적 도시**로서 설정되고 있다. 자본주의적 도시의 형태도 생산되는 것이며, 그에 의해 특정한 외관 또는 생김새를 갖게 된다. 그런 점에서 그것은 한편으로 하이데거가 말하는 '생산', 즉 초역사적인 성격의 생산—구체적이고 특정하지만 어떤 사회에서나 나타날 수 있는—에 의해 형성된다고 볼 수 있다. 하지만 자본주의적 사회에서 생산되는 사물들은 그 외관이 설령 이전에 생산된 것들과 비슷하더라도 **가치의 형태**로 생산된다는 역사적 특수성을 지닌다. 맑스에 따르면 "자본주의적 생산양식이 지배하는 사회들의 부는 '거대한 상품 더미'로서, 개개의 상품은 그 부의 기본 형태로서 나타난다"(맑스, 2015a: 43. 번역 수정). 여기서 언급되는 '부(Reichtum)'는 '가치(Wert)'와 구분되지만, 전자의 대부분이 후자의 형태로 나타난다는 것이 자본주의적 생산양식의 지배적 특징이다.36 자본주의 사회에서 부가 거대한 상품 더미로 나타나는 이유도 거기서는 사회적 부가 대거 자기-증식하는 가치 즉 자본의 순환을 따라 유통되고 이때 가치는 (화폐자본, 생산자본과 더불어 자본의 순환을 거치는) 상품자본의 국면을 반드시 통과해야 하는 데서 찾을 수 있다. 상품 더미의 방대함은 자본주의 도시적 형태와도 직결된 사안이다. 상품의 생산이 갈수록 거대한 규모로 이루어진다는 것은 **인간과 자연 사이의 물질대사**가 그만큼 증대한다는 말로서, 도시화와 함께 오늘날 건조환경이 대규모로 구축된 것이 그 결과다. 이런 변화는 자연적이거나 사회적인 물질대사가 갈수록 자본의 운동에 지배받게 되고, 생산물들이 갈수록 상품의 형태를 띠게 됨으로써 생

36_ '사회적 부'와 '가치'는 동일하지 않다. 전자가 기본적으로 사용가치로 구성된다면, 후자는 교환가치 또는 자본가치로 나타난다. 물론 양자는 서로 겹치기도 한다. 서울과 같은 대도시의 건조환경이 거대한 상품들의 집적으로 이루어져 있는 데서 볼 수 있듯이, 자본주의적 생산양식이 지배하는 사회에서 사회적 부는 대부분이 자본가치로 구성된다. 하지만 사회적 부가 자본가치로만 존재하는 것은 아니다. 가치물이 아닌 것, 예컨대 물, 공기, 토지, 그리고 노동생산물 가운데 상품으로 판매하지 않고 사용가치로만 사용하는 생산물도 사회적 부를 구성할 수 있다.

겨난 것이다. 자본주의 사회에서 상품 더미가 방대해진다는 것은 상품생산이 대규모이며, 그와 함께 물질대사의 규모 또한 방대하다는 말과 같다. 이렇게 보면 자본주의 사회 사물들의 형태가 지닌 특징은 **자본의 운동, 특히 가치의 형태 변화**에 영향을 받게 된다고 해석될 수 있다.[37] 그리고 오늘날 사물들의 형태, 예컨대 도시적 형태는 이때 모르페에 해당하며, 가치와 그 운동은 에이도스=이데아에 해당하는 셈이 된다. 다시 말해서 자본주의 사회에서는 물질적 재화나 서비스 등 생산물의 대부분이 노동력의 자본주의적 사용 방식인 추상노동에 의해 가치물로서의 상품 형태로 생산됨에 따라, 사회적 자연적 물질대사를 일으키며 사물들과 행위들과 사건들 등 **존재하는 것들의 지배적 형태**(모르페)가 기본적으로 가치(에이도스=이데아)의 운동과 함께 규정되며 형성되는 것이다.

오늘날 서울의 도시적 형태가 역사적 특수성을 띤다면, 그것은 그 형태가 자본주의적 생산양식에서 형성된 결과 가치 운동의 영향을 받을 수밖에 없기 때문이라고 봐야 한다. 자본주의적 생산양식은 인간이 지구 행성에서 살아가려면 모든 다른 생명체들과 함께 따라야 하는 자연과의 물질대사를 매개하는 인간 특유의 행위인 노동을 대거 임금노동으로 전환하고, 노동생산물을 사용가치만이 아니라 **가치와 잉여가치**도 함께 지닌 **상품의 형태**로 만들어, 후자의 유통을 통해 실현되는 가치가 원래 투하된 가치보다 더 크게 되는 자본의 축적 과정을 중심으로 작동하는 역사적으로 특수한 사회형태다. 이것은 자본주의 사회에서는 사물들, 행위들, 사건들, 사태들의 지배적 형태가 자본의 운동과 긴밀하게 연동해서 형성된다는 것, 따라서 서울의 도시적 형태도 그 운동과 관련될 수밖에 없다는 것을 시사해

37_ '형태 변화'의 독일어 표현은 'Metamorphose'이고, 이 단어는 가치의 운동과 관련하여 '변태(變態)'나 '전형(轉形)' '탈바꿈'으로도 옮길 수 있다. 김수행은 『자본』 1권의 1991년 번역판에서는 '변태', 2015년 번역판에서는 '탈바꿈'을 사용하고, 채만수는 '변태', 강신준과 황선길은 '형태 변화'를 사용한다. 여기서는 자본의 운동과 '도시적 형태'의 연관성을 환기하는 데 더 적합한 표현을 골랐다.

준다. 이렇게 보면 서울은 그 도시적 형태에 의해 자신의 정체성을 갖게 된다는, 서울은 서울로 **생겨 먹어** 서울이 된다는, 서장에서 말한 수수께끼 같은 발언의 의미가 분명해지는 셈이다. 오늘날 서울의 생김새는 자본의 운동이 일으키는 가치의 생산과 실현, 분배를 둘러싸고 전개되는 자연적이고 사회적인 물질대사, 그중에서도 특히 **건조환경**의 구축을 통해 크게 규정된다. 자본주의적 건조환경은 크게 봐서 **고정자본**과 **소비기금**으로 구성되며, 양자는 가치의 형태 변화 과정에서 생산되는 물리적 대상들이다. 고정자본과 소비기금으로 구성된 건조환경에 의해 좌우되는 서울의 생김새는 그렇다면 에이도스=이데아로서의 가치에 의해 모르페로서 형성되는 형상에 해당한다. '형상'은 이때 형식과 형태의 두 측면이 결합한 것이라고 볼 수 있다. 다시 말해 우리가 구체적으로 보는 서울의 외관은 그 자체가 에이도스로서의 가치를 모델로 하여 '인형태'로 현상한 모습인 셈인 것이다. 이런 점을 통해 우리는 서울의 오늘날 도시적 형태, 생김새, 형상은 자본의 가치법칙과 연동하여 빚어지며, 그런 점에서 역사적으로 특수한 시공간적 형태임을 확인하게 된다.

자본의 운동은 **가치의 생산과 실현, 분배**의 과정을 끊임없이 반복한다. 자본을 "정지상태의 사물"이 아니라 "운동으로서만"(맑스, 2015b: 125) 이해해야 하는 것도 그 때문이다. 이 운동은 가치가 형태 변화를 겪는 운동이라는 점에서 자본은 "운동하는 가치"(Harvey, 2010: 90; 2018: 4-7)라고 할 수 있다. 자본의 가치는 화폐자본, 생산자본, 상품자본의 형태로 기능을 바꿔가면서 반복적으로 순환하는 운동을 하며, 이를 통해 증식되고 축적된다.[38]

38_ 자본은 이때 산업자본을 가리키며, 산업자본은 화폐자본, 생산자본, 상품자본의 형태를 띤다. 이 가운데 화폐자본과 상품자본은 자본이 유통국면에서 취하는 형태이고, 생산자본은 생산국면에서 취하는 형태다. 이들 세 자본은 산업자본이 자기의 총순환 경과 중에 취하는 상이한 형태로서, 각 형태에 대응하는 기능을 수행한다. 이때 '산업'은 "자본주의적 기초 위에서 경영되는 모든 생산분야를 가리킨다"(맑스, 2015b: 61). 세 형태의 자본들 가운데 가치를 증식시키는 것은 가변자본(노동력)과 불변자본(생산수단)으로 구성되는 생

서울의 오늘날 생김새를 자본주의적인 도시적 형태로서 봐야 하는 것은 그것이 가치의 그런 운동과 더불어 빚어졌기 때문이다. 이때 그 형태는 대체로 상품으로 생산되는 고정자본과 소비기금으로 구성되는 건조환경의 지배를 받게 된다는 점에서 자본주의적 생산 행위의 지배적 형태인 노동─즉 가치를 창조하는 추상노동─에 의해 이루어진다고 할 수 있다. 다시 말해 서울의 도시적 형태는 **가치의 생산**과 연계되어 빚어지는 것이다.

가치는 생산되면 실현되어야 하고, 또 분배되어야 한다. 먼저, 가치는 실현되지 않으면 가치로서 성립할 수 없다. 사회적으로 필요한 노동을 통해 생산되어 가치를 지니게 된 상품도 판매되지 않으면 가치물로서는 아무 소용이 없는 셈이기 때문이다. 판매될 상품이 사용가치를 지녀야 하는 이유도 여기에 있다. 맑스에 따르면, "어떤 물건도 사용 대상이 아니고서는 가치일 수 없다. 만약 어떤 물건이 쓸모없는 것이라면, 거기에 들어있는 노동도 쓸모없는 것이어서 노동으로 계산되지 않으며, 따라서 아무런 가치도 형성하지 못한다"(맑스, 2015a: 51). "상품의 가치가 상품체로부터 금체로 건너뛰는 것" 즉 "상품의 결사적인 도약"(맑스: 138)이 필요한 것도 판매되지 않으면 상품은 자신의 가치를 상실할 것이기 때문이다. 나아가서 가치는 실현된 다음에는 분배과정을 거치게 되어 있다. 가치는 상품의 형태로 노동력에 의해서 생산되지만, 노동력을 제공한 노동자는 가치가 실현된 뒤 '필요노동'에 대해서만 임금의 형태로 가치를 분배받고, 그가 제공한 '잉여노동' 또는 '부불노동'으로 생산된 잉여가치 부분은 그를 고용한 자본가가 독식해서 다른 자본가들─상업자본가, 토지자본가, 금융자본가─과 이윤, 지대, 이자 등의 형태로 서로 나눠 갖는 것이다. 자본가는 원래의 자본가치

───────────────

산자본뿐이다. 산업자본은 화폐자본을 투하하여 노동력과 생산수단을 구매해 생산자본으로 만들고 이를 이용하는 생산과정을 통해 잉여가치가 포함된 가치생산물을 상품자본으로 생산하고, 그것을 시장 또는 유통과정에서 판매해 상품가치를 실현하고, 그에 따라 획득한 화폐자본으로 다시 생산수단과 노동력을 구매해 생산과정을 반복하게 된다. 이것이 산업자본의 재생산과정이다.

에 잉여가치 일부를 더하여 자본의 순환을 반복하며, 이 과정에서 "잉여가치를 자본으로 사용하는 것, 즉 잉여가치를 자본으로 재전환시키는" "자본축적"(790)이 이루어진다.

이런 과정이 도시적 형태의 생산과 무관할 수 없는 것은 자본축적은 자본의 순환을 통해 이루어지고, 이것은 『자본』 제2권의 1편에서 볼 수 있듯이 화폐자본에서 생산자본으로, 생산자본에서 상품자본으로, 상품자본에서 화폐자본으로의 자본의 형태 변화를 통해 진행되며, 이때 일어나는 사회적 물질대사와 더불어 **건조환경의 구축**이 이루어지기 때문이다. **고정자본**과 **소비기금**으로 구성되는 이 구축은 자본의 순환에 필수적이며, 그런 점에서 건조환경을 기반으로 한 도시적 형태의 형성은 자본주의적 생산양식의 재생산을 위한 필수적 조건을 이룬다. 도시적 형태의 형성 즉 공간의 생산이 자본주의적 생산의 유지, 재생산에서 차지하는 역할은 그래서 아무리 중요성을 강조해도 지나치지 않다. 예컨대 앙리 르페브르가 "삶을 바꾸라"나 "사회를 바꾸라!"라는 "계율은 적합한 공간의 생산 없이는 아무런 의미를 갖지 않는다"고 말한 이유도 여기에 있다. 르페브르에 따르면, "새로운 사회적 관계들은 새로운 공간을 요청하며, 그 역도 참이다"(Lefebvre, 1991: 59). 공간 생산의 혁명과 사회적 혁명이 이처럼 상호의존 관계를 맺고 있다면, 오늘날 도시적 형태의 문제를 가치와의 관계에서 따져보는 작업은 자본주의 체제의 존속 문제를 도시적 형태와 관련해서 살펴보는 것과 같은 셈이 된다.

9. 가치의 세 차원과 도시적 형태

자본주의적인 도시적 형태를 가치의 생산과 실현과 분배의 견지에서만이 아니라, 그 본질, 현상, 실체라는 세 가지 형태 차원에서도 생각해볼 수 있다. 가치의 본질은 **가치를 가치로 만드는 것**이고, 실체는 **가치를 구성하**

는 것이며, 현상은 **가치를 가치로 표현해주는 것**이다. 먼저 본질로서의 가치는 어떤 상품이 지닌 다양한 교환가치─한 상품은 여러 다른 상품들과의 관계를 통해 다양한 교환가치를 가질 수 있다─에 의해 표현되는 어떤 것이다. 예를 들어 밀과 철이 "교환되는 비율은 그 비율이 어떻든 밀의 주어진 양이 철의 일정한 양과 같게 되는 하나의 등식, 예컨대 1리터의 밀=X킬로그램의 철로 표시할 수 있다"(맑스, 2015a: 45). 이 등식에서 1리터 밀의 교환가치는 X킬로그램의 철로 나타난다. 하지만 우리는 아직 밀의 가치를 알아내지는 못했다. 등식을 더 살펴보자. 1리터의 밀=X킬로그램의 철은 "두 개의 서로 다른 물건에는 공통한 그 무엇이 동일한 양만큼 들어있다는 것을 의미한다. 따라서 이 두 개는 둘 중의 어느 하나가 아닌 제3자와 같으며, 각각은 교환가치인 한, 이 제3자로 환원될 수 있어야 한다"(맑스: 45). 이 제3자가 가치로서, 두 개의 서로 다른 상품들의 생산에 들어간 **사회적으로 필요한 노동시간**이다. 다시 말해 어떤 상품의 가치는 그 상품을 생산하는 데 사회적으로 필요한 노동시간인 셈인 것이다. 단, 서로 다른 두 상품에 "공통적인 그 무엇"인 가치는 "기하학적 · 물리학적 · 화학적 또는 기타의 자연적 속성일 수 없"(46)기 때문에 **그 자체로는 나타나지 않는다.** 그것은 그런 자연적 속성이 제거된 뒤에 노동생산물에 남게 되는 "동일한 유령-같은 대상성(gespentige Gegenständlichkeit), 즉 무차별적인 인간노동의 단순한 응고물, 다시 말해 그 지출 형태와는 무관한 인간노동력의 지출일 뿐이다"(47. 번역 수정). 상품들은 이런 가치를 지니고 있어서 가치물로서 서로 교환될 수 있지만, 상품들 안에서는 어디서도 가치를 찾아낼 수가 없다. 맑스는 "상품의 가치대상성(Wertgegenständlichkeit)은 우리가 '어디서 그것을 찾아야 할지 모른다'는 점에서 과부 퀴클리와는 구별된다"고 말한다.[39] 이것

39_ '퀴클리'는 셰익스피어의 『헨리 4세』에 나오는 인물이며, 인용문은 그 작품 제1부, 제3막, 제3장에서 등장인물 폴스테프가 퀴클리를 두고 "저 여자는 생선도 육류도 아니에요. 어디서 그녀를 먹어야(have) 할지 아무도 몰라요"(Shakespeare, 2008: 69. ll. 127-28)라고 한

은 "상품의 가치대상성에는 티끌만큼의 물질도 들어있지 않다"(59. 번역 수정)는 말과 같다. 가치가 이처럼 그 자체로는 감각적으로 인지할 수 없는 까닭은 그것이 상품의 본질이라는 데 있다.

가치로서는 그래서 자신을 표현해주는 현상형태가 **절대적으로 필요하다**. 포스턴이 말하듯이, "하나의 본질을 특징짓는 것은…그것이 직접 나타나지 않고 직접 나타날 수가 없으며, 반드시 변별적인 한 현상형태를 통해 표현되어야 한다는 것이다"(Postone, 1993: 166). 가치에는 다양한 현상형태가 있다. 교환가치, 상품, 생산수단, 노동력, 가격, 화폐, (산업자본가 이윤, 상업자본가 이윤, 이자, 지대 등으로 나뉘는) 이윤 등이 그 예들이다. 현상으로서의 가치는 감각적이고 구체적이다. 가치의 현상 차원이 본질인 가치를 표현해낼 수 있는 것은 그런 점 때문이라 할 수 있다. 서로 다른 상품들에 공통적인 것으로서의 가치의 본질은 가치가 가치이게 하는 것이지만, 그 자체로는 나타날 수가 없으므로 자신의 현상형태를 통해서 나타나는 것이다. 가치의 본질과 현상형태는 물론 서로 다르며, 현상형태를 본질 자체로 보는 것은 당연히 인식의 오류에 해당한다. 현상형태는 나중에 보겠지만 **물신주의**를 일으키며 착각을 유발하기 마련이다. 하지만 우리가 주의할 점은 본질과 현상을 구분하더라도 후자를 "시각적 환상 또는 잘못된 인상"으로 보는 것은 지양해야 한다는 것이다. 가치와 관련하여 그렇게 생각하는 것은 "유식한 경제학자들의 과학주의"(Tairako, 2002: 52)에 불과하다. 가치의 현상 또는 외관 차원은 절대 없애버릴 수가 없으며, 가치의 **본질만큼이나 실재적**임을 기억할 필요가 있다. 상품, 상품의 교환가치와 가격, 화폐, 이자 등은 모두 실재적이며 가치의 작동을 위해서는 필수적인 것들이다.

끝으로 가치와 잉여가치를 창조할 수 있는 것은 오직 인간의 노동력뿐임을 강조할 필요가 있다. 시장에서 상품들은 등가로 교환되는 것이 원칙

말에서 "그녀"(퀴클리)를 "그것"(가치대상성)으로 바꾼 것이다. 'to have'에는 "성관계하다"의 뜻이 있다.

임을 고려하면, 상품 교환을 통해 이윤이 발생하기 위해서는 교환되는 상품들 가운데 적어도 한 상품은 예외적으로 자신의 가치보다 더 큰 가치를 만들어낼 수 있어야 한다. 상품들 가운데서는 유일하게 노동력이 바로 그런 상품, 즉 "시장에서 운수 좋게 그것을 사용하면 가치가 창조되는 독특한 속성을 가진 상품"(맑스, 2015a: 221)이다. 노동력이 원래 오늘날의 그것과 같은 상품이었던 것은 아니다.[40] 그것은 '시초 축적'이라는 역사적 사건의 결과 가치와 잉여가치를 생산하는 사용가치를 지닌 상품으로 시장에 비로소 출현하게 되었다. 시초 축적은 이때 농노로서의 신분상 제약만이 아니라 자신들의 생산수단으로부터 분리된 결과 '자유롭게' 된 사람들을, 생존하기 위해서는 상품—이제는 사용가치만이 아니라 교환가치도 함께 지닌 노동생산물—을 생산해야만 하는 임금노동자로 만든 과정에 해당한다.[41] 가치와 잉여가치는 이제 노동자가 된 사람들이 행하는 생산적 행위 즉 노동을 통해 창조되며, 전자는 상품의 생산에 투여된 생산수단과 노동력의 가치로서 필요노동에 의해, 후자는 노동자가 노동력의 가치 즉 그/그녀가 가족과 함께 살아가는 데 필요한 생활수단의 가치를 생산하는 필요노동 이상으로 수행하는 잉여노동에 의해 그렇게 된다. 상품의 가치 또는 잉여가치가 생산되는 것은 이때 상품의 생산을 위해 진행되는 노동과정에서 노동력에 의한 가치의 창조, 즉 그 형성과 증식이 이루어지기 때문이다. 이것은 가치가 노동으로 형성된다는 말, 즉 노동이 "가치를 형성하는 실체"라는 말과 같다. "사용가치 또는 유용한 물건이 가치를 가지는 것은 오직 거

40_ 자본주의가 성립하기 이전이라고 해서 노동력이 전혀 상품으로 판매되지 않았던 것은 아니다. 과거에도 품삯을 받고 남의 일을 해준 경우가 많았다. 하지만 그것은 자본주의 생산양식에서 가치와 잉여가치 창조의 목적으로 노동력이 판매되는 것과는 질적으로 달랐다고 봐야 한다.

41_ 시초 축적은 전자본주의적 생산이 자본주의적 생산으로 이행할 때는 언제 어디서나 일어날 수 있다. 한국에서는 자본주의적 생산으로의 본격적 전환이 이루어지기 시작한 1960년대 이후 농촌이 해체되고 농촌인구가 과잉인구로서 도시로 유입된 과정도 시초 축적에 해당할 것이다.

기에 추상적 인간노동이 대상화되거나 체현되어 있기 때문이다. 그러면 그 가치의 크기는 어떻게 측정하는가? 그 물건에 들어있는 '가치를 형성하는 실체'인 노동의 양에 의해 측정한다"(맑스, 2015a: 48).

요약하자면 가치는 상품 등에 대해서는 본질의 형태가 되고, 상품 등은 이 본질을 표현하는 현상의 형태가 되며, 노동은 가치를 구성하는 실체의 형태가 되는 셈이다. 자본주의적 생산양식의 역사적 특수성은 그렇다면 그 사회적 부의 역사-특수적 형태인 가치가 실체, 본질, 현상의 세 형태 차원으로 구분되면서 동시에 그것들 사이에 나름의 관계가 형성되는 것에 의해 규정된다고 하겠다. 그리고 이렇게 형성되는 관계망은 가치의 생산과 실현, 분배의 과정에서 펼쳐지게 된다. 자본주의적인 도시적 형태도 이런 점과 연결해서 생각해볼 필요가 있다.

자본주의 사회에서는 상품이 가치의 지배적인 **물질적** 또는 **소재적 현상형태**에 해당한다. 이 점이 도시적 형태의 형성과 관련해 핵심적으로 중요하다. 가치의 현상형태로는 상품 이외에도 가격과 화폐, 이윤 등이 있지만, 가격과 이윤은 수의 관념으로 존재하기 때문에 물리적 크기가 없고, 화폐는 그 물질적 크기가 제한되어 있다.[42] 반면에 상품은 가치만이 아니라 사용가치도 지녀야 하므로 필연적으로 유용한 물건(재화)이나 행동(서비스)이라는 소재적이고 구체적인 형태로 존재하게 된다. 그것이 자본주의적 생산양식이 지배하는 사회에서는 사회적 부가 **거대한 상품 더미**로 나타날 수밖에 없는 이유이기도 하다. 서울의 오늘날 생김새를 특징지으며 건조환경이 거대한 규모로 조성된 것도 그런 점과 무관하지 않다. 자본주의적 생산양식이 지배하는 사회에서 건조환경은 고정자본이건 소비기금이건 간에 대부분 상품의 형태로 구축되며, 자본의 운동이 지속됨에 따라 그 규모가

42_ 화폐로 사용되는 '금'의 경우 큰 금액을 나타낼 때는 규모가 커질 수도 있다. 그렇지만 금의 양은 그것과 교환되는 상품의 규모보다는 작을 수밖에 없다. 게다가 최근에는 전자적 교환과 결제가 이루어지면서 화폐는 물리적 크기를 갖지 않는 경우가 많아졌다.

필연적으로 거대해진다. 조선조의 도성으로 사대문 안에 조성되어 19세기 말까지는 인구 20만 정도의, 오늘날 기준으로는 상당히 작은 도시였던 서울이 이제 거대한 규모로 성장해 있는 것도 자본주의적 축적의 결과다. 이 변화는 자본주의적 도시화에 해당하며, 오늘날 서울의 도시적 형태가 형성되는 데 핵심적인 역할을 했다고 볼 수 있다.

　여기서 도시적 형태를 형상(形相) 개념과의 관계에서 이해하고, 형상은 다시 에이도스=이데아와 모르페로 구분되고 있다는 점을 고려해보면, 도시적 형태는 모르페에 해당할 것이다. 오늘날 도시적 형태 즉 모르페는 무엇보다도 상품의 형태, 즉 물질적으로 지배적인 가치의 현상형태로 이루어진다. 이 현상형태의 구체적인 예가 도시 어디서든 보이는 건조환경 단위들이다. 이들 단위는 대부분 상품—즉 가치의 지배적인 물리적 현상형태—으로 생산된 것들이라는 점에서,[43] 그런 것들로 구성되는 도시적 형태 또한 생산된 것이라고 봐야 한다. 이 점을 간과하고 도시적 형태를 지각의 대상 즉 모르페로서만 파악하면 중요한 한 측면이 간과될 수 있다. 하이데거가 말하듯이 "에이도스와 모르페, 생김새와 인형태 사이의 정초적 관계"에서 "생김새가 인형태에 근거해 있지 않고, 인형태 즉 모르페가 생김새에 근거하게"(Heidegger, 1988: 106/1989: 149) 된다는 점을 분명히 하려면 생산의 관점이 필요하다. 하지만 아울러, 도시적 형태의 생산은 역사-특수적이라는 점도 기억해야 한다. 특히 자본주의적인 도시적 형태를 고찰하고자 할 때는 생김새 또는 에이도스가 자본의 운동 즉 가치의 생산과 실현과 분배로 구성되는 과정과 분리될 수 없음을 강조할 필요가 있다. 다시 말해 오늘날 모르페로서의 도시적 형태는 에이도스인 자본의 가치법칙을 그 원리로 삼아서 형성된다고 봐야 하는 것이다.

43_ 상품이 가치의 지배적인 물질적 현상형태가 되는 것은 그것이 사용가치를 가질 때만 가치를 갖게 되며, "사용가치는 뉴턴과 데카르트의 견지에서 본 절대적 공간과 시간을 통해 설명될 수 있는 물질적 재료적 사물 세계에 존재한다"(Harvey, 2010: 37)는 점 때문이다.

***

맑스의 형태 개념은 이처럼 서울의 생김새를 자본주의 도시적 형태로서 이해하는 데 중요한 지침을 제공한다. 자본주의적 도시로서 서울의 도시적 형태는 가치의 본질, 실체, 현상 세 차원이 그 생산과 실현과 분배를 통해 전개되는 운동인 자본의 축적 과정과 분리해서는 이해될 수 없다. 이에 따라 모르페 또는 인형태로서 서울의 생김새는 자신의 "예견된 생김새, 즉 사전-이미지"(106/150)로서 에이도스=이데아 또는 자본의 가치법칙을 모델로 갖게 된다. 여기서 모르페=인형태는 현상의 차원에서, 에이도스=이데아는 본질과 실체의 차원에서 작용하게 된다. 그리고 서울의 생김새는 그 외관 즉 현상형태의 측면과 그런 형태를 빚어내는 본질과 실체의 측면을 동시에 아우르며 모르페와 에이도스의 결합이 되는 셈이다. 서울의 생김새는 그렇다면 서울의 형상(形相)이라고 할 수 있다. **서울이 서울인 것은 서울로 생겨 먹었기 때문인 것이다.** 형상은 이때 형태와 형식을 함께 아우르며, 형태는 모르페에, 형식은 에이도스에 해당한다.

서울의 오늘날 생김새 또는 그 외관상의 형태(모르페)는 현란하다. 그것은 서울이 한국에서 진행되는 자본축적의 주된 현장으로서 가치의 운동이 집중적으로 전개되는 공간인 것과 무관하지 않다. 가치의 운동은 그 **물질적 현상형태 차원**에서는 주로 상품의 생산과 유통, 소비를 통해 이루어지며, 이것은 그에 따른 **자연적 사회적 물질대사**를 동반하게 되어 있다. 서울이 오늘날 도시적 경관을 형성하며 현란한 모습을 드러내는 것은 그 외관적 생김새를 규정하는 '인형태'가 상품이며, 상품은 판타스마고리아적인 성격을 지니기 때문이다. 우리가 통상 접하는 서울의 형상(形像)이 바로 그런 것이다. 우리는 그것을 서울 곳곳에서, 예컨대 거리와 골목길, 편의점이나 쇼핑몰, 자동차와 전철, 고층 건물 등을 통해 일상적으로 접하고 지낸다. 그와 같은 건조환경은 오늘날 사회적 부가 취하는 주된 형태인 상품으로서 방대한 더미를 이루며, 그 모습이 현란하고 요란한 것은 상품이란 기본적으로 "형이상학적 궤변과 신학적 잔소리로 차 있는 기묘한 물건"(맑스, 2015a: 91)이기 때문이라 할 수 있다. 이런 점과 관련해서는 서울을 스펙터클과 판타스마고리아의 측면에서 다루는 제7장에서 더 세밀히 살펴보게 될 것이다.

다른 한편 **가치의 실체**라는 관점에서 본다면, 서울의 생김새는 오늘날 노동이 이뤄지는 방식과 관련된다. 서울의 도시적 형태를 지배하는 수직적 도시화(제4장)나 도시적 공제선 형성(제5장), 경관화(제6장) 등을 주도하는 아파트단지나 빌라촌, 도심의 상업건물들, 개별 지역들을 연결하는 도로 등 수많은 건조환경 단위들의 건설은 노동을 통해 이루어진다는 점에서, 서울의 생김새는 인간노동 즉 가치의 실체가 건조환경으로 응고된 모습이다. 이때 인간노동은 가치의 실체로서 작용하지만, 노동은 노동력의 발휘라는 점에서 그런 능력을 지닌 인간 즉 노동자들의 존재를 전제한다. 건조환경이 대규모로 구축된 것은 이렇게 보면 노동자들이 대규모로 동원된 결과인 셈이다. 건조환경의 구축은 이때 서울의 오늘날 생김새를 형성한 최근 도시화의 효과이자 원인으로 작용했다고 볼 수 있다. 맑스에 따르면, "자본주의적 생산양식의 경향은 모든 생산을 가능한 한 상품생산으로 전환하는 것이며, 이것을 달성하는 주된 무기는 모든 생산을 자본주의적 생산양식의 유통과정에 끌어들이는 것"이고 "산업자본의 침입은 어디에서나 이 전환을 촉진하며 이와 함께 모든 직접적 생산자가 임금노동자로 전환하는 것도 촉진한다"(맑스, 2015b: 131). 한국에서 이런 전환이 본격적으로 진행되기 시작한 것은 1960년대 초로서, 그때 농어촌의 "직접적 생산자"가 대거 "임금노동자로 전환"했고, 이 과정에서 특히 서울로의 대규모 인구 유입과 서울에서의 대규모 건조환경 구축이 이루어졌다. 이 과정은 한편으로는 늘어난 인구의 공간적 배치를 위해 서울에 대규모의 새로운 건조환경을 구축하도록 만들었지만, 건조환경의 구축은 그것대로 대량의 인구가 서울로 유입되는 요인이 되었다고 볼 수 있다. 대규모의 건조환경은 거대한 상품 더미로 생산되며, 이 생산은 노동력의 대대적 동원을 요청한다. 1960년대 이후에 한국의 농어촌이 급속도로 해체된 것은 이 과정에서 일어난 '부수적 피해'다. 그리고 그와 함께 서울의 생김새가 새롭게 형성되었다면, 그것은 한국의 압축적 자본주의화 과정에서 노동력이 대규모로 동원되면서 가치의 실체인 노동이 거대한 건조환경으로 대상화된 결과라고 할 수 있다.

끝으로, **가치의 본질**이라는 견지에서 본다면, 서울의 생김새는 서울을 중심으로 전개되는 가치 또는 그 운동을 자신의 에이도스 즉 '예견된 생김새' 또는 '사전-이미지'로 삼는다고 할 수 있다. 가치가 본질인 것은 그것의 현상형태에 대해서다. 가치가 상품이나 가격, 화폐, 이윤 등에 대해 본질이라는 것은 이 후자들을 통하지 않고서는 그것이 나타날 수 없다는 말과 같다. 예컨대 상품의 어느 구석을 살펴보더라도 가치는 눈에 띄지 않으며 그런 점에서 그것은 추상적 존재다. 하지만 이때 추상은 "현실에서 작용하는 추상(Abstraktion in actu)"인 것이지 관념적인 것이 아님을 기억할 필요가 있다. 가치는 자기연관 즉 "자기 자신의 순환"을 통해 자립화를 이루며 이 과정에서 "자기를 유지함과 동시에 증식시키고 증대시키는 각종의 형태, 각종의 운동을 통과한다"(맑스, 2015b: 124, 125. 번역 수정). 이것은 가치는 자기-증식을 통해 자신을 정립한다는 말로서, 이 운동을 보여주는 것이 자기-증식하는 가치인 자본의 **악무한적 성장**이다. "자본의 운동에는 한계가 없다"(맑스, 2015a: 198). 나중에 보겠지만 한국은 1960년 이래 엄청난 경제성장을 이루었으며, 연간 GDP 성장률이 보여주듯이 해마다 대량의 부가가치를 생산해왔다. 건조환경의 대규모 구축과 함께 서울의 생김새가 최근에 근본적으로 바뀐 것도 그런 점과 직결되어 있다. 본질로서의 가치는 오직 상품과 화폐, 이윤 등을 통해서만 자신을 표현할 수 있으며, 서울에서 전개된 가치 운동이 건조환경의 구축으로 표현된 것은 가치의 소재적 현상형태가 기본적으로 거대한 상품 더미이기 때문이다.

가치는 추상이되 '현실적인 추상'이라는 것은 가치란 무시간적인 존재가 아니라는 말이기도 하다. 자본의 가치는 끊임없이 형태 변화를 겪는다. 가치는 형태로서 존재하며 이 형태는 고정되어 있지 않고 계속 변화하는 것이다. 그런 점에서 그것은 시간-제한적이다.[44] 형태로서의 가치가 시간과 국면에 따라 변화하는 것은 산업자본—"자본주의적 기초 위에서 경영되는 모든 생산분야"(맑스, 2015b: 61)—의 자본가치가 화폐자본, 생산자본, 상품자본으로 형태를 계속 변화시키며 증식되는 데서 볼 수 있다. 상품의 생산과 유통을 거치며 이루어지는 이 형태 변화 과정은 **물질대사**의 과정이며, 따라서 자본순환의 영향권에 들어가는 온갖 사물들, 사태들, 행위들 즉 존재하는 것들의 **소재적 형태**가 변화하는 과정이기도 하다. 물론 이것은 자본주의적 생산양식에서 물질대사가 역사-특수적으로 전개되는 방식이다. 자본주의적 생산양식의 지배가 완성됨에 따라 존재하는 것들의 형태는 갈수록 가치의 형태를 띠게 된다. 왜냐하면 자본주의에서는 노동생산물이 가치체인 상품의 형태로 대거 전환되기 때문이다. 이로 인해 자본주의적 생산양식에서는 존재하는 것들이 갈수록 많이 가치의 운동으로 그 형태가 빚어지고, 가치가 그 증식 과정에서 생산되고 실현되고 분배되는 과정과 함께 변화하게 된다. 이것은 형태로서의 가치, 즉 가치의 실체와 본질과 현상형태는 어느 것도 불변적이거나 초역사적이지 않다는 말이기도 하다. 본질로서의 가치도 자기연관에 의한 자립화를 통해 증식 운동을 수행하며, 가치의 실체인 노동력은 생산과정에서 노동수단과 원료를 소비하여 상품을 생산하고, 이 상품은 가치의 현상형태로서 시장에서 유통되어 판매되고 소비된다. 가치의 본질과 실체와 현상형태들이 이런 변화를 겪는 과

44_ "맑스에게서는 형태가 시간-제한적이다. 그것은 시간 속에서 생겨나고 없어지고 변화한다. 형태를 이런 것으로 생각하는 것은 변증법적 사유의 특징이지만, 그 사유의 창시자인 헤겔에게서 형태의 생성과 변형은 정신의 힘에 달려 있다. 그것은 '논리의 학문'을 구성한다. 헤겔은 자연이든 역사든 다른 모든 영역의 형태 과정들을 오직 논리를 본으로 삼아 생각했다. …반면에 맑스는 형태들의 생성과 변형을 지배하는 시간을 처음부터 역사적 시간─자연사와 인간사의 시간─인 것으로 이해한다"(Sohn-Rethel, 1978: 17-18).

정은 가치가 생산되고 실현되고 분배되는 과정이다. 상품의 형태로 생산된 가치가 시장에서 판매되어 실현되면, 그 결과 획득된 화폐형태로서의 가치는 임금, 이윤, 이자, 지대, 조세 등으로 분배되고 그중 일부가 새로운 자본의 순환에 첨가되며 가치의 순환운동은 반복된다. 증식을 위해 끊임없이 반복되는 자본의 이런 가치 운동은 그래서 **형태상의, 형태 변화의 운동**인 셈이다. 자본은 화폐자본, 생산자본, 상품자본의 형태와 기능을 거치면서 자신이 지배하는 영역들 안에 존재하는 모든 것들의 물질대사를 일으켜 그 형태를 변화시킨다. 자본은 가치의 **형태 변화**를 통해 자신을 유지한다는 점에서 "정지상태의 사물로서 이해될 수가 없고 운동으로서만 이해될 수 있다"(맑스: 125).

따라서 서울의 오늘날 생김새가 지닌 역사적 특수성을 파악하려면 그것을 형태로서의 가치가 운동하는 방식을 통해 살펴보는 것이 필수적이다. 그 생김새는 이때 가치의 운동 또는 형태 변화를 통해 자본이 축적되는 과정에 의해 규정되고 형성되는 것으로 파악된다. 이런 점은 최근에 들어와서 서울에서 젠트리피케이션이 만연하고, 초고층 건물들이 전에 없이 많이 건립되고, 곳곳에 상가 몰이 들어서고, 일상적인 도시적 공제선이 크게 실종되고, 골목길의 형태가 대거 바뀌는 것 등을 통해서 드러나고 있다. 그런 현상들은 서울의 외관 즉 현상형태가 새로운 변화를 보이는 것임과 동시에 가치가 그 본질과 실체와 현상의 차원에서, 그리고 그 생산과 실현과 분배의 과정에서 새로운 형태적 변화를 겪고 있다는 징표다. 그런 변화는 또한 오늘날 자본의 운동이 전에 없이 **건조환경의 집중적 조성**이라는 형태로 이루어지고 있음을 말해준다. 나중에 보겠지만 이것은 최근에 자본의 **금융화**가 급속도로 진행되어 '자산 도시주의' 즉 대폭 증가한 건조환경 단위들이 주식이나 채권과 다를 바 없는 금융자산으로 기능하여 부동산의 거래와 건설이 활성화되는 경향이 작동함에 따라 공간의 생산방식이 크게 바뀐 것과 긴밀하게 관련되어 있다.

현상 차원과 본질 차원과 실체 차원의 관계는 쉽게 파악되기 어렵다. 모이시 포스톤의 지적대로 가치란 "직접 나타나지 않으며 나타날 수가 없고, 반드시 변별적인 한 현상형태를 통해 표현되어야 한다"(Postone, 1993: 166). 문제는 우리가 직접 경험하게 되는 이 '변별적인 현상형태'를 어떻게 인식할 것이냐는 것이다. 그런 형태들—상품이나 상품의 가격, 상품의 판매를 통해 획득하는 화폐와 이윤, 노동자가 화폐 형태로 취득하는 임금 등—은 그 자체가 본질은 아니나 **자신의 현실성**을 갖고 있다. 다시 말해 현상은 본질이 아니나 그렇다고 허상도 아닌 셈인 것이다. 맑스는 이런 야릇한 성격을 지닌 상품을 놓고 "감각적이면서 동시에 초감각적인 즉 사회적인 물건"(맑스, 2015a: 93. 번역 수정)인 것으로 이해한다. 그리고 "인간 두뇌의 산물들이 스스로 생명을 가진 자립적인 인물로 등장해 그것들 상호간 그리고 인간과의 일정한 관계를 맺고" 있는 종교의 세계에서처럼, 상품의 세계에서는 "인간 손의 산물들이 그와 같이 등장한다"(맑스: 94) 하면서, 상품이 이렇게 작동하는 것을 가리켜 **물신주의**라고 불렀다. 가치와 그 현상형태들의 관계는 전자는 반드시 후자를 통해 표현되어야 한다는 점에서 필연적이지만 확정적이지는 않다. 예컨대 상품의 가격은 가치의 현상형태이며, 가치는 자신을 표현하기 위해 반드시 가격으로 나타나야만 하지만 가격이 가치를 정확하게 반영하는 것은 아니다. 맑스가 지적하듯이 "상품의 가치가 변하여도 생산가격은 불변일 수 있다"(맑스, 2015c: 254). 마찬가지로 잉여가치의 현상형태인 이윤도 잉여가치를 은폐하는 효과를 만들어낸다.

이윤율이 잉여가치율과 숫자상으로 다르더라도—잉여가치와 이윤은 사실상 같고 숫자상으로도 동일하지만—이윤은 그래도 잉여가치가 전환된 형태이며, 잉여가치의 원천과 그 존재를 둘러싼 비밀이 **은폐되어 지워진 형태**다. 사실상 이윤은 잉여가치의 **현상형태**이며, 잉여가치는 분석에 의해서만 이윤으로부터 조사해낼 수 있다. 잉여가치에서는 자본과 노동 사이의 관계가 폭로된다. 그러나 자본과 이윤 사이의 관계, 즉 자본과 잉여가치[여기에서 잉여가치는 한편에서는 상품의 비용가격을 넘는, 유통과정에서 실현되는 초과분으로서 **나타나고**, 다른 한편에서는 총자본에 대한 관계를 통하여 더욱 자세하게 결정되는 초과분으로서 **나타난다**] 사이의 관계에서는, 자본은 자기 자신에 대한 관계로서 **나타나는데**, 여기에서는 최초의 가치액으로서의 자본은 자기 자신이 낳은 새로운 가치와 구별되고 있다. 마치 자본은 이 새로운 가치를 생산과정과 유통과정을 통한 자기 자신의 운동 중에서 창조하는 **것처럼** 우리의 의식에 **나타난다**. 어떻게 이것이 생기는가는 이제 신비화되고, 자본 그것에 내재하는 숨은 속성에서 나오는 **것처럼 보인다**(맑스: 53. 강조 추가).

앞에서 본 것처럼 가치는 예컨대 상품과 같은 자신의 현상형태를 통해 표현되어야 하지만 현상형태에서는 그것을 만지거나 볼 수가 없다. "감각적이고 거친 대상성"을 지닌 상품체와는 달리 상품의 가치대상성에는 "티끌만큼의 물질도 들어 있지"(맑스: 59) 않은 것이다. 본질인 잉여가치와 그 현상형태인 이윤의 관계도 비슷하다. 잉여가치는 감각적으로 나타나지 않기 때문에 과학적인 "분석에 의해서만" 그 현상형태인 "이윤으로부터 가려내질 수 있다." 이것은 이윤이나 가격 등에 의해 나타나는 "사회적 현실 차원은 맑스의 분석에서는 기저의 본질을 은폐하는 가치의 현상형태를 표상한다"(Postone, 1993: 134)는 말이다. 현실이 현상형태로서 작용하며 본질을 은폐하게 되면 본질을 파악하는 일은 그만큼 어렵다고 할 수 있다.

　나아가서 실체의 파악도 쉽지 않다. 이 점은 예컨대 아리스토텔레스 같은 위대한 철학자가 "침대의 가치표현에서 가옥이 침대를 위해 표현하는 그 공통적 실체"인 노동이 "실제로는 존재할 수 없다"(맑스, 2015a: 76)고 믿은 데서도 확인된다. 하지만 가치의 실체와 본질, 현상 각각의 정체와 그것들 간의 관계는 맑스에 의해 기본적으로 그 진실이 밝혀졌다고 볼 수 있다. 그에 따르면 가치는 상품과 가격, 이윤 등에 대해 본질이 되고, 상품이나 가격, 이윤이 가치의 현상형태가 되며, 노동은 상품의 가치를 구성하는 실체가 된다. 아울러 맑스는 가치를 시간의 제한을 받는 형태로 파악하면서 그 생산과 실현과 분배의 과정을 거치는 과정에서 축적되는 자본으로 작용하게 된다는 점을 분명히 하고 있다.[45] 이것은 가치란 실체와 본질과 현상의 차원에서 작동하면서 그 생산과 실현과 분배의 과정을 거친다는 말이다. 자본주의적 도시적 형태도 자본가치의 그런 작동의 견지에서 이해할 필요가 있다. 왜냐하면 자본주의적 생산양식에서 이루어지는 도시적 형태의 형성은 필연적으로 자본의 운동을 전제하기 때문이다. 서울의 오늘날 생김새도 형태로서의 자본의 가치가 생산되고 실현되고 분배되는 과정과 필연적으로 연결된다고 봐야 한다.

10. 결론

이 장에서 우리가 우선으로 살펴본 것은 서울과 같은 도시의 생김새를 **역사적인 관점**에서 개념적으로 어떻게 이해할 것인가 하는 문제였다. 한 사물의 생김새 또는 외관은 그것의 정체성을 규정하는 형상(形相)에 해당하며, 형상은 에이도스 또는 이데아와 모르페가 상호작용하여 형성된다. 기억할 것은 형상은 그것을 자연적 사물처럼 지각의 대상으로 보느냐, 인간적 행위로 생산된 것으로 보느냐에 따라서 그 의미가 바뀐다는 점이다. 지각의 견지에서 본 형상에서는 "에이도스 즉 생김새가 모르페 즉 인형태에

45_ 데이비드 하비가 지적하고 있듯이 맑스는 가치의 생산, 실현, 분배의 문제를 『자본』 1, 2, 3권을 통해 차례대로 다루고 있다. "맑스는 노동과정에서 산노동의 착취를 통한 가치와 잉여가치의 생산에 커다란 역점을 두었다. 『자본』의 제1권은 이 점에만 초점을 맞추고 있다. 제2권은 시장에서의 가치 및 잉여가치의 실현에 특별한 강조를 두고 자본 전체의 순환을 다룬다. 그림을 완성하기 위해 제3권은 가치와 잉여가치의 분배 ─ 노동임금과 자본 일반에게 돌아가는 이윤(잉여가치) 간의 명백한 분배 관계 이외에는 다른 두 권에서는 무시되는 주제 ─ 를 다루고 있다"(Harvey, 2016/하비, 2016a: 90 참조).

정초하고 근거해 있다"(Heidegger: 106/149) 한다면, 생산의 견지에서 본 형상에서는 사물의 인형태는 "그것의 예견된 생김새를 고려해 만들어진다"(106/150). 후자의 경우 "예견된 생김새"는 에이도스에 해당하며 이것은 인형될 사물의 사전-이미지인 셈이다. 서울의 생김새를 살펴볼 때는 물론 생산의 관점에서 이해하는 것이 필요하다. 도시적 형태는 자연적으로만 주어진다기보다는 사회적 과정을 통해서도 만들어진다. 하지만 사물들을 생산하는 행위는 **역사특수적인** 방식으로 이루어진다는 점에 다시 주목할 필요가 있다.

도시적 형태로 생산된 서울의 생김새도 역사특수성을 지닌다고 봐야 한다. 우리는 그것을 서울이 역사적으로 특정한 생산양식에 속하는 자본주의적 도시라는 점과 분리하여 파악할 수 없다. 서울이 자본주의적 도시임을 부정할 사람은 많지 않을 것이다. 하지만 여기서 서울이 자본주의적 도시임을 강조하는 것은 그 사실을 단순히 확인하기 위함이 아니라, 자본주의적 도시로서 그것이 어떻게 가치의 **형태로서** 작동하는가에 주목하기 위함이다. 자본주의적 도시에서 형성되는 도시적 형태에 결정적 영향을 미치는 것은 무엇보다도 자본의 운동이다. 생산의 관점에서 볼 때 서울의 생김새는 그 예견된 생김새, 사전-이미지 즉 그 에이도스에 의해 규정된다. 이때 생김새는 후자의 인형태가 되는 셈인데, 오늘날 그것의 형성을 지배하는 것은 자본의 운동이다. 이런 맥락에서 보면, 서울이 자본주의적 도시임을 말한다는 것은 이 도시가 한국에서 작동하는 자본의 가치법칙과 연계되어 생산됨에 따라 그 지배적 생김새를 갖게 된다고 말하는 것과 같다. 자본의 가치는 현상과 본질과 실체의 차원을 지니고 생산과 실현과 분배의 과정을 거치는 운동을 전개한다. 따라서 우리가 서울의 생김새를 자본주의 도시적 형태로서 이해해야 한다는 것은 그 형태와의 관계에서 가치운동이 어떻게 전개되는지 살펴봐야 한다는 말인 셈이다. 다음 장들에서는 이런 관점에서 서울에서 발견되는 도시적 형태의 주요한 특징들을 살펴보게 될 것이다.

끝으로, 이 장에서 살펴본 형태와 가치의 관계는 도시적 형태의 시학이라는 견지에서도 중대한 함의를 지닌다. 서울이 오늘날의 생김새를 갖게된 것은 자본의 운동법칙에 의해 (잉여)가치의 생산과 실현과 분배가 특정한 방식으로 이루어진 것과 무관하지 않다. 모르페로서의 도시적 형태가형성되기 위해서는 자본주의적 생산양식에서는 가치법칙이 에이도스로서작용하는 것이 필요하다. 다음 장들에서 살펴보겠지만 서울이 최근에 고층아파트 건물들로 이루어진 수직 도시 또는 '아파트 공화국'이 된 것이나,도시 전역이 스펙터클과 판타스마고리아가 지배하는 경관으로 전환된 것,과거에는 수많은 곳에서 가능하던 도시의 전경(全景)이나 공제선 즐기기,차경(借景) 전통 등이 이제는 갈수록 소수들만이 누리는 특혜로 바뀐 것, 도시의 골목들이 옛날과는 다르게 직선화된 것 등은 한국에서 진행된 자본의 운동, 예컨대 차액지대나 독점지대 등의 작용, 최근에 급속하게 이루어진 자본의 금융화와 분리해서 생각할 수 없다. 이런 점은 우리가 도시적형태를 새로이 형성하고자 할 경우, 가치의 운동에 대한 개입이 절대적으로 필요하다는 말이기도 하다. 하이데거의 말대로 생산되는 사물의 모르페는 에이도스에 의해 규정되며, 자본주의적 생산에서는 에이도스는 가치의운동이기 때문이다. 도시적 형태의 시학 관점에서 보면 이것은 자본 운동의 극복을 통해서만 우리가 원하는 도시의 모습을 가꿀 수 있다는 말이기도 하다.

제 3 장
서울의 생김새와 자본의 운동

1. 서론

그리스 철학에서 형상은 에이도스=이데아와 모르페로 구분되며, 하이데거의 경우 전자를 생김새(Aussehen)로 파악한다. 하지만 하이데거의 '생김새'와 우리가 여기서 사용하려는 '생김새'는 의미망이 서로 다르다. 한국어에서 '생김새'는 '외관'과 통하며, 따라서 어떤 사물의 형태라는 의미가 강하다면, 하이데거는 생산의 관점에서 앞으로 형성될 사물의 사전-이미지 또는 모델을 에이도스로 보고 그것을 독일어 '아우스제엔(Aussehen)' 으로 여긴다. '아우스제엔'은 이 경우 '형태'보다는 '형식'에 더 가깝다. 하지만 이미 살펴본 대로 한국어에서는 생김새(외관)가 형태를 의미하는 경우가 많고, 형태는 형식과 자주 호환되기도 한다는 점에서 '생김새'가 꼭 '에이도스'만 가리켜야 할 이유는 없다. 형상과 관련하여 '생김새'는 모르페와 에이도스를 포괄하는 라틴어 '포르마(forma)'와 다르지 않다. 생김새는 그래서 형식과 형태의 두 측면을 가지며, 그 둘은 각기 에이도스와 모르페에 상응하는 것으로 여겨진다.

형상 또는 생김새를 가치 운동의 견지에서 생각해보면, 에이도스 또는 형식의 측면에서는 본질이나 실체로서의 가치가, 모르페 또는 인형태의 측면에서는 현상으로서의 가치가 운동하는 방식과 관련된다고 할 수 있다.

단, 생김새나 형상을 고정된 어떤 것, 초월적이고 보편적인 것으로만 이해하면 곤란하다. 왜냐하면 그것은 역사적으로—예컨대 자본주의적 생산양식에서는 가치 운동이라고 하는 역사-특수적인 작용에 따라—형성된다고 봐야 하기 때문이다. 이런 인식은 역사적 유물변증법에 기초해 있다. 맑스에 따르면 변증법은 "역사적으로 전개된 모든 형태를 유동 상태에, 운동하고 있는 것으로 간주하고, 따라서 형태의 한시적 측면까지 파악한다"(맑스, 2015a: 19. 번역 수정). 이렇게 보면 형태 또는 형상(形像), 그리고 거기서 발견되는 일관성은 어떤 '지배 내 구조'가 발현된 모습으로 이해될 수 있다. '지배 내 구조'는 이때 어떤 국면에서 특정한 사회구성체에 내재한 지배적 경향을 의미한다.[46] 여기서 형상을 '결정'하는 것은 그렇다면 일정하게 그것을 정박시키는 힘들, 이 힘들이 정세상으로나 국면에 따라 서로 맺고 있는 관계들의 총체에 해당하는 셈이다.

서울의 생김새 또는 형상도 마찬가지로 이해될 수 있다. 그것은 무엇보다도 한국에서 자본의 축적 운동이 전개되는 양상, 즉 자본의 가치가 생산되고 실현되고 분배되는 방식과 관련된다. 이것은 서울의 도시적 형태—에이도스와 모르페, 또는 형식과 형태를 모두 포괄하는—가 자본의 운동과 그 가치법칙에 뿌리를 두고 있다는 말과 같다. 오늘날 서울에서 시공간은 자본주의적 생산양식을 통해 생산되고 있다고 봐야 하며, 그에 따라 기본

46_ "맑스주의적 총체성은 그 요소들 각각이 어떤 본질의 현상으로서 동등한 하나의 전체인 것(헤겔주의)도 아니고 그 요소들의 일부가 그것들 중 어느 하나의 부수현상들인 것(경제주의 또는 기계주의)도 아니다. 요소들은 비대칭적으로 관련되어 있지만 자율적(모순적)이다. 요소들 중 하나가 **지배적**이다. [경제적 토대는 **어느** 요소가 사회구성체에서 **지배적**이어야 할지 ('최종심급에서') **결정한다**(『자본을 읽자』를 보라 – 루이 알튀세르)] 따라서 그것은 지배 내 구조다. 그러나 지배적 요소는 영구히 고정된 것이 아니고 모순들과 그 불균등 발전의 중층결정에 따라 변한다" (Brewster, 1977: 255). 프레드릭 제임슨은 이에 대해 다음과 같이 말하고 있다. "다양한 차원들이 서로에 대해 반-자율성을 누리고 상이한 속력으로 움직이며 불균등하게 발전하지만 하나의 총체성을 만들어내려는 '지배 내 구조'"(Jameson, 1992: xx). '지배가 여기서 고정되지 않는다'는 것은 '지배 내 구조' 형태로 만들어지는 총체성은 역사적 국면들의 정치적 사회적 정세에 따라 규정된다는 말과 같다.

적으로 상품 또는 가치의 생산이라는 형태를 띤다. 자본주의적 생산양식은 인간이 지상에서 살아가는 데 필요한 사용가치 대부분을 상품 형태로 생산하기 때문이다. 서울의 오늘날 도시적 형태가 예컨대 18세기 중엽의 진경산수화들에서 묘사된 '한양', 1930년대에 조선총독부 건물이 경복궁의 정문인 광화문을 해체하고 그 자리에 들어설 무렵의 '경성'은 물론이고, 1960년대와 1970년대에 본격적인 자본주의적 근대화와 도시화를 겪기 시작한 이후 '서울'과도 크게 다른 이유가 거기에 있다. 이런 변화가 발생한 까닭은 한국에서 작동하는 자본주의적 생산양식이 가치의 생산과 실현과 분배를 최근에 새롭게 전개함에 따라 인간과 자연 간에 **새로운 차원의 물질대사**가 이루어진 데서 찾아진다. 이 과정에서 서울의 오늘날 도시적 형태가 형성되었다면, 그것은 이 도시의 생김새 즉 그 정체성을 규정하는 형상이 역사적 구성물이라는 말과 다르지 않다.

이 맥락에서 우리는 맑스에게서 형태—이 말의 독일어 표현인 'Form'이 '형식'으로도, '형상'으로도 번역될 수 있음을 기억하자—는 시간-제한적인 성격을 가진다는 점을 다시 상기할 수 있겠다. 형태는 이때 가치의 형태로서 이해된다. 가치는 생산되고 실현되고 분배되는 과정에서 계속 새로운 형태로서, 즉 형태 변화를 거치며 나타난다. 자본의 축적 운동이 시작되는 시점에서 가치는 **화폐자본**의 형태를 지니고, 이 형태는 화폐가 새로운 크기의 가치—기존의 가치에 잉여가치가 합쳐진—를 생산하는 데 필요한 노동력과 생산수단의 구매에 사용된 뒤에는 **생산자본**의 형태를 띠게 되며, 생산자본의 기능에 의해 이루어지는 생산과정 또는 노동과정을 통해 만들어진 생산물이 **상품자본**의 형태로 전환되고, 이 상품이 시장에서 그 가치가 가격으로서 제시되어 일정한 금액에 팔리게 되면, 즉 상품의 형태로 있던 가치가 실현되고 나면 화폐의 형태로 전환되고, 이 화폐는 그것대로 임금, 기업이윤, 상업이윤, 이자, 지대, 조세, 기부금 등의 형태로 분배되는 것이다. 일련의 순환을 형성하며 끊임없이 이어지는 자신의 운동 과정 각각의 국면에서 가치가 이처럼 상이한 형태를 띤다는 것은 가치란 형태 변화를 통해 자신을 유지하는 존재라는 말과 같다. 가치는 상품이나 화폐, 생산요소(생산수단과 노동력), 상품, 가격, 이윤 등을 자신의 현상형태들로 갖고, 이들 형태에 대해서는 본질로서 작용한다. 본질은 그 자체로서는 드러나지 못하고 현상형태들을 통해서만 표현될 수 있다. 하지만 본질로서의 가치는 자신의 현상형태에 속하는 상품의 생산과 판매를 통해 자신의 증식을 이룬다. 가치가 자기 증식 작용을 할 수 있는 것은 노동이 그것의 실체를 구성하기 때문이다. 노동은 노동력의 지출 또는 기능을 통해 가치를 형성하고 증식할 수 있다. 이것이 가능한 것은 자본에 의해 구매되는 노동력은 모든 상품 가운데 유일하게 자신의 가치보다 더 많은 가치를 생산할 수 있는 상품, "그것을 사용하면 가치가 창조되는 독특한 속성을 가진 상품"(맑스, 2015a: 220), 또는 "그 자신이 가지고 있는 것보다 더 많은 가치의 원천"(258)이 되는 상품이기 때문이다. 가치의 운동 또는 가치의 형성과 증식은 이런 특이한 상품인 노동력이 지출되는 노동을 통해 상품들이 생산되고, 이를 통해 가치의 생산과 실현이 이루어지는 과정에 해당한다. 가치의 현상형태인 상품에는 가치의 실체로서 인간노동이 응고되어 있으며, 이 노동은 노동력의 지출이되 노동력의 원래 가치보다 더 큰 가치를 만들어내어 상품에 응고되는 것으로 가치의 증식에 참여한다. 가치는 이렇게 그 본질과 실체와 현상의 차원에서 상이한 형태를 통해 존재하고 작용하는 것이다. 가치는 그 세 차원에서 서로 구분되면서 상호 관련을 맺으며, 그 생산, 실현, 분배의 과정을 통해 자기 증식 운동을 진행한다.

'서울의 생김새'도 이런 가치 운동의 견지에서 이해해봄 직하다. 서울은 이때 자본주의적 도시이고, 그 생김새는 그런 도시인 서울이 서울로 생겨먹은 모습, 즉 서울의 형태와 형식, 모르페와 에이도스가 특정하게 결합한 결과로 파악되며, 이때 이런 결합을 가장 크게 규정하는 것 즉 서울의 생김새를 형성시키는 원리는 자본의 가치법칙인 것으로 여겨진다. 서울의 도시적 형태는 그렇다면 서울이 자본주의적 도시라는 사실에 의해 빚어질 수밖에 없으며, 이는 그것이 자본의 운동에 영향을 받는다는 말, 즉 서울의 겉으로 드러난 외관과 그런 외관을 낳게 만드는 원리가 기본적으로 가치의 운동을 따른다는 말과 같다. 오늘날 서울에서 볼 수 있는 온갖 형상(形像)들—예컨대 차도, 가로수, (인기 장소가 된) 골목길, 편의점, 슈퍼마켓, 백화점, 상가, 식당가, (초)고층 건물, 주상복합건물, 아파트촌, 빌라촌, 모텔촌, 신시가지, 신도시, 건물들 사이로 보일락 말락 한 산들의 모습, 각자의 집 창문이나 옥상에서 바라보이는 앞집의 모습과 공제선(스카이라인)의 형태, 거리를 장악한 자동차 행렬, 슈퍼마켓이나 백화점에서 그치지 않고 들리는 무자크, 대형 건물에 달라붙은 전광판과 거기서 쏟아지는 이미지들, 상가 다층건물에 빽빽이 매달린 광고판, 가게나 주택 앞에 아무리 치워도 계속 쌓이는 쓰레기, 서로 무시하며 지나다니는 거리의 행인들, 주택가 골목에서 강아지를 안고 있는 산보객, 휴대전화 화면에 빠져든 전철 속 승객 등등—은 모두가 서울의 생김새를 함께 규정하는 요소들이지만 그것들 각각, 그리고 그것들이 서로 관계를 맺고 있는 양상들 가운데 어느 것 하나 자본의 가치법칙, 즉 한국에서 자본의 가치가 생산되고 증식되는 특정한 방식과 결부되지 않은 것은 없다. 이것은 우리가 살아가는 현실의 시공간적 양상이 실체, 본질, 현상의 차원에서 작용하는 가치의 형태적 작용 방식, 즉 그들 차원이 서로 관계하는 것을 통해 가치가 자기-증식하는 방식에 따라 빚어진다는 말이다. 이 장에서는 이런 점을 고려하여 최근에 서울의 생김새가 전반적으로 형성되는 과정을 한국에서 전개되는 자본 운동과의 연관 속에서 개략적으로 살펴보고자 한다.

2. 서울의 자연환경과 그 창조적 파괴

세계의 거대도시들 가운데 서울만큼 산수가 빼어난 곳도 드물다. 중국의 베이징이나 상하이, 일본의 도쿄나 오사카, 프랑스의 파리, 영국의 런던, 미국의 뉴욕과 로스앤젤레스와 시카고, 터키의 이스탄불 등 세계의 주요 도시들은 평원에 세워져 있어서 지형이 대부분 변화가 없고 밋밋하다. 반면에 광주산맥과 그 여맥, 그리고 한강과 거기로 흘러드는 지천들로 형성된 분지인 서울 지역은 높고 낮고 넓고 좁은 형태의 변화무쌍한 지형을 이룬다. 서울은 대도시 가운데서는 예외적으로 산이 많은 곳이다. 조선조 시대 도성 한양의 옛 시계(市界)를 놓고 보더라도 서울은 낙산(높이 125m), 인왕산(338m), 남산(262m), 북악산(372m)으로 이루어진 내사산(內四山)을 품고 있고, 바깥으로는 용마산(348m), 덕양산(125m), 관악산(829m), 북한산(836m)으로 이루어진 외사산(外四山)에 의해 감싸여 있다. 그 밖에도 북쪽으로 수락산(638m), 도봉산(740m), 동쪽으로 아차산(287m), 성산봉(104m), 남쪽으로 구룡산(306m), 청계산(620m), 우면산(293m), 국사봉(184m), 옥녀봉(376m), 서쪽으로 봉제산(105m), 우장산(99m), 개화산(132m), 그리고 안에는 매봉산(172m), 안산(297m), 개화산(132m), 대모산(293m), 백련산(216m), 불암산(508m), 개운산(134m), 노고산(106m), 서달산(179m) 등 수많은 산과 봉우리가 있는 곳이 서울이다.[47]

서울에는 크고 작은 하천도 숱하다. 그중에서 가장 중요한 것은 물론

47_ 서울의 산들은 해발 1,000미터가 되는 경우가 드물어 별로 높지 않다고 여길지 모르지만, 서울의 낮은 곳은 해발 10미터밖에 되지 않아서 낮은 산도 높게 느껴진다. 거대도시 안팎에 서울처럼 산이나 언덕이 많은 도시로는 중국의 충칭이 아마 유일할 것이다. 충칭에는 북쪽으로 다바산맥, 동쪽으로 우산, 남동쪽으로 우링산, 남쪽으로 다러우산이 있고 자링강과 창강이 서로 만나는 곳이며, 시내에 높고 낮은 언덕도 많다. 멕시코의 멕시코시티의 경우 외곽에 동 시에라마드레산맥과 서 시에라마드레산맥이 동서로 둘러싸고 있어서 서울처럼 산들이 도시를 에워싸고 있기는 하지만, 멕시코시티를 형성하고 있는 분지가 워낙 광대해서 몇 년을 도시 안에서 지내도 산을 맞닥뜨리는 일이 드물 정도로 도시에서 산의 존재가 희박하다.

도시를 동서로 가로질러 흐르는 한강이다. 한강은 하천 정비 사업에 의해 강폭이 좁아진 오늘날에도 평균 750미터, 넓은 곳은 1.2킬로미터나 되어, 프랑스 파리의 센강(30~200m), 영국 런던의 테임즈강(265m), 이집트 카이로의 나일강(약 500m), 일본 도쿄의 스미다강(670m) 등 세계 유수 국가들의 수도를 관통하는 강들과 비교해도 폭이 훨씬 더 넓고 규모가 웅장하다. 과거 자연 상태를 이루고 있을 때는 홍수기의 폭이 평균 1.8~2km, 가장 넓은 곳은 3.5km나 되었을 정도로 한강은 이름 그대로 '큰 강'이다(노주석, 2013.10.18.). 한강에는 지천도 많다. 강북의 동쪽에서는 봉원천, 불광천, 홍제천(모래내), 만초천이, 서쪽에서는 중랑천, 정릉천, 성북천이, 그리고 가운데로는 청계천이 한강으로 흘러든다. 강남의 서쪽에서는 안양천, 도림천, 반포천, 양재천, 탄천, 고덕천이 한강으로 흐르고, 여의도 부근에는 샛강이 있다.

이처럼 많은 산과 봉우리, 강과 하천, 그리고 상당히 넓은 평야로 이루어져 있는 만큼 서울의 생김새는 기본적으로 자연지형의 영향을 크게 받는 셈이다. 변화무쌍한 산수로 이루어진 서울은 자연환경의 수려함 때문에 '금수강산'으로 예찬받는 한반도에서도 '수선(首善)'이라고 불릴 만큼 경관이 뛰어나다.[48] 서울의 옛 자연의 아름다움은 예컨대 화가 정선이 서울 근교의 모습을 대상으로 그린 <경교명승첩京郊名勝帖>에 실린 진경산수 작품들ㅡ이 중 몇 개에 대해서는 나중에 더 언급할 것이다ㅡ에서 확인할 수

48_ '수선(首善)'은 서울을 가리키며, 『사기史記』의 「유림열전儒林列傳」에 있는 "교화의 길은 으뜸가는 선의 건설을 서울로부터 시작하여 안에서 밖으로 미치게 하는 것이다(敎化之行也, 建首善自京師始, 由內及外)"에 나오는 표현이다. '서울'은 이때 한자어 '京師(경사)'를 옮긴 것인데, 이것은 「춘추공양전 환공구년春秋公羊傳 桓公九年」에 "경사란 것은 무엇인가? 천자의 거처다(京師者何? 天子之居也)"에서 나온 말이다. 당나라 한유가 쓴 글 한 편(「禦史臺上論天旱人饑狀」)에는 "서울이란 사방의 복심이고 국가의 근본이다(京師者, 四方之腹心, 國家之根本)"라는 말이 나온다(漢語詞典, 京師). 19세기 초반에 김정호가 제작한 것으로 추정되며, 한국의 보물 제853호로 지정된 바 있는 한 서울 지도의 목판본 이름이 '수선전도(首善全圖)'이기도 하다. '서울'의 한국어 어원은 신라의 수도 '서라벌'의 다른 표기 '셔블'이었던 것으로 추정된다.

있다. 한강 남북 강변의 빼어난 풍경, 저 멀리 관악산과 청계산과 우면산이 연봉을 이루고 있는 모습, 산봉우리와 능선이 하늘과 조화롭게 어우러져 만들어진 멋진 공제선 등 정선의 그림 속 풍광을 볼 수 있는 곳이 서울에서는 수십 년 전까지도 많았다. 나는 1960년대 말 이후 지금까지 거의 줄곧 서울에서 살았는데, 서울의 그런 자연환경이 대략 1980년대 초까지는 상당히 유지되었던 것으로 기억한다. 이제는 어지간히 맑은 날 아니면 보기 어려운 북한산이나 남산, 안산 등도 늘 눈앞에 선연히 다가왔고, 한강 지천의 물 또한 적어도 주택가가 시작되기 전의 상류에서는 상당히 깨끗했던 편이다.

1980년대 초라면 사실 서울이 이미 많이 개발된 뒤의 시점에 해당한다. 하지만 당시 서울의 모습도 내가 이 글을 쓰고 있는 2020년대 초와는 크게 달랐다. 그때 서울에서 산봉우리나 도시의 경관을 전경(全景)의 형태로 보는 것이 그리 어렵지 않았던 것은 도시의 생김새를 지배적으로 규정하는 요소가 아직은 자연환경이었기 때문이다. 이 맥락에서 1980년대 초 한국경제의 규모와 오늘날의 그것을 비교해볼 필요를 느낀다. 당시 한국의 경제는 제2차 석유파동의 후유증으로 마이너스 성장을 기록한 1980년을 제외하면 매년 10%에 가까운 성장률을 기록하며 급성장하고 있었다. 하지만 오늘날과 비교하면 그때의 경제 규모는 아주 왜소했던 편이다. 예컨대 1985년의 GDP 규모는 88조1천300억원으로 2020년 1천933조2000억원의 4.56%에 불과했다.[49] GDP로 측정되는 경제 규모란 운동하는 자본의 규모이고,[50] 자본의 운동 과정에서 작동하는 인간과 자연 간에 일어나는 **물질**

49_ https://www.index.go.kr/potal/stts/idxMain/selectPoSttsIdxSearch.do?idx_cd=2736에서 확인.
50_ 다른 마땅한 지표가 없어서 어쩔 수 없이 사용하기는 하지만, GDP로 잡히는 부가가치는 금융자본의 운동을 포함하고 있는 만큼, 실물경제의 운동을 충실하게 반영한다고 보기는 어렵다. 과거에는 생산자본에 대부되어 실물경제의 성장을 돕던 금융자본이 금융화가 진행된 뒤로는 자산시장 중심으로 움직이고, 자산시장은 실물경제와 괴리된 상태에서 작동한다는 점에서 특히 그렇다. 마이클 허드슨에 따르면, 부동산 가격이나 이자율이 상승한

대사의 규모이기도 하다. 경제 규모가 작다는 것은 따라서 자본의 축적과 연동해서 발생하는 사회적 기획들이 자연환경에 미치는 영향이 크지 않다는 말이 된다. 1980년대 서울의 생김새와 오늘날의 그것 사이에 큰 차이가 있는 것도 이런 점과 무관하지 않다. 1980년대 초까지 서울에서 원경의 산봉우리와 능선, 중경의 언덕과 도심 건물군, 그리고 전경의 주택가가 한데 어우러진 파노라마 같은 경관을 보거나 그런 모습을 조망할 지점을 찾는 일이 그리 어렵지 않았던 것은 당시에는 자연적 물질대사를 크게 변화시킬 사회적 기획들—예컨대 노동력을 가동해서 상품을 생산하고 그 판매를 위해 상품의 유통과 교환을 원활히 하도록 만드는 다양한 사회적 과정들—이 오늘날과 비교하면 소규모였기 때문이라 할 수 있다. 그리고 이제는 그런 시야가 쉽게 확보되지 않는 것은 대략 1980년대 말 이후 서울을 중심으로 새로운 형태와 수준의 물질대사가 이루어지고 서울의 생김새도 그와 함께 변한 결과에 속한다.

이와 관련해서 지난 세월 서울의 인구 증가 추이를 살펴보자. 한국전쟁이 발발하기 전인 1949년에 144만이던 서울의 인구는 1955년에 157만, 1960년에 245만명이 된다. 10년 남짓한 사이에 100만명, 즉 연 10만명씩이나 증가한 것이다. 하지만 서울에서 인구가 폭발적으로 늘어나기 시작한

경우, 실물경제에서는 아무런 가치가 생산되지 않는데도 '금융서비스'가 발생했다는 이유로 GDP 계상에는 포함되는 것이 오늘날의 관행이다. "그러나 부동산이나 주식, 채권을 사는 것은 노동의 고용이나 생산 재원의 조달을 수반하지 않는다. '세의 법칙(Say's Law)'이나 국민소득계정은 생산에 대한 지출과 자산시장, 또는 생산적 노동과 비생산적 노동, 노동소득과 불로소득을 구분하지 않는다. 오늘날의 국민소득계정은 따라서 금융 및 관련된 지대 간접비(rentier overhead)가 어떻게 긴축경제를 강요하는지 다루지 못한다. '세의 법칙'은 경기순환이나 부채 디플레이션—지대 계급에 대한 지불로 소득이 고갈되는—이 없는 상태의 경제가 작동하는 전제들을 서술할 뿐이다. 현실은 채무상환과 지대 상승으로 시장에서 소득이 빠져나감으로써 노동자들이 자신들이 생산한 것을 사지 못하게 되는 것이다"(Hudson, 2015: 85). GDP가 성장해도 실질임금이 제자리걸음을 하고 대중의 빈곤화가 일어나는 것은 이렇게 보면 금융화 시대에는 실물경제보다 금융경제 중심으로 성장이 이루어지고 있기 때문이라 할 수 있다.

것은 경제개발이 본격화되기 시작한 뒤의 일이다. 알다시피 한국은 1962년부터 '경제개발 5개년계획'을 7차에 걸쳐 추진했으며, 그 결과 오늘날 볼 수 있는 엄청난 경제성장을 이룩했다. 이 과정에서 서울의 인구도 급증해서 한 일간지에 연재된 소설의 제목이 말해주듯 1960년대 중반에 이미 "서울은 만원"(이호철, 1977)이라는 말이 회자했다. 그런 인식의 확산은 1960년 245만에서 1970년 553만명으로, 10년 사이에 수도의 인구가 무려 308만, 연 30만 이상이 증가한 사정을 반영했다고 볼 수 있다. 서울의 인구 팽창은 그 뒤로도 계속된다. 1975년 688만, 1980년 835만, 1985년 963만명이 되어 1970년 이후 15년 사이에 410만명, 매년 27만명 이상이 증가한 뒤, 1988년에는 1천60만으로 드디어 1천만명 선을 돌파하고, 1992년에는 1천97만명으로까지 늘어나는 것이다. 단 최근에 들어와서 서울의 인구는 1995년 1천22만, 2000년 989만, 2005년 982만, 2010년 1천4만, 2015년 986만, 2020년 970만명으로 일정하게 줄어드는 추세를 보여준다.

인구의 증가와 감소는 서울의 생김새 변화와도 무관하지 않다. 인구 팽창이 1990년대 초에 절정에 이른 것은 그 무렵에 서울의 개발 또는 도시화가 일차적으로 완성되고, 그에 따라 도시의 전면적 모습이 얼추 갖춰졌다는 말이다. 그리고 그 뒤로 인구가 감소한 것은 도시의 생김새가 새롭게 형성된 것과 관련되어 있다. 오늘날 서울의 도시적 형태는 그래서 도시 팽창이 시작되기 전인 1960년대 이전 시기와는 물론이고 1980년대 초와도 크게 달라졌다. 이런 변화는 1980년대에 강남의 개발을 중심으로 한 서울의 도시화가 일단 완성된 뒤 새로운 도시화가 이루어진 결과로 여겨지는데, 우선 확인하고 싶은 것은 인구의 도시 집중과 도시 생김새의 변화는 가치의 실체에 속하는 노동을 제공하는 노동력의 확보나 이동과 관련된, 즉 20세기 중엽 이후 한국에서 전개된 자본의 운동에 따라 노동력이 대거 이동된 것과 관련된 현상이라는 점이다. 노동력의 서울 집중은 대대적인 가치증식 운동이 수도를 중심으로 전개되었다는 점을 말해준다. 경제의 성장은 잉여가치의 생산을 통해 이루어진다는 점에서, 그런 성장을 일으킬 노동력, 즉 잉여가치를 생산할 인구의 집중은 서울에서 거대한 건조환경 건설을 유발했고, 오늘날처럼 인공환경이 자연환경을 거의 압도하는 도시적 형태를 형성시킨 요인이 되었다고 볼 수 있다. 이런 점은 가치를 형성하고 증식하는 과정이 가치의 현상형태로서의 건조환경 상품이 대대적으로 건설되는 과정과 긴밀한 연관을 맺었다는 말이기도 하다. 지난 60년 간 서울의 생김새 변화는 그렇다면 서울로 집중된 노동력에 의한 노동 투여로 생산된 가치가 다양한 유형의 상품들로 현상하는 가운데 건조환경 부분의 거대화가 일어났다는 사실과 생산된 가치가 그런 건조환경을 배경으로 서울에서 실현되고 분배되는 과정의 결합으로 이루어진 셈이다. 간단히 말해서 서울의 생김새는 가치의 전면적 운동과의 연관 속에서 형성되며 변해왔다고 할 수 있다.

서울의 '만원'은 이미 1960년대에 나타났지만, 1980년대 초까지 그것은 대체로 강북에 국한된 현상이었다. 당시 강남은 행정구역상으로는 서울이었지만 도시화가 아직 별로 진행되지 않은 상태였다. 강남의 많은 부분이 그때까지도 시골이었다는 점은 이제는 서울에서 가장 발전한 지역에 속하는 압구정동에 현대아파트단지가 들어선 직후에 찍은, 한 농부가 단지 앞의 논에서 소에 쟁기를 메어 밭을 갈고 있는 모습을 담은 전민조의 <압구정동>(1978.4.20.)이 잘 보여준다. 권태균이 1981년에 찍은 <은마아파트와 초가집>에서도 비슷한 모습을 볼 수 있다. 여기서는 당시 대치동

전민조, <압구정동>, 1978
(출처: 아카이브강남)

에 갓 들어선 대치동 은마아파트를 배경으로 우거진 수양버들을 짊어지고 다 쓰러져가는 초가 한 채가 눈길을 끈다.[51] 같은 아파트단지를 배경으로 한복 차림의 시골 아낙들이 장에라도 다녀온 듯 광주리를 들었거나 머리에 짐을 이고 가는 모습을 보여주는 김기찬의 <강남구 대치동>(1982. 3.7.)에서도 오늘날의 모습과는 크게 대조를 이루는, 강남의 시골 풍경을 볼 수 있다. 1970년대 말~1980년대 초까지도 강남에 그런 시골 모습이 남았던 것은 자

권태균, <은마아파트와 초가집>, 1981
(출처: 권태균, 2016)

김기찬, <강남구 대치동>, 1982 (출처: 김기찬, 2014)

51_ 권태균이 1981년에 서울에서 '대도시와 농촌의 충격적 대비'를 찾아낸 것은 당시 서울의 변두리다. 그보다 불과 10년쯤 전에는 서울 시내 한복판에서도 초가집을 보는 것이 가능했다. 1970년 어느 날 저녁에 가서 본, 당시 청와대 근처인 효자동에서 살고 있던 내 친구의 집도 다 찌그러져 가는 초가집이었다.

본의 운동이 아직 서울에서 전면화되지 않았기 때문일 것이다.

지금도 서울에서는 자리만 잘 잡으면 멋들어진 자연 경치를 조망하는 것이 불가능하지 않다. 풍광이 많이 바뀌었다고는 해도 남산과 북한산과 한강, 다시 말해 자연지형 단위들은 여전히 같은 곳에서 자리를 차지하고 있다. 하지만 근래에 들어와서 자연풍경을 완상할 수 있는 기회가 대부분 소수의 특권으로 바뀐 점도 부정할 수 없다. 남산과 한강은 여전히 서울의 한복판에 자리하고 있지만, 그 온전한 모습을 보는 것이 이제는 쉽지 않아졌다. 길게 드리워진 공제선이 포함된 도시의 전경을 보는 일이 어려워졌고, 하늘조차 이제는 원래의 광활한 모습을 잘 드러내지 않는다. "개인이 경험하고 상상하는 공간의 한계가 그 사람의 세계를 그려낸다고 할 때"(유기훈, 2020.2.25.), 이것은 갈수록 많은 사람의 '세계'가, 이 세계에 대한 그들의 전망이 그만큼 축소되었다는 말이기도 하다. 이런 시각적 상황이 서울에서 빚어지기 시작한 것은 대략 1990년대 초 이후일 것이다. 그 무렵에 이르게 되면 주택 200만호 건설에 따른 제1기 신도시의 조성으로 서울의 내부가 건조환경으로 얼추 다 채워진다.

이런 흐름을 고려하면 서울의 자본주의적 도시화는 지금까지 크게 제1차 순환과 제2차 순환으로 나뉜다고 할 수 있다. 제1차 순환 또는 서울의 제1차 자본주의적 도시화는 경제개발 5개년계획이 시작된 1960년대 초에 시작하고, 노태우 정권에 의해 추진된 주택 200만호 건설 사업이 종료된 1990년대 초에 마무리된다. 이때는 서울에서 인구가 급증한 시기이기도 했다. 이 인구 변화는 자본주의적 생산이 1960년대 초 이후 본격적으로 가동되면서 지방 농어촌의 직접적 생산자들이 대거 몰려든 결과이며, 30년 동안 서울의 새로 확장된 행정구역—강북의 일부 지역, 특히 강남이 포함되어 이전의 두 배 정도로 넓어진—전역의 대대적 개발을 동반했다. 강남이 오늘날 세계적인 도시의 형태를 갖추며 강북보다 더 '발전한' 모습을 드러내는 것은 1970년대부터 정부의 특혜, 집중 지원을 받으며 강력한 개발 드라이브가 걸린 결과에 속한다. 대대적 인구 유입으로 촉발되었지만, 그런 인구 유입을 유발하기도 한 서울의 자본주의적 도시화 제1차 순환은 서울의 강북과 강남 지역의 개발이 완성되는 1990년대 초에 종료되었다. 이때는 노태우 정권하에서 주택 200만호 건설이 완료된 시기이기도 하다. 다른 한편 서울의 제2차 자본주의적 도시화는 주택 200만호 건설 사업과 함께 진행된 제1기 신도시 사업과 더불어 시작했다고 할 수 있다. 이때부터는 시역 안에서는 개발보다는 재개발이 본격화했고, 도시화가 시 외곽으로 확장되었다. 이런 흐름은 1990년대 말 'IMF 위기'와 함께 자본의 금융화가 이루어지면서 더욱 강화되었다고 할 수 있다. 이 시기에 들어와서 서울의 인구는 이전과는 달리 조금씩 감소하고, 반면에 비서울 수도권의 인구는 대폭 늘어나는 변화가 생겨났다. 이런 변화는 서울 외곽의 대대적 개발로 이루어져 나중에 보겠지만 전에는 인구와 주택 수가 서울보다 적었던 비서울 수도권에 인구와 주택ㅡ건조환경의 대종을 이루는ㅡ이 서울보다 오히려 훨씬 더 늘어난 것과 궤를 함께한다. 제2차 도시화를 겪으면서 서울은 도시적 형태가 오늘날의 그것에 훨씬 더 가까워졌다고 볼 수 있다. 이것은 자본의 금융화와 함께 건조환경이 새롭게 구축된 결과이기도 하다.

서울의 지형은 지도상으로 보면 둥근 꼴에 가깝다. 물론 군데군데 찌그러져 있어서 온전한 원형인 것은 아니다. 그래도 2007년에 완공된 환형 모습의 서울외곽순환고속도로 내부 서울의 지형은 기본도형 중에서는 원형에 가까운 편에 속한다. 서울이 이런 지리적 형태를 갖추게 된 것은 1963년에 박정희 정권에 의해 행정구역이 확장된 데에 그 기원을 두고 있다. 당시 이루어진 시역 확장은 일면 '서울 만원' 현상을 눈앞에 두고 국가가 대비책을 세운 조치의 일환이었다. 새로 시역으로 편입된 지역들에는 영등포의 동쪽이라서 영동으로 불리던 오늘날의 서초구, 강남구, 송파구, 강동구 등과 영등포 서쪽의 양천구와 강서구, 그리고 강북의 노원구와 은평구 등이 포함되어 있었는데, 이들 지역을 포함해서 서울의 전반적 도시화ㅡ다시 말해 서울의 강북 반구

(출처: https://gall.dcinside.com/mgallery/board/view/?id=cityphoto&no=6707)

와 강남 반구 전체의 도시화—가 일차적으로 완성된 것이 대략 1990년대 초다. 그 무렵부터 서울은 지도 위에서만이 아니라 건조환경으로 채워져 현실적으로도 '원형' 도시가 된다. 다음 절에서 보겠지만 이 변화를 재촉한 것은 무엇보다 두 차례에 걸쳐 진행된 한강종합개발사업이었다. 그로 인해 원래 자연 하천의 모습을 하고 있던 한강이 새로운 모습을 갖추게 되고, 신도시인 강남이 도시화의 진척에서 구도시인 강북을 능가하는 면모를 갖게 되는 등 서울의 도시적 형태가 오늘날의 그것에 가까워진 것이다.

위의 사진에서 볼 수 있듯이, 서울은 이제 세계 어떤 도시들과 견주어도 뒤떨어지지 않을 만큼 고도로 발달하고 화려한 도시경관을 지니고 있다. 그런 모습은 한국 자본주의가 서울을 중심으로 '눈부신' 발전을 이룬 과정에서 과거와는 비교할 수 없을 만큼 거대한 건조환경이 조성된 결과이기도 하다. 건조환경은 기본적으로 **고정자본과 소비기금**으로 구성된다. '고정자본'은 생산수단의 일부인 노동수단에 속하며, "노동수단이 기능하는 기간 전체에 걸쳐 그 가치의 일부가 생산되는 상품과는 무관하게 항상 생산과정에 고정되어"(맑스, 2015b: 192) 있는 자본으로서, 구체적으로는 기계류나 "선박과 방조제, 철도와 기관차, 댐과 다리, 상하수도시설, 발전소, 공장건물, 창고," 비행기와 공항, 운하 등 "다양한 항목들을 포함한다"(하비,

142 서울의 생김새

1995: 302-03). 반면에 '소비기금'은 "직접적으로 소비되는 것이 아니라 소비수단으로서 기여"하며 "생산과정에서 고정자본이 수행하는 것과 다소 유사한 역할을 소비영역에서 수행"하는 "상품들"이다. 하비는 "식탁 및 부엌용품들, 냉장고, 텔레비전, 세탁기, 주택, 그리고 공원과 보도와 같이 여러 가지 집합적 소비수단들과 다양한 물품들"(하비: 310)을 소비기금의 예로 들고 있다.

고정자본과 소비기금에 속하는 물품들 가운데 우리가 주목할 것은 건조환경 단위들이다. 건조환경은 기본적으로 특정한 생산영역에 고정되어 있으며 대부분 부동의 상태에 있다. 물론 건조환경이 모두 부동인 것은 아니다. 예컨대 자동차나 전철, 선박 등 운수 장비들은 건조물들로서 도시 건조환경의 일부를 구성하면서도 이동성을 지닌다. 그렇기는 해도 건조환경의 대종은 역시 건물들이며, 이것들은 "처음부터 움직일 수 없는 형태로 생산되며 그 자리에 묶여 있다"(맑스, 2015b: 196). 오늘날 서울의 생김새는, 사회적 생산이 기본적으로 가치 운동의 지배를 받음에 따라서 생산물 대부분이 방대한 더미를 이루는 상품으로 생산되는 가운데 그중 많은 부분이 거대한 건조환경의 형태를 띠는 것에 의해서 규정된다. 우리가 서울에서 보는 존재하는 것들의 형태는 그래서 가치의 운동으로 빚어지는 인형태(Gepräge)의 성격을 띤다고 할 수 있다. 하지만 그런 점 때문에 오늘날 서울의 생김새는 서울의 자연환경이 철저하게 **파괴된** 모습이기도 하다. 도시적 형태가 새로이 형성되는 과정에서 수려한 자연환경에 대한 **접근권의 배분** 조건도 크게 바뀌었다. 서울의 빼어난 경관은 이제 대부분 소수의 전유물이 되었다. 이 변화는 한국 사회가 경제성장을 통해 엄청난 물적 부를 축적하긴 했지만, 동시에 그 부가 특정한 방식으로, 즉 자본주의적으로 생산되어 생긴 일이다.

서울의 오늘날 생김새는 서울의 원래 자연지형을 바탕으로 한 인간 활동의 전개에 따라, 특히 이 활동이 자본주의적 발전으로 인해 새로이 전개된 **사회적 물질대사**의 영향을 받음에 따라 형성된 도시적 형태에 해당한다. 1980년대 초까지도 허허벌판이 많았던 강남 지역에 대단위 고층아파트 군락이 빼곡히 형성되어 있고, 모래사장이 펼쳐져 있던 강변에 인공 둔치가 조성되어 있으며, 물길만 있던 강 위로 자동차와 전철, 기차가 다니는 수십 개의 교량이 설치되어 있는 등 강남과 강북 지역 전체를 아우르는 서울의 행정구역 어디에서든 이제는 빈터를 찾기 힘들 만큼 철저하게 개발된 것이, 아니 이제는 수도권으로까지도 광범하게 도시화가 이루어진 것이 오늘날 서울의 모습이다. 이 변화는 지난 수십 년간 경제가 급성장하는 동안 한국에서 이루어진 가치의 생산과 실현과 분배의 과정에서 서울과 수도권으로 인구가 집중된 것과 동시에 일어난 것으로, 이제 서울이 더 이상 서울로만 남지 않고 자신의 내파와 외파가 동시에 일어나는 과정―나중에 보겠지만 '행성적 도시화'가 전개되는―을 겪은 결과이기도 하다. 이 변동을 추동한 것은 무엇보다도 자본의 운동과 그것을 둘러싼 다양한 사회적 과정들과 현상들이라고 봐야만 한다. 다시 말해 인구의 수도권 집중과 이 과정에서 발생하는 예컨대 지방의 황폐화 및 이에 수반되는 (영호남의 대결 구도와 같은) 각종 지역 갈등, 서울과 수도권으로 유입된 인구의 거주 조건 문제들, 서울의 개발 과정에서 발생하는 개발동맹의 온갖 술수들과 전치 또는 축출을 강요당하는 주민들의 저항, 노동력을 구성하는 사회적 주체들 간의 갈등 관계(여성·이주·비정규직 노동자들에 대한 차별 등), 대단위 사업들을 둘러싼 각종 갈등, 새로운 도시적 환경에서 성장한 세대의 문화적 특이성과 세대 간의 갈등, 도시화 과정에서 빚어지는 기후 변화 등이 서울의 생김새를 주조해온 것이다. 서울의 생김새는 그런 점에서 역사적으로 유동하는 형태, 즉 고정되어 있지는 않지만 그래도 하나의 지배 내 구조 또는 패턴으로서 형성되었다고 할 수 있다.

서울이 오늘날의 생김새를 갖게 된 것은 그 시공간적 생산이 물질대사의 균열을 일으키며 이루어진 점과도 무관하지 않다.[52] 서울의 시공간적 생산은 자본의 운동 속에 거대한 건조환경이 형성된 것에 해당한다. 서울은 그런 과정을 통해서 자체의 생태환경만이 아니라 그 외부—국내의 다른 지방만이 아니라 글로벌 도시 서울의 원활한 작동을 위해 자원 등을 제공하는 외국의 여러 곳까지 포함하는—생태환경의 파괴까지 동반하면서 **서울로서** 생산된 셈이다. 서울에는 곳곳에 산과 언덕이 많이 있었으나 지금은 대부분이 깎이어 과거의 모습을 완전히 잃었고, 시역 내부에 흐르던 시내들도 복개되어 이제는 눈에도 띄지 않는 것이 많다. 이런 변화는 서울의 생산이 **자연의 수탈**을 동반한 자본의 운동과 연동되어 일어난 결과다. 이 운동은 상품의 생산을 거칠 수밖에 없으며, 이 과정은 자본이 생산수단과 원료 등의 불변자본만이 아니라,[53] 대지와 물과 공기, 경치, 바람은 물론이고 인간 노동력의 신체적 정신적 능력 등이 포함되는 **자연의 공짜 선물**을 소비하는 과정이기도 하다.[54] 서울의 생김새를 갈수록 크게 규정하고 있는 건조환경이 상품으로 생산될 때 제공되는 그런 공짜 선물 가운데 가장 중요한 부분의 하나가 거대한 자연환경이다. 서울의 오늘날 생김새는 그래서 기본적으로는 서울의 원래 자연환경에 기반을 두고 형성된다고 하

52_ '물질대사의 균열(metabolic rift)'은 존 벨라미 포스터가 처음 제출한 표현이지만(Foster, 1999; 2000), 그 기본 개념은 맑스의 『자본』에서 이미 제시된 것이나. 맑스는 "인간과 토지 사이 물질대사의 교란"(맑스, 2015a: 682)에 대해, "대규모 토지소유[가] 생명의 자연 법칙이 명령하는 사회적 물질대사의 상호의존적 과정"에 일으키는 "회복할 수 없는 균열(unheilbaren Riß)"(2015c: 1030)에 대해 말한 적이 있다.

53_ 맑스에 따르면 상품의 생산과정에 참여하는 자본은 불변자본과 가변자본으로 구성되며, 불변자본은 생산수단과 원료의 구매에, 가변자본은 노동력의 구매에 투하되는 자본이다.

54_ "생산에서 어떤 기능을 하든 비용을 들이지 않는 작인으로서 생산에 들어가는 자연적 요소들은 자본의 구성부분이 아니라 자본의 공짜 자연력으로서 들어간다. 그것들은 사실상 노동이 지닌 공짜의 자연적 생산력이지만 자본주의적 생산의 토대 위에서는 기타의 모든 생산력과 마찬가지로 자본의 생산력으로 나타난다."(맑스, 2015c: 946. 번역 수정). 존 벨라미 포스터에 따르면 '자연의 공짜 선물'은 맑스가 창안한 개념은 아니다. 그것은 "토머스 로버트 맬서스와 애덤 스미스를 포함한 모든 고전 정치경제학자들의 작업에서 자명한 것이었다. 그러나 자연과 인간의 소외라는 맥락에서 이들 공짜 선물이 자본에 의해 독점된다는 점을 확실히 하여 이 개념에 대한 비판적 해석을 제공한 것은 맑스의 몫이었다"(Foster, 2018: footnote 31).

겠지만, 다른 한편으로는 자본의 운동으로 인해 이루어진 특정한 형태의 자연환경 파괴를 통해 형성되었다고도 볼 수 있다. 다시 말해 서울의 도시적 형태는 그 자연지형이 자본의 운동에 연루됨으로써 거대한 물질대사 균열을 겪으며 빚어진 것이다. 이 과정에서 서울의 자연환경은 '창조적이고 생산적으로' 파괴되었다고 할 수 있다.[55]

3. 한강종합개발사업과 사회적 하부시설의 형성

도시화 과정에서 전개되는 자본의 운동과 그와 연관된 물질대사의 균열 현상을 잘 보여주면서 2020년대 초 서울의 생김새를 형성하는 데 가장 크게 공헌한 공간 생산의 대표적 사례 하나를 1960년대 말 이후 한강 일대에서 전개된 일련의 개발 과정에서 볼 수 있다. 한강은 서울의 생김새에서 핵심 골격을 구성하는 남북 육경축(陸景軸)과 동서 수경축(水景軸) 가운데 후자를 담당한다는 점에서 서울의 모양새를 구성하는 자연지형에서 핵심적 지위를 지니지만, 그동안 고도의 도시화를 거치며 그 일대가 천지개벽을 이룬 상태다. 옛날 한강 일대의 모습은 예컨대 정선의 <압구정狎鷗亭>에서 여실히 드러난다. 이 그림의 근경은 정자 뒤로 층층이 이어지는 언덕 위로 기와집과 초가집으로 이루어진 마을, 중경은 "남쪽에서 우면산 자락이 밀고 올라와 북쪽의 남산 자락인 응봉(鷹峯)과 마주 보며 한강의 물목을 좁혀놓은 곳의 끝부분"(최완수, 2002.6.6.)에 정자가 세워진 모습, 그리고 원경은 멀리 남산을 선명히 보여주는 식으로 구성되어 있다. 그러나 오늘날 그런 빼어난 경치를 보는 것은 불가능하거나 어려워졌다. 강변의 언덕들은

55_ 자연의 파괴가 창조적이고 생산적인 것은 그 과정을 통해서 가치가 형성되고 증식되어 자본이 축적되기 때문이다. 자본의 축적은 그런 점에서 창조적 파괴 과정인 셈이고 그래서 혁명적이라고 할 수 있다. 자본주의 생산양식에서는 사회적 변동이 그치지 않는 것도 그런 점과 무관하지 않다.

1970년대 후반에 현대아파트단지로 바뀌면서 다 깎이어 사라졌고, 강 양변에 조성되어 있던 모래톱이나 멀리 있는 산들, 그 산들이 하늘과 맞닿아 형성하는 공제선 등 다른 경관을 볼 수 있는 시야도 한강의 개발과 함께 들어선 강변의 대단위 고층아파트 건물들에 의해 꽉 막혀버렸기 때문이다.

정선, <압구정>, ⓒ간송미술재단
(출처: https://gongu.copyright.or.kr/)

1960년대 압구정 양지마을 (출처: 아카이브강남)

한강의 개발

이 처음 본격적으로 이루어진 것은 '한강개발 3개년 추진계획'이 시행된 1967~70년의 시기다. 이때 여의도에 섬둑이 생기고 그

축조에 필요한 건축 자재 마련을 위해 밤섬이 폭파되었으며, 강의 남북에 제방도로가 건설되고, 동부이촌동과 압구정동, 여의도, 잠실 지역의 공유수면이 매립되었다(윤혁렬·박현찬, 2008: 5). 이 과정에서 남북 강변에 대규모 부지가 마련됨으로써 남북의 강변에 처음으로 다층 공동주택 단지들

이 들어서게 된다. 강북 동부이촌동의 한강맨션아파트(1971년), 강남 반포의 주공아파트(1973년), 압구정동의 현대아파트(1976년), 대치동의 은마아파트(1979년) 등 대단위 아파트단지들이 건설된 것이다. 새로운 유형의 주거지역 조성에 대한 표면적 필요성은 당시 서울의 인구가 급증하고 있었다는 사정에서 나왔다. 앞서본 것처럼 1960년대에 서울의 인구는 300만 명 이상이 늘어나며, 이에 따라 도시의 영토적 확장이 시급하게 필요해졌다. 박정희 정권이 서울과 인접한 경기도 양주군과 광주군, 그리고 김포군의 일부 지역들을 편입시켜 서울을 지도상으로 지금처럼 일그러진 원형의 모습을 갖게 만든 것도 그에 따른 조치에 해당한다.

오늘날 서울의 생김새와 관련해서 이때 생긴 중요한 변화의 하나는 한강의 시역 내 위치가 바뀌게 되었다는 것이다. 전근대 시기의 한강은 "서울의 남쪽 방어선이자 수운을 담당"(이인성, 2009.2.10.)하던 곳으로서 내사산 바깥이었으며, 도읍과의 관계로 보면 **경계하천**의 성격을 띠고 있었다. 그러나 서울의 행정구역 확장과 함께 한강은 이제 수도의 중심에 놓이게 되며 **관통하천**이라는 성격을 새로 얻게 된다. 물론 지도상 서울의 중심에 놓이게 되었다고 해서 한강이 경계하천의 성격을 바로 벗어버린 것은 아니다. 행정구역상으로 서울에 편입되긴 했으나, 한강 이남은 강남의 많은 지역이 농촌으로 남아 있던 1980년대 초까지는 서울의 변두리와 다를 바 없었다. 그렇기는 해도 **행정구역 확장**으로 인해 한강의 시역 안 위치가 바뀐 것은, 오늘날 서울의 생김새가 만들어지는 데 결정적인 영향을 미쳤다고 볼 수 있다. 시역의 확장은 당시 수도 인구의 증가에 대한 대처로서 강남의 개발을 염두에 둔 결정이었으며, 한강의 개발을 서울 시정의 중요한 과제로 만든 조치이기도 했다. 오늘날 서울의 신도시 또는 새로운 도심이 된 **강남의 개발**을 위해서는 **한강의 개발**이 필수적이었을 것이다.[56] 이 개발의 본격

56_ 손정목에 따르면, "1960년대적 만원 현상이 해결되기 위해서는 잡초 우거진 야산의 상태로 있던 강남이 개발되어야 했고 강남이 개발되기 위해서는 한강 개발이 먼저 이뤄져야

적 추진은 1967~70년에 진행된 제1차 한강종합개발사업으로 이루어진다.

오늘날 우리가 보는 한강은 **제1차 종합개발사업**으로 시작된 한강 개발 또는 새로운 한강 생산이 빚어낸, 과거와는 완전히 달라진 모습이다. 개발 이전까지 한강은 자연형 하천으로서 물길 그대로 흐르고 있었고, 강변에 넓게 형성된 모래톱이 육지의 논밭이나 (정선의 그림 <압구정>에서도 볼 수 있듯이) 언덕과 완만하게 이어져 있었으나, 제방이 쌓인 뒤로는 직강의 형태를 띠게 되었다. 그 뒤로 남북 강변을 따라서 아파트단지들이 조성되어 강의 풍경을 볼 수 있는 조망권이 아파트단지 거주자들의 특권으로 바뀌게 된다. 한강 경치에 대한 **조망권**이 소수의 특권이 되기 시작한 것은 그때 한강이 특정한 방식으로 개발된 것과 무관하지 않다. 이 과정은 한국 자본주의의 독특한 구조인 재벌 중심의 경제를 만들어내는 과정이기도 했다. 1970년대에 아파트단지들이 들어선 곳은 "한강의 제방도로를 축조하고 강변에 생겨[난] 부지"(이인성, 2009.2.10.), 다시 말해 한강 일대 **공유수면**의 매립을 통해 만들어낸 땅이다. 공유수면의 매립 권리를 갖는 것은 그 자체로 커다란 특혜에 해당한다. 면허를 받고 공유수면을 매립하고 나면 그 상당 부분에 대한 **소유권**을 취득할 수 있기 때문이다. 건설회사들이 강변에 아파트촌을 지을 수 있었던 것도 그런 매립 과정에 참여할 수 있었다는 것과 무관하지 않다. 당시 서울시는 재정이 빈약하다는 이유를 들어 건설회사들이 무상으로 한강의 제방을 쌓는 대가로 강변에 아파트촌을 짓게 허용하고 강의 골재를 사용하도록 했는데, 이것 자체가 엄청난 특혜였다. 오늘날 굴지의 세계기업으로 성장한 현대와 같은 건설회사들은 그 과정에서 한강의 골재를 공짜로 얻고 공유수면 매립지에 대한 소유권까지 갖게 되었다. 1970년대 말에 한국 사회를 떠들썩하게 만든 '현대아파트 특혜 분양' 사건도 이런 맥락에서 생겨났다고 볼 수 있다.[57] 그 사건을 통해 적나라하

했던 것이다'(손정목 2003a: 292).

57_ "1977년 10월 압구정동 현대아파트 특혜분양 사건이 발생한다. 당시 한국도시개발은

게 폭로된 것이 있다면 그것은 한국에서 자본과 권력이 축적되는 방식이었다. 당시 특혜 분양에 대한 사회적 분노가 컸던 것도 한강 개발이나 아파트단지 개발과 같은 대규모 이권 사업에는 한국의 지배블록—여야 국회의원, 중앙정부 및 서울시 고위관료, 언론인, 기업인, 현대그룹 임원 등 당시 연루된 인사들이 그 일부를 구성하는—이 **이익동맹**으로서 깊게 연루된다는 점이 명확하게 드러났기 때문일 것이다. 그 사건은 서울의 도시적 형태가 형성되는 과정도 국가와 자본의 공조, 자본가들과 지배블록 내 다른 집단 간의 이익 공유 등 한국 자본주의 작동 방식의 강력한 영향을 받는다는 점도 말해준다. 서울의 생김새 형성은 그런 점에서 자본의 운동을 중심으로 하는 사회적 관계들의 집합적 작용으로 규정되었다고 할 수 있다.

하지만 한강 일대의 모습이 오늘날의 그것에 더욱 가까워진 것은 1980년대 초중반에 시행된 **제2차 한강종합개발사업**의 결과다. 1982년 9월부터 1986년 9월까지 만 4년에 걸쳐 이 사업이 진행된 공식적 계기는 1981년 9월에 1988년 올림픽 게임의 서울 유치가 확정된 데서 찾아진다. 1979년 10월 박정희의 피살로 다가온 '서울의 봄' 정국에서 쿠데타로 권력을 장악한 전두환 정권은 이듬해 5월의 광주항쟁 진압 과정에서 600명 이상 시민의 목숨을 앗아가기만 한 것이 아니라,[58] 역대 정권으로서는 처음으로 한

1512가구의 아파트를 건설하여 952가구는 무주택 사원에게 분양하고 나머지 560가구는 시민들에게 분양하는 조건으로 허가를 받았다.

"그런데 한국도시개발은 아파트 분양권에 높은 프리미엄이 붙으며 인기를 끌자 무주택 사원에게 분양해야 할 952가구 중 291가구만 분양하고 나머지 661가구를 고위공직자, 국회의원, 기업인, 언론인, 현대그룹 임원들에게 불법적으로 분양하였다.

"특혜분양의 전모가 드러나기 시작한 것은 1978년 6월 30일이다. 청와대 사정특별보좌관실에서 특혜분양을 받은 600여 명의 명단을 검찰에 통보하였다. 1978년 7월 4일에는 특혜분양을 받은 고급공무원, 장성, 언론인 등 259명의 명단이 언론에 공개되었다.

"공개된 명단에는 공직자 190명, 국회의원 6명, 언론인 34명, 법조인 7명, 예비역 장성 6명이 포함되어 있었다. 서울지검 특수부는 7월 14일 뇌물수수 혐의로 정몽구 한국도시개발 사장, 곽후섭 서울시 부시장, 주택은행 임원 등 5명을 구속시키는 것으로 사건을 일단락 지었다"(전상봉, 2017.8.28.).

58_ 5·18기념재단, 5·18민주유공자유족회, 5·18민주화운동부상자회, 5·18유공자동지회

국 사회의 **신자유주의적 개편**을 위한 정책을 체계적으로 실시하기 시작했다. 제2차 한강 개발은 제1차 사업을 기반으로 하여 이루어졌지만, 박정희 정권이 추진한 것과는 구분되는 축적체제의 구축을 위해 진행된 점도 크다. 제1차 한강종합개발은 한국이 **발전주의적** 축적체제 아래 있던 시기에 진행된 사업으로서 강남의 개발을 위한 물적 기반 조성을 위해 한강의 치수와 관리, 강변도로의 건설 등을 중심으로 이루어졌고, 이 모든 것은 국가 주도로 진행되었다. 발전주의는 시장에 대한 국가의 계획적 개입을 허용하는 경제발전 전략이며, 한국의 경우에는 박정희 정권 하인 1962년부터 반복된 경제개발 5개년계획의 형태로 전개된다.[59] 제1차 한강종합개발이 이루어진 1967∼70년은 아직 신자유주의가 도입되지 않았던 시기였고, 한강도 여전히 미개발된 자연 하천의 상태를 대부분 유지하고 있었으며, 따라서 그때의 한강 개발은 말하자면 서울 일대의 자본주의적 발전을 위한 **사회적 하부시설**을 일차적으로 구축하는 과정에 속했던 셈이다. 반면에 1980년대 중반에 진행된 제2차 한강종합개발은 한국 자본주의가 새로운 공간 생산을 추진한 대표적 사업이라고 할 수 있다. 그것은 **신자유주의적** 축적 논리에 기초한 공간 생산의 초기 사례이기도 했다.

신자유주의가 도입된다고 해서 발전주의적 요소들이 바로 사라졌다고 볼 수는 없다. 경제개발 5개년계획으로 전개되던 한국의 발전주의적 전통은 신자유주의가 도입된 이후에도 계속 이어졌으며, 이 점은 제2차 한강종합개발사업에서도 확인된다. 국가의 개입으로 진행된 것은 이 사업도 마찬

등 광주항쟁 유관 네 단체의 자체 조사에 따르면 항쟁으로 인한 시민 사망은 606명(당시 사망 165명, 상이 후 사망 376명, 행방불명 65명), 군경 사망은 27명(군인은 오인사격 사망 13명, 오발사고 1명 포함 23명, 경찰은 교통사고 사망 4명)이었다(미디어오늘, 2005.5.18.).

59_ 발전주의는 1980년대부터는 신자유주의가 채택되면서 일정하게 약화했다고 볼 수 있지만 그렇다고 완전히 해소되지는 않았다. 신자유주의 전략이 채택된 뒤에도 발전주의가 작동한다는 점을 인정하는 논자들은 "발전주의와 신자유주의의 혼재"나 "신자유주의적 발전주의"라는 표현을 사용하고 있다(최병두, 2007; 임현진, 2020).

가지였다. 오늘날 한강의 모습이 발전주의적 공간 생산의 성격도 다분히 반영하고 있는 것은 그런 점과 무관하지 않다. 1차 사업의 결과물인 여의도 섬둑의 모습과 2차 사업의 결과물인 한강 둔치의 모습은 모두 자연환경을 제거하고 추상적이고 직선적인 모더니즘적 형태로서 모두 **개발주의**의 산물이다. 한강과 주변 지역이 이제 더 이상 과거 자연형 하천의 모습을 전혀 갖고 있지 않고 인공적인 모습을 갖추게 된 것도 1차 개발과 2차 개발의 공통된 효과에 해당한다. 제2차 한강종합개발사업은 강바닥을 고르게 하는 저수로 사업, 강변 둔치의 조성, 올림픽대로 건설, 분류하수관로와 하수처리장 건설, 수중보 건설 등으로 이루어졌다. 이들 공사 자체는 1차 종합개발에서 여의도에 섬둑이 만들어진 것과 마찬가지로 사회적 하부시설의 조성에 속한다.

하지만 제2차 한강 개발은 신자유주의적인 성격을 추가로 지니고 있다. 2차 사업이 끝난 뒤 한강은 홍수기 이외에는 저수로로만 강물이 흐르게 되어 그 둔치에 시민공원이 조성되었는데 그로 인해 강변은 **여가생활의 공간**이 되었다. 이 점은 한강 자체도 마찬가지다. 서울의 잠실과 경기도 김포의 신곡에 수중보가 설치된 결과, 강물의 유속이 초속 10미터 정도로 상당히 느려짐으로써 한강의 하천으로서의 성격에 중대한 변화가 생겨났다. 오늘날 한강에 유람선이 유유히 떠다닐 수 있게 된 것은 한강이 사실상의 호수가 된 점 때문이다.[60] 이런 변화들로 인해 한강 일대는 신자유주의적인 공간적 성격을 추가로 띠게 된다. 아래에서 보겠지만, 이것은 무엇보다 공

60_ 2011년에 당시 오세훈 시장이 한강에 세빛섬이라는 인공섬을 조성했던 것도 강의 호수화로 인해 가능했을 것이다. 강 위에 대규모 건조물을 띄울 계획을 세운 것은 호수화로 인해 한강의 유속이 현저하게 느려져 그렇게 해도 '안전하다'는 판단이 작용했을 가능성이 크다. "시설을 운영하고 있는 효성 관계자는 '세빛섬은 최근 200년 빈도의 안전율을 적용해 현재 반포대교 높이인 16m까지 섬이 떠오를 수 있도록 설계됐다'며 '이는 서울시 대부분이 잠기는 수위로 사실상 평균 안전율의 4배에 달하는 수준'이라고 강조했다"(서울경제, 2016.3.25.).

공적 공간이 **상품화된** 점과 관련된 변화다.

한강의 개발은 한편으로 한강 일대의 환경, 삶의 조건을 개선한 측면도 없지 않다. 한강은 원래 홍수가 잦았던 곳이었으나, 종합개발이 끝난 뒤로는 홍수의 범람으로 인한 심각한 주민 피해가 적어도 강이 서울을 통과하는 지역에서는 많이 줄어들었다. 한강 유역에 조성된 인공 둔치에 각종 시민 편의시설들이 들어선 것도 개발 사업의 덕분이다. 제2차 사업이 완료된 뒤 둔치에는 "체육공원 10곳에 축구장 30, 농구장 24, 배구장 35, 정구장 28개," 자연학습장이 포함된 346만 평방미터가 넘는 초지, 그리고 주차장과 자전거도로를 갖춘 시민공원 등이 들어섰다(강용배, 2006.12.1.). 도심에 여유 공간을 거의 두지 않는 밀집 개발 중심으로 도시화가 진행된 서울의 한가운데 위치한 한강의 강변 양쪽에 광활한 시민공원이 들어선 것도 환영할 만한 일이다. 한강과 그 주변 지역은 덕분에 시민의 소중한 여가생활 공간으로 바뀌었다. 강의 평균 유속이 줄어든 결과 한강은 더 안전해졌으며, 강이 호수처럼 바뀐 것도 서울 시민의 여가 활동 공간, 도시적 삶의 여유를 즐길 수 있는 공간이 확보된 것으로 평가할 수 있다.

하지만 한강의 개발은 철저한 **자연 파괴**를 동반한 행위였다. 수중보의 건설로 강의 유속이 느려지면서 한강은 더 이상 강이랄 수 없는 상태가 된다. 이 결과 한강은 공해성 물질의 퇴적에 대한 자연정화를 기대하기도 어렵고 생명 다양성도 크게 훼손되었다. 서울시의 수질보전과의 한 보고서에 따르면 한강은 이제 '생태적 사막'이나 진배없다.

25년이 지난 지금, 한강의 서울 도심 구간은 **생태적 사막**이나 마찬가지다. "온갖 어족들이 활개 치는 살아있는 한강"을 만들겠다고 했지만, 모래밭이 사라지면서 황복, 모래무지, 은어 등은 찾아보기 어렵게 됐고, 도요물떼새들은 자취를 감췄다. 식생은 단순화되고 환삼덩쿨과 가시박 같은 외래종들이 기승을 부리고 있다. 하천 생태의 기본을 이루는 수서곤충의 종수는 시외 구간의 1/3에 불과하다(서울특별시수질보전과, 2007; 염형철, 2010에서 재인용. 강조 추가).

한강 유역은 홍수가 나면 강변 지역이 물에 잠겨 피해를 주기도 했지만, 제방 사업이 시작되기 전인 1960년대까지는 접근이 쉬웠던 곳이다. 여름이면 천연 수영장, 겨울이면 썰매장이나 스케이트장이 곳곳에서 조성되곤 했던 것도 그 때문이다. 그러나 제1차 종합개발이 이루어진 뒤로는 한강의 접근성과 친수성은 크게 훼손되며, 제2차 종합개발이 진행된 뒤로는 그나마 남았던 자연적 형태, 생태적 환경도 철저히 소멸해버린다. 호수가 된 한강은 이제 유람선을 타야만 접근할 수 있고, 둔치도 여름이면 햇볕 가리는 곳 찾기가 어렵게 곳곳이 콘크리트로 포장되어 버렸다. 이런 변화는 한 환경운동 활동가의 지적대로 "하이힐 신고 다가갈 수 있는 강에 대한 욕구와 아름다운 야경 아래 유유히 떠다니는 유람선에 대한 환상"(신재은, 2011.11.7.)이 작용한 결과일 것이다.

자연환경이 파괴된 것은 한강이 소비의 대상이 된 것과 밀접하게 관련되어 있다. 제2차 종합개발 이후 한강과 그 주변 지역은 **상품화**를 겪게 된다. 과거에 사람들이 한강에서 헤엄을 치고, 스케이트나 썰매를 지치곤 하던 것은 대부분이 소비생활과는 구분되는 자율적인 시간, 자유시간을 즐기는 활동에 속했다. 반면에 하이힐이나 구두 신은 차림으로 한강에서 유람선을 타는 것이나 둔치의 체육시설 또는 휴게실, 매점 등에서 시간을 보내는 것은 시민의 소비자로서의 모습에 해당한다. 이때 한강은 더 이상 천연의 자연이라기보다는 그 자체로 상품이 된 셈이다. 호수가 된 한강은 유람선 관광을 소비하는 곳으로 바뀌었고, 시민공원으로 바뀐 둔치도 그 자체로 상품이 되었다고 하기는 어렵겠지만 거기서 보내는 것이 시민의 여가시간—자본주의하에서 여가시간은 노동력의 재생산 시간이다—이라는 점에서 시민들을 **소비자 주체**로 전환해내는 역할을 하게 되었다고 볼 수 있다. 자연의 이런 상품화는 한강의 자연성을 회복하겠다는, 언뜻 보면 새로운 기조를 표방하고 있는 듯싶은 최근의 한강 개발정책에서도 바뀌지 않았다. 2015년에 중앙정부와 서울시가 "한강 및 주변지역 관광자원화"를 꾀하겠다는 취지로 발표한 '한강 자연성 회복 및 관광 자원화 추진 방안'이 그런 한 경우다(관계부처·서울시, 2015.8.24.).[61]

한강종합개발은 1960년대 말의 여의도 섬둑 공사나 1980년대 초중반의 둔치 조성 사업 등을 통해 서울의 생김새를 새롭게 조성한, 자연적이고 생태적인 환경이 극도로 인공적인 건조환경으로 전환된 대표적 사례에 속한다. 한강의 개발로 인해 한강 일대에서의 자연 순환적 물질대사는 따라서 "회복할 수 없는 균열"(맑스, 2015c: 1030)을 겪었다고 볼 수 있다. 오늘날 한강에서 일어나는 많은 일이 자연 파괴적인 행위들로 구성된 것이 그 점을 말해준다. 개발 이후 자본주의적 공간의 성격이 강화되고 거기서 여가생활 진작을 위한 다양한 활동과 조치 등이 이루어지고, 에너지 및 물질의 소비나 오염 배출이 늘어남에 따라, 한강의 생태계는 계속 파괴되고 있고, 자연적 복원은 아직 요원한 상태다.

제2차 종합개발의 사업비는 총 9천560억원으로서, 1982~86년 동안 매년 2천500억원 가까이 거기에 투입되었다. 서울시 예산이 1982년에 1조4천400억원, 1986년에 2조5천140억원이었음을 감안하면(서울시정개발연구원, 2010) 해마다 그 예산의 14%에서 8%에 해당하는, 당시로서는 엄청난 규모의 비용이 한강 개발에 들어간 셈이다. 동원된 노동자가 연인원 420만 명, 장비가 1백만 대 이상이었으니 전례 없는 대규모 공사이기도 했다(김진영, 2017.11.29.). 한강종합개발은 대규모 자본과 노동력, 생산수단이 동원되어 진행된 만큼 그 자체로도 1980년대 한국의 자본 운동에서 중요한 투자 사례에 속하며, 서울 나아가 수도권의 핵심적인 **사회적 하부시설**을 조성했다

61_ 한강과 그 주변에 생태환경이 복원되는 것은 물론 환영할 일이다. 하지만 한강의 자연환경이 개선됨으로써 관광산업이 발달하리라는 것 이외에 강변에 들어선 초고층 아파트들의 가격이 크게 상승할 것이라는 점도 동시에 생각해야 한다.

는 점에서 한국 자본주의의 발전과 관련해서도 매우 중요한 의미가 있다.

'사회적 하부시설'은 "그 자체로 잉여가치를 생산하지" 않지만, "잉여가치 생산을 위한 조건들을 고양시킨다"(하비, 1995: 527). 그런 시설로서 한강은 공간적 생산성을 높이는 데 중요한 작용을 했다고 볼 수 있다. 개발 이후의 한강은 서울의 주요 **문화적 하부시설**로 기능하기 시작한다. 그곳은 이제 상품화된 공간이 됨으로써 찾는 사람들을 소비자 주체로 전환하는 기능을 갖게 되었다. 한강이 여가생활의 공간인 것은 이전과 다를 바가 없었지만, 이제 거기서 여가를 즐기려면 소비자라야 한다는 것은 사람들이 **자본주의적인 주체성**을 띠어야 한다는 말과 다르지 않다. 시민공원의 정취를 즐기는 여가객, 체육시설의 이용객, 유람선의 관광객은 자본주의적 상품으로 전환된 여가생활의 소비자에 해당한다. 새로이 생산된 한강의 소비를 통해 이런 주체성을 갖게 된 사람들은 가치의 생산과 실현, 특히 후자와 관련해 새롭게 형성되는 **소비자본주의적** 삶의 방식을 당연하게 여길 공산이 크다. 나중에 보겠지만 제2차 종합개발사업을 통한 한강의 탈바꿈이 완성될 무렵 서울에서는 자동차 시대가 열리며 그에 부합하는 양상의 소비생활이 안착하기 시작한다. 이런 점은 과거에는 **상품관계**에서 대체로 벗어나 있던 여가시간이 한강의 개발과 함께 그런 관계에 포섭된 시간으로 바뀌었음을 말해주고 있다. 제7장에서 우리는 이런 변화가 한국 사회가 스펙터클의 사회로 전환되는 것과 어떤 관련을 맺게 되는지 살펴볼 기회가 있을 것이다.

나아가서 새로 개발된 한강은 명실공히 관통하천이 됨으로써 서울을 중심으로 구축된 핵심적 하부시설로 작용할 수 있게 되었다. 관통하천으로 바뀌었다는 것은 한강이 강남과 강북의 연결을 전면적으로 책임지는 통로 역할을 맡게 되었다는 것이다. 과거 주로 논밭과 야산이던 강남 지역이 오늘날 세계 어떤 도시와 견주어도 뒤지지 않는 초현대적 도시로 성장하게 된 데에는 한강 개발의 역할이 크다. 그것의 효과는 강남의 개발을 이끈 것으로만 끝나지 않는다. 한강이 새로운 형태를 갖추게 됨으로써 한편으로 서울의 강남과 강북 지역이 서로 연결되면서 분리되고, 다른 한편으로 서울과 비서울 지역—특히 비서울 수도권—이 서로 연결되면서 분리되는 효과가 만들어졌다. 관통하천으로 전환된 뒤로 한강에는 다리 수십 개—2020년 현재 자동차 교량 28개, 철도 교량 4개, 하저터널 3개—가 설치되고 강남과 강북이 긴밀하게 연결되어 서울 전체가 거대한 원형 도시로 거듭나게 된다. 이 과정이 아무런 모순 없이 진행된 것은 물론 아니다. 강남의 개발로 새로운 생김새를 갖게 되면서 서울에서는 한강을 분할선으로 하는 **사회적 분리** 현상도 생겨났다. '강남은 힙합', '강북은 복고'라는 말이 한때 회자하며 서울의 청소년 사이에 스타일의 취향 차이가 드러난 것도 한 예다(Lee, 2004: 127; 남궁윤선, 1999). 오늘날 강남은 강북에 비해 부유한 사람들이 훨씬 더 많이 사는 것으로 알려져 있다. 그런 현상이 생겨난 것은 1960년대 말에 경부고속도로가 건설된 뒤로 강남은 고속 개발을 위해 다양한 특혜를 받고, 강북 지역은 도시화 과정에서 불이익을 당한 결과이기도 하다.

한강은 서울의 강남과 강북을 연결하면서 분리하고, 아울러 서울의 강서와 강동도 연결하면서 분리한다. 남북의 제방에 도시고속화도로가 건설되면서 강서와 그 너머 경기도 서부, 강동과 그 너머 경기도 동부가 교통체계 상으로 긴밀하게 연결된 것은 서울과 비서울 지역이 구분되는 것이기도 하다. 그렇게 되는 데는 지금도 서울이 특권적인 지역으로 군림한다는 점이 적잖이 작용한다. 1990년대 초에 절정에 달했던 서울의 인구가 그 뒤로는 줄어든 반면 수도권의 인구는 계속 증가한 현상에서도 그런 점이 확인되고 있다. 서울시의 인구가 감소하는 동안 수도권 전체의 인구는 1990년 1천858만에서 1995년 2천16만, 2000년 2천126만, 2005년 2천262만, 2010년 2천346만, 2015년 2천527만, 2018년 2천567만명으로 계속 증가해왔다(변미리 외, 2019: 17. 통계청). 서울 인구는 감소한 가운데 수도권 인구가 증가한 것은 서울에서 줄어든 인구와 비수도권에서 유입된 인구 중 다수가 수도권으로 유입된 결과다. 나중에 보겠지만 인구가 줄어든 시기에 서울에서는 건축물의 대형화와 고층화가 이루어졌다. 그런 점은 서울의 인구 감소가 서울의 쇠퇴를 말해준다기보다 오히려 **서울의 특권화**가 심화한 현상임을 말해준다. 서울의 인구 감소에도 불구하고 수도권의 인구가 늘어난 것은 서울 내부에서 새로운 도시화가 진행되어 주택 건물들이 고층화하고 고급화함에 따라 증가한 주거비용을 감당할 수 없는 사람들이 외곽으로 축출된 점 때문이다. 오늘날 한강변의 도시고속화도로를 매일 이용해야 하는 사람들 가운데는 서울에서 '쫓겨난' 사람들도 적지 않다고 볼 수 있다.

서울의 강서와 강동이, 그리고 서울과 경기도 지역이 동서로 연결된 것은 한강 개발의 핵심적 효과에 속한다. 한강의 제1차 종합개발을 통해 1969년에 강변북로의 일부 구간과 제3한강교—지금의 한남대교—가 개통되고, 제2차 종합개발이 끝난 1986년에 올림픽대로가 완공됨으로써 서울은 그동안 한국의 국토를 종단하는 핵심 도로 역할을 해오던 경부고속도로와 연결되는 대규모 국토 횡단 도로들과 연결되었다. 오늘날 서울의 생김새, 그 형태적 기능의 측면에서 보면 **올림픽대로의 완공**이 특히 중요하다고 여겨진다. 올림픽대로는 강변북로처럼 수도권의 교통을 동서로 잇는 역할을 할 뿐 아니라, 수많은 다리 건설을 촉발해 한강의 관통하천 기능을 보완해 서울의 강북과 강남, 나아가 서울과 한반도 남쪽의 교통 연결성을 강화했다. 아울러 그것은 한강 일대가 신자유주의적 공간의 성격을 갖추게 되는 데에도 크게 공헌했다고 볼 수 있다. 강변북로가 개통된 시점에는 한국 사회가 아직 발전주의적 축적 전략만 가동하고 있었다면, 올림픽대로의 완공은 전두환 정권에 의해 신자유주의 정책이 도입된 이후의 일이다. 1980년대에 한국은 발전주의적 축적 전략을 유지하면서 신자유주의적 전략을 함께 펼치는 단계로 접어든다. 신자유주의의 중요한 경향 하나는 국가 개입에 의한 경제발전에만 의존하지 않고 시장 영역을 확대해 '모든 것의 상품화'를 도모하려는 데 있다. 앞서본 대로 올림픽대로의 개통을 포함한 제2차 개발이 이루어지면서 한강 일대는 소비적 주체가 된 서울 시민들이 주로 자동차를 통해 접근하는 곳이 되었으며, 한강 자체도 준 인공호수로 바뀌어 유람선 관광객을 받는 곳이 되었다. 이처럼 자연환경이 상품의 성격을 갖게 된 것은 발전주의 시기에는 아직 없었던 현상이다.

올림픽대로는 한강의 서울 수계 동쪽 끝 암사동에서 서쪽 부분 양화대교까지의 (제1차 한강종합개발사업으로 건설된) 연장 26킬로미터 기존 4차선 도로를 8차선으로 확장하고, 양화대교에서 행주대교까지 제방을 쌓고 그 위에 6차선 도로를 닦아 총 36킬로미터 길이로 만든 자동차 전용 도시 고속화도로다(강용배, 2006.12.1.). 이 도로의 건설이 한국 자본주의의 성장과 어떤 관련을 지니는지 살펴보려면 한강의 제2차 종합개발이 시작된 1982년 한국의 자본 운동 상황을 짚어보는 것이 필요하다. 한국경제는 1980년대 전반에 걸쳐 연평균 10%에 가깝게 성장했지만 1980년은 사정이 크게 달랐다. 제2차 석유파동의 여파로 경제개발 5개년계획을 실시한 1962년 이후 최초로 마이너스 성장을 기록해 중대한 위기를 맞은 것이다. 그런 맥락에서 보면, 제2차 종합개발은 당시 쿠데타로 국가권력을 탈취한 전두환 정권이 집권 초기에 전례 없는 경제 위기를 맞아 가졌음 직한 엄청난 긴장감 속에 이루어졌을 것임을 짐작할 수 있다. 한강 개발 사업도 당연히 경제위기 극복의 한 방안으로 계획되었을 텐데, 사업이 시작된 시점은 1986년의 아시안게임과 1988년의 올림픽 게임 개최를 앞둔 때이기도 했다.[62] 그런 상황에서 추진된 두 번째 한강종합개발사업은 마이너스 성장의 위기를 극복하고자 경기의 진작과 유효수요 창출을 위해 투자를 확대해야 할 필요에 따라 국가에 의해 시급하게 추진되었다고 여겨진다. 한강 개발은 수도

62_ 1986년 아시안게임과 1988년 하계올림픽의 서울 유치는 1981년에 결정되었다. 올림픽은 1981년 9월 30일 서독 바덴바덴에서 열린 제84차 국제 올림픽 위원회 총회, 그리고 아시안게임은 같은 해 11월 26일 인도 뉴델리에서 열린 아시아경기연맹 총회에서 서울 개최가 확정된다.

서울에서 경제발전의 기반으로 작용할 중대한 하부시설 건설을 위해 추진되었다고 볼 수 있다. 사회적 하부시설은 자본의 축적 조건을 개선하는 주된 기반이다. 그것은 자본의 생산에 직접 참여하지는 않는다는 점에서 진정한 의미의 고정자본은 아니지만, 자본주의적 생산의 기반이 된다는 점에서 **사회적 고정자본**에 속한다. 1980년대 초에 서울에서 추진된 그런 기반 조성 사업 가운데 한강종합개발사업만큼 대규모인 것은 없었다. 그 사업이 한국의 사회적 고정자본 구축에 해당한다고 볼 수 있는 것은 그에 따라 구축된 기반시설들을 자본이 크게 활용했다고 볼 수 있기 때문이다. 이런 제2차 한강종합개발사업에서 중요한 위치를 차지하는 사업 하나가 올림픽대로의 개통이었다.

올림픽대로가 건설된 시기는 한국에서 **자동차 산업**이 본격적으로 발전하기 시작한 시기라는 점에 유의할 필요가 있다. 이런 점은 서울시 자동차 등록 대수의 증가 추이를 보면 바로 확인된다. 1970년의 서울시 자동차 등록 대수는 6만442대에 불과했고, 1975년에도 8만3천661대밖에 되지 않았다. 하지만 1980년대에 접어든 뒤로 자동차 대수는 1980년 20만6천778대(승용차는 13만505대, 63.1%), 1985년 44만5천807대(29만6천848대, 66.6%), 1990년 119만3천633대(88만3천415대, 74.0%)로 급속도로 늘어난 것을 확인할 수 있다(서울연구데이터서비스, 2010). 올림픽대로가 개통한 시기에 서울의 자동차 대수가 급속도로 늘어난 것은 한편으로는 1970년대 초에 발동한 중화학 공업 육성 정책과 함께 형성된 **산업사회의 심화**를 말해준다. 1980년대는 한국의 **자동차 생산 능력**이 크게 성장한 시기이기도 하다. 현대자동차의 경우 1984년에 캐나다의 자동차 시장에 포니와 그 후속 모델인 엑셀, 그리고 스텔라 자동차를 수출했고, 1986년에는 엑셀로 미국 시장에도 진출하기 시작했다(김인숙, 1995). 비슷한 시기에 자동차 산업에 적극적으로 참여하기 시작한 기업으로는 기아와 대우가 있다. 이들 중에 기아는 이후에 파산을 겪기도 했지만, 현대자동차는 그 사업 일부를 흡수하며 계속 사세를 키워 오늘날 세계적 경쟁력을 갖추게 된 한국 자동차 산업의 주역으로 성장하게 된다. 현대의 이런 성장에는 한강의 남북에 들어선 강변 고속화도로가 자동차 산업 자본의 하부시설로 활용된 점이 적잖이 작용했다고 볼 수 있다. 다른 한편으로 자동차 대수의 팽창은 한국 사회가 새로운 **문화적 하부시설**을 갖추게 되었음을 말해준다. 개발과 함께 서울의 중심부인 한강 일대는 새로운 건조환경으로 탄생해 한국 사회가 소비자본주의 사회로 전환하는 데 큰 몫을 했다. 한강 개발이 완료된 1980년대 중반은 저금리, 저유가, 저환율 덕분에 '3저 호황'이 펼쳐진 시기이며, 자동차 산업도 내수시장의 성장세 속에 '마이카시대'를 맞는다. 이 시점에 올림픽대로가 개통되어 강을 따라 남북에 고속화도로가 생긴 것은 사람들의 신체적 이동에 핵심적인 역할을 하는 하부시설이 생긴 셈이다. 그것은 사람들의 일상생활에도 엄청난 변화를 유발했다. 이제 한강 일대의 자연환경을 즐기는 일도 자동차에 의한 접근을 전제하게 되었으며, 새로 조성된 강변 공원, 호수화한 한강에서 사람들은 과거와는 다른 주체성, 소비자 주체성을 발현하기 시작했다고 할 수 있다.

4. 한강 개발 이후 도시적 일상의 변화

한강의 제2차 종합개발에서 시민의 레저생활이 공간정책의 대상이 된 것은 전두환 정권이 당시에 함께 펼친 **자유주의 문화정책**과 무관하지 않다. 쿠데타로 정권을 탈취한 뒤 광주항쟁을 잔혹하게 진압하고 집권 내내 권위주의적 정치를 펼친 군부 정권이 자유주의적 문화정책을 펼쳤다고 하면 선뜻 이해되지 않을 법도 하다. 하지만 한국의 현대사에서 체계적인 자유주의적 문화정책을 펼친 것은 전두환 정권이 처음이다. 이때 채택된 중요한 정책들로는 야간통행금지 해제, 중고교생 두발 및 교복 자유화 등의 조치와 '3S 정책' 등이 꼽힌다.

통행금지는 해방 직후인 1945년 9월 7일에 당시 미군정 사령관이던 존 R. 하지 중장이 '군정포고 1호'로 선포한, 서울과 인천 지역을 대상으로 실시된 인구 통제 정책이었지만, 전두환 정권이 그것을 해제한 데에는 한국의 자본주의 발전을 위해 요청되는 **노동력의 동원**을 더욱 원활하게 만들기 위한 목적이 중요하게 작용했다고 분석된다. 통금제도는 자본주의적 생산양식이 요구하는 시간 사용의 견지에서 보면 극히 불합리하고 비효율적이다. 매일 오전 0시부터 4시까지 사람들의 통행을 금지하는 것은 잉여가치 생산의 효율성을 극대화하기 위한 노동력의 효율적 동원을 저해하는 조치이기 때문이다. 1982년 1월 5일에 발표된 전두환 정권의 통행금지 해제 조치는 야간 통행의 자유를 보장함으로써 한국 사회의 시간성을 크게 변화시키고, 그 자본주의적 삶의 방식을 근본적으로 새롭게 주조한 효과를 만들어냈으며, 그로 인해 한국의 일상적 삶의 모습을 변화시키는 데에도 큰 작용을 하게 된다. '겨울 공화국'으로 불리던 박정희 정권하 한국 사회가 **흑백의 공간**이었다면, 전두환 정권하에는 그 공간이 **천연색**으로 바뀐 셈이다.63 이로 인해 한국 사회, 특히 당시 가장 집중적으로 발전되고 있던 서울은 화려한 형태로—흑백에서 컬러텔레비전으로 바뀐 데서 드러나듯이—전환된 측면이 크다. 물론 그런 조처가 꼭 대중의 삶을 더욱 풍부하게 만든 것은 아니라는 것은 당시 노동자들이 착취에 항거하여 조직화를 시작한 데서도 드러난다. 그렇기는 해도 전두환 정권의 신자유주의적 정책은 **시간성의 새로운 조직**에 기초한 자본의 운동 활성화에 보탬을 줬고, 노동하는 대중의 자본에 대한 종속을 더욱 강화했으며(생산자로서만이 아니라 소비자로서도), 아울러 (앞으로 그 의미를 좀 더 살펴봐야 할) 인류세—

63_ 빌렘 플루서는 제2차 세계대전 이전의 유럽 사회가 회색이었다면, 그 뒤로는 색깔이 화려해진 시대로 말한 바 있다(플루서, 2004: 26). 회색이 지배하는 곳에서는 이면의 의미가 중요하다면, 색깔이 화려해진다는 것은 표면이 중요해진다는 뜻이다. '겨울 공화국'은 양성우가 쓴 시의 제목이기도 하다.

자본의 악무한적 성장을 중심으로 한 인류의 활동으로 기후 위기를 초래하며 지구 행성의 운명을 위태롭게 만드는 새로운 지질 시대—의 상황을 악화시키는 사회적 변동과 삶의 방식을 한국 사회에 더욱 침착시켰다고 볼 수 있다.

통금의 해제로 한국에서 이루어지는 자본의 운동은 더욱 자유롭게 된다. 한편으로 보면 하루 4시간이 빠진 채 가동되던 노동일이 이제 자연일의 한계로까지 연장됨으로써 노동력의 **24시간 가동**이 더욱 원활해졌다. 유흥업소의 야간 영업, 심야극장 운영 등이 가능해져 대중의 소비생활이 활성화한 것은 자본으로서는 또 다른 시간 활용 방식을 확보한 셈이다. 이로 인해 한국에서 자본의 운동, 그 축적의 조건은 가치의 생산과 실현 측면 양자에서 크게 개선되었다고 볼 수 있다. 통금의 해제는 국가에 의한 **문화적 하부시설**의 건설에 해당한다. 문화가 삶의 방식을 규정하는 사회적 실천이라면, 그 조치로 인해 한국의 문화는 훨씬 더 '자유로운' 것으로 바뀌게 되었다. 물론 이 자유화는 학생운동, 노동운동, 통일운동 등 전두환 정권에 대한 대중적 저항운동의 급속한 성장이 이루어진 시기에 취해졌다는 점도 지적해야 한다. 당시 전두환 정권은 정치적 정당성의 결여로 인한 대중의 저항과 함께 정당성 위기를 겪고 있던 터였다. 통금의 해제 조치는 그런 맥락에서 자본축적의 조건 개선을 위해 노동일 연장을 가능케 함과 동시에 대중의 신체적 자유를 신장한다는 명분을 위해 취해졌을 공산이 크다. 즉 그것은 대중의 일상을 자본의 지배하에 두면서 그들의 저항을 무마하기 위한 **지배전략적 문화정치**의 일환, 즉 **사회공학**이었던 것인 셈이다.

통금의 해제는 '3S 정책'과 함께 실시되었다. 후자의 조치는 군부 출신의 권위주의 정권이 스크린, 스포츠, 섹스 영역을 중심으로 도입한 노골적인 **자유주의적 문화정책**에 해당한다. 전두환 정권은 박정희 정권이 에너지 절약을 이유로 불허한 컬러텔레비전 방송을 1981년부터 허용하고, 1982년에는 프로야구, 1983년에는 프로씨름과 프로축구를 출범시켰으며, 아울러 금기시되고 있던 성인 영상물의 제작도 허용했다. 한국 성인영화의 효시이자 첫 심야 상영영화인 정인영 감독의 <애마부인>이 1982년 2월 6일에 개봉되어 공전의 히트를 한 것도 이런 맥락의 일이다(강준만, 2003: 88-89). 3S 정책은 장발과 미니스커트, 마약을 단속하고 '퇴폐가요'에 철퇴를 내리곤 하던 박정희 정권에서는 상상하기 어려운 문화정책으로서, 쿠데타로 집권한 군부 권위주의적 정권이 그런 정책을 펼친 것은 당시 도입되기 시작한 경제적 신자유주의의 확산을 염두에 두지 않고서는 이해하기 어렵다. 1980년대는 한국 자본주의가 고도성장을 누리며 경제 규모가 급속도로 커지기 시작한 때이지만 동시에 사회적 저항이 어느 때보다 강력했던 십년대이기도 하다. 바로 그런 시기에 통금 해제가 이루어지고 3S 정책이 실행된 것은 일정한 소득 증가를 이룬 노동자 대중을 **자본주의적 소비자 주체**로 전환할 필요성이 생겼기 때문이라 할 수 있다.[64]

같은 시기에 중고등학생들에 대한 두발 및 교복 자율화 조치가 취해진 것도 비슷한 맥락의 일이다. 일제강점기 이후 병영적 성격을 강하게 띠고 있던 한국의 학교 문화는 그로 인해 상당한 수정을 거치게 되었다. 10대 청소년이 외모나 스타일을 자유롭게 가꿀 수 있게 된 것은 물론 개인적 자유가 신장한 사례라 하겠지만, 그들이 소비자 주체로 새로이 형성되었다는 말이기도 하다. 비슷한 맥락에서, 컬러텔레비전 방송이 허용된 1981년이 1973년의 석유파동으로 없어진 아침 방송이 부활하고 아침 드라마가 다시 선보인 해라는 점이 주목된다(강준만: 53-54). 그 무렵에 아동들이 소비자로 등장하며 상품화된 대중문화의 영향을 받기 시작한 것은 아침 시간의 시청자 가운데 미취학 아동들이 대거 포함되었기 때문이기도 할 것이다.

64_ '어떤 소비 - 예컨대 여가생활을 통한 소비 등- 의 진작은 사회적 부 일반 또는 자본의 발전이 일정한 수준에 도달했을 때 일어나는 일이다. 한강 개발 등으로 이루어진 건조환경의 축적은 그 수준을 가늠해주는 지표에 해당한다고 볼 수 있다.

전두환 정권의 자유주의적 문화정책은 광주항쟁을 무자비하게 진압하고 정치적 억압을 강화한 것과는 아주 대조적으로 여겨진다. 일견 모순적으로 보이는 정치적 권위주의와 문화적 자유주의의 결합은 경제적 자유주의의 도움을 받아 가능했을 것이다. 경제적 자유주의는 자본의 운동을 원활하게 만들기 위해 자본의 자유를 기본적으로 최대화하려는 노선에 해당한다. 이 자유주의는 자본의 자유를 보장해주는 한에서는 보수주의와도, 심지어는 (사민주의 국가들의 존재에서 볼 수 있듯이) 사회주의와도 결합할 수 있는 유연성을 지니고 있다.[65] 새로운 자유주의로서 신자유주의도 비슷하게, 경제적 자유주의가 정치적으로는 권위주의(칠레의 피노체트 정권, 한국의 전두환 정권)나 부르주아 자유주의(영국이나 미국 등의 의회민주주의), 사민주의(독일이나 프랑스 등) 등과 결합하고, 문화적으로는 보수주의('문화전쟁'을 벌인 미국의 신보수주의)나 자유주의(칠레와 한국 군사정권의 3S 정책) 등과 결합하는 등 다양한 형태의 문화정치경제를 형성하는 양상을 드러냈다. 한국의 경우 전두환 정권이 정치적 권위주의를 유지하면서도 자유주의적 문화정책을 펼친 것은 한편으로는 정치적 권력을 독점하면서 다른 한편으로는 자본의 운동을 활성화하기 위해 대중의 소비자 주체성을 강화할 필요가 생겼기 때문일 것이다.

1980년대 초반에 시작된 한강종합개발사업의 의미도 이 맥락에서 다시

65_ 알튀세르는 「이데올로기와 이데올로기 국가장치」(1969)에서 다음과 같이 말한다. "그러나 최근의 역사까지도 보여주고 있는 것은 부르주아지가 의회 민주주의의 여러 정치적인 이데올로기적 국가 장치들을 매우 잘 수용할 수 있었고, 지금도 그러하다는 사실이다. 예컨대 프랑스만 예로 든다면 제1제정 혹은 제2제정의 제국, 헌장에 의한 군주제(루이 18세, 샤를 10세), 의회군주제(루이 필립), 대통령제민주주의(드골) 같은 것들이다. …독일에서 사태는 더욱 인상적이다. 왜냐하면 황실의 청년(지주) 귀족들(비스마르크는 이들의 상징이다), 그리고 그들의 군대와 경찰이 제국주의적 부르주아지에게 방패와 지도층 역할을 해주었던 정치적인 이데올로기적 국가 장치 아래서 제국주의적 부르주아지는 역사 속으로 요란하게 진입했고, 이어서 바이마르공화국을 '거쳐' 나치즘에 자신들을 맡기게 되었기 때문이다"(알튀세르, 2007: 374-75).

살펴볼 필요가 있다. 1980년대의 1인당 국민소득(GNI)은 1980년 1천645달러, 1984년 2천257달러, 1989년 5천418달러로 매우 빠르게 성장한 편이다. 그런 액수는 2018년의 3만1천349달러와 비교하면 아주 작은 편에 속하지만—1980년대에는 그래서 서울에도 아직 농촌이 남아 있었다—그래도 1953년의 67달러, 1960년의 94달러, 1970년의 255달러와 비교하면 수십 배로 성장한 규모에 해당한다(한국은행, 2015: 49). 이것은 그 무렵에 이르러 자본주의적 성장이 본격화되면서 가치의 실현을 위해 상품의 소비에 동원될 노동자계급의 임금 소득이 일정하게 축적되고 있었다는 말과 같다. 아울러 소득 성장은 (그것의 불균등한 분배라는 문제는 그대로 남은 채로) **유효수요의 창출**을 자본의 과제로 만들었다고 할 수 있다. 자본의 관점에서는 이제는 가치의 생산만이 아니라 실현도 염두에 두고 내수시장을 키워야 하는 시점에 이르렀고, 이에 따라 대중의 소비자 주체성을 강화할 필요가 커진 것이다. 당시 일어난 사회문화적 변동들도 이런 맥락에서 이해될 수 있겠다. 무슨 말인가 하면, 통금의 해제는 사람들이 24시간 생산과 소비를 위한 생활을 원활하게 하도록 할 필요, 즉 자본 운동의 활성화를 위한 새로운 시간성 조직의 필요가 생겨났음을, 3S 정책의 실행은 성인은 물론 청소년, 심지어 아동까지도 소비생활에 전념하도록 유도할 필요, 즉 한국 사회 인구 전체가 **가치의 실현**이 원활하게 이루어지는 데 이바지하도록 만들 필요가 생겨났음을 말해주지 않느냐는 것이다. 한강종합개발사업도 같은 맥락에서 추진된 것으로 분석된다. 3S 정책 등이 문화적 하부시설을 위한 접근이었다면, 이 사업은 지금도 서울에서 핵심적으로 작용하는 공간적 하부시설을 건설하려는 목적으로 이루어진 셈이다. 한강에 새로 인공 둔치를 조성하고 거기에 시민공원을 세운 것이나, 수상 레저·스포츠 시설을 새로 만든 것은 한국에서 자본이 성장하게 되면서 갈수록 대규모로 생산되는 '거대한 상품 더미'에 대한 유효수요의 창출이 더욱 중요해졌음을 말해준다. 종합개발사업으로 한강이 새로운 모습을 갖추게 되고 강의 남북에 고속화도로가 건설된 것도 당시 한국에서 진행된 가치 운동의 핵심 부문에 해당하는 자동차 산업 발달과 긴밀하게 연동된 변화였다.

제2차 한강종합개발사업에서 특히 주목할 점은 이제 전체 시민을 대상으로 하는 레저공간이 서울에 형성되었다는 것, 특히 올림픽대로의 완공과 강변북로의 계속되는 확장과 함께 자동차 이용을 생활화할 수 있는 기반이 마련되었다는 것이다. 한강의 생김새 변화는 서울 **시민의 일상생활**을 새롭게 조직해내는 데에도 중요한 역할을 했다. 종합개발의 결과 한강으로의 접근 방식이 새롭게 조정되었으며, 이로 인해 강변 일대는 자동차나 자전거로 접근해야 하는 곳으로 바뀌었다. 이것은 한강의 종합개발이 **자동차문화**의 확산, 자동차의 일상적 사용을 전제한 것임을 시사해준다. 이 맥락에서 눈길을 끄는 것이 1980년대 이후 서울에서 늘어난 자동차 가운데 특히 **승용차**가 급격히 늘어났다는 점이다. 서울의 자동차 등록 대수에서 승용차의 비율은 1975년 57.2%, 1980년 63.1%, 1985년 66.6%, 1990년 74.0%로 계속 증가했다(서울연구데이터서비스, 2010).

개별 가계의 입장에서는 주택 다음으로 비싼 소비재인 승용차가 급증한 것은 대중의 일상생활이 급속하게 자본주의적으로 재조직되기 시작했다는 징표다. 자동차는 속도가 빠른 정밀한 공간 이동을 하게 해준다는 점에서 사람들의 삶의 방식에 중대한 영향을 미친다.[66] 1980년대에는 그런 역할을 한 승용차의 대수가 급격하게 증가함과 동시에 **여가용 자동차**도 널리 보급되었다. 1981년에 출시되자마자 큰 인기를 끌었던 기아자동차의 봉고 승합차가 좋은 예다. 아울러 레저생활에서 빼놓을 수 없는 용품인 이동식 부탄연소기 블루스타가 인기 품목이 된 것이나, 과거에는 많이 소비

---

[66] 자동차는 이런 점에서 기차보다는 마차를 대체했다고 볼 수 있다. 기차나 기선이 대중교통을 지배하고 있던 19세기 말까지는 사람들의 세밀한 이동은 마차에 의해 이루어졌다. 기차와 기선은 도시와 도시를 연결할 뿐 마을과 마을, 집과 집을 연결하지는 못했다. 반면에 승용차는 마차와 같이 마을과 마을, 주택과 주택을 잇는다는 점에서 일상생활의 실핏줄 같은 역할을 하게 된다(강내희, 2016).

되지 않던 삼겹살 구이가 대중의 선호 육류 음식이 된 것도 비슷한 변화에 속한다. 당시 다양한 **레저용품의 대중화**가 시작된 것은 이런 맥락에서 보면 자동차 문화의 확산 시작과 연관 있다고 하겠으며, 이런 흐름은 자동차 대수가 전국적으로 1천만대로 늘어나는 1990년대 이후로 더욱 확산하고 심화했다. 여기서 자세히 다룰 수는 없지만, 이 과정은 서울의 **교외화**와도 긴밀하게 연결되어 있다. 1990년대에 이전의 운동권 문화에서 강조한 '민중'이나 '민족' 대신에 '오렌지족'이나 'X세대' 등 **부족**(tribes)이나 **세대** 같은 새로운 주체 형태의 등장(강내희, 2014: 119, 121), 동성애자의 커밍아웃, 페미니즘 담론의 등장 등으로 '문화의 시대'가 열린 것도 새로운 도시적 형태의 구축과 무관하지 않을 것이다.

마이카시대가 열리고, 대중의 레저생활 필수품인 블루스타와 같은 상품이 인기 품목으로 떠오르고, 야외에서 먹기 쉬운 삼겹살이 대중적 식품이 된 것이 3S 정책이 본격적으로 실시된 때이며, 또한 한강의 종합적 개발이 완성되고 있던 시기라는 점이 말해주는 바는 무엇일까? 한편으로 그것은 사람들이 노동력으로서 가치의 **생산**에 동원됨과 함께 소비자 주체로서 가치의 **실현**에도 집중적으로 동원되기 시작했음을 말해준다. 한국 자본주의 역사에서 발전주의적인 자본축적이 이루어지고 있던 박정희 정권하에서 사람들은 '국민 총동원'에 의해 '산업의 역군' 즉 생산적 주체로 호명되었다고 볼 수 있다. 1970년대에 한국 사회가 '겨울 공화국'으로 인식되었던 것은 근본적으로는 당시의 정치적 억압 때문이겠지만, 장발이나 미니스커트 단속, '퇴폐' 또는 '왜색' 가요 규제 등에 의해 자유로운 소비생활이 크게 억제당하고 있었던 점과도 무관하지 않다. 그러나 1980년대에 접어들게 되면 3S 정책을 중심으로 하는 소비자본주의 강화정책이 체계적으로 펼쳐지게 된다. 주말이면 승용차를 타고 강변이나 야외로 나들이 다니거나 잠실 구장에서 벌어지는 야구 경기를 관람하는 것이 대중의 일상적 삶이 되기 시작한 것이 그때다. 이 결과 사람들은 종래의 생산적 주체성에 덧붙여 스포츠팬, 성인영화 관객, 주말 나들이객, 관광객, 유흥객 등 새로운 자본주의적 주체성을 갖추게 되었다. 이 주체성은 과거에도 있었던 소비자의 그것이었지만, 이제는 사용가치 중심의 생활필수품 소비자로 그치지 않고 '라이프스타일'의 소비자이기도 하다는 것이 새로운 점이라고 할 수 있다. '통기타 세대'의 등장에서 볼 수 있듯이 라이프스타일 소비자가 1970년대에도 없었던 것은 아니나, 새로 등장한 라이프스타일 소비자는 이제 특정한 소수의 하위 집단에 국한되지 않고 대중적 소비자의 면모를 띠기 시작한다. 이런 변화는 한국 자본주의가 가치의 자체적 실현을 위해 **내수시장**을 확장한 결과에 속하며, 사람들이 이제 능동적 소비자가 되기 시작했다는 징표라 할 수 있다. 1980년대는 자동차, 컬러텔레비전, 냉장고, 세탁기, VTR 등 주요 소비재에 대한 대중적 소비가 시작된 시기이기도 하다.

다른 한편으로 당시의 변화는 직접적 생산자로서 농촌 생활을 하고 있다가 자본주의적 도시화와 함께 대거 서울로 이주한 인구가 도시 생활을 영위하는 가운데 (제4장과 제8장에서 따로 언급하게 될) **인류세**의 위기를 부지불식간에 심화시키는 행동 방식에 포획되는 과정이었다고도 여겨진다. 사람들은 이제 가치의 생산에만 동원되지 않고 그 실현에도 적극적으로 참여하게 됨으로써 급속하고 대규모로 진행되는 자본의 축적에 공헌하게 되며, 그로 인해 **물질대사의 균열**이 악화하는 과정에도 연루되기 시작한 듯싶다. 가치의 생산과 실현을 통해서 이루어지는 자본의 축적은 갈수록 거대한 상품 더미의 생산과 소비를 동반한다는 점에서 필연적으로 그만한 규모의 물질대사를 일으키는 과정이기도 하다. 지구 시스템 과학자들에 따르면, 인류세가 본격적으로 시작한 것은 1950년 이후로서 세계자본주의가 급속하게 확장되기 시작한 시점과 대체로 일치한다.[67] 이 시기 자본

67_ "지금까지 제출된 지구 시스템 연구 가운데 가장 종합적인 것은 국제과학협의회가 1987년에 출범시킨 지구생물권 국제공동연구계획(International Geosphere-Biosphere Project, IGBP)이 진행한 지구 환경에 관한 조사 및 연구로 꼽힌다. 세계 수십 개 나라 수천 명의

의 규모가 급격하게 확대한 것은 1960년에 1조3천700억달러이던 세계 GDP가 2018년에는 그 64.1배인 87조8천억달러로 성장한 것으로도 확인되고 있다.[68] 한국의 경우는 1960년대부터 자본주의적 발전에 동참했지만, 사람들이 서울에서 인류세의 상황을 악화시키는 행렬에 능동적으로 참여하게 되는 것은 이 도시가 한강의 개발과 함께 본격적인 자본주의적 도시로 작동하기 시작하는 1980년대라고 할 수 있을 것이다. 그 십년대를 거치면서 서울은 토지의 자연적 정화 능력이 아직 남아 있던 시역 안의 농촌들이 대부분 도시화하는 변화를 겪으며, 자본주의적 도시화의 제1차 순환이 얼추 끝나는 1990년대 초에 이르러서는 최고조에 달하는 인구를 갖게 된다. 이 시기는 한강 종합개발과 함께 올림픽대로의 완공 등으로 서울이 수경축과 육경축의 정비를 마치고, 앞서 본 것처럼 소비 사회로서의 특성을 본격적으로 드러내기 시작한 시기이기도 하다. 당시에 사람들이 대거 라이프스타일의 소비에 나섰던 것은, 이제는 가치의 생산만이 아니라 실현에도 능동적으로 이바지해야 했기 때문이라고 할 수 있다. 제7장에서 더 자세하게 살펴보겠지만, 1980년대의 한국은 그리하여 사람들이 '생산적 소비자'로서의 역할을 할 것을 강력하게 요청받는 '스펙터클의 사회'로 전환하게 된다.[69] 이 과정은 한강의 개발을 중심으로 당시 진행되고 있던 도시화와

과학자가 참여해 진행한 이 연구의 결과는 2004년에 『지구 환경 변화와 지구 시스템 *Global Change and the Earth System*』이라는 보고서로 발표된 바 있다. 이 보고서에서 특히 주목되는 것은 세계의 사회·경제적 변동 관련 12개 지표와 지구 시스템의 자연환경 변화 관련 12개 지표. 그들 지표는 사회·경제적 변동과 관련된 것으로는 세계 인구수, 세계 GDP, 해외 직접 투자액, 댐 건설 개수, 물 사용량, 비료 소비량, 도시인구수, 종이 생산량, 맥도널드 매장 수, 자동차 대수, 전화 보급량, 해외여행자 숫자를 포함하고, 지구의 자연환경 변화와 관련된 것들로는 대기 중 이산화탄소 농도, 이산화질소 농도, 메탄 농도, 성층권 오존량, 지표 온도, 대홍수 빈도, 어획량, 새우 양식량, 해안 질소 유입량, 열대우림 보존도, 개간 토지 비율, 생물다양성 정도를 포함한다'(강내희, 2019a: 90-91).

68_ https://www.macrotrends.net/countries/WLD/world/gdp-gross-domestic-product. 2021년 2월 14일 검색.

69_ '생산적 소비자'에 따옴표를 붙인 것은 노동자가 노동과정에서 생산수단을 소비해 잉여가치를 생산하기 때문에 갖게 되는 주체성과는 구분됨을 나타내기 위함이다. '생산적 소비

긴밀하게 연동된 것이었지만, 도시화는 이때 "토지의 비옥도를 유지하는 데 필요한 자연적 조건들을 뒤흔들어" 놓음과 동시에 "인간과 토지 사이의 물질대사를 교란"(맑스, 2015a: 682) 하는 삶의 방식에 사람들을 적응시킨 과정이라고 할 수 있다.

한강의 제2차 개발과 3S 정책이 함께 진행된 것은 결코 우연이 아니다. 한강의 개발은 농촌인구의 유입으로 서울의 인구가 최대로 늘어나고 있던 시기에 이루어졌다. 1980년대 후반이 되면 서울의 인구는 1천만명을 넘어서게 되며 강남(영동 지역)과 강서(목동), 강북(상계동) 지역에 있던 내부의 농촌도 대부분 도시화한다. 이때 한강이 개발된 것은 도시화로 비대해진 서울이 하나의 생활권으로 묶이기 위해서는 강의 남북에 대규모로 형성된 구도시와 신도시가 연결되어야 했기 때문이다. 두 차례의 개발 과정을 거치면서 한강은 관통하천의 기능을 강화하게 되고, 이 과정에서 수십 개의 다리를 갖게 된다. 이런 공간 생산과 함께 1980년대부터 3S 정책이 펼쳐진 것은 이제 거대한 메트로폴리스로 성장한 서울의 시민들을 자본주의적 삶에 익숙해지게 만드는 것이 절대적으로 필요해졌기 때문이라 할 수 있다. 그것은 1970년대 초부터 산업자본주의로 발전하기 시작한 한국 사회가 1980년대에 이르러 실질적인 산업사회로 전환하며 내수시장의 확대와 더불어 가치의 실현을 자본축적을 위한 새로운 과제로 갖게 되었기 때문이기도 하다. 한강과 서울의 공간적 개발이 시역 안의 농촌들을 대부분 도시화한 조치에 해당한다면, 3S 정책은 그에 조응하여 대중의 생활 영역에서 아직은 상품교환의 외부에 있던 영역들—여가, 운동, 성 등—을 시장화해서 자본의 운동을 더욱 강화하기 위한 사회공학적 기획이었다고 볼 수 있다.

자는 여기서 사람들이 소비에 능동적으로 참여함으로써 가치의 실현에 생산적인 역할을 할 때 갖게 되는 주체성 형태에 속한다. 이런 의미의 '생산적 소비자' 개념은 제7장에서 다루게 될 기 드브로의 견해와 상통하며, 맑스가 제출한 '생산적 소비자'와는 다르다. 맑스가 말하는 '생산적 소비자'에 대해서는 제7장 각주 188번 참조

5. 강남의 생산과 아파트 공화국의 등장

한강의 개발은 강남에 신도시가 들어서려면 꼭 필요한 일이었다. 두 차례의 종합개발을 통해 한강이 새로운 면모를 갖추게 되면서 강 양변에는 대규모 아파트단지가 들어선다. 용산에 공무원아파트, 한강외인아파트, 한강민영아파트, 한강맨션아파트로 구성된 총 3천220 가구의 아파트단지가 조성된 것을 필두로 하여, 강변의 남북을 따라서 1970년대에 대규모 아파트단지가 들어선 것이 제1차 종합개발이 완료된 뒤의 일이고, 강남 곳곳에 대규모 아파트단지가 대거 들어선 것은 제2차 종합개발과 궤를 함께했다. 강남의 개발 또는 생산을 통해 서울의 생김새도 대대적인 변형을 겪는다. 강남―특히 1980년대에 영동지구나 잠실지구 등으로 불리던 오늘날의 서초구, 강남구, 송파구, 강동구 등―은 이전에는 허허벌판이 펼쳐져 있거나 한적한 농촌 마을이 군데군데 들어섰던 곳이다.70 잠실과 신천 일대의 경우 1960년대에는 농사를 짓거나 나룻배를 타고 뚝섬이나 성수동 일대의 작은 공장에 출퇴근하며 생계를 잇던 주민의 수가 고작 900여명이었다(손정목, 2003a: 177-78; 김백영, 2017: 240). 서울의 인구가 688만명이던 1975년에 이르러서도 영동지구에 거주하던 인구는 불과 11만6천716명에 불과했다(전상봉, 2017.8.17.). 대규모 아파트단지가 들어서고 있던 1980년대 초에도 강남에는 논밭과 야산을 배경으로 한 농촌 풍경이 많이 남아 있었다는 점은 앞에서 살펴본 권태균 등의 사진이 여실히 보여주는 바다. 하지만 두 차례에 걸친 한강 종합개발이 진행된 뒤로 강남은 급속한 도시화를 겪었고, 서울의 생김새도 그와 함께 상전벽해를 겪게 된다.

이 과정은 강남 만들기 또는 강남의 생산으로 이루어졌다.71 그것은

70_ '강남'은 강북과 대비해서 쓰이면 한강 이남의 서울을 가리키지만, 1980년대에 '영동지구'로 불리던 곳을 지칭하는 경우가 많다. 이 책에서 '강남'은 맥락에 따라서 다양한 의미로 쓰이고 있다.

71_ 인구의 확대에 대한 대응으로 서울의 확장을 위해 한강 이남이 선택된 데에는 해방 이후 한국의 분단 상황 및 서울의 지정학적 위치가 작용한 측면도 없지 않다. 불과 10년 전에

"강남을 물리적으로 건설하고 담론적으로 재현하는" 과정으로서, 한강의 개발과 함께 서울의 도시화 성격과 방향을 규정하는 데 중대한 역할을 한 과정이었다. 서울의 도시화는 물론 이전부터 진행되고 있었지만 강남의 생산을 통해 새로운 전기를 맞게 되며, 서울의 생김새도 그와 함께 새로운 틀을 갖추게 된다. 이 흐름을 주도한 것이 **강남화**다. '강남화'는 한편으로 강남의 물리적 건설과 담론적 재현을 통한 **강남 만들기**와 다른 한편으로 "강남 건설의 과정에서 형성된 신도시 건설의 제도적 장치와 강남에 대한 재현에 바탕을 둔 도시 이데올로기를 기반으로 강남 이외의 공간에서 강남식 도시 공간을 복제하는" **강남 따라 하기**로 이루어졌다(박배균, 2017: 8). 이 가운데 강남 만들기는 강남의 개발인 셈이며, 한강의 개발과 더불어 강남에서 대대적인 건조환경이 물리적으로 조성됨과 동시에 오늘날 한국의 지배적 도시 담론으로서의 '강남'의 구축이다. 강남의 물리적 조성은 기본적으로 아직 자연환경을 많이 간직하고 있던 일대의 지리적 공간에 계획된 도로와 건축물이 대거 밀집되는 형태로 이루어졌다.[72] 물리적 공간으로서 강남은 대규모 단지를 이루는 고층아파트, 검찰청과 법원, 한국무역관광공사와 같은 공공기관 건물들, 경기고와 경기여고, 숙명여고, 서울고, 휘문고 등 서울의 명문 고등학교들, 예술의 전당, 코엑스, 잠실운동장과 같은 체육문화 시설들, 삼성이나 포스코, 교보타워 등 대표적 재벌기업의 본사들, 한국의 정보·통신 기술 산업을 주도해온 테헤란 밸리, 삼성병원,

---

휴전이 이루어진 한국 전쟁의 기억 속에서 군사정권이 서울의 확장을 위해 휴전선에 가까운 서울의 북쪽 지역을 개발 대상으로 삼기는 어려웠을 것이다.

72_ 이런 개발은 신축 젠트리피케이션에 해당한다. '신축 젠트리피케이션'은 신현방에 따르면, "재개발 등을 중심으로 한 기존의 대규모 신축 젠트리피케이션은 대형 건설자본, 현지 지주 연합, 지방정부, 그리고 투기적 이익을 추구하는 외지 개별 자본(외지 가옥주라는 형태로 드러난다)이 주도하고, 대규모 철거가 선행하는 개발 형태"(신현방, 2016: 8)다. 강남 개발의 경우 대부분 농지나 산야를 대상으로 이루어졌다는 점에서 젠트리피케이션이 아니라는 견해도 있다(김필호, 2016: 228). 하지만 1970년대와 1980년대에 진행된 강남, 목동, 상계동 등의 개발도 기존의 마을들을 철거하며 진행된 재개발 과정이 포함되어 있었기 때문에 신축 젠트리피케이션으로 여기지 않을 이유가 없다고 본다.

아산병원, 성모병원, 세브란스병원 같은 최첨단 대형 병원들 등이 밀집해 있는 곳이다(지주형, 2017: 208). 이런 다양한 편의시설과 교육기관, 공공기관이 들어섬에 따라 강남은 이제 강북을 능가하는 도시적 기능을 지닌 **신도시**로 부상하게 된다. 1970년대 초에 시작된 강남의 개발이 20년도 되기 전에 완성될 수 있었던 것은 강력한 **국가 개입**이 작용한 결과다. 국가의 결정이 없었더라면 공공기관의 이전은 이루어지지 않았을 것이고, 또 국가가 특혜 정책을 적극적으로 펼치지 않았더라면 강남으로 사기업과 개인들의 업무 및 주거 공간이 집중적으로 이동하는 일도 쉽게 일어나지 않았을 것이다.

강남의 개발에 국가의 **정책적 특혜**가 필요했던 것은 처음에는 그 과정이 순조롭게 진행되지 않았기 때문이다. 개발이 더뎌지자 정부가 발 벗고 나선다. 당시 박정희 정권이 취한 조치로는 강남에서 부동산을 매매할 경우는 양도소득세 면제 등의 특혜를 부여하고, 경부고속도로 건설과 강남 개발 과정에서 만들어진 체비지 매각을 위해 강남을 그린벨트 대상 지역에서 제외한 것 등이 있다(임동근·김종배, 2015: 121-24). 손정목에 따르면 강남의 개발 장려 정책은 **강북의 개발 억제** 정책으로 뒷받침된 측면도 크다.

1972년 2월 9일 양택식 서울시장은 '사치, 낭비 풍조를 막고 도심지 인구의 과밀을 억제한다'는 이유로 강북 지역 억제의 의지를 보인 바 있다. 1972년 4월 3일에는 종로구와 중구의 전역, 용산구, 마포구의 시가지 전역, 성북구, 성동구의 일부 지역까지 약 840만 평을 '특정시설 제한구역'으로 지정하여, 백화점, 도매시장 등의 신규시설 건설을 불허했다. 이는 72년 12월 30일 자로 법률 제2434호로 발효되었다. 1975년 구자춘 서울시장은 '한강이북지역 택지개발금지조치'를 발표하여 조치를 단행하였다(손정목, 1999: 93; 김진원·한민경, 2007: 41-42에서 재인용).

이 밖에도 강북에 대해서는 건축물의 신축과 개축과 증축 금지, 입시학원과 결혼식장, 자동차 관련 업체, 중고차 매매 업체 등의 사대문 밖 이전, 한강 이북의 택지 공급에 대한 원천적 차단을 위한 모든 토지의 형질 및 지목 변경 금지 등의 조치가 이루어졌다(이종훈 외, 2004: 20-21). 오늘날 예컨대 개포지구나 고덕지구 등 강남에 대단위 아파트단지들이 밀집한 주거지역이 조성된 것은 강북의 개발은 억제하고 강남의 개발은 장려한 정책적 조치의 결과인 셈이다. 그리고 지금 강남이 네모반듯한 도로들을 따라 고층 건물들이 즐비하게 들어서서 강북의 구도시보다 훨씬 더 정비된 도시적 형태를 갖추고 있는 것도 한편으로는 그 개발이 '허허벌판'에서 이루어졌기 때문이지만, 다른 한편으로는 국가에 의해 **계획적으로** 추진되었기 때문이라 할 수 있다.[73]

나아가서, 강남의 생산은 한강 이남에 대규모로 조성된 신도시를 오늘날 한국에서 가장 '도시다운 도시'로, 서울을 더욱 서울답게 만든 도시로 재현한 담론구성체가 형성된 것과 궤를 함께한다. 개발 특혜를 받으며 고층아파트 건물들, 대형 공공기관들, 재벌회사의 본사들, 명문고교들, 문화기관들이 밀집된 공간으로 생산되는 과정에서 강남은 서울의 신도시로, 새로운 서울로, 서울에서도 가장 **서울다운** 곳으로 재현될 필요가 있었고, 이

---

[73] 강남이 지난 수십 년 동안 부동산 가격의 상승을 주도하게 된 것은 이렇게 보면, 국가—중앙정부, 지방정부—와 그 산하 공공기관들, 정치인, 행정관료, 금융기관, 개발업자, (법률이나 도시계획 등의) 전문가, 투기꾼, 지주 등으로 구성된 개발 동맹이 계급독점지대의 획득이 가능한 신도시를 강남에 건설한 결과라고 할 수 있다. '계급독점지대는 데이비드 하비가 제출한 개념으로서, "(주택과 같은) 어떤 도시 자원의 공급자에게 돌아가는 수익률이 그 자원의 소비자 계급과의 갈등 결과에 따라 정해지는 상황"(Harvey, 1974: 239)에서 생기는 지대를 가리킨다. 이런 상황에서 계급독점지대가 생기게 되는 데 결정적인 역할을 하는 것이 '계급 권력'이다. "계급독점지대는 자기들의 통제하에 있는 '자원 단위들'—토지와 거기에 포함된 상대적으로 영구적인 개량—을 어떤 임의적 수준 이상의 명확한 수익을 받아야만 내놓으려는 소유자계급이 있다는 점 때문에 생겨난다. 하나의 계급으로서 이들 소유자는 언제든지 일정한 최소 수익률을 쟁취하는 권력을 갖고 있다. 여기서 핵심이 되는 개념은 **계급 권력**이다(Harvey: 241. 원문 강조).

를 위해 '강남'을 주제로 하는 담론이 형성된 것이다. 강남 담론은 이때 강남의 강남다움—새로운 서울임, 신도시임, 가장 서울다운 곳임—을 서울의 가장 빼어난 특징인 것으로 만듦으로써 강남 만들기, 나아가 새 서울 만들기 즉 서울의 새로운 생김새 형성에 핵심적으로 이바지했다고 볼 수 있다.

강남의 개발 또는 생산을 통해 강남이 강남으로 된 데 이어서 **강남 따라 하기**, 즉 강남의 모방이 진행되었다. 이 과정이 가장 먼저 진행된 곳은 서울이다. 강남이 신도시로 형성되는 동안 아직 농촌으로 남아 있던 서울의 다른 지역들도 강남 따라 하기를 하게 된다. 그 대표적인 사례로 한강 이남이면서 영동의 반대편인 강서지역의 목동과 한강 이북 동북쪽의 상계동에 대규모 **신시가지**가 조성된 것을 들 수 있다. 신시가지가 조성된 목동과 신정동, 상·중·하계동 지역은 대규모 아파트단지들이 형성되기 전까지는 강남처럼 아직 미개발된 서울 안의 농촌이었다. 1963년의 서울시 행정구역 확장 이전 목동과 신정동은 경기도 김포의 양동면, 상계동 지역은 경기도 양주의 노원면에 속해 있었고, 대부분이 논밭이었던 곳이다. 그런 곳에 신시가지를 조성한 것은 강남에서 먼저 이루어지기 시작한 신도시 조성을 서울의 다른 지역에서 반복한 경우가 된다. 목동과 상계동에서 진행된 대규모 아파트단지 건설은 강남 만들기 과정을 서울에서 모방한 강남 따라 하기라고 할 수 있다.

물리적으로 보면 강남 만들기는 주거를 목적으로 하든, 교육이나 행정, 대민 서비스를 목적으로 하든 전통적인 건축물 형태와는 확연히 구분되는 새로운 모습의 건물들, 특히 다층 및 고층 건물들이 서울과 수도권에 집중적으로 들어서는 과정에 해당한다. 이 과정은 600년에 걸쳐 형성된 구도시 서울과 엇비슷한 규모의 신도시가 형성된 것으로, 물론 많은 혼란을 동반하기는 했지만 그래도 상당히 일률적으로, 그것도 20년밖에 되지 않는 단기간에 이루어졌다. 강남 신도시와 같은 대규모 공간의 생산은 **국가의 개입** 없이 추진되기는 어렵다.[74] 박정희 정권 이후 한국의 국가는 경제개발

5개년계획을 수립해 시행해왔고, 이 발전 계획은 대규모 공간 생산에도 그대로 적용되었다. 강남에 신도시가 조성된 것이나 뒤이어 강북에서 비슷한 유형의 신시가지가 건설된 것은 정부의 국토개발 계획이 뒷받침되지 않았다면 불가능했을 것이다.[75] 서울의 오늘날 모습 역시 당시 국가가 나서서 강남 신도시를 특정한 목적과 계산을 바탕으로 설계해서 조성함에 따라서 크게 규정되었다고 볼 수 있다. 인구 규모나 건조환경의 밀집도 면에서 강북의 구도시에 버금가거나 오히려 그것을 능가하는 신도시로 성장하면서, 강남은 **도시의 새로운 모델**로 부상했고, 이 결과 강남화ㅡ강남 만들기와 강남 따라 하기ㅡ가 서울의 생김새 또는 도시적 형태의 형성, 즉 공간 생산의 방식에서 중대한 영향력을 행사하게 된다. 강남 따라 하기가 서울에서 가장 먼저 진행되었다는 것은 서울 전체가 이제는 강남처럼 된다는 말이기도 하다.

물론 도시적 형태의 견지에서 강남과 강북 사이에는 여전히 차이가 존재한다. 예컨대 강북의 도로는 대체로 구불구불한 데 반해 강남은 훨씬 더

74_ 20세기에 들어와서 국가는 "모든 공간적 규모에서 자본주의적 성장의 관리 및 유지에 핵심적 역할을 하게 되었다"(Brenner and Elden, 2009: 17). 이것은 20세기에 르페브르가 말하는 '국가생산양식'이 구축된 결과다. 국가생산양식은 파시즘, 스탈린주의, 그리고 (미국의 뉴딜이나 유럽의 사민주의와 같은) 서구의 자유민주주의 모델에서 공통으로 볼 수 있는 사회구성체다. 르페브르에 따르면 "국가만이 고속도로, 공중교통로 등 '대규모' 공간의 관리를 책임질 수 있다. 국가만이 적절한 자원, 기법, 그리고 '개념적 능력'을 마음대로 이용하기 때문이다"(Lefebvre, 2009: 238). 하지만 신자유주의적 금융화의 시대에는 정부 지출에 대한 자본의 저항으로 기반시설에 대한 공적 투자가 제한되고 있는 것도 사실이다. 예컨대 미국의 경우 고속도로나 교량이 낡아서 보수가 필요한데도 방치된 곳이 늘어나고 있는 것은 "신자유주의적 통설이 정부로부터 확장과 근대화에 필요한 돈을 빌리거나 만들어낼 권리를 빼앗은" 결과에 해당한다(Hudson, 2012: 97). 최근에 그런 경향이 강해진 것은 자산시장에서 자본이득을 취득하려는 금융자본주의가 실물경제를 통해 이윤을 취하려는 산업자본주의를 약화시킨 결과이기도 하다.

75_ 국가에 의한 공간 생산의 전통은 지금도, 제3기 신도시 건설 계획을 발표한 문재인 정권에서도 이어졌다. 제3기 신도시 계획은 남양주 왕숙, 하남 교산, 인천 계양, 고양 창릉, 부천 대장 등의 5개 지구에 30만 가구의 주택을 공급하겠다는 계획이며, 2021년부터 분양이 시작된다고 발표되었다(연합뉴스, 2019.5.7.).

반듯하다. 이런 차이가 생긴 것은 구도시와 신도시의 형성 조건 및 과정이 서로 달랐기 때문이다. 조선조 초까지 거슬러 올라가는 역사적 도시가 남아 있는 강북에는 구부러진 형태의 도로가 많이 남아 있다. 과거에는 마을이나 길과 같은 건조환경을 형성할 때 기술적인 조건 등으로 인해 산세나 물길 등 자연지형을 바꾸기 어려웠던 탓이다. 오늘날 강북의 도로 가운데는 그래서 옛날에 형성된 마을 사이로 흐르는 하천을 덮어 형성된 것들이 많다(유현준, 2015: 143-44). 반면에 강남의 도로들이 대체로 네모반듯하게 보이는 것은 강남이 1970년대 이후에 **계획도시**로 형성된 결과다.76 역사적 건축물들이 많이 남아 있는 강북과는 달리 강남은 원래 많은 부분이 미개발 상태였고, 도시 설계도 그래서 마치 백지 위에다 선분을 긋듯이 이뤄질 수 있었다. 강남의 도시개발이 대규모 신축 젠트리피케이션의 형태로 진행될 수 있었던 것은 그런 점 때문이기도 하다.

이로 인해 강북과 강남은 도시적 형태에서 상당한 차이를 드러내게 되었다. 앞서본 대로 물리적 공간으로서 강남에는 고층아파트 단지, 공공기관, 명문 고등학교, 문화·체육 시설, 대표적 재벌기업의 본사, 최첨단 대형 병원 등이 밀집해 있다. 강북에도 상응하는 시설과 기관이 있기는 하지만, 강남에 비하면 낙후된 측면이 많은데, 이것은 강남의 개발은 특혜를 주며 권장하고, 강북의 개발은 최대한 억제해서 생긴 현상이다. 이로 인해 강남은 대체로 고층 또는 초고층이 밀집한 더 화려한 공간이 되었고, 강북은 상대적으로 그런 모습에 미치지 못한다. 2013년 기준으로는 서울의 30층 이상 건물 80%가 강남에 건립되었고(한국경제, 2013.10.21.), 2019년 기준으로 초고층 건물 19개 가운데 16개가 강남에 자리한 것도 같은 맥락의 일이

76_ "바둑판과 같이 네모반듯할 것"이라는 것이 통념이지만 강남의 도로도 울퉁불퉁하다는 지적도 있다. 강남이 개발될 때 기술적, 경제적 한계로 평탄화 공사를 제대로 하지 못한 결과라는 것이다(전상봉, 2017.12.3.). 하지만 그래도 그런 사실이 강남과 강북의 도시적 형태상 차이를 없애는 것은 아니다.

라 할 수 있다.[77] 반면에 강북에는 낙후한 지역들이 상대적으로 많다.

하지만 강남에 신도시가 건설되면서 강북의 공간 생산이 강남의 그것을 모방하기 시작한 것도 사실이다. 강북에서도 새로 들어서는 건축물은 고층화되고 대형화되는 경향이 커졌다. 서울에서 강남 만들기와 강남 따라하기가 거의 맞물려 일어나면서 서울의 전반적 공간 생산과 시각 환경은 크게 바뀐다. 1980년대 초까지 서울에서 탁 트인 하늘을 보는 것이 어렵지 않았던 것은 주거용 건물이 대부분 단독주택 형태였고, 그중 다수가 단층이었기 때문이다. 하지만 1990년대 이후 공간 생산에서 획기적인 변화가 일어나기 시작하고, 서울의 건축물 가운데 특히 주택의 경우 저층 건물 비율과 다층 건물 비율 사이에 역전이 생겨난다. 이런 변동을 일으킨 주된 요인은 전체 주택 수가 증가한 가운데 단독주택의 비중은 갈수록 줄어들고 **공동주택**은 늘어난 데서 찾을 수 있다. 단독주택은 1970년 88.4%, 1980년 70.7%로 40년 전까지는 주택 유형 가운데 압도적인 비중을 차지했으나, 1990년에 이르면 46.1%가 되어 절반 이하로 줄어들고, 2020년에 이르면 10.2%로까지 급락한다. 반면에 강남화 과정에서 아파트가 도시 주택의 지배적 유형으로 떠오르며 공동주택의 비중이 대폭 증가하게 되었다. 아파트는 1980년에는 18만3천846호로 전체의 19.0%에 불과했으나, 1990년 50만2천501호(35.1%), 2000년 97만4천910호(50.9%), 2010년 144만1천769호(58.9.%),

---

77_ 위키피디아에 따르면 2019년 현재 초고층 건물과 그 위치는 다음과 같다. 롯데월드타워(송파구 신천동, 555m), 파크원타워 A(영등포구 여의도동, 333m), 서울국제금융센터 31FC(여의도동, 279m), 파크원타워 B(여의도동, 256m), 삼성 타워팰리스 3차(강남구 도곡동, 264m), 목동 하이페리온 101동(양천구 목동, 256m), 63빌딩(여의도동 249m), 전경련회관(여의도동, 245m), 하이페리온 102동(목동, 239m), 타워팰리스 1차 B동(도곡동, 234m), 트레이드타워(강남구 삼성동, 229m), 타워팰리스 1차 C동(도곡동, 209m), 타워팰리스 1차 A동(도곡동, 209m), 강남 파이낸스센터(강남구 역삼동, 206m), 래미안첼리투스 101(용산구 이촌동, 202m), 트리마제 101(성동구 성수동, 201m), 트리마제 102(성수동 201m), 하이페리온 103동(목동, 201m), 삼성타운 C동(서초구 서초동, 200m), 콘래드서울호텔(여의도동, 200m).

2015년 163만6천896호(58.6%), 2020년 177만2천670호(58.8%)로 늘어나서 지금은 주택 유형 가운데 가장 큰 비율을 차지하고 있다. 이 결과 서울은 말 그대로 **아파트 공화국**이 되었다(줄레조, 2007).

이 공화국의 영토는 서울에 국한되는 것만도 아니다. 강남에서 불기 시작한 아파트 건설의 열풍은 서울의 **교외화**로 인해 수도권으로, 그 밖의 다른 지역으로도 퍼져나갔다. 수도권에 한정해 보면 인천과 경기도의 아파트 비중이 이제 서울보다도 훨씬 더 높다. 2010년 서울의 아파트는 144만1천769호로 전체 주택 244만6천508호 가운데 58.9%를 차지했으나, 2020년에는 전체 301만5천371호 가운데 58.8%를 차지해 비중으로는 소폭 줄어든 반면, 인천은 66만1천611호로 전체의 64.1%, 경기도는 314만6천667호로 70.0%에 이른다. 최근에 서울의 주택 가운데 아파트의 비중이 줄어든 것은 아파트의 숫자가 늘어나지 않아서가 아니다. 2020년 서울의 아파트는 177만2천670호로서 2010년보다 33만901호나 더 많다. 그런데도 아파트의 상대적 비중이 줄어든 것은, 같은 시기에 다세대주택이 44만3천778(18.1%)호에서 79만6천66호(26.4%)로 35만2천288호나 늘어났기 때문이다. 다세대주택은 아파트, 연립주택과 함께 공동주택에 속한다. 다세대는 주택 유형으로는 비교적 최근에 등장해서 1995년 13만4천923호, 2000년 17만7천275호로 꾸준히 증가하더니 2005년 41만2천187호, 2015년 65만4천372호, 2020년 79만6천66호로 최근에 올수록 급격히 늘어나는 추세다. 반면에 연립주택은 1995년까지는 21만8천403호(12.9%)로 다세대(13만4천923호, 8.0%)보다 훨씬 더 많았으나, 2020년에는 11만562호(3.7%)로 비중과 절대적 숫자가 모두 크게 줄어들었다. 그렇기는 해도 공동주택 전체는 다세대와 아파트가 대폭 늘어나 모두 267만9천298호로 전체 주택의 88.9%를 차지하고 있다.

이런 점은 오늘날 서울의 생김새가 **주택 유형의 변화**에 의해서도 새로이 규정되었을 것임을 말해준다. 서울의 생김새를 규정하는 중요한 한 요인인 공제선의 경우 대략 1980년 이전까지는 예컨대 자연지형과 단독주택

연도	유형 지역	단독주택 (%)	아파트주택 (%)	연립주택 (%)	다세대주택 (%)	비주거용건물 내주택(%)	계
1970	서울	515,916(88.4)	23,987(4.1)	34,418(5.9)		9,291(1.6)	583,612
	경기	453,875(95.9)	1,648(0.4)	15,771(3.3)		2,009(0.4)	473,303
1975	서울	618,045(83.0)	58,459(7.9)	39,583(5.2)		28,160(3.9)	744,247
	경기	514,495(93.8)	5,089(0.9)	16,671(3.0)		12,394(2.3)	548,649
1980	서울	684,083(70.7)	183,846(19.0)	68,885(7.1)		31,319(3.2)	968,133
	경기	587,163(86.6)	39,820(5.9)	30,876(4.6)		20,256(2.9)	678,115
1985	서울	688,740(58.6)	306,398(26.1)	137,011(11.6)		44,013(3.7)	1,176,162
	인천	107,141(55.2)	57,015(29.3)	17,961(9.2)		12,225(6.3)	194,342
	경기	526,098(73.1)	104,066(14.5)	64,361(8.9)		24,708(3.5)	719,233
1990	서울	659,552(46.1)	502,501(35.1)	181,156(12.7)	48,762(3.4)	39,010(2.7)	1,430,981
	인천	117,324(37.9)	131,096(42.3)	37,140(12.0)	13,125(4.2)	11,182(3.6)	309,867
	경기	549,467(55.1)	260,123(26.0)	120,221(12.0)	40,313(4.0)	27,838(2.9)	997,962
1995	서울	561,947(33.3)	716,251(42.5)	218,403(12.9)	134,923(8.0)	56,587(3.3)	1,688,111
	인천	127,567(25.1)	247,530(48.7)	64,689(12.7)	53,968(10.6)	15,045(2.9)	508,799
	경기	501,022(32.5)	704,161(45.7)	198,506(12.8)	90,164(5.9)	48,245(3.1)	1,542,098
2000	서울	489,662(25.5)	974,910(50.9)	215,319(11.2)	177,275(9.2)	59,371(3.2)	1,916,537
	인천	116,237(18.9)	338,297(55.1)	80,142(13.1)	63,581(10.4)	15,824(2.5)	614,081
	경기	486,512(23.8)	1,156,803(55.6)	240,744(11.8)	105,395(5.2)	55,719(2.7)	2,045,173
2005	서울	443,806(19.8)	1,217,308(54.3)	140,016(6.2)	412,187(18.4)	28,832(1.3)	2,242,149
	인천	106,233(15.5)	380,914(55.4)	20,055(2.9)	172,475(25.1)	7,875(1.1)	687,552
	경기	490,709(18.8)	1,640,559(62.9)	144,334(5.5)	304,165(11.7)	29,853(1.1)	2,609,620
2010	서울	397,103(16.2)	1,441,769(59.0)	140,451(5.7)	443,778(18.1)	23,407(1.0)	2,446,508
	인천	100,659(12.9)	465,747(59.6)	22,935(2.9)	184,761(23.7)	7,013(0.9)	781,115
	경기	475,769(15.5)	2,091,028(68.3)	141,716(4.6)	329,629(10.8)	25,242(0.8)	3,063,384
2015	서울	355,039(12.7)	1,636,896(58.6)	117,235(4.2)	654,372(23.4)	29,702(1.1)	2,793,244
	인천	102,914(10.9)	577,346(61.3)	21,589(2.3)	232,346(24.6)	8,049(0.9)	942,244
	경기	498,250(13.5)	2,502,091(67.7)	121,960(3.3)	538,971(15)	32,285(0.9)	3,693,557
2020	서울	307,075(10.2)	1,772,670(58.8)	110,562(3.6)	796,066(26.4)	28,998(0.1)	3,015,371
	인천	95,700(9.2)	661,611(64.1)	27,704(2.7)	238,777(23.1)	8,982(0.9)	1,032,774
	경기	505,382(11.2)	3,146,667(70.0)	130,354(2.9)	677,652(15.1)	35,060(0.8)	4,495,115

군, 도심의 고층 건물군에 의해 그 전반적 형태가 만들어진 편이지만, 최근에 올수록 단독주택의 급감과 공동주택의 대폭적 증가, 건축물의 고층화 등 **인공지형**의 변화로 인해서도 새로이 형성되고 있다. 건물들의 높이가 올라간 데에는 거주용 건물만 놓고 보면 단독주택의 형태 변화도 상당한

몫을 했다. 1980년대 초까지 주택 대부분을 차지하던 단독주택은 대다수가 단층집이었다. 하지만 공동주택이 지배적인 주택 형태로 부상하는 과정에서 단독주택은 다수가 사라지거나 신축될 때도 지가 상승 등의 이유로 3층 이상으로 짓는 경우가 많아졌다. 단독주택의 통계에 다가구 주택이 포함되어 있다는 점이 이 맥락에서 주목된다. 건축법상 다가구 건물은 주거용의 층수가 3층 이하로 규정되어 있지만, 1층을 필로티로 지어 주차장으로 쓰면 4층까지 올려 지을 수 있다. 과거에는 주로 단층이던 단독주택도 그래서 다층인 경우가 훨씬 더 많아졌다. 이런 점은 2018년 단독주택 32만2천453호 가운데 다가구가 19만7천156호이고, 단층이 상대적으로 많이 포함되었다고 추정되는 일반 단독주택은 7만3천510호에 불과하다는 사실로도 확인된다(중원평정, 2019.10.22.).

<표 2>에 제시된 서울의 층수별 건축물 현황도 같은 점을 말해준다. 인구가 최고조에 달한 1992년의 한 해 뒤인 1993년 서울의 건축물은 모두 71만1천174채였고, 이 가운데 1층은 전체의 40.4%인 28만7천296채였다. 하지만 1층 건물은 시간이 갈수록 줄어들어 2000년 23만6천518채(33.7%), 2005년 17만7천685채(25.9%), 2010년 15만1천902채(23.1%), 2015년 13만737채(20.8%), 2020년 10만8천763채(18.3%)가 된다. 단층 건물의 감소는 다세대주택과 아파트용의 고층 건물들이 늘어난 것 이외에 단독주택도 수가 줆과 동시에 그 상당수가 다가구 형태로 짓는 경우가 늘어난 결과다. 저층 건물이 급감한 것과는 대조적으로 고층 건물은 대폭 증가했다. 아파트 건물의 비중이 높은 11층 이상의 건물은 서울의 경우 1993년에 2천429채(0.3%)에 불과했으나, 2000년 7천457채(1.1%), 2005년 1만2천822채(1.9%), 2010년 1만5천637채(2.4%), 2015년 1만7천927채(2.9%), 2020년 2만806채(3.5%)로 계속 늘어나는 추세다.

건물의 고층화 현상은 서울을 유달리 고층 건물 숫자가 많은 도시로 만들었다. 독일의 부동산 정보 회사인 엠포리스에 따르면, 2019년 현재 서

연도	층수 지역	1층	2~4층	5층	6~ 10층	11~ 20층	21~ 30층	31층 이상	기타	계
1984	서울	813,381			1,410	1,374	23	2		816,190
	인천	121,552			16	0	0	0		121,568
	경기	681,035			123	69	0	0		681,227
1987	서울	734,964			7,929	2,069	28	5		744,995
	인천	133,339			100	83	0	0		133,522
	경기	733,411			283	284	0	0		733,978
1990	서울	255,836	475,966	21,137	6,058	5,699	32	6		764,734
	인천	85,602	95,229	2,195	288	214	1	0		183,529
	경기	458,603	307,058	7,776	525	689	4	0		774,655
1993	서울	287,296	403,314	13,726	4,409	2,347	75	7		711,174
	인천	75,086	67,481	2,203	744	719	8	0		146,241
	경기	473,110	179,225	5,400	1,134	1,037	111	0		660,017
2000	서울	236,518	430,474	19,740	8,156	6,633	806	18		702,345
	인천	101,570	76,572	3,311	1,423	1,697	212	0		184,785
	경기	507,337	255,741	10,859	4,264	9,643	1,046	0		788,890
2005	서울	177,685	439,995	38,109	16,176	10,499	2,259	64		684,787
	인천	91,810	97,255	7,454	3,034	2,481	474	0		202,508
	경기	517,385	347,480	18,936	8,756	14,828	2,518	21		909,924
2010	서울	151,902	424,150	45,434	19,034	12,571	2,849	217	774	656,931
	인천	91,660	102,514	9,189	3,326	3,422	891	69	423	211,494
	경기	553,838	393,439	21,845	10,239	20,553	3,690	145	9,226	1,012,975
2015	서울	130,737	397,336	56,012	26,173	14,475	3,183	269	762	628,947
	인천	89,037	105,671	11,045	4,381	4,026	1,207	247	382	215,996
	경기	579,258	444,434	29,683	13,232	23,173	4,894	302	4,203	1,099,179
2020	서울	108,763	364,153	63,942	34,746	16,641	3,722	443	784	593,194
	인천	86,102	107,847	12,594	5,048	4,821	1,590	457	363	220,573
	경기	615,256	499,606	37,445	17,336	26,618	8,393	842	4,268	1,209,764

울에는 35미터 이상의 높이를 지녔거나, 12층 이상의 건축물로 정의되는 '고층 건물'이 1만6천359채로 세계의 도시들 가운데 **가장 많다**(Emporis, n.d.; Keegan, 2019.7.16.). 서울 곳곳에 들어선 고층 건물 다수가 아파트 건물임을 고려하면 서울이 세계에서 고층 건물이 가장 많은 도시가 된 것은 아파트 공화국이 된 결과라 할 수 있다. 이것은 강남의 도시화 과정에서 고층아파트가 새로운 주거 형태의 지배적 모델로 등장하고, 서울의 다른 지역에서

강남 따라 하기가 집중적으로 진행된 결과일 것이다. 이에 따라 서울은 이제 하늘 높은 줄 모르고 치솟은 건물들이 지배하는 **수직 도시**로 바뀌었다. 수직 도시 서울의 도시적 형태상 특징이나 문제점에 대해서는 제4장에서 살펴보고자 한다.

6. 서울의 교외화

오늘날 서울의 생김새는 서울만의 생김새라고 보기 어렵다. 과거에는 서울과 비서울이 뚜렷하게 구분되었던 편이나 지금은 서울 같은 곳 또는 서울보다 더 서울 같은 곳이 여러 군데서 생겨났다. 이런 현상이 가장 뚜렷한 곳은 수도권이다. 그것은 수도권, 특히 서울의 바로 외곽 지역에서 강남 따라 하기가 집중적으로 진행된 결과다. 강남화 과정을 물리적으로 주도한 가장 중요한 요인은 고층아파트 건물의 대대적 건설로서, 서울이 세계에서 고층 건물이 가장 많은 도시가 된 것도 강남에서 시작된 고층아파트 건물 건설의 유행이 시역 전반에 퍼진 결과다. 강남 따라 하기가 강남 이외의 지역에서 이루어지는 이 흐름은 1980년대에는 서울 안의 다른 지역, 1990년대 이후에는 신도시들이 들어선 비서울 수도권, 그다음에는 부산의 해운대구와 같은 지방 도시들로 확산하게 된다. 한국 곳곳에 서울과 유사한 도시적 형태를 지닌 도시들이 많아진 것은 **강남화가 곳곳에서 진행된** 결과다.

강남화의 시동을 건 강남 개발은 서울의 **교외화**라고 볼 수 있다. 강남 일대가 서울의 행정구역으로 편입된 것이 1963년이고, 거기서 아파트단지가 대거 건설되기 시작한 것은 1970년대 이후라는 점에서 강남 개발을 서울의 교외화로 볼 수 있느냐는 반문도 가능하다. 하지만 강남의 개발이 시작될 무렵 서울의 중심은 아직 강북의 구도시였으며, 1980년대 초까지도 강남의 상당 부분은 도심에서 보면 교외와 다를 바 없었다. 그때까지 한강의 이북과 이남을 연결하는 다리는 한강철교와 1호선 전철 철교, 인도교, 광진교, 제2한강교, 제3한강교뿐이었고, 지금 강남의 핵심을 이루는 영동지구는 제3한강교를 통해서만 강북의 도심과 연결되고 있었을 뿐이다. "잡초 우거진 야산의 상태로 있던 강남"(손정목, 2003a: 292)이 개발된 것은 당시로서는 강북 중심의 서울이 한강 이남으로 새롭게 확장되는 과정이었고, 그런 점에서 서울의 교외화였다고 할 수 있다.

강남 개발의 형태로 진행된 서울의 교외화가 1990년대 이후 시계 바깥에서 진행된 교외화와 동일한 방식이나 성격을 띠었던 것은 아니다. 최근에 일어난 교외화는 서울의 외곽에서 이루어졌을뿐더러 다음 절에서 살펴볼 '행성적 도시화' 현상으로 볼 수 있는 새로운 유형의 도시화를 수반했다. 반면에 1980년대까지 진행된 서울의 교외화는 행정구역 확장을 통해 이미 서울로 편입되긴 했으나 아직 농촌으로 남아 있던 지역들을 개발한 것이었다. 이 과정은 **도시 채우기**에 해당한다. 도시 채우기는 **도시 내파** (urban implosion)—대도시들이 서로 가까워지는 동안 시골이나 중소도시 등 소규모 장소들은 서로 멀어지는—와 연동된 현상으로서(Haggett, 2001; Antrop and Eetvelde, 2017: 160에서 재인용), 정치경제문화적 기능들이 도시로 **집적되거나 집중되는** 것을 초래하는 도시화의 과정이다. 도시 내파는 이때 비도시와 구분되어 발달한 특정한 한 도시 내부에서 일어나며, 외부 비도시와의 구분 속에서 진행되는 도시화에 해당한다.

서울의 교외화 형태로 진행된 도시 내파 현상은 강남 개발 이전에, 강북에서 주로 주택가의 확장이 일어나던 1960년대부터 나타났다. 앞에서 본대로 1960년대 이후 서울은 매년 30만 명 정도의 폭발적 인구 증가를 겪게된다. 1960년대와 1970년대에 시 서북쪽의 홍은동, 불광동, 역촌동, 구산동과 동북쪽의 우이동, 동쪽의 장위동, 그리고 강서 쪽의 화곡동 등에서 대단위 주택단지들이 개발된 것은 그런 상황에 대응한 조치였다. 당시 진행된 도시화는 수도의 문화적 정치적 경제적 기능들이 밀집해 있던 종로나 중구 등의 도심으로부터 떨어진 지역을 배후 도시, 주거지역으로 만든 조치로서, 시역 안의 교외화라고 할 수 있다. 이런 교외화는 강남의 개발이 진행되고 있던 1980년대에도 계속되었다.

하지만 강남의 개발은 **새로운 성격의 교외화**에 해당한다. 이전에 진행된 교외화는 베드타운의 개발이었지 도심의 개발은 아니었다. 반면에 강남은 강북에서 개발된 지역들과도, 나중에 위성도시로서 개발되는 신도시들과도 다른 공간적 성격과 위상을 지니게 된다. 이것은 강남이 목동과 상계동에 조성된 신시가지들과 구분되는 점이기도 하다. 목동 신시가지는 14개 단지 2만6천629세대, 상계동 신시가지는 16개 단지 4만224세대로 규모도 컸고, 강남의 개발이 아직 진행 중이던 1980년대 중반에 함께 조성되었지만, 도심이 된 것은 아니다. 반면에 강남에서 진행된 공간 생산은 **새로운 도심**을 조성한 결과를 낳았으며, 강남을 서울에서 가장 부유한 자치구들이 밀집한 도시로 만들었다. 오늘날 한국에는 강남의 모방 형태로 이루어지는 공간 생산을 진행하는 도시들이 적잖이 있다(박배균·황진태, 2017).

1980년대 말에 이르게 되면 새로운 도심의 건설과 대단위 아파트단지 중심의 주거지 조성에 의한 강남 개발이 일단 종료되고 목동과 상계동 등에서 진행된 신시가지 조성도 일단락된다. 이 무렵(1988~91년)에 주택 200만호 건설을 기치로 하여 새로운 도시화가 추진된 것은 이제는 동 단위 이상의 규모로 진행되던 신축 젠트리피케이션 형태의 도시 채우기가 서울에서 거의 마무리된 것과 무관하지 않다. 주택 200만호 건설 기획은 수도권에서는 한편으로는 아직 개발되지 않은 채로 남아 있던 서울 시역 안의 일부 지역들(강남구 대모산 기슭의 수서지구, 대치지구, 서초구 우면산 아래의 우면지구, 양천구 김포가도 북쪽의 가양지구 등), 다른 한편으로는 서울의 외곽 다섯 군데(고양의 일산, 성남의 분당, 부천의 중동, 안양의 평촌, 군포의 산본)에 대단위 아파트단지가 들어서도록 만들었다.[78] 그 뒤로 서울에서는 대규모의 택지를 만들 토지가 거의 남아 있지 않게 된다.

서울의 교외화가 시역 외부에서 명실상부하게 시작된 것은 대략 1990년대 초 이후이며, 서울의 자본주의적 도시화 제2차 순환이 시작된 것과 시기를 함께한다. 그전까지 서울의 교외화는 시역 안의 '시골들'—주거나 상업, 문화, 교육, 행정, 정치 등의 도시적 기능들이 아직 집적되어 있지 않은 서울 안 지역들—을 채우는 도시화, 즉 도시 내파의 형태로 진행되었다. 하지만 제1기 신도시가 건설되는 것과 함께 도시의 외파가 시작된다. 인구의 집중과 함께 도시적 기능이 도심이나 시계 안에 집적되는 것이 도시의 내파 과정이라면, 도시의 외파는 인구의 분산과 더불어 도시적 기능이 시계 바깥으로 확산하는 과정이다. 이 과정은 도시화가 서울의 외곽에서 진행되는 것으로서 서울의 확장인 셈이며, 서울의 진정한 교외화인 셈이다. 1990년대에 들어서서 이런 변화가 생긴 것은 서울의 인구가 포화상태에 이른 점과 무관하지 않을 것이다. 1992년에 서울의 인구는 1천97만명, 인구밀도는 제곱킬로미터 당 1만8천121명으로 정점에 도달한다.[79] 하지만 그 뒤로 서울의 인구는 조금씩 감소한 데 반해 수도권 전체의 인구는 늘어난 것을 확인할 수 있다. 이것은 서울에서는 인구가 빠져나간 것과는 달리, 다른 수도권에서는 다른 지역으로부터의 인구 유입이 이루어져 생긴 현상이다.[80] 인구의 이런 반전이 시작된 것은 서울의 교외화가 도시 외파의 형태

78_ 당시 건설된 주택 200만호 가운데 90만호는 수도권에, 나머지는 다른 지역에 배정되었는데, 이 중에 서울 시역에 배정된 것이 40만호, 신도시에 배정된 것이 30만호였다(손정목, 2003b).

79_ 서울의 인구밀도는 2010년 기준 1만7천473명/㎢로서 OECD 국가들의 제1도시 가운데 최상위였는데, 1992년에는 1만8천121명/㎢로 더 높았다(김선웅, 2015.5.27.). 한겨레신문의 조사에 따르면, 2009년 서울의 인구밀도(1만7천219명)는 OECD 국가들의 제1도시 가운데 미국 뉴욕(2천50명)과 오스트레일리아의 시드니(2천100명)의 8배, 이탈리아 로마(2천950명)의 5배, 프랑스 파리(3천550명)와 독일 베를린(3천750명)의 4배, 일본 도쿄·요코하마(4천550명)와 영국 런던(5천100명)의 3배였다(한겨레, 2009.12.14.).

80_ 수도권 전체 인구가 계속 증가한 것은 비수도권 지역의 인구 감소, 특히 농촌인구가 20세기 후반에 급속하게 감소한 현상과 짝을 이룬다. 1960년까지도 한국은 총인구 가운데 72%가 농촌에 거주하는 "전형적인 농업사회"였으나, 2010년의 농촌 거주 인구는 18%밖에 되지 않는다. 특히 총인구 대비 농가인구는 1960년 57%에서 2010년 5.7%로 줄어들었

로 진행된 것과 궤를 함께했다.

이 변화는 1990년 이후 경기도와 인천의 주택 호수가 급증한 데서 확인되고 있다. <표 1>로 살펴보면, 인천과 경기도의 주택 수는 1985년에 각기 19만4천342호와 71만9천233호였는데 1995년 50만8천799호와 154만2천98호, 2005년 68만7천552호와 260만9천620호, 2015년 94만2천244호와 369만3천557호, 2020년 103만2천774호와 449만5천115호로 급속도로 늘어난다. 1985년과 2020년 사이에 비서울 수도권의 주택 수가 여섯 배 넘게 증가한 것이다. 같은 기간에 서울의 주택 수도 117만6천162호에서 301만5천371호로 대폭 늘어났지만, 증가율은 2.7배로 인천과 경기도의 절반에도 미치지 못하고, 절대적 수치도 251만2천500호나 적다. 1970년 서울의 주택 수가 58만3천612호였고, 인천까지 포함된 경기도는 47만3천303호였음을 고려하면 인천과 경기도에서 최근에 진행된 도시화가 얼마나 폭발적이었는지 알 수 있다. 서울과 수도권 간의 건축물 층수 증감에서도 같은 점이 확인된다. 2020년 현재 서울의 건축물 총수는 59만3천194채, 이 중 11층 이상의 건물이 2만806채인 데 반해, 인천과 경기도는 합쳐서 건축물이 모두 142만8천586채, 11층 이상은 4만2천721채다.

단, 이런 변동을 서울의 상대적 퇴색으로 볼 것은 아니다. 1990년대 이후 서울에서는 시간이 지날수록 주택 호수는 늘어나면서도 건축물의 수는 줄어든 점이 눈에 띄지만, 이것은 건물의 대형화와 고층화로 인해 생긴 변동임을 기억할 필요가 있다. 대조적으로 비서울 수도권, 특히 경기도에서는 주택 수와 건축물 수가 함께 증가했다. 1층 건물의 경우 서울에서는 1993년 28만7천296채에서 2020년 10만8천763채로 절반보다 훨씬 더 줄어들었지만, 인천에서는 7만5천86채에서 8만6천102채로 1만1천16채가,[81] 경기도의 경우는 47만3천110채에서 61만5천256채로 14만2천146

다(김원동, 2012: 346).

81_ 인천의 1층 건물 수는 1993년 7만5천86채, 2000년 10만1천570채, 2005년 9만1천810채,

채가 늘어난 것이다. 이것은 서울은 전반적으로 지가가 높아서 과거에 주로 단층이던 단독주택이 재건축될 때 대부분이 아파트나 다세대 중심의 공동주택으로 바뀌고, 단독주택으로 재건축될 때도 단층보다는 다층인 다가구 형태로 바뀐 비율이 높은 데 반해, 서울보다 면적이 훨씬 더 넓고 지가가 상대적으로 싼 수도권, 특히 경기도에서는 단층 건물이 계속 들어설 수 있었기 때문일 것으로 분석된다. 경기도에 1층 건물이 계속 늘어난 것은 최근에 들어와서 귀촌 등의 형태로 인구가 유입된 상황의 반영이기도 할 것이다.

아파트와 고층 건물이 수도권에 들어선 양상을 통해서도 수도권의 변동이 서울을 중심으로 이루어지고 있음을 알 수 있다. 1990년대 중반 이후 인천과 경기도에 아파트가 집중적으로 들어서고, 고층 건물이 서울에서보다 더 많이 건설되었다. 2020년 현재 301만47명의 인구를 지닌 인천광역시와 1천380만7천158명의 인구를 지닌 경기도는 31층 이상의 건축물이 각각 457채와 842채, 21~30층이 1천590채와 8천393채, 11~20층이 4천821채와 2만6천618채였다. 서울의 경우는 31층 이상은 443채, 21~30층은 3천722채, 11~20층은 1만6천641채다. 인천과 경기도에서 고층 건물이 급속하게 늘어난 것은 2010년대 이후의 일이다. 거기서는 2000년까지도 31층 이상의 건물이 한 채도 없었고, 2005년에는 인천 0채, 경기도 21채였으나, 2010년이 되면서 69채와 145채, 2020년에는 457채와 842채로 늘어났다. 이런 점은 인천과 경기도의 발전이 최근에 서울의 그것을 능가하는 추세임을 보여준다. 하지만 비서울 수도권의 이런 발전은 서울의 도시화가 새로운 단계로 발전한 결과, 서울의 외파가 진행된 것과 연동된 변화이기도 하다.

2010년 9만1천660채, 2015년 8만9천037채, 2020년 8만6천102채로 변해왔다. 1993년과 2020년 사이에 인천의 1층 건물은 서울과는 달리 1만1천여 채가 증가했지만, 2000년 뒤로는 서울처럼 감소 추세를 드러내고 있다. 이것은 농촌 지역이 많이 포함된 경기도와는 달리 인천은 도시 지역으로서 서울처럼 토지가 제한되어 있기 때문일 것으로 여겨진다.

이 맥락에서 비서울 수도권, 특히 경기도에 최근에 들어선 고층 건물들이 주로 어디에 배치되어 있는지 살펴볼 필요가 있다. 고층 건물의 배치에 관한 경기도 내 시군구별 정보는 확보하지 못해서 여기서는 주택 유형 가운데 아파트의 비율을 중심으로 살펴보고자 한다.[82] 경기도에서 주택 유형 가운데 아파트의 비중이 높은 곳은 당연히 서울의 바로 외곽 지역들이다. 같은 경기도라도 서울로의 출퇴근이 어려운 곳에서는 단독주택이 아파트보다 더 큰 비중을 차지하는 반면, 서울과 인접한 지역은 아파트의 비율이 월등히 높다. 통계청 자료를 통해 살펴보면, 2020년 현재 경기도 전체의 평균 아파트 비율은 70.0%이고 단독주택은 11.2%인 가운데 양평군과 가평군, 연천군, 여주시 등의 아파트 호수는 각각 17.1%, 19.8%, 31.7%, 34.1%에 지나지 않고, 단독주택은 67.6%, 56.3%, 51.7%, 49.6%나 된다. 반면에 서울과 인접한 구리, 남양주, 시흥, 군포, 의왕의 경우 아파트 비율은 77.4%, 76.5%, 79.9%, 81.0%, 78.5%인데 반해, 단독주택은 8.4%, 7.1%, 4.1%, 3.9%, 4.7%에 불과하다.[83] 이것은 서울 바로 외곽의 경기도 지역이 더 많이 벗어난 지역보다 더 고도의 도시화를 이루었음을 그대로 보여주는 지표가 아닐 수 없다. 그런 점은 경기도를 위시한 비서울 수도권의 도시화는 서울의 외파로서의 교외화와 긴밀하게 맞물려 서울과의 인접 여하에 따라 이루어졌을 것임을 시사해준다. 서울 바로 외곽 지역들을 중심으로 주로 고층아파트의 집중적 건설 형태로 이루어진 경기도의 도시화는 서울의 확

82_ 층수별 건축물 유형의 경우 통계청은 시군구의 구별 없이 경기도 전체의 통계만 제공하고, 주택 유형별 현황의 경우에는 시군구별로도 제공하고 있다. 여기서 아파트 숫자를 통해 고층 건물의 숫자를 유추하려는 것은 아파트의 경우 주거용 층수가 5층 이상인 공동주택으로서, 아파트 건물은 적어도 5층 이상일 것이며, 특히 최근에 아파트가 고층화되고 있음을 감안하면, 아파트 수가 많다는 것은 그만큼 고층 건물의 수도 많을 것이기 때문이다. 고층 건물로 간주할 수 있는 11층 이상의 건물 가운데 주거용 건물은 모두 아파트 건물로 간주할 수 있다.

83_ https://kosis.kr/statisticsList/statisticsListIndex.do?parentId=I1.1&vwcd=MT_ZTITLE&menuId=M_01_01#content-group. 2021년 8월 30일 최종 확인.

장, 즉 1980년대 이후 강남 따라 하기 형태로 진행된 서울의 교외화에 해당하는 셈인 것이다.

7. 행성적 도시화와 서울의 생김새

1990년대 이후 서울의 교외화가 외곽으로의 확산이라는 형태로 시계 바깥에서 전개되기 시작했다고 해서 서울 내부의 도시화 과정이 종결된 것은 아니다. 서울의 교외화가 도시 외파의 형태를 띠기 시작한 것과 비슷한 시점에 서울에서는 **도시 내파의 새로운 양상**이 나타났다. 내부 교외화 형태로 전개된 이전의 도시화가 도시 내부의 빈 공간 채우기였다면, 이제 새로 전개된 도시화는 많은 부분 **젠트리피케이션**―재개발이나 재생의 이름으로도 진행되는―의 유형을 띠게 된다. 이것은 서울의 도시화가 이제 내부적 도시화와 외부적 도시화의 **동시적** 진행으로 이루어진다는 말이기도 하다. 1990년대 초에 최고조에 달한 서울의 인구가 그 뒤로 지금까지 100만명이나 줄어드는 동안 수도권 전체의 인구는 계속 늘어난 것도 그와 관련된 변동이다. 서울의 인구 감소가 새로운 도시화와 관련되어 있음은 앞서본 대로 단독주택 또는 단층 건물의 비중은 줄어들면서 아파트 중심의 공동주택과 다층 및 고층 건물의 비중이 증가하고 그와 연동해 건조환경의 전반적 대형화와 고층화가 집중적으로 이루어진 점을 통해서도 알 수 있다. 이런 변화를 통해 나타난 '수직적 도시화'의 양상과 작동 방식에 대한 검토는 다음 장으로 미루고, 여기서는 이 새로운 도시화가 지닌 도시-형태적 특징과 경향 등을 **행성적 도시화**(planetary urbanization)의 견지에서 살펴보고자 한다.

'행성적 도시화론'은 그동안 유력한 관점으로 간주해온 **방법론적 도시주의**(methodological cityism)와는 다른 견지에서 도시화 과정을 이해하고자 최근에 제출된 관점이다. '방법론적 도시주의'는 "도시적 과정의 연구에서 도

<표 3> 도시화의 두 가지 이해

	방법론적 도시주의	행성적 도시화론[84]
분석 단위	유계적: 통상 국가 영토 안에 있으며 다른 정착지 유형들과 대조되는 정착지 유형으로서의 도시	개방적, 다중적, 다규모적: 사회공간적인 변동에서 불균등하게 발달해 있으나 세계적인 조건이자 과정이 되는 도시적인 것
영토 조직 모델	유형론적, 이항적: 영토가 뚜렷한 정착지 유형들로 구분되고, 도시들이 교외, 읍, 마을, 시골지역, 전원지대, "자연" 영역 등 명확한 비-도시 영역들과 구분됨	과정적, 변증법적: 집합체들("도시들")이 그 ("비-도시") 가동지형(operational landscapes)과 변증법적 관계를 맺고, 이들 지형은 집합체 지원 역할을 통해 계속 변형됨
영토적 발전의 이해	인구 중심적: 전체(전국적) 인구 규모에 대비한 도시인구의 증가	자본주의, 국가전략, 사회정치적 투쟁으로 매개됨: 위기에 취약한 자본주의 세계 경제 내부의 집합체들과 그 가동지형들 간에 생기는 관계들을 포함한 자본주의적 사회공간 조직의 세계적 내파/외파
장기지속의 역사- 지리적 변화 모델	선형적, 보편적임: 특정 도시들은 성장하거나 쇠퇴하지만 도시성(cityness) 현상은 세계 전반에서 갈수록 정착지 유형으로서 보편화됨	불연속적이고 불균등함: (집합체들과 그 가동지형들을 포함한) 사회공간적 배치들이 계속되는 다양한 공간적 규모의 영토적 분화와 재분화를 만들어내며 (국가제도 및 사회정치적 투쟁으로 매개되는) 자본의 위기 경향들을 통해 창조적 파괴를 겪음

출처: Brenner, 2014: 22

시의 분석적 특권화, 분리, 또 어쩌면 자연화"(Angelo and Wachsmuth, 2014: 377)를 드러내는 태도에 해당한다. <표 3>은 대표적인 행성적 도시론자인 닐 브레너가 방법론적 도시주의와 행성적 도시화론의 차이점들을 정리한 것이다. 거기서 보면 방법론적 도시주의는 도시를 유계(有界)적 단위로 보며, 그것을 교외, 읍, 마을, 시골지역, 전원지대, 자연환경 등 비-도시 영역들과 구분하고, 도시화를 도시로 규정된 지역에 거주하는 인구가 증가하는

84_ 원래는 '외부 없는 도시이론(urban theory without an outside)'으로 표기되어 있으나, 그것이 바로 행성적 도시화론이기에 표현을 바꾸었다.

현상으로, 그에 따라 도시란 갈수록 보편화되는 정착지 유형인 것으로 파악하고 있다. 반면에 행성적 도시화론은 **도시**(the city)보다는 **도시적인 것**(the urban)의 개념을 채택한다. 브레너와 크리스티앙 슈미트에 따르면, '도시적인 것'은 "어떤 보편적 형태, 정착지 유형 또는 유계적 단위"라기보다는 "하나의 과정"(Brenner and Schmid, 2015: 165; 2017: 52-53)이다. 이런 관점에 따라서 그들은 도시와 비-도시(시골, 원시 자연, 전원지대, 교외 등)를 서로 분리된 별개의 지리적 실체로서 파악하는 관점, 도시란 원시 자연이나 시골, 소읍 등 비-도시가 장차 나아가야 할 지향점으로 보는 방법론적 도시주의의 관점에서 벗어날 것을 제안한다. 후자의 관점은 도시를 인간의 정착지가 마땅히 취해야 할 공간적 형태로 본다는 점에서 도시에 대한 **목적론적** 이해라고 할 수 있다. 반면에 브레너와 슈미트는 '도시'보다는 '도시적인 것'을 오늘날의 도시적 현상, 형태, 문제들을 이해하는 준거점으로 수용하며, 지배적인 도시 담론에서 널리 수용되고 있는 '도시시대(urban age)' 테제를 비판의 표적으로 삼는다. 그들에 따르면, 그 테제는 신뢰할 수 없는 경험적 자료와 이론적 개념화에 근거해 있다. 두 사람은 '도시시대'라는 관념은 앞에서 우리도 인용한 인구변동, 특히 도시로의 인구 집중 현상에 주로 근거해 있지만, 유엔 등에서 통계적으로 규정하고 있는 도시인구는 엄밀하게 규정된 개념이 아니라고 지적한다. 유엔이 자료를 수집하는 방식에는 도시인구를 일관된 기준에 의해 산정하는 것이 아니라 사정에 따라 상이한 기준들을 적용하는 개별 국가들의 통계에 의존하고 있으며 도시화의 다양한 패턴과 경로를 동질화하는 문제를 안고 있다는 것이다(Brenner and Schmid, 2014b: 322; 2015: 156).[85] 이런 문제를 극복하기 위해 최근에는 원격

85_ 도시의 정의는 통상 인구의 규모에 의해 정해지는데, 예컨대 도시의 자격을 인구 2만 명으로 삼느냐 10만 명으로 삼느냐에 따라서 특정한 지역이 도시가 될 수도 있고 되지 않을 수도 있다. 하지만 중국의 경우 도시의 정의를 수시로 바꾸고 있다는데, 최대규모 인구 국가의 도시 정의가 수시로 바뀐다면 도시화가 어느 정도 진행되었는지 가늠하는 것은 사실상 불가능하다. 브레너와 슈미트는 그런 점에서도 '도시시대' 테제는 신뢰하기 어렵다고 본다.

탐사 기법, (인공위성으로 촬영한) 야간 조명도 자료 활용 등을 통해 국가별 인구조사 자료에만 의존하지 않고 집적현상, 인구분포, 토지피복, 토지 사용의 변동 패턴을 조사해서 도시화를 측정하기도 하지만(2014b: 323), 두 사람에 따르면 그런 식으로 도시화를 이해하는 것도 '도시' 개념에 대한 집착에서 벗어나지는 못하는 것은 마찬가지다.

브레너와 슈미트에 의하면 세계적으로 행성적 도시화가 도시화의 지배적 방식으로 떠오른 것은 대략 1980년대부터다. 이 과정은 크게 다섯 가지 경향들로 특징지어진다. (1) 도시화의 새로운 규모 창출, (2) 도시적 짜임새의 흐려짐과 재조합, (3) 후배지의 재영토화, (4) 도시화의 새 통로들 형성, (5) 원시 자연의 종말이 그것이다(Brenner and Schmid, 2017: 47-48). 첫 번째의 경향은 단일 대도시 지역을 넘어서 뻗어나가는 '도시 은하들(urban galaxies)'을 만들어내며 광범위하고 불균등하게 도시화한 **상호의존 관계들**이 확립되는 과정을 가리킨다. 이런 경향들로 인해 오늘날 도시화는 고립된 하나의 영토를 중심으로 해서 일어나는 것이 아니라 도시와 비도시의 **경계를 무너뜨리며** 거대한 규모로 진행되고 있다. 서울과의 관계에서 보면 이런 흐름은 한편으로 서울과 다른 한편으로 인천과 수원, 일산, 구리 등 서울 외곽 지역들의 경계가 전혀 구분되지 않을 정도로 수도권 일대에서 도시화가 광범위하게 이루어지는 것으로 나타난다. 이런 점은 앞 절에서 언급한 도시 내파와 외파의 과정을 새로이 이해해야 함을 시사하고 있다. 앞에서 나는 서울의 도시화는 처음에는 시역 내부의 빈 공간 채우기, 그다음에는 시계 바깥으로의 확장, 그리고 이와 함께 시역에서의 새로운 도시화 진행으로 이루어진 것으로 말했었다. 하지만 행성적 도시화의 관점에서 보면 그 과정은 이제 서울의 확장만이 아니라 서울과 다른 지역 간의 **관계들 양상의 변화**인 것으로 이해되어야 할 것이다. 이것은 앞서 언급한 서울의 도시화 또는 교외화가 이미 주어진 도시로서의 서울의 확장으로만 끝나기보다는 도시로서의 서울과 과거에는 비-도시들로 간주하던 비-서울 지역들이 **함께** 새로운 도시적 형태를 얻음과 동시에 **서로** 복잡하면서도 불균등한 새로운 관계들을 맺어가는 과정이라는 말과 같다. 서울을 둘러싸고 도시와 비-도시의 구분이 이제는 완전히 사라지지는 않았더라도 크게 약화하고 비-서울이 때로는 서울보다 더 서울 같은 형태를 띠기도 하는 것은 그런 과정이 심화한 결과로 여겨진다.

그렇다고 서울의 중요성 또는 중심성이 사라진다는 말은 아니다. 브레너와 슈미트 역시 "도시들 또는 대도시 집합체들(agglomerations)이 더 이상 존재하지 않는다거나 더 이상 도시화 과정들의 핵심적 장소 및 표현이 아니라는 말은 아님"을, "도시들과 대도시 집합체들은 물론 존재하며, 물론 그런" 핵심적인 "장소 및 표현"(2017: 49)임을 인정하고 있다. 앞 절에서 1990년대 초 이후 서울의 인구가 줄어든 것이나 서울의 외곽 지역에서 고층아파트 건물이 대거 건설된 것 등은 수도권에서 서울이 누리고 있는 중심적 위상을 부정하기보다는 오히려 그것을 확증해주는 변화임을 지적했었다. 수도권에서 진행되고 있는 도시화는 지금도 계속해서 서울을 중심으로 진행되고 있다. 그래도 서울 외곽 지역의 도시화를 서울의 확장인 것으로만 볼 수 없는 것은 그렇게 하면 방법론적 도시주의가 전제하는, 도시화에 대한 유형론적(typological)이고 이항대립적인 이해 방식의 포로가 될 것이기 때문이다. 서울의 바로 외곽 지역들에 고층아파트 건물들이 집중적으로 건설되고 있는 것이 서울의 어떤 중심성을 말해주는 현상임은 분명하지만, 그것을 서울의 확장인 것으로만 파악하는 것은 그런 현상을 포함한 도시화의 복잡한 과정을 일면적으로 비-도시 지역들의 '도시 되기', 비-서울의 서울 되기인 것으로만, 다시 말해 도시와 비도시―교외, 읍, 후배지, 시골 지역, 전원지대, 원시자연 등―의 존재론적 구분을 전제한 가운데 후자가 전자처럼 바뀌는 과정인 것으로만 이해하는 것과 같다. '도시되기(becoming a city)'로서의 도시화는 이때 '덜된 것' '아닌 것'이 '인 것' '더 된 것'으로 전환되는 과정으로 여겨지는 셈이다. 하지만 그런 이해는 도시화를 주로 도시로의 인구 집중 현상으로 여기는 '도시시대 테제'를 그대로 수용하고, 도시화를 시골과 배후지, 교외 지역 등이 도시로 발달해가는 과정, 즉 도시 아닌 것의 도시 닮기인 것으로 파악한다는 문제점을 안고 있다.

서울을 중심으로 일어나는 것을 포함하여 오늘날 도시화는 비도시의 도시되기 과정이라기보다는 도시적인 것(the urban)이 진행되는 과정이라는 것이 행성적 도시화론의 관점이다. 이때 도시화는 구심적인 경향들과 원심적인 경향들이 상호작용하는 변증법적 과정인 것으로 파악된다. 브레너와 슈미트에 따르면, **집중적**(concentrated) **도시화, 확산적**(extended) **도시화, 차이적**(differential) **도시화**가 서로 맞물려 진행된 것이 1980년대 이후 도시화의 특징이었다(2017: 53-56). 서울의 생김새 변화라는 견지에서 보면, 도시화가 이처럼 세 국면을 수반하며 두드러지게 진행되기 시작한 것은 서울의 빈 공간 도시화가 얼추 끝난 뒤인 1990년대 초 이후라 할 수 있다.[86] 이 무렵부터 서울에서는 시역 내부에 **재개발, 지역재생, 젠트리피케이션**이 본격적으로 진행되었다. 이들 과정은 한편으로는 집중적 도시화의 형태로 진행되었다고 볼 수 있다. 재개발과 지역재생은 한강변처럼 전망 좋은 고층아파트 건물이 들어서기 좋은 곳들이나 역세권 등 상권 조성이 쉬운 곳들, 또는 퇴락했으나 젠트리피케이션을 통해 높은 지대 수익을 기대할 수 있는 일부 저층 주거지들에 도시의 자원과 자본이 집중되는 현상이기도 하다. 다른 한편으로 그런 과정은 대상 지역들의 인구 감소나 낙후화, 공동화가 수도권 다른 지역들의 도시화와 연동되어 있기도 하다는 점에서 확산적 도시화와도 무관하지 않다. 다시 말해 서울의 도시화는 집중적인 구심적

86_ 브레너와 슈미트는 행성적 도시화가 "장기 1980년대" 현상인 것으로 보고 있다. 이 시기의 "몇몇 추가적인 사회경제적 사회-물질대사적 전환 물결이 전래의 도시화 구조를 크게 재조작"(2015: 173; 2017: 47)했다는 것이다. 한국의 경우 이 변화는 서울의 인구가 줄어들고 교외화가 서울 바로 외곽 경기도 지역들에서 집중적으로 일어나고 이와 함께 서울이 비서울 지역들과 정치지리적으로 새로운 관계를 맺게 된 1990년대 후반 이후, 특히 1997년의 외환위기 이후 금융화가 본격화된 뒤에 두드러지기 시작했다고 여겨진다.

경향(예컨대 건물들의 대형화와 고층화)과 확산적인 원심적 경향(서울 외곽 수도권의 고층아파트 대거 건설, 자본의 축적을 위한 배후지들의 가동)이 상호 작용하면서 진행된 셈인 것이다. 여기서 잠깐 확산적 도시화에 핵심적인 **가동지형**의 중요성을 확인할 필요가 있다. '가동지형'은 "대규모 집합 중심지들 너머에 있고" "주변부이고 외지며 일견 '시골스럽고' '자연적인' 장소들을 흔히 가로지르는 자원추출지역, 농공단지, 물류 및 커뮤니케이션 기반시설, 관광 지역, 폐기물 처리 구역들"(Brenner, 2014: 20)을 가리킨다. 인구가 감소한 지역들에 이들 지대가 배치되면 "토지이용도 증대, 기반시설 확대, 사회적 물질대사 변화, 물류 조정, 금융적 투기, 영토 재설계"(2016: 201) 등이 발생하게 되고, 비도시는 더 이상 도시가 아닌 것이 아니라 **도시적인 것**으로 그 성격이 바뀔 수밖에 없다.

이런 과정이 '행성적'인 것은 서울은 물론이고 수도권, 한국, 나아가 **지구 전체의 공간 생산**과 연동되어 있다고 봐야 하기 때문이다. 서울의 내부에서 일어나는 공간적 변동들 그리고 그와 관련된 행위들은 사실 한국의 다른 지역들, 나아가서 세계의 여러 지역에서 일어나는 것들과 결코 무관할 수가 없다. 서울의 도심들에 고층 또는 초고층의 아파트 건물들이 집중적으로 들어선 것, 일부 골목들에서 젠트리피케이션이 진행된 것은 한편으로는 그들 장소에 도시적 기능들이 집적된 현상이지만, 다른 한편으로 보면 그것은 서울 외부에서 전개되는 **연동된 사회공간적 변화들**을 전제하고 있기도 하다. 예컨대 서울에 본사를 두고 있는 기업들이 서울 근교에 후선 부서나 창고지를 두고 있는 것도 행성적 도시화의 한 양상이다. 도시의 배후지는 통상 "식량, 물, 에너지와 자원을 도심에 제공하고 도심의 폐기물을 처리하는 영토적으로 인접한" 장소로만 간주되었으나, 오늘날은 "세계적인 공간적 분할들 속에서 후선 부서나 창고지⋯농공 단지, 데이터 저장시설, 에너지 발생 배관망, 자원 추출 지대, 연료 저장소, 폐기물 처분장, 휴양지역 또는 연결통로로서"(Brenner and Schmid, 2017: 48) 갈수록 많은 기능의 수행을 위해 가동된다. 서울 바로 외곽인 경기도 성남시 분당에 본사를 두고 있는 인터넷 포털사이트 회사 네이버가 강원도 춘천에 대규모 데이터 저장 시설을 두고 있는 것도 같은 맥락의 일이다. '서울의 외부'는 국내 장소로만 국한되지 않는다. 예컨대 젠트리피케이션으로 단장한 골목에 들어선 식당에서 우리가 참치회를 주문할 수 있는 것은, 대양에서 진행된 참치 포획, 포획된 참치의 대양에서의 양식, 해양 통로를 이용한 참치의 공수 등이 이루어진 결과다. 태평양이나 대서양 등은 이때 참치 양식장에서 서울의 골목에 있는 참치 횟집을 연결하는 통로가 된다. 그런 바다는 말하자면 해양 고속도로인 셈이다.[87] 우리가 안방이나 사무실, 카페에서 인터넷을 할 수 있는 것도 해저 광케이블이 대륙들을 잇고 있고, 구글이나 페이스북 등 인터넷 사업자들이 쏘아 올린 위성함대가 대기권에서 작동하고 있어서 가능하다. 대양과 대기권과 같은 원시자연도 그렇다면 더 이상 도시의 외부인 것만은 아니다(Brenner, 2014). 수많은 댐 건설로 역내 하천들이 수자원으로 전환되는 히말라야와 같은 외국의 고산지대도 거기서 생산된 전력을 사용하는 인도 등지에서 생산되는 어떤 생산물이 서울로 수입된다면 더 이상 서울의 '외부'로만 치부될 수 없다.

브레너와 슈미트에 따르면 이런 과정은 **차이적 도시화**와 연동되어 있다. '차이적 도시화'는 "축적 과정 및 산업 발전의 끊임없는 전진운동에 의해 쓸모없게 되고 결국 대체되고 마는 사회-공간적 배치들"을 경향적으로

87_ 최근에 골목에 많이 들어선 치킨집도 행성적 도시화의 순환에 속하는 것은 마찬가지다. 이런 점은 우리가 일상적으로 행하는 소비 행위 다수는 알게 모르게 지구 행성의 생태계에 영향을 미칠 것임을 말해준다. 다시 말해 우리가 영위하는 일상적 삶이 인류세 상황과 무관할 수 없는 것이다. 예컨대 영국의 슈퍼마켓 체인(테스코, 리들, 아스다)과 패스트푸드점(맥도널드, 난도스)에서 판매하는 닭고기는 미국의 곡물회사 카길이 브라질의 최대 생물 군계인 세하도를 파괴해 만든 경작지에서 재배한 콩으로 만든 사료로 키운 닭이 주재료인 것으로 알려졌다(Watts et al., 2020.11.25.). 한국의 대형 양계장에서 사용하는 사료가 카길사로부터 수입한 것인지는 확인하지 못했지만, 콩의 경우 수입물량이 2016년 132만톤(5억9천600만 달러), 2017년 128만 톤(5억9천200만 달러)에 이른다(문갑순, 2018.7.23.).

만들어내는, "자본주의적 도시화 형태들의 격렬한 영속적 활력"(2017: 55)을 드러내는 과정이다. 이 과정은 데이비드 하비가 말한 **공간적 조정**(spatial fix)을 환기한다. 공간적 조정은 자본이 그 "운동과 이동성" 때문에 고정성을 가져야 하는 모순적 과정이다. "자본주의는 공간을 극복하기(저렴한 운송비용 및 통신 이용을 통한 운동의 자유를 얻기) 위해 (공장, 도로, 주택, 상수도 및 다른 물리적 하부구조 건조환경은 물론이고 운송 및 통신망 같은 부동 구조들을 통해) 공간을 고정해야 한다"(Harvey, 2001: 25). 자본은 축적을 위해서 유동성을 확보할 필요가 있지만 바로 그런 점 때문에 공간적으로 고정될 필요가 있다. 하지만 이 고정은 새로운 자본 운동을 위해 폐기되기도 해야 한다는 점에서 공간적 조정은 '영속적'이기도 하다. 이런 과정이 도시화라면, 그것은 "도시적 공간의 새로운 형태 창조와 자본축적을 위한 기존 배치들의 창조적 파괴"(Schwanen, 2018: 4) 형태를 띨 공산이 크다. 이 과정에서 공간의 생산은 차별적으로 이루어진다. 서울의 경우 1990년대 초 이후 나타난 건축물의 대형화와 고층화는 인구의 감소를 동반했고, 이 것은 시내 일부 지역들의 공동화를 초래하기도 했다. 이런 점을 뼈저리게 보여주는 것이 2000년대 초에 서울에 최초로 들어선 초고층 주상복합아파트 건물인 타워팰리스와 인근 개포동의 구룡마을이 나란히 있는 모습이다. 강남의 경우 고급 고층아파트가 많아진 것과는 달리, 강북에서는 다가구와 다세대주택 건물이 많아진 것도 같은 맥락에서 이해된다. 앞서본 대로 그 것은 강남은 그 개발을 위해 특혜를 누렸고 강북은 오히려 개발 제약―예 컨대 백화점, 도매시장 등의 신규시설 건설을 불허한 1970년대 초의 '특정 시설 제한구역' 설정과 같은 제약(손정목, 1999: 93)―을 받은 결과이기도 하다. 서울에서 전개된 강남화, 특히 강남 따라 하기로 인해 강북에서도 이제 는 건조환경의 대형화와 고층화가 대거 진행되었다고 봐야 하지만, 구도시의 도심에 속한 중구나 종로구 등의 일부 지역은 아직도 개발이 정체되어 불이익을 입은 곳이 적지 않다. 구룡마을의 예가 보여주듯이 차별적 도시화 또는 이중도시의 사례는 강남 지역이라고 해서 물론 없는 것은 아니지만 말이다.

브레너와 슈미트는 차이적 도시화를 파괴적인 과정인 것으로만 인식하지는 않는다. 건축물이나 도로망, 기간 시설 등 사회적 하부시설과 같은 기존의 "사회-공간적 배치들"을 쓸모없게 만들어서 대체하는 과정은 **창조적 파괴**에 해당하며, 두 사람은 이것이 "격렬하고 영속적인 활력"을 지닌다고 보고 있다. 이 활력을 르페브르가 말하는 **차이적 공간**(l'espace différentiel)을 만들어내는 긍정적인 힘으로 이해할 수도 있을 것 같다. 르페브르는 자본주의적 생산양식의 지배적 공간 형태인 '추상적 공간'은 그 모순으로 말미암아 내부에 "새로운 종류 공간의 씨앗들"을 품고 있다고 하고, 이 공간을 '차이적 공간'이라고 불렀다. 그에 따르면, "추상적 공간이 동질성을 지향하고 현존하는 차이들과 특성들을 제거하는 경향이 있음을 고려하면, 차이들을 두드러지게 만들지 않는 한 새로운 공간은 탄생될(생산될) 수 없"(Lefebvre, 1993: 52)다. 이처럼 공간적 동질성과는 다른 차이들과 특성들을 드러낼 수 있다면, 차이적 공간은 지배적인 자본주의적 공간 생산에 균열을 낼 수 있는 유형의 공간이라고 할 수 있다. 차이적 도시화도 같은 맥락에서 이해된다. 도시화가 이때 차이적인 것은 집중의 과정에서든 확산의 과정에서든 어떤 균열 또는 차이들을 만들어낼 수 있는 **활력**으로 작용할 수 있기 때문이다. 물론 맑스가 말한 것처럼 "동등한 권리와 권리가 서로 맞섰을 때는 힘이 문제를 해결한다"(맑스, 2015a: 313)는 원리로 인해 오늘날 차이적 도시화가 추상적 공간을 생성하는 파괴적 과정으로 작용하는 것도 사실이다. 하지만 그렇다고 그 과정에서 새로운 형태의 공간, 다시 말해 차이적 공간이 만들어질 가능성까지 파괴되지는 않는다. 집중적 도시화와 확산적 도시화가 서로 맞물려 진행되는 과정은 추상적 공간과 차이적 공간의 형성 가능성을 동시에 제공할 수 있다. 예컨대 초고층아파트 건물의 건축을 위해 진행되는 젠트리피케이션은 기존 주민들의 축출을 강요하지만 동시에 그에 대한 저항을 야기함으로써 **대안적인** 주거 형태의 모색을 촉발하기도 한다. 이렇게 보면 오늘날 진행되고 있는 도시화는 집중적 도시화와 확산적 도시화의 형태로 진행되는 가운데 두 경향의 **변증법적 상호작용**을 통해 도시의 안팎 구분이 크게 해체되고 이 과정에서 사회-공간적 배치들이 새로운 형태로 바뀌는 과정에서 파괴적 양상만이 아니라 **창조의 가능성**도 함께 만들어낸다고 할 수 있다.

8. 대규모 건조환경의 구축과 주택의 금융 자산화

서울의 오늘날 생김새는 자본주의적 도시화를 전제하지 않고서는 그 형성 방식이나 과정, 특징을 이해하기 어렵다. 행성적 도시화도 자본주의적 도시화 즉 자본의 운동과 결합한 도시적 공간의 생산에 해당한다. 최근에 자본의 운동이 집중적으로 전개됨에 따라서 서울에는 거대한 건조환경이 구축되었다. 이것은 제2장에서 언급한 것처럼 가치의 지배적인 **물질적 현상형태**가 상품이고, 오늘날은 건조환경이 대형 상품의 대종을 이루고 있기 때문이다. 건조환경을 구성하는 것은 주로 물리적으로 고정된 구조물들이다. 자본주의적 생산양식이 지배하는 사회에서 이들 구조물은 대부분 **고정자본과 소비기금**으로 이루어진다. 서울의 생김새와 관련하여 고정자본과 소비기금에 포함된 물품들 또는 상품들 가운데 눈여겨볼 것이 도시 공간에서 돋보이는 가시성을 지닌 다양한 **물리적 건조물들**—정비된 하천과 교량, 차량과 도로망, (아파트나 다세대주택 등의 주거용 건물과 대기업 사옥, 대형 병원, 호텔, 관공서 건물 등을 포함한) 건축물, 공원, 경기장, 광고판 등—이다. 최근에 그런 것들이 대규모로 들어서며 서울과 그 외곽에서는 거대한 건조환경이 구축되고, 도시적 형태도 큰 변화를 겪게 되었다. 도시 공간의 물리적 편성과 지형에서 큰 변화가 생겨나고 도시적 공제선이 크게 바뀐 것 등은 그 결과에 속한다.

고정자본과 소비기금에 속한 다양한 물리적 건조물들이 대량으로 만들어지며 일어난 건조환경의 최근 변화, 특히 그 증가는 가치 운동의 새로운 전개, 특히 자본의 **금융화**와 밀접하게 관련되어 있다. 건축물들이 근래에 급속도로 다층화와 고층화를 이루며 대형화되고 이 과정에서 건조환경이 격변을 겪은 것은 무엇보다 전통적으로 소비기금에 속했던 주택이 **금융자산**으로 작용하며 자본의 운동에 더욱 긴밀하게 귀속되었기 때문이다. 주택은 노동자가 자신의 임금 소득으로 구매한 소비수단 가운데 가장 고가에 속하지만, 소비기금인 한에서는 자본의 순환운동에서 빠져나와 있는 사용가치다. 이것은 소비기금으로서의 주택 건물은 자본의 기본 세 형태인 화폐자본, 생산자본, 상품자본 어느 것도 아니라는 말이다. 하지만 최근에 들어와서 주택은 더 이상 소비기금으로만 활용되지 않고 화폐자본처럼 활용되고 있기도 하다. 유엔 인권이사회 적정 주거 특별보고관인 레일라니 파르하가 지적하듯이, 이것은 "주택의 전통적 목적―가정에 쉼터를 제공하며 가정을 보호하고 부양하는―을 빼앗아버린"(Farha, 2017.3.29.) 것으로서, 주택의 상품화에 해당한다. 이런 경향은 금융화가 전면화하면서 세계적으로 나타나고 있으며, 한국의 경우는 1990년대 말에 국제통화기금(IMF)의 구제금융을 받게 된 것을 계기로 뚜렷해지기 시작했다. 금융 자유화가 본격적으로 추진되면서 주택을 포함한 **부동산시장의 금융화**가 전면적으로 이루어진 것이다. 이것은 **주택의 금융 자산화**를 초래했으며, 그와 함께 주택에 대한 투자가 만연하고 주택의 거래와 건설도 급증하기 시작했다. 서울에서는 11층 이상의 고층 건물이 1993년에는 2천429채에 불과했으나 2005년에는 1만2천822채, 2020년에는 2만806채로 대폭 증가한다. 고층 건물의 그런 증가는 서울의 생김새 변화에도 큰 역할을 했지만, 서울과 외곽 수도권 지역에 행성적 도시화의 일환인 '집중적 도시화'가 일어나고 '아파트 공화국'이 수립되는 과정이기도 했다.

금융자산으로 전환되면 주택은 그 사용가치보다는 **교환가치**가 더 중시되고, 이윤 창출의 주된 수단이 된다. 다시 말해 주택은 이제 주거만이 아니라 투자와 투기의 대상이 되는 것인데, 오늘날 가계와 개인이 주택을 둘러싼 투자와 거래 활동에 대거 능동적으로 참여하는 **금융적 주체**가 된 것도 주택이 금융자산으로 전환된 결과다. 주택이 금융자산으로 전환한 것은 그것이 고정자본처럼 작용한다는 말이기도 하다. 고정자본은 일부 소비기금 물품들과 소재적으로 공통점을 지닌다. 맑스에 따르면 동일한 물건이 **용도와 기능**에 따라서 고정자본이 될 수도 있고, 소비기금이 될 수도 있다. 어떤 "물건의 소재적 성격이 그 물건을 노동수단 이외의 것으로도 기능할 수 있게 한다면, 그것이 고정자본인가 아닌가는 그 기능에 의존하게 된다"(맑스, 2015b: 195). 건물의 경우 고정자본(공장)으로 사용되던 것이 소비기금(주택)으로 용도가 바뀔 수도 있고, 반대로 소비기금으로 사용되던 것이 고정자본으로 사용될 수도 있는 것이다. 데이비드 하비는 후자의 경우와 관련하여 다음과 같이 말한다.

소비재를 획득하여, 생산적 사용에 투입할 수 있다. 예를 들어, '가외(家外; putting out)' 수공업제도 하에서, 이때까지 소비기금의 일부였던 직공의 작은 집은 고정자본으로 기능하기 시작한다. 처음에는 소비를 위해 건설된 교통체계가 점점 더 생산과 관련된 활동을 위해 사용되기 시작할 때도 유사한 효과가 발생한다(하비, 1995: 296).

이 맥락에서 질문이 하나 생긴다. 이제 금융자산의 역할을 하는 서울의 수많은 주택도 고정자본이 되었다고 할 수 있는가? 고정자본은 가치와 잉여가치가 창조되는 생산과정에 고정된, 생산수단에 속한 노동수단이며 산업자본의 세 형태—화폐자본, 생산자본, 상품자본—가운데 생산자본에 속한다. 반면에 주택은 소비기금일 때에는 생산과정에서 벗어나 있을 뿐만 아니라 자본의 순환으로부터도 벗어나 있다. 이것은 소비기금으로서의 주택은 사회적 '부'이기는 하지만 '자본'은 **아님**을 말해준다.[88] 그러나 주택이 소비기금에서 고정자본으로 그 용도가 바뀔 수 있는 것도 사실이다. 문제는 그래서 금융자산의 성격이 강화되면, 주택은 소비기금의 성격을 잃고 고정자본으로 전환되느냐는 것이다. 주택이 금융자산의 성격을 강화하게 되었다고 해서 소비기금의 성격을 잃는다고 보기는 어렵다. 사람들은 자신들의 주택을 금융자산으로 취급하면서도 거기서 거주하며 그것을 사용가치로서 소비한다. 이런 점은 금융자산이 되어도 주택은 고정자본으로 바로 용도변경을 겪는 것은 아님을 말해주고 있다.

하지만 금융자산의 성격이 강화되면 주택은 늘 부동산시장에 **매물**로 나와 있거나 금융거래의 **기초자산**으로 기능하게 되고,[89] 주택의 사용가치와 교환가치 가운데 후자가 더 중요해진다. 주택은 이때 더 이상 온전한 소비기금인 것으로 보기 어렵다. 금융자산으로 작용하는 주택은 말하자면 **유사 고정자본**이 되었다고 할 수 있다. 고정자본은 생산현장에서 일정한 기간 자신의 유용형태를 유지하면서 자신의 가치를 조금씩 생산물로 이전시켜 생산물 가치의 일부를 형성하게 된다(맑스, 2015b: 191). 유사 고정자본으로서의 주택은 생산물을 생산하는 것이 아니므로 그 가치를 생산물의

88_ 사회적 부는 자본을 전부 포괄할 수 있지만, 자본은 사회적 부를 모두 포괄할 수 없다. 사회적 부 가운데는 가치의 형성과 증식 과정에 따라 창조되는 것이 아닌 자연자원, 그리고 인간의 노동생산물이라고 하더라도 사용가치로서만 사용되고 자본이 순환에 포함되지 않는 부가 있다. 이것은 자본이 사회적 부의 일부를 형성할 뿐임을 말해준다. 그렇다고 해도 자본주의적 생산양식이 지배하게 되면 사회적 부 가운데 자본의 차지하는 부분이 거대해지는 것이 사실이다. 건조환경 가운데 빌라나 아파트 등 상품으로 매매되는 주거용 건조물이 갈수록 중요한 비중을 차지하는 것은 건조환경이 갈수록 자본의 형태를 띰을 말해준다.

89_ 개인들이 주택을 담보로 제공하고 은행에서 대출받을 경우, 은행은 주택에 저당권을 설정하고 이것을 담보로 대출금을 회수할 권리인 주택저당채권을 갖게 된다. 은행은 이 채권을 주택금융공사에 양도하고, 후자는 이것을 기초자산으로 삼아 주택저당증권(MBS)을 발행하여 자본시장에서 판매하고 있다. 이렇게 보면 금융상품인 MBS의 기초자산은 궁극적으로 주택인 셈이다. 한국에서는 금융화가 진행된 뒤로 가계부채가 급증했고, 주택담보대출이 그 대종을 이루고 있다.

가치로 이전시킬 수 없지만, 자신의 가격은 상승시킬 수 있다. 주택이 금융 자산의 성격을 강화하게 되면서 생긴 두드러진 변화의 하나가 그래서 주택 가격의 폭등이다. 금융화가 시작된 2000년대 이후 서울의 주택 가격은 천정부지로 치솟았으며, 코로나19의 창궐로 인해 실물경제가 바닥을 친 2020년에도 그런 현상은 변하지 않았다.[90] 가격은 가치의 현상형태라는 점에서 주택 가격이 상승한 것은 주택 가치가 증대한 것과 **같아 보이며**, 이 변화가 주택의 금융 자산화로 비롯되었다면 그것은 금융자산으로서의 주택이 가치를 증식시킨 것**처럼 나타난다**. 즉 주택이 고정자본처럼 가치의 증식에 참여한 **듯이 보이는** 것이다. 이런 점에서 주택은 고정자본의 유사 형태라고 할 수 있다.

물론 엄밀하게 보면, 가격 상승이 주택을 통해 이루어졌다고 하더라도 그것이 주택의 가치가 증식되었다는 말일 수는 없다. 가치의 형성과 증식은 노동력을 통해서만 이루어지는데, 부동산시장에서 일어난 주택 가격의 상승은 노동력에 의해 가치가 만들어지는 생산과정과는 무관하다. 그런 현상은 화폐자본의 가치가 더 큰 가치로 바뀐 것(M-M′)으로 보이지만, 이때 가치의 증식은 **환상**에 속한다. 왜냐하면 일정한 액수의 화폐(주택의 가격)가 아무런 매개 없이 더 큰 화폐로 바뀌는 것은 불가능하기 때문이다. 따라서 주택의 금융 자산화로 인해서 발생하는 주택 가격의 상승은 자본의 순환, 다시 말해서 화폐자본과 생산자본, 상품자본의 순환을 통해 가치의 증식이 이루어져서 생겨난 결과는 아니며, 그런 점에서 진정한 자본의 운

90_ 하나금융경영연구소에 따르면, 2020년 기준 "지난 3년간 서울 집합건물의 1㎡'당 거래가격이 약 28% 상승"했고, "서울 아파트 실거래가격 지수"는 "45.5% 상승한 것으로 나타났다"(한국금융신문, 2020.9.16.). 한국은행이 2020년 9월 13일 "국회에 제출한 '9월 통화신용정책보고서'에 따르면 최근 코로나19로 경기가 위축된 상황에서도 주택매매가격은 4월 전월 말 대비 0.3%, 5월 0.1%, 6월 0.4%, 7월 0.6%, 8월 0.5% 상승하는 등 높은 오름세를 이어가고 있는 것으로 나타났다"(뉴시스, 2020.9.13.). 이런 현상은 실물경제와 금융경제가 괴리를 드러내는 것이라고 할 수 있다.

동이라기보다는 의제적인 자본 또는 **가공자본**의 운동에 해당한다. 가공자본의 규모가 커지는 것은 금융화 시대의 중요한 특징이기도 하다.

9. 서울의 생김새와 가치의 실체

서울의 시역 안과 외곽에 건조환경 단위들이 집중적으로 들어선 것은 서울의 인구변동과 밀접하게 관련되어 있다. 서울에서 전개된 자본의 운동은 그 규모나 강도만큼이나 큰 규모의 노동력을 집중적으로 동원할 필요를 만들어냈으며, 지난 수십 년에 걸쳐 인구의 엄청난 급증을 유발해냈다. 이런 현상은 부산이나 대구, 대전 등 지방 대도시들에서도 볼 수 있지만, 비수도권이 전반적으로 '지방소멸'의 상황을 맞은 데 반해 수도권은 국토면적의 11.8%에 불과한데도 인구의 절반 이상을 수용하고 있다는 사실은 자본과 인구가 그만큼 서울을 중심으로 집중되었음을 말해준다. 그 결과 서울과 그 외곽 수도권은 이제 아파트나 빌라 등 주거용 건조환경 단위들로 뒤덮인 아파트 공화국이 되었다. 주거용 건물들이 그렇게 대대적으로 조성된 것은 인구 증가의 **결과**임과 동시에 **전제**이기도 하다. 1960년대 이후 진행된 서울의 도시화와 비대화, 고밀화는 농촌의 급속한 해체를 통해 생긴 과잉인구가 대거 유입된 것과 궤를 함께한다. 이 과정에서 달동네 형성 등으로 주거환경이 열악해져 대규모 주택 공급이 도시 정책의 중대한 과제로 부상했다면, 그에 따라 이루어진 주택의 증가는 그것대로 더 많은 인구의 도시 유입을 자극하고 유발했다. 도시인구의 증가와 건조환경의 증가 간에 일어나는 이런 상승 작용은 서울의 인구가 일정하게 줄어든 반면 수도권 전체의 인구는 계속 늘어나는 경향을 통해 지금도 계속되고 있다.

가치의 실체는 노동이고 노동은 노동력의 실제적 지출이라는 점에서, 가치 운동과 결합한 도시화는 한편으로 "가치를 형성하는 실체"(맑스, 2015a: 48)인 노동이 응고해 들어있는 생산물들의 대규모 형성―'거대한 상품 더미'一과 다른 한편으로 그런 노동을 행사하는 노동력의 대규모 가동을 필연적으로 동반하게 된다. 오늘날 서울의 생김새가 만들어진 것도 노동력의 지출로 행사된 노동이 가치의 객관적 실체로서 그 안에 응고된 생산물들 가운데 특히 **건조환경**이 대규모로 조성되었다는 점과 관련되어 있다. 노동력은 인간의 능력이며, 건조환경은 노동의 생산물이다. 건조환경이 대규모로 조성되어 있다는 것은 따라서 서울에서 거대한 규모의 노동이 이루어졌다는 말임과 동시에 노동력을 제공한 대규모 인구를 전제한다. 이런 점은 새로운 건조환경의 구축과 서울의 생김새 형성은 **자본주의적 인구 문제**와도 긴밀하게 관련되어 있음을 말해주고 있다.

건조환경이 대규모로 조성된 것은 자본주의적 생산이 그만큼 발전했다는 말이기도 하다. 자본주의적 생산이 갈수록 필요로 하고 또 거대한 규모로 만들어내고자 하는 것은 노동생산성이며, 이것은 무엇보다도 "노동수단의 기계류로의 발전"으로 이루어진다. 맑스에 따르면, 이 발전은 "자본에 대해 우연한[비본질적인] 것이 아니라, 전통적으로 내려온 노동수단을 자본에 적합한 형태로 역사적으로 변형시킨 것"(맑스, 2007b: 372. 번역 수정)이다. "자본에 적합한 형태"로서 기계는 고정자본을 구성하지만, 이제는 고정자본도 갈수록 많은 것들이 그런 기계가 된다고 볼 수 있다. 왜냐하면 금융화가 고도로 진행되면서 기계들과 함께 고정자본을 구성하는 건물들이나 물리적 하부구조들一도로, 항만, 상하수도시설, 텔레커뮤니케이션 설비 등一도 '이윤 내는 기계'로 기능하는 경우가 많아졌기 때문이다.[91] 게다가 고정자본만이 그런 기계로 작용하는 것도 아니다. 금융화 국면에서는 소비기금의 일부一특히 환금성이 좋은 아파트와 같은 주택들一도 고정자본처럼 작용해서 이윤 내는 기계가 된다.

91_ 고속도로나 터널과 같은 공공시설들을 건설할 때 사적 자본의 참여를 허용하는 민관협력 사업(public private partnership, PPP) 방식이 널리 도입됨에 따라, 이제는 그런 것들도 일면 고정자본으로 형성되어 "자본에 적합한 형태"가 된다고 볼 수 있다.

그런데 이런 소비기금과 고정자본으로 구성되는 건조환경의 대규모 구축과 관련하여 여기서 살펴볼 점은 그것이 자본주의적 인구법칙과 어떤 관련이 있느냐는 것이다. 건조환경의 발전과 그에 따른 고정자본의 발전은 자본주의적 생산이 그만큼 발전했다는 것이며 아울러 그것은 **과잉인구의 생산**을 전제한다. 맑스에 따르면,

고정자본의 발전은 부 일체의 발전 정도 또는 자본의 발전 정도를 가리킨다. 직접적으로 사용가치를 지향하며 마찬가지로 직접적으로 교환가치를 지향하는 생산의 대상은 소비하도록 예정된 생산물 자체다. 고정자본의 생산을 지향하는 생산 부분은 직접적인 향유 대상이나 직접적인 교환가치, 적어도 직접적으로 실현 가능한 교환가치는 생산하지 않는다. **따라서 일정한 정도의 생산성이 이미 달성되어야만 — 직접적인 생산을 위해서는 생산시간의 일부로만 충분하도록 — 갈수록 큰 부분이 생산수단의 생산에 사용될 수 있다.** 이것은 사회가 기다릴 수 있을 것, 이미 창출된 부의 큰 부분을 직접적인 향유로부터 그리고 직접적인 향유로 예정된 생산으로부터 이탈시켜, 이 부분을 (물질적 생산과정 자체 내부에서) **직접적으로는 생산적이지 않은 노동**을 위해 사용할 수 있도록 요구한다. 이것은 이미 달성된 생산성과 상대적 과잉의 어떤 수준, 그것도 유통하고 있는 자본(capital circulant)의 고정자본으로의 전환에 정비례하는 그런 수준을 필요로 한다. … **과잉인구**와 **과잉생산**이 이를 위한 조건이다(맑스, 2007b: 382-83. 원문 강조. 번역 수정).[92]

92_ 여기서 '유통하고 있는 자본'으로 번역된 프랑스어 'capital circulant'은 통상 '유동자본'으로 번역되며, 『요강』의 한국어판 번역자도 그렇게 옮기고 있다. 맑스는 『요강』에서 'capital circulant'과 'circulating capital' 'zirkulierendes Kapital'을 섞어서 사용하고 있고, 『자본』 2권에서는 'zirkulierendes Kapital'만 사용한다. 이들 표현은 모두 '유동자본'으로 옮길 수 있지만, 인용문의 'capital circulant'의 경우 '유동자본'으로 옮기면 '유동자본의 고정자본으로의 전환'이라는 표현을 사용해야 하는데, 이것은 성립되기 어렵다. 유동자본을 구성하는 원료, 보조재, 노동력 등은 통상 생산과정이 한 번 진행될 때 완전히 소모되기 때문에 유용형태로 장시간 기능하는 고정자본이 될 수가 없다('통상' 그렇지 않다는 것이지 절대

자본주의의 발전에 따라 고정자본(과 그것을 포함한 생산수단)과 같은 "창출된 부의 큰 부분"을 사람들의 "직접적인 향유"를 위한 "생산"으로부터 "이탈시켜…직접적으로는 생산적이지 않은 노동을 위해 사용할 수" 있다는 것은 "부 일체의 발전 정도 또는 자본의 발전 정도"를 나타내는 지표라 할 수 있다. "소비하도록 예정된 생산물" 이외의 생산물 즉 고정자본과 같은 생산물의 양은 직접 소비하는 생산물의 생산에 필요한 생산시간이 줄어들수록 증가할 것이다. 오늘날 고정자본을 포함한 "생산수단의 생산"에 "갈수록 큰 부분"이 사용되는 것은 그래서 "부 일체의 발전 정도 또는 자본의 발전 정도"가 거대해졌음을 말해준다. 하지만 문제는 그런 생산성의 고도화와 함께 "유통하고 있는 자본의 고정자본으로의 전환"이 일어나게 되면 **상대적 과잉인구**가 필연적으로 생겨난다는 것이다. 이것은 **자본의 유기적 구성**과 관련된 현상이기도 하다.

'자본의 유기적 구성'은 자본의 가치구성과 기술적 구성 간의 긴밀한 상호관계를 가리키며, 자본주의의 발달과 함께 **고도화하는 경향**이 있다. 이때 '자본의 가치구성'은 "자본이 불변자본[즉 생산수단의 가치]과 가변자본[즉 노동력의 가치 또는 임금총액]으로 분할되는 비율"을, '자본의 기술적 구성'은 "자본이 생산수단과 살아있는 노동력으로 분할되는"(맑스, 2015a:

안 된다는 것은 아니다. 어떤 물건이 고정자본인가 유동자본인가는 그 물건의 기능에 따른다. 같은 소라도 역축으로 사용되면 고정자본이지만 식용으로 사육되면 유동자본이다[맑스, 2015b: 195]). 반면에 '유통하고 있는 자본'은 그 일부가 '고정자본'으로 전환되는 것이 가능하다. 이때 유통하고 있는 자본은 순환운동에 들어가 있는 자본 전체를 가리킬 것이다. 한국어판 『자본』 2권에서 번역자 김수행은 그런 점을 고려한 듯 'zirkulierendes Kapital'이 포함된 부분을 다음과 같이 옮기고 있다. "노동수단에 고정되어 있는 자본가치 부분도 다른 부분과 마찬가지로 유통한다. 우리가 본 바와 같이 자본가치 전체는 끊임없이 유통하고 있으며, 따라서 이 의미에서는 모든 자본은 **유통하고 있는 자본**이다"(맑스: 191. 강조 추가. 강신준의 번역은 같은 문장의 'zirkulierendes Kapital'을 '유통자본'으로 옮기고 있다(맑스, 2010: 198). 하지만 그렇게 번역하면 맑스에게서는 유통자본이 통상 생산자본과 대립하는 화폐자본과 상품자본을 가리킨다는 점을 반영하기 어렵다. '유통하고 있는 자본'과 '유통자본'의 구분 필요성에 대해서는 제8장의 각주 200번 참고

836) 비율을 가리킨다. 자본의 유기적 구성이 고도화한다는 것은 자본주의적 생산의 발전과 함께 **생산수단의 가치 부분이 노동력의 가치 부분보다 상대적으로 더 커진다**는 말과 같다. 자본주의의 발전과 함께 생산수단, 특히 기계 시설과 공장건물 등 고정자본에 대한 투자가 대규모로 이루어지는 것이 그런 현상이다. 오늘날 고정자본을 포함한 생산수단의 거대화는 사회적 환경이 갈수록 널리 기계화되는 데서도 확인된다. 과거에는 자신들의 신체로써 하던 이동 행위를 사람들은 이제 온갖 종류의 기계들—전철, 버스, 승용차, 엘리베이터—을 이용해서 하고 있다. 이런 점은 자본주의의 발전과 함께 사회적 부가 갈수록 고정자본과 같은 **자본의 형태**를 띠게 됨을 말해준다. 그러나 자본의 유기적 구성이 고도화하여 생산수단의 가치 부분이 노동력의 그것보다 더 커지게 되면, 노동력에 대한 자본의 의존도는 **줄어들게** 된다. 이런 경향이 심화하는 것은 기술 발전에 의한 생산성 향상을 끊임없이 추구하는 것이 자본주의적 생산의 특징이기 때문이다.

자본주의적 생산은 가치법칙에 의해 이루어진다. 한 자본가가 "새로운 생산방법을 채용"하도록 하여 "자기의 상품을 그 사회적 가치 이하로 판매하도록 강요하는 것"이 그것으로, 그 법칙은 그의 경쟁자들도 "새로운 생산방법을 도입하지 않을 수 없게 하는" "경쟁의 강제법칙"이다(맑스: 435). 하지만 경쟁의 압박을 통해 새로운 기술이 도입되어 노동력에 대한 자본의 의존도가 낮아지게 되면, 노동자의 대량 해고와 실업인구의 증가가 발생할 수밖에 없다. 자본주의적 생산은 고정자본을 축적하면 할수록 필연적으로 **과잉인구**를 축적하게 되는 것이다. 맑스는 이 과정을 다음과 같이 설명한다.

> 이미 기능하고 있는 사회적 자본의 크기와 그 증가 정도에 따라, 생산 규모와 기능하는 노동자 수의 확장에 따라, 노동자들의 노동생산성 발전에 따라, 부의 모든 원천 흐름이 더욱 확대하고 충만함에 따라, 자본에 의한 노동자의 더 큰

흡수가 노동자에 대한 더 큰 축출을 동반하는 규모도 증대하며, 자본의 유기적 구성과 그 기술적 형태의 변동속도도 빨라지고, 때로는 동시적으로 때로는 교대로 이 변동을 겪게 되는 생산 부문들의 수도 증대한다. 따라서 노동인구는 그들 자신이 생산하는 자본축적으로써 그들 자신을 불필요하게 만드는 수단을 점점 더 큰 규모로 생산한다. 이것이 **자본주의적 생산양식에 특유한 인구법칙**이다 (맑스: 859-61. 번역 수정. 강조 추가).

자본주의적 생산의 발전과 함께 이처럼 그 생산에 "불필요하게" 되는 노동자들이 늘어나면, 즉 상대적 과잉인구가 증가하면 결론은 정해져 있다. "노동자의 상태는⋯악화되지 않을 수 없"는 것이다. "상대적 과잉인구 또는 산업예비군을 언제나 축적의 규모와 활력에 알맞도록 유지한다는 법칙" 즉 **자본주의적 인구법칙**은 "자본의 축적에 대응하는 빈곤의 축적을 필연적인 것으로 만든다. 따라서 한 쪽 끝의 부의 축적은 동시에 반대편 끝, 즉 자기 자신의 생산물을 자본으로 생산하는 노동자계급 측의 빈곤·노동의 고통·노예상태·무지·잔인·도덕적 타락의 축적이다"(879).

이 맥락에서 의문이 하나 생긴다. 고정자본의 증가와 궤를 함께하며 과잉인구가 증가하는 경향은 **건조환경의 증가와 어떤 관련**을 맺고 있는 것인가? 고정자본의 증가는 수많은 직접적 생산시설과 사회적 하부시설의 건조, 즉 건조환경의 대규모 구축으로 나타날 수밖에 없다. 공장의 건물, 기계, 자동차, 선박, 방조제, 철도, 댐과 다리, 상하수도시설, 발전소 등의 고정자본 단위들은 건조환경을 구성하는 주된 요소들이다. 물론 건조환경이 **모두** 고정자본인 것은 **아니다**. 고정자본은 '유통하고 있는 자본'의 일부분이 될 수 있으며, 생산자본 안에서는 유동자본과 구분된다. 유동자본과 고정자본의 대립은 "생산자본과 관련해서만 그리고 생산자본의 내부에서만 존재한다"(맑스, 2015b: 201. 번역 수정). 이것은 고정자본만으로는 건조환경이 모두 구성될 수 없다는 말과 다르지 않다. 건조환경은 **생산자본 외부**

에도 존재한다. 예컨대 시장에 진열된 각종의 상품들도 건조환경의 중요한 부분이며, 개인적 소비의 대상으로 사용되는 승용차나 주택, 또는 공공의 사용 대상인 공원이나 도로 등 일부 소비기금 단위들도 건조환경의 중요한 부분이다. 소비기금 단위들 가운데서는 아파트 공화국을 형성하며 서울의 생김새를 크게 규정하고 있는 빌라와 아파트 등 주거용 건축물에 특히 주목할 필요가 있다. 앞서 본 것처럼 서울과 수도권에서는 최근에 주택 호수가 급증했고, 주택 유형 가운데서는 다세대와 아파트가 차지하는 비율이 압도적으로 높다.

주거용 건축물이 다수 늘어난 것은 당연히 서울의 인구 증가와 관련되어 있다. 서울의 인구 증가를 자본주의적 인구법칙과 연관해서 보면, 그것은 자본주의적 생산이 발달함에 따라서 **상대적 과잉인구**, 즉 "즉 자본의 평균적 증식욕에 대비해 과잉인 인구"(맑스, 2015a: 863)가 거대해진 현상에 해당한다. 서울의 인구 증가는 자연 증가를 제외하면 대부분 농촌인구의 유입을 통해 이루어졌다. 농촌인구가 "도시로 끊임없이 이동한다는 것은 농촌 자체 안에 항상적인 잠재적 과잉인구가 있다는 것을 전제"(맑스: 875)한다. 20세기 후반에 서울의 인구가 급증한 것도 같은 맥락에서 이해할 수 있다. 1960년에 245만명이던 서울의 인구는 매년 30만명씩이나 늘어나며 1970년에 543만명에 이르고, 이후에도 계속 늘어나서 1992년에 최고조인 1천97만명에 달했다가, 2020년 말 현재에는 970만명의 수준이다. 같은 시기에 농촌의 인구는 1960년에 총인구의 72%에서 2010년에 이르면 18%로까지 대폭 축소된다(김원동, 2012: 346). 서울의 인구는 최근에 들어와서는 상당히 줄었지만, 수도권 전체 인구는 계속 증가해 2020년 현재는 2천596만명으로 전체 인구의 50.1%가 되었다(통계청, 2019.8.10.). 이것은 농촌의 잠재적 과잉인구나 비수도권 도시 지역의 과잉인구가 아직도 수도권으로 유입되고 있다는 말이다. 서울과 비서울 수도권에서 그동안 신시가지, 신도시, 뉴타운의 건설 등으로 건조환경 단위들이 대규모로 건립된 것은 인구의 과잉 현상과 무관할 수 없다.

인구의 수도권 집중은 물론 시장에서 교환되는 상품 가운데 유일하게 "그것을 사용하면 가치가 창조되는 독특한 속성을 가진 상품"(맑스, 2015a: 220)인 노동력을 수도권으로 대거 동원한 것에 해당한다. 단, 노동인구의 도시 집중이란 부 일체 또는 자본의 발전 지표로서 고정자본과 소비기금으로 구성되는 건조환경의 대대적 조성과 함께 상대적 과잉인구의 생산이 일어난다는 말이기도 하다. 여기서 **중요한 모순**이 빚어진다. 도시인구의 증가가 상대적 과잉인구의 증가 없이 이루어질 수 없다면, 서울과 수도권의 인구 증가는 "자본의 축적에 대응하는 빈곤의 축적"(879)을 통해서 이루어진 셈이다.[93] 한국에서 자본주의가 발전한 것은 자본의 축적이 이루어진 것이며, 이것은 '국민의 부'가 형성된 것이지만, 그것은 "국민대중에 대한 무자비한 착취와 국민대중의 궁핍화"로서의 "자본의 형성"(985)에 해당한다.[94] 그래서 제기되는 질문은 갈수록 많은 사람의 **궁핍화**가 초래되는 상황에서 어떻게 **거대한 규모의 건조환경**이 구축되었느냐는 것이다. 서울에

93_ 신자유주의 시대에는 빈곤화가 심화하는 것과 함께 대중의 부채도 증가한다. 이것은 과거와는 다른 현상이다. 과거에 가난한 사람들은 예컨대 은행 문턱을 넘지 못해 대출받기가 어려웠다. 하지만 최근에는 금융화로 인해 빈곤화와 부채 증가가 거대한 규모로 함께 발생하고 있다. 이것은 신용제도가 가계와 개인들의 삶에 직접 영향을 미치고 있기 때문이다. 신용제도가 지배하게 되면 "채무의 축적조차도 자본의 축적으로 나타날 수 있다"(맑스, 2015c: 611-12). 같은 취지로 하비는 자본의 축적으로 나타나는 "부의 축적이 신용제도 내에서 부채의 축적을 동반한다"(하비, 2016b: 496)고 말한다. 이런 점을 서울의 생김새와 관련하여 확인하려면, 최근에 서울이 거대한 건조환경의 형성으로 아파트 공화국으로 바뀐 시기에 사람들이 엄청난 규모의 주택담보대출을 짊어지게 되었다는 사실을 환기할 수 있다. 아파트 공화국의 건립은 서울에 거대한 부가 축적되었다는 말이겠지만, 그것은 동시에 사람들이 거대한 부채를 짊어지게 만드는 과정이었던 셈인 것이다.

94_ 맑스는 "자본의 형성"이 "국민대중의 궁핍화"를 가져온 것을 『자본』 제1권 제25장(「자본주의적 축적의 일반법칙을 증명하는 예들」)에서 상세하고 입증하고 있다. 자본주의적 생산양식에서 국민의 부 즉, 국부가 대중의 궁핍화를 나타내는 경향은 19세기의 헤게모니 국가인 영국에만 적용되지 않는다. 20세기 이후 헤게모니 국가로 군림해온 미국에서도 사회적 양극화 문제가 극도로 심각하며, 그런 문제의 심화가 발생한 것은 최근에 자본주의적 발전이 급속도로 이루어진 한국도 마찬가지다.

는 11층 이상의 건물이 1993년 2천429채에서 2020년 2만806채로 열 배나 증가했으며, 서울 외곽의 수도권 지역에는 훨씬 더 많은 고층 건물이 들어섰다. 고층 건물의 대대적 건립은 서울과 수도권에 진정한 고정자본과 유사 고정자본이 함께 거대하게 늘어났다는 것, 한국의 국부가 엄청나게 증가했다는 말과 같다.

그 부 즉 자본의 축적을 이룩한 것은 물론 한국의 노동자들—이제는 이주노동자들도 다수 포함한—과 그들의 노동이다. 고층 건물들을 포함한 건조환경이 대거 조성된 것은 가치의 실체인 노동이 거기에 대상화된 결과다. 다시 말해 한편으로 서울로 유입되는 인구의 갈수록 많은 부분이 과잉인구로 전락하고, 다른 한편으로 같은 인구의 또 다른 다수가 노동력을 제공함으로써 서울의 생김새를 지배하는 거대한 건조환경이 조성되었다. 그래도 '노동자의 궁핍화' 속에서 어떻게 그 많은 주택이 구매되었을까는 의문이다. 제6장에서 보겠지만 서울과 그 외곽 지역들에서 주택 건물들이 엄청난 규모로 건립된 것은 대부분 젠트리피케이션에 해당하며, 현대판 인클로저인 이 과정을 통해 수많은 사람이 축출당했다. 엄청나게 건설된 주택 단위들은 그렇다면 누가 사들인 것일까? 이 의문은 건조환경 단위들이 대대적으로 건립된 시기는 1990년대 말 이후이며, 이 시기는 사람들이 신용을 쉽게 얻을 수 있게 된 금융화의 시대임을 알아야만 풀릴 수 있다. 다시 말해, 오늘날 서울의 생김새가 형성된 것은 **주택의 금융화**로 인해 주택 구매에 신용이 쉽게 제공되는 관행이 크게 작용한 결과인 셈인 것이다. 그런 현상이 어떻게 자산 도시주의와 금융적 매개와 관련되는지는 다음 장에서 살펴보고자 한다.

10. 결론

서울의 건축물들이 최근에 들어와서 유난히 고층화하고 대형화한 것은 건조환경의 집적이 주로 서울에서 일어났다는 것이고, 서울에서 집중적 도시화가 진행되었다는 말이다. 하지만 집중적 도시화가 가능하기 위해서는 동일한 과정의 다른 국면인 확산적 도시화가 필요했다는 점도 기억할 필요가 있다. 집중적 도시화는 대기업 본사, 관공서, 대형 병원, 문화체육 시설, 커뮤니케이션 설비, 에너지 공급체계, 상하수도시설, 교통망, 빌라와 고층아파트 건물 등이 서울의 시역에 집적되는 과정에 해당한다. 예컨대 1970년대 이후 강남에서 신도시가 개발되면서 관공서와 중고등학교, 대형 병원 등이 몰린 뒤에도 서울에서는 초고층 주상복합 건물들이 역세권이나 강변 지역에 집중적으로 들어서는 등 공간적 집적 현상이 이어졌다. 이것은 도시에서 **지대**가 형성되는 과정과 긴밀하게 관련된 현상이기도 하다. '지대'란 토지의 이용자가 자신이 "이용하는 토지의 소유자에게" 그 토지를 "이용하는 것을 허락한 대가로 일정한 기간"에―예컨대 매년―지불하는 "화폐액"을 가리키며(맑스 2015c: 794), 그 종류로는 **차액지대, 절대지대, 독점지대**가 있다.[95] 중요한 도시 기반시설의 구축, 역세권과 같은 핵심 지역

95_ 칼럼 워드와 마뉴엘 알버스는 지대의 상이한 형태와 각각의 내용 및 사례를 다음과 같이 정리하고 있다(Ward and Aalbers, 2016: 5).

지대의 종류	설명	사례
차액지대 1	토지의 특징에 의한 생산성 상승에서 생기는 지대	고전적 예: 토양의 비옥도 현대적 예: 직장/시장과의 거리
차액지대 2	토지에의 투자 결과에 의한 생산성 상승에서 생기는 지대	고전적 예: 토양 비옥도를 개선하는 투자 현대적 예: 임대인들이 더 많은 고객을 받을 수 있도록 시설과 서비스에 투자한 쇼핑몰 (Lamarche, 1976 참조)
절대지대	자본이나 소비자에 대한 진입 장벽으로 작용하는 지주계급 때문에 생기는 지대로서, 1)	고전적 예: 농업에의 자본 진입을 막고, 이 윤율의 균등화를 막으며, 그 결과 더 높은 지대를 유지하는 지주계급

의 조성, '도시 중심들(urban centers)'의 형성 등에 의한 자원의 공간적 집중으로 이루어지는 도시의 개발은 다양한 형태의 공유지가 축적되는 과정이기도 하며, 이 과정에서 '도시지대'가 발생하고, 도시 자원의 불평등한 분배가 이루어진다(곽노완, 2017). 도시에서 지대가 작용하는 방식에 대해서는 앞으로 계제에 맞춰 언급하게 될 것이다.

집중적 도시화는 우리가 앞에서 '서울의 교외화'라고 부른, 이제는 다른 시각에서 확산적 도시화라고 볼 수 있는 도시화의 또 다른 국면을 동반하기도 했다. 서울에 건조환경이 집적되고 있을 때 '시골'과 '전원'과 '지방'이 그대로 있지는 않았다. 1960년대 이후 서울의 인구가 급증하고, 1990년대 이후 수도권이 새로이 발전하고 있을 때, 그리고 강남에서 신도시가 조성되고 이어서 서울의 인접 지역에서 초고층 건물들이 서울에서보다 더많이 건설되고 있을 때, 한국의 다른 지역들, 특히 농촌 지역들은 심각한인구 감소와 함께 낙후되는 과정을 거쳤다. 1960년까지는 농촌인구가 전체의 72%를 차지하고 있었으나 2010년에 이르면 18%로 줄어든다(김원동, 2012: 346). 단, 이 '공동화'가 농촌의 인구 감소와 퇴락을 가져온 것은 사실이나, 그 공간적 기능을 소멸시켰다고 볼 수는 없다. 서울과 수도권, 그리고 다른 지역의 도시화가 진행되는 동안 한국의 농촌은 인클로저를 겪으며—예컨대 전원주택 건설을 통해—자본의 축적을 지원하는 사회적 기능

	토지를 공급되지 못하게 하는 유보가격, 2) 경쟁을 제한하고/하거나 소비자를 등쳐먹으려는 지주들끼리의 카르텔식 야합 형태를 취함.	현대적 예: 1) 지주가 손해를 보고 세를 놓기보다는 비워두는 주택(Walker, 1974 참조); 2) 다른 품목으로 대체 가능성이 있는데도 소송을 통해 독점을 보호/창조 프랑스 샴페인 지역 산 포도주의 브랜드 보호(Harvey, 2012b: 89–112 참조)
독점지대	유효수요에 의해서만 제한되는 상품의 어떤 고유하고 대체 불가능한 특징에서 생기는 지대	고전적 예: 특정한 포도밭에서 나오는 질 좋은 포도주 현대적 예: 사용할 수 있는 유일한 통로가 되는 유료도로, 또는 피카소 그림의 판매 (Harvey, 2012b 참조)

들을 수행하기 위해 다양한 방식으로 동원되었다. 농촌―또는 시골, 소읍, 면소재지, 전원지대, 지방, 원시자연 등―은 집중적 도시화와 연동된 확산적 도시화를 겪으며 많은 부분 **가동지형들**로 전환된 것이다.

오늘날 서울의 생김새는 그렇다면 많은 부분 서울 및 인근 수도권으로의 인구 집중과 연동되어 형성된 것임이 분명하지만 동시에 이 과정은 **비서울의 변화**를 동반한 것이기도 하다. 전근대 시기에 강북, 그것도 사대문 안에만 조성되어 있던 인구 20만 정도의 도시가 인근 수도권 지역들까지 포함하면 이제 2천만이 넘는 거대도시로 변모한 것은 다른 지역들로부터 서울로의 대규모 인구 이동과 함께 비서울 지역에서 새로운 공간적 생산이 일어난 결과다. 과거 논밭이나 초지, 야산, 언덕이었던 곳에 대단위 아파트 건물들이 들어서고, 역세권이나 강변을 중심으로 고층아파트 또는 주상복합 건물들이 자리 잡고, 과거 단독주택 주거지였던 곳들이 다층 공동주거 건물들―빌라, 연립주택, 공동주택, 도시생활형 주택 건물들―이 밀집한 지역으로 대거 바뀐 것도 마찬가지로 해석된다. 한편으로 그런 변화는 서울을 중심으로 인구 및 건조환경 단위들의 거대한 집합으로 나타났지만, 다른 한편으로는 서울의 '외부'―한국의 비서울 지역만이 아니라 서울의 기능을 위해 다양한 형태로 가동되는 한국 외부의 대양과 삼림과 사막과 대기까지 포함된―에서 진행된 확산적 도시화를 동반한 것이었다.

이 과정은 가치 운동의 진행과 더불어 이루어졌으며, 따라서 자본의 축적에 따른 공간적 형태 변화에 속한다. 자기―증식하는 가치로서 자본은 끊임없는 축적을 수행하고 이 과정에서 그 실체인 노동을 대상화하여 거대한 사물 세계를 형성한다. 자본이 **악무한적 성장**을 전개하게 되면 거대한 상품 더미가 형성되는 것이 필연적이다. 오늘날 서울의 생김새가 기본적으로 거대한 건조환경의 지배를 받게 된 것도 자본주의적 도시로서 서울이 자본의 운동을 전개하는 동안 가치의 현상형태인 생산요소들―생산수단과 노동력―과 상품들을 거대한 규모로 가동하고 생산한 결과라 할 수 있다.

다음 장에서 살펴보겠지만 서울은 이제 그래서 세계에서 **가장 수직적인** 도시가 되었다. 하지만 서울의 그런 도시화는 거대한 사회적 물질대사 또는 "인간과 자연 사이의 물질대사"를 동반하며, 엄청난 후유증을 만들어내고 있기도 하다. 앞서 말한 **인류세의 전개**가 그것이다. 오늘날 서울의 생김새가 만들어지기 위해서는 인간과 자연 간의 거대한 물질대사가 이루어져야 했으며, 이 과정에서 지구 시스템 전반에서 **새로운 지질학적 시대**, 엄청난 재앙을 일으킬 것이 분명한 기후 위기가 일상화될 것으로 예상되는 인류세의 시대가 열리게 되었다. 이런 변화는 자본의 운동과 긴밀하게 연관되어 있다. 왜냐하면 인류세의 시작은 "인간과 토지 사이의 물질대사의 교란"(맑스, 2015a: 682)의 결과이고, 이 교란을 일으킨 가장 큰 원인이 자본의 악무한적 성장 운동이기 때문이다.

이런 점은 서울의 도시적 형태가 작품의 성격을 지니게끔 하려면 무엇보다도 자본의 운동에 개입할 필요가 있음을 말해준다. 오늘날 서울은 가치증식 운동을 본질로 삼아 자신의 형태를 생산함에 따라 르페브르의 표현을 빌리자면, '제품'의 성격만 주로 갖게 되었다. 그런 도시를 '작품'으로 바꿔내기 위해서는 교환가치가 아니라 사용가치가 중심인 도시적 형태를 형성하는 것이 필수적이며, 이를 위해서는 자본주의적 생산양식에서 가동되는, 가치증식을 그 유일한 목표로 삼고 있는 자본의 운동과 그 가치법칙을 철폐해야만 할 것이다.

제 4 장
수직 도시 서울

1. 서론

오늘날 서울의 생김새 규정에 중요한 역할을 하는, 행성적 도시화를 포함한 자본주의적 도시화는 역사적인 과정이며, 그런 점에서 도시적 형태를 구성하는 또 다른 요소인 자연적 지형과는 그 작용과 역할이 다르다. 산재한 산들의 높이나 품새, 계곡들의 형세, 들판의 넓이, 다양한 하천의 폭이나 굴곡 형태, 산과 들이 어우러져 형성된 분지의 모습 등으로 구성되는 자연지형은 서울의 생김새를 규정하는 불변적 요소에 해당한다. 물론 크고 작은 시내가 복개되거나 제법 높던 언덕도 압구정의 옛터처럼 아예 사라지거나, 한강처럼 직강화가 이루어져 하천이 자연 상태를 크게 잃어버린 경우도 적지 않다. 그렇더라도 한강은 여전히 도시의 동서를 가로질러 흐르고 있고, 외사산과 내사산의 자리 또한 변함없이 그대로다. 서울의 육경축과 수경축이 계속 같은 구도를 지키고 있는 것도 자연지형의 그런 불변적 성격 때문이다. 자연지형은 그래서 서울의 생김새를 형성하는 원천적 요소 즉 도시적 형태 형성의 '주어진 조건'에 해당하며, 역사적 변동을 초월한다. 반면에 오늘날 서울의 생김새를 계속 바꿔내고 있는 것은 주로 인공지형이며, 그중에서도 가장 중요한 부분은 거대하게 조성되는 건조환경이라고 할 수 있다. 건조환경의 변화가 자연지형의 지속성과 구분되는 것은 그것은 자본의 운동이라는 역사특수적인 사회적 과정의 지배를 더 많이 받는다는 점이다. 서울에서 이런 변화가 눈에 두드러지기 시작한 것은 자본주의적 도시화가 최근에 본격적으로 진행된 것과 궤를 함께한다. 자본주의적 도시화는 그 자체가 상품이거나 상품의 생산 및 소비의 여건 개선에 복무하는 건조환경의 거대한 집적과 집중, 확산을 수반한다는 점에서 자본의 운동을 필수적으로 전제하는 시공간적 변동에 해당한다. 앞 장에서 살펴본 행성적 도시화는 그런 자본주의적 도시화의 최근 국면에 해당하며, 자본주의의 금융화 국면에서 나타난 시공간적 생산양식이기도 하다.

행성적 도시화가 세계적으로 전개된 것은 1980년대 이후이며, 한국에서 이 시기는 전두환 정권이 도입한 신자유주의 정책—3S 정책을 통한 문화의 자유화, 통행금지 해제, 한강변에 소비공간의 형성 등—이 작동하기 시작한 이후다. 서울을 중심으로 전개된 행성적 도시화는 시역 내부의 집중적 도시화와 외부의 확산적 도시화의 상호작용, 이와 함께 전개된 차이적 도시화를 포함한다. 예컨대 1980년대에 한강과 강남의 동시 개발과 함께 인구와 건조환경의 서울 집적과 새로운 도시적 기능의 발달이 일어나고(집중적 도시화), 그에 부응해 비-서울 지역이 '교외' '시골' '배후지' '지방' '자연' 등으로 동원됨과 함께(확산적 도시화), 이 상반된 두 과정에서 "기존의 사회-공간적 배치들이 현대 자본주의의 전반적 발전 동학과 위기-경향들로 인해 계속 창조적으로 파괴되는"(Brenner and Schmid, 2015: 168) 새로운 시공간 생산이 이루어지기 시작했다(차이적 도시화). 오늘날 서울의 생김새는 행성적 도시화의 이런 삼중 전개로 빚어졌다고 할 수 있다. 예컨대 서울과 외곽 수도권 일대가 거대한 아파트 건물 숲으로 뒤덮인 것은 그 자체로 집중적 도시화의 양상이지만, 거기서 멀리 떨어진 곳에서 발생한 확산적 도시화와 긴밀하게 연결되어 있을 뿐 아니라 동시에 그로 인해 서울의 생김새를 새로이 형성하는 창조적 파괴가 계속 진행된 결과에 해당한다.

자본의 축적을 추동하는 가치 운동, 특히 최근에 그 운동을 지배해온 자본주의의 **신자유주의적 전략**을 간과해서는 서울의 행성적 도시화 과정을 이해할 수 없다. 신자유주의는 무엇보다도 **노동에 대한 공격**을 통해 **자본의 축적에 유리한** 사회적 질서를 구축하려는 전략이며, 이 과정에서 공적 영역 민영화, 내국 시장 개방, 노조 와해, 노동 유연화 등 한편으로는 노동자계급의 삶의 조건을 악화시키고 다른 한편으로 **자본의 자유를 강화하는 경향**을 드러낸다. 신자유주의가 "위로부터의 계급 전쟁"(Duménil and Lévy, 2004), "경제 엘리트 또는 상층 계급의 권력 회복"(Harvey, 2005: 29)으로 규정되는 것도 그런 점 때문이다. 서울의 생김새와 관련하여 주목할 점은 신자유주의가 지배하게 되면 **금융화**가 축적의 지배적 전략으로 촉진되고, 이 과정에서 "자본주의적 생산양식이 지배하는 사회들의 부"가 현상하는 형태인 "거대한 상품 더미"(맑스, 2015a: 43)가 무엇보다 거대한 건조환경의 모습을 띠게 된다는 것이다. 금융화는 상품거래자본과 구분되는 **화폐거래자본과 이자 낳는 자본**의 활동이 강화되는 현상이기도 하다(Duménil and Lévy, 2011: 57). 화폐거래자본이나 이자 낳는 자본은 모두 화폐자본으로 구성된다.

여기서 자본주의 사회의 **사회적 힘**은 특히 **화폐**를 통해 자본가의 **사적 힘**으로 전환될 수 있다는 것을 강조할 필요가 있다. 화폐는 "상품생산이 더욱 발전함에 따라 상품생산자는 누구나" "확보해두지 않으면 안 되는" "사회가 제공하는 만물의 연결(nexus rerum)"로 작용한다. "상품유통의 확대"가 이루어지면 "화폐의 권력이 증대"하는 것은 화폐란 "언제라도 이용 가능한 절대적으로 사회적 형태의 부"이기 때문이다(맑스: 170. 번역 수정). 자본주의에서 화폐의 권력은 당연히 자본가의 것이 된다. 화폐는 "상품의 온갖 질적 차이"를 제거하는 "철저한 평등주의자"임과 동시에 "누구의 사유물로도 될 수 있는 외부의 물건이다." 그러나 자본주의의 발전과 함께 화폐가 자본가에게로 집중되면, "사회적 힘"은 그로 인해 자본가 "개인의 사적 힘으로 된다"(171-72). 이런 효과가 만들어지는 것은 화폐란 **일반적 등가형태**인 때문이기도 하다. 화폐는 "다른 모든 상품의 전환된 모습 또는 그것들의 일반적 양도의 산물"이라는 점에서 "아무런 제약이나 조건 없이 양도할 수 있는 상품"(143)으로 작용할 수 있다. 등가형태의 한 특징은 "사적 노동이 그 대립물의 형태, 즉 직접적으로 사회적 형태의 노동으로 된다는 것"(75)에서 찾아진다.96 화폐를 장악한 개인이 사회적 힘을 그의 사적 힘으로 전환할 수 있는 것은 화폐가 일반적 등가형태로 작용하기 때문이다.

　　신자유주의 국면에서 금융화가 중대한 축적 전략으로 활용되는 이유도 같은 맥락에서 이해된다. 금융화가 특히 중시하는 것은 화폐자본이다. 화폐자본에 대한 욕망이 신자유주의·지배하에서 강화되는 것은 노동에 대한 공격과 자본의 자유 또는 권력 확장이라는 신자유주의의 양면적 목표를 달성하는 데에 그것이 다른 형태의 자본보다 더 요긴하게 활용될 수 있기 때문이다. 신자유주의 지배하에서 이자 낳는 자본의 활동이 강화된 것도 그런 점과 무관하지 않다. 화폐자본은 노동력을 구매하는 능력을 지닌다는 점에서 자본가의 수중에서 노동에 대한 최대의 공격력을 발휘하며, 가장 유연한 자본이라는 점에서 자본의 자유와 권력을 최대한 강화할 수 있다. 금융화가 강화되는 것은 그런 화폐자본의 축적을 통해 사회적 힘이 개별 자본가 개인의 사적 힘으로 전면 전환된다는 것, 다시 말해 자본에 의한 위로부터의 계급 전쟁이 화폐자본의 축적을 중심으로 벌어진다는

96_ 맑스에 따르면 '등가형태'에는 세 가지 특징이 있다. 그들 특징은 첫째, "사용가치가 자기의 대립물인 가치의 현상형태로 된다는 점"(맑스, 2015a: 72), 둘째, "구체적 노동이 그 대립물인 추상적 인간노동의 현상형태로 된다는 것", 셋째, "사적 노동이 그 대립물의 형태, 즉 직접적으로 사회적인 형태의 노동으로 된다는 것"(75)이다. 상대적 가치형태와의 관계에서 등가형태는 가치의 현상형태이면서 사용가치를 갖고, 추상적 인간노동의 현상형태이면서 구체적 노동이지만, 이때 구체적인 사용가치와 노동은 그 자체로 사회적인 성격을 갖게 된다. 이런 등가형태가 되는 상품 가운데 화폐는 보편적이고 일반적인 성격을 띤다는 점에서 중요하다. 그래서 개인은 화폐를 보유하게 되면 "사적 노동"이 그 대립물의 형태인 "직접적으로 사회적인 형태의 노동"으로 전환되고, 그에 의해 사회적 힘을 자신의 사적 힘으로 활용할 수 있다. 다시 말해 화폐 권력을 행사할 수 있는 것이다.

것이다.[97]

이런 점이 오늘날 서울의 생김새와 무관하지 않다는 점은 금융화를 추동하는 신자유주의 국면에서 나타난 중요한 도시적 형태 변화의 하나가 건조환경의 거대한 형성이라는 점으로 확인된다. 서울과 그 외곽의 수도권 지역에 들어선 밀집된 고층아파트 건물을 포함해서 지난 수십 년 동안 지구 전역에는 건조환경의 엄청난 집적이 일어났다. 이런 변동은 이전의 케인스주의 또는 발전주의 국면에서 강조되던 수요 중시 경제학이 신자유주의 국면에서 공급 중시 경제학으로 전환되며 화폐자본의 순환(M-M′)이 크게 확장된 것과도 무관하지 않다. 신자유주의의 지배하에서는 아파트나 빌라, 상가 등 건조환경 단위들을 주식이나 채권과 같은 금융자산으로 전환해 부동산의 건설과 거래를 활성화하는 **자산 도시주의**(asset urbanism)와 부동산시장과 금융시장을 연결하는 **금융적 매개**(financial intermediation)에 의한 **공간의 금융화**가 크게 작동하게 되고, 그에 따라 건조환경의 대규모 축적이 진행된다. 금융화와 함께 부채 금융이 활성화됨에 따라 부동산 개발업자와 소비자들이 자금조달을 수월히 할 수 있게 된 것이 서울의 생김새 규정에도 중요한 역할을 하는 고층, 초고층 건물들을 대거 건설시켰다고 볼 수 있다.

이 장에서는 이런 점을 고려하면서 행성적 도시화 과정에 서울을 중심으로 진행된 **수직적 도시화**의 현상을 살펴보고자 한다. '수직적 도시화'는 행성적 도시화의 집중적, 확산적, 차이적 경향들 가운데 집중적 도시화와 가장 밀접하게 관련된 현상으로서, 건조환경의 **고층화와 대형화**에 따라 생겨난 도시적 형태의 변화다. 서울은 최근에 세계에서 유례를 찾기 어려울

97_ 신자유주의 시대에 화폐자본의 권력이 강화된 것은 미국에서 1920년의 대공황을 야기한 책임 때문에 글래스스티걸법에 의해 족쇄를 차게 된 금융자본이 1990년대 말에 이르러 그 법의 사실상 사문화에 의해 다시 종전의 자유를 완전히 획득하게 된 것으로 확인된다 (홍석만·송명관, 2013: 40-41; 강내희, 2014: 357-58).

정도로 급속하게 **수직 도시**가 되었다. 이것은 대략 1990년대 후반 이후, 다시 말해 서울을 중심으로 행성적 도시화가 전개된 뒤의 일이다. 이 시기는 1990년대 말의 외환위기 이후 IMF의 구제금융을 받는 과정에서 신자유주의의 지배가 더욱 강화되고 특히 금융화가 본격적으로 시작된 시기이기도 하다. 이때부터 서울의 수직적 도시화가 급진전했다는 것은 서울이 최근에 **새로운** 집중적 도시화 과정을 겪었다는 것이며, 이와 함께 새로운 확산적 도시화, 차이적 도시화를 겪었다는 말이 되기도 한다. 이 장에서는 이런 변화를 서울이 수직 도시로 형성되는 방식을 통해 살펴보고자 한다.

2. 건축물들의 고층화

조선의 개국 이후 600년 이상 수도의 역할을 해왔지만, 근대화 이전까지 서울에는 고층 건물이 거의 없었다. 전근대의 건축물들은 궁궐이나 성루 등을 빼고 나면 거의 모두 낮은 단층이었고, 궁궐도 인근의 중국이나 일본과 비교해 낮은 축에 속했다. 이런 점을 잘 보여주는 것이 1890년대 경복궁 부근 주거지 일대를 찍은 사진이다. 거기서 서울의 모습은 궁궐 주변인지라 기와집이 많으나 초가집도 적잖이 섞인 것으로 나타난다. 도시 전체가 단층 건축물들로 이루어진 서울의 그런 모습은 일제강점기까지도 대체로 유지되었다. 당시 고층 건물들은 서울역사(1925년 완공), 조선총독부 청사(1926년), 경성부청사(1926), 화신백화점(1931), 미스코시(이후의 미도파) 백화점(1931), 조지야(신세계)백화점(1933) 등이었는데, 대부분 4, 5층에 불과했고, 숫자도 많지 않았다.

서울에 고층 건물들이 집중적으로 들어선 것은 박정희 정권에서 근대화가 본격적으로 전개된 1960년대 후반 이후다. 이 무렵에 조선호텔(20층, 1967년), 대연각호텔(21층, 1969), 정부종합청사(19층, 1970), 31빌딩(31층, 1970), 플라자호텔(18층, 1976), 동방생명빌딩(26층, 1976), 대우센터(23층, 1977) 하얏트호텔(18층, 1978), 롯데호텔(38층, 1979) 등이 들어서게 된다. 하지만 고층 건축물들이 들어선 곳은 대부분 도심 지역이었고, 서울의 다른 지역들은 1980년대 초까지도 주로 단층 또는 저층 건물들로 뒤덮여 있었다. 3장에 있는 <표 1>에서 볼 수 있듯이 그런 점은 2020년 현재 10.2%(30만7천75호)에 불과한 단독주택 비율이 1980년에는 70.7% (68만 4천83호)로 여전히 높았다는 사실로 확인된다. 1980년대 초까지도 도심만 벗어나면

1890년 무렵의 경복궁 부근
(출처: 서울특별시 공보관실 편, 1984)

1930년대 서울
(출처: 서울특별시사편찬위원회, 2002)

서울 시계 안팎의 산들과 이들 산이 도시의 전경과 함께 형성하는 공제선을 보는 것이 그리 어렵지 않았던 것도 그때까지는 단층 단독주택이 많았기 때문이다.

하지만 그 뒤로 서울의 시역 내부와 외부에 도시화가 진행되고 단층 건물 위주의 동네들도 대거 재개발되면서 새로 들어서는 건물 대부분이 다층 또는 고층 건물로 바뀌는 추세가 시작되며, 이 흐름은 1990년대 말 이후에 더욱 가팔라진다. 이런 변화를 보여주는 것이 1980년과 2020년 사

1970년대 서울시 도심 전경
(출처: 서울특별시사편찬위원회, 2008)

이에 단독주택이 68만4천83호에서 30만7천75호로 줄어드는 동안 아파트는 18만3천846호에서 177만2천670호로 폭발적으로 증가했다는 사실이다. 아파트 호수의 증가는, 아파트가 들어가는 건물은 주거용 층수가 5층 이상이어야 한다는 점에서, 고층 건물들이 그만큼 늘어났다는 말과 다르지 않다. 고층 건물의 대폭 증가 사실은 지난 수십 년 사이에 일어난 건축물의 층수 변화를 보더라도 알 수 있다. 통계청 자료를 참고해 작성한 3장의 <표 2>에서 수도권 층수별 건축물 현황을 보면, 서울의 건축물들 가운데 1993년까지 절대다수를 차지하던 1층과 2~4층 건물들은 크게 줄어든 반면에 5층 이상의 건물들은 급증했다.[98] 눈여겨봐야 할 점은 이런 변화와 함께 건축물의 수가 1993년과 2020년 사이에 71만1천174채에서 59만3천194채로 11만7천

98_ <표 2>를 보면, 1층 건물의 경우 1993년에 28만7천296채이던 것이 2000년에 23만6천518채, 2010년에 15만1천902채, 2020년에 10만8천763채로 급감하고, 2~4층 건물은 1993년 40만3천314채에서 2000년 43만474채로 2만7천채가 더 늘어나다가 이후에는 2010년 42만4천150채, 2020년 36만4천153채로 줄어든다. 반면에 5층 이상의 건물은 모두 계속 늘어난 것을 볼 수 있다. 5층 건물은 1993년 1만3천726채, 2000년 1만9천740채, 2010년 4만5천434채, 2020년 6만3천942채로 늘어났고, 6~10층은 1993년 4천409채, 2000년 8천156채, 2010년 1만9천34채, 2020년 3만4천746채로, 21~30층은 1993년 75채에서 2000년 442채, 2010년 2천849채, 2020년 3천722채로, 그리고 31층 이상의 건물은 1993년 7채, 2000년 9채, 2010년 217채, 2020년 443채로 늘어난 것이다. 2020년 현재 서울의 건물들은 전체 59만3천194채 가운데 1층 건물이 18.3%, 2~4층 건물이 61.4%, 5층이 10.8%, 6~10층이 5.9%, 11~20층이 2.8%, 21~30층이 0.6%, 31층 이상이 0.07%를 차지하고 있다.

900채나 줄어들었다는 것이다. 이런 점은 서울의 건조환경이 최근에 **고층화**에 더하여 **대형화**도 함께 겪었음을 말해준다.

고층 건물의 수가 증가한 것은 서울만이 아니라 수도권 전반에 공통된 현상이다. 1993년을 기준으로 수도권의 고층 건물을 층수별로 살펴보면 11~20층 건물은 서울 2천347채, 인천 719채, 경기도 1천37채였고, 21~30층 건물은 서울 75채, 인천 8채, 경기도 111채였으며, 31층 이상은 서울 7채, 인천과 경기도 각각 0채였다. 하지만 2020년에 이르러서는 11~20층 건물은 서울 1만6천641채, 인천 4천821채, 경기도 2만6천618채로, 21~30층은 서울 3천722채, 인천 1천590채, 경기도 8천393채로, 그리고 31층 이상은 서울 443채, 인천 459채, 경기도 842채로 대폭 늘어난다. 11층 이상의 건물 전체를 놓고 보면 1993년과 2020년 사이에 서울에서는 2천429채에서 2만806채로 8.6배, 인천과 경기도에서는 1천875채에서 4만2천721채로 무려 22.9배가 늘어났다. 이런 변화와 관련해 1993년은 한편으로 한국에서 공간의 금융화가 본격적으로 시작된 중대한 계기로 작용한 **외환위기**가 발생하기 직전이고, 다른 한편으로 노태우 정권이 시작한 주택 200만 호 건설 사업으로 이루어진 1기 신도시 건설 사업이 완료되긴 했으나 서울 외곽 수도권에 대한 개발은 이제 갓 시작한 시점이라는 점, 반면에 2020년은 2003년에 시작된 제2기 신도시 건설도 완료되어 서울의 바로 외곽 수도권 일대의 개발과 재개발이 거의 다 이루어진 시점이라는 점을 기억할 필요가 있다.

최근에 올수록 서울에서, 특히 비-서울 수도권에서 11층 이상의 고층 건물 수가 급격하게 늘어난 것─이 현상이 서울의 '중심성'을 부정하는 것은 앞 장에서 언급한 바다─은 1990년대 말 이후 신자유주의의 지배가 본격적으로 이루어지고, 금융화가 강력하게 추진되어 부동산시장과 금융시장이 결합하는 **금융적 매개**가 활성화된 것과 무관하지 않다. 다시 말해 지금 서울의 생김새를 결정적으로 규정하고 있는 건조환경의 고층화와 대형화가 이루어진 것은 **공간의 금융화**, 즉 공간의 생산을 매개로 하는 자본의 운동이 M—M′ 운동에 결정적으로 의존하게 된 결과인 셈이다. 한국에서 금융화는 신자유주의가 1980년대에 도입된 뒤에도 비교적 늦게 진행된 편이다.99 하지만 공간의 금융화는, 1997년의 외환위기와 함께 IMF의 구제금융을 받게 된 뒤로 금융 자유화가 급격하게 이루어진 것을 계기로 본격 가동되기 시작해, 지난 20년이 넘는 동안 서울의 도시적 형태를 규정한 핵심적 메커니즘으로 작용했다고 볼 수 있다. 그 메커니즘에 대해서는 다다음 절에서 다루기로 하고, 여기서 지적할 것은 공간의 금융화로 인해 특히 고층 건물들이 집중적으로 들어섰으며, 그에 따라 서울은 수직적인 도시로 바뀌었다는 점이다.

한국은 2000년대 초중반에 이르러 40층 이상의 고층 주거용 건물이 중국의 985채, 미국의 392채, 아랍에미리트의 134채에 이어 76채로 세계 4위로 많은 나라가 된다. 도시별로 보면, 40층 이상의 건물은 홍콩이 920채로 가장 많고, 두바이 112채, 뉴욕 107채, 시카고 90채, 마이애미 61채, 서울 44채의 순이었다(서울신문, 2005.10.28.). 2017년 기준으로 한국은 30층 이상 건물이 전국적으로 2천315채에 이르며(매일경제, 2018.4.9.), 이 중에 초고층에 해당한 건물은 2016년 말 기준 107채로서, 그중의 28채가 부산, 22채가 서울에 있고, 인천과 경기도에는 각각 19채가 있다. 서울의 초고층 건물 수가 부산보다 적다는 점이 예상 밖일 수 있지만, 인천과 경기도 지역—서울 바로 외곽일 공산이 높은—에 각각 19채가 있음을 고려하면 수도권에 전체 수의 절반이 넘는 60채가 모여 있는 셈이니(중앙일보, 2017.6.19.), 앞 장에서 살펴본 강남화와 마찬가지로 고층 건물의 건설을 주도하는 것도 수도

99_ 이 점은 미국도 마찬가지다. 데이비드 코츠에 따르면, 미국에서 금융화는 1970년대에 시작되기는 했으나 금융적 이윤이 본격적 상승을 보인 것은 1980년대 말 이후였다. 그는 "금융화가 만개한 것은 신자유주의 시대가 시작된 지 한참 뒤인 2000년대였다"고 말한다 (Kotz, 2015: 33).

권임이 확인된다. 이 결과 서울을 포함한 수도권은 '수직 도시'가 되었다.

'세계에서 가장 수직적인 도시'는 흔히 홍콩이라고 여긴다. 이유인즉슨 14층 이상의 공간에서 살거나 일하고 있는 사람들이 세계 어느 도시보다 홍콩에 가장 많다는 것이다(Carona, 2014: 167). 하지만 한 도시가 얼마나 수직적인가를 따지는 기준은 다를 수도 있다. 예컨대 세계 도시들의 건물 자료와 사진을 모아 출판하는 독일의 부동산 정보 회사 엠포리스는 35~100미터의 높이 또는 12~40층 사이의 건물을 '고층 건물'로 정의한다(Emporis, n.d.). 고층 건물을 그런 기준으로 규정하면, 서울이 세계에서 가장 수직적인 도시가 될 수 있다. 2019년 현재 서울은 고층 건물을 3위 홍콩의 7천913채, 2위 모스크바의 1만2천317채보다 훨씬 더 많은 1만6천359채 보유한 것으로 나타났다(Keegan, 2019.7.16). 고층 건물이 훨씬 더 많은 서울 외곽의 수도권까지 포함한다면 서울 메트로폴리탄 지역은 세계 최고의 수직적 도시 지역이 될 것이다.

수직 도시는 다르게 규정할 수도 있다. 마르가 호엑에 따르면, "수직 도시는 하나 또는 그 이상의 거대한 마천루 안에 들어있는 하나의 온전한 거주지다. 이들 구조물은 400층까지 될 수가 있고 서로 연결된 몇 개의 건물이 될 수도 있으며, 주택에서 병원, 대학, 자치체 부서에까지 이르는, 한 도시의 모든 구성 요소들을 포함한다"(Hoek, 2018: 248). 이렇게 볼 경우, 수직 도시는 "고층개발을 통해 주거·직장·문화시설·교육·쇼핑을 한꺼번에 해결하도록 하는 도시"(차학봉, 2007.7.27.)로서, 말하자면 건물 도시(building city)인 셈이다. 건물 도시라면 거대한 건물 하나 또는 소수의 건물 집합체가 온전한 한 도시의 기능을 하는 경우다. 이런 기준을 적용한다면 현재 가장 수직적인 건물 도시는 2010년에 아랍에미리트의 두바이에 들어선 부르즈 할리파가 된다. 그 안에 각종 시설이 집합해 있는 이 건축물은 높이가 828미터로서 현재 세계에서 가장 높은 구조물이다. 서울에도 그런 건물 도시들이 있다. 2017년 4월 잠실에 들어선 123층 555미터의 롯데월드타워가 대표적인 예다. 2016년 12월 기준으로 세계에서 다섯 번째로 높다는(뉴스1, 2016.12.7.) 이 초고층 건물에는 1층부터 12층까지는 금융센터, 메디컬센터, 피트니스센터, 갤러리가, 14층부터 38층까지는 다국적 기업들의 사무 공간, 42층부터 71층까지는 주거용 오피스텔, 76층부터 101층까지는 6성급 호텔, 108층부터 114층까지는 개인 오피스시설 및 사교 공간, 그리고 최고층 123층에는 카페 겸 바가 들어서 있다(코리아넷뉴스, 2017.3.21.).

롯데월드타워, 부르즈 할리파 같은 단일 고층 건물 또는 소수의 고층 건물들 클러스터―예컨대 일곱 채의 고층 주상복합아파트 건물로 구성된 도곡동의 타워팰리스 단지―를 그 자체로 수직 도시로 본다면, 서울은 수직 도시 여럿을 그 안에 품은 도시가 되는 셈이다. 하지만 수직 도시를 꼭 단일 초고층이나 메가고층 건물 또는 소수의 고층 건물들 집합체인 것으로만 여길 필요는 없지 않을까 싶다. 그런 건물 도시가 수직 도시임을 부인하자는 것이 아니라, 고층 건물이 밀집한 도시라면 그 또한 수직 도시로 여겨도 무방할 것이다. 단, 이 경우 고층 건물을 어떻게 이해할 것인가가 문제가 되겠다.

어떤 건물을 고층 건물(tall building)로 규정하는 절대적 기준은 없다. 세계초고층도시건축학회(CTBUH)에 따르면 고층 건물의 정의는 주변 환경과 비교한 건물의 상대적 높이, 건물 폭과 높이의 비율, 건물 높이와 연관된 기술의 사용 여부(수직 이동 기술, 횡력 대비 구조적 시스템)에 따라 상이하게, 그리고 주관적으로 이루어진다(Al-Kodmany, 2012: 134).[100] 이런 점을 말해주는 것이 예컨대 고층, 초고층 등에 대한 CTBUH, 엠포리스, 한국 건축법의 정의가 각기 다르다는 점이다. 엠포리스가 고층 건물을 12층 이상의 건축물로 규정하고 있다면, 2012년 3월부터 시행되기 시작한 한국의 건

100_ 세계초고층도시건축학회에 따르면, 고층(tall) 건물은 14층 또는 50미터 이상, 초고층 (supertall)은 300미터 이상, 메가고층(megatall)은 600미터 이상이다(www.ctbuh.org/resource/height).

축법은 30층 또는 120미터 이상의 건물을 '고층'으로 정의한다. 그리고 CTBUH는 초고층을 300미터 이상의 건물로 정의하는 반면에, 한국의 건축법 시행령 제2조에서는 50층 또는 200미터 이상을 초고층의 기준으로 정해놓고 있다. 이처럼 '고층'과 '초고층'의 확정적 기준이 없다면, 수직 도시는 어떻게 규정할 것인가라는 질문이 예상된다. 그런 질문이 날카로울 수 있는 것은 고층 건물 자체의 기준을 확정하기 어려운 상황에서는, 고층 건물이 많은 도시를 수직 도시로 보자는 위에서의 제안 자체가 성립되기 어려울 것이기 때문이다. 하지만 고층 건물의 기준이 절대적이지 않다는 것을 수직 도시의 구성 요건 또한 절대적이지 않다는 말로 해석한다면, 그런 점은 큰 문제가 되지 않는다. 홍콩이 가장 수직적인 도시로 여겨지는 것은 40층 이상의 건물이 가장 많기 때문이거나 14층 이상의 공간에서 생활하는 사람 수가 가장 많기 때문이고, 서울이 가장 수직적인 도시인 것은 엠포리스의 기준에 따른 고층 건물인 12층 이상의 건물이 가장 많기 때문이다. 수직 도시를 협소하게 정의하면 호엑 등이 말하는 건물 도시로 이해해야 하겠지만, 좀 느슨하게 정의한다면 **고층 건물들로 구성된 도시** 정도로 이해될 수도 있을 것이다. 물론 고층도 어떻게 정의하느냐는 문제가 있겠지만, 나는 고층을 좀 느슨하게 이해하고 싶다. 한국의 건축법에서는 30층 이상을 '고층 건축'으로 규정하지만, 우리는 통상 그보다 층수가 훨씬 낮은 건물도 고층으로 부른다. '수직 도시'는 엄밀하게는 단일 초고층 또는 메가 고층 건물, 그런 건물들 소수의 집합체를 가리킬지 모르나, 느슨하게 그보다 훨씬 저층이지만 관행적으로 고층이라 여기는 건물들이 군집해 있는 도시 전체를 가리키는 말로도 쓰일 수 있을 것이다.

느슨한 기준을 수용하면, 과거 단층 단독주택 건물들을 대체하고 들어선 3~4층짜리 다층건물들도 서울의 수직적 도시화에 이바지한다고 볼 수 있다. CTBUH가 인정하듯이 고층 건물의 정의는 "주관적"이다(CTBUH, n.d.). 과거 단층 건물로 이루어진 주택가에서 살아본 사람에게는 오늘날의 기준으로는 저층에 속하는 건물들로 이루어진 '빌라촌'의 건물들도 고층으로 느껴질 공산이 크다. 옛날 주택가 동네에서는 어디서나 넓은 하늘과 산 능선이 합쳐지는 공제선을 바라볼 수 있었으나 이제는 빌라촌에서도 그런 모습은 보기 힘들어졌고 하늘을 보려고 해도 고개를 곧추세워야만 한다. 이것은 빌라촌의 골목들이 양쪽에 시야를 가리는 높은 건물들이 늘어서서 협곡처럼 변했기 때문이다. 하늘로 수백 미터 치솟은 초고층 건물과 비교할 바는 아니어도 골목을 빼곡히 에워싸고 있으면 4~5층 높이의 건물도 인간의 척도로는 높은 절벽처럼 보일 수 있다. 이런 점을 고려하면 서울의 수직적 도시화는 타워팰리스나 하이페리온, 롯데월드타워 같은 초고층 건물, 주택법에서 규정한 고층건축물, 또는 엠포리스가 규정한 12층 이상의 고층 건물만이 아니라, 그보다 훨씬 더 낮은 저층 건물들에 의해서도 이루어진다고 볼 수 있을 것 같다.

3. 수직 도시의 기술적 조건과 그 문제

수직 도시를 이루는 고층의 건축물을 짓는 것은 쉬운 일이 아니다. 건축물은 모두 건축의 산물이다. '건축(建築)'은 영어 '아키텍처(architecture)', 독일어 '아르히텍투어(Architektur)', 프랑스어 '아르시텍튀르(architecture)'의 한자 번역어이고, 아키텍처는 라틴어 '아르키텍투라(architectura)', 그리스어 '아르키텍토니케(architektonike)'에서 왔다. '아키텍처'에는 '건축'으로는 표현되지 않는 접두어 '아르케(arche)'가 들어있다는 점에 유의할 필요가 있다. '아르케'는 "기원" "시작" "원인" "법칙" 등의 의미를 지니고 있으며(Preus, 2015: 59), "사물의 존재 근거와 생성, 창조 원리와 인식"(김영철, 2018: 89)과 관련된다. 다른 한편 '텍토니케(tektonike)'는 "테크톤"(호메로스의 『일리아스』에 등장하는 목수)"이 먼저 자신의 도구로 빚고 그다음에 앉아서 함께 잇는 '구별되는 단위들'의 배열"(Karvouni, 1999: 106) 문제와 관련된 것으로서, '구축학'으로 옮길 수 있다. '구축학'은 이때 개별 단위들의 관계를 따져야 하는 만큼 어떤 종합적 시야를 전제한다. 다양한 재료들과 행위들의 종합으로 이루어지는 오늘날의 건축에도 이런 관점은 필수적이며, 건축이 종합예술의 대표적 장르로 꼽히는 것도 그 때문일 터이다. '텍토니케'와 (사물의 근원이나 원리를 의미하는) '아르케'가 결합된 '아르키텍토니케'는 그렇다면 실천으로서든 이론으로서든 훨씬 더 통합적인 성격을 가질 것으로 여겨진다. 단 이때 통합적으로 배열되어야 하는 "구별되는 단위들"이 오늘날 건축에서 요구되는 물리적 재료나 행위만 의미할 필요는 없다. 그 용어를 처음 언급한 아리스토텔레스가 '아르키텍토니케'를 주로 사용한 곳이 오늘날의 건축 분야에 해당하는 영역보다는 "지혜의 특성을 주제로 삼거나, 혹은 구체적으로 국가정체(politeia)의 행정권, 통치권, 폴리티케 테크네(politike techne)를 다룬 곳"(김영철, 2018: 91)이었다는 점이 이 맥락에서 중요하다. 고대 그리스에서는 지혜의 문제를 다루는 철학, 행정과 통치의 문제를 다루는 정치가 '사람다운 사람' 즉 노예나 여성이 아닌 '시민'이 할 만한 가장 중요한 일로 치부되었다. 이것은 물론 그리스 사회가 노예나 여성에게 노동을 강요한 계급적이고 가부장적인 사회였기 때문이었겠지만,[101] 덕분에 철학이나 정치학이 "으뜸가는 학문, 가장 총기획적인 학문에 속하는 것" "가장 주도적이며 가장 권위 있는 학문"(『니코마코스 윤리학』, 1094a; 김영철: 91에서 재인용)으로 치부될 수 있었을 것이다. 그리고 그런 학문을 지칭할 수 있게 됨으로써 아르키텍토니케는 '가장 중요한 구축학', 또는 '가장 중요한 것의 구축학'이라는 의미를 지니게 된다. 아르키텍토니케의 이런 개념은 건축이 원래는 근본적이고 원리적인 성격을 지닌 인간 활동임을 말

101_ "한참 전성기를 구가할 때의 그리스인들도 철저하게 노동을 경멸했다. 노동은 오직 노예들만이 하는 일이었다. …고대 철학자들은 노동에 대한 경멸을 가르치며 노동은 자유인을 타락시킬 뿐이라고 설파했으며, 시인들은 신들이 보내준 선물인 게으름을 찬미했다"(라파르그, 2005: 47).

해주고 있다.

하지만 이제 건축은 아르키텍토니케와는 거리가 멀다고 봐야 한다. 아르키텍토니케에서 아르케가 근본적인 지혜를 의미했다면, 오늘날 건축의 모습은 앞서 잠깐 살펴본 것처럼 인류를 위기에 처하게 하는 인류세적 증상을 보여주고 있고, 행성적 도시화에 동원됨으로써 자본의 하수인으로 전락했다. 물론 건축이 이제는 아예 중요하지 않다는 말은 아니다. (초)고층 건물들이 대대적으로 건설되고 있는 최근의 상황은 건조환경 구축으로 전개되는 도시화가 오늘날 인류의 삶에서 얼마나 중요해졌는지 잘 보여준다. 행성적 도시화가 급진전하고 있다는 것은 건축 활동이 자본의 운동과 갈수록 긴밀하게 연결되고 있다는 말이기도 하다. 건축물의 고층화로 인한 수직적 도시화는 자본주의적 생산양식의 **주체**인 자본이 건조환경의 구축을 중심으로 그 운동을 전개함에 따라 생기는 현상에 속한다. 건조환경이 대규모로 조성된다는 것은 가치의 실체인 노동이 대상화한 규모가 그만큼 크다는 것, 사회적으로 필요한 노동의 양이 거기에 그만큼 많이 투여된다는 것이다.

자본의 집중이 건축 분야에서 일어나고 있다는 단적인 사례는 부르즈 할리파, 롯데월드타워 같은 건물 도시들의 급증에서 볼 수 있다. 그런 건물들은 하나만 세우는 데에도 막대한 자본이 요구되며, 그 안의 주거 단위 하나만 사려도 임금노동을 하는 사람들은 생각하기도 어려운 거액을 내야만 한다. 부르즈 할리파의 건설에는 15억달러, 롯데월드타워 건설에는 3조 8천억 원의 공사비가 들어갔고, 그런 건물 도시에서 전용 공간을 확보하려면 수백, 수천억 원의 자금이 필요하다.[102] 이런 점은 오늘날 수직 도시를

102_ 2019년 현재 세계에서 가장 비싼 아파트는 모나코공국 오데온 타워의 펜트하우스로 3억 8천7백만 달러나 된다고 알려져 있다. 서울의 롯데월드타워의 경우 전용 244㎡ 오피스텔이 "2017년 3월 89억4천만원"에 구매되었다가 2019년 "9월에 115억원에 매도"된 것으로 알려졌다(중앙일보, 2019.12.3.).

구축하는 건축 부문에 자본의 활동이 집중되고 있고, 지금 목격되고 있는 고층 건물의 급증은 자본이 건축 분야에 대규모로 투자되고 있다는 증거임을 말해준다. 하지만 바로 그로 인해 건축은 아르키텍토니케와는 거리가 멀게 되었다. 근래에 건물 도시들이 등장한 것은 건축이 자본의 지배를 받게 되고, 자본의 운동이 건축 부문을 잠식하게 되었기 때문이지 건축이 자본을 지휘하게 되었기 때문은 아니다. 고층 건물이 급증한 것은 물론 건축이 으뜸 기술로 활용된 결과임이 분명하지만, 건축은 이제 으뜸 또는 원리의 구축학이 아니라는 증거이기도 하다.

'아키텍처'의 '텍처'는 텍토니케로부터 나왔고 '구분되는 단위들'의 결합을 꾀한다는 점에서 당연히 기술의 측면을 지닌다. 하지만 '텍토니케(tektonike)'는 기술을 의미하는 '테크네(tekhne)'와는 어원상으로 무관하며(김영철, 2018: 95), 특히 수단으로서의 테크네와는 무관하다. 그렇다면 건축이 자본의 지배를 받아 고층 건물을 건립하는 기술적 수단이 되었다는 것은 아키텍처, 아르키텍토니케의 본령을 벗어난 활동에 얽매이게 되었다는 말과 같다. 설령 그런 활동에서 건축이 으뜸 기술의 위상을 누릴지라도 "으뜸가는 학문 또는 가장 총기획적인 학문"으로서의 아르키텍토니케의 위상은 크게 실추된 셈인 것이다. 이렇게 말하는 것은 건축이 기술이 아님을 강조하기 위함은 아니다. 건축은 당연히 중요한 기술이고 또 역사적으로 으뜸 기술로 치부되고는 했다. 그것은 건축이 원래 집 짓는 일이었기 때문일 것이다. 인간의 삶에서 중추적인 역할을 하는 집을 짓는 일은 다른 어떤 기술보다 중요하게 여겨질 수 있다.

집을 짓는 기술이 이미 으뜸 기술로 치부된다면, 사원이나 궁전, 탑과 같은 예사롭지 않은 건물을 짓는 기술은 더 큰 기술로 여겨질 수 있다. 그리고 건물이 고층일수록 그 축조에 요구되는 기술의 수준과 의미는 더 중요하고 각별할 것이다. 고층 건물의 경우는 축조하기가 쉽지 않은 탓에 역사적으로 드물고 귀한 건조물에 속했다. 피라미드나 탑, 궁궐과 같은 기념비적이거나 권력 건조물들을 제외하면 고층으로 된 건축물이 드물었던 것도 그 때문이었을 것이다. 전통적 도시들에 집적된 건축물들은 그래서 대부분이 저층 건물들이었다. 인류 역사에서 고층 건물이 대대적으로 건설되기 시작한 시기는 제2차 산업혁명의 확산과 함께 독점 자본의 성장이 이루어진 19세기 후반이다. 독점 자본의 거점이 된 미국의 시카고와 뉴욕 등 대도시 등지에서 건물의 고층화가 대대적으로 진행된 것은 그때부터 도시에서 진행된 공간의 생산이 기본적으로 자본의 운동에 따라 전개된 점과 무관하지 않다. 자본주의 도시화와 함께 도시로의 인구 유입이 급속하게 이루어지면서 토지 가격이 상승하게 되자 작은 대지에 연면적이 큰 건물들을 지을 필요성이 커졌고, 이 맥락에서 기술의 문제가 중요한 문제로 떠오르게 된다. 그것은 고층 건물에 대한 수요가 늘었지만, 고층 건물을 건설하는 일은 만만치 않았기 때문에 당대 최고의 기술 지원이 필요했기 때문이다.

고층 건물을 건설할 때 풀어야 할 핵심적인 난제 하나는 실내 상하 이동이라는 비자연적 신체 운동을 가능하게 만드는 것이었다. 계단을 설치하면 그런 상하 운동이 어느 정도 가능하다. 그러나 일정한 높이 이상이 되면 건축물은 실내에서의 신체 이동을 돕는 **기계적 장치**가 필요해진다. 과거에 고층 건물이 드물었던 것은 계단만 이용해서는 건물 안에서 상하 운동을 원활하게 할 수 없기 때문이기도 했다. 19세기 중후반 프랑스의 제2제정기에 조르주 외젠 오스만이 파리의 대대적 재개발 과정을 주도하며 대거 건립한 6~7층의 아파트 건물들에 엘리베이터를 설치하지 않은 것도 그런 맥락에서 이해된다(New York Habitat, 2014.12.8.). 오스만-스타일 아파트 건물에 엘리베이터가 설치되지 않은 것은 당시에는 엘리베이터 기술이 아직 널리 보급되지 않은 때문이기도 하겠지만, 지상 7층 정도까지는 사람들이 계단을 이용해서 오르내릴 수가 있었기 때문이다. 과거 소련에서 많이 지은 5~7층 높이의 아파트 건물들에도 엘리베이터가 설치되지 않았다고 한다(Gouré, 1962: 99).

한국에서는 전통적으로 높은 건축물이 별로 없었던 탓에 사람들이 실내에서 위아래로 이동할 일도, 따라서 실내 수직 이동을 위한 기계 장치에 대한 필요성도 없었다. 실내의 수직 이동이 일상적으로 필요해진 것은 서울이 만원이 되고, 고층 건물들이 건립되기 시작한 1960년대 이후로 볼 수 있지만, 주거용 건물이 엘리베이터가 필요할 만큼 고층인 경우는 드물었다. 서울에서 엘리베이터가 처음 설치된 아파트 건물은 1971년에 대규모 단지 형태로 완공된 여의도 시범아파트다. 이 단지의 건물들은 당시 가장 높은 12~13층의 높이로 구성되었고, 입주자 대부분이 중산층이었다. 그전에도 아파트 건물에 엘리베이터를 설치하려는 시도가 없지는 않았다. 1961년에 착공된 도화동의 마포아파트를 시공한 주택공사는 처음에는 10층짜리 고층아파트를 지어 엘리베이터도 설치할 계획이었다고 한다. 하지만 "당시 자금을 공급하던 USOM[주한미국경제원조기구] 측이 난민구호용 주택건설을 권하면서 철근콘크리트 아파트 건설에 반대"해 그런 계획에 제동이 걸렸고, "여론도 전기사정과 유류 부족, 상수도원 부족을 들고나와 엘리베이터 설치, 중앙난방, 수세식 화장실 건설에 반대하였다"(장성수, 1996: 88). 이런 점은 1960년대 초에는 중산층을 위한, 엘리베이터를 갖춘 아파트 단지의 건설이 시기상조였음을 말해준다. 1960년대 후반까지도 사정이 변하지 않아 이촌동에 건설된 한강맨션아파트 단지도 6층 이하의 저층으로 조성되었다.

고층 건물의 건립 조건으로 엘리베이터 설치가 필수적인 것은 승강 장치가 있어야만 생활과 활동이 원만해지기 때문이다. 상하 이동을 원활하게 해주는 장치가 없으면 고층 생활은 불편하다 못해 불가능해진다. 19세기 말에 미국에서 '마천루'가 대거 등장할 수 있었던 것도 고층 건물 내부의 수직 이동을 원활하게 해준 엘리베이터 기술이 그때 개발되었기 때문이다. 엘리베이터는 기원전 236년에 아르키메데스가 발명한 것으로 알려질 정도로 아주 오래된 기술이었으나(Wikipedia, "Elevator"), 권양 밧줄에 문제가 생기면 큰 사고로 이어질 수 있어서 안전한 장치가 아니었다. 안전사고 우려 때문에 화물 운송에 주로 사용되던 엘리베이터가 사람까지 운송할 수 있게 된 것은, 1852년에 미국의 엘리샤 오티스가 "권양 케이블이 끊어지면 객실을 붙잡는 승강기 안전장치"를 발명한 이후의 일이다. 획기적인 기술로 화물만이 아니라 사람도 고층으로 나를 수 있게 되면서, "한때 싸구려였던 엘리베이터는 바로 초일류의 물건이 되어 새로운 주인들이 멋진 파노라마 광경을 감탄하며 볼 수 있게 해주었다"(Akristiniy and Boriskina, 2018: 2). 승강기 기술의 발전은 고층 건물들로 구성된 수직 도시가 등장하는 데에도 큰 역할을 했다고 볼 수 있다. 수백 층 높이에 거주 인구가 수만 명에 이르는 건물 도시에서의 이동을 위해서는 성능 좋은 엘리베이터의 확보가 필수적이다. 최근에는 독일의 티센크루프사에 의해 자기부상 기술을 활용한 무로프 엘리베이터가 개발되기도 했다(연합뉴스, 2019.7.12.).

엘리베이터 기술은 고층 건물 실내에서 수직 이동을 안전하게 해주기는 하지만 건물의 높이 자체를 올려주지는 않는다. 롯데월드타워처럼 500미터대, 부르즈 할리파처럼 800미터대, 그리고 현재 건설 중인 제다 타워처럼 1킬로미터대의 높은 건물이 들어서려면 고층화를 위한 완전히 새로운 건축 재료나 기술이 필요하다. 과거에 고층 건물이 드물었던 이유의 하나는 사용할 수 있는 건축 재료가 석재와 벽돌밖에 없었다는 점과도 무관하지 않다. 석재와 벽돌은 견고하기는 해도 건물이 높이 올라갈수록 하중도 함께 늘리는 치명적 한계를 지닌다. 그런 문제를 해결해준 것이 강철 철골구조를 건축술에 사용한 공법이었다. 이 공법은 철골로 된 하중 지지 구조골격을 사용하는 방식으로서, 1884~85년에 윌리엄 제니가 미국 시카고에 세운 홈인슈어런스 빌딩의 건립에 처음으로 도입되었다. 철골구조는 "통상적인 방법과는 달리 벽체가 건물의 무게를 지지하게 하는 대신에 철골이 벽의 무게 전체를 지탱하도록 하는"(*New World Encyclopedia*,

"Skyscraper") 공법으로 '시카고 골조'라는 건축 양식을 확산시키는 데 큰 몫을 하게 된다. 철골구조의 사용은 19세기 말에서 20세기 초에 시카고와 뉴욕에서 마천루들이 우후죽순처럼 생겨나게 한 결정적 요인이기도 했다.

하지만 최근에 들어와 건립되는 초고층 또는 메가고층 건물들은 더욱 향상된 다양한 기술들을 요구하고 있다. 그것은 그들 건물이 과거 20세기 초반 또는 중후반까지 미국에서 세운 마천루들—예컨대 뉴욕의 엠파이어 스테이트 빌딩(102층 381m, 1931년)이나 시카고의 시어스 빌딩(현 월리스 빌딩, 108층 442m, 1973년)—보다 훨씬 더 높아졌기 때문이다. 최근에 인류세 상황이 전개된 것도 더 고도의 건축 기술을 요구하는 계기로 작용하는 것으로 보인다. 기후 변화로 인한 태풍의 위력 강화, 지진의 빈발 등으로 고층 건물의 구조적 안정성을 확보하는 기술이 더욱 중요해졌다. 구조적 안정성 확보를 위해서는 구조물의 정확한 수직성 확보가 필수적인데 이를 위해 요구되는 것이 최첨단의 기술이다. 롯데월드타워의 경우 정확한 수직성 확보를 통한 건물의 건강성 유지를 위해 "지구를 선회하는 3개 이상의 인공위성을 이용한 '범지구위성항법시스템'을 활용"했다(Kim and Lee, 2016: 209). 초고층 건물은 건립되고 난 뒤에도 태풍이나 지진의 충격에 대비해야 하며, 이를 위해 횡력 저항 시스템 같은 기술이 동원된다. 101층 508미터의 높이로 2004년 완공 이후 2010년 초까지 세계에서 가장 높은 건물이었던 타이완의 타이페이101에는 동조질량감쇠기(Akristiniy and Boriskina. 2018: 5), 롯데월드타워에는 "아웃리거(풍하중과 지진하중에 대한 횡력 저항 시스템)와 벨트트러스(코어가 받는 힘을 분산시키는 구조물)" 같은 첨단 구조물이 설치되었다(중앙일보, 2019.4.3.). 이런 구조물의 개발에는 고도 기술이 요구되지 않을 수 없을 것이다.

고층 건물의 건조에는 강철과 함께 강화 유리가 꼭 필요하다. 19세기 말에 시카고에서 고층 건물 건축에 처음 도입된 철골구조의 획기적인 기술적 의미는 이제 건물의 하중을 버티기 위해 외벽을 무거운 석재나 벽돌로 만들 필요를 없게 만든 데서도 찾을 수 있다. 철골구조가 도입되고 강화 콘크리트와 함께 건물의 구조적 안정성이 확보되면서 외벽은 이제 커튼월(장막벽)로 바뀌었다. 커튼월 건축은 "건물의 하중을 모두 기둥, 들보, 바닥, 지붕으로 지탱하고, 외벽은 하중을 부담하지 않은 채[로] 마치 커튼을 치듯 건축자재를 돌려쳐 외벽으로 삼는 건축 양식이다"(위키백과, "커튼월"). 당시 커튼월에 주로 사용된 것은 진흙을 구워 만든 테라코타였다. 이미 그때에도 유리 커튼월 사용이 가능했으나 테라코타가 계속 사용된 것은 "부분적으로는 석축 언어에 익숙한 건축가들과 고객들의 기대 때문이었고, 일부는 유리의 이용가능성과 비용, 일부는 시카고의 기후 조건에서 생기는 온랭 문제 때문"(Chiuini, 2016: 10)이었다고 한다. 물론 최근에는 유리를 사용하는 커튼월이 훨씬 더 보편적이며, 서울에 들어서는 초고층 건물들에서도 유리 커튼월이 단연 대세다. 롯데월드타워의 경우 커튼월 공사에 사용된 유리가 4만2천 장이었다고 한다(동아일보, 2019.6.12.). 하지만 건물의 외벽을 유리 커튼월로 만들면, 우려되는 문제점도 없지 않다. 19세기에 처음 많이 사용되었을 때 유리는 전통적 파사드에 비해 실내를 몇 배나 더 밝게 해주고 또 외부 환경에 대한 훌륭한 보호막이 되기도 했지만, 여름에는 너무 덥고 겨울에는 너무 추운 곳에서는 온기와 냉기를 차단하는 기능이 취약한 측면을 드러냈다. 유리가 장착된 창문은 그래서 보온이나 직사광선 차단 등을 위해 블라인드나 셰이드가 필요하지만, 고층 건물의 경우 외벽의 면적이 워낙 넓어서 그런 시설은 군더더기가 된다. 이런 문제를 해결하기 위해 오늘날의 고층 건물이 많이 사용하는 것이 스마트 유리 기술이다. 그 한 예가 빛을 절약하고 온기를 유지하고 햇볕으로부터 과도한 난방을 막기 위해 나노입자 박막증착 기술을 유리에 적용하는 것이다(Akristiniy and Boriskina, 2018: 6).

123층 555미터의 롯데월드타워, 163층 828미터의 부르즈 할리파 같은 최근에 선보인 초고층 건축물들은 높이도 높이려니와 체적과 용량, 하중이 워낙 커서 그런 것들을 감당할 수 있게 특수한 기술로 개발된 재료를 사용하는 것으로 알려져 있다. 이제는 강철도 건물의 요구에 따라 그 강도나 연성을 새로 조절해야 할 필요가 많아졌다. 초고층일수록 건물은 엄밀한 구조적 계산에 따라 설계를 해야 하고, 건물의 모양도 그에 따라 조정하는 것이 필요하다. 건물은 높이 올라갈수록 풍력의 영향을 더 크게 받게 된다. 더욱이 최근에는 기후 변화로 인해 태풍의 위력이 갈수록 강력해져 그에 따른 위험을 방비할 필요가 더 커졌다. 이것은 풍력에 효과적으로 저항하는 공기역학적 기술의 쇄신이 그만큼 필수적이라는 말이기도 하다. 고층 건물은 그 안에서 생활하는 사람들의 안전과 편의를 위해 예컨대 방화나 급수, 냉온을 위한 시설도 특별하게 갖출 필요가 있다. 통유리 커튼월로 건설된 서울 도곡동의 타워팰리스, 부산 해운대의 초고층 주상복합 주민의 경우 "여름에는 덥고 겨울에는 추운 최악의 환경"을 견뎌야 하며, "일부 가정은 관리비가 월 수백만 원씩 나오기도" 해서 냉난방 기능을 갖춘 '룸텐트'에 대한 수요가 늘었다는 보도도 나왔다(중앙일보, 2015.2.9.). 예상되는 심각한 상황들을 모면하려면 내부 온도를 적정 수준으로 유지해주는 첨단시설의 설비가 필수적이다. 하지만 건물 하나가 수만 명에 이르는 인구를 수용하는 건물 도시형 수직 도시의 경우, 그 내부에서 소비되거나 처리되어야 하는 전력, 물, 폐기물의 규모나 비용이 엄청날 수밖에 없고, 이런 문제를 관리할 수 있는 물류 체계는 더욱 고도의 기술을 요구할 공산이 크다. 내부에서 자원을 독자적으로 생산할 수 없고 대부분을 외부에서 공급받아 소비해야 하는 건물 도시는 그 자체가 거대한 폐기물 공장과 같아서 폐기물을 자체적으로 처리하는 시스템의 건설과 운용 문제도 만만치 않을 것이다. 그런 점에서 수직적 도시화는 인류세 상황을 악화시킬 우려도 동반함과 동시에 적절한 기술적 기반 없이는 결코 이루어질 수 없는 과정이라 할 수 있다.

4. 수직적 도시화와 금융화

서울과 그 외곽에서 늘어나고 있는 고층 건물들의 건조를 위해서는 첨단기술의 뒷받침이 필수적이지만, 하늘 높은 줄 모르고 치솟는 마천루들이 당연히 그런 기술에 의해서만 늘어나는 것은 아니다. 오늘날 목격되는 수직적 도시화의 양상은 우리가 자연과 어떤 관계를 맺고 있는가, 인류가 지금 어떤 사회경제적 삶을 살고 있으며, 도시화 과정은 어떤 권력관계나 제도적 절차에 의해 지배되고 있는가, 또는 우리가 어떤 종류의 도시적 삶을 원하는가와 같은 문제들에 의해서도 영향을 받지 않을 수 없다.

이 맥락에서 "기술은 자연에 대한 인간의 능동적 태도, 그의 삶의 직접적 생산과정을 드러내고, 그와 함께 그의 사회적 생활 관계들과 그로부터 발생하는 정신적 관념들의 생산과정을 드러낸다(enthüllt)"(맑스, 2015a: 505. 번역 수정)는 맑스의 말을 상기해봄 직하다. 여기서 기술은 인간과 자연의 관계, 생산과정, 사회적 생활 관계들, 정신적 관념들과 일방적인 관계를 맺는 것으로, 예컨대 기술이 다른 것들을 결정한다거나 지배하는 것으로 제시되고 있지 않다. 맑스가 인용문에서 '결정하다'를 뜻하는 'bestimmen' 대신에 '드러내다'를 뜻하는 'enthüllen'을 사용하는 것은, 데이비드 하비도 지적하고 있듯이, 그가 기술과 다른 사회적 실천들 사이의 관계를 결정론적으로는 이해하지 않는다는 표시다(Harvey, 2010: 192-93). 그렇다고 기술의 역할이 중요하지 않다는 말은 아니다. 예컨대 수백 미터 높이의 건축물들 집적으로 이루어지는 수직 도시의 구축은 다양한 첨단기술들이 없다면 불가능하지 않겠는가. 단, 그런 기술도 그 활용에 대한 사회적 요구가 없으면 존립할 수 없다는 점을 잊으면 곤란하다. 맑스의 말대로, "보캉송, 아크라이트, 와트 등에 의한 발명들은 [이 발명가들이 마음대로 이용할 수 있는] 상당한 수의 숙련된 기계노동자를 매뉴팩처 시기에 이미 발견했기 때문에 비로소 실용화될 수 있었다"(맑스 517). 이것은 자동직기, 방적기, 증기기관 등의 기술을 천재적인 발명가들의 개인적 성취로만 볼 수 없다는 말과 같다. 그런 성취가 이루어지려면, 매뉴팩처라는 새로운 생산방식의 구축과 그런 방식을 가능케 한 사회적 분업, 이 분업을 초래한 생산수단과 생산자의 사회적 분리, 새로운 기계를 작동시킬 수 있는 기술자의 육성, 아울러 새로운 방식으로 생산된 상품에 대한 사회적 수요의 형성 등등 **다양한 사회적 조건들**이 충족되어야만 한다. 마찬가지로 오늘날 초고층 건물의 건립에 활용되는 최첨단 기술도 다양한 사회적 조건들을 전제하는 것으로 봐야 할 것이다.

최근에 들어와서 고층 건물들의 대거 건립을 통해 수직 도시가 건설되고 있고, 그에 따라 고도의 기술이 요구되는 것은 자본의 새로운 축적 방식과 무관하지 않다. 자본의 운동은 기술의 작용과 마찬가지로 다양한 사회적 조건들을 전제한다. 생산물의 시장교환, 일반적 등가물로서의 화폐, 생산수단과 노동자의 분리, 노동자와 자본가 간의 법적 평등 또는 형식적 민주주의, 인간과 자연의 특정한 관계, (계급, 성 또는 성차, 인종, 세대, 지역, 취향 등에 기반을 둔) 특정한 사회적 관계, 이데올로기 구성체, 제도, 필요한 기술 등등이 적절하게 갖춰져 있어야만 자본의 축적이 원활하게 이루어질 수 있다. 이런 조건들이 일정한 벡터 운동을 형성한다면, 최근에 공간 생산이 수직적 도시화의 경향을 띠는 것은 사회적 조건들의 총체로서 자본이 전개하는 가치 운동이 고층 건물 건립을 촉진한다는 말이 된다. 이와 관련하여 눈여겨볼 점은 오늘날 자본축적의 전략이 신자유주의적인 성격을 띠며, 특히 **금융화**에 크게 의존하는 경향이 있다는 것이다.

세계적으로 1970년대 이후에 신자유주의적 자본주의가 성립된 것은 당시 도래한 축적의 위기를 극복하고자 자본이 케인스주의와 복지국가로 대변되는 기존의 타협적 입장을 버리고, 노동에 대한 공격을 강화하기 시작한 것과 무관하지 않다. 그리고 그 과정에서 금융화가 핵심적인 축적 방식으로 채택된 것은 자본이 축적을 위해 화폐자본에 의존하는 경향이 커졌기 때문이다. "화폐 상태에서 자본은 나비처럼 마음껏 돌아다닐 수 있다"

(하비, 2013b: 70). 금융화는 자본이 화폐자본의 형태를 취해 자신의 운동에 **최대한의 자유**를 얻는 방식이며, 신자유주의하에서 자본이 노동에 대해 가하는 공격 가운데 아마도 가장 효율적인 방식일 것이다. 축적을 자본의 일반공식인 M—C—M′ 형태─더 정확하게 말하면 M—C⋯P⋯C′—M′ 형태─가 아니라 대거 M—M′의 형태로 진행하는 것이 금융화다. 후자의 방식으로 운동하게 되면 자본은 생산자본과 상품자본의 순환을 생략할 수 있어서, 예컨대 노동과의 갈등─훈련이나 해고, 임금 인상 등을 둘러싼 노동조합과의 협상 등─이나 생산된 상품에 대한 시장 수요 변화에 대한 적응과 같은 '거추장스러운' 일들을 겪지 않을 수 있고 지리적 이동도 쉽게 할 수 있다. 금융화가 노동에 대한 자본의 효율적 공격수단이 될 수 있는 것은, 자본이 "제 마음대로 날아다닐" 수 있게 만들어 노동과의 직접적 투쟁을 거치지 않고도 노동을 장악할 수 있게 해주기 때문이다. 생산자본과 상품자본의 순환을 거치지 않고 축적이 이루어질 수 있으면 자본은 구태여 노동과 직접 대면할 필요가 없게 된다. 반면에 그로 인해 노동이 겪게 되는 것은 임금을 획득할 기회의 감소와 갈수록 심각해지는 빈곤화다. 지난 수십 년에 걸쳐 한국은 물론이고 세계적으로 금융화가 진행되는 동안 상위 1%와 하위 99% 간의 빈부격차가 극심해진 점이 그 증거에 해당한다. 근래에 들어와 자본의 권력은 엄청나게 비대해진 데 반해 노동의 힘은 극도로 약화한 것도 그런 상황으로 말미암았다고 할 수 있다. 생존이 어려울 정도의 빈곤으로 내몰리게 되면 노동 대중은 투쟁과 연대보다는 착취당할 기회라도 얻고자 상호 경쟁과 혐오에 빠져들 공산이 크다.[103]

수직적 도시화는 **자본의 금융화**와 궤를 함께하며 나타난 공간적 변동에 속한다. 서울이 세계에서 12층 이상의 건물이 가장 많은 도시가 되고,

---

103_ 오늘날 한국에서 '일베 현상'과 같은 극우적 남성중심주의나 '워마드'와 같은 극단적 페미니즘이 횡행하는 것은 노동을 통해 임금 소득을 획득하지 않으면 생존하기 어려운 대중이 '공통결핍'의 상태에서 패배적 상호혐오에 빠졌다는 징표일 것이다(Kang, 2019).

도곡동의 타워팰리스나 목동의 하이페리온, 잠실의 롯데월드타워 같은 초고층 건물이 속속 들어선 것은 대략 2000년 이후의 일로서, 당시는 한국 사회가 자본의 금융화를 급격하게 추진하기 시작한 때이기도 하다. 한국은 1997년에 외환위기를 맞고 그 이듬해에 IMF의 구제금융을 받으며 **금융 자유화 정책**을 펼치기 시작했다. 최근에 들어와 고층, 초고층 건물들이 급속하게 집적되며 수직적 도시화가 이루어짐에 따라 서울의 생김새가 새롭게 형성된 것은 그런 흐름과 밀접하게 관련되어 있다. 금융화의 진행으로 뚜렷해진 경향의 하나가 부동산 건설의 활성화로서, 이것은 금융기관이 개인들에게 제공해주는 주택담보대출이 증가한 것과 무관하지 않다. 앞서 본 것처럼 서울의 주택 유형 가운데 아파트의 비중이 가장 높고 아울러 건물의 대형화와 고층화가 일어난 것도 금융화로 풀린 돈이 부동산으로 대거 몰린 결과로 해석된다.

최근에 건립되는 고층 건물들은 대부분이 **주거용**이라는 점에 주목할 필요가 있다. 과거에는 고층 또는 초고층 건물이라면 대부분이 사무용이었다.104 조선호텔, 대연각호텔, 31빌딩, 플라자호텔, 동방생명빌딩, 대우센터, 하얏트호텔, 롯데호텔, 63빌딩(1986년)과 무역회관(트레이드타워, 1988년) 등 1980년대까지 들어선 주요 고층 건물들의 명칭이 그런 점을 말해준다. 하지만 1990년대를 거치며 공간의 생산이 신자유주의적 금융화와 본격적으로 연계되어 진행된 뒤로는 사정이 크게 달라졌다. 고층 건물이 주거용으로만 지어지거나 상업용과 주거용이 혼합된 방식으로 지어지는 경우가 훨

104_ 20세기 초반에 미국에서 건립된 마천루들－플랫아이언 빌딩(1902), 싱어 빌딩(1908), 메트라이프 빌딩(1909), 울워쓰 빌딩(1913), 크라이슬러 빌딩(1928), 엠파이어스테이트 빌딩(1931) 등－도 대부분 대기업의 본사 건물들이었다. 당시 대기업들이 경쟁적으로 마천루 건물을 세운 것은 19세기 말 이후 미국의 경제가 독점 자본의 지배를 받게 된 것과 무관하지 않을 것이다. 마천루가 대기업의 위용을 보여주는 징표로 사용된 흐름은 1970년대까지도 이어진다. 1973년에 엠파이어스테이트보다 더 높게 지어져 한동안 세계 최고층의 지위를 누린 시어스(현 윌리스) 타워도 사무용 건물이었다.

씬 더 많아진 것이다. 이것은 세계적인 추세이기도 하다. 클레이 라이센에 따르면,

> 초고층 마천루는 주로 사무용 공간을 수용하곤 했다. 이제 초고층들은 호텔, 아파트, 쇼핑센터, 레스토랑의 보금자리다. 주거용이나 소매 공간은 사무실보다 바닥층이 더 좁아도 되므로 아주 높은 건물도 쉽게 채울 수 있는 다양한 부동산 선택권을 제공하면서 같은 양의 재료로 건물이 더 높이 올라갈 수 있게 해준다. 2000년에는 세계 20개 초고층 건물 중 다섯 채만이 복합 용도였다. 2020년이 되면 다섯 채만이 복합 용도가 아니게 될 것이다(Risen, 2013; Graham, 2020: 178에서 재인용)

한국에서 주상복합 건물의 건축이 법적으로 허용된 것은 1994년에 주택건설촉진법이 개정된 뒤의 일이다. 하지만 복합 용도를 지닌 고층, 초고층 건물의 증가는 1997년의 외환위기를 계기로 IMF의 구제금융을 받게 된 이후에 더욱 두드러진다. 당시 정부가 경제 활성화를 최우선 목표로 삼아 부동산시장을 개방해 외국인의 투자 촉진을 장려한 가운데 건축 규제를 완화한 것이 주상복합 건물이 늘어나는 데 큰 역할을 했다고 볼 수 있다(이준용, 2017: 34). 도곡동에 타워팰리스 단지, 목동에 하이페리온 단지, 그리고 역세권인 공덕동 로터리 주변에 롯데캐슬프레지던트와 같은 아파트·오피스텔·판매시설·업무시설 등 다용도의 시설을 갖춘 초고층 주상복합 건물들이 등장한 것도 그런 정책 변화의 결과에 속한다. 그런 현상은 경제위기 이후에 진행된 신자유주의적 **금융화의 강화**와 긴밀하게 연결되어 있다.

맑스주의 경제학자 라파비차스에 의하면, 금융화는 지난 반세기 가까운 기간에 일어난 '자본주의의 **체계적 변신**'에 해당하며 자본주의적 축적에서 새로운 세 가지 중요한 경향을 드러낸다. 1) 비-금융적 기업이 갈수

록 은행과 독립적으로 금융시장 거래를 일으키고, 2) 은행이 대부와 대출보다는 금융거래를 통해 이윤을 취득하고자 공개 금융시장 거래에 주력하며, 3) 개인과 가계가 주택, 교육, 건강, 교통 등 주요 재화 및 서비스 접근을 위해 제도권 금융시스템에 더욱 의존하게 된다는 것이다(Lapavitsas, 2013b: 794). 수직적 도시화는 금융화 흐름 가운데서도 주택 공급의 금융화, 그 가운데서도 **주택금융의 증권화**와 긴밀하게 관련되어 있다. 주택금융에서 증권화는 다음과 같은 특징을 드러낸다.

첫째, 가장 근본적인 차원에서 그것은 "소득 흐름을 매매 가능한 자산으로 전환"하는 것을 필요로 한다. 둘째, 그것은 소득 흐름의 매매 가능한 자산으로의 전환을 공간적 고정성에서 유동성을 만들어냄으로써 이룩한다. 셋째, 그 결과 증권화는 주택을 금융자산으로 자본시장에 통합해 넣는 것을 수반한다. 다시 말해 주택의 증권화가 지닌 핵심적 결과는 주택이 오랜 기간 자본주의적 상품유통 외부에서 생존수단이나 사용가치로만 있는 것만이 아니라 자본시장에서 가격·공급·수요 기제의 변덕에 완전히 종속된다는 것이다(Gemici, 2015: 21).

한국에서 주택의 금융화가 본격적으로 진행된 것은 1990년대 말의 경제위기 속에 IMF의 구제금융을 받는 조건으로 경제의 금융화를 급속도로 추진하면서부터다. 그전까지는 주택금융의 경우 상당한 규제의 대상이었으나 경제의 금융화를 위해 증권시장 활성화 정책의 추진으로 주택금융에 대한 규제가 대폭 완화되고 **주택담보대출**이 활성화된다. 2000년대 초 이후에는 은행 등의 금융권에서 발행한 주택담보대출을 담보로 한 채권을 기초자산으로 하여 만든 주택저당증권(MBS)이 새로운 금융상품으로 등장했으며, 아울러 주택 공급을 담당하는 부동산시장의 활성화를 위한 부동산 기획금융(PF)도 도입되었다. 주택의 수요자가 은행 등 금융권에서 받은 주택담보대출의 잔액은 1996년에 약 18.4조원(명목 GDP의 4.0%)에서 2002년 말 135.7조원(17.8%), 2007년 287.7조원(27.6%), 2012년 431.8조원(31.3%)(이지웅, 2014: 152, 154, 156), 2015년 477.1조원(28.8%)(한우리경제, 2016.1.13.), 그리고 2020년 910.6조원(47.1%)으로 급증한다. 주택담보대출을 기반으로 만들어지는 MBS의 경우, 2000년에는 발행액이 1조원 조금 넘는 수준이었으나, 2003년 이후 연평균 2조원으로 증가하고, 잔액도 2조원에서 2007년 9.6조원으로 증가했으며, 2012년에는 발행액이 20조원이 넘고 잔액은 36.2조원이 되며(이지웅: 152, 154, 157), 이후에도 연 발행액은 비슷한 수준으로 2015년 30조원, 2016년 22조원, 2017년 26조원, 2018년 23조원에 이르렀고, 발행 잔액은 2019년 4월 말 기준으로 116.4조원이었다(파이낸셜뉴스, 2019.6.25.). 부동산의 공급 규모를 짐작하게 해주는 부동산 PF의 발행 규모도 커졌다. 2019년 6월 말 현재 금융권의 부동산 PF 채무보증 규모는 28조1천억 원이고, 대출잔액은 2013년 말 39조3천억 원의 두 배에 가까운 71조8천억 원으로서, 전체 익스포저—부도사건 발생시 금융회사가 부도 주체에 노출된 금액—의 규모가 100조원에 가깝다(한국경제, 2019.12.5.).

1990년대 말부터 한국경제 전반의 금융화와 함께 부동산의 금융화가 강화되고, 그에 따라 주택금융의 공급과 수요 부문에서 부동산 PF와 MBS와 같은 강력한 금융공학 수단이 도입된 시기가 서울의 수직적 도시화가 본격적으로 진행된 시기라는 것은 우연이 아니다. 외환위기가 일어나기 전해인 1996년에 18.4조원으로 당시 명목 GDP의 4.0%에 불과하던 주택담보대출 잔액이 25년 후인 2020년에 910.6조원으로 47.1%에 이른다는 것, 부동산 PF와 MBS 잔액이 100조원대로 급증했다는 것은 그사이에 주택의 구매를 위해 개인과 가계가 얼마나 적극적으로 금융 조달에 매달렸는지 말해준다. 서울을 중심으로 한 수도권에서 1990년대 말 이후 지금까지 주택의 수와 고층 건물의 수가 급증한 것도 같은 맥락에서 이해할 수 있다. 고층 건물의 수 증가 추이는 앞에서 살펴봤으니 1995년과 2020년의 주택 현황을 통해 주택 수 증가 추이를 살펴보자.

<표 4> 지난 25년간 주택 현황

연도	유형지역	단독주택(%)	아파트(%)	연립주택(%)	다세대주택(%)	비주거용건물내주택(%)	계
1995	서울	561,947(33.3)	716,251(42.5)	218,403(12.9)	134,923(8.0)	56,587(3.3)	1,688,111
	인천	127,567(25.1)	247,530(48.7)	64,689(12.7)	53,968(10.6)	15,045(2.9)	508,799
	경기	501,022(32.5)	704,161(45.7)	198,506(12.8)	90,164(5.9)	48,245(3.1)	1,542,098
2020	서울	307,075(10.2)	1,772,670(58.8)	110,562(3.6)	796,066(26.4)	28,998(0.1)	3,015,371
	인천	95,700(9.2)	661,611(64.1)	27,704(2.7)	238,777(23.1)	8,982(0.9)	1,032,774
	경기	505,382(11.2)	3,146,667(70.0)	130,354(2.9)	677,652(15.1)	35,060(0.8)	4,495,115

위의 표를 보면 수도권의 주택 수가 25년의 기간에 대폭 증가했지만, 단독주택과 연립주택은 계속 줄어들고 아파트와 다세대주택은 계속 늘어난 것을 볼 수 있다. 이 변화가 일어난 시기가 주택의 금융화가 강화된 시기와 일치한다는 것은 수도권의 개인과 가계가 주택의 소비를 위해 은행 대출과 같은 **금융적 조달**에 크게 의존했다는 말이기도 하다. 이런 점은 1990년대 말 이후 주택담보대출의 증가 이외에 가계부채가 대폭 증가한 것으로도 확인된다. 가계부채 또는 가계신용 규모는 외환위기가 발생한 1997년에 211.2조원 수준이던 것이 2002년 464.7조원, 2007년 665.4조원, 2012년 963.8조원, 2017년 1천450.8조원, 2020년 1천726.1조원이 되었다. 이런 추세로 인해 가계부채는 GDP와 대비해 그 비중이 1997년(GDP 542.0조) 39.0%, 2002년(784.7조) 59.2%, 2007년(1천89.7조) 61.1%, 2012년(1천440.1조) 66.9%, 2017년(1천835.7조) 79.0%, 2020년(1천933.2조) 89.3%로 대폭 늘어났다.[105] 가계대출과 판매대출을 합한 가계부채 가운데 가장 큰 비중을 차지

105_ 이들 통계는 통계청 자료를 통해 확보한 것이다. GDP의 통계는 https://www.index.go.kr/potal/stts/idxMain/selectPoSttsIdxSearch.do?idx_cd=2736에서, 가계부채 통계는 https://www.index.go.kr/potal/stts/idxMain/selectPoSttsIdxSearch.do?idx_cd=1076에서 확인이 가능하다. 단, 1997년의 가계부채 액수(211.2조원)는 통계청이 제공하고 있지 않아서 한국은행 자료(한국은행, 1999.6.15.)를 참고했다.

하는 것이 주택담보대출임을 고려하면 지난 사반세기에 가계부채가 이렇게 급증한 것은 가계가 그동안 주택금융에 크게 의존했다는 여실한 증거가 아닐 수 없다.

주택담보대출을 중심으로 하는 가계부채의 증가는 위에서 살펴본 부동산 PF 및 MBS의 증가와 함께 부동산의 공급과 소비가 갈수록 금융적 조달로 이루어졌음을 말해준다. 이런 변화와 함께 특별히 강화된 것이 주택을 **금융자산**으로 취급하는 경향이다. 과거에도 주택은 개별 가정에서 구매하는 가장 고가의 상품으로서, 가장 중요한 투자 대상이었다는 점에서 주택의 소유는 그 자체가 축재 행위였다고 할 수 있다. 특히 도시화가 급속도로 진행된 서울과 수도권에서는 주택의 소유가 중산층으로의 계급상승을 위한 지름길이기도 했다. 그렇기는 해도 1990년대 말 이전까지는 주택이 금융자산으로 활용된 경우는 드물었던 편이다. 그때까지는 금융 자유화가 아직 본격적으로 진행되지 않았고, PF(기획금융), REITs(부동산투자신탁), REF(부동산펀드), ABCP(자산유동화기업어음), ABS(자산유동화증권), MBS(주택저당증권) 등의 금융상품도 도입되지 않았다. 그러나 2000년 전후 이후에 그런 금융공학적 수단들이 대거 도입되면서 부동산의 금융화가 본격적으로 추진되었고, 이 과정에서 "사용가치를 지닌 실물자산의 성격과 교환가치를 지닌 금융자산의 성격 중 후자가 부동산 가치를 결정하는 지배적인 요소가 된다"(박기형, 2019: 38).

부동산의 금융화는 부동산시장과 금융시장의 결합 현상, 다시 말해 부동산 매매의 **금융적 매개**가 강화되는 현상이다. '금융적 매개'는

은행과 같은 금융 중재자가 예금을 동원해서 예금화폐를 통상 대출 및 당좌대월의 형태를 띠는 은행 신용으로 전환하는 과정이다. 간단하게 말해 예금자로부터 수취한 돈을 투자 및 다른 경제발전의 목적으로 대출자에게 빌려주는 과정이다. 이 과정은 중개인으로 작용하는 금융기관들이 자금을 잉여 경제단위(잉여 저축

을 지닌 개인과 회사)로부터 결손 경제단위(원하는 사업 활동을 수행할 자금이 필요한 회사와 기업)로 흐르게 만든다(Onwe and Adeleye, 2018: n.p.).[106]

이런 과정을 돕는 것이 **금융의 증권화**다. '증권화(securitization)'는

> 금융시장에서 주식이나 채권 등의 증권을 이용한 자금조달 및 운용이 확대되는 것을 말한다. 통상적으로는 대출채권 등 고정화된 자산을 매매 가능한 증권형태로 전환하는 자산유동화(asset securitization)를 뜻한다. 금융회사들은 부동산, 유가증권, 대출채권, 외상매출금 등 유동성이 낮은 다양한 종류의 자산(기초자산)을 담보로 새로운 증권을 만들어 매각하게 된다. 기초자산의 종류에 따라 다양한 명칭으로 불리게 되는데 MBS는 주택담보대출을, CDO는 일반대출이나 채권을 기초자산으로 발행된 증권을 뜻한다(한국경제, 연도미상).

한국의 부동산시장에서 금융적 매개가 크게 활성화된 것은 1997년대 말의 외환위기로 인해 외국 자본의 시장 지배가 강화되고, 금융 자유화가 강화된 2000년 이후의 일이다. 이런 점은 주택담보대출이 큰 비중을 차지하는 가계대출의 규모가 그때 이후 급속 확대된 점을 통해서도 확인할 수 있다. 신자유주의적 금융화의 활성화를 전제하지 않고서는 그런 현상을 이해하기 힘들다.

　도시적 형태의 견지에서 눈여겨볼 점 하나는 부동산의 금융화와 함께 **자산 도시주의**가 공간 생산의 주요 경향으로 출현한다는 것이다. "자산 도시

106_ 마이클 허드슨이나 스티브 킨, 스테파니 켈튼, L. 랜덜 레이 등 현대화폐이론가들에 따르면 은행 등 금융기관이 개인들에게 제공하는 대출은 "잉여 경제단위들"의 저축이 "결손 경제단위들"로 이전되는 것이 아니라 금융기관이 '무에서부터(out of thin air)' 만들어낸 화폐다. 다시 말해 은행에서 제공하는 대출금은 대출자의 계좌에 전자적으로 산입한 경우가 많다는 말이다. 사태가 이렇다면, 온웨와 아델레예가 인용문에서 말하는 내용은 꼭 정확하다고 보기 어렵다.

주의는, 건조환경의 증가한 물량이 고도로 불안정한 창조 및 파괴 시스템을 통해 더더욱 주식시장의 주식처럼 기능하게 되는 조건이다"(Soules, 2014a: 344). 자산 도시주의가 강화되면 아파트나 오피스텔, 사무실과 같은 건조 단위들은 그 **사용가치**와는 별도로 **교환가치**에 대한 기대를 중심으로 생산되고 거래되는 경향이 커진다. 완공되기도 전에 아파트를 판매하고 거래하는 것이 그런 경우다. 이런 관행의 만연으로 건조물이 갈수록 교환가치 중심으로 건설되고 매매되면 부동산은 투자의 요긴한 수단이 되고, 그 소유와 사용 사이에 단절이 일어날 공산이 커진다. 이런 맥락에서 롯데월드타워의 42층부터 71층까지 들어선 주거용 오피스텔을 구매한 소유자 가운데 거기서 실제로 거주하는 비율이 얼마일지 궁금하다. 앙리 르페브르는 "새로운 부르주아 귀족 계급의 신들은 더 이상 **거주하지** 않는다. 그들은 요트에서 선단이나 나라를 지휘하며 그랜드 호텔에서 그랜드 호텔로, 성에서 성으로 움직인다"(Lefebvre, 1996: 159. 강조 추가)고 말한 바 있다. 미국 뉴욕 맨해튼의 경우 2000년과 2011년 사이에 부재 소유자와 임차인이 차지한 호수가 1만9천호에서 3만4천호로 70%가 증가했고, 2005~09년 사이에 10만2천호의 빈집이 있었다(Soules, 2014b: 688). 『가디언』지에 따르면 2014년 현재 유럽에는 무주택자의 수가 410만 명으로 추산되는 가운데 스페인 340만호, 프랑스 240만호, 이태리 200~270만호, 독일 180만호, 포르투갈 73만5천호, 영국 70만호, 아일랜드 40만호, 그리스 30만호 등 모두 1천100만호 이상의 빈집이 있었다(Neate, 2014.2.23.). 2007~09년의 세계 경제위기를 극복하는 과정에서 생산적 소비에 열중했던 중국의 경우 이런 경향이 더 큰 규모로 나타나서 아파트 건물로 가득 찬 빈 도시들까지 등장했으며, 비어있는 아파트가 6천500만호에 이를 정도라고 한다(McIntyre, 2019.1.8.).[107] 이런 **유령도시**

107_ 데이비드 하비에 따르면, 중국의 이런 하부구조 투자 덕분에 브라질이나 오스트레일리아 같은 나라들이 2007~09년의 세계 경제위기 고비를 비교적 수월하게 넘을 수 있었다. 중국 자체는 위기가 발생했을 때 수출 부문에서 3천만 명의 실업자가 발생했지만, 국가

현상은 자산 도
시주의의 작동
과 함께 세계적
으로 투기적인
부동산 건설 붐
이 일어났지만,
그와 함께 건축
물의 **공백 밀도**
(empty density)가
전례 없이 높아

중국 네이멍구의 유령도시 어얼둬스시
(출처: KBS, 2015.3.29.)

져서 생긴 결과다(Soules, 2014b: 688).

언뜻 보기에 서울은 사정이 다른 것 같기도 하다. 한국의 주택보급률은 2008년에 100%를 넘어섰고 2015년 기준으로 102.3%에 달하지만, 자가 보유율은 59.9%에 불과하며, 서울은 주택보급률이 2005년 93.7%에서 2015년 96.0%로 약간 늘어났지만, 자가 보유율은 44.6%에서 41.1%로 떨어졌다(경향신문, 2017.10.7.). 주택보급률이 100%에 미치지 못한 가운데 자가 보유율은 41.1%밖에 되지 않는다는 것은 서울에서는 그만큼 주택을 얻기가 쉽지 않다는 말이다. 주택을 차지하기 위한 경쟁이 치열한 만큼 서울에서는 유럽이나 중국의 도시들, 미국의 맨해튼과는 달리 심각한 빈집 현상은 나타나지 않는다.[108] 서울 중심의 수도권에서는 정부가 통제 정책을 펼쳐야 할

의 투자와 엄청난 규모의 생산적 소비를 통해 3백만 명만 실업을 겪게 하며 피해를 최소화할 수 있었고, 2008~10년 사이에 3천400만의 새 일자리를 창출했다고 한다. 하지만 문제는 생산적 소비가 결국 누구를 위한 것이었느냐는 것이다. 하비는 이득을 본 것은 기업인과 상층 중간계급이었다고 말한다(Harvey, 2012b: 61-63).

108_ 외국 도시들과는 달리 서울에서는 빈집이 비교적 적다. 통계청에 따르면, 한국의 빈집 수는 1995년 36만7천호에서 2000년 51만3천호, 2005년 72만7천호, 2010년 79만4천호, 2015년 106만9천호, 2019년 151만8천호로 늘어났다(http://www.index.go.kr/potal/main/EachDtlPageDetail.do?idx_cd=1242). 2020년 기준 서울의 빈집 수는 9만3천402호로 보

정도로 부동산 투기가 성행한다. 그렇다고 서울에서 자산 도시주의가 작동하지 않는다는 말은 결코 할 수가 없다. 2000년 이후에 아파트와 다세대주택의 호수나 고층 건물의 숫자가 대폭 증가한 것은 부동산의 금융화와 함께 PF나 MBS 등의 금융상품들이 큰 규모로 거래되고, 가계가 대규모의 담보대출을 일으킴에 따라 생긴, 자산 도시주의의 전형적 현상이다. 자산 도시주의는 건물의 고층화와 대형화에도 결정적으로 이바지했다고 볼 수 있다. 주택의 금융화는 다세대주택, 특히 아파트처럼 돈 되는 주택의 건설을 집중적으로 유도했고, 이 과정에서 서울과 수도권에 고층 건축물들이 대거 건립된 것이다. 그런 점에서 최근에 목격되는 서울의 수직적 도시화는 21세기에 들어와서 금융화가 본격적으로 진행된 것과 긴밀하게 관련되어 있다고 봐야 한다.

5. 이윤 내는 기계

수직 도시 담론에서 고층 건물들은 기술적으로나 환경적으로 효율적이고 안정적이며 유익한 건물 유형인 것으로 그려지곤 한다. "수직 도시를 세움으로써 우리는 에너지를 절약하고 늘어나는 인구를 지원하고 식량 생산·자연·휴양을 위한 수평적 공간들을 보존할 수 있다"(King, 연도미상)는 주장이 한 예다. 최근에 고층 건물의 장점들이 강변되는 것은 21세기에 들어와서 뚜렷해진 사회-생태적 변동과 관련되어 있다. 그런 변동의 하나가 9/11이라는 중대한 '의식사건'이다.[109] 뉴욕의 최고층 쌍둥이 건물이 피랍

고되고 있어서, 전체 주택 호수에 비하여 상당히 적은 편이다. 이런 점에서 서울은 지역의 공동화로 인해 빈집 수가 많을 수밖에 없는 비수도권과는 상황이 대조적이라 할 수 있다. 서울의 빈집 가운데 단독주택은 3천759호, 아파트는 4만3천586호, 연립주택은 5천843호, 다세대는 3만8천764호, 비거주용 건물 내 주택은 1천450호다(서울특별시, 2020).
109_ '의식사건'은 "그것을 겪은 반추하는 사람들의 의식에 들어온" "인간 역사에서 가장 위대하고 가장 극적이며 급작스럽고 보편적인 사회변혁"(Hobsbawm, 1994: 288)으로서 의식

비행기에 의한 공중테러로 붕괴하는 전대미문의 사건이 일어나자, 마천루의 시대는 이제 끝났다는 진단이 나온 적도 있다. "뉴욕과 다른 곳의 '도심 재생' 심장부에 말뚝을 박은" 빈 라덴 일당이 일으킨 "공포의 세계화"로 인해 마천루는 이제 "한물간 괴물"이 되었으며, "은행 증권사 정부청사 텔레콤센터 등 집중적 조직들은 고도 기술에 의해 여러 지역의 다지점 네트워크들로 분산될" 것이라는 예측이 한 예다(Davis, 2001: 44; Gomez Luque, 2019: 88에서 재인용).[110] 21세기에 들어와서 인류세적인 징후가 완연해진 것도 "집중적 조직"의 화신인 마천루의 안전성에 대한 불안을 키웠다고 볼 수 있다. 기후 변화와 함께 지구 시스템의 불안정성이 더욱 짙어지자 거대한 금융적 자산의 집적물인 고층 건물의 안전 및 지속가능성에 대한 우려가 커진 것이다. 고층 건물의 기술적 환경적 적합성을 주장하는 수직 도시 담론은 그런 맥락에서 생긴 옹호론인 것으로 해석된다.

그러나 21세기 초의 역사는 9/11 사건이 일어난 직후의 예측과는 다르게 진행되어 초고층 건물들이 오히려 더 왕성하게 건립되는 새로운 마천루 전성시대가 열렸음을 보여주고 있다. 9/11 사건의 충격이 작았다는 것은 아니다. 알-코드마니에 따르면, "세계무역센터의 붕괴는 고층 건물의 안전, 안보, 환경 질과 같은 다른 측면들을 개선하기 위한 면밀한 연구가 일어나게 촉발했다"(Al-Kodmany, 2012: 142). 오늘날 세계 곳곳에 수직 도시가 많이 늘어난 것도 그와 같은 연구를 통해 첨단 건축 기술이 크게 축적된 결과에 속한다. 수직 도시의 건설과 함께 고층 건물일수록 더욱 안전하고 환경친화적이며 지속 가능하다는 주장도 펼쳐졌다. 고층 건물은 "저층

에 충격을 가하는 중대한 급변 사건을 가리킨다. '의식사건'은 과학기술사가 로잘린드 윌리엄스의 표현이다(Williams, 2017: n.p.).

110_ 건축이론가 카지스 바넬리스도 비슷한 진단을 내린 바 있다. 그에 따르면, "후기 자본주의 사회에서 가시성은 장점이 아니"라며, 월마트의 경우 "하늘로 치솟은 기업 본사의 이제는 가치 없는 상징성"을 "펜타곤의 것 다음으로 큰 컴퓨터 데이터베이스가 지닌 실질적 경제적 효용성으로 대체했다"(Varnelis, 2005; Graham, 2020: 175-76에서 재인용).

건물들보다 더 작은 토지 면적에 더 많은 사람을 수용해 빈터와 자연녹지"를 더 잘 "보존하게 해준다"(Al-kodmany: 137)는 것이다. 이런 생각에는 효율성 증대라는 기술의 이념과 지속가능성이라는 생태학적 문제의식이 결합해 있기도 하다. 수직 도시는 문화적 중요성을 얻을 수도 있다. 예컨대 부르즈 할리파와 같은 상징성 높은 메가고층 건물이 들어서면, 두바이와 같은 무명 장소(nowhere)가 유명 장소(somewhere)로 바뀌기도 한다(Graham, 2017: para. 29). 도시 중심가에 치솟아 오른 세계 최고층의 건물이 그 자체로 사람들의 관심과 눈길을 끄는 **명물 이미지**가 되는 것이다. 서울에서도 1970년대의 31빌딩, 1980년대의 63빌딩, 2000년대 초의 타워팰리스나 하이페리온 등 당대 최고의 고층 건물들은 오늘날 롯데월드타워처럼 "랜드마크로서의 상징성"(유정복 외, 2010: xvi)을 누렸다. 마천루는 그렇다면 상당한 문화적, 기술적, 생태적 장점을 가진 셈이며, "최소한의 물리적 생태발자국으로 건축 면적을 최대화한다"(Al-Kodmany: 137)는 점에서 경제적으로도 합리적인 셈이다. 그리하여 그것은 "선진적인 미학적-문화적 인공물이자 경제적으로 더 효율적인 합리적 사업 기계일 뿐만 아니라…갈수록 '스마트하고' 생태적으로 '양호하다'"고 여겨지게 된다(Gomez Luque: 92). 오늘날 주류 건축 담론에서는 그래서 고층 건물을 "테크노-경영 장치, 즉 다중적─사회적, 경제적, 생태적─인 위기로 점철된 급속도로 도시화하는 행성의 도전에 맞서기 위해 채택된 최적의 '글로벌' 건축 형태"인 것으로 간주하는 견해를 쉽게 볼 수 있다. 물론 그렇다고 그런 관점의 문제가 사라지지는 않는다. 거기서는, "갈수록 더 고층이 되고, 불균등하게 발전하는 세계의 도시 지형을 가로질러 급증하는 속성을 지닌 마천루를 추동하는 힘은 끝없는 축적과 지리적 확장을 꾀하는 자본의 논리에 의해 규정된다"(Gomez Luque: 18)는 사실이 은폐될 뿐이다.

고층 건물의 대대적 건설과 집적으로 수직 도시가 형성되는 것은 자본의 모순적 축적 운동과 관련되어 있다. 수직 도시의 형성은 하비가 말한

'자본의 2차 순환'에 의한 공간적 변동에 해당한다.

> 나는 고정자산과 소비기금 형성으로 가는 자본 흐름을 **자본의 2차 순환**이라고
> 부른다. 이제 그런 흐름이 일어날 수 있는 방식을 생각해보자. 자본의 운동을
> 장기 자산, 특히 건조환경을 구성하는 자산을 형성하는 쪽으로 촉진하기 위해서
> 는 현재의 생산 및 소비 욕구와 비교해 자본과 노동 모두의 '잉여'가 분명히 있어
> 야만 한다. 과잉생산의 경향이 1차 순환 내부에서 주기적으로 그런 조건을 만들어
> 낸다. 이 과잉생산 문제에 대한 **일시적**일지라도 유력한 해결책의 하나는 따라서
> 자본 흐름을 2차 순환으로 바꾸는 것일 듯싶다(Harvey, 1989b: 64-65. 원문 강조).

자본의 2차 순환이 전개되는 까닭은 1차 순환에서 **과잉 축적**이 생겼기 때
문이다. 과잉 축적은 상품의 과잉생산, 이윤율의 하락, 잉여자본의 형성,
잉여노동 및 노동 착취도의 상승 등으로 나타난다. 이런 과잉 축적의 문제
를 해결하기 위해 자본의 2차 순환이 요청된다면, 오늘날 서울이 수직 도
시로 형성된 것도 그런 맥락에서 이해할 수 있다. 자본의 2차 순환은 기본
적으로 고정자본과 소비기금으로, 좀 더 엄밀하게 말하면 고정자본 가운데
"생산과정에 포함된" 품목보다는 "생산을 위한 물리적 골조로 기능하는"
품목들과 소비기금 가운데 "소비과정에 직접 포함된" 품목들보다는 "소비
를 위한 물리적 골조로 작용하는"(Harvey: 63-64) 품목들로 이루어진다. **생
산을 위한 물리적 골조**로는 공장, 창고, 철도, 항만, 비행장 같은 것들이 있
고, **소비를 위한 물리적 골조**로는 가옥과 공원, 골목 같은 것들이 있다. 오
늘날 서울에서 거대한 건조환경이 조성되어 있다는 것은 그렇다면 한국의
자본주의도 2차 순환의 운동을 집중적으로 전개해왔다는 말이 되겠다.

이 맥락에서 2차 순환은 단 한 번이 아니라 **주기적으로** 일어나며, 자본
의 운동 국면에 따라 특수한 형태를 띨 것임을 환기하는 것도 중요하다.
예컨대 제2차 석유파동으로 인해 1980년에 한국경제가 마이너스 성장을

경험한 뒤에 제2차 한강 개발의 형태로 이루어진 자본의 2차 순환은 최근에 수직 도시를 형성하면서 전개된 자본의 2차 순환과는 차이점이 크다. 전자의 경우 1960년대 말에 시작된 제1차 한강 개발과는 달리 신자유주의적인 성격을 포함하고 있기는 하지만, 국가에 의한 발전주의적 공간 생산의 성격도 여전히 강하게 띠고 있었다면, 후자는 전에 없던 자본의 금융화에 의해 추동된 측면이 강하다. 최근의 2차 순환은 무엇보다도 **개인과 가계**의 전례 없는 **금융 활동 참여**와 더불어 진행되었다는 데 그 특징이 있다. "금융화의 가장 놀라운 측면은…금융적 거래가 개인적 수입 회로에 침투한다는 것이다"(Lapavitsas, 2013a: 236). 한국에서 개인과 가계가 금융적 거래를 활발하게 시작한 것은 앞서본 대로 주택담보대출과 가계부채가 급증한 2000년 이후의 일이다. 이 시기는 서울과 수도권에 11층 이상의 고층 건물이 급증하고, 주택 유형 가운데 아파트가 차지하는 비율이 급증한 시기이기도 하다. 최근의 2차 순환은 서울과 수도권 건축물들의 대형화, 고층화와 함께 이루어졌으며, 서울의 수직적 도시화도 그런 변화와 더불어 전개되었다고 할 수 있다.

미국의 대표적 초기 마천루인 울워쓰 빌딩을 설계한 건축가 캐스 길버트가 1900년에 제출한 기억할 만한 한 명제에 따르면, "마천루는 토지가 **이윤을 내게 하는 기계**다"(Gilbert, 1900: 624; Willis, 1995: 19에서 재인용. 강조 추가). 사실 주택 건물들, 특히 고가의 고층아파트 건물들은 탁월한 '이윤 내는 기계'에 속한다. 왜냐하면 그런 건물들은 '자본의 가장 적합한 형태'에 속하기 때문이다. 맑스는 자본의 가장 적합한 형태를 고정자본으로 보고, 고정자본의 가장 적합한 형태를 기계라고 규정한다.

기계에서는 대상화된 노동이 직접 스스로 생산물의 형태나 노동수단으로 사용된 생산물의 형태뿐만 아니라 생산력 자체의 형태로 나타난다. 노동수단이 기계류로 발전한 것은 자본에 대해 우연핸[비본질적인] 것이 아니라, 전통적으로 내려온 노동수단을 자본에 적합한 형태로 역사적으로 변형시킨 것이다. 그리하여 지식과 숙련의 축적, 사회적 두뇌의 일반적 생산력의 축적은 노동이 아니라 자본에 흡수되며, 따라서 자본의 속성, 더 정확하게는—자본이 본래적인 생산수단으로서 생산과정에 들어오는 한에서는—**고정자본**의 속성으로 나타난다. **기계류**는 그래서 **고정자본**의 가장 적합한 형태로 나타나고, 자본이 자기 자신과의 관계에서 고찰되는 한, 고정자본이 **자본 자체의 가장 적합한 형태**로 나타난다 (맑스 2007b: 372. 원문 강조. 번역 수정).

"대상화된 노동"은 노동생산물로서 사람들이 바로 소비하는 생산물일 수도 있고 노동수단일 수도 있지만, 이 후자가 기계로 생산되면 "생산력 자체"가 될 수 있다는 것이 중요하다. 노동이 기계를 통해 생산력 자체의 형태가 되는 것은 기계에 과학기술이 응집되기 때문이다. "기계의 형태를 취한 노동수단은 인간력을 자연력으로 대체하도록 하며, 경험적 숙련을 자연과학의 의식적 응용으로 대체하게 한다"(맑스, 2015a: 521). 노동수단이 기계의 형태를 취할 때 일어나는 주된 변화는 그것의 생산력이 노동에서 벗어나 자본에 흡수되고 고정자본의 속성으로 둔갑하게 된다는 것이다. 노동수단은 노동자의 통제하에서는 노동력에 종속하지만 기계로 바뀌게 되면 일반적 생산력으로 전환된 고정자본이 된다. 그리고 기계가 된 노동수단이 "고정자본의 가장 적합한 형태"가 되면 고정자본은 노동력을 최대한 배제한 채 생산력을 발휘한다는 점에서 "자본 자체의 가장 적합한 형태"가 된다고 할 수 있다. 자신의 가장 적합한 형태인 기계를 작동시키는 고정자본, 또는 고정자본으로서의 기계는 노동자의 직접적 노동을 절약하게 해줌으로써 생산과정에 투입되는 생산자본 가운데 가변자본 부분을 감소시키고 잉여가치를 더 많이 추출할 수 있게 해준다.

마천루가 이윤 내는 기계라는 것은 그것이 고정자본으로서 자본의 가장 적합한 형태라는 말이기도 하다. 이런 관점에서 보면 오늘날 마천루의 새로운 시대가 열린 것은, 즉 고층·초고층·메가고층 건물들이 집중적으로 건설되며 세계적으로 수직적 도시화 현상이 만연한 것은 **고정자본의 건물 또는 건조환경 되기**가 자본의 축적 운동에 그만큼 중요해졌다는 것과 같다. 이미 본 것처럼, 주거용 고층 건물들을 비롯한 건조물들의 대규모 조성을 포함한 건조환경의 최근 변화는 부동산의 금융적 매개 또는 자산 도시주의의 확산과 결부된 현상이다. 서울의 경우 1970년대 이후 '부동산 불패 신화'가 작동하며 아파트에 대한 중간계급의 투기적 투자가 계속 이어지고 그에 따라 아파트 건물에 대한 수요도 계속 높은 수준으로 유지되어왔다. 그래도 더 큰 근본적 변화는 2000년 이후에 일어났다고 할 수 있다. 이 시기에 주택의 금융화와 더불어 고층아파트 중심의 건물들이 집중적으로 건설된 결과 '수직 도시 서울'이 형성되었다. 서울의 수직적 도시화는 한국경제가 금융화를 겪으며 공간의 생산도 그 영향을 받게 됨으로써 생겨난 현상이다.

고층아파트 건물들은 사실 엄밀한 의미의 고정자본은 아니다. 고정자본은 그 "소재적 측면"에서는 "결코 생산과정의 경계를 떠나지 않으며, 그것의 점유자에 의해 양도되지 않고 그의 수중에 머물러 있다"(맑스, 2007b: 352). 반면에 주택으로 사용되는 건물들은 자본의 순환에서 빠져나와 개인적 소비의 영역으로 들어온 소비기금에 속한다. 하지만 소비기금과 고정자본의 구분은 물리적 차이보다는 그 용도에 의해 이루어진다는 점이 중요하다. "동일한 재료들이 생산 밖에서도 사용가치를 가지며, 건물과 주택 같은 것이 꼭 생산용으로만 지정되어 있지 않듯이 다른 방식으로도 소비될 수 있다. 그것들이 **고정자본**인 것은 그 용도 때문이지, 그것들의 특정한 존재양식 때문은 아니다"(353. 원문 강조, 번역 수정). 고정자본과 소비기금 일부분은 그래서 건조환경이라는 공통된 존재양식을 지니는 것이 가능하다. 하비가 지적한 바 있듯이, 고정자본 가운데 "생산을 위한 물리적 골조"와 소비기금 가운데 "소비를 위한 물리적 골조"가 모두 건조환경이 될 수 있다(Harvey, 1989b: 64). 오늘날은 그리하여 대량의 소비기금이 고정자본과 유사한 역할을 하게 되었다고 볼 수 있는데, 금융화로 인해 특히 주택이 자본의 순환운동 속으로 대거 소환되고 있는 점이 주목된다. 앞서본 것처럼 주택의 금융화 또는 증권화는 "주택이 오랜 기간 자본주의적 상품유통 외부에서 생존수단이나 사용가치로서만 있는 것이 아니라 자본시장에서 가격-공급-수요 기제의 변덕에 완전히 종속"(Gemici, 2015: 21)되는 현상이다. 서울과 그 외곽 지역에 집중적 도시화의 한 형태로 건조환경이 집중적으로 조성된 것도 주택의 증권화로 인해 개인과 가계가 건조환경 조성에 대거 참여한 결과라고 할 수 있다.[111] 이런 점은 1990년대 말 이후 가계부채

111_ "금융화는 성숙한 자본주의의 역사에서 두 번째 금융적 지배를 대변"(Lapavitsas, 2013a: 48)하며, 이 지배는 19세기 말과 20세기 초의 첫 번째 지배와는 달리 그 주된 한 특징을 개인과 가계가 금융 활동에 적극적으로 참여하게 만든다는 데 두고 있다. "노동자들과 가계들의 개인적 수익에 대한 금융화"가 "사회적 계급들 전반에 걸쳐" 지난 수십 년 동안 이루어졌고, 이와 함께 "(주택담보, 일반 소비, 교육, 의료를 위한) 부채 증가와 (연금, 보험, 화폐시장 펀드를 위한) 금융자산 보유의 확대"가 생겨났다(Lapavitsas: 36). 미국에서 비우량주택담보대출 시장의 붕괴로 세계 금융위기와 그에 이어 발생한 세계 경제위기는 "극빈층을 포함한 노동자들이 진 빚 때문에" 일어난 "세계적 축적 붕괴"의 사례로서 "고전적인 19세기 자본주의 조건에서는 생각할 수 없었을"(8) 일이다.
　이런 식의 화폐자본 증식이 만연한 자본의 금융화는 세계적으로 1970년대 중반 이후, 한국의 경우는 1990년대 말 이후에 전개되었다. 금융화는 금융자본의 우위가 19세기 말과 20세기 초에 성숙한 자본주의 국가들에서 대대적으로 발생한 데 이어 두 번째로 생겨난 현상이지만, 과거의 국면과는 차이도 없지 않다. 19세기 말, 20세기 초에 금융자본이 성장한 것은 오늘날과는 달리 실물경제와 금융시장의 결합 결과였다. "자본주의적 생산의 규모가 커짐에 따라 독점 기업들이 은행이 제공하는 투자 신용에 크게 의존하게" 되고, 그에 따라 "은행과 산업 사이의 긴밀한 관계가 생겨"나면서 "궁극적으로 금융자본의 출현"(48)으로 이어진 것이 당시 상황이었다. 제2차 산업혁명과 함께 성장한 금융자본이 그처럼 산업자본의 성장에 크게 이바지했다고 볼 수 있다면, 금융화 시대의 금융자본이 작용하는 방식은 정반대다. 오늘날의 금융자본은 굴뚝기업보다는 자산시장에 투자되는 경향이 높으며, 따라서 산업자본 중심의 실물경제와는 유리된 채로 작용하는 경향이 크다. 예컨대 제너럴일렉트릭(GE)의 경우 2003년 전체 그룹 이익의 42%를 GE캐피탈이 발생시켰고, 제너럴모터스(GM)와 포드의 같은 해 이윤도 대부분이 소비자 대여 사업에서 나왔으며, 2004년 제너럴모터스의 자동차 할부금융 자회사인 GMAC가 벌어들인 액수가 GM 전체 수익 80%에 육박하는 29억달러였다(Blackburn, 2006: 44). 2020년에도 코로나바이러스의 유행으로 인해 실물경제 전 영역이 자본주의 역사상 최대의 위기였던

와 주택담보대출의 규모가 급증한 데서도 확인된다. 한국의 가계부채는 앞서 본 대로 1997년 211.2조에서 2020년 1천726.1조원으로 늘어났는데, 이와 함께 주택담보대출도 1996년 18.4조원에서 2020년에는 910.6조원이 되어 49.5배나 늘어났다. 가계부채와 주택담보대출이 이처럼 급증한 시기는 아파트 및 다세대주택이 급증한 시기와 정확하게 일치한다. 서울과 수도권에 고층 건물이 집중적으로 건설되며 수직 도시가 형성된 것은 한국 자본주의의 발전과 더불어 고정자본과 소비기금이 거대한 규모로 조성됨으로써 건조환경을 지배하게 된 결과이지만, 거기에는 2000년을 전후해 시작된 금융 자유화와 함께 건조환경 가운데 특히 주거용 건물들이 이윤 내는 기계로 작용한 측면이 크다.

캐스 길버트가 "이윤 내게 하는 기계"라는 말로 마천루의 건설에는 자본의 논리가 작용함을 지적했다면, 엠파이어스테이트 빌딩의 건축에 참여한 리치먼드 해롤드 슈리브는 "금융이 창내기(造窓術)를 명하고, 지대 대장이 기본설계를 지배한다"(Shreve, 1930: 772; Willis, 1995: 81에서 재인용)는 말로 고층 건물의 형태와 이윤 창출의 관련성을 환기한다. 건축사가 캐롤 윌리스에 따르면, 뉴욕 고층 건물의 높이는 "건축가, 공학자, 토건업자, 건물 관리자로 이루어진 위원회"(Willis: 85)가 행한 분석에 따라 결정되었다. "토

1930년대 경제위기와 맞먹는 위기를 겪고 있는 가운데 미국이 재정정책으로 퍼부은 수조달러의 긴급지원금이 실물경제보다는 주식시장, 펀드나 증권 시장과 같은 자산시장 활성화에 주로 기여한 것도 금융화의 효과다. 한국에서도 코로나바이러스의 창궐로 실물경제가 얼어붙은 가운데 주식시장과 부동산시장으로 유동자산이 득달같이 모여드는 현상이 나타났다. 코로나 사태로 경제가 얼어붙은 2020년 여름 3,000조원에 달하는 부동자금 물량이 주식과 부동산으로 몰리는 현상이 생긴 것이다. "정부는 지난 3월 100조원의 재정을 금융시장에 긴급 투입하기로 결정했다. 한국은행은 4월부터 환매조건부채권(RP) 무제한 매입 등으로 유동성 공급에 나섰다. 5월 기준 국내 통화량은 3,053조9,000억원으로 역대 최대치를 기록했다. 지금까지 국내에 쌓인 시중 부동자금만 3,000조원, 예금 부동자금은 1,100조원으로 추산된다. 이런 뭉칫돈이 주식·부동산시장으로 몰리고 있다. 코스피 지수는 3개월 사이 1800포인트대에서 2,300포인트대로 치솟았다. 부동산시장은 정부의 23번째 대책에도 과열 양상을 보이고 있다"(중앙일보, 2020.8.8.). 주식 가격은 2020년 연말에 이르러서는 3,000포인트대를 돌파하기도 했다.

지 이용법, 건축법규, 토지 및 건축 비용 견적" 등을 준수하며 "건물 자재, 설비, 마감, 노동, 금융, 대지를 포함한 주요 성분 요인들에 대한 평방피트 당 비용"(88)을 계산해서 수익성이 가장 높은 건물 높이의 추천이 이루어 졌다는 것이다. 마천루의 경제적 의미에 대한 윌리스의 최종 결론은 다음 과 같다.

> 마천루는 자본주의의 궁극적 건축물이다. 모든 고층 건물의 첫 번째 청사진은 예상 비용과 수익률의 대차대조표다. 바 페리가 "건물은 이윤을 내야 한다. 그렇지 않으면 그 비용을 충당할 돈을 갖고 나설 투자자는 아무도 없을 것이다" 하고 말한 1893년과 마찬가지로 지금도 그것은 진실이다. 기능상의 고려사항, 지방자치체의 법규, 개별 부지 등이 건물 형태에 영향을 주듯이 이윤에 대한 계획도 마찬가지다. 마천루의 등장과 도심의 발전은 도시 건축의 경제적 측면에 대한 이해 없이는 이해될 수 없다. 도시는 건물이 사업이 되고 공간이 상품이 되는, 경쟁이 벌어지는 상업 환경이다(181-82).

이런 생각에 따라 윌리스는 고층 건물은 "단지와 부지의 역사적 격자 배치, 지방자치체의 법규, 지역제" 등을 둘러싼 "특수한 도시 상황"에 따라 변별 적인 형태를 갖추기도 하지만, 고층 건물의 형태를 결정하는 "가장 중요한" 요인은 "고급 사무 공간에 대한 경제적 계획적 공식"이라며, 고층 건물을 "표준적인 시장 공식의 산물"로 이해한다(7). 이것은 마천루의 등장은 기본 적으로 상업적 환경인 도심이 발전함에 따라 생기는 시장 요구에 부응해 경제적인 계획의 형태로 자연스레 나타나는 현상이라는 생각에 가깝다. 다 시 말해 마천루 시대의 도래 또는 고층 건물의 집중적 건설은 지극히 합리 적인 활동이라고 여기는 것이다. 하지만 그런 생각에서는 고층 건물이 자 본의 순환 과정에서 형성되는 고정자본 또는 유사 고정자금(소비기금)으로 작용하며, 오늘날은 금융화에 의해 더더욱 '자본의 가장 적합한 형태'로 전환되었다는 점 같은 것에 대한 인식은 드러나지 않는다. 고메즈 루케가 지적하고 있듯이, 윌리스는 마천루라는 "건축 형태를 합리적인 사업 기계로 자연화하고" 있을 뿐, 마천루의 '합리성'이 "자본의 뿌리 깊은 비합리성"(Gomez Luque, 2019: 70-71)에 근거하고 있다는 점은 외면하고 있다.

윌리스에 따른다면, 서울의 강남에 고급아파트단지가 대규모로 건설된 것은 거기에 아파트 건물을 지으면 '표준적인 시장 공식'에 의해 가장 크게 '이윤 내는 기계'로 작동하기 때문일 것이다. 강남화, 즉 강남 만들기와 강남 따라 하기가 한국에서 공간 생산의 모델로 작용하는 것은 그렇게 보면 지극히 합리적인 행동이 된다. 강남화를 통해 유사 고정자본이 대거 생겨나는 것은 자본에 가장 적합한 변화라고 할 수 있다. 이 과정에서 특히 서울과 그 외곽에서는 고층아파트 건물들이 집중적으로 건설되었다. 그리고 이것은 금융기관의 대출금이 부동산 부문에 집중적으로 투자된 결과이기도 하다. 앞서본 것처럼 2020년의 가계부채 1천726.1조원 가운데 주택담보대출은 중간계급 가계의 경우 은행으로부터의 대출을 통해 부동산 자금을 조달한다면, 은행이 대출해준 대부자본, 즉 가계부채를 기초자산으로 한 금융상품들이 금융시장에서 거래되면서 부동산시장도 덩달아 투기의 장으로 변한다고 볼 수 있다. 주택담보대출의 최근 규모는 25년 전(1996년)에 18.4조원으로 당시 GDP의 4.0%에 불과하던 것과 비교하면 엄청나게 비대해졌다. 서울이 그동안 수직 도시로 전환된 것도 금융화와 함께 자본이 '합리적 선택'을 통해 부동산의 건설과 매입에 매진한 결과다. 하지만 자신의 합리성을 추구하면 할수록 자본은 악무한적인 성장을 하게 되고, 그와 함께 각종 사회적 자연적 파괴를 초래하게 된다. 자본의 운동은 인간과 자연 간의 물질대사를 필연적으로 교란하고 균열시키기 때문이다. 오늘날 그런 문제를 일으키는 주된 원인은 도시화다. 도시화는 자본주의적 생산과 더불어 추동되지만, 이 생산은 "대중심지로 집결되는 도시인구의 끊임없는 비중 증가와 함께 한편으로는 사회의 역사적 동력을 쌓아나가고, 다른 한편으로는 인간과 대지 사이의 물질대사, 즉 인간이 식품과 의류의 형태로 소비한 토지 성분들의 토지로의 복귀, 다시 말해 지속적인 토지비옥도의 항구적 자연조건을 교란한다"(맑스, 2015a: 682. 번역 수정). 최근에 들어와서 기후 위기 등 행성적 시스템의 동요를 보여주는 인류세 상황은 수직적 도시화로 물질대사의 교란이 더욱 심각해진 징표라고 할 수 있다.

문제는 금융화가 지속되는 한, 도시화는 더욱 악화하리라는 것이다. 금융화의 국면에서는 자본은 M—M′ 운동의 전개로 가치의 생산과정—즉 실물경제 부문—을 **우회하며** 증식하려는 경향이 크다. 신종 코로나바이러스의 창궐로 인해 실물경제가 전례 없는 위기를 겪은 2020년에도 한국의 자산시장은 상상을 초월하는 과열 현상을 드러냈다. 시중에 3,000조원 이상의 유동자금이 풀리고, 이 자금이 "투자와 소비보다는 부동산과 주식으로"(매일경제, 2020.7.5.) 대거 몰린 것이다. 코로나19 사태로 실물경제는 바닥을 쳤는데도 자산시장이 과열된 이유는 거기서 기대되는 지대 수익이 실물경제에서 기대되는 이윤보다 훨씬 더 커졌다는 데 있다. 그리고 금융자본의 이런 공격적 활동 상황에서 수직적 도시화가 진행되는 것은, 자산시장의 핵심 부문인 부동산시장에 자본이 집중될수록 환금성 좋은 아파트 중심의 주택 거래가 늘어나면서 부동산 건설 경기도 부추겨지기 때문이다.[112] 수직적 도시화는 그런 부동산의 금융화가 지속되고 반복되면서 일어나는 도시-형태적 변화에 속한다. 하지만 이것은 주택이 그 사용가치보다는 교환가치가 중심이 된다는 것이며, 갈수록 소수가 지대 수익을 차지하는 방식

112_ 2020년 12월 부동산시장 과열에 대한 비판을 받고 물러난 김현미 국토교통부장관을 교체해 새로 임명된 변창흠 장관은 역세권에 고층아파트 건물을 지어 주택 공급을 늘림으로써 부동산시장을 안정시키겠다는 계획을 발표했다. 과열된 부동산시장의 안정화 정책으로 주택의 공급 확대 방안을 내놓은 것은 2021년 서울시장 보궐선거에 출마한 예비후보자들도 마찬가지다. 현재 서울에는 주거용 건물을 제공할 수 있는 빈 공간이 부족해 주택 공급을 확대하려면 고층 건물 건조가 손쉬운 방안일지 몰라도, 그런 방안을 채택하면 서울의 수직적 도시화는 계속될 수밖에 없다.

이기도 하다. 부동산의 금융화, 증권화가 부추겨질수록 주택은 '이윤 내는 기계'로 작동하겠지만, 그런 부동산자산을 보유할 수 있는 사람들은 적을 뿐이기 때문이다. 자본의 합리성에 의해 발생한다고 볼 수 있는 수직적 도시화 현상은 그런 점에서 사회적인 불평등을 초래하는 비합리성을 함께 내장한 셈이다.

6. 절벽 도시

도시 공간에 고층과 초고층의 건물들이 집적되면 건물들 사이에 형성되는 거리나 골목은 사실상 협곡으로 바뀌어 버린다. 고층 건물들 사이를 지나가 본 사람이라면 거기서 부는 골바람이 얼마나 세찬지 알 것이다. 바람이 거셀수록 거기서 냉대받고 내쳐진다는 느낌도 강해진다. 고층 건물들이 많이 집적하면 할수록 도시는 배제성도 그만큼 더 커지는 것이다. 물론 그런 건물들에 긍정적인 측면이 없지는 않을 것이다. 예컨대 고층은 건물들의 생산성을 높여서 도시에 이바지한다는 견해가 있다. 알-코드마니에 따르면, "고층 건물들의 군집화는…다양한 활동들과 전문화된 서비스들 사이의 도시적 시너지를 조성"하며, "활동들의 고도 집중은 동일한 부문 내부에서 그리고 상이한 부문들을 가로질러 회사들 사이에 '지식의 넘침 효과'를 만들어내며 혁신 증대로 이어진다"(Al-kodmany, 2012: 136).[113] 건물들의 군집화 또는 집적은 이때 도시에서 일어난 활동들 사이의 소통을 강화하는 효과를 지닌 것으로 이해되고 있다.[114] 하지만 그런 순기능은 특정한 집

113_ 집적 이외에 알-코드마니가 고층 건물 증가 이유로 꼽는 요인들로는 인구, 세계적 경쟁과 세계화, 도시 재생, 토지 가격, 토지 소비, 에너지와 기후 변화, 교통과 하부시설, 인간적 소망·상징성·에고(ego), 그리고 새로운 기술이 있다(Al-kodmany: 134-40).

114_ 콜린 뷰캐넌에 따르면, "특정한 지역에서 고용 밀도가 배가되면 그 영역의 노동자 1인당 산출이 12.5%의 추가적 증가를 낼 수 있다. 서비스 부문에서는 22%로 수치가 훨씬 더 높다"(Buchanan, 2008: 6; Al-kodmany: 136에서 재인용).

단, 다시 말해 고층 건물의 사용자들에게 배타적으로 주어질 뿐, 고층 건물의 군집은 더 많은 사람에게는 소통보다 단절의 관계를 강요할 공산이 크다. 물리적 형태로 보면 고층 건물은 자연 **절벽**과 닮았고, 각종 방식으로 사람들의 접근을 방해하며, 그 앞에 서면 꽉 막힌 벽을 앞둔 느낌이 들게 만들기도 한다. 고층 건물의 이런 **배타적 성격**은 그 외벽이 유리 커튼월로 만들어져 있으면 더욱 강화될 수 있다. 게다가 그것이 반사유리로 된 것이면 건물 안은 전혀 보이지 않고 들여다보려는 사람의 모습만 유리 표면에 비치게 만들어 더 큰 소외감을 만들어낸다. 이것은 프레드릭 제임슨이 오래전에 미국 로스앤젤레스에 있는 보나벤투라 호텔에 접근하면서 가진 경험과 유사하다.

　　이제 유리 표면이 외부 도시를 밀어내는 방식을 차라리 강조하고 싶을 수도 있겠다. 그것은 대화상대가 당신의 눈을 볼 수 없게 만들어 타자에 대한 어떤 공격성과 위력을 얻게 하는 반사 선글라스에서 유사점들을 찾을 수 있는 밀어내기다. 비슷한 방식으로 유리 표면은 보나벤투라 호텔을 그 이웃으로부터 특이하고 무장소적으로 분리되게끔 만든다. 호텔의 외벽들을 보려 할 때 호텔 자체는 보지 못하고 그것을 둘러싼 것들이 뒤틀린 영상들만 볼 수 있다는 점에서 그것은 외부도 아니다(Jameson, 1991: 42).

　　수직 도시를 구성하는 고층 건물들의 건축 양식은 **자폐증적**이라는 분석이 있다. 마리아 카이카에 따르면, "이 새로운 유형의 건축"은 "그것을 둘러싸고 있는 도시와 관계를 맺지 않으며 '외부 세계를 배제하고 병적인 자기-몰두와 자아와의 집착'을 보여준다"(Kaika, 2011: 977). 마천루가 외부와 단절한다는 점은 그 물리적 형태에서도 나타나고 있다. 양쪽에 고층 건물들이 늘어선 도시 거리는 산악지역에서 볼 수 있는 협곡이나 다름없다. 거기서 고층 건물은 인간의 척도로는 잘 가늠되지 않는 크기와 높이를 지닌 절벽으로 다가와, 앞에 선 사람을 압도하면서 동시에 그에게 차가운 시선을 던지거나 **무관심의 거리**를 유지한다. 건물의 '의도'는 이때 그 거리와 시선이 가늠되기 어려운 만큼 이해하기 어렵다. 그것은 자동차를 탄 채 지하 주차장을 진입할 수 있게 해주거나 건물 출입 통제 장치를 열게 해주는 스마트카드, 방문 시에 건물 안에서 문을 열어줄 내부인과의 사전 약속과 같은 아무나 취득할 수 없는 진입 자격을 갖춘 사람이 아니면 건물 안에 들어가서 그 속내를 들여다볼 수 없기 때문이기도 하다. 타워팰리스나 하이페리온이 아니어도 오늘날 서울의 많은 고층아파트 건물에는 예외 없이 외부인의 출입을 감시하는 초소가 설치되어 있다. 아파트단지는 고가일수록 '빗장 공동체(gated community)'임을 자처한다.

수직 도시의 고층 건물들이 외부와 단절되는 방식은 **선택적이고 전략적**이다. 마천루는 무조건 외부와 단절하는 것이 아니라 자신이 속한 현장의 지방적 한계를 초월하기 위한 목적으로 그렇게 하며, 이것은 마천루가 **자폐증적 배타성**을 지닌 만큼이나 어떤 **개방성**을 지녔음을 말해준다. 마천루를 건설하려면 건축을 위한 재료와 기술, 자본 등 다양한 자원들의 확보가 필수적이다. 다시 말해 마천루들의 군집처로서 수직 도시는 그 건립과 존립을 위해 자신의 지방적 한계를 넘어서는, 세계적이고 행성적인 광범위한 자원 네트워크의 가동이 필요하다. 하이페리온, 타워팰리스, 롯데월드타워와 같은 주상복합건물을 위시해서 오늘날 서울을 세계에서 가장 수직적인 도시의 하나로 만든 수많은 고층 건물을 건설하는 데 필요한 건축 재료 가운데 외국에서 조달해야 할 것이 얼마나 많겠는가. 롯데월드타워의 커튼월 공사에 사용한 알루미늄의 경우 한국에서는 생산되지 않는 재료라서 수입되어야 하며, 그 조달은 외국과의 자유무역과 같은 어떤 개방성을 전제한다. 그것은 또한 알루미늄의 원료로 쓰이는 보크사이트가 오스트레일리아, 중국, 브라질 등 주요 생산국들의 광산에서 노동자들의 노동―잉여노동을 필연적으로 포함한―을 통해 채취됨을 전제하고 있기도 하다. 서울에 고층 건물이 들어서는 집중적 도시화는 그렇다면 다른 국가와 대륙에서 관련된 가동지형들이 작동하고 있어서 가능한 일인 셈이다. 덧붙여 서울에서 고층 건물이 집중적으로 건설된 2000년 이후에 금융자본의 세계화가 강화되었다는 점도 기억할 필요가 있다. 그때 MBS나 REITs, 부동산 PF와 같은 금융상품의 거래가 제도로 정착하고 그 규모가 커지면서 국내 부동산의 공급 및 수요도 확대되었다. 부동산시장이 금융화했다는 것은 거기에 투입되는 자본의 축적 기반이 지역적 한계를 벗어난다는 말이기도 하다. 고담의 지적대로, "주택저당증권(MBS), 구조화투자회사(SIV), 주택저당채권(CMO), 부채담보부채권(CDO) 등과 같은 새로운 금융 수단의 창조와 제도화는 부동산의 자금 조달을 축적의 지역적 네트워크로부터 탈착시키거나 분리하고 글로벌 자본시장으로 밀어 넣는다"(Gotham, 2009: 363). 수직 도시가 그 형성을 위한 재료나 자본을 이처럼 글로벌 네트워크에 의존해 조달한다는 것은 그것을 구성하는 마천루들이 지닌 형태상의 배타성과는 다른 어떤 개방성이 거기서 작동함을 말해주고 있다. 개방성과 배타성은 이때 마천루가 전략적으로 '외부'와 맺는 관계의 양면적 성격이다. 마천루는 그것이 속한 현장에서는 자신의 외부에 대해 배타적이지만, 그 외부의 외부 즉 자신의 지역적 한계를 벗어나게 해주는 글로벌 네트워크와의 관계에서는 개방성을 유지한다.

문제는 지역적 한계를 벗어나기 위해 글로벌 시장에 대한 개방을 추구하면 불평등이 필연적으로 일어날 수밖에 없다는 것이다. 수직 도시 형성에서 핵심적 역할을 하는 부동산의 금융화에서도 그런 점이 확인된다. 금융화가 강화될수록 임금 소득으로 살아가는 사람들도 그 영향과 지배를 받게 된다. 신자유주의적 지배하에서는 개인들에게 필요한 주택, 의료, 교육, 교통, 에너지 등과 관련된 사용가치들이 공적 제공보다는 사적 제공을 통해 조달될 공산이 크다. 개인들이 최근에 금융적 거래에 대거 참여하게 된 것도 생필품들을 금융적으로 조달할 필요가 커졌기 때문이다. 하지만 그렇게 되면 개인들이 **금융적 수탈**을 당할 기회도 늘어난다. 금융화는 갈수록 이윤이 금융적 수단을 통해 형성되는 경향을 가리키지만, 개인들이 그 과정에서 이득을 볼 확률은 지극히 낮다. 어느 한쪽은 손해를 보고 어느 한쪽은 이득을 보는 금융적 거래에서 개인들이 이득을 보기 어려운 것은 개인들은 은행, 증권사, 여타 금융기관 등 자신이 거래하는 상대방과의 관계에서 늘 취약한 위치에 서게 된다는 점 때문이다. 라파비차스가 지적하듯이, "일반적으로 개인들은 모니터링을 수행하고, 상대방이나 경제와 관련된 정보를 모으고, 심지어 단순히 거래의 세부 사항을 다루는 데 필요한 기술이 모자란다"(Lapavitsas, 2013b: 130).

　금융화가 기울어진 운동장에서 벌어지는 게임으로 진행되는 한, 사회적 불평등의 심화는 필연적이다. 한국 사회는 1990년대 말에 금융화가 본격적으로 진행된 이후로 불평등이 계속 악화했다. 소득 불평등을 나타내는 대표적 지표인 지니계수의 변화를 살펴보면 그런 점이 바로 드러난다. 시장소득 지니계수의 경우 2006년 0.315, 2009년 0.334, 2014년 0.328, 2016년 0.344로 나타났는데, 2016년의 수치가 세계금융위기로 소득분배 상황이 크게 악화한 2009년의 그것보다 더 높다는 점이 주목할 부분이다. 소득 배분 배율에서도 비슷한 경향을 볼 수 있다. 2006년의 시장소득 배율은 10분위는 12.9, 5분위는 6.3이던 것이 2016년에는 10분위가 26.7, 5분위가 8.5로 나타났다(강신욱, 2018: 47-49). 각 분위의 평균소득을 최하층인 1분위 것으로 나눈 것이 소득 배율로, 2006~16년간의 분위별 배율 추이는 상층부에 속할수록 소득 배분이 계속 커진 것을 보여준다. 불평등의 심화는 부동산 부문에서도 확연하다. 예컨대 서울의 주택보급률은 2005년과 2015년 사이에 93.7%에서 96.0%로 증가했는데, 자가 보유율은 44.6%에서 41.1%로 떨어졌다(경향신문, 2017.10.7.). 경제정의실천시민연합에 따르면, 2017년 12월 기준 한국의 다주택자 가운데 최상위 10명은 1인당 평균 380호인 3천800호, 상위 100명은 1인당 150호인 1만5천호를 소유한 것으로, 그리고 주택보유자 상위 1%인 14만명은 1인당 6.7호인 94만호를 소유한 것으로 나타났다 (경실련, 2018.10.15.). 특히 주목되는 점이 고가주택일수록 서울에 집중되어 있다는 사실이다. 국토교통부가 발표한 2020년 1월 1일 기준 전국 공동주택 1천383만 가구의 공시가격안에 따르면, 종합부동산세 부과 대상인 공시가격 기준 9억원 초과 공동주택, 즉 아파트 30만9천361호 가운데 28만842호가 서울에 소재한 것으로 나타났다(매일경제, 2020.4.1.). 그 수치는 서울의 전체 공동주택 267만9천298호의 11.1%다. 불평등 지표들의 이런 악화 현상이 최근에 주택이 금융자산의 성격을 강화하게 된 시기에 일어났다는 점이 여기서 주목할 대목이다.

공동주택 가운데 고가주택은 대부분이 아파트이며, 아파트도 고층에 속할수록 더 고가가 된다.[115] 최근에 들어와서 고가의 아파트 건물이 단지를 형성하며 들어선 곳은 거의 예외 없이 재개발 대상 구역, 다시 말해 기존의 건조환경을 일률적으로 철거해서 신축 젠트리피케이션을 진행할 수 있는 서울 시내 또는 인접 지역이다. 그런 곳은 또 다른 재개발 지역, 예컨대 연립 또는 다세대 건물이 들어서는 빌라촌 형성 지역과는 구분된다. 빌라촌의 형성은 주로 과거에 중산층 단독주택이 밀집되었던 곳에서 개별 건물들이 시차를 두고 재건축되는 방식으로 형성되며 그런 점에서 신축 젠트리피케이션이 진행되는 방식과는 다르다. 빌라촌에 종합부동산과세 대상인 주택이 거의 없는 것은 거기에 고급아파트 건물이 들어서지 못하는 사정에서 비롯했을 것이다. 반면에 공시가격 9억원을 초과하는 아파트가 있는 단지는 10여 층 이상의 건물, 다시 말해 오늘날 서울을 세계에서 가장 수직적인 도시로 만드는 고층 건물들의 밀집을 허용할 만한 도심 내

115_ 고층아파트 건물은 외국에서는 전통적으로 저소득층의 주거 형태였다. 이탈리아에서는 아파트가 '벌집(alveare)'이라고 불리기도 한다. 2017년에 화재로 72명이 목숨을 잃은 영국 런던의 그렌펠 타워 역시 저소득층을 위한 고층아파트였다. 반면에 한국에서는 여의도 시범아파트의 예가 보여주듯이 처음부터 아파트는 고층일수록 고급에 속했다. 최근에 들어와서는 외국에서도 고층일수록 고급 주상복합 건물이 많아졌다고 한다.

공간에서 조성될 공산이 크다. 그런 곳의 좋은 후보로는 축출하기 어려운 중산층 단독주택이 많이 있던 지역보다는, 서울의 도시적 기능을 활용하기에 편리한 곳이면서 쉽게 축출 대상으로 삼을 수 있는 빈민들이 거주하는 도심 안의 이른바 낙후 지역을 꼽을 수 있다. 이런 지역들에서는 재개발을 통해 건물을 최대한 고층으로 짓고 고급화하면 더 큰 경제적 이득이 만들어질 공산이 크다. 그러나 그런 과정에는 기존의 주택들은 죄다 철거되고 주민들도 대부분 축출되는 반대급부가 필연적으로 따른다. 2009년 용산제4구역 재개발 사업 진행 과정에서 경찰관 1명 철거민 7명이 사망하고 수십 명의 부상자가 발생한 것이 그런 대표적 사례다. 재개발 과정에 원주민이 대거 축출된다는 것은 2000년대 초에 진행된 뉴타운 조성이 단적인 예를 제공한다. 당시 뉴타운 사업의 원주민 재정착률은 은평 지역 20%, 길음 지역 17.1%, 난곡 지역 8.7%로 평균 15~17%에 지나지 않았다(경향신문, 2008.4.28.; 주거환경신문, 2009.11.2.).

지난 30년 가까이 수많은 저층 주거지역이 재개발되고, 그 가운데 상당 부분이 고층아파트 밀집 지역으로 바뀐 것은 서울에서 **도시지대**가 다양한 형태로 형성되었다는 말이기도 하다. '도시지대'는 맑스가 '건축지지대(Baustellenrente)'라고 부른 것이 도시 지역에 적용된 사례에 해당한다(곽노완, 2017: 48). 맑스는 건축지는 "모든 비농업용 토지의 지대와 마찬가지로 진정한 농업지대에 의해 규제되고 있다"고 본 애덤 스미스의 관점을 수용하며, 건축지지대의 특징들에 대해 다음과 같이 말한다.

건축지지대는 첫째로 (예컨대 포도원이나 대도시 건축 용지의 경우에 매우 중요한) 위치가 차액지대에 미치는 압도적 영향, 둘째, 산업자본가와 달리 자신은 그에 대해 아무런 기여도 하지 않거나 그로 인해 어떤 위험도 부담하지 않고 사회적 발전의 성과만 가로챌 뿐인(특히 광산의 경우) 소유자들의 명백하고 전반적인 수동성, 마지막으로…독점가격의 큰 비중, 특히 빈곤에 대한 파렴치한 이용의 큰 비중, 또 이것이 토지 소유에 제공하는 거대한 권력 등…을 특징으로 한다"(맑스, 2015c: 980. 번역 수정).

"토지 소유에…거대한 권력"을 제공한다는 점에서 건축지대는 토지 계급의 권력 행사와 관련된다고 볼 수 있고, 특히 도시 지역에 적용되면 '계급독점지대'로 작용한다. 그런 점을 노골적으로 보여주는 것이 뉴타운의 건설과 역세권 형성, 공원과 천변 등 공유지 조성 등의 과정에서 계급 권력이 작동하여 도시지대가 추출되는 경우다. 하비에 따르면, 계급독점지대는 "도시 자원의 공급자에게 돌아가는 수익률이 그 자원의 소비자 계급과의 갈등 결과에 따라 정해지는 상황"(Harvey, 1974: 239)에서 생기는 지대에 속한다. 단, 서울의 경우 공급자와 소비자 계급 간의 구분이 하비가 생각하는 것과는 다르게 이루어지는 듯싶다. 하비가 계급독점지대와 관련해 주목한 공급자 측은 투기꾼이나 개발업자, 지주, 정부 및 금융 기관이었고, 소비자 계급은 가난한 임대인ー주로 흑인, 여성, 라틴계 등 하층 소수자들ー이었다. 공급자와 소비자의 이런 구분은 그가 1970년대 미국 볼티모어의 상황을 분석 대상으로 삼았기 때문에 생겼다고 할 수 있다. 1970년대라면 미국에서도 아직 금융화가 본격적으로 진행되기 이전이며, 도시회기 진행된 방식이 오늘날과는 달랐다. 당시 볼티모어에서 상층 계급의 지대 수탈 대상이 되었던 도시 빈민은 열악한 도심 주거지에 배치되어 있었고, 슬럼에서 벗어날 기회를 제한받았다고 봐야 한다. 반면에 오늘날 서울에서 볼 수 있는 계급독점지대는 금융화에 의한 도시화 과정에서 도심이든 부도심이든 시역 안에서 재개발이 일어나는 곳을 중심으로 형성되고 있다. 그런 곳들은 자산 도시주의의 흐름을 탈 수 있는 중간계급이 선호하는 지역인 것이다. 높은 지대의 추출을 위한 도시화가 시역 안에서 일어나게 되면, 축출과 수탈의 대상이 되는 것은 가난한 원주민이라는 점에서 계급독점지대가 "빈곤에 대한 파렴치한 이용"과 불가분의 관계를 맺는 것은 여기서도 마찬가지다. 지대공유 동맹을 통한 계급독점지대의 형성은 서울에서도 다른 사람들의 빈곤을 파렴치하게 이용하는 과정이다. 그러나 1970년대의 볼티모어와는 달리 오늘날 서울에서는 도시 재개발이 젠트리피케이션의 형태를 띰으로써 가난한 사람들은 세입자로서도 재개발된 지역에 살기 어려워져 다른 지역으로 축출당하고,[116] 고급화를 이룬 공간에는 기존의 주민보다 더 상위 계급이 살게 된다.

　최근의 서울 또는 수도권의 도시지대 형성은 수직적 도시화와도 밀접한 관련이 있다. 도시의 수직화는 금융화가 진행된 뒤로 본격화했으며, 그로 인해 소수는 고급화한 고층 또는 초고층 건물의 주거자로 전환했지만, 훨씬 더 많은 사람이 재개발 지역에서 축출되었다. 계급독점지대가 집중적으로 형성되는 도시 지역은 절벽 도시가 된다고 볼 수 있다. 젠트리피케이션이 진행되는 곳에서는 고층 건물들이 집적되고 그 결과 소수 이외에는 접근할 수 없는 배타적 공간으로 바뀌게 된다. 건물의 고층화, 수직화, 그리고 절벽화를 통해 특권적 주거 공간이 만들어지는 것은 공유지 수탈의 과정이기도 하다. 그런 식의 도시화가 이루어지려면 교통망이나 에너지 공급체계, 도시적 삶을 위한 각종 서비스 시설—문화체육시설, 공공도서관, 병원, 교육기관 등등—등 다양한 하부시설이 필요하지만, 도시지대를 추출하는 세력이 그에 대해 이바지하는 바는 거의 없다고 봐야 한다. 도시란 그 자체가 하나의 공유지다. 살기 좋은 도시는 도시민 전체의 삶—노동, 소비, 교류, 놀이, 창조 등으로 구성되는—을 통해 형성되며, 주민들의 공통 자원에 속한다. 농촌보다 도시의 지가와 지대가 높은 것은, 거기에는 그런 자원이 훨씬 더 많이 농축되어 있기 때문이다. 맑스의 지적대로, "인구의 증가와 이에 따른 주택 수요의 증가뿐 아니라 토지에 합쳐지거나 그 위

116_ 뉴타운 조성이나 다른 젠트리피케이션 과정에서 배제된 사람들이 아파트촌보다는 상대적으로 열악한 환경의 빌라촌으로 전치되어 거기서 세를 내며 살아가야 한다면 그것 역시 계급독점지대를 추출당하는 경우라고 봐야 할 것이다.

에 세워진 모든 산업용 건물, 철도, 상점, 공장, 부두 등 고정자본의 발달도 필연적으로 지대를 올린다"(맑스, 2015c: 981. 번역 수정). 한강이 굽어 보이는 강변이나 풍광 좋은 공원─용산, 마포, 서대문구의 경의선숲길이나 서초구 시민의 숲과 양재천, 또는 뚝섬 서울의 숲 등─과 인근한 고층아파트의 소유자는 양질의 거주환경을 지닌 그런 공유지 조성에 아무런 기여도 하지 않고 "사회발전의 성과를 지대와 지가 상승의 형태로 가로채는" 셈이다(곽노완, 2017: 49). 서울이 '절벽 도시'가 되었다는 것은 이렇게 보면, 수직적 도시화 속에 만들어진 고급아파트 건물들이 특권적 소수에 의해 장악됨으로써 특히 재개발 과정에서 쫓겨난 사람들에게는 오를 수 없는 '저 높은 곳'이 되었다는 말과 같다. 지대에 의한 공유지 수탈에 대해서는 다음 6장에서 젠트리피케이션의 문제를 다룰 때 더 언급하게 될 것이다.

수직 도시의 건물들이 더 높이 올라갈수록, 즉 수직 도시가 절벽을 더 닮아갈수록 더 많은 사람이 거기서 쫓겨난다는 것은 수직 도시의 건설이란 배타적 권력의 행사임을 말해준다. 초고층 건물은 허영의 산물, 특히 **남근적 예고**의 표출이기도 하다. 최근에 속속 들어서고 있는 초고층 또는 메가-고층 건물들이 하늘로 더욱 치솟은 이유의 하나는 **허영 높이**(vanity height)와 관련되어 있다. CTBUH에 따르면, '허영 높이'는 마천루의 정점과 사용가능한 최고층 간의 높이 차이다(Wikipedia, "vanity height"). 2013년 현재 세계의 초고층 마천루 가운데 허영 높이가 가장 높은 순서대로 보면, 아랍에미리트 두바이 부르즈 할리파(공식 높이 828m; 허영 높이 244m), 중국 난징 지펑 타워(450m; 133m) 미국 뉴욕 뱅크오브아메리카 타워(366m; 131m), 두바이 부르지 알 아랍(321m; 124m)으로 나타난다(Al-kodmany, 2018a: 126). 서울 롯데월드타워의 경우 최고 높이가 555미터이고 최고층의 높이가 500미터이니 55미터의 허영 높이를 가진 셈이다. 초고층 건물들의 허영 높이가 이처럼 높은 것은 마천루가 지닌 남근적 수직성의 추가적 강화를 모색한다는 점에서 오만의 극치를 보여준다. 마천루의 그런 경향은 이미 오래전에 앙리 르페브르도 지적한 바 있다.

마천루들의 오만한 수직성은 시각적 영역에 남근적인, 정확하게 남근지배적인 어떤 요소를 들여온다. 이런 과시의, 인상을 심으려는 이런 필요성의 목적은 관객에게 권위의 느낌을 전하려는 것이다. 수직성과 엄청난 높이는 폭력적일 수 있는 권력의 공간적 표현이었다(Lefebvre, 1991: 98).

마천루와 그 수직성의 남근적 성격은 페미니스트들에게는 널리 알려진 것이었다. 레슬리 와이스먼이 볼 때 마천루는 "남성이 자신의 자아상에 맞춰 건조환경을 만들어낸" 사례다.

"20세기 도시 마천루는 가부장적 상징학의 절정으로서 큰 것, 발기한 것, 강한 것—잔뜩 팽창한 남성적 에고—의 남성적 신비로움에 뿌리박고 있다. 우리네 도시의 마천루는 인간적 정체성과 삶의 질은 빈곤하게 만들면서 개인적 인정과 지배를 놓고 경쟁한다"(Weisman, 2000: 1; Graham, 2020: 172-73에서 재인용).

마천루의 폭력성은 그런 건물이 들어서는 곳을 거처로 삼고 있다가 축출되는 사람들에게는 너무나 확연할 것이다. 고층 건물들이 들어서는 과정은 폭력을 동반하는 것이 통례다. 서울에서는 상계동의 신시가지 건설, 난곡 재개발, 용산의 재개발 등에서 폭력적 재개발이 연속 일어났다. 이런 상황은 한편으로 고층 건물을 지을 수 있고, 마천루 안의 사무실이나 주거 공간, 호텔 등을 소유하거나 이용할 수 있는 사람들이 지닌 도시권과 다른 한편으로 재개발이 일어나는 곳에서 계속 주거하고 생업을 계속하고자 하는 사람들의 도시권이 맞부딪쳐서 빚어지게 된다. 하지만 상이한 권리들이 경쟁하면 귀추가 어떨지는 미리 결정되어 있다. 맑스의 말대로 동등한 두 권리가 서로 부딪치면 사태를 정리하는 것은 힘이다. 이때 힘은 물리적일 수도 있지만, 정치적인 성격일 수도 있다. 마천루가 속속 들어서며 수직 도시가 형성되고 있는 것은 고층 건물 건설을 통해 이익을 보는 세력의 정치적 힘이 그로 인해 손해를 보는 세력의 그것보다 여전히 크다는 것을 말해준다.

수직 도시는 그래서 **절벽 도시**가 된다. 그런 도시는 많은 사람에게는 다가서거나 올라갈 수 없는 대상이 되기 때문이다. 하늘 높은 줄 모르고 치솟는 건물들이 갈수록 늘어나는 것은 최근에 들어와서 소득자산가들이 늘었다는 말이기도 하다. 여기서 자본주의적 생산이 발달할수록 자본의 집적과 집중이 일어나는 것이 자본축적의 일반 법칙임을 환기할 필요가 있다(맑스, 2015a: 852-54). 한 통계에 의하면 2019년 현재 10억달러 이상의 자산가는 세계에서 2천153명으로 1996년의 423명에서 1천730명이 더 늘어났다. 지난 10년간 세계 경제를 전례 없는 불황으로 몰아넣은 미국의 금융위기가 발생한 2008년에는 1천125명이었는데 그 뒤로도 억만장자의 수가 두 배 가까이 늘어난 것이다(Areppim AG, 2019; Elliott, 2019). 10억달러라는 어마어마한 규모의 부를 쥔 개인들이 급증한 것과는 일견 상반된 현상도 부자들의 세계 즉 "그들만의 리그"에서 생겨나고 있다. 세계인구 하위 절반이 지닌 재산만큼이나 많은 부를 소유한 최상위 부자들의 수가 최근에 올수록 줄어든 것이다. 국제구호개발기구인 옥스팜의 발표에 따르면 세계인구 절반의 재산과 같은 규모의 재산을 가진 슈퍼리치의 수는 2014년에는 85명이던 것이, 2016년에는 62명, 2017년에는 43명, 2018년에는 26명으로 감소했다(한겨레, 2019.1.21.; 옥스팜 코리아, 2016.1.21.; Andreou, 2014.1.20.). 옥스팜은 중국과 인도의 빈곤 상황이 생각했던 것보다 더 열악함을 보여주는 새로운 정보를 입수했다며 2017년의 숫자를 8명으로 줄인 적도 있다(Elliott, 2017.1.16.). 10억달러 이상의 재산보유자 수가 늘어난 와중에도 슈퍼리치의 수가 줄어들었다는 것은 부의 집적과 함께 집중도 일어난다는 말일 것이다. 절벽 도시를 형성하는 건물 도시들이 증가하는 것도 비슷한 양상이다.

한편으로 저층의 건물들이 낮게 굴신하고 있는 가운데 남근적 오만함을 한껏 뽐내며 초고층 건물들이 올라가고 있다. 하지만 갈수록 늘어나는 고가의 아파트는 갈수록 소수의 소유가 된다. 한국의 주택보유자 상위 1%인 14만명이 공시지가 9억원 이상의 건물을 모두 94만호 1인당 6.7호를 소유한 가운데 상위 100명은 1만5천호 1인당 150호, 그리고 최상위 10명은 3천 800호로 1인당 380호를 소유하고 있는 것도 같은 맥락의 일이다.

7. 인류세와 수직 도시

러시아의 건축학자 베라 아크리스티니와 율리아 보리스키나에 따르면, 수직 도시 개념이 출현한 데에는 고도의 인구성장, 공기·식품·교통의 문제, 도시계획에서 쾌적한 환경 및 생태의 우선적 고려, 일부 도시나 나라의 영토 부족, 자원 절약 및 환경 보호의 긴급한 필요성, (수기경 재배, 동조 감쇠기, 전자기 부양, 스마트 유리 등) 새로운 재료 및 기술의 개발, 초고층 건축 기술의 숙달 등이 중요한 요인으로 작용했다(Akristiniy and Boriskina, 2018). 수직 도시는 이때 오늘날 도시적 삶이 당면한 위기를 기술로 극복하려는 유력한 방안으로 이해된다. 즉, 인구과밀, 기후악화, 생태파괴, 토지부족, 공기·식품·교통 문제 등으로 악화하는 도시적 삶의 질을 개선하기 위해 수직 도시에 관한 관심과 요구가 생겨났다는 것이다. 수직 도시는 심지어 인구과잉, 생태계 붕괴로 인해 지속가능한 삶이 처한 위기에 대한 만병통치약으로 인식되기도 한다. "수직 도시가 인구과잉과 만원 현상을 해결하는 열쇠를 쥐고 있다(Smith, n.d.: n.p.)"는 주장도 있다.[117] 물론 인구과잉,

---

[117]_ 사라 스미스라는 건축가에 따르면, "인구가 증가하면 생활공간에 대한 필요도 증가한다. 주택과 마을의 수를 증가시키는 것은 숲과 다른 서식지 파괴로 귀결되곤 한다. 이것은 우리의 자연 자원을 제한하고 야생 생명을 위태롭게 하며 우리의 생태계를 붕괴시키려 든다. …인구는 급속도로 증가하고 있다. 조치가 취해지지 않으면, 결국 임계질량에 도달될 것이다. …수직 도시가 인구과잉과 만원 현상을 해결하는 열쇠를 쥐고 있다(Smith,

기후 위기, 생태파괴, (에볼라, 지카바이러스, 사스, 메르스, 코로나19 등) 신종유행병 창궐 등으로 인해 인류가 지구상에서 어떻게 지속 가능한 삶을 영위할 것인가라는 질문이 절박하고 심각한 것임을 부정하기는 어렵다. 도시화와 환경 파괴로 지구는 이제 정례적으로 행성적 수준의 재앙을 겪고 있다. 이런 상황에서 그동안 관행으로 굳은 수평적 도시화 즉 도시 확장(urban sprawl)보다는 수직적 확장에서 인간적인 도시적 삶의 지속성을 확보해야 한다고 보는 것이 수직 도시론이다.

수직 도시론은 기후 위기와 환경 파괴와 같은, 지구 행성이 당면한 지속가능성 문제를 인식하고 있다는 점에서 인류세 담론의 문제의식을 많이 공유한 것처럼 보인다. '인류세'는 지구 행성이 인간의 행위로 인해 새로 맞게 된 지질 시대를 가리키는 용어다.[118] 인류세가 도래했다는 것은 유적

---

n.d.: n.p.). 그러나 수직 도시가 과연 "인구과잉과 만원 현상을 해결하는 열쇠"인지는 의문이다. 서울의 경우 인구밀도가 가장 높았던 해는 1만8천121명에 이른 1992년이었고, 2010년에는 1만7천473명으로 줄었다(data.si.re.kr/node/58). 2018년 현재 서울의 인구밀도는 통계청의 자료에 따르면 1만6천34명이다. 앞서 살펴본 것처럼 1993년부터 2020년까지 서울의 건물 숫자는 11만채 이상 줄어들었으나 고층 건물의 수는 대폭 늘어났다. 이런 점은 수직적 도시화가 꼭 도시의 인구 만원 문제를 해결하는 것은 아님을 말해주고 있다. 서울에서 인구밀도가 높은 곳은 고층 건물이 밀집한 강남보다는 오히려 빌라 건물이 밀집한 강북 지역에 더 많다. 수직 도시가 꼭 인구밀도를 높이지 않는다는 것은 파리에서도 확인된다. 장-마리 위리오에 따르면, 오스만 양식의 6~7층 아파트 건물이 많은 파리 13구역의 고블랭 지역이 100미터 이상 높이의 타워빌딩이 많은 인근 올랑피아드보다 인구밀도가 더 높았다(Huriot, 2012; Graham, 2016: 762에서 재인용).

118_ '인류세는 그리 적절한 용어는 아니다. 그 용어는 인류세적 상황을 초래한 것이 기본적으로 자본의 운동인데도, 그것을 초래한 것이 인류의 행위 자체라고 여기게 만든다. 그래도 여기서 그 용어를 사용하는 것은 자연과학자들이 채택한 표현을 존중해야 한다고 생각하기 때문이다. 오해를 줄이기 위해 확실히 해둘 것은 자연과학자들도 꼭 인류 전체가 인류세에 대한 책임을 져야 한다는 의미로 '인류세'를 사용하는 것은 아니라는 점이다. 지구행성의 환경적 변화를 추적한 국제 연구를 주도해온 윌 스테파 등에 따르면, "2010년 현재 OECD 국가들은 세계 GDP의 74%를 차지하지만, 세계인구의 18%밖에는 되지 않는다. 소비를 통해 지구 시스템에 가하는 발자국을 놓고 보면 인간의 발자국 대부분은 OECD 세계에서 나오고 있다. 이것은 심각한 지구적 불평등 규모를 가리킨다. …인류가 언제나, 때로는 대규모로, 환경을 바꾼 것은 분명하나, 20세기 중반 이후 우리가 지금 기록하고 있는 것은 그 비율과 규모에서 전례가 없다. 대가속은 아주 최근까지 거의 모두

존재로서 인류의 생존에 절체절명의 위기 상황이 펼쳐졌다는 말이기도 하다. 자연과학 분야에서 인류세 담론을 주도해온 윌 스테판과 폴 크루첸, 존 맥닐에 따르면,

'인류세'라는 용어는…지구가 이제 그 자연적 지질 시대, 즉 충적세(Holocene)라고 불리는 현재의 간빙기 상태를 벗어났음을 시사한다. 인간의 행위가 너무나 만연하고 엄청나서 자연의 위대한 힘과 맞먹으며 지구를 행성적인 '미지의 세계'로 밀어 넣고 있다. 지구는 생물학적으로 덜 다양하고, 숲이 덜 울창하고, 훨씬 더 더우며, 어쩌면 더 습하고 더 험악한 상태로 급속하게 움직이는 중이다(Steffen et al., 2011: 614; Angus, 2016: 28-29에서 재인용).

이처럼 지구 행성의 지속가능성을 위험에 빠뜨리며 인류를 절체절명의 위기에 빠뜨린 것이 인류세적 상황이라면, 오늘날 만연한 수직 도시 조성과

발전한 나라들 인구의 극히 일부에 의해 추동되었다"(Steffen et al., 2015: 11). 여기서 '대가속(Great Acceleration)'은 대기 중의 이산화탄소·이산화질소·메탄 농도, 지표면 온도, 경작지 규모 등이 지구 행성의 새로운 지질 시대를 열 정도로 급격하게 변화하는 현상을 가리킨다. '지구생물권국제공동연구계획(International Geosphere-Biosphere Project, IGBP)에 속한 세계 과학자들 수천 명이 진행한 조사 및 연구 결과를 종합한 『지구 환경 변화와 지구 시스템』 보고서에 따르면, 사회경제적 변동 관련 지표 12개와 지구 시스템의 자연환경 변화 관련 지표 12개가 1950년을 전후해서 급격한 양상을 드러내는 것으로 나타났다. 보고서에 의하면, "지구에서 인간이 존재해온 역사 전체를 놓고 보면 20세기의 후반부는 비길 데가 없다. 20세기 중에 많은 인간 활동이 이륙지점에 도달했고 세기가 끝날 무렵에는 급격하게 가속했다. 지난 50년은 인류의 역사상 자연세계와 인간의 관계에서 의심할 바 없이 가장 급속한 전환을 목격한 셈이다"(Steffen et al., 2004: 143). 오늘날 인류세의 상황은 이 대가속의 결과로 펼쳐지고 있다고 봐야 한다. 대가속으로 인해 형성된 "인류세에 대한 책임"은 IGBP 연구 프로그램을 주도한 과학자들에 따르면 "'인류 전체가 아니라 부유한 나라 산업자본가들"이다(Steffen, 2019: 258). '인류세' 대신 '자본세(Capitalocene)'라는 용어를 사용하는 논자도 있지만 그런 논의를 주도하고 있는 제이슨 무어의 경우 오히려 자본주의 비판을 희석한다는 점도 언급할 필요가 있다(강내희, 2019a: 104-14). '인류세'의 문제를 가장 잘 짚고 있는 논의는 생태사회주의 전통에서 찾을 수 있으며, 존 포스터(Foster, 2000), 이안 앵거스(Angus, 2016), 코헤이 사이토(2020) 등의 논의가 중요하다.

그것은 무슨 관련이 있는가? 기후 변화에 관한 정부 간 협의체(IPCC)가 최근 발표한 내용에 따르면, 온실효과로 인한 지구 온난화 문제를 제때 해결하지 못하면, 2100년에 전 세계 평균 해수면이 기존보다 최대 110센티미터가 오른다고 한다. 해수면이 상승하면 해안 도시들은 치명타를 입을 공산이 크다. 부산 연안 지역의 경우 해수면 높이가 1미터 상승하면 해수욕장, 주요 항만, 산업공단이 침수되고, 해수면이 2미터 높아지면 해운대 마린시티 일부, 센텀시티 신세계·롯데백화점, 용호동 등 주거단지가 물에 잠길 것이라고 한다(중앙일보, 2019.9.25.; 송교욱·이창헌, 2015: 74). 미국의 기후변화 연구단체 클라이밋센트럴은 2019년 10월 말에 내놓은 한 발표에서 지구 온난화에 따른 해수면 상승으로 2050년이 되면 해마다 침수로 피해 볼 사람이 오늘날의 미국 인구와 거의 맞먹는 3억 명에 이르고, 아시아권 연안 대도시인 베트남의 호찌민시, 중국의 상하이, 타일랜드의 방콕 등이 수몰될 것이라는 예측을 하기도 했다(경향신문, 2019.10.30.). 수직 도시론은 이런 인류세적 위기 상황을 극복하는 방안으로 제출된 측면이 있다. 이때 수직 도시는 "다양한 기능들을 수직으로 배치함에 따라 기존 초고층 건축물이 갖는 랜드마크로서의 상징성 이외에 토지이용의 효율을 극대화하고, 에너지를 절감할 수 있는 친환경적이고 지속가능한 새로운 건축 패러다임"(유정복 외, 2010: xvi)으로 제시된다. 그러나 수직 도시의 건설로 인류세의 위기를 극복하겠다는 것이 올바른 접근법일 수는 없다. 왜냐하면 수직 도시를 포함한 건조환경의 끝없는 구축 자체가 오히려 인류세 도래의 원인으로 작용한 측면이 크기 때문이다.

　인류세의 도래를 말해주는 가장 큰 지표는 이산화탄소(CO_2)의 증가다.[119] 2018년 세계의 대기 중 평균 CO_2 농도는 407.8 ppm으로 지난 80만

119_ 기후 변화를 일으키는 주된 요인은 대기 중 CO_2의 증가인 것으로 알려져 있다. 기후 변화는 이산화탄소 이외에 메탄과 질산, 할로겐화탄소 등 다른 온실가스의 증가와도 관련이 있지만, 석탄, 천연가스, 석유가 연소해 생긴 부산물로서 대기에 가장 많이 들어가

년 중 어느 시점보다 높은 수준을 기록했다. CO_2가 이렇게 높았던 것은 산업혁명 이전 기간보다 기온이 평균 2°~3℃가 더 높았고, 해수면은 지금보다 15~25미터 더 높았던 3백만 년 전이었다고 한다. CO_2 농도가 높아진 가장 큰 원인은 에너지용으로 **화석연료**가 과다하게 사용된 데에서 찾을 수 있다(Lindsey, 2020.2.20.). 하지만 동일한 문제를 야기하기로는 **시멘트**도 만만치 않다. 오늘날의 도시화를 주도하는 수직적 도시화에서 시멘트는 핵심적 역할을 하고 있다. 수직 도시를 형성하는 건조환경을 구축하는 데에는 콘크리트의 사용이 필수적이고, 이 콘크리트의 주요 성분이 시멘트다. 시멘트 산업은 세계 CO_2 배출량의 8%를 초래하는 것으로 알려져 있다(Lehne and Preston, 2018: 6).[120] 서울은 시멘트를 주원료로 하는 콘크리트로 지은 12층 이상의 고층 건물을 세계에서 가장 많이 보유한 도시다. 이것은 최근에 서울과 수도권에서 시멘트가 대량으로 소비되었을 것이라는 말이기도 하다.[121] 나아가서 수직적 도시화는 CO_2 농도 상승의 가장 큰 원인으

는 것이 이산화탄소다(Keeling, 1997).

120_ 최근에 들어와서 시멘트를 가장 많이 소비하는 나라는 중국이다. 2011~13년 사이의 3년 동안 중국은 시멘트 6.4기가톤을 소비하여 미국이 20세기 통틀어 소비한 4.4기가톤보다 45%가 더 많은 양을 소비했다(Swanson, 2015.3.24.). CO_2가 80만년 만에 처음으로 최근에 400ppm 이상으로 치솟은 데에는 시멘트를 이렇게 집중적으로 소비하며 중국과 다른 국가들이 급속도로 도시화를 진행하고 있는 것이 결정적인 영향을 미쳤다고 봐야 한다.

121_ 한국은 이미 1997년에 6,175만 톤의 시멘트를 생산하며 중국, 인도, 미국, 일본에 이어 세계 5위의 시멘트 생산국이 되었다(백대현, 2014). 건설 투자가 한국의 GDP에서 차지하는 비중이 예외적일 만큼 높다는 점도 주목된다. 건설 투자의 비중은 1991년에는 당시 주택 200만호 건설 즉 제1기 신도시 개발 추진의 영향으로 GDP 대비 29.1%까지 상승하기도 했으며, 2017년에 이르러서는 16.1%로 줄어들었으나 그래도 프랑스(11.6%), 이탈리아(10.4%), 독일(9.7%), 영국(9.2%), 일본(8.3%), 미국(7.6%), OECD 평균(10.5%) 등과 비교하면 월등히 높다(관계부처합동, 2018: 6). 건설 투자 부문의 성장률도 높아서 예컨대 2015년과 2016년 GDP 성장률은 두 해 모두 2.8%였던 반면에 건설 투자 증가율은 6.6%, 10.7%를 기록했고, 2015년과 2016년 건설 투자의 GDP 성장기여도는 각각 1.0% 포인트와 1.6% 포인트로서 2016년 OECD 평균인 0.1% 포인트보다 훨씬 높다(김석기, 2017: 10). 이런 점은 한국의 경제성장이 최근에도 건설 부문에 크게 의존하고 있음을 말해준다. 서울의 수직적 도시화는 그렇다면 그런 경향을 물리적이고 시각적으로 보여주는 현상인 셈이다.

로 꼽히는 화석연료를 대량으로 소비하게 만드는 환경을 함께 조성한다는 점도 언급할 필요가 있다. 도시화로 시멘트가 대량 함유된 고층 건물이 집중적으로 건설되면 거기서 이루어지는 삶의 형태를 지원하기 위해 에너지의 공급이 필요하고, 이것은 화석연료의 대량 소비를 의미한다. 한국은 화석연료 사용량이 세계에서 거의 최고 수준이다. 국내에서는 핵심 에너지원인 석유가 전혀 생산되지 않아 자체 화석연료 생산량이 매우 적은 한국의 1인당 에너지 소비량은 2016년 현재 5.6 석유환산톤(TOE)에 이르러 OECD 회원국 중에 노르웨이(9.2), 캐나다(9.1), 미국(7.1), 호주(5.7)에 이어 다섯 번째이고, 석탄 소비의 경우는 1인당 1.6 TOE로 최대 석탄 생산국인 호주(1.8)에 이어 2위였다(매일경제, 2018.4.16.). 아울러 한국은 '기후 변화대응지수(CCPI) 2020년 61개국 중 58위' '온실가스 배출 세계 7위' '경제협력개발기구(OECD) 국가 중 이산화탄소 배출량 증가율 1위' 'OECD 국가 중 재생에너지 발전 비중 하위 2위, 석탄발전 비중 상위 4위'를 기록하고 있다(한겨레 21, 2020.8.30.). 석유 생산국을 제외하면, 1인당 대기오염의 정도가 미국, 캐나다, 오스트레일리아, 중국, 일본 등과 함께 "가장 더러운" 국가(Harris-White, 2015: 16-17)로 분류되고, 사우디아라비아와 오스트레일리아, 뉴질랜드와 더불어 세계의 4대 '기후악당'에 속한 것(한겨레, 2016.11.6.)도 그런 점과 무관하지 않을 것이다.

낮은 건물들과는 달리 해수면 위로 '안전하게' 우뚝 솟는 고층 건물들을 이상적인 건축 형태로 여긴다는 점에서 수직 도시론은 인류세 담론 가운데 **생태 근대주의**(eco-modernism)와 많은 공통점을 갖는다. 인류세의 위기를 놓고 이 생태 근대주의가 제안하는 해결법은 자본주의의 '선용'이다. 18명의 학자, 과학자, 활동가, 시민이 참여해 발표한 한 선언문에서 그런 입장의 대표적 사례를 볼 수 있다. 그들은 인류세에는 '좋은' 판본이 있을 수 있다면서, 그런 인류세는 "사람들을 위해 삶을 개선하고, 기술을 안정화하고, 자연 세계를 보호하기 위해 인간이 커지고 있는 자신의 사회적, 경제적, 기술적 능력을 활용할 것을 요구한다"(Asafu-Adjaye et al., 2015: 6)고 주장한다. 그러나 그런 주장은 인류세의 문제를 애초에 그것을 초래한 방식으로 풀자는 것과 다르지 않다. 생태 근대주의자들이 말하는 '사회적, 경제적, 기술적 능력'은 그동안 자본주의하에서 축적된 것으로, 착취와 수탈에 의한 가치증식을 위해 불평등을 심화시키는 기술을 향상하는 능력이다. 생태 사회주의자인 존 포스터는 그에 대해 다음과 같은 비판을 제출한다.

> 이[생태 근대주의] 이데올로기에 의하면, 생태적 모순들은 우리의 경제나 사회 구조에 어떤 근본적 변화도 없이 기술적 해결책과 계속되는 급속한 생산 증가를 통해 극복될 수 있다. 기후 변화를 포함한 생태 문제에 대한 지배적인 자유주의적 접근법은 오랫동안 사람과 지구 행성보다 자본축적을 우선시했다. 새로운 기술, (인구 조절과 같은) 인구통계 상의 변화, 그리고 글로벌 '자유시장'의 기제를 통해 기존의 시스템이 우리 앞에 놓인 거대한 생태적 도전을 다룰 수 있다는 주장이 펼쳐진다. 요컨대 자본주의적 축적으로 생긴 생태적 위기에 대한 해결책은 더 한 층의 자본주의적 축적이라는 것이다(Foster, 2017: 3).

도시적 삶과 관련된 인류세 문제들을 기술적으로 해결하려는 점에서는 수직 도시론도 생태 근대주의와 다르지 **않다**. 수직 도시론은 "환경친화적이고 자족적이며 수천수만의 사람들에게 품위 있는 삶을 제공할 수 있는 서로 연결된 메가 타워빌딩의 배치"를 만들어내면, "에너지를 절약하고 인구 증가를 지탱하며 식량생산, 자연, 휴양을 위한 토지를 보존할 수 있다"(verticalcity.org)는 관점이다. 여기서 수직 도시는 자족적인 도시, 다시 말해 행성적 위기 속에서도 지속 가능한 삶의 터전인 것으로 간주된다. 경작지의 항구적 퇴화, 자연자원의 고갈, 기후 악화, 인구의 급성장과 환경 파괴 등으로 인류가 맞은 위기는 그렇다면 오히려 "과학기술과 점증하는 상호연결을 통해 더 나은 세계를 창조할 수 있는 기회"(ibid.), 즉 수직 도시를 건설할 기회가 되는 셈이다. 수직 도시를 오늘날 도시적 문제를 해결할 수 있는 탈출구로 간주하는 이런 관점은 인류세를 맞아 인간은 "자신의 사회적 경제적 기술적 능력"을 활용해서 "자연 세계를 보호"해 "삶을 개선할" 수 있다고 보는 생태 근대주의와 별로 다르지 않다.

여기서 행성적 도시화론의 논지를 다시 상기할 필요를 느낀다. 그것에 따르면 집중적 도시화와 확산적 도시화의 관계는 **변증법적**이며, 따라서 확산적 도시화가 일어나지 않고서는 집중적 도시화도 일어나지 않고 그 역도 사실이다. 이런 이해는 집중적 도시화의 주요 현상에 속하는 수직 도시의 형성이 그로부터 거리를 두고 떨어져 있지만, 그 건설에 필수적인 자원을 제공하는, 숱한 외부들—즉 교외, 배후지, 밀림, 대양 등등—의 동원으로 이루어진다는 인식을 전제한다. 수직 도시론에 따르면 수직 도시는 "탄력적이고 생태적이며 녹색이고 스마트 디자인"을 갖춘 환경이다. 그리고 그런 점에서 그것은 "경제적으로 실행가능하고 건강에 좋으며 안락한 인간 주거지"(Al-Kodmany, 2018b: 2)다. 수직 도시는 말하자면 '지속 가능한 자족적' 환경이라는 것이다. 하지만 행성적 도시화의 일환으로서 수직적 도시화가 집중적 도시화와 확산적 도시화의 **상호 전제적 관계**를 통해 진행될 수밖에 없다면, 그것은 확산적 도시화 없는 집중적 도시화가 가능하다고 여기는 비현실적 생각에 해당한다. 그런 생각은 자본주의적 문명이 '자연'을 수탈하지 않고도 성립된다고 믿거나, 자본주의적 도시화가 자연과 인간 간의 아무런 균열 없이 이루어질 수 있다고 믿는 것과 다르지 않다.

서울에서 진행되는 수직적 도시화와 그와 함께 악화하는 인류세적 상황은 모두 자본의 운동법칙 즉 가치의 생산과 증식을 전제로 한다. 두 현상은 시멘트와 화석연료를 대량으로 소비하는 건조환경의 구축을 통해 이루어지며, 이 구축은 기본적으로 가치의 생산 및 실현의 과정과 연결되어 있다. 오늘날 서울의 생김새를 규정하는 건조환경 단위들은 무엇보다도 주거용 건물들, 고층 또는 초고층의 아파트 건물들이며, 이들 건물은 예외 없이 상품의 형태로 생산되어 소비되기 때문이다. 더욱이 최근에는 금융화의 심화로 자산 도시주의와 금융적 매개가 확산함에 따라, 건물 단위들의 사용가치보다는 교환가치의 측면이 강조되면서 주택을 포함한 부동산의 금융자산 성격이 강화되고 있다. 금융화가 지속되는 한 그런 경향은 계속될 것이지만, 문제는 그렇게 되면 인류세의 상황은 악화할 수밖에 없다는 것이다. 이런 점은 자본의 운동과 함께 진행되는 도시의 수직화 문제가 지구상 **인류의 생존 문제**와 직결되어 있음을 말해준다.

8. 결론

서울이 수직 도시로 전환된 데에는 주거용 건물들, 그중에서도 새로운 주택 유형인 아파트와 빌라 건물들이 대거 건조된 점이 특히 중요하게 작용했다. 놀라운 것은 이런 변화가 2000년 전후 이후 10년 좀 넘는 기간에 일어났다는 것이다. 서울의 도시적 형태가 급속도로 수직성을 갖추게 된 것은 무엇보다도 자본의 운동이 최근에 새로운 방식으로 진행된 결과다. 21세기에 들어와 금융화의 본격적 진행, 부동산의 금융적 매개 활성화, 자산 도시주의의 강화가 이루어지면서, 오늘날 서울과 수도권에 집중적으로 들어선 고층 건물 중심의 건조환경이 구축되었다. 그러나 이것은 주거용 건물들도 순수한 소비기금보다는 고정자본처럼 **이윤 내는 기계**가 된 결과에 속한다. 건축은 이제 그래서 아르키텍토니케로서의 위상은 상실하고 자본의 하수인이 되었다고 할 수 있다. 그리고 이런 경향을 강화하는 금융화가 진행되는 한, 서울의 수직적 도시화가 중단될 가능성은 희박해 보인다.

금융화의 국면에서는 수직적 도시화가 공간 생산의 지배적 경향일 것임을 노골적으로 보여주는 것이, 코로나19 사태로 인한 국가들 사이의 대봉쇄로 실물경제가 1929년 대공황 이후 최악의 경기후퇴를 맞이한 2020년에 주요 자본주의 국가들의 자산시장이 오히려 최대 활황을 이루고 부동산시장도 전례 없이 과열되었다는 사실이다. 한국의 경우 자산시장의 장세가 극도로 활발해지자 '빚투'나 '영끌' 투자자, '동학개미군단' 등 금융거래에 참여하는 개인들의 수가 엄청나게 늘어났다.[122] 이런 흐름 속에 주식시장은 2020년 12월에 사상 최고의 수준에 이르렀고,[123] 부동산시장도 14년 만에 최대의 폭등세를 기록하게 된다(한국금융신문, 2021.1.4.). 서울의 생김새와 관련하여 부동산시장의 과열에 주목할 필요가 있는 것은 주택에 대한 수요 증가와 연결된 그런 현상이 필연적으로 수직적 도시화를 부추긴다는 점 때문이다. 부동산 가격의 상승으로 민심이 이반한 가운데 2020년 12월에 문재인 정권의 부동산 정책 수장으로 임명된 변창흠 장관 후보자가 내놓은 대책도 초고층아파트 건물을 지어 역세권 등 서울을 고밀도로 개발하자는 것이었다(매일경제, 2020.12.9.).

최근의 부동산시장 과열은 주식시장의 그것처럼 자본이 자산시장 중심으로 운동하는 금융화로 인해 부추겨졌다. 금융화에서 자본의 운동은 상품의 생산과 판매, 즉 가치의 생산과 실현의 과정을 우회하는 M—M'의 형태를 띠게 된다. 그렇게 운동하는 자본은 **이자 낳는 자본**이며, (19세기 후반의 제2차 산업혁명 시기처럼) 생산적인 산업자본에 대부될 수도 있지만, 금융화의 국면에서는 실물경제 부문보다는 자산시장에 투자되는 것이 대세다. 이것은 금융화가 **실물경제와 자산시장의 괴리**를 부추기며 작동한다

122_ "금융투자협회에 따르면 지난달[2020년 12월] 29일 기준 주식거래활동계좌수는 3,552만 개를 기록했다. 주식투자 인구가 정확히 몇 명인지는 한국예탁결제원이 오는 3월 모든 상장법인의 주주명부를 확인해야 알 수 있다. 업계에선 통상 한 사람이 5개 정도의 주식계좌를 갖고 있고 활동계좌수가 3,500만개를 넘은 만큼 주식 투자자(소유자)가 700만명에 달할 것으로 보고 있다. '동학개미'로 불리는 개인 투자자가 무려 700만 대군이 된 셈이다"(한국일보, 2021.1.4.).

123_ 2020년 초에 코로나19의 유행과 함께 국가들 사이에 봉쇄가 일어나 실물경제가 나락으로 떨어지자 세계적으로 2월과 3월 사이에 주가가 대폭락했고, 한국의 주가도 한때 1,800선으로 주저앉았으나, 얼마 되지 않아 미국은 연방준비은행이 수조 달러의 유동성 자금을 풀면서 주가가 크게 회복되었고, 한국도 사상 최고인 3,000선을 돌파하는 과열 현상이 일어났다.

는 말과 같다. 그럴 경우의 문제는 GDP의 증가 즉 표면적인 경제성장이 이루어지더라도 사회적 부가 금융자본을 운용하는 상층부로만 집중하게 되고, 산업자본과 실물경제는 갈수록 취약해진다는 데 있다. 2008년의 금융위기 이후 미국의 경제가 이런 점을 그대로 보여준다. 연방준비제도의 '양적 완화(quantitative easing)' 정책으로 막대한 유동성이 풀렸지만, 은행들이 대기업에만 대부하고, 이들 기업은 공급받은 자금을 생산과 고용 증진보다 는 자사 주식 환매―기업 임원의 보수 인상에 유리한―를 위해 사용하는 관행으로 인해 미국 경제는 계속 위기에 처해 있다. 2020년 뉴욕 주식시장 의 경우 코로나19 사태 초기에는 폭락을 겪다가 차츰 주가가 회복되어 연 말에는 사상 최고치까지 경신하기도 했는데(Shaban and Long, 2020.12.30.), 이 것은 재무부와 연준이 소상공인과 개인들에게는 소액 지원에 그치고 자산 시장에는 10조 달러의 유동성을 뿌려 상층부 자산가들을 지원했기 때문이 다(Hudson, 2020.4.21.). 금융화 시대에는 그래서 자산시장이 유동성으로 넘 쳐나게 되며, 주식과 부동산 가격도 크게 상승하게 된다. 같은 해에 한국도 코로나19 사태로 실물경제가 바닥을 치고 GDP도 마이너스 성장을 기록했 는데도, 주식 가격과 부동산 가격은 유례없는 상승세를 드러냈다. 그러나 실물경제가 후퇴하면 더욱 어려워지는 것이 노동하는 대중의 삶이다. 임금 이 정체하고 소득이 줄어들면 사람들은 갈수록 적자와 부채에 허덕이는 긴축생활을 해야만 한다.[124]

---

[124]_ 마이클 허드슨에 따르면, "옛 산업자본주의가 이윤을 추구했다면 새로운 금융자본주의는 주로 더 높은 토지 가격의 형태, 지대를 낳는 다른 자산들 가격의 형태로 자본이득을 추구한다. 부분적으로 이것은 소득 과세를 회피하려는 시도다"(Hudson, 1998: 5). 자본이 득의 취득에 의존하는 금융자본은 산업자본의 이윤에서 이자를 취하던 과거의 금융자본 과는 성격이 다르다. 루돌프 힐퍼딩이 『금융자본』(1910)에서 분석한 것처럼 19세기 말, 20세기 초에는 "독점 기업들이 투자금융을 얻기 위해 갈수록 은행에 의존함에 따라, 산업 자본과 은행자본의 결합이 이루어졌다"(Lapavitsas, 2013a: 35). 반면에 금융화 시대에는 금융자본이 산업자본과 크게 분리되며, 그에 따라 산업자본의 상대적 후퇴와 실물경제의 부진이 촉진된다. 금융화가 지배적 축적 전략으로 떠오른 신자유주의 시대에 '10 대 90

21세기에 들어온 뒤로 서울에서 고층 건물들이 계속 건설되고 수직적 도시화가 진행된 주된 원인은 금융화에 있다. 금융화 시대에는 화폐자본, 특히 대부 가능한 이자 낳는 자본이 넘쳐나게 된다. 한국의 가계부채가 그칠 줄 모르고 증가한 것도 금융기관이 그만큼 대출을 많이 해준 결과다. 이 대출은 금리를 역대 최하 수준으로 낮춰 사람들이 자산 관리를 위해 저축보다는 대출에 의존하게끔 만든 정부의 금융 자유화 정책에 의해 뒷받침되었다. 이 결과 가계와 개인은 손쉬운 부채 금융을 통해 부동산 거래를 하게 되었고, 주택의 금융 자산화도 강화되었다. 서울의 수직적 도시화는 그로 인해 가격이 오르면 오를수록 주택 특히 아파트에 대한 수요가 더 많이 생겨나면서 고층아파트의 건설이 대대적으로 이루어진 결과다. 지금도 정부는, 그동안 내놓은 숱한 대책으로 부동산시장의 과열 문제가 해결되지 않는다는 이유로 초고층 건물의 공급 확대, 즉 역세권 과밀 개발을 방안으로 내놓고 있다.

'도시적 형태의 시학'도 이런 맥락에서 생각해보는 것이 필요하다. 시학적 접근은 도시를 제품보다는 작품인 것으로 간주하고, 작품으로서의 도시는 교환가치보다는 **사용가치**를 더 중시한다. 하지만 금융화가 지속되는 한, 도시에서 교환가치가 우선시되는 경향은 꺾이기보다는 강화될 공산이 더 크고, 도시적 형태를 작품의 견지에서 새롭게 형성할 것을 기대하기는 그만큼 더 어렵다. 서울의 주택들도 한국 사회가 2000년 이후 금융화를 추진한 뒤로는 거의 배타적으로 교환가치와 환금성을 중심으로 소유되고 거래되었다고 할 수 있다. 원래 소비기금이던 주택이 그리하여 대거 유사 고정자본으로 작동하게 되면, 그 결과는 거주 및 일상생활과 관련된 삶 영역의 필연적인, **자본순환에 의한 포획**이다. 순환운동으로서의 주택은 전통적

사회' 또는 '1 대 99 사회'가 만들어진 것도 금융자본이 주도하는 자산시장은 활황을 띠는 데 반해, 산업자본과 실물경제는 위축됨에 따라 노동자계급의 임금 상승은 정체되기 때문이다.

으로 개인적 소비 대상으로서 자본의 순환과는 분리된 영역이었지만 이제는 유독, 자기자본의 형태든 차입금의 형태든 유동성을 확보한 사람들에게 자본이익을 가져다주는 금융자산으로서의 성격만 더 커졌다. 수직적 도시화는 이런 흐름이 지난 20여 년가량 이어지면서 금융자산으로 작용하는 건조환경 단위들이 대거 건설된 결과에 해당한다. 그런 수직적 도시화의 경향, 나아가 그에 의한 인류세 상황의 악화를 중단시키고 도시적 형태를 새롭게 사용가치 중심으로 바꾸려면, 금융화의 흐름을 끊는 것이 무엇보다 시급하다. 금융화가 지속되는 한 주거용이든 상업용이든 부동산의 금융 자산화와 자산 도시주의는 그치지 않을 것이다. 중국이나 유럽, 미국 등에서는 이미 그로 인해 좀비 유령도시 또는 빈집 현상들도 나오고 있다. 그런 부작용은 도시화가 사람들을 위한 사용가치 제공과는 무관하게 오직 더 많은 교환가치를 획득하려는 투자 목적으로 이루어져 야기되었다고 봐야한다. 그런 도시가 인간을 위한 공간이 되리라고 기대하기는 어렵다. 인간적 삶을 위한 공간이 되도록 하려면 도시를 사용가치 중심의 작품으로 전환해내는 것이 필수적이다.

제 5 장
도시적 공제선

1. 서론

서울의 생김새가 자본의 운동과 어떻게 긴밀하게 관련되어 있는지 잘 보여주는 또 한 사례는 서울에서 공제선(스카이라인)이 형성되는 방식에서 찾아볼 수 있다. 공제선은 지형과 하늘이 맞닿아 이루는 선으로서, 한 도시의 이미지나 정체성을 결정하는 데 중대한 역할을 한다. 중국 상하이의 황푸강 너머 푸동 지구, 영국 런던의 템스강 주변 금융가 시티오브런던, 미국 뉴욕 맨해튼의 파이낸셜 디스트릭트 등에 조성된 초고층 건물군들이 하늘과 맞닿아 만들어내는 공제선들은 각 도시를 대표하는 시각적 이미지이면서 동시에 도시의 생김새와 정체성을 결정하는 핵심적인 도시-형태적 요소다. 서울도 도시 정체성을 규정하는 그런 이미지들을 갖고 있다. 남산 타워나 롯데월드타워 등 주요 표지물들이 시역 여기저기 밀집한 다른 고층 건조물들과 어우러져 하늘을 떠받치고 있는 모습이 한 예일 것이다. 그런 공제선은 서울을 홍보하는 포스터나 관광 안내서, 또는 서울을 배경으로 하는 영화나 텔레비전 드라마의 설정 샷, 텔레비전 뉴스의 배경 화면 등에 자주 등장하는 볼거리로서, 서울의 생김새를 규정하는 전형적 이미지에 속한다.[125] 서울의 도시적 공제선은 이때 중국의 베이징이나 일본의 도쿄, 프랑스의 파리, 터키의 이스탄불, 멕시코의 멕시코시티 등 다른 대도시들과 서울 간의 인상적이고 형태적인 차이를 만들어내는 중대한 구별점이다. 그런 점 때문이겠지만, 근래에는 고유한 공제선 만드는 일에 열중하는 도시들도 많아졌다. 그것은 도시들이 자신의 성장과 발전을 위해 **변별적인 정체성**을 구축하는 것이 요구되고, 이를 위해서는 각기 고유한 **도시 이미지**를 만들어가질 필요가 커졌다는 말일 것이다.

세계적으로는 1970년대 이후, 한국의 경우에는 지방자치제가 부활한 1990년대 초 이후에 자신의 발전과 성장을 위해 기업가적 행태를 취하는 도시가 늘어나기 시작했다. **기업가형** 또는 **기업가주의 도시**(entrepreneurial city)가 출현한 것은 신자유주의적인 자본주의가 작동하기 시작한 것과 궤를 함께한다. 신자유주의는 자본축적의 한 체제로서, 축적 조건을 개선하고자 노동에 대한 공격을 강화하는 과정에서 공적 부문을 민영화하는 경향이 크다. 지난 수십 년 사이에 도시 행정이 사기업의 경영과 많이 닮아진 것도 그에 따른 현상이다. 데이비드 하비에 따르면 미국에서 도시가 기업가형으로 바뀌기 시작한 것은 자본주의의 지배적 축적체제가 1970년대에 들어와서 포디즘-케인스주의에서 신자유주의로 전환된 것과 연관이 있다. 1973년의 석유파동에 뒤이은 경기후퇴 속에 구조적 실업, 재정 긴축, 탈산업화 등의 현상과 함께 시장 합리성과 민영화를 지지하는 흐름이 강해졌고, 공공 부문에 대한 신자유주의적 공격도 아울러 강화되었다(Harvey, 1989a: 4). 당시 연방정부의 긴축정책으로 뉴욕시가 파산에 직면하는 등 지자체들이 재정압박에 시달리게 되자 도시들이 새로운 거버넌스 방식을 찾는 과정에서 기존의 관리형 도시에 대한 대안으로 선택한 것이 기업가주의 도시다(Harvey, 1990: 255). 관리형 도시가 그 주요 기능을 중앙정부로부

125_ "관광 문헌, 관광객 판매용으로 만든 포스트 카드, 그리고 텔레비전의 설정 샷 활용에 대한 조사는 도시적 공제선의 형태가 이[도시의] 이미지에 정말로 중요한 구성요소임을 말해준다. 대부분 경우에 고층 건물이 도시적 공제선의 가장 두드러진 구성요소다" (Heath, Smith, and Lim, 2000: 542).

터 배당받은 예산의 집행에 두면서 수동적이고 방어적인 행정을 추구했다면, 기업가형 도시는 도시 발전을 위한 자원 확보를 위해 자구책을 강구하는 과정에서 능동성을 띠어야 했고, 그런 점에서 사적 부문과 비슷한 행동 방식을 취했다고 볼 수 있다.126

하지만 기업가주의 도시들은 경쟁에 빠져듦에 따라 주민의 복지 증진이나 생활의 편의 도모, 공공시설의 증설 등 공적인 역할을 방기하는 일도 잦아졌다. 경쟁력을 강화하면 도시는 '부가가치'를 올리기도 하겠지만 그 반대급부로 다수의 도시 주민들로부터 삶의 기회를 빼앗는 경우가 늘어난다. 그런 한 예로서, 줄리아니(1994~2001)와 블룸버그(2002~13)의 시장 재직 기간에 기업가형 도시로서 도시 환경을 개선해 '매력적인 도시'로 바뀐 뉴욕시가 시민의 불평등은 오히려 악화시킨 것을 들 수 있다. 맨해튼에는 최근에 슈퍼리치를 위한 '연필타워'가 들어서고 비거주 고급아파트의 숫자는 늘어난 반면에(Wainwright, 2019.2.5.; Tempey, 2018.3.14.), 도심의 높은 임대료를 감당하지 못해 시 외곽으로 쫓겨나 출퇴근의 어려움을 겪는 사람들도 대폭 늘어났다. 서울도 사정이 별로 다르지 않다. 지금 서울은 세계에서 가장 수직적인 도시로 바뀌는 등 엄청난 '성장'과 '발전'을 이루었지만, 1990년대 초 이후 100만명 정도의 인구가 줄었고, 그중 다수는 축출되었다고 해야 한다. 뉴타운 젠트리피케이션이 진행된 은평구 등에서 원주민의 재정착률이 평균 15~17%에 불과했던 것도 같은 맥락의 일이다(경향신문, 2008.4.28.).

도시 간의 경쟁이 강화되면서 도시 정체성 형성에 대한 개별 도시들의 관심도 높아졌다. 그것은 생존과 발전을 위해 개별 도시들이 각기 자신을

126_ 도시가 관리형에서 기업가형으로 전환하는 과정에서 도시 공간의 금융화가 크게 이루어졌다. 신자유주의는 복지나 사회기반시설 개발 및 유지 등과 관련해 과거 중앙정부가 맡아온 재정 책임을 지방정부에 이전시켜, 지방정부가 사적 금융에서 재정 자원을 찾아내도록 강제했다(강내희, 2014: 394).

매력적인 존재로 제시해야 할 필요성이 커졌기 때문이다. 도시들은 그래서 자신을 상품처럼 브랜드 도시로 만드는 노력을 시작했다. 공제선을 포함한 시각적 요소를 동원한 도시의 **이미지 만들기**가 최근에 도시의 생존전략에서 중요해진 것은 그런 점 때문이다. 이것은 도시들이 존립을 위해 과거에는 하지 않던 '자기 계발'에 몰두하게 되었다는 말이기도 하다. 이 맥락에서 공제선은 도시의 시각적 이미지를 좌우하며, 그 **정체성 형성**에 핵심적인 역할을 한다. 왜냐하면 그것은 "도시의 정체성을 속기한 것"으로서 "도시의 서명"이기 때문이다(코스토프, 2009: 296).

공제선은 객관적이거나 선택적이거나 일상적인 견지에서 상이하게 고려될 수 있다. 서울의 공제선은 시역 안팎에서 전반적인 시각적 환경을 형성하고 있는, 내사산과 외사산을 포함한 다수의 산이 중심이 되는 자연지형과 최근에 곳곳에서 군집을 이루며 들어선 고층 또는 초고층 건물들이 주가 되는 인공지형, 그리고 이들 자연지형과 인공지형이 어우러져 도시의 지표면을 차지한 곳 위로 펼쳐지는 하늘로 구성된다. 하늘과 지형이 맞닿아 이루는 공제선은 개인들이 자의적으로 만들어낼 수 없고 그들의 주관적 인식과는 독립해 있다는 점에서 **객관적**이다. 지형 가운데 인공지형은 물론 사람들의 필요와 욕망, 계획 등에 의해 영향을 받겠지만 일단 건조되고 나면 자연지형처럼 물리적 형태로 존재한다는 점에서, 역시 객관적 존재라고 할 수 있다.

하지만 개인도 그런 객관적 공제선의 어떤 측면을 선택해서 향유하는 것이 가능하다. 예컨대 등산이나 관광, 또는 투자 등의 방식으로 시역 안의 특정한 위치를 점유함으로써 서울의 특정한 모습을 바라볼 수도 있다. 남산의 서울타워, 북악산이나 관악산의 어느 등마루 같은 곳에 오른 사람, 타워팰리스나 롯데월드타워와 같은 고가의 초고층 주상복합건물 안 특정 주거용, 사무용 공간을 점유한 개인은 자기가 즐길 수 있는 도시 전망, 보고 싶은 공제선을 선택한 셈이다. 서울을 소개하는 관광 안내서나 시청사 어

단가에 걸려 있음 직한 서울 전경을 보여
주는 사진, 또는 서울 배경의 영화 설정
샷 등에서 볼 수 있는 것들처럼 우리가
전형적으로 접하는 공제선—인터넷에서
쉽게 찾을 수 있는 이미지 다수—은 대체
로 선별된 조망점에서 바라본 것이며, 그
런 점에서 **선택적 공제선**에 해당한다.

그렇기는 해도 우리가 통상 접하는
공제선을 좌우하는 것은 대체로 우리가
평소에 처한 삶의 조건이다. **일상적 공제
선**은 그래서 우리가 많은 시간을 보내는
건조환경과 어울려서 형성되며, 특히 우
리가 생활하는 도시 공간의 다양한 건물
형태, 즉 건물들의 높이와 규모, 디자인
등에 의해 지배받는다. 가령 내가 사는

우리가 일상적으로 보는 하늘은 통상
찢기거나 절단되어 있다. (사진-필자)

집에서 창문을 열고 볼 수 있는 공제선은 바로 앞 건물로 시야가 막혀 크
게 일그러진 모습이다. 산책하는 동네 골목에서도 길 양쪽에 다층의 건물
들이 즐비하게 늘어서 있어서 하늘을 보려면 고개를 곧추세워야만 한다.
이런 상황에서는 공제선이 온전하게 형성되기 어렵다. 사람들이 일상적으
로 접하는 도시적 공제선은 그래서 건물들의 들쭉날쭉한 모서리에 하늘이
찢긴 모습인 경우가 허다하다. 대중에게 다가오는 일상적 공제선이 이처럼
상처투성이라는 것은, 인공지형과 자연지형이 하늘과 만나며 형성되는 서
울의 객관적 공제선이 사람들이 선 자리에 따라 다양한 모습을 띨 수 있다
고 해도 온전한 공제선을 볼 수 있는 좋은 조망점을 확보하기란 쉽지 않음
을 말해준다. 이런 변화가 생긴 것은 서울의 생김새가 수직 도시화의 지배
를 받게 된 비교적 최근의 일이다. 건조환경, 그중에서도 특히 주거용 건축

물이 대거 고층으로 조성되며 인공지형이 크게 바뀐 것이 서울의 공제선 조건을 근본적으로 바꿔냈다고 볼 수 있다.

물론 서울에서 도시 공제선이 형성되는 조건과 그것이 다른 도시들에서 형성되는 조건 사이에는 차이가 존재한다. 뉴욕이나 파리, 런던, 상하이, 베이징, 도쿄 등 흔히 서울과 비견되는 세계의 다른 대도시들에서 공제선은 자연지형의 영향을 상대적으로 적게 받는 편이다. 그것은 그들 도시가 넓은 평원에 들어서 있다는 점 때문이다. 평원에 조성된 도시에서는 "고층 건물이 도시적 공제선의 가장 두드러진 요소"(Lukić, 2011: 135)가 되거나, "예외적 건물들의 형태와 윤곽"이 "특정한 장소와 시간에 대한 일종의 식별자로 작용"(Schläpfer, Lee and Bettencourt, 2015: 2)하기 쉽다. 평원 도시들의 공제선은 그래서 주로 건물 등 인공적 요소들에 의해 지배된다. 서울은 사정이 다르다. 시계 안팎에 산과 봉우리, 언덕 등 자연지형이 많아서 건축물들에 의해서만 공제선이 지배된다고 보기 어렵다. 이제 낮은 언덕들은 고층 건조물들로 거의 다 가려진 편이지만, 서울에서는 굴곡 심한 지형 때문에 도시 중앙의 남산이나 북쪽의 인왕산과 북한산, 남쪽의 관악산과 청계산 등이 잘 보이는 편이다. 서울의 전경을 담은 홍보 이미지에 남산을 위시해서 다른 산들의 모습이 자주 포함되는 것도 그런 점과 무관하지 않다.

그렇더라도 오늘날 서울의 생김새와 도시적 이미지, 그리고 이와 관련된 사람들의 일상적 경험은 자연지형보다는 인공지형에 의해 더 크게 규정된다고 할 수 있으며, 그런 점에서 서울은 세계의 대도시들과 공유하는 공통점이 많다. 이제 서울에서는 특정하거나 특권적인 지점이 아니면 남산이나 북한산, 청계산을 한눈에 보기가 무척 어렵다. 웬만한 곳에서는 내사산이 잘 보이던 1980년대 초와는 크게 다른 시각적 조건이 만들어진 결정적 이유로는 자본의 운동과 함께 서울의 건조환경이 근본적으로 바뀐 점을 꼽아야 할 것이다. 이 장에서는 이런 점을 고려하여 서울에서 공제선이 형성되어온 과정을 자본의 운동과 관련하여 살펴보고자 한다. 도시적 공제선이 새롭게 형성되었다면 그것은 무엇보다도 서울의 도시적 형태가 바뀐 결과이며, 그런 변화는 최근에 서울에서 진행된 자본의 축적 운동과 긴밀하게 연결되어 있다. 서울의 도시적 공제선을 온전하게 볼 수 있는 기회가 갈수록 특권으로 바뀌고, 대중은 통상 파편적으로만 그것을 접해야 하는 점도 그런 운동과 무관하지 않다. 아래에서는 서울의 도시적 공제선이 최근에 어떤 변화를 거쳤는지 되돌아보면서, 아울러 자본의 운동법칙이 공제선 형성과 관련하여 어떻게 작동하는지 살펴보고자 한다. 이런 점검을 통해 우리는 도시적 형태의 형성이 자기-증식하는 가치로서 자본의 운동 즉 가치의 형태 변화와 어떻게 관련되는지도 보게 될 것이다. 감상

2. 공제선 상황의 변화

전근대 시기 서울의 공제선 상황을 돌이켜보면 최근에 서울의 도시적 공제선이 얼마나 변했는지 실감하기 쉽다. 비교의 대상으로 18세기 중엽의 작품인 정선의 그림 두 점에서 공제선이 제시되는 방식을 살펴보자. 1750년경의 작품으로 전해지는 <필운대 상춘도>에 펼쳐져 있는 서울의 전경(全景)을 바라보는 시점은 일견 전경(前景)의 바로 앞 즉 인왕산 자락으로 여겨진다.

그림에서는 중앙의 왼쪽 끝에 불탄 경복궁 경회루의 돌기둥이 어슴푸레 보이고, 왼쪽 상부에는 남산의 우뚝 솟은 모습이 뚜렷한데, 오른쪽 산자락에 자리한 숭례문과 그 너머 멀리 있는 관악산의 모습은 희미하다. 공제선 조망의 견지에서 눈여겨볼 점은 그림의 구도에서 중경으로 처리된 필운대 위 선비들의 체구, 원경인 남산 앞쪽에 있는 마을과 전경의 마을에 있는 집들의 크기가 서로 비슷해 보인다는 점이다. 사람들의 체구나 집들의 크기는 전경을 한눈에 보는 시선에서는 당연히 서로 구별되겠지만 그림 속에서는 그렇지 않다. 그런 시각적 구도는 정선의 회화법이 채택한 다

정선, <필운대 상춘도>, 개인 소장 (출처: 최열, 2020)

정선, <장안연우>, ©간송미술재단

(출처: https://gongu.copyright.or.kr/)

시점 원근법의 작용으로서, 그림 속 대상들이 각기 가장 잘 보이는 복수의 장소들에서 따로따로 조망되고 있다는 점과 관련된다. 희미하게 나타나서 그림에서도 멀리 자리한 것이 분명한 관악산과 청계산 우면산 등의 모습에서도 비슷한 점이 발견된다. 특히 관악산(冠岳山)의 경우 정상의 갓(冠) 모양이 뚜렷한데, 그런 모습은 특정한 조망점을 전제하며, 이것은 화폭에 드러난 남산의 모습을 볼 수 있는 조망점과도 다를 것이다. <필운대 상춘

도>의 이런 구도는 한국 전통 회화에 특유한 것이기도 하지만, 다른 한편으로 18세기 중엽의 서울에서는 어디에 있든 보고자 하는 곳을 거의 다 볼 수 있었다는 사정도 반영했으리라 여겨진다. 그림 속에서 남산과 필운대 언덕, 그 뒤의 경희궁, 그 정면 아래와 왼쪽에 들어선 기와집 마을들—오늘날의 누상동, 누하동, 옥인동, 통인동, 신교동 등—이 대부분 뚜렷이 그리고 거의 같은 크기로 보이는 것은 그것들이 각기 잘 보이는 조망점에서 관찰되었기 때문임과 동시에 당시 서울에서는 오늘날의 시각적 환경과는 전적으로 달리 자연환경을 차폐하는 인공환경이 거의 없었기 때문일 것이다.

정선의 1743년 작품인 <장안연우長安烟雨>에서도 비슷한 점이 드러난다. 그림이 보여주는 것은 안개비 내리는 봄날 "서울 장안을⋯북악산 서쪽 기슭에 올라가 내려다본 정경"이다. 자세히 보면 이 그림에서도 조망점이 한 군데로만 설정되어 있지 않다. 그림의 전경은 "북악산 서쪽 산자락과⋯인왕산 동쪽 산자락이 마주치며 이루어 놓은 장동 일대의 빼어난 경관"을, 중경은 당시 번화가였던 남대문로, 종로, 을지로 일대의 풍경을 시계 밖으로 밀어내며 낮게 드리워진 연무(煙霧)를, 그리고 원경은 그 위로 오히려 더 분명히 드러난 남산과 그 뒤로 연봉을 이루며 이어지는 관악산, 우면산, 청계산을 아련히 보여준다(최완수, 2002.4.11.). 원경의 남산이 단일 투시점에서 결정되는 거리감과는 무관하게 실제보다 훨씬 더 가까이 보이는 것은 물론 투시점이 산과 가깝기 때문일 것이고, 그 산이 근경의 언덕보다 더 크다 싶게 묘사된 것은 후자를 보는 시각과는 다른 시각에 의해 묘사되었기 때문일 것이다. 이 그림에서도 공제선을 이루는 것은 기본적으로 자연적인 지형지물이다. 그림 전체에서 인공적인 것은 숲 사이로 숨어 잘 보이지 않는 그래서 자연적 시각 환경에 틈입 효과를 거의 만들어내지 않는 나지막한 집들 이외에는 찾아보기 어렵다.

서울의 그런 옛 모습은 다음의 사진에서 드러난 서울의 전경과 비교하면 차이가 크다. 비 온 뒤 인왕산에서 남쪽을 바라보고 찍은 사진이 보여

출처: http://blog.daum.net/gjrhd8878/8262005

주고 있는 서울의 시각적 환경은 <필운대 상춘도>의 그것과는 크게 다르다. 사진에서도 공제선은 잘 형성되어 있다. 남산을 가운데 두고 멀리 관악산, 우면산, 청계산의 등성이가 하늘과 맞닿아 있는 모습이 뚜렷하다. 하지만 그런 공제선이 사진에서 형성되어 있는 것은 촬영 장소가 서울의 전경을 잘 볼 수 있는 인왕산이라고 하는 특권적 또는 예외적 장소라는 점, 즉 힘들여 찾아낸 조망점이라는 점과 무관하지 않다. 사진의 전경을 구성하는 서울의 강북 지역은 대부분이 고층 건물들로 가려져 있어서 다른 지형지물은 거의 보이지 않는데, 사실 서울 시민들이 평소에 시간을 보내는 데가 그런 곳이다. 사진에서 보이는 공제선은 따라서 예외적으로 형성된 것이지 일상적으로 접할 수 있는 곳은 아니며, 그런 점에서 일견 비슷한 모습인 정선의 그림들에서 나타나는 그것과는 구분된다. 정선의 그림에서는 서울의 '전경'이 사실상 중첩된 여러 전경일 수 있고, 또 그것을 보는 조망점 또한 다수라면, 사진에서 보이는 서울의 전경을 보는 것은 특정한 한 장소의 확보로써만 가능하다. 이런 점은 한 블로그에 올라와 있는 다음의 사진에서도 확인된다.
사진에서 저 멀
리 아차산과 용
마산이 공제선을
이루고 있는 모
습이 보이는 것
은 무엇보다도 그
것을 바라볼 수
있는 장소가 특별
히 마련되었기 때
문이다. 사진을 촬

출처: 돌산가인, 2015.3.16.
http://m.blog.daum.net/ipbg1/6879413?categoryId=704973

영한 지점은 성동구의 금호동에 있는 해발 140m 높이의 금호산에 자리한
전망대로서, 그런 곳에 서지 않고서는 사진 속 원경의 공제선이 제대로 보
이지 않을 것이다. 이것은 서울에서는 이제 온전한 공제선을 보려면 일부
러 특정한 지점을 찾아가지 않으면 안 된다는 말이기도 하다. 정선이 <필
운대 상춘도>를 그린 18세기 중엽에는 곳곳에서 서울의 전경과 온전한 공
제선을 쉽게 볼 수 있었겠지만, 도시 곳곳에 아파트 숲이 들어선 오늘날은
그런 일이 거의 불가능해졌다. 도시적 공제선이 끊어지지 않고 이어지는
전경을 볼 수 있는 곳은 서울에서는 이제 갈수록 줄어드는 그리고 갈수록
소수의 특권이 된 조망점들뿐인 것이다.

서울의 이런 시각적 상황은 1920~30년대나 심지어 1980년 전후의 그
것과도 다르다. 20세기 초반의 서울에는 서울역, 조선총독부청사, 경성부
청사, 화신백화점 등 전근대 한양에서는 볼 수 없던 '고층' 건물들이 들어
서기 시작했지만, 시내에서 조금만 벗어나면 온전한 공제선을 품은 도시경
관을 볼 수 있는 조망점 찾는 일은 그리 어렵지 않았을 것이다. 당시 서울
시내의 건물은 대부분이 단층이었고, 새로 들어선 근대식 건물도 높아야

지상 4~5층 정도밖에는 되지 않았다. 따라서 그때는 도심에서도 사람들이 접하는 공제선이 전근대 시기의 도성에서 접하던 것과도 그리 다르지 않았을 듯싶다. 그러나 박정희 정권에 의해 자본주의적 근대화와 도시화가 본격적으로 진행되기 시작한 1960~70년대가 되면, 서울의 시각 환경은 특히 도심에서는 상당히 바뀌게 된다. 예컨대 1960년대 말에 조선호텔과 대연각호텔이 들어서고, 1970년대에는 정부종합청사, 31빌딩, 플라자호텔, 동방생명 빌딩, 대우센터, 하얏트호텔, 롯데호텔 등이 들어서면서, 고층 건조환경이 도심의 공제선을 지배하기 시작했다. 그렇기는 해도 도심만 벗어나면 당시의 서울에는 높은 건물이 드물었다고 봐야 한다. 특히 주택가는 대부분 단층 건물들로 이루어져 시야를 가리는 구조물이 거의 없었다. 이런 점은 2020년 현재 서울의 전체 주택 301만5천371세대 가운데 30만7천75세대로 10.2%밖에 차지하지 않는 단독주택 유형이 1980년에는 전체 96만8천133세대 가운데 70.7%인 68만4천83세대나 되었다는 사실로도 입증된다.[127] 1980년대 초까지도 도심만 벗어나면 서울 시계 안팎의 산들과 이들 산과 하늘이 어우러져 형성되는 멋진 공제선을 보는 것이 그리 어렵지 않았던 것은 당시에는 개발이 덜 이루어져 자연지형이 비교적 많이 남아 있었던 데다가 단독주택의 비율이 지금보다 훨씬 더 높았고, 단독 가운데서도 단층 비율이 높았기 때문일 것이다.

반면에 지금 서울의 모습은 1990년대 중후반과도 비교할 수 없게끔 바뀌었다. 도심은 물론이고 부도심과 역세권, 또는 아파트단지들을 형성하며

---

[127] 단독주택에는 필로티가 들어선 경우 주거층 3층과 합쳐서 4층까지 될 수 있는 다가구주택도 포함되어 있다는 점을 고려하면, 최근으로 올수록 단독주택 가운데 단층의 비율은 대폭 줄었다면, 1980년에는 단독주택 가운데 단층의 비율이 전체 단독주택의 그것과 그리 큰 차이가 없었을 것이다. 서울시정연구원이 펴낸 주택 관련 한 통계에 따르면(서울시정개발연구원, 2010), 유형별 주택 재고로 볼 때 단독주택의 비율은 1970년 84.8%, 1975년 81.8%, 1980년 68.0%, 1985년 54.3%, 1990년 40.7%, 1995년 35.4%, 2000년 29.6%, 2005년 10.9%, 2010년 6.6%로 나타난다. 이 통계는 <표 1>에서 참고한 통계청의 그것보다 단독주택 비율의 감소가 더 가파르게 일어난 것을 보여주고 있다.

들어선 고층 건물들로 인해 전에는 눈에 잘 띄던 낮은 산들ㅡ예컨대 신촌의 노고산이나 안산, 내사산의 하나인 동숭동의 낙산, 동작동의 국사봉, 상도동의 서달산 등ㅡ이 이제는 시야가 가려져 보이지 않는 경우가 더 많다. 도시의 전경을 조망할 수 있는 장소가 그만큼 드물어졌다. 아파트촌이나 역세권, 도심처럼 고층 건물들이 많이 들어선 곳에서만 도시 전경을 보기 어려워진 것이 아니다. 과거에는 단층 단독주택이 주를 이루던 주택가들도 다가구나 다세대 또는 연립 건물들이 빼곡한 빌라촌들이 되는 바람에 시각 환경이 크게 바뀌었다. 옛날 낮은 건물들로 이루어진 주택가에서는 고개만 들면 지붕 너머로 광활한 하늘이 펼쳐지고 멀리 산들이 눈에 들어오곤 했으나, 다층의 건물들이 즐비한 요즘 빌라촌에서는 이제 어디서든 과거에는 없었던 **시곡면**(視曲面)이 생성되어 있다. '시곡면'이란 "조망점과 조망대상의 외곽선을 잇는 불규칙한 곡면"으로, "이 곡면에 중첩되는 대상이 위치할 때 조망차폐가 일어난다"(한국경관협의회, 2008; 대구광역시, 2009: 28에서 재인용). 서울은 예외적으로 산이 많은 대도시이지만, 이제는 예외적이거나 특권적인 곳 아니고서는 산의 능선이나 정상과 건축물의 꼭대기, 그리고 하늘이 어우러져 만들어내는 공제선과 그런 공제선이 포함된 도시 전경을 볼 수 있는, 즉 도시의 전반적인 경관적 특성을 한눈에 볼 수 있는 조망점을 찾기가 극히 어렵다. 갈수록 많이 들어서는 건물들로 인한 시곡면의 가림 현상이 그런 조건을 초래했다고 볼 수 있다. 시곡면 환경의 악화는 일상적 시각 환경의 악화로 이어진다. 이제 단절되지 않고 계속 이어지는 도시적 공제선, 쪼개지지 않은 도시 전경을 시원스레 볼 수 있는 조망권을 누릴 수 있는, 즉 자신의 마음에 드는 공제선을 선택할 수 있는 서울 주민은 (초)고층아파트나 특정한 주택지 거주자 아니면, 특별히 시간을 내어 인왕산이나 남산, 또는 관악산을 오른 등산객 등으로 한정된다. 시곡면 환경을 포함한 서울의 시각적 환경 악화를 초래한 것은 물론 건조환경의 대규모화와 건축물의 고층화를 유발한 도시화, 특히 집중적 도시화다.

출처: 머니투데이, 2009.3.8.

출처: https://content.v.kakao.com/v/5fae353f9731a95960a97bd4

건조환경이 새롭게 조성되면서 한국인의 주거지 조성 과정에서 시각적 환경을 결정하는 데 중요한 역할을 해오던 **차경**(借景) **전통**도 대부분 사라졌다. 한국의 전통 가옥이 서양과는 말할 것도 없고, 중국과 일본과 비교해서도 상대적으로 높이가 낮았던 데에는 집을 지을 때 차경 기술이 자주 활용된 점과 무관하지 않다. 전통 건축에서 주변의 경치를 빌리는 것을 거의 원칙으로 삼았던 것은 한국의 지형적 특성 때문이기도 하다. 산악지역이 국토의 70%를 이루는 가운데 북동부의 장년기 산지를 제외하면 대부분 장기간의 침식과 풍화작용으로 인해 곡선형 노년기 산지와 침식된 잔구로 이루어진 것이 한국의 지형이다. 문만 열만 눈앞에 산이 펼쳐지니, 전통 건축에서는 집을 크게 지을 이유가 적었고 무엇보다 조경을 따로 할 필요가 없었다. 차경은 그래서 한국의 어디서나 흔히 접할 수 있던 조경 방식이었으나 오늘날은 배타적인 특권에 속하게 되었다.[128] 거주 지역의 경치를 즐기려면 고급 고층 건물 거주자나 자연환경이 잘 보전된 특정 지역의 주민들이 되어야만 하는 것이다. "북악산 풍광을 집안까지 끌어" 들이는 차경 기법을 활용해 열두 채 단지로 성북동에 조성된 게이트힐즈 소유자라면 그런 특권층에 속한다고 할 수 있다. 서울에서 처음으로 '빗장 마을'임을 표방하고 나선 그곳의 주택은 이미 10여년 전에 채당 40-50억을 호

빌라촌 골목의 하늘 모습 (사진-필자)

가하는 것으로 알려졌다(머니투데이, 2009.3.8.).

　서울에서는 이제 일상적으로 공제선을 전경의 형태로 보는 것이 거의 불가능하다. 무엇보다도 하늘 보기가 어렵다. 사람들이 볼 수 있는 하늘의 모양도 바뀌었다. 단층 건물이 많았던 1980년대 중반까지는 주택가에서 고개를 들면 넓게 펼쳐진 하늘이 눈에 들어왔지만, 이제 그런 하늘 모습은 희귀품이다. 건물 모서리에 의해 절단된 파편처럼 나타나는, 우리가 평소에 접하는 모습은 하늘이라고 하면 으레 탁 트인 원형일 것으로 여기는, 태고 이후의 상식과 기대까지 무너뜨리고 있다. 요즘 기준으로는 저층 건축물이 많은 빌라촌의 골목에서도 하늘은 통경축을 통해서만 겨우 나타난다.

　게다가 원경은커녕 근경도 보기 어려운 사람들도 늘어나고 있다. 민주

128_ 한강변에 있는 아파트의 경우 조망권에 따라서 층수별로 가격 차이가 엄청나게 나기도 한다. 용산구 이촌동 래미안첼리투스 아파트는 전용면적 124㎡ 기준 시세 최고가(54층·25억5천만원)와 최저가(2층·17억9천만원)가 7억6천만원까지 차이가 났다(중앙일보, 2017.5.9.).

정책연구원이 2014년에 발표한 '서울시 청년가구의 주거실태와 정책연구' 결과에 따르면, "전국 청년의 14.7%, 서울 1인 가구 청년의 36%는 주거 빈곤 상태다. 주택법이 정한 최저 주거 기준 미달인 주택과 지하·반지하·옥탑방·고시원 등 불량 환경에 사는 청년이 전국에 약 139만명 있다"(중앙일보, 2015.2.1.). 지하나 반지하, 지상이라도 창문 없는 주거 공간에서 살아야 하는 사람이 어디 청년뿐이겠는가. 그들 이외에도 외국인 노동자, 가정폭력 피해 여성, 독거노인 등 오늘날 '지하 생활자'로 살아야만 하는 사람들의 수는 갈수록 많아지고 있다.

이런 맥락에서 서울시가 2014년에 서울 둘레길을 조성한 이유를 생각해봄 직하다. 수락산·불암산, 용마산·아차산, 고덕산·일자산, 대모산·우면산, 관악산·삼성산, 안양천·한강, 봉산·앵봉, 북한산·도봉산 등 모두 8개 구간에 총길이 157km로 이루어진 이 둘레길은 서울 안팎의 경관과 풍경을 즐길 수 있게 해준다는 점에서 시민의 여가생활 환경을 개선하기 위한 정책으로 만들어졌다고 볼 수 있다. 하지만 그런 둘레길이 조성된 것이 자꾸만 악화하는 도시 시각 환경의 변화에 대한 국가권력의 대응책으로 나왔을 개연성도 배제할 수 없다. 과거에는 누구나 누릴 수 있었던 자연경관과의 일상적 접촉 기회를 박탈당한 시민들을 위무할 목적으로 그런 길을 조성했을 공산이 크다는 말이다. 둘레길 순회에 나설 수 있는 시민들은 물론 서울의 도시적 공제선을 즐길 수 있겠지만, 그런 기회가 아무한테나 주어지진 않는다.

3. 자본의 성장과 서울의 건조환경

서울에서 온전한 공제선을 보기 어려워진 것은 자본의 운동과는 무슨 관련이 있는가? 도시의 전경을 볼 수 있는 조망점들이 갈수록 귀해진 것은 한편으로 가치의 생산, 실현, 분배 과정 간의 관계, 다른 한편으로 실체, 본질, 현상이라는 가치의 형태적 차원 간의 관계에서 어떤 변화가 생겨났음을 말해주는 것인가? <필운대 상춘도>에서 보이는 서울의 전경이 오늘날은 강북 지역의 아파트촌들에 가려서, 또는 <압구정>의 중경에 나타나는 응봉과 원경의 남산이 강남 지역의 고층아파트 건물군에 가려서 보이지 않게 된 것은 자본의 운동과 무슨 관련이 있는 것인가?

자본은 기본적으로 **운동이고 과정**이다. 자본은 가치를 형성하고 증식시키는 생산과정, 생산된 가치를 실현하는 유통과정, 그리고 실현된 가치를 가치 운동 참여자들 사이에 나누는 분배과정의 순환적 반복을 통해 자신의 정체성, 자신의 자본임을 확인한다. 자본이 '운동하는 가치'로서 존립하는 것도 그 때문이다. 연속적인 하나의 흐름, 전체로서 자본은 서로 구별되면서 연관성을 맺고 있는 유통과 생산의 과정들, 국면들을 통과해야만 자신을 재생산할 수 있다. 생산과정과 실현과정과 분배과정은 이때 서로 독립적이라기보다는 언제나 서로 전제하면서 규정하고 완성하는 관계를 맺고 있다고 봐야 한다.[129] 게다가 자본의 운동은 끝이 없다. 다시 말해 자

129_ 이것은 자본에서는 "생산, 분배, 교환, 소비"가 "하나의 총체성의 분절들, 하나의 통일체 안의 차이들을 이루기" 때문이다. 맑스는 이들 분절 가운데 생산의 우선성을 인정하기도 하지만, 생산도 자본의 전체 운동의 한 일면적 계기인 한에서는 "다른 계기들에 의해 규정된다"고 보고 있다. "생산은 생산의 대립적 규정에서는 자기 자신뿐만 아니라 다른 계기들도 총괄한다. 과정은 언제나 생산으로부터 새로이 시작된다. 교환과 소비가 총괄적인 것이 될 수 없다는 점은 자명하다. 생산물의 분배로서의 분배도 마찬가지다. 생산 행위자들의 분배로서 분배 자체는 생산의 한 계기이지만 말이다. 일정한 생산이 일정한 소비, 분배, 교환과 **이 상이한 계기들 상호 간의 일정한 관계들**을 규정한다. 물론 생산도 **그것의 일면적 형태에서는** 다른 계기들에 의해 규정된다. …상이한 계기들 사이에 상호 작용이 이루어진다. 이는 어떤 유기적 전체에서도 마찬가지다"(맑스, 2007a: 69-70. 원문 강조. 번역 수정). 맑스에 따르면 "생산, 분배, 교환, 소비는 하나의 정연한 삼단논법을 이룬다. 생산은 일반성, 분배와 교환은 특수성, 소비는 개별성[Einzelnheit, 특이성]이며, 여기[소비]에서 전체가 결합된다"(58). 여기서 생산과 분배와 교환 가운데 마지막의 교환은 이 책에서 다루고 있는 가치의 생산과 실현과 분배라는 견지에서 보면 실현에 해당한다고 할 수 있다. 그리고 소비는 자본의 운동과의 관계에서는 논외가 된다. 맑스에 따르면, "소비는…원래 경제학의 밖에 놓여 있다"(58). 그는 『자본』 1권의 시작 부분에서는 "물건들의 다양한 용도를 발견하는 것은 역사의 과제"(2015a: 44)라고 말한다. 소비의

본은 운동하는 가치로서 존립하기 위해 자기 증식을 멈추지 않는다. 한국 사회가 본격적으로 자본주의적 발전을 진행하는 과정에서 서울의 건조환경이 근본적으로 변한 데서도 그런 점을 확인할 수 있다.

한국의 건조환경은, 서울의 강남에 이어 강북, 서울의 외곽, 그리고 부산이나 대전, 울산 등 다른 지역에서 강남화 즉 한국형 자본주의적 도시화가 전면적으로 진행된 결과 환골탈태를 겪었다. 하비의 말처럼 "어떤 건조환경의 창출이 일어나는 것은 우리에게 장소와 공간적 배열을 자본주의적 생산양식의 특유한 속성으로서 고찰하도록 강제한다"(하비, 1995: 318. 번역 수정). 서울에서 최근에 파노라마형 전경이나 온전한 공제선을 보기 어려워진 것도 한국 자본주의적 생산양식의 한 특성으로서 자본의 2차 순환에 해당하는 건조환경의 창출이 집중적으로 진행된 결과라 할 수 있다. 제4장에서 본 것처럼, 그 순환의 가장 가까운 예 하나가 행성적 도시화의 일환인 집중적 도시화가 서울과 그 외곽에서 진행되어 수직 도시가 조성된 것이다. 서울의 시역 전반에 걸쳐 공제선을 보기 어렵게 만드는 시곡면이 대거 형성된 것도 건조환경의 대대적 조성으로 빚어진 현상이다. 그 결과 내사산과 외사산을 포함한 서울 경계 안팎의 높고 낮은 산과 언덕들, 한강과 지천들은 이제 원래의 자연적 모습을 지키고 있는 경우가 아주 드물어졌다.

왜곡된 시각 환경이 만들어진 것은 자본주의적 도시화의 결과로서, "인간과 자연 사이의 물질대사"(맑스, 2015a: 53, 237, 246, 682)에 균열이 생겼음

대상인 물건들의 용도를 역사의 문제라고 하는 것은 소비란 법칙적 일반성을 다루는 정치경제학이 다룰 문제는 아니라는 것과 같다. 하비에 따르면, 맑스는 자연과의 물질대사적 관계라는 보편성, 자본의 운동법칙이라는 일반성, 분배와 교환의 특수성, 그리고 소비의 개별성을 서로 구분하고 있으며, 자본의 운동법칙이라는 역사적 일반성을 밝히는 것을 자신의 중심적인 이론적 과제로 삼는다(Harvey, 2012a; 2016b: 36 이하). 그 결과 맑스는 소비나 그와 연관된 욕망, 취향 등의 문제들─통상 문화적인 주제로 간주하는─을 직접 다루는 경우가 드문데, 정치경제학과 그것들의 관계를 다루는 일은 후대의 연구자들에게 주어진 과제라 하겠다.

을 드러낸다. 인간과 자연 간의 물질대사는 지구상에서 일어나는 보편적 현상이다. 인간은 자연을 변형시키며 살아갈 수밖에 없고, 그런 점에서 인간과 자연 사이에 물질대사가 발생하는 것은 필연적이다. 이 물질대사는 다른 생물체들이 자연과 맺고 있는 물질대사와 다르지 않은 점에서 보편적인 생명 현상이기도 하다. 노동 즉, 인간이 자연과의 물질대사 관계를 실행하는 대표적인 행위도 일면 그런 성격을 지닌다. 여기서 '일면'이라고 하는 것은 자본주의에서 인간의 노동은 이중적인 성격을 갖기 때문이다. 맑스에 따르면 동일한 노동이 "사용가치의 창조자로서의 노동, 유용노동으로서의 노동"(2015a: 53)이 될 수도 있고, "상품의 가치를 형성하는"(58) 추상노동이 될 수도 있다. 이 두 성격 가운데 전자 즉 유용노동 또는 구체적 노동은 "사회 형태와 무관한 인간생존의 조건이며, 인간과 자연 사이의 물질대사, 따라서 인간생활 자체를 매개하는 영원한 자연적 필연성이다"(53). 유용노동이 영원한 자연적 필연성이라는 것은, 그것이 보편성의 현상이라는 말과 같다. 하지만 인간과 자연 간의 물질대사를 일으키는 노동을 추상적인 인간노동으로 파악하면, 그것은 이제 사용가치가 아니라 가치—사회적으로 필요한 노동시간에 의해 측정되는—를 생산하는 노동이 된다. 추상노동이 구체적 유용노동과 근본적으로 다른 것은, 그것은 노동이 오직 자본주의적 생산양식에서만 갖는 성격이고 따라서 역사적으로 특수한 형태의 노동이라는 점에 있다. 맑스에 따르면, 자본주의 이전의 생산양식들과 자본주의를 극복한 뒤의 생산양식에서는 필요 노동시간에 의해 측정되는 가치의 생산은 없었거나 없어진다. 자본주의적 생산양식에서만 생산되고 나타난다는 점에서 가치와 가치-생산적 노동은 이처럼 역사 특수적인 셈인데, 그렇다고 나름의 법칙성이 없는 것이 아니다. 맑스가 발견한 '가치법칙'은 움직이는 가치 즉 자본의 운동에 적용되는 법칙으로서 자본주의하에서는 일반성의 성격을 띠며, 맑스는 그것을 '자연법칙'이라 부르기도 했다.[130]

　　서울에서 전개된 도시화로 인해 도시적 공제선에 변화가 생겼다는 것은 이렇게 보면, 인간과 자연 간의 물질대사라는 보편성의 현상이 한편으로는 한국이 자본주의적 발전을 겪음에 따라 생긴 역사적으로 특수한 현상이면서, 다른 한편으로는 한국에서 작동하는 자본주의적 생산양식의 '자연법칙' 즉 사회적 성격을 지닌 자본의 운동법칙에 의해 '필연적으로' 나타난 현상인 셈이다. 최근에 서울에서 일어난 집중적 도시화 또는 수직적 도시화는 이 법칙의 특징적 한 경향을 보여준다. 자본주의적 생산양식은 노동자의 노동력 지출에 의한 가치의 형성과 증식을 통해 자본을 축적하는데, 이때 증식되는 가치 즉 잉여가치로 성장하는 자본은 자본가에게 집적되지만, 자본가들 간의 경쟁을 통해 갈수록 소수의 자본가에게 집중되는 것이 '자본주의적 축적의 일반법칙'이다. 이런 법칙을 나타내는 것이 자본의 일반공식인 M—C—M′이다. 이 공식에 따라 자본의 운동이 반복되면 자본은 계속 축적된다. 일반공식에서 M′은 M+ΔM이기 때문이다. 오늘날 서울이 수직 도시로 성장한 것은 자본의 이런 성장이 공간적으로 표현된 사례에 해당한다.

130_ 맑스가 말하는 자연법칙은 정치경제학자들이 말하는 자연법칙과 표현상으로만 같다. 예컨대 그는 "경제학자들에 의해 자연법칙으로까지 신비화되고 있는 자본주의적 축적법칙이 실제로 표현하고 있는 것은…노동 착취도의 어떤 감소와 노동가격의 어떤 등귀도 자본주의적 축적의 성격 자체에 의해 배제되고 있다"(2015a: 848)고 말한다. 여기서 경제학자들이 자본주의적 축적의 자연법칙으로 보는 것은 노동자에게는 착취의 증가와 노동가격의 인하일 뿐이다. 맑스는 자본주의적 축적의 법칙은 "자본의 축적에 대응하는 빈곤의 축적을 필연적인 것으로 만든다"(879)는 점에서 자본주의 사회에서는 자연법칙이라고 말한다. '자연법칙'은 이때 맑스 자신의 표현이라기보다는 경제학자들의 표현이다. 즉 그것은 자본주의적 생산양식을 자연적 질서에 입각한 생산양식이라고 이해한 고전 정치경제학자들의 견해를 '내재적으로 비판하기' 위해 맑스가 빌려 쓴 그들의 개념이라는 말이다. 자본주의가 존속하는 한 대부분의 사회적 실천에 대해 궁극적 제약을 가한다는 점에서 그것은 "우리 머리 위로 집이 무너져 내릴 때의 중력의 법칙과 같이 규제적인 자연법칙으로서 자신을 관철"(97)하겠지만, '자연적' 자연법칙의 보편성을 갖고 있지는 않다. 예컨대 자본의 축적을 통해 사회적 부를 축적하는 경제체제는 자본주의에서는 '자연스럽게 보이지만, 그것은 과거 봉건제 생산양식에서는 없었던 것이고, 사회주의가 제대로 건설되면 없어질 것이라는 점에서 역사를 초월한 보편성을 지닌 자연 현상과는 다르다.

문제는 자본의 성장 즉 축적은 "점차 확대되면서 자본의 재생산으로 변"하는 "나선운동"(맑스, 2019b: 308)을 한다는 데 있다. "자본은 생산의 과정을 통과할 때마다 잉여가치 즉 가치의 증가를 발생시킨다. 자본주의적 생산이 영구적 성장을 수반할 수밖에 없는 것은 이 때문이다. 이런 점 때문에 자본의 운동에서는 나선의 형태가 만들어진다"(Harvey, 2018a: 11). 자본의 성장이 '나선형'을 띤다는 것은 그 운동이 **악무한**의 형태로 이루어진다는 말이다. 무한이기는 해도 일정한 규정을 가지는 진무한 또는 긍정적 무한과는 달리, 악무한은 "유한을 단지 일차적으로 부정하는 의미로서[의] 무한, 유한의 대립물로 설정되는 무한"(문영찬, 2015)에 해당한다. 자본의 축적 운동이 악무한의 양상을 띠는 것은 **끝없는 성장**을 지향한다는 점 때문이다. 맑스의 표현을 빌리자면, "자본에게는 단 하나의 충동이 있을 따름이다. 즉 자신의 가치를 증식시키고, 잉여가치를 창조하며, 자기의 불변부분인 생산수단으로 하여금 가능한 한 많은 양의 잉여노동을 흡수하게 하려는 충동이 그것이다"(맑스, 2015a: 310). 이것은 자본의 일반공식 M—C—M′에서 M′으로 나타나는 화폐자본의 크기가 무한정 커질 수 있다는 말과 같으며, 자본이 그렇게 커질 수 있는 것은 기본적으로 그것은 사용가치로서만이 아니라 가치 또는 교환가치로서 작동할 수 있기 때문이다. 사용가치와 가치의 차이는 전자의 경우 그 크기나 성장에 근본적 한계가 있다면, 후자는 사실상 그런 한계가 없다는 데 있다.[131] 이것은 물론 자본의 일반적

131_ 상품의 사용가치는 기본적으로 그 소재적인 성질에서 나오며, 따라서 물질적인 한계를 지니는 데 반해, 가치는 비물질적이어서 크기가 한정되지 않고 무한히 커질 수 있는 것처럼 보인다. 필리핀의 마르코스 전 대통령 부인 이멜다는 구두를 3천 켤레나 모은 것으로 악명 높았다. 3천이라는 수는 큰 것이기는 하지만 그래도 무한한 것은 아니다. 한 개인이 가질 수 있는 구두의 수가 제한적일 수밖에 없는 것은 사용가치로서의 구두는 한정성을 지닌 구체적 물건으로 존재하기 때문이다. 반면에 교환가치나 가치는 숫자처럼 끝없이 커질 수 있는 것처럼 보인다. 자본의 성장이 이런 숫자놀음에 가깝다는 생각은 특히 화폐자본의 복리이자가 무한히 커질 수 있다는 착각에서 가장 뚜렷이 나타난다. 리처드 프라이스는 이자가 복리로 성장하면, "예수가 탄생한 해에 6%의 복리로 대부된 1실링은…태

유통(M-C-M´)이, 유통의 최종목적을 "사용가치의 취득, 욕구의 충족"에 두고 있는 단순상품유통(C-M-C)과는 달리, "가치의 증식"을 위해 "끊임없이 갱신되는 운동"으로 나타나며, "자본의 운동에는 한계가 없"(198)고, "끊임없는 이윤추구운동만이 그[자본가]의 진정한 목적"(200)이 되기 때문이다.

서울의 최근 건조환경의 모습은 자본의 운동이 **새로운 양상**으로 진행되고 있음을 보여준다. 건조환경의 오늘날 중요한 특징을 수직적 도시화와 공제선의 실종에서 찾을 수 있다면, 자본의 운동이 그런 도시적 형태를 등장시킨 데 중대한 작용을 했다고 볼 수 있다. 맑스가 『자본』 1권의 첫 번째 문장에서 언급한 "거대한 상품 더미(ungeheure Warensammlung)"(43)의 의미를 이 맥락에서 곱씹어보고 싶다.132 '거대한'으로 번역된 독일어 형용사 'ungeheuer'는 그 명사 'Ungeheuer'에 "거대한 것" 이외에 "괴물"의 뜻도 있다는 점에서, 또 "(유령으로부터) 안전하다"를 의미하는 'geheuer'의 부정적 표현이라는 점에서 어떤 섬뜩함을 나타내고 있다. 맑스가 'ungeheure Warensammlung'이라는 표현을 사용한 것은 그렇다면 19세기 후반의 자본주의 생산양식에서 생산된 상품 더미가 **가공할 만큼** 거대했다는 점, 즉 상품 더미가 '섬뜩한 괴물' 같다는 점을 환기하려는 의도였을 법도 하다. 단, 상품 더미의 섬뜩함도 시대에 따라 상대적이라고 봐야 한다. 『자본』이 처음 출간된 1860년대 말의 상품 더미가 아무리 거대했다고 한들 21세기 초의 규모와는 비견되기 어렵다.133 19세기에는 기계제 생산을 중심으로 하는 대공업의 시

양계 전체(토성 궤도의 지름과 동등한 지름을 가진 공으로 가정한다)가 포용할 수 있는 것[순금]보다 더 큰 금액으로 증대하였을 것이다'라고 했다. 물론 그런 성장이 이루어질 수 있다고 믿는 것은 "기하급수적으로 생기는 거대한 수에 단순히 현혹"(맑스, 2015c: 504)된 결과다. 왜냐하면 이자는 잉여가치에서 나와야 하고, 잉여가치는 잉여노동에서 나와야 하며, 잉여노동의 크기는 총노동일, 노동력으로 동원되는 인구의 규모 등에 의해 제한될 수밖에 없기 때문이다(508).

132_ 참고로 해당 구절을 김수행은 "방대한 상품 더미"(맑스, 2015a: 43), 강신준은 "거대한 상품집적"(맑스, 2008a: 87), 황선길은 "거대한 상품 더미"(맑스, 2019a: 59), 채만수는 "상품의 거대한 집적"(맑스, 2018: 63)으로 옮기고 있다.

133_ 맑스가 『자본』 1권을 처음 출간한 1867년의 세계 경제 규모와 오늘날의 그것을 비교하

대가 열려 생산의 규모가 급증하기는 했지만, 자본주의적 생산양식이 본격적으로 작동한 국가들은 영국과 유럽 국가들, 미국 등에 국한되었을 뿐이다. 반면에 오늘날은 자본주의적 생산양식이 전 지구를 지배하고 있고, 그 결과 자본의 규모도 맑스의 시대와는 비교할 수 없을 정도로 거대해졌다. 자본의 그런 성장을 시각적으로 탁월하게 보여주는 것이 우리가 곳곳에서 볼 수 있는 **거대한 건조환경**이다. 이것은 "고정자산과 소비기금 형성으로 가는 자본 흐름" 즉 "자본의 2차 순환"(Harvey, 1989b: 64)이 집중적으로 진행된 결과로서, 건조환경은 그 과정에서 작동한 자본가치의 현상형태에 해당한다. 앞서 언급한 것처럼 주기적으로 일어나는 이 순환은 오늘날은 자본의 금융화와 함께 더 큰 규모와 가속도로 진행되고 있다.

자본주의적 생산양식에서 자본의 운동이 갈수록 악무한적으로 확대되고, 축적의 규모가 가공스럽게 거대해짐을 그대로 보여주는 것이 세계의 경제 규모가 커지는 속도다. 세계의 GDP는 특히 20세기 중반 이후에 급성장을 이루었는데, 그런 점은 1960년에 1조3천700억달러이던 세계 GDP가 2018년에는 87조8천억달러로 64.1배나 성장했다는 사실로 바로 확인된다.[134] 자본의 그런 성장이 섬뜩한 것은 그것이 일어난 시기와 인류세가 시작된 시기가 겹친다는 데서 알 수 있듯이, 자연과의 물질대사에 **거대한 균열**을 초래하기 때문이기도 하다. 오늘날 기후 변화 등 지구 생태환경의 악화는 인간과 자연 간의 물질대사에서 일어난 변화를 반영하며, 이 변화는 자본의 운동이 특히 최근에 와서 통제할 수 없을 만큼 확대된 것과 무관하지 않다.[135] 한국의 상황은 어떤가? 잘 알다시피 한국의 경제는 '한강의 기

면 당시 상품 더미의 '방대함'의 크기를 짐작할 수 있다. 세계은행의 2009년 통계에 따르면 자본주의 세계 경제의 상품 및 서비스 총산출은 약 56.2조달러였는데, 앵거스 매디슨에 의하면 1820년에는 1990년 불변달러 기준으로 6천940억달러였다(하비, 2012: 45).

134_ https://www.macrotrends.net/countries/WLD/world/gdp-gross-domestic-product. 2021년 2월 14일 검색.

135_ 지구 환경의 악화는 세계자연기금이 지구의 안정성과 관련한 한계의 관점에서 설정한 9개의 범주에서 발생한 변화를 통해 생각할 수 있다. '지구의 한계 범주 9개는 기후

적'을 일으키며 유례를 찾기 어려운 성공 신화, 즉 성장의 신화를 쓴 것으로 평가되고 있다. 한국의 GDP는 1960년 39.58억달러에서 2019년 1조6천470억달러로 60년 사이에 무려 416.1배나 확대되었다. 이것은 비슷한 기간에 64.1배가 증가한 세계 경제를 여섯 배 넘게 앞지르는 성장률이다.

경제성장을 통해 운동하는 자본의 규모가 커짐에 따라서 나타난 한 변화가 상품 더미의 가공스러운 거대화, 특히 서울의 생김새를 새롭게 형성하고 있는 **건조환경의 거대화**다. 이 결과 자연적 지형보다는 인공지형이 이제 서울의 생김새를 더 결정적으로 규정하게 되었다. 사회적 부를 표현하는 '거대한 상품 더미' 가운데 건조환경이 차지하는 비중이 크게 높아지면서, 인조 환경이 도시경관과 시각 환경을 전면 지배하게 된 것이다. 이것은 오늘날 서울에서 진행되는 자본의 운동이 건조환경의 건설에 집중된 결과이기도 하다. 한국의 건설 투자 비중은 주택 200만호 건설 말기인 1991년에 GDP의 29.1%까지 상승하기도 했으며, 2017년에는 16.1%로 줄었으나 OECD 평균인 10.5%와 비교하면 여전히 무척 높은 수준이다(관계부처 합동, 2018: 6). 이것은 주택, 상가, 사무 공간 등 건조환경 단위들이 가치의 생산과 실현과 분배에서 역할과 비중을 그만큼 크게 차지해왔음을 말해준다. 건조환경 생산의 중요성은 역대 정부가 경제성장이나 경기 활성화를 위해 부동산시장을 주로 활용해왔다는 점, 한국에서 자본의 운동이 유별나게 **주택 중심**으로 이루어지고 있다는 점을 통해서도 확인되고 있다. 한국은행과 통계청이 발표한 2016년 국민대차대조표에 따르면, 가계자산 가운데 부동산자산이 차지하는 비중은 73.6%로서 미국(34.9%), 일본(43.7%), 영국(55.3%), 캐나다(56.7%), 독일(67.9%), 프랑스(68.8%), 이탈리아(69.3%)보다 월등히 높다(중앙일보, 2017.06.14.). 부동산자산의 비중이 높은 것은 가치의 현

변화, 해양 산성화, 생물다양성 손실, 지구 질소 및 인 순환 주기의 혼란, 성층권 오존층 파괴, 담수 이용, 토양 생태계의 변화, 대기권 에어로졸 부하, 화학물질 오염을 가리킨다 (세계자연기금, 2015: 65).

상형태인 상품이 아파트나 상가 등의 건축물 형태를 띠는 비중이 높다는 것, 가치의 실체인 노동이 건조환경의 생산과 관리, 소비 등에 많이 투입된다는 것, 나아가서 본질로서 가치의 증식이나 측정이 토지나 주택, 또는 다른 용도의 건축물들 즉 건조환경 중심으로 이루어진다는 말과 같다. 이런 가치 운동이 한국에서 집중적으로 일어난 곳은 물론 서울과 바로 그 외곽 수도권 지역이다. 제4장에서 본 대로, 건조환경의 대규모 구축은 기후 위기의 주된 원인으로 작용하는 대기 중 CO_2를 대폭 증가시키는 시멘트와 화석연료의 과다 사용을 촉진한다. 서울에서 최근에 빚어진 도시적 공제선도 그렇다면 건조환경이 인류세의 도래를 초래하는 방식으로 구축된 것과 무관하지 않은 셈이다. 문제는 건조환경의 규모가 너무 거대해졌다는 데 있다. "건조환경의 확대는 당연히 행성의 공통적 체계 한계 안에 발생하는 자연의 축소다. 건조 활동은 모두 어떤 식으로든 자연 자원을 축소한다"(Kohler and Yang, 2007: 352). 우리가 지금 서울에서 시곡면 형성에 의한 시각 환경의 왜곡과 그에 따른 도시 공제선의 거의 전면적 소멸을 보게 된 것도 그 결과라고 할 수 있다.

4. 자본주의적 기계로서 건조환경

나지막한 초가집이 건조물의 주된 형태였고 아예 개발이 이루어지지 않은 곳들은 산이나 하천으로 있던 서울과 그 외곽—나아가서 한국 전역—은 이제 곳곳에 고층 초고층 메가고층 건물들이 촘촘하게 들어선 수직 도시로 바뀌었다. 이 변화는 2000년을 전후해서 건축물들의 대형화와 고층화가 집중적으로 이루어진 결과로서, 한국에서도 자본주의적 생산양식의 발전과 함께 '거대한 상품 더미'가 축적되었다는 표시다. 건조환경의 거대화는 자본의 축적이 갈수록 큰 규모로 진행되고 그 과정에서 특히 고정자본과 소비기금이 대규모로 형성됨으로써 이루어졌다.

건조환경은 대표적인 자본주의적 생산수단인 **기계**인 것으로 개념화할 수 있다. '기계'는 "자본의 가장 적합한 형태"인 "고정자본의 가장 적합한 형태"(맑스, 2007b: 372)다. 자본의 가장 적합한 형태가 고정자본인 것은 고정자본이야말로 노동력이 가치와 잉여가치를 최대한 창조할 수 있게 해주는 생산수단이기 때문이며,136 기계가 고정자본의 가장 적합한 형태인 것은 그것이야말로 생산과정에서 노동에 가장 효율적으로 맞설 수 있는 자본의 형태이기 때문이다. 맑스에 따르면,

> 자본의 완전한 발전은 노동수단이 형태상으로 **고정자본**으로 규정될 뿐만 아니라 자신의 직접적 형태에서도 지양되고, **고정자본**이 생산과정 내부에서 노동에 맞서서 기계로서 나타날 때, 하지만 전체 생산과정이 노동자의 직접적인 숙련성 아래 포섭되지 않고 과학의 기술적 응용으로 나타날 때 비로소 이루어진다—또는 자본은 [그때] 비로소 자신에게 조응하는 생산방식을 정립한 셈이다(맑스, 2007b: 373. 원문 강조, 번역 수정).

기계가 이처럼 자본의 발전을 완성하는 핵심적 요인이 되는 까닭은 기계를 사용하면 생산과정이 숙련노동자의 주체적 포섭 아래 있는 매뉴팩처에서와는 달리 과학의 기술적 응용을 통해 자본이 노동자를 완전히 장악할 수 있기 때문이다. "매뉴팩처와 수공업에서는 노동자가 도구를 사용하지

136_ "기계는 아무런 가치도 창조하지 않으나"(맑스, 2015a: 523), "잉여가치를 생산하기 위한 수단"(503-04)으로 활용될 수는 있다. 기계는 "노동력의 가치를 직접적으로 감소시키거나, 또는 노동력의 재생산에 필요한 상품을 싸게 함으로써 간접적으로 노동력을 싸게 하는 것에 의해서뿐 아니라, 기계가 처음에 아직 산발적으로 도입될 때는, 기계 소유자가 고용한 노동이, 강화된 그리고 더 효율적인 노동으로 전환되어 생산물의 개별 가치를 그것의 사회적 가치보다 싸게 함으로써, 자본가가 하루의 생산물 가치 중 더 작은 부분으로 하루의 노동력 가치를 보상할 수 있는 것에 의해서" 상대적 잉여가치를 생산"한다(549). 즉 기계는 그 자체로는 가치를 창조하지 못하지만, 상대적 잉여가치의 생산을 통해 잉여가치의 생산에 이바지하는 것이다.

만, 공장에서는 노동자가 기계의 시중을 든다. …공장에서는…노동자는 살아있는 부속물로서 기계장치에 합쳐진다"(맑스, 2015a: 570-71; 2019: 80. 번역 수정). 기계—또는 기계로서의 고정자본—가 자본의 완전한 발전을 이루게 하는 것은 그렇다면 노동에 대한 자본의 우위를 보장해주는 강력한 수단, 자본이 노동자로부터 최대한의 잉여가치를 추출하게 해주는 가장 훌륭한 방안이 되기 때문이기도 한 셈이다.

기계는 통상 고정자본의 형태를 띤다. 하지만 소비기금 특히 오늘날 건조환경의 상당 부분을 차지하며, 서울의 수직적 도시화를 견인하고 있는 주거용 고층 건물들도 고정자본처럼 기계의 기능을 한다고 볼 수 있다. 소비기금과 고정자본의 구분은 기본적으로 **용도**에 따라 생기며, 둘은 그래서 **공통되는 물리적 존재양식**을 갖는 것이 가능하다(맑스, 2007b: 353). 더구나 최근에는 금융화의 진전으로 소비기금의 주요 부분인 주거용 건물들이 금융자산으로 작용하며 고정자본과 다를 바 없이 자본의 순환과정에 소환되어 있다는 점도 고려할 점이다.[137] 오늘날은 고정자본과 소비기금의 갈수록 많은 부분이 건조환경을 구성함과 동시에 자본의 가장 적합한 형태인 기계로서 작용한다고 할 수 있다. 기계는 노동 도구가 "자본에 적합한 형태로 역사적으로 개조[된] 것"(맑스: 372)이다. 건조환경 가운데 소비기금에 속하는 고층 건물들도 '이윤 내는 기계'로 작동하는 한에서는 자본의 그런 적합한 형태가 된 셈이라 하겠다.

하지만 고층 건물들이 자본의 적합한 형태로서의 기계가 되었다는 것은 건조환경이 그만큼 끔찍한 존재가 되었다는 말이기도 하다. 상품 더미의 방대함이 지닌 **섬뜩함**을 다시 되새길 필요가 있다. 서울과 그 외곽 곳

137_ 소비기금이 고정자본처럼 작동한다는 것은 생산과정에서 노동력에 의해 생산된 가치가 시장에서 유통을 통해 실현됨으로써 얻어진 화폐가 크게 이윤과 임금으로 분배된 뒤, 노동자에게 지불된 임금의 일부가 다시 자본의 순환으로 소환된다는 것이다. 이것은 노동자에게 분배된 임금도 상당 부분이 자본의 축적을 위해 작용하게 된다는 말과 같다.

곳에 밀집해 있는 '이윤 내는' 기계인 고층 건물은 이제 수천이 아니라 수만 채가 넘는다.[138] 그치지 않는 건조환경의 조성과 함께 건물들은 이제 대형화되고 고층화되고 있다. 건물-기계의 거대함, 그 섬뜩함은 자본의 운동과 위력을 표상한다. 기계는 이때 섬뜩한 괴물인 셈이다.

이제 기계 제작에 사용된 기계장치 가운데 실질적인 작업기를 이루는 부분을 보면, 수공업 도구가 다시, 하지만 키클롭스적인(zyklopischem) 규모로 나타난다. 예컨대 착공기의 작업기는 증기기관에 의해 움직이는, 그것 없는 대형 증기기관과 수압기의 원통이 생산될 수 없는 섬뜩하게 큰(ungeheurer) 송곳이다. 기계 선반은 발로 움직이는 보통 선반의 키클롭스적(zyklopische) 재현물이고, 평삭기는 목수가 목재 가공에 쓰는 것과 같은 도구를 가지고 철을 가공하는 철제 목수이며, 런던의 조선소에서 합판을 베는 도구는 거인 같은(riesenartiges) 면도칼이고, 재봉 가위가 천을 베듯이 철을 베는 기계 가위는 괴물 가위(Monstreschere)이며, 증기 망치는 평범하지만 뇌신(Thor)도 휘두를 수 없을 무게를 지닌 망치 머리로 작업한다(Marx, 1962: 406; 맑스, 2015a: 521; 2019b: 27-28. 번역 수정).[139]

138_ 서울의 수직적 도시화가 1995년 민주노총의 창립, 1996~97년의 총파업 등으로 노동운동이 치열하게 전개된 1990년대 중후반 뒤에 본격화했다는 점에 주목할 필요가 있다. 한국은 1990년대 초중반 노동운동의 활성화로 임금의 상승과 지니계수의 개선을 목격했다. 그러나 노동자 권리의 강화와 임금의 인상은 노동력을 대체할 수 있는 기계의 도입을 부추기게 된다. 2000년 이후에 서울의 수직적 도시화가 급속하게 진행된 것은 이 맥락에서 보면 공간적 생산의 기계화, 특히 주택의 이윤 내는 기계로의 전환을 통해 노동자계급에 대한 공격이 새로운 형태로 전개된 사례일 것이다. 개인 노동자가 주택보유자가 되어 주택담보대출 형태의 가계부채를 안게 되면, 자산시장의 동향에 따라 개인적 손익을 판단하게 될 공산, 그에 따라 노동자계급의 이해관계와 반대되는 정치적 행위를 할 공산이 커질 수 있다.

139_ 맑스의 원문에 나오는 독일어 'zyklopisch' 'ungeheuer' 'riesenartig' 'Monster'는 김수행 번역(맑스, 2015a: 521)에서는 모두 "거대한"으로, 강신준 번역(맑스, 2008a: 523)과 황선길 번역(맑스, 2019b: 27-28)에서는 'Monstreschere'만 "괴물가위"로, 나머지는 모두 "거대한"으로 번역되어 있다. 한국어 번역에서는 이 결과 기계가 다양한 종류의 괴물로 나타나는 점이 희석되어 버린다. 참고로 펭귄출판사의 영어 번역판은 'zyklopisch'는 'Cyclopean'으로, 'riesenartig'는 'gigantic'으로, 'Monstreschere'는 'a monster pair of scissors'로 번역해

맑스가 여기서 묘사하고 있는 세계는 기계제 생산 즉 자본의 진정한 발달이 이루어진 대공업의 현장이다. 이 현장은 그러나 신화나 전설, 동화에서나 등장할 법한 무시무시한 곳으로 드러난다. 그 세계를 지배하는 것은 괴물(Ungeheuer, Monster), 거인(Zyklop, Riese), 뇌신(Thor) 등 거대하고 무서운 비-인간들이다. 기계가 모두 괴물 같은 폭력적 존재로 묘사되는 것을 보면, 맑스가 『자본』의 첫 번째 문장에서 상품 더미를 형용하기 위해 "섬뜩하다"는 의미의 'ungeheuer'를 왜 사용했는지 알 수 있을 것 같다. 그것은 자본주의적 생산양식이 지배하는 사회에서는 부가 기본적으로 상품으로 나타나지만, 이들 상품도 맑스가 『자본』을 쓴 19세기 중후반에는 이제 대부분이 괴물 기계들에 의해 생산되고 있었기 때문 아닐까 싶다. 키클롭스, 운게호이어, 리제, 몬스터, 토르 같은 무시무시한 괴물과 거인에 의해 생산된 상품들이 거대한 더미를 이루고 있으니 어찌 섬찟하지 않겠는가.

고층 건물들로 뒤덮인 수직 도시 서울의 건조환경 역시 같은 맥락에서 이해할 수 있겠다. 건조환경은 고정자본으로서는 말할 것도 없고 소비기금인 경우에도 이제 금융자산으로 활용되면서 자본에 적합한, 이윤 내는 기계로서 작동한다. 하지만 그것이 자본주의적인 기계인 한, 건조환경은 그런 기계기 지닌 **괴물 같은** 성격도 함께 지닐 수밖에 없다. 자본주의적 기계가 특히 섬뜩한 것은 인간인 노동자를 주체적 존재가 아니라 그 부속물로 만들어버리기 때문이다. 기계제 생산에서 노동자는 기계가 작동하고 있으면 기계를 떠날 수 없게 되고(노동일의 연장), 그 속도에 따라 노동해야 하므로(노동 강도의 강화), 기계의 계속적 고문 대상이 된다. 이것은 "노동자들은 다만 의식 있는 기관"일 뿐이고 "자동장치 자체가 주체"라는 것, 기계가 그들에게 군림하는 "독재자"라는 말과 다르지 않다(2015a: 567). 건조환경의 섬뜩함도 비슷한 맥락에서 생기지 않겠는가 싶다. 오늘날의 건조환경

서 'ungeheuer'를 'immense'로 번역한 것만 빼면 원문의 표현을 살려내고 있다.

은 맑스가 기계의 특징으로 본 괴물 같은 모습을 그대로 닮았다. 인지언어 학자 조지 레이코프에 따르면, "높은 빌딩은" "은유적으로는" "서 있는 사람"(레이코프, 2006: 110)이지만, 서울에 들어선 고층, 초고층, 메가고층 건물들은 단순히 "서 있는 사람"이 아니라 거인, 그것도 특대 거인에 속한다. 그런 건물들의 섬뜩함은 근접 환경으로 다가올수록 더 강할 수밖에 없다. 통상 신화나 동화의 주인공에게는, 가까이 다가올수록 위험한 괴물은 꾀—정신적 거리를 전제하는—를 내어 처치하지 못하면 그로부터 최대한 멀리 도망치는 것이 상책이다. 지금의 건조환경을 지배하고 있는, 수십 층씩 하늘로 올라가며 지표면 사람들을 개미처럼 밟아버릴 듯 우뚝 서서 이윤 내는 기계로 작동하는 고층 건물들은 가공스럽고 섬뜩하기로 치면 맑스가 묘사한 괴물과 거인을 훨씬 능가한다. 그러나 자본주의적 기계들은 누구도 쉽게 도망치지 못하게 하는 특징을 갖고 있다. 그만큼 수직 도시의 고층 건물들은 우리의 일상으로 깊숙이 들어와 있는 것이다.

5. 공제선과 인지적 지도

오늘날의 건조환경 상황에서는 어떤 **인지부조화**가 필연적이다. 그런 것이 생기는 것은 공포의 일상화나 만연으로 인해 공포 자체에 대한 무감각이 형성된 결과에 해당한다. 섬뜩함을 계속 느끼기에는 괴물들이 너무 진부해졌다. 이윤 내는 기계가 수십만이나 들어섰다는 것은, 괴물들이 곳곳에서 창궐한다는 말과 다르지 않다. 서울의 건조환경은 말하자면 전체가 하나의 거대한 '귀신 들린 집'이 된 셈이다. 맑스에 따르면, "자동장치로 전환됨으로써 노동수단은 노동과정의 진행 중에 자본, 즉 살아있는 노동력을 지배하며 **빨아들이는** 죽은 노동으로서 노동자와 대립한다"(맑스, 2015a: 571. 번역 수정 및 강조 추가). 기계가 된 노동수단이 자본으로서 노동력을 '빨아들이는 죽은 노동'이 된다는 것은 자본-기계가 **흡혈귀**로 작용한다는 말과 다르지 않다. '귀신 들린 집'은 그렇다면 이윤 내는 기계인 고층 건물들이 흡혈귀가 되어 창궐하는 곳, 다시 말해 수직 도시인 셈이다. 서울에서 사람들은 지금 빌라나 아파트 등 금융자산으로 바뀐 자신들의 주거지에서 거대한 부채를 짊어진 채 자본의 노예가 되어 흡혈을 당하는 중이라고 해도 과언이 아니다. '귀신 들린 집'은 귀신이 자주 출몰하는 집(haunted house)이라는 데 주목할 필요가 있다.140 귀신은 일단 나타나면 반복해서 나타나는 법이다. 유령학(spectrology)은 그래서 출몰학(hauntology)이 되는데,141 건조환경의 맥락에서 이 출몰학도 고층, 초고층 괴물들이 끝없이 나타나는 현상과 관련된다. 섬뜩한 흡혈귀라도 자주 출몰하면 그에 대한 공포가 무뎌질 수 있다. 이때 생겨나는 인지부조화는 무서운 대상과의 빈번한 접촉으로 인해 인지능력이 **퇴화한** 증상이다. 그것은 우리의 감각과 지각에 가해진 **충격**의 결과이기도 하다. 맑스주의 문화이론가 프레드릭 제임슨은 그런 충격을 "탈근대적 신체가…노출되어 있고 보호막과 중간 매개가 모두 제거된, **직접성의 지각적 집중포화**"(Jameson, 1991: 412-13. 강조 추가)라고 규정한 바 있다. "직접성의 지각적 집중포화"는 감각과 지각의 과부하를 불러일으키며, 방향감각 또는 상황 전반에 대한 총체적 이해의 상실을 낳는 인지적 장애의 중대한 원인으로 작용한다. 그런 장애를 만들어내는 것은 요즈음 서울의 건조환경도 마찬가지다. 세계에서 가장 수직적인 도시로서 고

140_ 귀신 현상 또는 유령학적 상황은 유령 또는 귀신이 계속 나타나는 상황이다. 자크 데리다는 『맑스의 유령들』에서 이런 점을 고려한 듯 '유령학'을 '출몰학'의 의미를 지닌 'hauntology'로 명명한 바 있다(Derrida, 1994: 10). 출몰은 '빈번한 출입(frequentation)'을 가리킨다(Derrida: 126). "유령은…어떤 가시성의 빈발이다. …그것은 우리를 (재)방문한다(Il nous rend visite). 방문하고 또 방문하는데, 왜냐하면 그것은 우리를 보러 돌아오기 때문이고, 'visere'("보다", "점검하다", "숙고하다")의 반복격(frequentative)인 'visitare'는 재발 또는 귀환, 어떤 나타남의 빈발을 의미하기 때문이다"(125-26).

141_ 자본주의적 기계를 괴물로, 이 괴물을 유령과 동일시할 수 있다면, 서울에서는 유령과 함께 살려고 안간힘 쓰는 사람들이 무척이나 많은 셈이다. 자본주의적 괴물-기계인 고층 건물의 아파트에 입주하려고 수많은 사람이 몸부림치고 있다는 것은 유령의 집, 귀신 들린 집에 홀린 사람이 그만큼 많다는 것을 말해준다.

층 건물이 넘쳐나는 서울은 가공할 무수한 괴물 기계가 지배하는 곳이지만, 사람들은 그 감각과 지각의 과부하에 압도된 나머지, 거기에 너무 자주 노출되어 '귀신 들려버린' 나머지 이제 그 섬뜩함을 느끼기 어려울 정도가 되었다.

서울에서 이런 상황은 복잡한 **시곡면의 형성**으로 인해 원경의 공제선을 제대로 보기 어렵게 된 것과도 무관하지 않다. 사방에 건물들이 들어서서 시야를 가리고 있고, 통경축도 제대로 형성되지 않은 시각 환경 속에서는 궁륭형의 하늘 아래 자연 및 인공의 지형이 펼쳐지는 파노라마 전경을 확보하거나 도시에 대한 **전면적 게슈탈트**를 형성하는 것이 여간 어렵지 않다. 도시의 파노라마 전경은 공제선을 필요로 하며, 공제선이 있어야만 도시에서 주요 표지물을 식별하기가 쉬워진다. "지도나, 천문도처럼 지도와 유사한 묘사들은 조직적이거나 유의미한 패턴으로 인해 위치 해석을 수월하게 하는 데 중요한 역할"(Uttal and Tan, 2000: 155)을 한다는 연구 결과가 있다. 인지능력이 덜 발달한 6세 어린이들의 경우에는 도시에서 길 찾기를 할 때 근접 표지물에 주로 의존하는 탓에 길을 벗어나면 다시 찾아내기 어려워하는 데 반해, 상대적으로 인지능력이 더 발달한 12세 어린이들은 원거리 표지물을 이용해서 길을 더 쉽게 찾아내는 능력을 보여준다고 한다(Uttal and Tan: 157). 도시에 대한 인지적 '큰 그림' 즉 원경이나 파노라마 전경에 대한 상을 갖고 있느냐의 여부가 그만큼 개인들이 복잡한 도시에서 길을 찾고 방향을 설정하는 데 중요하다는 말인 셈이다. 이런 점은 사람들이 공제선이 펼쳐지는 원경과 전경을 쉽게 볼 수 있어야만 도시에 대한 인지적 지도를 형성하게 되어 그 안에서 방황하지 않도록 해줄 것임을 시사해준다. 그러나 이제 서울에서 그런 지도를 갖추기에는 수직적 도시화, 시곡면 형성 등으로 말미암아 '직접성의 지각적 집중포화'가 너무 강렬하다고 할 수 있다.

공제선이 포함된 도시 전경에 대한 인지적 지도를 갖추는 것은 사실

특별한 기회나 권리가 되었다.[142] 특권의 개인적 배분 방식은 시간을 주로 보내는 지역이 서울의 어디냐에 따라서 수평적일 수 있지만, 자신이 있는 건물이 얼마나 높으냐에 따라서는 수직적일 수도 있다. 주변에 고층 건물이 많지 않은 지역이나 아파트나 사무실 등 시간을 많이 보내는 곳이 고층인 경우는 공제선이 멋있게 형성된 좋은 경관을 볼 수 있을 터이니 특권을 누리는 셈이다. 그러나 대부분 사람에게 일상적으로 다가오는 공제선은 단절되어 있거나 찢긴 모습이다. 서울에는 "가장 가까운 하천의 측점 계획홍수위[design flood level]보다 낮은" 저지대에 해당하는 "시가화 지역[이] 전체 시가화 면적의 약 42.3%"(서울특별시, 2014: 48)나 된다. 홍수 들기 쉬운 저지대에서는 긴 공제선이 포함된 도시 전망을 얻기가 당연히 쉽지 않다. 물론 개인들의 신체가 한곳에 고정되어 있으라는 법은 없으며, 계단과 엘리베이터, 등산 등에 의한 수직적 이동과 버스, 전철, 승용차 등에 의한 수평적 이동이 일상화한 만큼, 다양한 공제선을 경험할 수 있는 위치 점유의 가능성은 열려있다고 할 수 있다. 그래도 지하 생활자인가, 근경도 잘 보이지 않는 저층에서 사는가, 고층의 전망 좋은 펜트하우스에서 지내는가에 따라 개인의 공제선 향유 방식은 달라질 것이다. 예컨대 분양가가 370억원에 이르는 롯데월드타워의 시그니엘 펜트하우스(중앙일보, 2017.8.5.)에서 서울의 풍광을 보는 경우라도 청소노동자라면 그런 '특권'은 오히려 위화감을 느끼게 할 공산이 크다. 이런 일은 수직적 도시화로 인해 개인들이 도시공간에서 도시적 공제선을 보는 조망점이 다양해질 수 있어도, 그 조망점을 차지하는 권리는 결국 차별적으로 제공되기 때문에 생긴다고 할 수 있다. 그

142_ 서울에서 오래 산 사람이면 원하는 서울 모습을 볼 수 있는 곳을 상당수 알 것이다. 하지만 그런 조망점은 이제 많지 않으며 자꾸만 줄어드는 중이다. 예컨대 서울 태생의 한 젊은 지리학자는 "멀리서 그리고 가까이서 [남산] 타워가 예뻐 보이는" 장소 여섯 군데를 소개하면서 그중 여섯 번째는 곧 사라질 것으로 우려하고 있다. "평지인 이곳과 타워 사이에 위치한 장위동과 석관동에 고층 주상복합 건물들이 들어서기 시작했기 때문이다"(황진태, 2020: 151, 158).

리고 사실 도시 전체에 대한 상 즉 도시에 대한 인지적 지도를 형성할 수 있기에는 사람들이 근접 사물들의 **직접적인 지각적 포화**에 깊숙이 갇혀 있는 경우가 너무 많다고 봐야 한다.

근접 환경에서 집적된 사물들 또는 그 파편화된 부분들의 과부하와 비례할 것으로 여겨지는 포화의 충격은 우리가 도시에서 느끼는 방향감각 상실과 무관하지 않을 것이다. 케빈 린치에 따르면, 도시에서 길을 찾을 수 있는 성공 정도는 도시에 대한 이미지를 지니고 있느냐 여부에 크게 좌우된다. 이것은 도시의 길 찾기에서 그런 이미지가 "운동 방향을 정하는 하나의 지도"로 쓰여 유용하기도 하면서, "개인이 그 안에서 행동할 수 있는 하나의 일반적 참조틀로 작용"할 수 있기 때문이다(Lynch, 1960: 125-26). 린치의 이런 생각은 프레드릭 제임슨에 의해서 루이 알튀세르의 **이데올로기론**과 연결되고 있다. 제임슨에 따르면, "린치는 도시적 소외란 현지 도시경관을 지도로 나타내지 못함과 바로 비례한다고 생각한다." 도시에서 방향감각을 유지하며 행동하게 해줄, 케빈이 말하는 '일반적 참조틀'로서의 지도가 없으면, 우리는 "직접적 지각의 지금 여기와 부재한 총체성으로서의 도시에 대한 상상적 또는 가상적 감각 사이"의 균열을 겪을 가능성이 크다. "사람들에게 자신들의 상상 속에 도시 나머지 부분에 대해 대체로 성공적이고 지속적인 위치 설정을 할 수 있도록"(Jameson, 1991: 415) 필요한 것이 그래서 **인지적 지도**다.

그런 인지적 지도는 그 자체로는 아직 경험적 수준에 머물러 있고,[143]

143_ 제임슨에 따르면 인지적 지도는 케빈 린치가 주목한, 도시 이미지를 기억 속에 담고 있는 주체들이 행하는 "지도 제작술 이전의 조작들"로부터 나온 결과물인 여정표(itineraries)에 해당한다. 여정표는 "아직 주체-중심적이거나 실존적인 여행가의 여정 중심으로 조직"된다는 점에서 경험 중심적이고 현상학적이다. 그것은 과학적 도구들─나침반과 육분의, 경위의 등─을 사용해 별 위치 등에 대한 삼각 관찰을 통해 항해도를 만들거나─이때가 되면 인지적 지도 그리는 실존적 데이터(주체의 경험적 위치)와 살아본 적 없는 추상적인 지리적 총체성 관련 개념들을 조정하는 것이 필요해진다─지구의와 메르카토르 도법을 활용한 지도 제작술이 나와서 "굽은 공간을 평면 차트로 옮기는

이데올로기적이라는 점도 인정해야 한다. 알튀세르의 정식화에 따르면, "이데올로기는 개인들이 자신들의 실제적 존재 조건들과 맺는 상상적 관계의 '표상'"(알튀세르, 2007: 384. 번역 수정)이다. 알튀세르는 개인 주체가 자기의 삶을 규정하는 실제적인 객관적 조건 자체가 아니라 그 조건과 개인이 상상적으로 맺고 있는 관계를 표현한 것(표상)을 이데올로기로 정의함으로써, 실제적인 존재 조건에 대한 과학적 지식과 이데올로기를 구분한다.[144] 이런 관점에 따르면 우리가 도시적 환경에서 포획되어 들어간 "직접적 지각의 지금 여기"로부터 벗어나서 설령 도시에 대한 파노라마 전경 또는 인지적 지도를 갖게 된다고 하더라도, 그것들을 도시의 실재나 진실에 대한 지식과 동일시할 수는 없다. 그런 전경 또는 지도도 정도의 차이는 있을망정 여전히 경험적 한계, 현상학적 도식에서 벗어나지 못할 것이기 때문이다. 우리가 어쩌다가 볼 수 있는 서울의 전경과 그에 입각한 서울에 대한 전면적인 이미지는 그래서 서울의 진면목이나 진실을 대체하지는 못한다. 어렵게 보이는 서울의 특정한 도시적 공제선은, 그런 것을 쉽게 보지 못하게 만드는 우리의 일상적 시각적 환경에서는 반가운 것이라고는 해도 그런 모습 자체가 "부재한 총체성"으로서의 서울은 아닌 셈이다.

그렇다고 공제선을 통해 도시에 대한 인지적 지도를 갖는다는 일이 무의미하다고 할 수는 없다. 이와 관련해 알튀세르의 이데올로기 정의에 대한 제임슨의 다음 해석을 살펴볼 필요가 있다.

그 결함과 문제점이 무엇이든 이데올로기를 모든 형태의 사회적 삶에서 필수적인 기능인 것으로 보는 이 긍정적 개념화는 개인 주체의 국소적 자리와 주체가

(거의 하이젠베르크적인) 해결 불가능한 딜레마"를 다루기 이전 단계에 사용된 '지도'인 것이다(Jameson, 1991: 52).

144_ 여기서 알튀세르는 인간 심리의 구성을 설명하기 위해 자크 라캉이 도입한 삼분법 — 실재계, 상상계, 상징계 — 을 활용하고 있다. 개인의 실제적 존재 조건은 실재계, 개인이 그 조건에 대해 맺는 관계인 상상계, 그리고 그 관계의 표상은 상징계를 구성하는 셈이다.

처한 계급구조의 총체성 사이에 있는 간극을 강조하는 커다란 장점이 있다. 그 간극은 현상학적 지각과 어떤 현실—개인적 생각 또는 경험을 모두 초월하는—사이의 간극이지만, 엄밀한 의미의 이데올로기가 의식적이고 무의식적인 표상들을 통해 어림잡고 좌표화하고 지도화하려고 하는 간극이다(Jameson, 1991: 415-16).

알튀세르에게서 이데올로기는 과학과 단절된 것으로 구분되지만 그렇다고 단순한 관념 또는 헛것으로 취급되지는 않는다. 왜냐하면 이데올로기는 상상이라는 실재적 차원을 지닌 것으로 여겨지기 때문이다. 하지만 알튀세르에게 이데올로기는, 개인들을 지배적 질서 안으로 호명하는 효과, 즉 지배 효과를 발휘하는 작용으로 이해된다는 점도 부정할 수 없다. 참고로 알튀세르는 자본주의적 생산양식 아래 있는 실제적 존재 조건에 해당하는 "생산-착취는 또한 '노동'에 대한 부르주아 이데올로기 덕분에 '작동한다'"고 말한 바 있다. 그런 이데올로기가 지배 효과를 발휘하는 것은 "이 이데올로기의 효과가 나타나는 첫 대상자들"인 노동자들이 "모두가 환상이고 기만인" 요소들을 지닌 그 이데올로기를 수용하기 때문이다(알튀세르, 2007: 85-86, 번역 수정). 이데올로기가 이처럼 지배 효과를 발휘한다고 보기 때문에, 알튀세르는 "모든 계급투쟁의 운명[은] 결국은 생산관계의 올바른 이해에 달려 있다"(90)고 생각한다. 이데올로기는 이때 극복해야 할 장애인 셈이다. 제임슨의 이데올로기 해석은 다르다. 그가 보기로 "이데올로기는…별개의 그 두 차원[실존적 경험과 과학적 지식]을 서로 접합시키는 방식을 어떻게든 꾸며내는 기능을 지닌다"(Jameson, 1991: 53). 이데올로기는 이때 자본주의 사회에서 개인들을 호명된 주체들로 만드는 부정적인 효과보다는 오히려 자본주의적 현실에서 개인들이, 그들이 나름대로 경험하는 간극을 "어림잡고 좌표화하고 지도화하려는" 시도인 것으로 이해되고 있다. 실존적 경험이 현상학적 지각의 지금 여기에 속한다면 과학적 지식은 부재한 총체성에 대한 지식이며, 지금 여기와 부재 총체성 간의 간극을 가시적으로 지도화하려는 시도는 **유토피아적 전망**을 전제하는 어떤 것이 되는 셈이다. 제임슨에 따르면, "사회적 총체성(과 사회적 체계 전체를 변혁시킬 가능성)에 대한 개념화가 없으면, 엄밀하게 사회주의적인 정치는 어떤 것도 불가능하다"(Jameson, 1988: 355). 어떤 식으로든 총체성을 개념화할 수 있는 능력이 이처럼 유토피아적 미래를 상상하는 것과 연관된다면, 이데올로기는 그 자체로 유토피아적 지향을 지닌 셈이며, 그런 점에서 **혁명의 자양분**이 된다고 볼 수 있다. 제임슨이 이데올로기적이라고 할 수 있는 인지적 지도 그리기를 총체성이 사라진 포스트모던 시대의 미학으로 상정하려는 것은 그 때문일 것이다. 그는 "인지적 지도 그리기의 미학"을 "개인 주체에게 글로벌 체계 내 주체의 위치에 대한 어떤 새로운 고양된 감각을 부여하려는 교육적인 정치문화"(1991: 54)로서 제안하고 있다.

이런 견지에서 보면 서울에서 공제선이 펼쳐지는 도시적 전경을 사람들이 보기 어려워졌다는 것은 이제는 사람들이 그들의 이데올로기적 실천을 전개할 조건도 쉽게 갖지 못한다는 말과 다르지 않다. 이 문제는 건조환경의 최근 변화와 관련된 것이기도 하다. 이데올로기 개념이 "실존적 경험과 과학적 지식 간의 간극"을 전제하면서도 그 간극을 좌표화하고 지도화하는 능력, 또는 부재한 총체성을 상상하거나 개념화할 수 있는 능력을 암시해준다면, 도시에 대한 **전면적 게슈탈트**를 형성하게 해주는 핵심 요건에 속하는 도시적 공제선이 수직적 도시화와 시곡면 형성으로 인해 왜곡되거나 파괴되어 대중이 그것을 일상적으로 볼 수 있는 기회가 갈수록 줄어든 것은 이데올로기적 실천의 여건이 크게 악화한 셈이라고 할 수 있다. 오늘날 서울에서 그런 간극―경험과 지식 간의―을 느낌과 동시에 부재하는 도시적―나아가 사회적―**총체성**을 추상적으로라도 개념화할 수 있는, 그리하여 대안적 사회와 미래를 꿈꾸기에는 지각적 포화의 직접성이 너무 강렬해졌다. 아이러니한 것은 이런 상황이 만들어진 것이 대중의 이데올로기 또는 상상이 작동한 결과라는 점이다.

이 맥락에서 에티엔 발리바르가 이데올로기를 이해하는 방식을 참조할 필요를 느낀다. 그에 따르면 "보편화될 수 있는, 즉 사회에서 일반화됨과 동시에 이상화될 수 있는 (상상적) 경험"은 "대부분의 사회학적 정당성 및 헤게모니 이론들의 공통된 가정과는 반대로" "무엇보다 지배자들의 '체험된' 경험이 아니라 피지배 대중의 '체험된' 경험"이다(Balibar, 1993: 12). 발리바르가 이데올로기의 작용에서 주목하는 것은 개인에 대한 "대중의 존재론적 우위"(진태원, 2010; 이미라, 2017: 24에서 재인용)라고 할 수 있다. 눈여겨볼 점은 발리바르에게서 이데올로기는 지배자들의 일방적 지배 효과로 작용하지는 않는다는 것이다. "피지배 대중의 체험된 경험"은 "어떤 수용 및 승인과 동시에 기존 '세계'에 대한 항의와 저항을 수반"할 수 있다. 이것은 "최종 심급에서는 지배자들의 지배이데올로기(예컨대, 지배적인 '자본주의적' 이데올로기) 같은 것은 없다"는 말이기도 하다.

> 특정한 사회에서 지배이데올로기는 **피지배자들**이 지닌 상상계의 특수한 보편화다. 그것이 다듬어내는 것은 정의, 자유와 평등, 노력과 행복 같은 통념들이며, 그것들은 대중의 또는 인민의 조건들을 살아가는 개인들의 상상계에 그것들이 속해 있다는 데서 그 잠재적인 보편적 의미를 끌어낸다(Balibar, 1993: 12-13).

정의, 자유와 평등, 노력과 행복과 같은 관념들은 피지배자들의 상상계에서 왕성하게 작용한다고 볼 수 있으며, 그런 점에서 지배자들보다는 피지배자들의 이데올로기인 셈이다. 아울러 그것은 현재 상황보다 더 나은 상태에 대한 대중의 염원을 담고 있다는 점에서 유토피아적이라고 할 수 있고, 그런 점에서 제임슨이 이해하는 이데올로기와도 상통한다. 제임슨에게 이데올로기는 "대중을 사로잡는 미래에 대한 어떤 전망"(Jameson, 1988: 355)이다. 이런 정의는, 자본주의적 현실에서 겪을 수 있는 방향감각 상실과 같은 당혹스러운 각종 간극 상황을 "어림잡고 좌표화하고 지도화하려고 하는" 시도로서의 이데올로기가 미래에 대한 **대중의 염원**과 연결되어 있음을 암시해주며, 그런 점에서 발리바르가 피지배 대중의 지배이데올로기 가운데 구체적인 예로 든 정의, 자유와 평등, 노력과 행복 등과 연결될 여지가 있다. 제임슨은 그런 전망은 "경제적이기만 한 것"이 아니라 "지극히 사회적이고 문화적이기도 하며, 위계가 없는 사회, 자유로운 사람들의 사회, 시장의 경제적 기제들을 한 번 거부하고 난 사회가 어떻게 과연 응집할 수 있는지 상상하려고 애쓰는 일을 수반한다"(355)고 말한다. 이데올로기적 전망은 이때 대중을 사로잡기 위해 경제적이기만 하지 않고 대중의 사회적이고 문화적인 여망, 염원을 포함해야 할 것이며, 그래서 발리바르가 말하는 "보편화된" 즉 "일반화되고 이상화된""(상상적) 경험"(Balibar, 12)으로서의 대중의 지배이데올로기와 상통하는 셈이다.

그러나 나는 서울에서 수직적 도시화가 진행되고 공제선이 사라진 것은 이데올로기가 지닌 그런 유토피아적 염원이 오히려 부작용을 만들어낸 경우가 아닐까 하는 생각을 금할 수가 없다. 고층 초고층 메가고층 건물들이 밀집한 곳은 물론이고, 이제는 저층 건물들로 이루어진 빌라촌에서도 도시의 전면적 형태를 볼 수 있는 조망점 찾기가 갈수록 차별적인—전적으로 불가능하지는 않더라도—기회로 바뀌게 된 것은 대중의 이데올로기적 염원이 실현된 결과라고 해석할 수도 있지 않을까. 오늘날 자기만의 방과 빌라와 아파트를 갖고자 하는 바람은 일반화되고 이상화된, 즉 보편화된 염원이라 할 수 있으며, 1990년대 이후 지금까지 다세대주택과 아파트의 호수가 급증한 것은 그런 염원에 부응하여 일어난 변화일 것이다. 하지만 그 결과 서울과 외곽 지대에서는 공제선을 포함한 하늘 보기가 어려워졌고, 아울러 인류세의 위기까지 엄습하는 상황이 되었다. 이런 점은 이데올로기는 여전히 이데올로기이며, 그것만으로써는 자본주의적 사회의 근본적 변혁을 가져오지 못한다는 것을 말해주는 듯하다.

6. 공통결핍 시대의 광장과 도시적 공제선

20세기 중후반 이후 세계에서 한국만큼 거리 정치가 활성화되고, 대중의 광장 진출로 인해 정치적 부침이나 권력 교체가 잦았던 나라도 드물 것이다. 제2차 세계대전 후의 자본주의와 사회주의 간 냉전체제에서 최초의 열전으로 발발한 한국전쟁의 휴전과 함께 '53체제'(정전협정체제)가 형성된 뒤로 한국―즉 남한―에서는 1960년 4·19 혁명, 1964년 6·3항쟁, 1971년 대학생 교련 반대 투쟁, 1979년 부마항쟁, 1980년 광주항쟁, 1987년 6월 항쟁과 7월 노동자 대투쟁, 1991년 강경대 정국, 1996~97년 총파업, 2006년 한미FTA 반대 투쟁, 2008년 광우병 촛불집회, 2014년 세월호 참사 진상 규명 요구 광화문 점거 농성, 2016~17년 박근혜 대통령 퇴진 요구 촛불집회 등 대중이 거리와 광장에 나서서 항의하고 저항한 일이 유달리 많았다. 이 맥락에서 주목되는 점이 1980년대 후반 이후에는 대중의 거리 및 광장 진출 시도가 주로 서울에서 이루어졌다는 것이다. 4·19 혁명을 촉발한 1960년의 3·15 마산의거, 1979년의 부마항쟁, 1980년의 광주항쟁에서 볼 수 있듯이 과거에는 한국 사회 전체의 명운을 바꾼 시위나 봉기가 서울 이외 지역에서도 일어나곤 했었다. 하지만 '87년 민주화 체제'의 성립을 이끈 6월 항쟁 이후부터 전국적 파장을 불러일으킨 유사한 사례는 예외 없이 서울에서 발생했다는 점이 주목된다. 그런 변화가 생긴 것은 한국 사회가 최근으로 올수록 서울 중심적으로 되었다는 말일 것이다. 앞서본 것처럼 1980년대 말에 이르면 서울의 강남에서 신도시 건설이 완료되고, 이후에는 서울과 다른 지역이 강남화를 추진하며, 이 결과 한국은 강남화하거나 서울화하지 않았으면 수도권 중심적으로 된다. 수도권은 지역 내 총생산(GRDP)이 2017년에 50%를 넘어섰고(강원도민일보, 2020.1.6.), 인구의 경우 2020년 기준 총인구 5천182만9천명 가운데 50.2%에 달하는 2천600만명에 이르렀다(한겨레, 2021.7.29.). 사회적 자원의 수도권 집중을 말해주는 이런 변화는 공간적 배열이라는 측면에서는 서울과 그 외곽을 중심으로 건조환경이 거대한 규모로 조성된 것으로도 나타났다. 최근으로 올수록 전국적 성격의 집회나 시위가 서울의 거리나 광장에서 빈발하는 것은 한국 사회의 문제, 갈등 해결을 위한 요구나 투쟁이 그에 따라 서울로 집중되고 있기 때문일 것이다.

그리스의 '아고라'나 로마의 '포럼'에서 보듯이, **광장**은 역사적으로 도시 공동체의 여론을 확인하고 주요 사안들을 토론하는 **공론의 장소**로 작용해왔다. 광장이 공론장이 될 수 있는 것은 사람들이 거기로 쉽게 모여들 수 있기 때문이다. 광장은 여러 길이 모이는 곳이며, 그래서 다른 길을 통해 온 사람들, 생각과 판단의 출발점이 다르거나 심지어 적대적인 사람들이 집합하기 좋은 장소가 된다. 그런 점 때문에 광장은 탁월한 정치의 장소로 작용하는 경우가 많다. 정치는 상이한 이해관계가 갈등을 빚고 조정되는 사회적 과정으로서, 상이한 처지와 요구, 주장이 한꺼번에 제출되고 토론되고 경합될 수 있는 공간을 요구하는바, 광장만큼 그런 일에 적합한 공간도 드문 것이다(강내희, 2016: 309-10). 사회적 문제와 갈등이 첨예화되었을 때 피지배 대중이 거리로 광장으로 진출하려고 하는 것은 따라서 정치적 공간을 점유하기 위한 시도에 해당한다.

광장의 그런 정치적 의미를 도시의 전체상을 상상할 수 있게 해주는 공제선과의 관계에서 생각해볼 수도 있다. 고층 건물이 밀집한 탓에 조건 좋은 통경축을 확보하지 못하면 시야가 막히기 일쑤인 대도시 도심에서 광장은 광활한 하늘을 볼 수 있는 예외적 공간이다. 대중이 광장에 진출하려는 것은 그런 점에서 더 온전한 공제선과 도시의 전경을 볼 수 있는 조망점을 확보하려는 시도로 해석될 여지가 없지 않다. 도시에 대한 조망점을 얻는 것이 소수의 특권이 되어버린 상황에서 그런 시도는 대중의 집합적 염원—"대중을 사로잡는 미래에 대한 전망"(Jameson, 1988: 355), 또는 "정의, 자유와 평등, 노력과 행복 같은 통념들"(Balibar, 1993: 13)—의 표출이기도 하다. 이데올로기적인 상상일지라도 그런 전망과 통념은 긍정적일 수 있다. 현상학적 지각의 직접성에 압도당하지 않을 가능성, 다시 말해 그런 직접성과 그것을 만들어내는 실제의 존재 조건 사이의 간극을 인지할 수 있는 능력이 거기서 나올 수도 있기 때문이다. 이데올로기는 이때 부재한 총체성—자본의 축적에 매진하는 자본주의적 생산양식—을 개념화하면서 동시에 새로운 대안적 총체성—사회주의—을 상상하려는 충동이나 능력과 통할 수 있다. 광장에 나가서 도시적 공제선을 확보하려는 것은 그렇다면 도시적 형태를 전면적으로 상상하는 것일 뿐만 아니라 그것의 현재적 총체성을 개념화하면서 새로운 총체성을 구상하려는 시도에 해당하는 셈이다.

그러나 오늘날 서울의 상황은 그런 낙관적 또는 유토피아적 전망을 불허한다. 최근으로 올수록 서울의 도시적 공제선이 담긴 하늘을 볼 수 있는 광장으로의 진출이 자유로워진 것은 사실이다. 과거에는 군사 퍼레이드나 체육대회, 국빈 환영 등의 이유로 동원되지 않을 경우, 대중이 광장에서 집회를 열고 공론장을 펼치는 것은 전혀 허용되지 않았다. 광장으로의 진출은 곧 국가권력에 대한 도전이었기에 4·19, 5·18, 6·10 등에서 볼 수 있듯이 목숨을 걸고 감행하는 일이기도 했다. 최근의 광장 진출은 더 이상 그런 도전과 희생을 요구하지 않는다. 광장에서 집회와 공론장이 펼쳐질 때면 이제는 전통적으로 저항 모임을 주도해온 운동권—대학생과 대중단체 조직원—만이 아니라 유모차에 아기를 태운 젊은 부모, 노년층, 주부, 중고생 등 다양한 사회구성원이 광장에 모여들고 있다. 광장은 그만큼 출입이 자유로운 공간이 된 것이다. 하지만 **자유의 공간**이 된 만큼 광장은 더 분열적으로 되기도 했다. 누구나 접근해서 의사를 표현하는 곳이 되었지만, 광장은 더 이상 공론이 결집하기만 하는 공간이 아니다.[145] 2014년

145_ 과거에는 노선이 달라도 통일전선을 이룬 대중들이 어느 한 광장으로 집결하기 위해 거리를 나섰다면, 오늘날 광장에 나서는 대중들은 서로 분열된 경우가 허다하다. 1980년대 말과 1990년대 초는 말할 것도 없고, 노동자 총파업과 IMF 구제금융을 받으며 정리해

세월호 진상규명 요구 광화문 단식농성장 옆에서 일베 회원들이 '폭식행사'를 진행한 것이나 2016~17년 광화문광장에서 대통령 탄핵 요구 촛불집회가 벌어지고 있는 바로 옆에서 대통령 수호 집회가 벌어진 것, 2019년 조국 사태로 반대 세력들이 서로 세를 과시하며 서초동광장과 광화문광장에서 따로 대규모 집회를 계속 연 것 등이 예들이다.

하지만 오늘날 한국 사회에서는 광장을 통해 벌어지는 것보다 더 중대한 분할이 벌어지고 있다는 점에 주목할 필요가 있다. '분할'은 이때 광장 내부의 분열―촛불시위대와 태극기부대 사이―이나 광장 간의 분열―광화문광장과 서초동광장 간의―과는 구별된다. 분열이 광장 출입의 '자유'를 구가하는 사람들 사이의 문제라면, 분할은 광장으로 나온 사람들과 나오지 못한 사람들 사이에 생기는 문제다. 사실 한국에서는―다른 나라에서도 그렇겠지만―광장에 나와서 자신의 목소리를 내는 사람들보다 그러지 못하는 사람들이 훨씬 더 많다. 이런 점은 예컨대 박근혜 대통령 퇴진을 요구하며 2016~17년에 23회에 걸쳐 일어난 서울 광화문의 주말 집회에 주최 측 추산 연 1천700만 명이나 되는 기록적인 숫자의 사람들이 참여했는데도(연합뉴스, 2017.10.25.), 거기 오지 않았거나 오지 못한 사람들의 숫자가 훨씬 더 많았다는 객관적 사실로써 확인된다. 조국 사태의 와중에도 복수의 광장에 대규모 군중이 모였지만, 거기 가지 않았거나 갈 수 없었던 사람들이 당연히 더 많았다. 광장 출입의 자유는 그런 점에서 선별적으로, 아니 차별적으로 주어진 측면이 없지 않다. 광장의 자유는 광장을 에워싼 울타리 안으로 들어갈 수 있는 사람들만의 자유인 것이고, 그 울타리 바깥의 '타자들'―사회에서 배제되거나 억압받는 사람들―은 배제하는 종류의

고 반대 투쟁이 진행된 1990년대 말, WTO 양허안 제출 반대 운동이 일어난 2000년대 초, 나아가서 광우병 정국의 2000년대 말까지도 대중의 광장 진출은 느슨하더라도 통일전선의 성격, 즉 국가권력에 도전하며 대안적인 공적 이해관계를 집단으로 표방한 성격을 띠었던 편이다. 그러나 최근에는 광장이 대중들의 통일된 목소리가 결집하는 곳이라기보다는 대중들 간의 분열상이 펼쳐지는 곳이 되는 경우가 많이 늘어났다.

자유인 셈이다.

이때 생각해야 할 것이 민주화 체제에서 활성화된 광장 정치가 은폐한 한국 사회의 현실이다. 근래에 연애, 결혼, 출산, 집 마련, 인간관계, 꿈, 희망 등을 포기한 '3포' '5포' '7포' 등 '다포 세대'임을 자칭하는 젊은이들이 많아졌다(중앙일보, 2015.4.30.). 포기 담론의 만연은 젊은 대중의 삶이 그만큼 팍팍해졌음을 말해준다. 한국의 출산율이 0.98%로 세계 최하위가 된 것도 같은 맥락에서 이해할 수 있다(중앙일보, 2019.2.27.). 직장과 가정에서 여성의 삶이 그만큼 어려워진 것이다. 젊은이들만 어려움을 겪고 있는 것도 아니다. 한국의 노인 인구 가운데 중간 가계소득의 50% 이하 즉 빈곤층에 해당하는 비율은 48.6%로 OECD 34개국 가운데서 가장 높다(McCurry, 2017.8.2.). 2000년 이후 한국은 자살률도 세계적으로나 OECD 국가 가운데서나 최고 수준에 이르렀다.[146] 이제 한국을 가리켜 '헬조선'이라 부르는 사람들이 늘어난 것은 그런 점 때문일 것이다.

이런 점은 우리를 당혹게 한다. GDP상으로 한국의 경제는 1960년 39.58억달러에서 2019년 1조6천470억달러로 세계 10위권에 들 만큼 어마어마한 성장을 기록했다. 1인당 국민소득은 이제 2018년 기준 3만1천349달러에 이른다(한겨레, 2019.3.5.). 그런데도 사람들의 삶이 팍팍해졌다면, 그것은 '국부'가 '인민의 부'로 전환되지 않았다는 말, 즉 "나라의 부와 인민의 빈곤이 동일"(맑스, 2015a: 994)해졌다는 말이다. 한국의 사회적 불평등은 정말 심각하다. 한국은 "가계소득 상위 10% 경곗값(소득을 분위별로 나눌 때 각 분위의 상한값)을 하위 10% 경곗값으로 나눈 10분위수 배율(P90/P10)이 처분가능소득 기준으로 볼 때 2017년 5.79배"로서, 가계 간의

146_ "한국은 2005년 이후 13년 동안 오이시디 나라들 가운데 자살률이 1위를 차지했다. 그러다 지난해 자살률이 높은 리투아니아(24.4명, 2017년 기준)가 오이시디에 가입하면서 2위로 내려앉았다. 그러나 올해 자살률(26.6명)이 치솟으면서 다시 오이시디 1위에 올라서게 된 셈이다"(한겨레, 2019.9.24.).

소득 격차가 36개 OECD 회원국 가운데 멕시코, 칠레, 미국 다음으로 크다 (경향신문, 2019.4.11.). 이 결과 한국인은 **공통결핍의 시대**를 살게 되었다. '공통결핍'은 대중 다수가 삶의 기반을 제대로 확보하지 못한 상태를 가리킨다. 사람들에게 꼭 필요한 것은 취업 기회, 적절한 소득, 주거 공간, 성평등, 교육 기회, 보건 혜택, 노후보장, 여가, 취미활동 등 정상적인 인간적 삶을 위한 자원과 기회일 것이다. 하지만 그런 것들을 결핍한 사람들이 갈수록 늘고 있다.

이상의 사실은 광장이 자유의 공간으로 작용하게 된 시기, 고도의 경제성장이 이루어진 바로 그 시기에 한국 사회가 심각한 분할을 겪게 되었음을 말해준다. 광장과 광장 외부의 그런 간극을 만들어낸 데에는 다른 유형의 정치들과 함께 **공간의 정치**도 작용했다고 봐야 할 것이다. 광장은 평등한 사회적 관계를 전제한다. 광장의 물리적 형태가 수평적인 것이 그런 점을 잘 표상해주고 있다. 하지만 광장이 자유의 공간이 된 뒤로 광장 바깥에서 사회적 불평등이 악화한 것은 평등의 표상으로서 **광장의 약속**과는 다른 사회적 배치가 만들어졌다는 말이기도 하다. 고층 건물이 많은 서울과 같은 대도시 도심에서 가장 전망 좋은 곳이 광장이다. 광장에서는 도심에서 보기 어려운 드넓은 하늘과 긴 공제선을 보는 것이 가능하다. 그동안 광장 진출이 숱하게 이루어진 것도 그런 전망을 확보하려는 사회적 욕망이 표출된 사례일 것이다. 광장에서 볼 수 있는 공제선은 선택적 공제선이지만 집단적 선택의 결과로서 공유의 대상이라는 점에서 다른 선택적—즉 사적—공제선과는 달리 **공적이고 사회적인** 성격을 띠는 것으로 **보인다**. 하지만 이때의 공공성과 사회성은 궁극적인 한계를 지님을 파악하는 것이 중요하다. 사람들이 모여든 서울의 광장은 자유주의자들에게는 유토피아일 수는 있어도 "자유로운 개인들의 연합"이 형성되는 코뮌과는 거리가 멀다. 전자의 공간은 상품 교환이 일어나는 정치경제학적 또는 부르주아적 유토피아로서, 오직 "자유, 평등, 소유, 벤담[공리주의]"이 "지배하고 있는"

"천부인권의 참다운 낙원"에 해당한다. 광장으로 진출한 사람들 가운데는 "자기들의 자유의지에 의해서만 행동"하고, "상품소유자로서만 서로 관계하며 등가물을 등가물과 교환하는" 평등을 누리고, "자기 것만을 마음대로 처분하"는 소유권을 누리며, 공리주의─벤담─에 의해 "각자 자기 자신의 이익에만 관심을 기울"(맑스, 2015a: 232)이는 부류가 더 많다고 볼 수 있다. 서울 광장의 자유와 평등은 소유와 벤담에 의해 각색되어 있어서, 거기서 제기되는 '공적'이고 '사회적'인 요구는 이미 **사적 개인주의**의 자장 안에 갇힌 셈이다. 이런 점을 가시적으로 보여주는 것이 서울에서 집단적인 선택적 공제선을 제공하는 조망지점 즉 광장으로의 진출이 자유롭게 된 바로 그 시기에 서울의 광장들이 예외 없이 고층, 초고층 건물들로 에워싸였다는 사실이다.

도시 광장들이 시곡면 형성을 통해 공제선을 시야에서 사라지게 만드는 고층 건물들로 둘러싸인 모습은 도시적 형태의 측면에서 우리 사회의 집단적 염원, 또는 "대중을 사로잡는 미래에 대한 어떤 전망"이 말하자면 공통결핍의 시대로 귀결된 것과 조응한다고 볼 수 있다. 광장이 제공하는 시각장에서는 도시의 어떤 전체상이 펼쳐지고, 이것은 어떤 사회적 공통성을 가리킨다고 할 수 있기는 하지만, 그것 자체가 이미 하나의 분열상이 돼버린 것이 문제다. 광장의 개방성, 그것이 보장하는 자유는 거기에 접근할 수 없는 다수에게는 사회적 배제와 분할과 다를 바 없다. 광장은 이때 사회구성원 전체를 위한 진정한 **공유지**라기보다는 더 자유롭고 더 평등한 일부에게만 열려있는 선택된 공간으로 작용하게 된다. 그런 점에서 오늘날 광장은 이데올로기적 공간의 기능을 참으로 유능하게 수행하고 있는 셈이다. 광장으로의 진출이 계속 지금과 같은 방식으로, 즉 더 많은 타자를 외부로 배제하는 식으로 일어날수록, 사회의 미래에 대한 공적 조망점으로서의 광장을 장악하는 것은 계속 소수일 것이다. 그러나 그렇게 될 경우, 광장에 나가면 확보할 수 있으리라 기대한 것들─안정된 일자리, 적절한 소득, 주거 공간, 성평등, 교육 기회, 보건 혜택, 노후보장, 여가, 취미활동, 생태 환경, 경관 향유 등ー은 계속 유예되는 약속으로만 남게 된다.

7. 결론

1980년대 초까지도 서울에서는 하늘과 지형이 맞닿은 공제선을 보는 것이 어렵지 않았으나, 이제 그런 전망을 누릴 수 있는 기회는 고층아파트나 여건 좋은 지역의 거주자로서 예외적인 조망권을 지닌 소수의 특권이 되었다. 이런 변동이 일어난 사이에 한국경제는 세계에서 유례를 찾기 어려울 만큼 큰 성장을 기록했다. 2019년의 GDP 1천913조9천640억원은 1980년의 39조7천250억원과 비교하면 48.2배나 더 커진 규모다. 1980년대 초에 서울의 도시 전경을 쉽게 볼 수 있던 것은 그렇다면 그때는 GDP가 지금의 2.1% 수준에 불과했기 때문이라고 봐야 한다. 자본의 규모가 작으면, 그 운동으로 빚어지는 물질대사의 규모도 작기 마련이다. 1980년 서울의 주택은 모두 96만8천133호였고, 오늘날과는 달리 단독주택은 68만4천83호로 비율도 70.7%나 되었다. 그리고 당시의 단독주택은 주택 가운데 차지하는 비율만 높았던 것이 아니라 아직 재개발이 본격적으로 시작되지 않은 탓에 대부분이 단층이기도 했다. 3장에 있는 표 2 <1993년 서울의 층수별 건축물 현황>을 보면, 1층 건물이 28만7천296채로 전체 71만1천174채의 40.4%였으니, 1980년의 단층 단독주택 비율은 훨씬 더 높았을 것이다. 반면에 지금의 단독주택은 비율과 수가 줄어든 것 이외에 그중 단층이 차지하는 비율도 크게 줄었다고 봐야 한다. 2020년 현재 서울의 주택 301만5천371호 가운데 단독주택은 30만7천75호로 10.2%에 불과한데, 단독주택 가운데 단층 건물의 비율은 더 낮을 것이다.[147] 이런 변화는 건축물의 층수

147_ 제4장에서 본 것처럼 오늘날 단독주택 가운데는 다가구 주택이 포함되어 있어서, 필로티 형식으로 지으면 지상 4층까지도 올라갈 수 있다. 따라서 단독주택 중에서도 단층 건물

현황에도 그대로 나타나고 있다. 2020년 서울의 건축물은 1993년의 71만1천174채보다 크게 줄어든 59만3천194채이며, 이 중 1층 건물은 10만8천763채(전체의 18.3%)로 1993년의 28만7천216채(40.4%)보다 크게 줄었다. 이제는 저층이라 할 2~4층 건물도 40만3천314채에서 36만4천153채로 4만채 가까이 줄었는데, 반면에 고층 건물들은 그동안 수가 대폭 증가했다. 5층 건물은 1만3천726채에서 6만3천942채로, 6~10층은 4천409채에서 3만4천746채로, 11~20층은 2천347채에서 1만6천641채로, 21~30층은 75채에서 3천722채로, 31층 이상은 7채에서 443채로 늘어난 것이다. 이런 변화는 재개발 중심의 제2차 도시화가 진행되면서 건물들이 고층화화고 대형화한 결과라고 할 수 있다.

건조환경의 대규모 조성을 통한 서울의 집중적 도시화 과정은 인류세의 도래에도 한몫했다고 봐야 한다. 그것은 건조환경의 대규모 구축은 기후 위기의 핵심 원인인 이산화탄소의 발생을 야기하는 화석연료와 시멘트의 대량 사용을 동반하기 때문이다. 이런 변화는 건조환경, 그 가운데 특히 주택 조성 과정에서 차경 전통이 특권화하고 반면에 대중은 **일상적 공제선에 대한 접근권**을 박탈당한 것과 궤를 함께한다. 물론 집중적 도시화의 폐해를 줄이려는 노력이 전혀 없었던 것은 아니다. 건축법을 통해 일조권을 보장하고, 건축물의 사선 제한이나 건축물들 사이의 이격 규정을 두는 등의 노력이 그런 예들이다. 그래도 대중의 일상적 공제선 환경은 악화일로를 걸었다고 봐야 한다. 특히 금융 자유화와 함께 수직적 도시화가 급속하게 진행된 2000년 전후 이후부터 상황이 극히 나빠졌다. 이 시기에 서울의 도시적 형태가 크게 왜곡된 것은 시곡면의 형성, 도시 전경을 볼 수 있는 조망점들의 감소, 차경 향유의 특권화 등에 따른 결과다.

아이러니한—사실 당연한—것은 이런 변화가 '민주화 체제'의 작동으

비율은 매우 낮을 것으로 추정된다.

로 광장으로의 진출이 훨씬 더 자유로워진 시기에 일어났다는 것이다. 대중의 광장 진출이 미래에 대한 전망과 무관하지 않다면, 그 전망은 커다란 굴절을 겪고만 셈이다. 광화문광장, 청계광장, 시청광장 등에서 사람들이 집회의 자유를 마음껏 구가하는 동안 하늘로 치솟는 건축물들이 광장 주변에 밀집한 것도 그런 점과 무관하지 않다. 도심 광장들을 둘러싸고 고층 건물들이 집적된 것은 서울을 '가장 수직적인 도시'로 만든 중요한 한 요인이지만, 그들 건물은 대부분 사적 소유라는 점을 기억할 필요가 있다. 사람들이 이제 자유롭게 출입할 수 있는 광장들은 공유지로서 도시의 소중한 자산이지만, 문제는 그것들이 공유의 대상보다는 갈수록 수탈의 수단으로 작용한다는 것이다. 도시에서 광장은 공원—잘 조성된 냇가나 둔치도 포함되는—이나 도로, 지하철역, 도서관, 학교, 병원, 박물관 등과 함께 "사회적 발전의…성과들"(맑스, 2015c: 980)에 속한다. '사회적'은 이때 그들 자원이 사적 개인의 생산물이 아니라 도시민 전체의 공통 기여로 형성되었다는 의미다. 그러나 광장처럼 공유지로 기능해야 할 많은 도시 자원들은 그 자체가 사유지는 아니나 사적 소유권의 영향으로 인해 공유지의 성격을 크게 상실했다고 볼 수 있다. 왜냐하면 광장, 역세권, 공원 등은 이제 도시지대 수탈의 탁월한 수단으로 기능하기 때문이다. 광장 등의 공유지는 "위치상의 이점"(맑스: 856. 번역 수정) 또는 '입지의 장점' 때문에 "인접 사유지"의 지가와 지대의 "상승을 초래한다."[148] 하지만 공유지는 "모두의 노력이나 모두가 낸 세금으로 생산된 것"(곽노완, 2017: 50)으로, 그것에 대해 "아무런 기여도 하지 않고 아무런 위험도 부담하지 않"(맑스: 980)는 사유지의 소유자가 지가와 지대의 상승효과를 독점하면 그것은 사회의 진보를 가로채는

148_ 이런 종류의 도시지대는 차액지대에 해당한다. '차액지대'는 입지의 특성에서 생기는 지대다. 공원이나 광장, 역세권, 도로 등의 도시 공유지는 그와 인접한 사유지에 '위치상의 이점'을 줌으로써 먼 곳의 사유지보다 더 높은 지대를 얻게 해준다. 하지만 사유지의 소유자는 공유지 조성에 별다른 기여는 하지 않았다는 점에서 공유지를 수탈하는 셈이다.

셈이다. 따라서 자본주의적 생산양식의 발달과 함께 고정자본과 소비기금 형태로 사회적 하부시설이 더욱더 조성될수록 공유지의 수탈은 만연한다고 볼 수 있다. 물론 도시 공유지는 광장이나 역세권처럼 누구나 사용할 수 있고, 그곳으로의 진출도 자유롭게 허용되지만 사실 그런 점 때문에 "천부인권의 참다운 낙원" 즉 "오로지 자유, 평등, 소유, 벤담"(맑스, 2015a: 232)의 지배를 받는 공간이 되는 셈이다. 그런 곳에서 사람들이 갖는 권리가 일견 동등해 보일지 모르나, '동등한 권리가 맞서게 되면 힘이 지배한다'는 것이 원리이고, 그런 원리가 작동하면 승리자는 언제나 소수라는 문제가 남는다. 그동안 서울에 '자유로운' 공간이 제법 많이 구축되는 사이에 도시적 공제선과 전경을 볼 수 있는 조망점들은 갈수록 소수의 독점물이 된 것이 그런 점을 웅변하고 있다.

로더데일의 역설이 말해주듯이, 사람들에게 유용하고 좋은 것들이 사적인 소유물로 바뀌면, 공적인 부는 희귀해진다.[149] 도시경관이나 공제선, 자연환경, 의료나 교통이나 주택 등 사회적 자원과 혜택은 공적인 부를 구성하지만, 사적 소유물로 바뀌면 바뀔수록 소수가 그런 것을 누리게 된다. 지금 우리가 목격하고 있는 것이 바로 그런 상황이다. 이제는 '10 대 90', 아니 '1 대 99'의 사회가 형성되어 있다. 경제의 성장으로 거대한 부가 쌓이는 데도 갈수록 많은 사람이 당면하게 되는 것은 **공통결핍**이다. 이런 상황을 역전시키려면 시내와 강과 산과 언덕 그리고 초지와 삼림 등의 자연환경과 공원과 거리와 골목과 도서관과 박물관과 미술관 등 도시 생활을 위한 사회적 하부구조를 포괄하는 우리 **삶의 공통 자원과 기회**를 사적 재

149_ 로더데일에 따르면 "공적인 부"는 "유용하거나 마음에 들어서 사람이 원하는 모든 것"인 반면에, "사적인 재물"은 "유용하거나 마음에 들어서 사람이 원하는 모든 것 가운데 일정한 결핍 상태에 있는 것"에 해당한다(Lauderdale, 1819; Foster and Brett, 2009: 2에서 재인용). 사적 재물과 공적 부의 관계는 전자가 증가할수록 후자는 감소하는 역관계를 이룬다는 것이 로더데일의 역설이다. 마을의 샘물을 독점하여 생수로 파는 사람은 부자가 될 수 있지만, 마을 사람들은 물을 마음대로 마시기 어려워지는 것이 그런 경우 속한다.

물로 만드는 경향을 막는 것이 절대적으로 필요하다. 부의 사유화가 아니라 공유화가 이루어져야 하는 것이다. 이런 개혁을 추진하는 가장 확실한 방안이 **사회적 공유지** 즉 커먼즈를 최대한 확보하는 데 있다. 예컨대 최대한 많은 사람이 도시적 공제선을 누릴 수 있기 위해서도 공유지의 확보는 중요하다. 공유지는 국가나 시장보다는 공동체에 속하며, 토지나 자원 이외에도 그런 자원 관리를 위해 공동체가 고안해내는 프로토콜, 가치들, 규범들까지 포함한다(Bolier, 2017.9.25.). 공유지에는 광장과 같은 특정한 유형의 공간은 물론이고 대기와 대양, 유전자 지식, 생물다양성 등도 포함될 수 있다.

물론 공유지는 그냥 주어지지 않는다. 시각적 환경 가운데 대표적 공유지에 속하는 공제선과 차경을 확보하려면 시곡면 형성을 최소화해야 하고, 이를 위해서는 건축법의 대대적 개혁이 요구된다. 그런 일은 당연히 지난할 수밖에 없다. 도시 공유지를 만들어내려면 공유지의 수탈을 중단시켜야 하고, 이를 위해서는 지금도 계속되는 수직적 도시화와 다음 장에서 보겠지만 그런 경향을 강화하는 젠트리피케이션을 중단하고 자산 도시주의를 극복해야 한다. 나아가서 그런 공간 생산을 추동하는 금융화의 흐름을 중단시키고, 이것을 추동하는 자본의 운동을 철폐하는 것이 궁극적으로 필요하다. 이런 점은 하늘과 지형이 어우러진 공제선을 일상적으로 향유하기 위해서도 자본주의적 생산양식의 극복이 요구됨을 말해준다. 하지만 사람들이 공제선을 포함한 일상적 시각 환경을 개선하기 위해 과연 자본주의를 넘어서려 할 것인가는 의문일 수 있다. 원하는 공제선을 확보하기 위해 사람들이 자본주의적 생산양식을 극복하려는 변혁의 행동을 취할 것이라 기대하기는 사실 어렵다. 그러나 자본의 운동이 수직적 도시화나 차경 전통의 특권화, 시곡면 형성, 공제선 차단 등을 초래하는 일은 동시에 인류세 상황을 악화시키는 과정이라는 점도 되새겨야 한다. 도시적 형태의 왜곡과 그와 관련된 도시적 삶의 질 악화는 인류의 명운을 위태롭게 만드는 인류세의 도래를 동반하며 일어나는 일이다. 공제선을 포함한 도시적 형태의 요소들을 새롭게 구축하는 것은 그렇다면 인류세의 위기를 극복하기 위한 노력의 일환이 될 공산도 크다. 이런 점은 인류세 상황의 극복이나 도시적 형태의 새로운 구성에 의한 일상적 공제선의 확보가 모두 자본주의적 생산양식의 극복, 즉 자본의 운동 철폐와 함께 이루어져야 함을 말해주고 있다.

제 6 장
젠트리피케이션과 경관화

서론

세계에서 가장 수직적인 도시가 된 결과 누구에게든 '자연의 공짜 선물'이어야 할 공제선조차 이제는 보기 어려워진 데서 알 수 있듯이, 서울은 그 생김새가 근본적으로 바뀌었다. 지난 수십 년 사이에 서울의 자연지형과 인공지형은 엄청나게 바뀌어 어느 것인들 그대로인 것이 없을 정도다. 한강과 그 지류, 시역 안의 많은 산과 언덕은 이제 남김없이 개발되었고, 이미 도시화를 거친 곳들도 대부분 재개발되어 건축물의 대대적 고층화와 대형화가 이루어졌다. 이 결과 서울은 하나의 거대한 **도시경관**(urbanscape)을 형성하고 있다. 서울을 홍보하는 자료, 뉴스의 배경 화면이나 TV 드라마 또는 영화의 설정 샷 등을 통해 우리가 자주 접하는 것이 도시경관으로 전환된 서울의 그런 모습이다.

건조환경의 새로운 구축을 통해 서울이 도시경관으로 형성된 것은 **자본의 운동**, 특히 이 운동이 **공간의 생산**에 미친 영향과 밀접하게 관련되어 있다. 자본주의적 생산은 그 나름의 "자연법칙"에 따라 "움직일 수 없는 필연성을 가지고 작용해 관철되는…경향들"(맑스, 2015a: 5)을 지닌다. 공간의 사회적 생산에도 자본의 '자연법칙'이 관철될 수밖에 없다면, 서울과 외곽 수도권 즉 서울 메트로폴리스에서 최근에 형성된 도시적 형태는 한국 사회가 다양한 모순을 겪으면서도 끝없이 축적을 지향하는 자본의 운동법칙에 영향을 받는 과정에서 형성되었다고 볼 수 있다. 다시 말해서 서울이 건조환경을 새로이 구축하여 하나의 거대한 도시경관으로 전환된 것은 자본주의적 생산의 법칙이 적용된 도시화를 겪은 결과인 셈이다.

대략 2000년 전후부터 서울의 생김새는 서울이 **경관**으로 전환된 것에 의해 크게 규정되기 시작했다. 서울이 경관이 되었다는 것은 그 내부에 경관적 요소들이 대폭 늘어났다는 말인 것만은 아니다. 물론 서울에는 최근에 그런 요소들이 엄청나게 많아졌으며, 그런 점이 서울을 경관적 공간으로 전환해낸 중요한 요인임을 부정할 수는 없다. 자본주의적 생산이 강화되면 사회적 부는 갈수록 '거대한 상품 더미'로 나타나고, 그에 따라 경관적 요소들도 집중적으로 축적되는 법이다. 이것은 사물들이 상품의 형태를 띠게 될 때 생기는 일반적 효과다. 다음 7장에서 더 살펴보겠지만, 상품은 기본적으로 **판타스마고리아**와 **스펙터클**을 형성하게 마련이고, 따라서 그것의 성격을 띠게 된 장소, 공간, 지형 등을 경관으로 만드는 경향이 있다. 경관은 이때 어떤 경치나 지형이 상품화했을 때 생기는 지리적 특징에 해당하며, **풍경**과는 대비된다. 풍경이 원래 모습을 간직한 자연의 전형이라면, 경관은 거기에 인공적 요소가 가미된 지형적 특징이다.[150] 말할 것도

150_ '경관'과 '풍경'은 흔히 혼용되기도 하지만 양자를 구분해서 이해하는 것도 중요하다. 경관이 근대적인 자연지리 개념이라면 풍경은 훨씬 이전부터 사용되었다고 볼 수 있다. 와타나베 아키오에 따르면, 일본에서는 '풍경'이 8세기경에 전래되어 계속 사용되었으며, "원래 자연적인 것을 가리키고" "도시에 대해서는 쓰지 않는 것이 일반적"(渡辺章郞, 2009: 79)이었다. 동아시아 문화권에서 풍경의 의미는 경관보다 산수(山水)에 더 가깝다. '산수는 중국의 위진시대(220~420년)에 등장한 개념으로, 당시 은둔사상의 영향을 받아 단순한 자연적 대상만이 아니라 미학적이고 윤리적인 대상으로 인식되곤 했다(Berque, 2009: 4). 이런 점에서 15, 16세기 서구에 등장한 유화 전통인 'landscape painting'을 '풍경화'로 부르는 관행은 혼동의 여지가 있다. 경관과 풍경을 개념적으로 서로 구분할 수 있다면, 그리고 그동안 후자는 산수와 유사한 것으로 이해된 점을 고려한다면, 'landscape painting'은 '경관화'로 옮기는 것이 더 어울리겠다(강내희, 2014: 303). 경관과 풍경의 차이에 대한 더 자세한 논의는 각주 170 참고

없이 자본주의적 생산의 발전으로 상품들의 거대한 집적이 이루어짐으로써 오늘날 도시에는 경관적 요소들이 수없이 많아졌다. 하지만 여기서 서울이 그 자체로 경관이 되었다고 하는 것은 그 안에 그런 요소들이 많아졌다는 것 이상의 의미를 지닌다.

서울을 위시해서 도시는 이제 단순히 내부에 경관적 요소들을 포함하고 있는 상태를 넘어서서 그 자체가 경관으로 전환되지 않았나 싶다. 이것을 도시의 **경관화**(landscapification)라고 이해할 수 있을 것이다. '경관화'는 이때 도시 내부의 다양한 경관적 요소들의 존재를 전제하면서도 개별적인 경관들 구축의 차원을 넘어서는 작용에 속한다. 개별적인 경관들이 도시적 형태의 부분집합에 속한다면, 경관화는 도시의 전체집합적 차원 즉 전면적 형태의 변화와 관련된 문제다. 이때 도시의 **상품화**, 즉 도시 자체의 상품으로의 위상 전환과 궤를 함께한다. 도시의 상품화는 도시 전체가 "진열되고 경쟁하고 매혹하고자 하는 하나의 제품"(Lindell, 2013: 1)이 되는 현상이다. 이때 그것은 하나의 제품을, 도시의 디자인된 경관을 생활하고 노동하고 투자할 장소로 판매하기 위한 적극적 전략에 속한다(Ward, 1998). 서울을 그런 상품으로 제시하는 최근의 한 예가 BTS와 같은 한류스타가 등장하는 영상물로 CNN과 같은 글로벌 방송망에서 광고하는 것이다. 그런 광고에서는 매력적인 이미지로 도시의 '상품성'을 강조하고자 도시경관을 전면에 내세우는 경향이 크다. 이런 식의 도시 상품화의 경향이 커진 것은 자본주의가 신자유주의적 지배 이데올로기 또는 축적체제를 작동시킨 1970년대 중반 이후다. 제5장에서 언급한 것처럼 기업가주의 도시가 그 무렵에 출현하기 시작했다. 기업가형 도시는 신자유주의의 도입으로 재정 부문에서 공공성이 약화하고, 지방자치체에 지급되던 중앙정부의 교부금이 크게 줄어들자, 개별 도시들이 존립을 위한 자구책을 찾게 되면서 나타난 도시 유형이다. 교부금에 의존해서 시정을 운영하던 관리형 도시와는 달리 기업가형 도시들은 서로 생존경쟁을 벌이게 되며, 이 과정에서 각기 경쟁력을 강화하기 위한 수단들을 강구한다. 그중의 하나가 도시의 경관화다. 도시를 경관으로 전환하는 것은 도시의 매력 즉 가서 살 만하고 일할 만하고 투자할 만하며 구경 갈 만한 장소임을 보여주는 편리한 방안이 될 수 있다. 도시는 이때 상품이 될 뿐만 아니라 특정한 상품 즉 브랜드가 된다. 서울도 그래서 최근에는 '아이.서울.유(I.Seoul.U)'라는 괴이한 로고를 통해 독자적인 홍보와 광고의 대상이 되고 있다.[151] 이런 로고는 그 자체로만 제시되지 않으며 통상적으로 서울의 경관적 전경을 배경으로 해서 제시된다.

출처: http://english.seoul.go.kr/i-seoul-u-displayed-at-gimpo-intl-airport-and-nodeulseom-island/

서울에 이런 변화가 생긴 것은 1990년대 초에 지방자치제도가 도입되면서 한국에서도 개별 도시들이 기업가형으로 변모될 수밖에 없었던 사정과 관련되어 있다. 하지만 경관화가 집중적으로 일어나기 시작한 것은 특히 2000년 이후부터다. 그 무렵에 **금융화**가 본격화하고 서울의 자본주의적 공간 생산이 금융적 매개와 함께 새로운 방식으로 진행되기 시작했다. 이때는 **젠트리피케이션**이 새로운 형태로 전개된 시기이기도 하다. 서울에서 도시의 경관화가 본격화한 것도 이 점과 무관하지 않다. 한국의 젠트리피

151_ 나는 서울과 부산 등 한국의 대도시들이 BTS 등 한류스타를 동원하여 도시를 홍보하는 광고를 2020-21년 사이 CNN 화면에서 여러 번 본 적이 있다.

케이션은 1970년대부터 대규모 신축형의 형태로 진행되다가 2000년대에 접어들면서는 금융화와 긴밀하게 연계되는 양상을 드러내기 시작한다. 젠트리피케이션과 금융화의 결합이 이루어지면서 신축형의 경우는 이제 주로 재개발 형태를 띠고, 상업형이 유력한 새로운 젠트리피케이션 유형으로 등장한 것이 그것이다. 이 과정에는 금융 자유화로 인해 개인과 가계가 젠트리피케이션 과정에 대거 참여할 수 있게 된 점도 큰 역할을 했다고 볼 수 있다. 2000년 이후에 주택담보대출과 가계부채가 계속해서 늘어난 것은 앞에서 본 대로다. 이런 점은 서울의 경관화가 금융화의 본격적 가동과 함께 진행되었을 것임을 말해준다. 금융화와 함께 아파트 건물이나 단지, 공원, 도시 골목 등 주요 건조환경이 새로운 방식으로 조성되기 시작하고 서울의 도시적 형태도 전면적으로 새롭게 형성된 것이다. 서울의 생김새는 그리하여 경관이 내부에서 새롭게 많이 조성된 것 이상의 변화를 겪게 된다. 도시경관이 새로운 질적 도약을 이루는 것이다. 이 변화를 여기서는 '도시의 경관화'로 부르고자 한다.

　이 장에서 살펴보려는 주제는 최근에 진행된 새로운 젠트리피케이션, 그에 따른 도시의 경관화, 그리고 자본의 운동법칙이 서로 맺고 있는 관계다. 서울에서 전면적인 도시경관화가 이루어진 것은 대략 2000년 이후, 젠트리피케이션이 새로운 형태로 진행되기 시작한 이후다. 서울의 생김새를 바꿔낸 이 공간적 변동은 당시 자본의 운동이 겪은 중대한 변화와 관련되어 있다. 2000년 무렵에 공간의 생산이 새롭게 진행되기 시작한 가장 중요한 원인은 무엇보다도 그때 자본의 금융화가 본격적으로 진행된 데서 찾아진다. 한국은 1997년에 외환위기를 맞아 구제금융을 받는 조건으로 IMF의 금융 자유화 요구를 수용해야만 했고, 그에 따라 한국의 공간 생산은 크게 주택의 금융 자산화, 자산 도시주의의 규정을 받게 되었다. 서울의 제1차 자본주의적 도시화 과정에서 도입된 젠트리피케이션은 그로 인해 새로운 방식으로 진행될 중대한 계기를 맞았다고 볼 수 있다. 젠트리피케이선은 이제 금융화와 긴밀하게 연계되었고, 서울은 불과 20년 남짓한 기간에 건조환경의 환골탈태를 겪게 된다. 최근에 올수록 서울의 생김새를 결정적으로 규정한 것은 그래서 건축물의 건조였다고 볼 수 있다. 최근에 서울에서 건축물들이 엄청난 규모로 신축되었다는 점은 예컨대 5~10층 건물이 1993년과 2020년 사이에 1만8천135채에서 9만8천688채로, 11층 이상은 2천429채에서 2만806채로 늘어난 데서 단적으로 확인된다. 고층 건물이 이렇게 늘어난 것과 달리 앞서본 것처럼 전체 건물 수가 71만1천채에서 59만3천채로 대폭 줄어든 현상은 건물의 고층화와 대형화로 생긴 것이다. 이 고층화와 대형화는 그 자체로도 도시의 시각적 환경을 크게 규정하지만, 건물의 **고급화**를 동반한다는 점에서 서울의 경관화와 관련하여 특히 주목된다. 앞에서 2020년 1월 기준 전국적으로 종합부동산세를 내야 하는 공동주택 소유자는 30만9천361가구이고 이 중에서 90%가 넘는 28만842가구는 서울에 있음을 확인한 바 있다(매일경제, 2020.4.1.). 종합부동산세를 내야 하는 고급 공동주택은 고층 건물에 속할 공산이 높을 수밖에 없는데, 서울의 경관화는 그런 건물들이 대폭 늘어남으로써 심화했을 공산이 크다. 다음 장에서 더 살펴보겠지만, 최근에 서울이 '죽음의 도시'가 된 것 또한 건조환경의 대규모 신축으로 서울이 경관적 공간이 된 결과다. 서울의 경관화는 이런 점에서 최근에 한국경제가 금융화하고 그와 함께 자산 도시주의가 만연함에 따라 주거용 건축물을 중심으로 하는 거대한 건조환경이 구축된 것과 궤를 함께하는 현상에 속한다. 앞장에서 살펴본 서울의 수직 도시화도 같은 맥락의 현상으로서 서울을 거대한 도시경관으로 만드는 데 중요한 몫을 했다고 볼 수 있다.

자본의 운동, 즉 가치의 생산과 증식을 통해 자본이 축적되는 운동이 어떤 이유로든 굴절을 겪게 되면 자연적 사회적 물질대사도 영향을 받게 된다. 물질대사는 물질의 분해와 결합 작용인만큼, 금융화와 도시화가 결합하여 전개되는 물질대사도 그 나름의 작용을 일으킬 것이다. 자본주의의 금융화로 인해 건조환경 축조에서 새로운 변화가 일어난 것도 그런 사례에 속한다. 이런 변화는 자본의 가치법칙과 불가분하게 연결되어 있으며 사람 간, 사물 간, 그리고 사람과 사물 간의 전반적인 물질대사적 변화를 동반한다. 다시 말해 가치 운동은 우리가 살아가는 세상의 형상, 꼴, 생김새의 변화를 유발하는 것이다. 도시의 경관화도 같은 맥락의 변화에 속한다. 서울이 최근에 나름의 도시경관을 지니게 된 것은 자본주의적 도시로서 가치 운동을 전개해온 것의 결과로서, 여기에는 젠트리피케이션이 중요한 역할을 했다고 할 수 있다. 이 장에서는 자본의 운동이 서울에서 전개되는 도시의 경관화와 어떻게 관련되는지, 그리고 이 과정이 최근에 서울에서 전개된 젠트리피케이션과 어떻게 맞물려 진행되고 있는지 살펴보고자 한다.

2. 신축 젠트리피케이션

서울의 생김새가 자본주의적 도시로서 서울이 자본의 운동을 펼쳐온 것과 무관할 수 없다면, 이제 살펴봐야 할 점은 도시의 생김새는 이제 그 운동의 최근 양상과 어떤 구체적 연관을 맺고 있느냐는 것이다. 제4장과 제5장에서 우리는 최근 서울의 생김새는 서울의 수직적 도시화, 도시적 공제선 소멸 또는 왜곡 현상에 의해 크게 규정되고 있으며, 이는 무엇보다 **자본의 금융화**와 연관된 것임을 살펴본 바 있다. 이 장에서 살펴보려는 도시의 경관화 역시 금융화와의 긴밀한 관련 속에 생긴 도시적 형태의 변화에 속한다. 경관화는 2000년대 이후에 진행된 경제의 금융화에 영향을 받아 새로운 형태로 진행된 공간의 생산방식 가운데서도 특히 **젠트리피케이션**과 긴밀하게 관련되어 있다. '경관'은 '풍경'과는 달리 자신을 드러내는 경향이 있으며 도시의 경관화는 상품화와 밀접하게 관련된다는 점에서 도시가 자신을 돋보이게 브랜드화하는 경향에 해당한다. 최근에 도시에서 이런 작업이 가장 집중적으로 진행되는 방식이 젠트리피케이션이다.

젠트리피케이션은 통상 "고정자본의 재투자로 관련된 변화가 건조환경에 일어나면서 토지 이용자 집단 가운데 신규 이용자가 기존의 이용자보다 사회경제적 지위가 더 높아지는 변화를 수반하는 과정"(Clark, 2005: 258)으로 간주한다. 그러한 것으로서 그것은 **현대판 인클로저**와 다르지 않다. 젠트리피케이션은 일반적으로 기존의 주민 다수를 축출하는 방식으로 진행되기 때문이다. 서울의 경우 이런 상황이 전개된 것은 "불량 주거지역 철거 및 신축 재개발, 다세대·다가구 집중 지역이나 저층 아파트의 고밀도 재건축 등"이 빈번해진 1970년대 이후부터다. 이 과정은 "사람보다 부동산이 더욱 강조되었던 서울의 개발 역사고, 이는 결국 젠트리피케이션의 역사였다"(신현방, 2017: 230).[152]

서울에서 처음 등장한 젠트리피케이션은 주로 **신축형**(new-build)에 해당한다. '신축' 젠트리피케이션은 기존의 건조환경을 완전히 철거하고 새로운 건조환경으로 대체하는 것이다. 한국에서 그것은 처음에는 주로 대규모 아파트단지나 신시가지 건설의 형태로 이루어졌다. 젠트리피케이션에 의한 한국의 공간 생산은 그래서 서구권의 그것과는 다른 양상으로 진행되었다고 할 수 있다. 영국의 사회학자 루스 글래스가 1964년에 '젠트리피케이션'이라는 용어를 처음 사용하며 주목한 것은 "런던 도심의 노동자계급 거주지역이었던 동네가 개별 주택의 점진적 개량 보수 등을 통해 중산층 동네로 인구 구성과 경관의 질적인 변화를 겪는"(신현방: 218) 현상이었다. 그런 **고전적 젠트리피케이션**은 통상 네 단계를 거쳐 이루어진다. 패티슨(Pattison, 1977)과 클레이(Clay, 1979)에 따르면 그 네 단계는 젠트리피케이션의 위험을 그다지 지각하지 못하는 단계, 연쇄적 진입단계, 대자본 유입단계, 그리고

152_ 신현방은 "불량 주거지역 철거 및 신축 재개발" 등이 1980년대 이후에 일어난 것으로 보고 있으나, 강남 개발이 1960년대 말, 1970년대 초에 진행되었음을 고려하면 서울에서 젠트리피케이션이 일어나기 시작한 것은 적어도 1970년대 이후라고 할 수 있다.

중산층의 유입단계로 구분될 수 있다. 이들 단계는

> 위험을 지각하지 못하는(risk-oblivious) 초기 진입자들이 빈 공간을 스스로 고쳐
> 사용하는 첫 번째 단계, 초기 진입자와 유사한 계급이 연쇄적으로 진입하면서
> 지역 내에서 소규모의 투자들이 산발적으로 이루어지는 두 번째 단계, 투자자들
> 이 유입되어 지역의 환경이 개선되고 대규모 자본 유입으로 부동산 가격이 급등
> 하여 미디어의 관심을 받고 전문가 계층이 지역기반을 다지는 세 번째 단계,
> 중산층이 대거 유입되어 건물주와 임차인 모두가 비자발적 이주를 겪는 마지막
> 단계로 설명된다(김상일·허자연, 2016: 15-16).

고전적 젠트리피케이션은 다양한 개인들에 의해 상당한 시간에 걸쳐 자연발생적으로 전개된다는 점에서, 그 진행이 **점진적**이다.

반면에 한국에서 처음 진행된 젠트리피케이션은 공권력도 동원된 가운데 **신속하게** 이루어졌다. 이런 점은 1980년대 중후반에 이루어진 목동신시가지와 상계동신시가지의 조성, 1980년대 말과 1990년대 초에 추진된 제1기 신도시 건설에서 쉽게 확인된다. 목동과 상계동의 신시가지 조성, 나아가 수도권 신도시 건설 등은 엄청난 규모의 사업이었는데도 일사천리로 진행되었다. 14개 단지 2만6천629세대 규모의 목동신시가지는 1983년에 착공하여 1985년부터 1988년 사이에 입주가 완료되고, 16개 단지 4만224세대의 상계동신시가지는 1985년 11월에 착공하여 1989년 6월에 완공되며, 1989년에 사업 발표가 된 분당, 일산, 평촌, 산본, 중동 5개 지역의 신도시는 전체 규모가 무려 수십만 세대인데도 불과 2년 만인 1991년에 입주가 완료된다.

대규모 신축 젠트리피케이션은 "대형 건설자본, 현지 지주 연합, 지방정부, 그리고 투기적 이익을 추구하는 외지 개별 자본(외지 가옥주라는 형태로 드러난다)이 주도하고, 대규모 철거가 선행하는 개발 형태"다(신현방,

2016: 8). 다양한 주체들이 참여하고 상반된 이해가 얽혀있는 만큼 젠트리 피케이션은 매우 복잡한 과정을 거칠 수밖에 없다. 신축 젠트리피케이션은 대체로 기존의 마을이나 농토를 신시가지, 신도시가 들어서는 택지로 전환해서 이루어진다. 이때 떠오르는 현안의 하나가, 목동과 상계동에서 전개된 주민 투쟁의 사례에서 볼 수 있듯이, 토지 개발로 삶의 터전을 빼앗기고 축출되는 **기존 이용자들의 저항**이다.[153] 하지만 당시 서울과 수도권에서 진행된 젠트리피케이션은 도시 규모의 개발 사업이었는데도 급속도로 진행된 편에 속한다. 그것을 가능하게 한 것은 쫓겨나는 사람들의 저항을 억누르는 **공권력의 행사** 등 강제성을 띤 국가 정책이었다. 국가권력에 의해 개인들의 토지가 공적 사용의 명분으로 수용된 경우도 많았다. "사유재산권의 박탈과 이전을 수반"하는 토지 수용은 "실정법상으로는 합법적 형태를 띠고" 있지만, "실제로는 사적 자본의 이익을 위한", 즉 "사익을 위한 공용수용, 사적 공용수용"(김용창, 2017: 191)에 해당한다. 토지를 빼앗긴 개인들은 재산상의 큰 손해를 보고, 개발을 담당한 자본이나 젠트리피케이션으로 조성된 아파트를 분양받은 개인들은 엄청난 이득을 보는 것은 당연히 공정하지도 정의롭지도 않다. 권리의 침해와 특혜의 배분, 상반된 이해관계가 얽힌 대규모 젠트리피케이션이 당시에 신속하게 진행된 것은 강제성을 띤 국가권력이 그만큼 자의적으로 행사되었기 때문이다.

신시가지, 신도시 조성은 1980년대 초에 얼추 완료되는 강남 개발과 함께 서울과 그 외곽에서 이루어진 신축 젠트리피케이션의 초기 과정에 해

153_ 1983년 4월 12일 서울시가 토지공영개발 방식으로 신정동과 목동의 개발을 시도한 뒤 해당 지역 주민들의 투쟁이 전개되었다. "당시 목동 일대에는 가구주 2,500세대, 세입자 5,200세대, 약 32,000명의 사람들이 안양천을 옆에 끼고 형성된 긴 뚝방촌에 모여 살고 있었다. 이들은 1960년대 후반부터 여의도, 영등포, 아현동 등에서 철거되어 쫓겨난 사람들이었다." 목동 주민들의 철거 반대 운동은 3년에 걸쳐 전개되었다. "목동 주민들은 1984년 8월 27일 양화교 점거농성에서부터 1985년 3월 20일의 목동사거리 싸움까지 7개월 동안 무려 100여 회 이상의 가두시위와 점거농성을 벌였다"(민주화운동기념사업회). 상계동 신시가지 조성에 대한 반대운동은 88올림픽 시기에 절정에 오른다.

당한다. 강남 개발의 경우에는 "새로 개발된 지구가 원래 인구밀도가 낮은 농경지와 그린벨트 지역이어서 구주민들이 대규모로 전치되지 않았"으며, 그런 점에서 "젠트리피케이션에 앞서 일어난 서구, 특히 미국의 교외화에 가깝다"(김필호, 2016: 228)는 견해가 있다. 제3장에서 살펴본 것처럼 강남 개발이 서울의 교외화의 한 양상임은 분명하다. 하지만 교외화라고 해서 젠트리피케이션이 아니라는 말은 성립되지 않는다. 강남 개발 과정에서도 원주민의 전치와 축출이 일어났으며, "토지의 이용자 집단 가운데 신규 이용자가 기존의 이용자보다 사회경제적 지위가 더 높아지는 변화"(Clark, 2005: 258)가 수반되었다. 도시화를 위한 개발이 시작된 1960년대 말 강남은 인구밀도가 낮기는 했지만─이 점은 나중에 원주민들의 격렬한 저항을 불러일으키며 조성된 신시가지, 신도시에서도 마찬가지였다─그래도 곳곳에 촌락이 형성되어 있었으며, 그런 곳의 주민들이 개발 과정에서 전치되고 축출되었다면 그 과정 역시 젠트리피케이션이라고 봐야 할 것이다.[154]

서울에서 진행된 신축 젠트리피케이션의 주된 목적은 **새로운 주거환경**을 조성하는 데 있었다. 강남 개발, 신시가지와 신도시 개발 이후 조성된 건조환경 가운데 압도적으로 큰 비중을 아파트 건물이 차지한다는 것이 그 증거다. 오늘날 서울이 '아파트 공화국'이 된 것은 1970년대 이후 신축 젠트리피케이션이 다양한 규모로 진행되지 않았다면 불가능했을 것이다. 압구정동의 현대아파트, 대치동의 은마아파트, 목동의 신시가지 아파트단지 등을 만들어낸 신축 젠트리피케이션은 1980년대까지도 농촌의 모습을 간직하고 있던 서울 시역 내부 지역들을 **도시적 경관이 지배하는 공간**으로 바꿔냄으로써 서울의 생김새를 격변시켰다. 신축 젠트리피케이션은 그

154_ 한명회가 지은 압구정이 서 있던 언덕은 현대아파트가 건설되면서 없어졌고, 거기에 팻말만 남아 있다. 압구정 언덕 아래에는 마을이 형성되어 있었으나 아파트단지 조성 과정에서 사라져 지금은 흔적도 없다. 최근에 서울 근교에서 진행되는 전원주택 건설도 기존의 마을을 철거하고 진행되면 신축 젠트리피케이션이라고 볼 수 있다.

뒤로도 끊이지 않고 계속되고 있다. 이 결과 서울은 600년의 역사를 가졌다는 사실이 무색하게 '젊은 건축물' 일색의 도시가 되었다(유현준, 2015: 236).[155] 다시 말해 아파트 건물을 위시한 새 건물들이 계속 들어섬으로써 서울은 경관적 공간이 된 것이다. 서울의 경관화를 추동한 메커니즘에는 그래서 젠트리피케이션이 일차적으로 꼽힐 수 있다.

신축 젠트리피케이션은 21세기의 세 번째 십년대가 시작된 지금도 진행 중이다. 1990년대를 거치면서 서울에는 미개발 지역들이 거의 사라졌기 때문에, 최근의 신축 젠트리피케이션은 대체로 기존의 건조물들을 전면 철거한 뒤 아파트단지 형태의 새 주거지역을 건설하는 도시 재개발 방식을 취한다. 강북의 인왕산 일대에 들어선 17개동 810세대 규모의 1차 현대아이파크 단지(2008년 완공), 5개동 167세대 규모의 2차 단지(2015년) 같은 소중 규모의 아파트단지가 조성된 것이 그런 경우다. 그동안 인근의 도곡동 타워팰리스와 대비되면서 서울의 이중도시적 면모를 여실하게 보여주던 개포동 구룡마을도 재개발 사업계획의 인가가 서울시에 의해 고시되었고, 1980년대 초에 조성된 목동신시가지 아파트단지 가운데는 6단지가 안전진단 적정성 검토에서 조건부 재건축 요건인 D등급을 받아 재건축 추진이 확정되었다(연합뉴스, 2020.6.12.). 서울에 낡은 건물들이 많다는 점을 고려하면, 이런 점은 현재의 공간정책이 그대로 유지되는 한 신축 젠트리피케이

155_ 국토교통부에 따르면 영국의 아파트 평균수명은 128년, 독일은 121.3년, 프랑스는 80.2년, 미국 71.9년, 일본이 54.2년인 데 반해, 한국은 2010~15년 기준으로 28.8년에 불과하다(MBN 뉴스, 2019.9.18.). 한국의 아파트 수명이 유달리 짧은 이유는 내구성을 강화하지 않는 건축방식의 문제와도 관련되어 있지만, 도시화의 초기에 저층으로 지은 건물들을 헐고 용적률을 높여 재건축하면 큰 개발이익이 생긴다는 데서 찾을 수 있다(경향신문, 2019.8.31.). 제4장에서 확인한 것처럼 단층 단독주택 등 기존의 저층 건축물들이 대형화되고 고층화된 새 건축물들로 대체됨에 따라 서울의 건축물들은 대폭 줄어들었다. 이것은 2000년대 이후에 들어와 서울이 급속한 수직적 도시화를 겪은 과정이기도 하다. 서울의 그런 생김새 변화는 최근에 진행된 한국경제의 금융화를 전제하지 않고서는 이해하기 어렵다.

선도 지속될 것임을 알게 해준다.

　신시가지, 신도시 조성 형태로 진행된 과거의 신축 젠트리피케이션은 수만 세대를 포괄할 정도로 대규모였다. 최근의 뉴타운 사업에서도 그런 흐름이 확인된다. 예를 들어 서대문구 남가좌동의 가재울 뉴타운은 2만600세대, 수색증산 뉴타운은 1만2천438세대의 규모로서(매일경제, 2009.5.4.), 1980년대에 진행된 목동의 신시가지 조성 사업의 규모와 엇비슷하다. 하지만 뉴타운 건설은 일거에 조성된 신시가지나 신도시와는 달리 개별 구역들의 사업 시간대가 서로 다르다. 총 9개 구역으로 이루어지는 가재울 뉴타운의 경우 2003년에 사업 선정이 이루어졌으나 2020년 초 현재 1~6구역까지만 입주가 완료되고 7~9구역은 아직도 공사가 진행 중이다(매일경제, 2020.1.21.). 수색에 14개, 증산에 6개 총 20개 구역으로 계획된 수색증산 뉴타운은 수색 제14구역과 증산 제1, 제3구역이 사업 대상에서 제외되고 나머지 구역도 일부가 아직 사업이 완료되지 않았다. 동작구의 흑석 뉴타운은 총 10개 단지 1만2천여 가구의 규모로 조성될 계획으로 2011년부터 5구역(2011년 3월, 655가구), 4구역(2012년 7월, 863), 6구역(2012년 12월, 963), 7구역(2018년 11월, 1천73), 8구역(2018년 11월, 545)은 입주가 완료되었으나, 3구역(1천772)은 2023년 2월에 가서야 시작될 예정이고, 9구역, 11구역, 1구역, 2구역 등은 아직 공사도 시작되지 않은 상태다(한국경제, 2020.5.8.). 뉴타운 사업의 진행이 이처럼 더디고 일부 지역의 경우 사업을 포기하기까지 한 중요한 이유는 신도시나 신시가지 사업과는 달리 대상 지역이 이미 도시화를 겪은 곳이라는 점과 관련된다. 목동, 상계동, 분당, 일산, 평촌, 산본, 중동 지역들은 신축 젠트리피케이션이 진행될 당시 미개발지가 많이 포함된 서울의 가장자리나 바깥에 있었고, 따라서 개발이 대체로 일률적으로 진행될 수 있었다. 불이익을 당한 주민의 저항이 거세긴 했지만, 도시화가 덜 진척된 곳에서 사업이 진행되어 공권력에 의한 원주민 억압이 '쉽게' 강제되었던 편이다. 반면에 뉴타운 건설 대상 지역들은 대부분이 '역사적 도시'로서, 지역에 따라 도시화의 정도나 방식이 다른 탓에 재개발의 조건이 서로 다르며,[156] 지주와 세입자, 상인 등 구성원들 간의 이해관계가 훨씬 더 복잡하다. 은평뉴타운에 건설된 아파트 1만7천여 세대 가운데 40%가 임대주택으로 배정된 것도 그런 점 때문일 수 있다(중앙일보, 2015.2.7.; 나무위키, '은평뉴타운').[157] 뉴타운의 젠트리피케이션이 신속하게 진행되지 못한 데에는 비우량주택담보대출(서브프라임모기지) 사태로 인한 2008년의 미국발 금융위기로 인해 국내 금융시장이 불안정해지고 주택 경기가 침체한 것도 한몫했다고 여겨진다. 2010년대 초에는 그래서 대규모 젠트리피케이션 사업들이 취소된 경우가 많다. 31조원의 예산으로 111층의 표지 건물을 비롯하여 99층의 쌍둥이 건물 등 50층 이상의 초고층 건물 23동을 건설할 계획이었던 용산의 국제업무지구 조성 사업이 무산된 것이 대표적인 경우다(강내희, 2014: 378).

그래도 신축 젠트리피케이션이 위축되었다고 볼 수는 없다. 일거에 진행되는 대규모 신축 사업은 줄어든 편이지만, 반면에 상대적으로 작은 규모의 개발은 오히려 더 왕성해졌다. 2000년대 초에 시작되었으나 금융위기와 함께 한동안 주춤하던 뉴타운 사업도 새로 활기를 얻어 진행 중이다. 뉴타운은 조성되고 나면 신시가지와 버금갈 정도이니 작은 규모가 결코 아니지만, 동일한 뉴타운도 상이한 구역들을 서로 시차를 두고 조성하고 있어서 개별 구역들은 서로 독자적인 신축 젠트리피케이션의 성격을 지닌

156_ 뉴타운은 신시가지형, 주거중심형, 도심형으로 분류된다. 신시가지형은 "미개발지·저개발지 등 개발밀도가 낮은 토지가 산재하고 있어 종합적인 신시가지개발이 필요한 지역", 주거중심형은 "노후불량주택이 밀집되어 있어 재개발이 필요하거나 재개발사업이 추진되고 있는 지역", 그리고 도심형은 "도심 및 그 인근 지역의 기성시가지가 무질서하게 형성되어 있어 주거·상업·업무 등 새로운 도시기능을 복합적으로 개발·유치할 필요가 있는 지역"이 그 대상이다(장남종, 2015).

157_ 그런데도 은평뉴타운의 원주민 재정착률이 20% 미만에 불과했다는 것은 젠트리피케이션은 기존의 토지 이용자들에게는 기본적으로 인클로저로 작용한다는 명확한 증거라고 할 수 있다.

다고 할 수 있다. 이 경우 뉴타운의 규모는 수천 또는 수백 세대 수준으로 작아진다. 뉴타운 사업과는 별도로 시역 여기저기서 진행되는 신축 젠트리피케이션의 경우는 규모가 수백 세대로 그치는 경우가 많다. 마포 현석의 래미안마포웰스트림(773세대), 마포 공덕의 공덕파크자이(288), 동대문 용두동의 롯데캐슬리치(311), 관악구 봉천동의 까치산공원푸르지오(363) 단지 등이 그런 예다. 신축 젠트리피케이션은 이처럼 최근에는 규모는 작아졌어도 오히려 더 빈번하게 진행되고 있다.

최근의 신축 젠트리피케이션과 이전에 진행된 것 간의 또 다른 중요한 차이는 새로 건설되는 건물들은 더욱 고층화하고 고급화된 것에서 찾아진다. 2000년대 이후에 국내 부동산시장에 나타난 중요한 변화 하나는 아파트의 **브랜드화**다. 이것은 주상복합건물의 최대 주거 면적 비율이 70%에서 90%로 상향 조정되고(1998년 6월), 상업용지 내 공동주택의 일조권 기준이 폐지되면서(1999년 2월), "도심 각지에 초대형·초고층의 주상복합아파트가 건설되는 길"이 열려 일어난 현상이다(정헌목, 2015: 69). 이 무렵에 민영 아파트의 분양가에 대한 **자유화 조치**가 이루어진 것의 영향도 컸다. 외환위기가 한창이던 1998년 5월 김대중 정부는 "분양가 자율화, 양도소득세 한시 면제, 토지거래 허가신고제 폐지, 분양권 전매 한시 허용 등을 내용으로 하는 '주택경기활성화대책'을 발표"한다(경향신문, 2008. 10.31.). 아파트의 분양가가 자율화되고 초고층 주상복합아파트 건설이 허용된 결과 나타난 것이 아파트의 고급화를 위한 브랜드화다. 이 변화는 대규모 신축 젠트리피케이션의 기회가 갈수록 줄어드는 조건에서 민간 건설기업들이 '다품종 소량화'를 통한 아파트 품질 경쟁을 주요 생존 및 경쟁 전략으로 삼게 만들었다(신중진·임지영, 2000: 21; 정헌목: 70). 2000년 중후반 이후에 진행된 뉴타운 건설 과정에서도 이런 경향이 두드러진다. 신시가지나 신도시에 들어선 아파트나 주택의 유형이나 높이가 일률적이었던 것과는 다르게 뉴타운에서는 더 **다양해진** 것도 같은 맥락의 일이다.

예컨대 평촌 등 신도시에 들어선 아파트 건물의 경우 대부분이 12층 안팎의 높이에 판상형의 건물들이 일자로 배열된 모습인 데 반해, 남가좌동의 가재울 뉴타운 3구역에 들어선 아파트 건물들은 35층의 고층이면서 타워형을 갖추고 있다. 은평뉴타운에는 아파트단지와는 별도로 한옥마을이 조성돼 있기도 하다.

　밋밋한 판상형으로 많이 지어지던 1990년대 후반 이전의 아파트단지의 명칭은 주로 장소와 시공사의 이름을 사용해서 압구정동 현대아파트, 대치동 은마아파트라고 하든지, 아니면 브랜드와는 무관하게 느티마을 3단지, 무지개마을 4단지 같은 식으로 정해졌다. 하지만 2000년대에 들어오면서부터는 대림건설의 e-편한세상을 시작으로 2007년 기준 시공 능력 평가 100위권 이내 건설사 가운데 91개 건설사가 2개 이상의 브랜드를 둘 정도로 **아파트의 브랜드화**가 일반적으로 된다. 이런 현상은 빌라촌으로까지 번져서 다세대주택 건물도 브랜드 명칭을 붙이는 것이 관례가 되었으며, 원래 지역이나 회사 이름을 지녔던 아파트단지의 경우 브랜드 이름을 새로 짓는 경우도 생겨났다. 아파트의 경우 이리하여 모두 브랜드로 되자 상위 브랜드와 하위 브랜드 간의 구분까지 생기는데, 중요한 요인은 물론 가격 차이다. 국가고객만족지수의 아파트 건설 부분 7개 브랜드—삼성물산 래미안, GS건설 자이, 대림건설 e-편한세상, 롯데건설 롯데캐슬, 대우건설 푸르지오, 현대건설 힐스테이트, 현대산업개발 아이파크—를 상위 브랜드로 간주하고 상위 브랜드와 하위 브랜드의 가격 차이 변동을 조사한 한 연구에 따르면, 2003년과 2011년 사이에 상위 브랜드의 가격 상승률은 70.96%, 하위 브랜드의 그것은 37.42%였고, 상위와 하위 브랜드 간의 평당 가격 차이는 2003년의 791.7만원에서 2007년 최대 2천107.5만원으로 벌어져 브랜드에 따른 가격 차이가 엄청났다(이보라 · 박승국, 2012: 55). 강남권과 비강남권의 차이도 두드러져, 2003년부터 2011년까지 강남권 아파트의 상위 브랜드 가격 상승률은 62.56%이며, 비강남권 아파트의 상위 브랜드 가격 상승률은 43.06%로, 그리고 강남 지역의 상위와 하위 브랜드 간의 연도별 평당 가격 차이는 2009년이 가장 큰 1천374만원, 2003년이 가장 낮은 455.1만원으로 조사되었고, 비강남권의 경우는 2006년이 가장 높은 784.2만원, 2003년이 가장 낮은 336.2만원으로 조사되었다(이보라·박승국: 58).

상위 브랜드는 7개 정도밖에 되지 않고 대부분 아파트가 하위 브랜드에 속하며 상위와 하위 사이에 가격 차이가 크게 나기도 하지만, 그래도 브랜드화가 진행되면서 아파트는 대체로 **고급화** 경향을 띠게 되었다고 볼 수 있다. 뉴타운 사업의 경우 이런 점은 기존의 주거 밀집 지역에서 진행된다는 점과 무관하지 않다. 뉴타운 건설에는 연루된 이해관계자가 많은 점 때문에 새로 들어서는 건조물이 고층, 고가로 지어져야만 서로 수지가 맞는다. 뉴타운 건설이 진행된 2000년대 후반 이후 새로 들어선 건물들이 고층화되고 고급화된 것은 아파트단지를 건설할 부지가 갈수록 줄어들면서 신축 건물의 희소가치가 생김에 따라 교환가치를 더욱 높이려고 시도한 결과일 것이다. 최근으로 올수록 젠트리피케이션이 **부동산의 금융적 매개**와 맞물려 진행된 것 또한 그런 경향을 부추긴 중요한 원인에 속한다. 서울 시내 수많은 곳에서 고층아파트 단지 조성을 겨냥한 재개발이 이루어진 것은 주택의 금융 자산화 또는 자산 도시주의가 강화되어 생겨난 현상이며, 이 과정에서 건물들, 특히 아파트는 노골적인 '이윤 내는 기계'가 되었다. 서울이 최근에 급속하게 수직 도시로 전환된 것도 고층 건물들이 급증한 결과다.

이런 흐름은 신축 젠트리피케이션의 일부가 **슈퍼 젠트리피케이션**의 형태로 진행된 것과도 연결되어 있다. 슈퍼 젠트리피케이션은 "이미 젠트리피케이션이 이루어진 부유하고 확고한 중상위층 동네가 훨씬 더 배타적이고 고가의 거주지로 전환되는 것"을 가리킨다. 로레타 리스에 따르면 이것은 "글로벌금융 및 기업서비스 산업에서 거금을 번 새로운 세대 초거부 '자본가들'에 의해 집중적 투자와 과시적 소비의 초점으로 바뀐 런던과 뉴욕 같은 글로벌 도시들의 몇몇 고급 지역"에서 나타난 현상으로서 "강화된 재-젠트리피케이션"이다(Lees, 2003: 2487). 뉴욕에서 최근에 '연필타워(pencil towers)'가 다수 건설되고 있는 것도 그런 현상의 하나다. 문제의 현상을 다룬 가디언지의 보도에 따르면, 그런 건물들은 "돈이 너무 많아 철철 넘치는 도시의 징후"(Wainwright, 2019.2.5.)에 해당한다. 연필타워가 들어서는 것은 "자신들의 부를 쟁여둘 필요가 있는 세계의 초고 순자산 소유자들, 최소 3천만 달러의 자산을 보유한 슈퍼엘리트가 이제는 25만 명으로 늘어난" 데 따른 현상이라는 것이다. 리스는 뉴욕의 브루클린 하이츠 지역을 새로운 거부들이, 중산층이 이미 개보수한 주택을 산 뒤 다시 거금을 들여 고급화하는 현상을 가리켜 슈퍼 젠트리피케이션이라고 부르고 있다(Lees: 2487). 뉴욕에는 최근에 도시의 한 구역 전체를 사들여 주거용 건물을 짓는 경우도 생겨났다. 2015년에 완공되었을 때 세계 최고층 주거용 건물이었던 맨해튼의 432 파크 애비뉴, 2020년 현재 세계에서 가장 높은 주거용 건물인 센트럴 파크 타워 등이 그런 경우다. 맨해튼의 센트럴 파크 바로 옆의 이들 연필타워도 기존의 고가 건물들을 철거하고 새로 최고급으로 지었다는 점에서 슈퍼 젠트리피케이션에 속한다. 최근에 팔린 '432 파크 애비뉴' 펜트하우스의 가격은 무려 9천5백만 달러였다(Wainwright, 2019.2.5.).

서울에도 일부 지역에서 슈퍼 젠트리피케이션이 진행되고 있다. 차경 기법으로 "북악산 풍광을 집안까지 끌어"들여서 서울에서는 이제 쉽게 누리기 어려운 자연 풍광을 즐길 수 있고 2010년 기준으로 채당 40억, 50억 원까지 나가며 스스로 '빗장 마을'임을 자처하는 성북동의 게이트힐즈나, 펜트하우스 한 채가 370억원인 롯데월드타워가 좋은 예다. 요즘 재건축을 통해 올라가고 있는 고층아파트 건물군 중에도 슈퍼 젠트리피케이션의 산물인 경우가 있다. 2020년 현재 공시가격 9억원 이상의 공동주택은 종합부동산세 부과 대상에 해당하는데, 최근 한강변에 그런 고가의 고층아파트 건물이 집중적으로 들어서는 모양새다. 이촌동의 래미안첼리투스 단지가 그런 예로서, 이 단지는 원래 15층 10개동으로 구성된 1970년대에 세운 렉스 아파트단지를 3개동 56층으로 재건축한 것으로 원래 있던 460세대를 그대로 유지했다고 한다. 흥미로운 점은 이 단지의 아파트는 같은 평수라도 조망이 상대적으로 나쁜 저층은 23억원, 조망이 좋은 최고층은 35억원을 호가한다는 사실이다(이승훈, 2020.5.11.). 같은 고가 아파트 건물에서도 공제선, 도시 전경을 볼 수 있는 조망 조건 여하가 부동산 가격에 엄청난 차이를 가져옴을 보여주는 좋은 예라 하겠다.

1970년대부터 등장한 한국의 신축 젠트리피케이션은 규모나 방식을 바꾸면서 지금까지 계속되고 있다. 서울의 생김새가 이제 경관화에 의해 크게 규정되고 있다면 그것은 그동안 서울에서 신축 젠트리피케이션이 만연한 것과도 무관하지 않다. 신축 젠트리피케이션의 만연은 서울과 수도권에서 2000년 이후에 **고층 건물의 숫자**가 급속하게 늘어난 데 따른 변화다. 앞서 본 것처럼 서울에서는 1993년과 2020년 사이에 11층 이상의 건물이 2천429채에서 2만806채로, 인천과 경기도에서는 1천875채에서 4만2천721채로 엄청나게 늘어났다. 이것은 젠트리피케이션이 시가지와 신도시, 뉴타운 등의 대규모 신축형의 형태로, 개별적으로 진행되는 소규모 신축형의 형태로, 또는 슈퍼 젠트리피케이션 등의 형태로 서울 메트로폴리스에서 집중적으로 진행되었다는 말이다. 이로 인해 서울에서는 '**젊은 건축물**'의 비중이 늘어났고, 그에 따라 도시 전체가 경관으로 전환되는 도시적 형태상의 중요한 변화가 일어났다.

3. 상업 젠트리피케이션

2000년대 말 서울에서는 젠트리피케이션의 중요한 유형 하나가 새로 등장한다. **상업 젠트리피케이션**이 그것이다. 한국에서 젠트리피케이션이 젠트리피케이션으로 인식되기 시작한 것은 사실 상업형이 등장한 뒤라고 할 수 있다. 앞서본 대로 1970년대부터 신축 젠트리피케이션이 진행되고 있었지만, 2000년대까지도 한국에서는 젠트리피케이션을 젠트리피케이션으로 인식한 경우가 드물었다. 젠트리피케이션으로 인한 재개발을 통해 기존의 건조물이 철거되고 원주민이 축출되는 일이 만연했지만, 예컨대 "뉴타운 재개발을 겪은 당사자들은 이를 젠트리피케이션으로 감각하거나 경험하지 않았"던 것이다. '젠트리피케이션'은 그래서 최근까지도 학계의 전문 연구자들 사이에 사용되는 학술용어로만 사용되어온 편이다. 그러다가 2000년대 말에 이르러 "특정한 시공간에서 특정한 행위자에 의해" 젠트리피케이션이 "감각되고 경험되기 시작"한다. 그 무렵에 "서울 도시, 또는 도심에서 가까운 장소에서 자리를 잡고 살거나 사업을 하던" 문화예술인들이 "임대료 상승과 그에 따른 비자발적 전치"에 직면해 "반 젠트리피케이션 투쟁을 하면서 만들어간 연대"(신현준 · 이기웅, 2016: 51-52)가 사회적 관심을 끈 것이 그 중요한 계기였다.[158]

상업 젠트리피케이션은 "저소득층이 감당할 수 있는 생산물 및 서비스를 제공해오던 오래된 업소들이 도심의⋯동네를 떠나고 더 부유한 소비자들의 구미에 맞추는 점포들로 대체되는 과정"(Rankin, 2008: iii)에 해당하며, 주로 "상업 지역 또는 상업 건물에서 발생"하고, "새로 유입되는 중상 계층의 선호에 맞는 상업시설들이 들어서면서 거리의 분위기가 바뀌는 현상"(최명식 외, 2016: 24)이다. 상업형의 등장과 함께 서울에서는 서구의 고전적 젠트리피케이션과 유사한 젠트리피케이션 유형이 나타났다고 여겨진다. 클레이가 처음 지적한 젠트리피케이션의 상이한 단계들이 국내 상업 젠트리피케이션이 진행되는 과정에서도 발견되는 것이다.

158_ 신현준과 이기웅은 젠트리피케이션 반대 투쟁과 관련한 "사회적 담론을 만들어낸 가장 영향력 있는 책"으로 "독립출판물로 나온 『공공 도큐먼트 2 - 누가 우리의 이웃을 만드는가』(미디어버스, 2013)를 꼽는다.

요즘 한국 사회에서 젠트리피케이션이 일어나는 과정은 이렇다. 먼저, 임대료가 상대적으로 싼 곳에 작은 문화 시설, 카페, 식당, 술집, 옷가게 등이 하나둘씩 들어와서 장사를 한다. 사람들이 몰려들면서 이곳이 소위 '핫 플레이스'가 된다. 그 후 입소문과 사회관계망서비스(SNS) 등의 영향으로 사람들이 더욱더 몰려든다. 그 결과, 보증금과 월세가 천정부지로 치솟으면서, 처음 들어와서 문화적, 상업적 분위기를 만들어냈던 임차인들은 다른 곳으로 쫓겨나게 된다(이재현, 2016.1.19.).

현재 한국의 도시에서 발생하는 젠트리피케이션은 대략 '동네가 뜬다→임대료가 상승한다→임차인들이 쫓겨난다'로 요약된다. 임차인들이 쫓겨나는 자리에는 본격적으로 투자 혹은 투기를 수행하는 임차인이 들어오는 과정이 뒤따른다. '젠트리피케이션이 일어났다'는 가장 확실한 증거는 영세한 구멍가게 자리에 대기업 편의점 체인이 들어서고, 아담한 동네 카페가 화려한 프랜차이즈 카페로 바뀌는 것이다. 한 주간지 기사가 "뜨는 동네의 역설"이라고 표현한 것이 이런 과정을 함축적으로 표현해 준다(신현준, 2016).

위 두 인용문에서 언급된 '젠트리피케이션'은 신축 젠트리피케이션이 포함된 젠트리피케이션 일반보다는 상업 젠트리피케이션을 가리킨다고 볼 수 있다. 서울에서 진행된 상업 젠트리피케이션은 글래스나 클레이 등이 주목한 영국 런던, 미국 뉴욕 등지의 젠트리피케이션과 유사한 측면과 함께 중요한 차이도 있다. 고전적 젠트리피케이션이 주로 주거를 목적으로 진행되었다면, 서울의 상업 젠트리피케이션은 주거지역이 젠트리피케이션을 통해 상가로 바뀌는 현상이다. 최근에 서울에서는 이 과정을 통해 다수의 주택가 골목들이 상가 골목으로 바뀌었다.

서울의 젠트리피케이션은 그래서 크게 **신축형과 상업형으로 구별된다**고 볼 수 있다. 신축형에는 1970년대의 강남 개발, 1980년대의 신시가지 조성, 1990년대 초의 신도시 건설, 2000년대 이후의 뉴타운 사업, 나아가서 슈퍼 젠트리피케이션이 포함될 것이다. 슈퍼 젠트리피케이션은 독자적 젠트리피케이션으로 간주하기도 하지만 대상 지역의 기존 건조물을 전면 철거한 뒤에 이루어진다는 점, 그리고 기본적으로 **주거용** 건물의 건축이 목적이라는 점에서 넓게 보면 신축 젠트리피케이션의 한 종류다. 다른 한편, 상업 젠트리피케이션은 '관광 젠트리피케이션'이나 '식도락 젠트리피케이션'과 연동되어 진행되기도 한다.

"에어비엔비(AirBed & Breakfast)와 같은 숙박 공유 서비스의 확산" 형태로 진행되는 관광 젠트리피케이션은 "건물주들이 지역주민들에게 장기로 임대해주는 것보다는 단기적으로 관광객들에게 임대해주는 것을 선호하면서" 소유 건물들을 재건축하는 과정에서 "기존 주민들이 밀려나는 현상"이다. 다른 한편 식도락 젠트리피케이션은 상업형과 관광형이 일어나는 곳에서 동시에 진행된다. 관광형과 식도락형이 상업형과 연동해서 일어나는 [한] 예를 우리는 과거 서울과 의주를 잇던 경의선의 폐철도 부지를 따라 6.3km의 선형(線形)으로 조성된 '경의선숲길' 공원 인근 지역, 그 가운데서도 특히 홍익대와 가까운 연남동 일대에 진행된 재건축 붐을 통해 볼 수 있다. 공원이 완공된 2016년 이후 근방에는 새로 개업한 카페나 레스토랑, 커피숍, 맥주집, 프랜차이즈 가게 등이 많이 늘었고, 인근의 주택가에도 외국인 관광객을 상대하는 게스트하우스가 크게 늘었다. 서울에서 비슷한 공간적 변화가 생긴 곳은 그 밖에도 북촌과 서촌 지역을 들수 있는데, 연남동과 마찬가지로 관광객, 방문객의 유입이 늘어나면서 맛집 등이 생겨나며 상업 활동이 활성화되고 덩달아 젠트리피케이션이 진행된 곳들이다(강내희, 2017a: 255).

젠트리피케이션의 관광형과 식도락형, 상업형은 서로 구분되기도 하지만, 모두 상업적 목적으로 개발된다는 점에서 공통점을 지니며, 그런 점에서

신축 젠트리피케이션과는 구별된다.[159]

　　신축 젠트리피케이션은 규모가 크든 작든 간에 대상 영역 전체에 속한 기존의 건조물들이 전면 철거되고 거기에 새로운 건조물이 채워지는 과정이다. 반면에 상업 젠트리피케이션은 "대규모 철거보다는 가옥이나 빌딩 단위로 손바꿈이 나타나고 재건축이나 리모델링 투자가 이루어지는 과정"(신현방, 2016: 8)으로 진행되며 기존 건물을 개보수할 때는 건물의 벽면이나 자재 등 원래의 모습이 보존되는 경우가 흔하다. 상업 젠트리피케이션은 개별 건물 단위로 진행되기 때문에 규모가 작으며, 다소 **자연발생적인 방식**으로 이루어진다. 그런 점에서 상업형은 통상 수백, 수천 세대의 아파트 건물 건설을 일괄적으로 추진하는 신축형과는 다르다. 그리고 신축형이 아파트단지 중심의 주거지역을 조성하는 경우가 대부분이라면, 상업형은 주거지역의 골목 같은 곳을 상가로 바꾼다는 것도 서로 다른 점이다. 신축형의 경우 개발이 집중적으로 추진되기 때문에 개발 지역에 대한 조닝이 전제되며, 따라서 추진을 위해서는 '도시재정비 촉진을 위한 특별법'과 그 시행령 제정과 같은 법제적 조치가 요구된다. 통상 수백 세대의 주택단지를 조성하는 신축형의 개발은 시역 내 서로 다른 지역들의 위치나 도시 기능상의 역할 등을 고려한 도시계획을 필요로 하며, 따라서 지방정부의 조례를 만족시켜야만 가능하다. 반면에 상업 젠트리피케이션은 처음에는 주택가 골목의 개별 건물들에서 시작되어 골목 안 건물들이 차츰 상가 건물로 전환되는 식으로 이루어지며, 그런 점에서 **고전적 젠트리피**

159_　젠트리피케이션의 분류 방식은 다양할 수 있다. 크게 보면 주거용인가 상업용인가에 따라서 분류될 수 있을 것이며, 전자의 경우 여기서 말한 신축 또는 슈퍼 젠트리피케이션 외에 전원생활을 위한 촌락 젠트리피케이션, 문화예술인의 이주에 뒤이어 발생하는 '문화예술 젠트리피케이션', 대학생 인구 밀집 지역에서 일어나는 스튜덴티피케이션(studentifi-cation)을 포함하고, 상업용에는 관광형, 식도락형, 골목 상권형, 대학가형 등이 포함될 수 있다. 젠트리피케이션의 유형들은 서로 중복되는 경우가 많다. 예컨대 문화예술 젠트리피케이션은 골목 상권형 젠트리피케이션과 결합하는 경우가 허다하며, 대학가형의 경우는 서울대학교 부근의 샤로수길처럼 사실상 골목 상권형과 겹친다.

케이션과 유사한 측면을 갖고 있다. 물론, 상업 젠트리피케이션이 주택가에서 진행된다고는 해도, **상가 형성**으로 귀결된다는 것은 신축형과의 중대한 차이점이다.

서울에서 상업 젠트리피케이션이 진행된 대표적인 장소로는 이태원의 경리단길, 망원동 망리단길, 연남동 연리단길, 잠실 송리단길, 신사동 가로수길, 낙성대동 샤로수길 등을 꼽을 수 있다. 이들 골목 이외에 홍익대 인근 상수동, 서교동, 한남동, 북촌과 서촌 등의 지역 골목들도 최근에 상업 젠트리피케이션을 겪었다. 이들 장소는 오늘날 '핫플레이스'로 알려져 있으나 젠트리피케이션이 진행되기 전에는 대부분이 오래된 주택가에 속한 낙후된 곳들이었다. 그런 곳들이 젠트리피케이션을 겪은 것은, 한국에서 진행된 자본의 운동이 2000년대 말 이후 금융화의 영향을 크게 받게 되고, 이에 따라 공간의 생산에서 변동이 생긴 결과라 할 수 있다.

이 결과 서울의 생김새는 이제 크게 바뀌었다. 예컨대 단독주택 비율이 50% 이상이던 1980년대에는 주택가가 도시적 경관을 형성했었다고 보기 어렵다. 도시 특유의 모습은 주로 도심에서만 드러났을 뿐, 외곽의 주택가가 낙후된 모습을 띠기로는 서울도 지방 도시와 다를 바가 없었다. 하지만 2000년대에 들어오게 되면 사정이 달라진다. 뉴타운 사업이나 다른 신축 젠트리피케이션 형태로 시역 안에서 재개발되는 곳은 물론이고 아직 낙후된 주택가의 골목들도 상업 젠트리피케이션이 진행됨으로써 **도시적 경관**으로 전환되기 시작하는 것이다. 이후로도 관광형과 식도락형을 포괄하는 상업형 젠트리피케이션과 슈퍼형을 포함한 신축형 젠트리피케이션이 계속 이어짐으로써 서울은 이제 거의 전면적으로 경관적 공간이 되었다고 할 수 있다.

4. 젠트리피케이션과 금융화

한국에서 금융화 경향이 뚜렷해진 것은 1990년대 말의 **외환위기**를 계기로 **신자유주의화**가 강화된 이후다.[160] 한국경제는 1990년대 초까지도 "제조업이나 가계자산의 절대적 비중, 주식시장에서의 자금조달 감소, 투자은행업의 미발전, 파생상품 종류의 제한 등"의 특징을 지녔던 편이다. 하지만 1990년대 말 이후에는 "자본시장의 확대 및 주식시장과 파생금융상품시장의 폭발적 성장 등이 관찰"(지주형, 2011: 348-49)되기 시작한다. 이런 변화는 이미 언급한 것처럼 IMF의 구제금융을 받는 조건으로 한국 사회가 **금융 자유화**를 추진한 데 따른 것으로서, 이로 인해 2000년대 이후에는 젠트리피케이션을 위한 **재정 조달의 방식**도 바뀌게 된다. 금융화가 진행되기 전에는 젠트리피케이션 추진에 필요한 자금을 외환시장이나 금융상품을 통해 동원하는 관행이 드물었다. 그때는 부동산, 특히 주택이 금융자산으로 작동하지 않았기 때문이다. 그러나 외환위기로 금융 자유화가 이루어지자 새로운 관행이 나타나게 된다. 금융업이 은행 중심에서 자본시장 중심으로 바뀌고, 은행까지 개인 상대의 예금과 기업 대상의 대출 업무 중심에서 채권 판매 등 과거 증권사나 보험사가 수행하던 업무까지 추가하며 전통적 상업은행업과 증권·보험업 간의 구분이 모호해졌고(지주형: 349), 이와 함께 젠트리피케이션의 재정 조달 방식이 크게 바뀌었다.

젠트리피케이션과 관련해 국가의 정책 변화는 부동산과 관련한 다양한 **금융상품**을 도입한 김대중 정권 기간에 이루어지기 시작한다. 당시 도입된 금융상품으로는 자산유동화증권(ABS), 주택저당담보부증권(MBS), 자산유동화기업어음(ABCP), 공모펀드와 사모펀드, 리츠(REITs), 금융파생상품, 기획

---

[160] 아래 세 문단의 내용은 강내희(2017) 제3절 해당 부분을 새로 고친 것이다. 원래 글에서는 신축 젠트리피케이션의 빈도수나 규모가 최근에 들어와서 줄어들고 축소된 것으로 서술했으나, 뉴타운 사업이 계속되고 있고 슈퍼 젠트리피케이션이 빈번하게 일어난다는 점을 감안하면 규모가 작아지기는 했어도 빈도수는 오히려 늘어났다고 봐야 할 것 같다.

금융(PF) 등이 있다. 이들 상품의 제도화로 국내에는 부동산시장과 금융시장이 연계되는 **금융적 매개**가 급증했고, 공간 생산의 방식도 크게 변하게 된다. 금융화의 주된 경향의 하나는 라파비차스의 지적대로 개인과 가계가 금융거래에 적극적으로 참여한다는 데 있다. 금융화가 시작된 뒤로 한국에서는 가계부채가 1997년 211.2조원에서 2020년 1천933.2조원으로, 주택담보대출은 1996년 18.4조원에서 2020년에는 910.6조원으로 엄청나게 늘어났다. 고층 건물이 대폭 증가한 것도 이 기간이다. 서울에서 50층 이상의 초고층 건물은 1990년대 중반까지는 63빌딩과 코엑스 트레이드타워 등 극소수였으나 2017년이 되면 21개에 이르게 되며(중앙일보, 2017.2.8.), 2016년 기준으로는 한국은 40층 이상의 건물 수가 중국, 미국, 아랍에미리트에 이어 세계 네 번째로 많아진다(조선일보, 2017.3.14.). 최근에 초고층 건물들이 집중적으로 건설된 것은 금융 자유화를 통해 금융화가 강화되고, 그 과정에서 **공간 생산의 금융적 매개**가 빈번해짐으로써 생겨난 변화다. 고층 건물들이 대거 건설된 데에는 개인들이 금융거래의 중요한 참여자가 되면서 주택이나 상가 건물 등 건조환경 단위들이 투자 또는 투기의 대상이 된 점이 크게 작용했다고 볼 수 있다. 이런 흐름을 주도한 주된 매개 수단의 하나가 부동산 기획금융(project financing)으로서, 2000년대에 들어와 공공민간협력사업(public private partnership)이 활발하게 진행된 것도 부동산 신규 개발에 필요한 재정 조달에 기획금융이 널리 동원된 결과다.[161] 대한건설협회에 따르면, 2011년 현재 한국 전역에서 진행되고 있던 공모형 PF 사업은

161_ 벤자민 에스티에 따르면 1997-2001년 사이에 기획금융이 주로 일어난 부문은 빈도수로 따지면 전력(34%), 레저 및 부동산(13%), 텔레콤(13%), 교통(12%), 산업(7%), 석유 및 가스(7%), 광업(5%), 석유화학(4%), 수도 및 하수(3%), 기타(1%)이고, 경제적 가치로 따지면 전력(34%), 텔레콤(19%), 교통(14%), 석유 및 가스(12%), 석유화학(7%), 레저 및 부동산(6%), 산업(5%), 광업(3%), 수도 및 하수(1%), 기타(0%)의 순으로 나타난다. 이런 국제적인 동향과 한국에서 발생한 기획금융은 큰 차이를 보인다고 할 수 있다. "한국의 기획금융은 거의 전적으로 부동산 개발에 집중"되어 있다(Esty, 2004: 38-39; 강내희, 2014: 266-67, 273).

모두 31개로 그 규모가 총 81조원에 달했다(한국건설신문, 2012.01.13.). 81조원이라면 통계청 발표 2011년 GDP 1천388.9조원의 5.8%에 해당한다.

기획금융 등에 의한 공간 생산이 중단 없이 활발하게만 진행되었던 것은 아니다. 2000년대 중후반까지 왕성하게 달아오르던 한국의 대형 부동산 건설 경기는 미국에서 비우량주택담보대출 시장이 붕괴하고 금융위기가 촉발된 뒤로는 타격을 받기도 했다. 2010년대 초반에는 그래서 서울의 상암DMC 랜드마크타워(예산 3조6,783억원), 용산역세권국제업무지역(31조원), 인천의 청라국제업무단지(6조2,000억원), 송도랜드마크시티(17조원), 인천 용유도·무의도의 에잇시티(317조원), 파주의 운정복합단지(2조6,333억원), 평택의 브레인시티(2조4,000억원) 등 수도권에서 활발하게 추진되던 개발 사업들이 대거 중단된다(강내희, 2014: 385-86). 공간의 금융화가 그 무렵에 변곡점을 맞았다는 점은 다른 통계로도 확인할 수 있다. 부동산 기획금융의 경우 은행권과 비은행권의 통합 대출 규모는 2009년 3월 말 기준 금융감독원 추산 약 81.7조원(이인혁, 2009: 13), 2010년 금융권의 기획금융 대출잔액은 74.2조원, 공공기관이나 지자체가 추진하는 공모형 PF의 규모는 120조원이었다(KBS, 2010). 그러나 2010년대로 접어든 뒤 기획금융은 규모가 크게 줄어든다. 한 통계에 따르면, 부동산 기획금융 대출 금액은 2013년 17.4조원, 2014년 28.5조원, 2015년 36.8조원, 2016년 32.4조원 수준이었다(주택정보포털, 2017). 대출 규모가 축소된 것은 대규모 개발 사업이 줄어든 것과 무관하지 않을 것이다. 2014년 이후 대출 규모가 약간 늘어난 것도 대형 건설사는 재무 건전성 강화를 위해 PF대출 잔액을 줄인 데 반해 중소 및 중견 건설사들이 주택시장 반등을 겨냥해 PF 사업을 벌인 때문이라는 분석이 있다(연합인포맥스, 2015.3.6.). 최근에 올수록 개별 신축 젠트리피케이션의 규모가 작아진 것도 이런 점과 무관하지 않을 듯싶다.

그러나 앞서 지적한 대로 대규모 젠트리피케이션이 줄어들었다고 해서 젠트리피케이션 현상 자체가 위축되었다고 할 수는 없다. 원래 26개 지역으로 계획된 뉴타운 건설 사업 중에는 이 글을 쓰고 있는 시점에도 여러 곳에 진행 중인 것이 있고, 뉴타운 이외 지역에서 추진되는 개발 사업도 다수이며, 여기에는 최근에 빈번해진 슈퍼 젠트리피케이션도 포함된다. 아울러 근래에 상업형이 유력한 젠트리피케이션 유형으로 등장한 것도 주목할 부분이다. 상업 젠트리피케이션은 미국발 금융위기와 함께 세계 경제가 대공황에 버금가는 거대한 침체를 겪기 시작한 2008년 좀 전에 한국에 등장했다. 그 무렵에 상업형이 새로 등장해 퇴락한 전통 골목 상권을 되살리기 시작한 것은 2010년대 초에 대형 사업은 다수 좌초했어도 규모를 축소하여 신축형이 왕성히 진행된 것과 함께 세계 경제의 침체 속에서 한국에서는 **부동산 개발**이 자본축적의 중요한 돌파구로 작용했음을 말해준다. 2010년대에 들어와서 서울에서는 상암DMC랜드마크타워, 용산역세권국제업무지역 사업 등 대형 신축 젠트리피케이션 계획 일부가 무산된 가운데 롯데월드타워, 서울국제금융센터 3IFC, 래미안첼리투스, 성수동의 트리마제, 삼성동의 파르나스타워, 신도림동의 다큐시티 아파트, 여의도의 파크원타워 등 초고층 건물들이 다수 들어섰다. 2020년대에 들어와서도 이런 슈퍼 젠트리피케이션은 뉴타운 사업과 함께 곳곳에서 진행되고 있으며, 상업 젠트리피케이션도 낙후된 도시 지역의 재개발을 주도하며 여러 곳에서 왕성하게 이루어지고 있다.

이것은 데이비드 하비가 말한 **자본의 2차 순환**이 최근에 새롭게 활기를 띠고 진행되었음을 말해준다. 자본의 2차 순환은 1차 순환 내부에서 발생한 과잉생산의 문제에 대한 해결책으로 진행되는 자본의 운동이며, 주기적으로 일어난다(Harvey, 1989b: 64-65). 2차 순환이 주기적인 것은 과잉생산이 반복적으로 일어나기 때문이다. 한국에서 재개발과 재건축을 동반하는 건조환경의 새로운 조성 현상은 "경기침체기 이후 경기 활성화를 위한 국가의 부동산 규제완화 정책"을 통해 "건설 부분 투자"의 촉진이 이루어지는 시점에 나타나곤 했다. 최병두에 따르면, 1990년대 말에는 IMF 위기 때

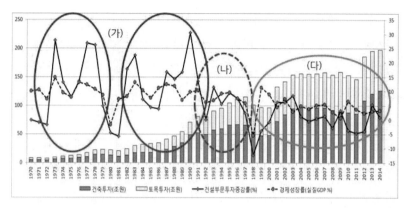

출처: 최병두, 2017: 45

문에 "과잉 축적의 위기에 따라 발생했던 부동산시장의 폭등은 없었"으나, 2000년대에 들어와서 "위기가 끝나자마자 건축 투자는 다시 큰 폭으로 증가했고, 2000년대 중반까지 지속되었다"(최병두, 2017: 45). 위 도표에서 (다)에 해당하는 2000년 이후의 건설 부문 동향을 보면, 투자율은 (가)와 (나) 시기에 비해 상대적으로 낮아진 데 반해 **투자액** 자체는 훨씬 더 커진 것을 볼 수 있다. 건축 투자의 경우 **건설 부문의 비중**이 GDP의 29.1%에 달했던 1991년에는 50조원 가량이지만 비중이 대폭 낮아진 2010년대 초의 절대 액수는 130조원 가량으로 훨씬 더 커졌다. 이것은 그동안 다른 부문들의 성장으로 인해 경제 전체에서 차지하는 건설 부문의 비중은 줄어든 반면에, 경제성장으로 인해 그 절대적 규모는 커져서 생긴 현상인 것으로 분석된다. 한국의 경제에서 건설 부문이 차지하는 비중은 1990년대에 비해서는 많이 낮아졌지만 지금도 여전히 큰 몫을 차지하고 있다. 2017년 한국의 GDP에서 건설 부문은 OECD 평균 10.5%보다 훨씬 높은 16.1%였다(관계부처합동, 2018: 6). 인구 1,000명당 건설되는 주택 수도 2010년, 2011년 기준 7.9호로서 일본의 6.5호, 미국의 2.2호, 영국의 1.9호와 비교해 "월등히 높은 수준을 보[여주]고 있다." 통계청에 따르면, 한국에서 주택건설이 활발한 것은 "그동안 주택 수요에 비해 주택 공급이 매우 부족했던 것"과 "전통적인 가족이 해체되고 1인 가구가 증가하면서 단위 인구 당 주택의 수요가 증가한 점, 그리고 외국에 비해 주택의 내구연한이 짧아서 재건축하거나 신규 건축해야 하는 수요가 많은 점" 등 때문이다(통계청, 2015: 228). 이것은 한국에서는 건물의 나이가 상대적으로 젊다는 의미로서, 서울의 경우 젠트리피케이션이 **빈번한** 것도 한 큰 원인일 것이다.

최근의 젠트리피케이션은 금융화와 밀접한 관련이 있다. 1990년대까지는 금융상품의 거래가 부동산 개발을 포함한 건조환경 구축에서 작용한 적은 많지 않았다.[162] 그것은, 부동산 기획금융과 같은 금융기법 자체가 그때는 아직 도입되지 않았기 때문이라고 할 수 있다. 과거의 관계는 **건설사**가 시행사와 시공사를 겸해 사업부지 매입, 인허가, 자금조달, 건설 등 부동산 건설의 여러 단계를 책임지고 진행하는 것이었다(비욘드플랫폼, 2017. 7.25.; 손재영·이준용, 2012: 32). 물론 그렇다고 신도시 건설처럼 국가의 정책 사업에 속한 대형 건조환경 구축의 계획까지 민간 건설사가 주도했다고 할 수는 없다. 중앙정부와 지방정부, 다시 말해 국가가 먼저 계획을 세우고 나면 건설사가 동원되어 사업을 벌인 것이다. 박정희 정권 시기의 강남 개발, 전두환 정권 시기의 목동과 상계동 신시가지 개발, 그리고 노태우 정권 시기의 평촌 등 5개 지역 신도시 개발은 모두 **관치 개발**에 해당한다. 하지만 이때 건설사는 사업의 진행을 맡았기 때문에 책임과 위상이 높았던 것도 사실이다. 1970년대 말의 압구정 현대아파트 특혜 사건, 1990년대 초의 수서비리사건 등이 발생한 것은 당시 대형 부동산 개발을 국가가 계획해서 건설사에 그 진행의 특혜를 준 관행에서 그 원인을 찾을 수 있다.[163] 반면에 2000년대 이후에는 자산유동화증권, 자산유동화대출, 부실채

162_ 한국에서 건조환경 구축에 기획금융(PF)을 처음 동원한 것은 1996년 12월에 착공해서 2000년 11월에 완공된, 서울과 인천의 영종도를 잇는 인천국제공항고속도로 건설 사업으로 꼽힌다. 하지만 2000년대 이후가 되면 기획금융 활용에 의한 부동산 개발이 빈번해졌다.

163_ 수서비리사건은 무주택자들에게 분양해야 할 강남 수서택지개발지구 토지 35,000여 평

권 등의 금융상품을 활용한 부동산 기획금융이 널리 활용되면서 부동산 개발의 진행 주체가 건설사에서 **시행사**로 바뀌게 된다. 시행사는 "부동산 개발의 사업기획, 부지매입, 인허가, 자금조달, 시공사 선정, 처분(분양/판매)까지 전 과정을 관리하는 부동산 개발업자"(비욘드플랫폼, 2017.7.25.)다. 시행사가 부동산 개발의 주체로 등장한 것은 부동산 개발이 이제는 **시장 중심**으로 이루어진다는 말이기도 하다. 금융화가 제도화되기 이전 시기에 건설사가 부동산 개발의 주역을 맡았던 것은 개발 책임을 중앙정부나 지방정부로부터 위임받았기 때문이다. 하지만 외환위기 대응 과정에서 IMF의 요구로 금융 자유화가 이루어지고 국내 시장이 외국 자본에 개방되자, 부동산시장에서도 정부에 의한 기존의 관치 개발은 존치하기 어려워졌다. 시행사가 부동산 개발의 전면에 나선 것은 그런 상황과 관련된 변화로서, 2000년 전후 이후 **기획금융**이 부동산 개발에 활용되기 시작한 것과도 연결되어 있다. 하지만 건설사가 하던 역할을 시행사가 바로 떠맡는 것이 쉬운 일은 아니다. 한국의 기획금융은 부동산에 집중되어 있다는 것이 특징인데, 부동산 기획금융 관행에도 특이한 점이 있다. 기획금융은 "대출금융기관이 대출받은 기업 그룹 전체의 자산이나 신용이 아닌 당해 사업의 수익성과 사업에서 유입될 현금을 담보로 필요한 자금을 대출해주고 사업진행 중에 유입되는 현금으로 원리금을 상환받는 금융기법"(방경식, 2011)이다. 기획금융은 그렇다면 자체 사업계획만의 신용도에 의해 자금을 동원하는 것을 기본 원리로 지닌다고 할 수 있다. 부동산 기획금융에서 은행, 저축은행, 증권사 등의 금융기관과 개인들로부터 부동산 개발 자금을 확보하는 책임은 그래서 원칙적으로는 시행사가 져야 한다. 하지만 한국 부동산 기획금융에서는 시행사의 사업계획에 대한 신뢰가 축적되어 있지 않은 탓에, 그런 취지와는 달리 건설사인 시공사가 연대 보증을 통해 사업에 참여

을 한보그룹에 넘기는 과정에서 국회·정부 관계자·청와대 인사들이 연루된 사건이다.

하는 것이 관행으로 되어 있다.

　그렇다고는 해도 금융화의 만연과 부동산 기획금융의 활성화가 이루어 짐으로써 중대한 변화가 생겨난 것은 사실이다. 이제는 개인들의 **부동산시 장 참여 방식**도 바뀌었다. 금융화 이전에 개인과 가계는 부동산 개발 과정 에서 소비자로서 수동적으로 참여했다고 봐야 한다. 과거의 신축 젠트리피 케이션 과정에 일어나는 도시계획, 자금조달, 토지 구매, 건조물의 건설과 같은 건조환경의 **생산과정**에 개인들이 참여하는 일은 거의 없었다. "기존 의 대규모 신축 젠트리피케이션"을 주도한 것은 "대형 건설자본, 현지 지주 연합, 지방정부, 그리고 투기적 이익을 추구하는 외지 개별 자본"(신현방, 2016: 8)이다. 여기서 외지 개발 자본은 주로 가옥주 즉 아파트의 소유주가 되는 사람들이지만, 이들의 개발 참여는 소비자로서 (분양 우선순위를 받 기 위한 주택 청약예금의 형태로) 자본을 투하하는 것 이외의 역할을 했다 고 보기 어렵다. 반면에 상업 젠트리피케이션에서는 "소규모 건물의 구매 와 그에 대한 부분적 재건축이 일어나며, 이 과정에서 개별 자본의 희망 사항이 직접 반영되는 경우가 많고 따라서 개별 자본이 공간 생산자로서 기능하는 경우가 많다"(강내희, 2017a: 261). 신축 젠트리피케이션의 진행 과 정에서도 개인들의 참여가 훨씬 더 적극적이 되었다고 할 수 있다. 투자자 들은 이제 자신이 투자한 특정 개발 사업을 감시하기 위해 사업 과정을 직 접 살펴보기도 한다. "부동산 PF 투자자들이 온라인상에서 직접 찍은 공사 장 사진을 공유하고 단체 현장 방문 일정을 잡"(비즈니스워치, 2017.7.12.)는 것이 그런 경우다. 젠트리피케이션 과정에 참여하는 개인들의 적극성은 상 업 젠트리피케이션에서 더 뚜렷하다. 상업 젠트리피케이션은 주로 퇴락한 주택가의 골목을 대상으로 전개되곤 하는데, 그 진행 과정은 통상 개별 건 물들의 손바꿈과 개보수 또는 재건축으로 이루어지며, 이 과정 전체가 투 자자들의 직접 관리 대상이 되곤 한다. 상업형에서는 개인 투자자의 의사 가 젠트리피케이션의 세부 사항 결정에서 중대한 결정력을 가진다고 할

수 있다.[164]

오늘날 젠트리피케이션이 활발하게 진행되는 것은 부동산 개발에 금융 기법이 왕성하게 활용되고 있는 것과도 무관하지 않다. 부동산시장에서는 지금 기획금융, 자산유동화증권(ABS), 주택담보부증권(MBS), 자산담보부기업어음(ABCP), 부동산투자신탁(REITs), 부동산펀드 등 다양한 금융상품이 거래되고 있다.[165] 부동산 관련 금융시장의 활성화 현상은 젠트리피케이션과

164_ 부동산 투자자의 이런 모습은 자신의 자산을 직접 굴리는 금융적 주체의 전형적 모습이다. 오늘날 이들 주체의 상당수는 노동자계급에 속한다. 노동자-투자자 주체의 등장은 신자유주의 지배하에서 사람들이 자기 삶에 대해 직접 책임을 져야 함에 따라 생겨난 현상이라 할 수 있다. 근래에 퇴직보험시장에서 연금 상품을 구매하는 확정기여형 연금을 드는 사람들이 생긴 것도 같은 맥락의 일이다. 퇴직 후 연금을 받는 확정급부형 대신 확정기여형의 연금에 들려면 사람들은 시장 조사를 통해 연금 상품을 구매해야 하고, 자신의 투자한 상품에 대한 책임을 스스로 져야 한다. 이런 연금 상품이나 다른 보험 상품을 구매해야 함에 따라 사람들은 저축자에서 투자자로 대거 주체성의 전환을 겪었다고 볼 수 있다. 저축자의 경우 미래의 재난에 대비하고자 자기 자산을 방어적으로 관리하는 반면, 투자자는 위험을 감수하려는 경향이 오히려 큰 편이다. 이 결과 자산 굴리는 일에 참여하는 경우가 드문 전자와는 달리, 후자는 자신이 감행한 투자의 위험 관리에 일상 시간의 아주 많은 부분을 바치게 된다(강내희, 2014: 457-58).

165_ ABS의 경우 발행 규모가 최근에 들어와서 200조원 안팎을 유지하고 있으며, 이 가운데 회사채, 대출채권, CDS 등 현금흐름을 갖는 다양한 자산 집합을 기초로 발행되는 구조화 증권인 부채담보부증권(CDO, collateralized debt obligation)을 제외하면 부동산 개발과 관련된 부동산 기획금융과 주택담보대출담보부증권(RMBS, residential mortgaged-backed securities)이 상당 부분을 차지한다. ABS 총발행액은 2013년 99.7조원, 2014년 107.1조원, 2015년 202.5조원, 2016년 199.2조원, 2017년 179.9조원, 2018년 194.8조원이었는데, 이 가운데 RMBS는 2013년 22.0조원, 2014년 14.5조원, 2015년 55.4조원, 2016년 34.8조원, 2017년 31.3조원, 2018년 24.2조원이었고, 부동산 기획금융은 2013년 16.1조원, 2014년 17.0조원, 2015년 32.8조원, 2016년 23.3조원, 2017년 15.5조원, 2018년 21.8조원이었다(양승용, 2019: 6). ABCP의 경우는 2006년에 도입된 뒤로 2012년까지는 기획금융(PF) ABCP를 중심으로 성장해오다가 2012년에 예금을 기초자산으로 삼는 ABCP가 도입되면서 2013년 이후에는 CDO중심으로 성장하고 있는데(김필규, 2015), 최근의 한 언론보도에 따르면 2020년 4월 말에 만기가 도래하는 PF-ABCP는 10조6천억원, 이를 포함해 6월까지 만기 규모는 총 24조원이며, 이 가운데 건설사와 직·간접적으로 관련된 PF ABCP 규모는 12조8천억원의 규모다(연합인포맥스, 2020.4.16.). 2018년 ABCP 발행금액은 2017년(130.6조원) 대비 15.4% 증가한 150.7조원이며, 이는 전체 유동화 시장에서 77.3%의 비중을 차지한다. PF ABCP의 발행 규모는 2013년 14.5조원, 2014년 15.8조원, 2015년 30.7조원, 2016년 22.4조원, 2017년 12.5조원, 2018년 19.7조

어떤 관련이 있는 것일까? 기획금융, ABS, ABCP, 투자신탁, 펀드 등 부동산 관련 금융상품 시장이 최근에 크게 활성화한 것은 그 자체가 금융화의 진전을 나타냄과 동시에 부동산 경기가 최근에 활성화한 것 또한 그에 힘입었을 것임을 말해준다. 금융상품의 주된 거래 주체는 은행, 증권사, 자산운용기관, 보험회사, 신탁회사 등이지만, 지금은 개인들도 금융거래에 활발하게 참여하고 있다. 개인들의 금융거래 참여 방식은 주식투자, 증권이나 채권 매입, 옵션 또는 선물 거래, 기획금융 투자 등 다양하겠지만, 여기서 관심을 기울일 것은 젠트리피케이션과 관련된 개인들의 금융 활동이다. 최근에 개인들―담보 능력이 있는―이 다수 참여하게 된 것은 금융화로 인해 무엇보다 은행 대출이 쉬워진 점 때문이다.[166] 1997년 외환위기 이전에는 주택을 매입하는 개인들이 은행 대출을 받는 일이 그리 쉽지 않았다. "대부분의 부동산 개발, 투자 관련 업종을 여신 금지 업종으로 분류하여 은행 대출을 금지하였고" "세대당 100㎡를 초과하는 주택의 건설 및 매입에 대해 여신이 금지되고, 가계대출에 할당된 재원 자체가 워낙 빈약했기 때문에 주택구매를 위한 가계의 금융 접근성이 제한"되었던 것이다(손재영 · 이준

원이었다(양승용, 2019: 8). 이 밖에도 부동산 관련 금융기법으로는 리츠와 부동산펀드가 있다. 국내 리츠 시장은 운용자금 규모가 2013년 11.8조원, 2014년 15.0조원, 2015년 18.0조원, 2016년 25.1조원, 2017년 34.9조원, 2018년 43.9조원, 2019년 51.5조원으로 꾸준히 증가해왔다(매일경제, 2020.3.14.). 부동산펀드의 경우에는 국내 부동산 대상이 2019년 4월말 기준 39.0조원에 달하고(한국경제, 2019.5.13.), 해외 부동산 대상은 2020년 4월말 순자산 기준으로 58.2조원에 이른다(문화일보, 2020.5.8.). 부동산펀드는 2014년 이후 매년 26%의 성장세를 보이고 있다(한겨레, 2019.5.1.).

166_ 한겨레신문의 2016년 한 보도는 젠트리피케이션이 활발하게 진행되고 있던 망원동 일대에서 한 개인이 어떻게 상가 건물 여러 채를 매입했는지 소상하게 말해주고 있다. 김 아무개는 총 131억1천200만원을 투입해 상가 건물 6채를 사들였는데, 그가 소유 건물들에 111억2천300만원의 근저당을 설정해 놓았다는 사실이 주목할 부분이다(한겨레, 2016.7.26.). 김 씨는 자신의 보유 자본금으로 상가 건물 한 채를 먼저 매입한 뒤 이것을 담보로 은행 융자를 받고, 그 대출금으로 다른 상가 건물을 매입하는 식으로 자산을 불렸다고 한다. 그가 짧은 기간 안에 많은 건물을 수중에 넣을 수 있었던 것은 금융화로 인해 은행 대출을 쉽게 할 수 있었기 때문이라고 할 수 있다(강내희, 2017a: 261-62).

용, 2012: 3). 하지만 금융 자유화 정책이 추진된 뒤로는 상황이 바뀌어 **개인과 가계의 금융서비스 접근**이 급증하게 된다. 이런 점은 **주택담보대출**이 큰 비중을 차지하는 **가계부채**가 1997년 이후 GDP에 대비해 더욱 급속하게 늘어난 것으로 확인되고 있다. 가계부채는 외환위기 이후 5년 단위로 봤을 때, 김영삼 정권 말인 1997년에는 GDP 542.0조의 39.0%인 211.2조원, 김대중 정권 말인 2002년에는 GDP 784.7조의 59.2%인 464.7조원, 노무현 정권 말인 2007년에는 GDP 1천89.7조의 61.1%인 665.4조원, 이명박 정권 말인 2012년에는 GDP 1천440.1조의 66.9%인 963.8조원, 문재인 정권 1년차 말인 2017년에는 GDP 1천835.7조의 79.0%인 1천450.8조원, 그리고 2020년에는 GDP 1천933.2조원의 89.3%인 1천726.1조원이 되었다.[167]

　　외환위기 이후에 가계부채가 급증하게 된 것은 국가의 금융정책과도 무관하지 않다. 특히 눈여겨볼 점이 그동안의 **저금리 정책**이다. 한국의 기준금리는 외환위기 이전에는 대략 8%대로 유지되다가 외환위기 도중에는 재정 안정화를 위한 고금리 정책으로 한때(1997~98년) 18%에 근접하기도 했지만, 금융 자유화 정책이 도입된 뒤로는 크게 하락한다. 기준금리는 김대중 정권에서 4%대로 떨어진 뒤 노무현 정권에서도 비슷한 수준으로 유지되다가 미국의 비우량주택담보대출 위기와 금융위기가 시작된 노무현 정권 말, 이명박 정권 초에 잠깐 6%대로 오른 뒤, 2009년부터 3%대로 떨어지기 시작했고, 박근혜 정권 시기에는 1% 수준으로까지 하락했으며, 문재인 정권에 이르러서도 비슷하게 지속되다가 2020년에 코로나19 사태를 맞으면서 0%대로까지 떨어졌다.[168] 이런 저금리 정책은 2000년대 말의 금

167_ 낮은 금리로 대출받는 개인들이 이득을 취하기만 하는 것은 아니다. 한국에서 가계부채가 급속히 늘어난 시기는 OECD 국가들 가운데 한국의 자살률이 최고로 높아진 시기이기도 하다.

168_ 금리의 최대한 인하를 금융화의 한 지표로 볼 수 있다면, 1990년대 말, 2000년대 초에 시작된 한국의 금융화는 2000년대 말에 들어와서 사실상 본격화했다고 볼 수 있다. 이것은 한국의 금융화가 미국의 금융화가 거의 일치한다는 말과 같다. 코츠에 따르면, 미국에

융위기 이후 미국과 유럽, 일본 등 다른 자본주의 국가들이 금융화의 지속을 위해 **양적 완화** 정책을 펼쳐온 것과 궤를 함께한다. '양적 완화'는 중앙은행이 시중은행들로부터 정부 채권을 매입해 금융제도에 유동성을 공급하는 화폐정책으로서 이자율을 낮추어 대출을 촉진하는 효과가 있으며, 한국에서는 이명박 정권하에서 금리가 3%대로 떨어진 뒤로 10년 넘게 계속 하락해 최근에는 0%대에 머물고 있다. **금리의 역사적 하락**이 이루어진 시기는 젠트리피케이션이 서울에서 전면적으로 진행된 시기이기도 하다. 주목할 점은 서울의 젠트리피케이션은 이제 신축형이든 상업형이든 관치보다는 주로 **시장 중심의 개발**을 통해 이루어지게 된다는 것이다. 이 시기 젠트리피케이션은 필요한 자원의 많은 부분을 기획금융이나 부동산 관련 ABS, ABCP, 리츠, 부동산펀드로 마련했다는 점에서 금융화와 긴밀하게 연결되어 있었다고 봐야 한다. 서울의 도시적 형태가 최근에 젠트리피케이션에 의해 새로이 규정된 것은 무엇보다도 금융화로 인한 현상이었던 셈인 것이다.

5. 금융화와 도시적 형태 ─ 젠트리피케이션과 경관화

금융화는 그렇다면 도시적 형태와는 어떤 관련이 있는가? 금융화란 비금융 기업이 금융시장에서 독자적으로 거래하는 일이 늘고, 은행이 금융사업으로 이윤을 얻고자 공개 금융시장의 거래에 집중하고, 개인과 가계가 제도권 금융시스템에 전례 없이 의존하는 현상이다(Lapavitsas, 2013b: 794). 금융기관 및 비금융 기업의 금융적 거래 참여, 개인들의 금융시스템 의존

서 "금융화가 만개한 것은 신자유주의 시대가 시작된 지 한참 뒤인 2000년대였다"(Kotz, 2015: 33). 하지만 2007~09년의 금융위기 이후 성숙 자본주의 국가들에서는 금융화가 침체 상태에 놓인 데 반해, 개도국의 금융화는 강화되었다는 라파비차스의 견해도 있다. 한국은 최근에도 금융화가 왕성하게 진행되었다고 할 수 있는데, 그런 점이 한국은 아직 성숙 자본주의 단계에 들어서지 않았음을 말해주는 것인지는 숙고해볼 점이라 하겠다.

강화가 공간의 생산에서 만들어낸 중대한 변화의 하나는 부동산시장에서 **금융적 매개**가 강화된 데서 볼 수 있다. 개인들을 상대로 이루어지는 은행 대출은 주로 주택을 담보로 하여 이루어진다. 부동산 개발업자에게 제공되는 대출도 주택 건물을 담보로 삼기는 마찬가지다. 이런 점은 서울의 생김 새가 2000년대 이후에 새로워진 것은, 금융화로 주택담보대출이 대폭 증가한 것과 궤를 함께하는 현상임을 말해준다. 금융화 시대에는 공간 생산의 방식이, 부동산시장과 금융시장의 결합이 긴밀해지는 금융적 매개와 함께 **자산 도시주의**, 즉 물량이 늘어난 건조환경 단위들이 주식이나 채권과 다를 바 없는 금융자산으로 기능하여 부동산의 거래와 건설이 활성화되는 경향이 팽배하면서 새로워졌다고 볼 수 있다. 이것은 서울의 도시적 형태가 금융화로 인해 크게 달라졌다는 말이기도 하다.

금융화와 도시적 형태의 긴밀한 관계는 고층·초고층 건물들이 급증해 서울이 수직적 도시로 전환되고, 시곡면이 광범위하게 형성된 바람에 시각적 조건이 악화함에 따라, 사람들이 공제선이나 도시 전경을 볼 수 있는 조망점을 쉽게 확보하기 어려워진 데서도 확인된다. 대중의 일상적 시곡면 환경의 악화를 초래한 가장 큰 원인은 **주거용 건물의 급증**에서 찾아야 할 것이다. 오늘날 건조환경 단위의 대종을 이루는 것은 최근에 폭증한 아파트와 빌라 건물들로서, 이것들은 과거 주거지역의 단독주택과 비교하면 엄청나게 높다는 형태적 특징을 지니고 있다. 그로 인해 서울의 생활공간 시각 환경이 획기적으로 바뀐 것은 한국 정부가 외환위기를 맞고 금융 자유화 정책을 도입한 결과, 부동산 PF, PF ABCP, MBS, 리츠, 부동산펀드 등의 금융상품 거래량이 커진 2000년대 이후다. 부동산시장에서 다양한 금융상품이 발행되어 거래가 활발하게 이루어진 것과 발맞춰 가계의 주택담보대출도 급증했다. 아파트나 빌라를 마련코자 개인들이 금융기관에서 대출금을 받으면, 은행 등은 대출금을 기초자산으로 하여 MBS 등의 금융상품을 만들어 자본시장에서 판매한다. 최근에 부동산시장이 활성화한 것은 그런 거래의 규모가 커진 점 때문이기도 하다. 이렇게 보면 서울의 도시적 형태가 최근에 크게 바뀐 것은 금융화가 급속하게 진행된 것과 긴밀하게 관련된 일임을 알 수 있다.

건조환경은 당연히, "인간이 자기 자신의 행위에 의해 자신과 자연 사이의 물질대사를 매개하고 규제하며 통제하는 과정"(맑스, 2015a: 237. 번역 수정) 즉 노동을 통해 생산된다. 단, 노동은 보편적인 유용노동임과 동시에 자본주의적 생산양식에서는 가치를 생산하는 **추상노동**이기도 함을 고려하면, 서울의 생김새가 오늘날의 형태가 된 것은 후자의 노동 형태가 지배적으로 작동한 결과라 할 수 있다. 모든 노동이 가치를 생산하는 것은 아니다. 어떤 농부가 농산물을 생산하여 가족과 함께 식량으로 소비한다면, 그것을 생산한 그의 노동은 사용가치는 생산했어도 가치는 전혀 생산하지 않은 셈이 된다. 그의 노동이 유용노동에 더하여 추상노동의 성격을 추가로 갖게 되는 것은, 즉 그의 노동생산물이 사용가치에 더하여 가치까지 갖게 되는 것은 그가 그것을 시장에 내다 팔고 화폐를 획득했을 때다. 이것은 노동의 추상노동적 성격은 그 생산물의 상품화를 통해 생긴다는 말과 같다. 이제 지구상의 노동은 대부분 추상노동의 성격을 갖게 되었다고 할 수 있다. 왜냐하면 최근에 접어들어 노동이 전반적으로 임금노동으로 전환했기 때문이다.[169] 노동의 전면적 추상노동화는 서울의 도시적 형태가 새롭게 형성된 데에도 큰 역할을 했다고 봐야 한다. 추상노동으로서의 노동이 건조환경, 특히 주거용 건물들의 생산에 집중적으로 투여되지 않았다

169_ 노동의 추상노동화, 임금노동화가 지구적인 현상이 된 것은 특히 1990년대 이후의 일이다. 리처드 프리먼에 따르면, 1980년대 이후 2000년까지의 기간에 세계의 노동력 풀에는 14억7천만명이나 추가되었다(Freeman, 2005.8.3.). 세계의 임금노동 인구가 그렇게 많이 늘어난 것은 첫째, 전에는 상품생산에 종사하지 않던 중국이나 구소련 블록 등 현실사회주의권의 노동인구, 둘째, 주로 사용가치 생산에 종사하던 인도를 위시한 제3세계 농촌 인구, 셋째, 노동력의 가치 하락에 공헌하며 부불노동을 해오던 자본주의 국가들의 여성 인구가 대거 세계 자본주의적 생산에 흡수된 결과라고 할 수 있다.

면, 지금 우리가 보는 서울의 도시적 형태는 만들어지기 어려웠을 것이다. 가치 운동의 측면에서 보면 도시적 형태의 형성은 가치의 생산이 공간의 생산과 맞물려 진행된 현상, 가치를 생산하는 추상노동이 건조환경에 응축된 현상에 속한다. 서울의 수많은 고층 건물들, 즉 서울을 수직적 도시로 만들고 있는 건축물들은 **가치의 실체**인 추상노동이 응고된 모습, 또는 추상노동이 생산한 가치가 대상화한 모습인 셈인 것이다.

물론 건조환경 단위들은 여기서 관심을 두는 주거용 건물에만 국한되지 않는다. 서울의 도시적 형태를 구성하는 건조환경 요소들에는 우리가 매일 접하는 길거리 경관, 차량 행렬, 역세권에 밀집한 고층 건물, 도로변 상가, 상가에 진열된 상품, 건물들 외벽을 장식하며 빼곡히 걸린 간판, 행인의 패션이나 행태 등 수없이 많은 단위가 포함되어 있다. 하지만 그래도 주거용 건물에 초점을 맞추는 것은, 금융화의 시대에 이르러 재화로서 그것들의 성격에 특별히 중대한 변화가 생겼다고 보이는 점 때문이다. 주택은 금융화 이전에는 상품으로 생산되더라도 일단 판매되고 나면 사용가치 중심으로 사용되는 경향이 컸다. 반면에 이제 그것은, 특히 아파트의 경우, 교환가치 중심으로 거래된다. 주택은 대부분이 금융자산으로서 환금성이 얼마나 좋은가에 따라 그 자산가치가 정해지고 있다. 같은 상품도 사용가치 중심인가, 교환가치 중심인가에 따라서 의미나 기능이 달라진다. 서울의 주택들은 금융자산으로의 성격이 강화됨으로써 교환가치로 취급되는 경향이 극대화되었고, 돈 되는 것일수록 인기가 높다. '**부동산 불패 신화**'가 수십 년간 지속되는 것도, 갖은 수단을 써서 돈 되는 아파트를 확보하려는 사람들이 줄지 않아—이것은 국가의 금융화 정책의 효과이기도 하지만— 부동산 경기의 불이 꺼지지 않기 때문이다. 2010~15년 기준으로 한국의 아파트 수명은 28.8년에 불과하여 영국 독일 프랑스 미국 일본의 그것보다 훨씬 더 짧다. 이것은 부동산을 통한 금융자산 증식의 일환으로 **재개발과 재건축**이 쉼 없이 진행되었다는 말로서, 그 결과 서울에는 이제 도시화가 이루어지지 않은 지역이 거의 없을 정도가 되었다. 서울의 생김새를 핵심적으로 규정하는 주거용 건물들이 대거 새로 조성된 것도 그 결과다. 그런 변화가 집중적으로 일어난 2000년 이후는 한국에서 신자유주의가 금융화를 본격적으로 가동한 시기이기도 하다.

서울의 생김새를 새롭게 만들어낸 기본 메커니즘은 **젠트리피케이션**이다. 앞서본 대로 1997년의 외환위기 이후 금융의 자유화가 강제됨에 따라, 서울의 젠트리피케이션은 중대한 변동을 겪게 된다. 젠트리피케이션은 1970년대에 이미 시작되었지만, 2000년대 이후에는 금융화와 연동되면서 그 작용과 영향이 훨씬 더 광범하고 치밀해져 **공간 생산의 핵심적 기제**가 되었다. 서울의 도시화는 1990년대 초 무렵에 제1차 순환이 종료되면서 재개발의 형태로 다시 진행되었고, 젠트리피케이션도 이때부터 이미 도시화가 이루어진 곳들 가운데 낙후 지역들을 대상으로 새로 이루어진다. 하지만 외환위기와 함께 금융화가 본격적으로 작동하는 과정에서 젠트리피케이션의 추진 방식도 변화를 겪었다고 할 수 있다. 젠트리피케이션이 이루어지려면 지자체의 도시 재개발 정책 집행—재개발 지구 선정, 예산 지원 등—이나 개인들의 투자가 요구된다. 신축형이든 상업형이든 젠트리피케이션에는 큰 자금이 조달되어야 하는데, 그때 결정적인 역할을 한 것이 신용제도가 새로 작동하기 시작한 점일 것이다. 이전에는 개별 가계가 금융기관으로부터 대출을 받아내기가 아주 어려웠으나 금융화 이후 **이자율의 역사적 하락**이 이루어지며 상황이 크게 바뀌게 된다. 국가가 개인과 가계의 대출을 부추기는 금융정책을 펼치기 시작한 것이다. 지난 20년 가까이 젠트리피케이션 추진을 위한 자금이 원활하게 조달되고, 부동산시장이 계속 활성화를 보인 것은 그 덕분이라고 할 수 있다. 그런 흐름이 강화된 데에는 부동산 관련 금융상품의 거래가 대량으로 이루어진 것도 중요한 작용을 했다.

불과 몇십 년 사이에 세계 최대의 수직적 도시가 된 데서 알 수 있듯이,

서울에는 새로 들어선 건물이 수없이 많다. '600년 고도' 서울이 갈수록 나이 어린 도시가 되고, 특히 **경관적 공간**이 된 것도 그런 점 때문이다. 경관은 사람들의 눈길을 유독 끄는 특징이 있으며, 그런 점에서 '풍경'과 구분된다.[170] 서울을 그런 경관으로 전환해내는 가장 큰 요인은 기존의 건조환

170_ 비유적으로 말해 풍경은 '게으르다.' "풍경이란 두말할 나위 없이 땅에 두 발을 딛고 선 인간의 시점에서 바라본 땅의 모습이다"(나카무라, 2004: 44). 이처럼 인간의 시점에서 본 것인 만큼 풍경이 완전히 숨어있는 자연 상태인 것은 아니다. 그래도 풍경은 사람의 흔적이 최소화된 공간에 속한다. 왕유(王維, 699~759년)의 「녹채鹿柴」에 나오는 "빈산에 사람은 보이지 않고, 말하는 소리만 들리네(空山不見人 但聞人語響)"에서 언급된 '빈산'이 그런 풍경이다. 풍경에서 사람의 존재는 두런대는 소리로만 인지될 뿐 잘 보이지 않거나, 설령 보이더라도 거기에 틈입했다는 느낌을 자아내지 않는다. 풍경이 '게을러' 보이는 것은 그렇게 그냥 혼자 있는 것 같기 때문일 터이다.

경관은 반대로 '분주하다.' 자연환경일지라도 그것은 나대며 다가온 것에 가깝다. 경관지구로 지정되어 관광지가 되고 나면 심산유곡이든 황량한 들판이든 거친 바닷가든 사람들을 굳이 끌어들인다. 소재한 지방자치체가 나서서 전국적으로나 국제적으로 벌이는 홍보 대상이 되곤 하기 때문이다. 도시에서 형성된 경관도 마찬가지로 한사코 사람들 가까이 다가오려 하거나 우리를 그 곁으로 끌어들이려 한다. 서울의 퇴락한 지역 골목들이 상업 젠트리피케이션을 거치며 달뜬 도시경관으로 바뀐 곳에서도 사람들을 끌어들이려는 경쟁이 심하다. 경관이 된다는 것은 이처럼 특정한 지역, 대지, 토지가 자신을 드러내려는 경향이 커진다는 말이기도 하다.

'경관의 문화, 풍경의 자연'이라는 말이 있다. "인간의 일이 만들어내는 경관은 문화의 표현, 자연의 일이 만들어내는 풍경은 생태의 표현"(伊達美德)이라는 의미다. 이렇게 서로 구별되지만, 경관은 풍경이 될 수 없고, 풍경은 경관이 될 수 없는 것은 아니다. 지연 풍경도 경관이 되곤 한다. 특정한 자연환경이 경관 지구로 지정되는 것이 그런 예다. 경관으로 지정된 풍경은 원래의 모습을 유지하더라도 지정된 사실만으로 원래의 지리적 성격이나 위상이 바뀔 수 있다. 지리산이나 설악산은 국립공원으로 지정됨으로써 '자연경관'이, 사람들이 찾아가는 관광지로 전환되었다. 이렇게 되면 그런 자연환경은 풍경의 모습을 더 이상 한적하게 지닐 수 없으며, 상품화되어 홍보 대상이 되기까지 한다.

다른 한편, 경관이 풍경으로 될 수도 있다. 예컨대 강세황(姜世晃, 1713~1791)의 <벽오청서도碧梧淸暑圖>에서 그런 점이 발견된다. 그림에는 한 선비가 초가집 마루에 앉아 마당에서 빗질하는 아이를 바라보고 있고, 한 쌍의 벽오동 아래 나지막이 자리 잡은 초가집은, 중간에 크지 않은 파초 한 그루가 선 대밭을 뒤로 하고 앞으로는 거암 절벽을 마주하고 있다. 이것을 자연의 원래 모습이라고 보기는 어렵다. 거암 절벽이야 원래 제자리에 있었겠으나 초가며 벽오동, 대밭, 파초 등은 인공적으로 조성했을 것이고, 양반 선비가 청소 노역을 하는 아동을 바라보는 모습은 전근대적 계급 사회의 그것이다. 하지만 그림은 인간 문화의 소산인 경관적 요소들을 담고 있기는 해도 그런 모습이 자연환경에 틈입했다는 느낌을 별로 자아내지 않는다. 그보다는 그림 속의 전반적 경관이 '게으른

경이 젠트리피케이션에 의해 새로운 것으로 대체된다는 점이다. 젠트리피케이션의 만연으로 주거용 건물들이 대폭 새로 건립된 것은 서울의 생김새를 바꿔내는 데에도 큰 몫을 했다. 1980년대 초까지만 해도 나지막한 건물이 대부분이던 도시가 이제는 고층 건물로 온통 뒤덮일 정도가 되었다. 이런 변화는 젠트리피케이션이 최근에 금융화와 결합하고, 새로 건조되는 건물들이 대거 고층화하고 대형화한 결과에 속한다. 그런 변화가 일어난 것은 지대를 최대한 추출할 수 있는 건축 조건의 확보를 위한 노력이 집중적으로 일어났다는 징표이기도 하다. 도시화가 거듭된 결과 서울에서는 이제 미개발된 토지는 확보하기가 어려워졌다. 젠트리피케이션, 특히 신축 젠트리피케이션이 일어나는 곳에서 주거용 건물들이 예외 없이 고층으로 건립되는 가장 큰 이유가 거기에 있다. 토지의 희소성으로 지가가 치솟아 부동산 개발의 수지를 맞추려면 건물의 **연면적**을 최대화할 필요가 커지며, 그에 따라 새 건물들일수록 고층으로, 가능하다면 초고층으로 짓게 되는 것이다. 건물들이 갈수록 고급화하는 것도 같은 맥락에서 이해된다. 아파트 건물 같은 데서 더 큰 이윤을 내려면 고층화를 꾀하면서 건물을 고급화하는 것이 더 유리하다. 이렇게 보면, 주거용 건물들의 고층화와 고급화가 최근의 건조환경 조성에서 중요한 경향으로 등장한 것은 주택의 '가치'가 갈수록 **교환가치** 중심으로 평가되기 때문일 것으로 분석된다. 아파트나 빌라의 교환가치가 강조된다는 것은 그것들의 **상품 성격**이 강조된다는 말이기도 하다. 주택이 고급화해 더 매력적인 대상으로 만들어질 필요가 커지

모습을 띠는 하나의 풍경으로 전환된 듯하다. 이것은 대밭이나 파초, 벽오동, 초가집 등이 애초에 인위적으로 조성되었다 하더라도 이제는 주변의 자연에 녹아들었기 때문일 것이다. 신지 이소야의 말대로, 경관도 조성한 지 수십 년에 걸쳐 주변과 잘 어우러지면 풍경으로 바뀔 수 있다(進土五十八, 2010: 9).

하지만 오늘날 서울에서는 경관의 풍경화보다는 풍경의 경관화가 지배적인 경향에 속한다. 그것은 젠트리피케이션이 경관의 풍경으로의 전환을 강력하게 막는 메커니즘으로 작용하고 있기 때문이다. 그러나 도시의 경관화로 인해 서울은 이 장의 뒷부분과 제9장에서 보겠지만 '화려한 죽음의 공간'으로 바뀌고 있다.

는 것도 그런 점과 무관하지 않을 것이다.

고층화와 고급화가 일어나면서 건물들의 형태도 상당히 바뀌었다. 옛날에는 아파트 건물이라 하면 판상형이 대부분이었으나, 새로 지은 것 가운데는 타워형도 많이 포함되어 있다. 이런 변화는 '심미화'로서, 건물의 고급화를 위한 중요한 방법에 속한다. 고급화는 **차별화**이기도 하다. 고층 건물의 고급화는 아파트단지의 폐쇄성을 강화하기도 했다. 타워팰리스처럼 단지가 외부인의 진입을 어렵게 하는 배타적 '빗장 공동체'로 바뀐 것이 그런 경우다. 그런 **배타성**은 대체로 아파트의 평당 가격이 얼마인가, 아파트의 자산가치가 얼마인가에 의해 강도가 조정되는 경향이 있으며, 건물의 생김새 즉 그것이 타워형인가 판상형인가, 저층인가 고층인가에 의해 그 강도가 정해진다. 아파트의 브랜드화도 같은 맥락의 현상이다. 앞에서 우리는 브랜드화가 빌라촌에까지 확산한 것을 살펴본 바 있지만, 그런 변화를 일으킨 젠트리피케이션이 광범위하게 진행됨으로써 서울은 이제 거대한 **도시적 경관**으로 바뀌었다. 경관화는, 금융화와 함께 젠트리피케이션이 새로운 형태로 진행됨에 따라 건조환경 가운데 주거용 건물들이 대거 고층으로 건설된 것과 궤를 함께한다.

이전의 단조로운 형태를 바꿔 아파트 건물들을 고급화하고 차별화해 브랜드화하는 작업은 **독점지대**의 추출이 주된 목적이라고 할 수 있다. 독점지대는 "생산물의 가격이 생산가격이나 가치에 의해 결정되는 것이 아니라 구매자의 욕구와 지불능력에 의해 결정"(맑스, 2015c: 983)되는 독점가격을 제공하는 토지에서 나오는 지대다. 독점가격─생산가격이 아니라─을 바탕으로 독점지대를 추출하게 해주는 토지의 대표적 예로서 맑스는 한정된 양의 고품질 포도주를 생산하는 포도밭을 꼽은 바 있다. 독점가격이 생산가격에 기반을 두지 않는 것은 "생산물의 가치를 넘는 그 초과분은 순전히 상류사회의 포도주 애호가의 부와 기호에 의해 결정"되는 것이기 때문이다(맑스: 984). 오늘날 도시지대의 견지에서 볼 때, 독점지대를 낳는 대표적인 예는 고급화하고 브랜드화한 고층아파트 건물이 아닐까 싶다. 용산 이촌동의 래미안첼리투스 같은 강변의 초고층아파트 건물들, 타워팰리스 같은 빗장 공동체 성격의 주상복합 고급 아파트단지, 분양가가 370억원이라는 시그니엘 펜트하우스가 있는 롯데월드타워와 같은 건물들은 한결같이 장소의 특수성이나 여타의 주거 건물들과는 급이 다르다는 차별성, 말하자면 고유한 브랜드로서의 가치를 내세운다. 그래야만 그들 건물은 큰손 고객의 개별적 취향까지 만족시키며 독점가격을 호가할 수 있을 것이다.

자본의 운동 측면에서 보면, 젠트리피케이션과 경관화는 화폐자본 중에 이자 낳는 자본, 이 가운데서 가공자본의 운동과 밀접한 관련이 있다. 가공자본은 이자 낳는 자본 가운데 대부자본과는 구분된다. 대부자본은 기능자본가에게 대부되어 생산자본으로 활용되는 경우가 많지만, 가공자본은 생산과정과는 **직접적인 관련이 없다**.[171] 가공자본을 포함한 이자 낳는 자본은 인도와 상환의 형식으로 운동하며, 따라서 M—M′의 형태를 띤다. 이 형태에서는 현실적으로 작용하는 자본의 운동, 다시 말해 자본가치가 생산되고 실현되는 과정을 볼 수가 없다. M과 M′의 "중간에 일어난 모든 것은 지워져"(맑스, 2015c: 444) 있기 때문이다. 자본은 이때, "자기 자신에 대한 관계" 즉 "화폐를 낳는 화폐"로서 "매개적인 중간운동 없이"(맑스: 438-39) 나타난다. 물론 지워져 있다고 해서 중간운동이 존재하지 않는 것은 아니다. M의 양으로 대부된 이자 낳는 자본이 M′의 양으로 상환되려면 가치의 증식을 일으키는 **가치의 생산과 실현**이 필수적이다. 이렇게 보면 M—M′은

171_ 대부되는 자본 가운데 가치와 잉여가치 생산에 관여하지 않는 것은 가공자본이다. 예컨 대 빌라나 아파트를 건설하기 위해 건설업자가 빌린 자본은 가치와 잉여가치의 생산에 작용하며, 따라서 가공자본이 아닌 대부자본이다. 완성된 주택의 구매를 위해 소비자가 빌리는 대출자금은 그렇지 않다. "주택은 일반적으로 가치나 잉여가치의 생산에 사용되지 않기 때문에 모기지금융은 가공자본의 한 형태다"(하비, 2016b: 403). 국가의 부채는 사회적 하부시설을 건설할 때는 잉여가치의 생산에 보탬이 되지만, 예컨대 전쟁 수행을 위해 사용되어 아무런 가치를 생산하지 않으면 가공자본이고, 주식이나 채권 등의 자산 매입에 들어가되 가치를 생산하지 않는 것은 가공자본이다(402).

가치 운동의 핵심적 과정을 철저하게 은폐하는 **물신주의**를 작동시키고 있는 셈이다. 맑스에 따르면 가치의 현상형태인 상품은 기본적으로 물신주의를 가지고 있지만, 현상형태 가운데 물신성이 가장 강한 것이 화폐이고, 화폐 중에서도 가공자본이 될 수 있는 신용화폐가 그렇다.

서울의 도시적 경관이 오늘날 보여주는 현란함은 자본의 운동이 만들어낸 현상(phenomena)에 해당한다. 가치는 자신을 드러내기 위해서는 반드시 **현상형태**(現象形態, forms of appearance)를 가져야 하며, 이것은 상품의 예가 잘 보여주듯이 물신주의를 작동시킨다. 상품 형태는 "인간 자신의 노동이 지닌 사회적 성격을 노동생산물들 자체의 물적 성격 즉 이들 물건의 사회적 천성으로 보이게 하며, 따라서 총노동에 대한 생산자들의 사회적 관계를 대상들의 사회적 관계, 즉 생산자들의 외부에 따로 존재하는 관계로 보이게"(2015a: 93. 번역 수정) 하는 특징을 지닌 형태다. 이 결과 상품은 "감각적임과 동시에 초감각적 즉 사회적 물건"(93)이 되며, 따라서 판타스마고리아를 만들어낸다(이 점에 대해서는 다음 장에서 더 자세하게 다룰 것이다). 하지만 가치의 현상형태 가운데 물신주의 또는 판타스마고리아의 효과를 가장 강력하게 지닌 것은 **화폐**이며, 특히 가공자본의 역할을 하는 **신용화폐**다. "이자 낳는 자본에서 자본관계는 가장 피상적이고 물신적인 형태에 도달한다"(2015c: 498). 물신적 효과—인간들의 사회적 관계를 물건들의 관계로 만드는—가 가장 큰 이자 낳는 자본은 가공자본이다. 이자 낳는 자본은 기능자본가에게 대부되면 가치와 잉여가치의 창조에 참여하지만, 국채나 회사채, 주식, 부동산 등에 투자되면 그런 과정에는 직접 참여하지 않으며, 따라서 **가공자본**이 된다. 가공자본의 특징은 거기서는 "이윤의 원천을 더 이상 파악할 수 없으며, 자본주의적 생산과정의 결과가 과정 그것에서 분리되어 자립적인 존재"(500)가 된다는 것이다. 오늘날 서울이 대거 경관으로 변한 것은 **가공자본의 현실 구성 효과**가 그만큼 크다는 뛰어난 증거가 아닐까 한다. 서울의 경관화는 젠트리피케이션에 의해 심화를 겪었고, 젠트리피케이션은 부동산시장과 금융시장이 긴밀하게 연결됨으로써 더욱 빈번하게 추진되었다. 서울의 최근 생김새―수직 도시화, 시곡면의 왜곡, 공제선의 실종, 젠트리피케이션, 경관화 등으로 현상하는―가 형성된 데에는 금융화가 그만큼 크게 작용한 셈이라 할 수 있다. 새로운 건조물이 급증해 서울이 경관의 지배를 받는 '젊은 도시'가 된 것도 금융화로 인해 가공자본이 급격하게 늘어나 부동산시장이 활성화한 결과다.

6. 주거지역의 (유사)경관화

금융화와 도시적 형태의 관계는 최근에 일어난 저층 주거지역의 변화를 통해서도 볼 수 있다. 과거의 도시적 경관은 상권이 집중적으로 형성된 도심이나 부도심을 중심으로 형성되었으나, 금융화 시대가 되면 주거지역들도 경관처럼 바뀌는 경향이 나타난다. 이와 관련해 1995년 기준 13만4천923호로 서울의 전체 주택 168만8천11호의 8.0%에 불과하던 다세대주택이 2020년에는 79만6천66호로 늘어나 전체 301만5천371호의 26.4%를 차지하게 되었다는 데 주목할 필요가 있다. 다세대주택은 오늘날 빌라촌을 구성하는 대표적 주택 유형이다. 서울에서는 이제 아파트단지가 아닌 곳도 이전 기준으로 보면 고층이라 할 건물들이 밀집한 상태인데, 이것은 과거의 주거지역들이 대거 빌라촌으로 전환되어 단독주택 대신 다세대주택이 대폭 건립된 결과에 속한다.

빌라촌의 형성을 전형적인 젠트리피케이션이라고 보기는 어렵다. 젠트리피케이션은 건조환경의 변화 과정에 건물주, 세입자, 상인 등 기존의 토지 이용자가 **사회경제적 지위**가 더 높은 신규 이용자로 교체되는 현상으로서, 공간의 '고급화'에 해당한다. 빌라촌의 형성은 그런 현상과는 거리가 있다. 통상 빌라촌은 도시화가 처음 시작될 때 형성된 중산층 주택가의 1, 2층짜리 단독주택들이 서로 시차를 두고 손바꿈을 겪으며 다층 건물들로 대체되는 방식으로 서서히 형성된다. 이 과정에서 양도 이득을 취한 기존 토지 이용자는 기존 주택 가격에 버금가는 고가 아파트로 이주하게 되며, 새로 들어선 건물에 전입하는 신규 이용자들은 사회경제적 지위가 더 낮은 것이 보통이다. 빌라촌은 그래서 대체로 서민의 주거지역이 되었으며, 외관도 아파트단지에 비해 초라한 편에 속한다.

그렇기는 해도 빌라촌이 경관적 요소를 아예 결여한 것은 아니다. 대략 10세대 안팎의 가구가 입주해 있는 소형 빌라 건물들을 보면 예외 없이 정면에 ○○주택, ○○맨션, ○○빌리지, ○○빌라, ○○빌, ○○하이츠, ○○리젠시, ○○캐슬, ○○채 같은 이름표를 붙여놓고 있다.[172] 고급이라고는 하기 어려운 건물에 개발업자가 그런 명칭을 단 것은 빌라도 아파트처럼 **브랜드 상품**인 것처럼 보이게 하려고 안간힘을 쓰는 것 같기도 하다. 상품이 고유한 이름을 갖는다는 것은 자신을 다른 상품과 차별화하여 가치를 내세우기 위함이다. 브랜드로 자처한다고 저소득층 주거지의 빌라가 고가 부동산으로 바뀌지는 않겠지만, 그래도 굳이 그런 포지셔닝을 취하는 것은 빌라도 **금융자산**이기 때문 아닐까 한다. 빌라촌의 건물 건설과 매입 과정에서 비용 조달을 위해 개발업자나 입주자가 금융기관 대출에 의존하는 것은 아파트단지 조성 과정과 다를 바 없다. 오늘날 빌라촌에서는 그래서 투자, 홍보, 매매를 둘러싼 금융적 활동이 금융화 이전의 단독주택 주거지역과 비교하면 훨씬 더 활발하게 이루어진다. 금융자산의 성격이 커진 주택은 상품으로서의 가치를 높이기 위해 **나름의 매력**을 강조하기 마련이다. 빌라촌 건물이 브랜드화를 꾀하는 것은 이름으로라도 그렇게 하기 위함인 듯싶다. 오늘날 서울의 주거지역 다수는 그리하여 경관이 되었거나 그렇게 될 것을 지향한다고 볼 수 있다.

172_ 개인적 관찰에 의하면 '주택' '맨션' '빌리자' '빌라'를 건물 명칭에 사용한 빌라 건물들은 상대적으로 오래된 것으로 보였고, '빌' '하이츠' '레전시' '캐슬', '채'를 붙여놓은 것들은 비교적 최근에 조성한 것으로 보였다.

이런 변화를 일으킨 또 다른 중요한 요인 하나는 최근에 "주거용 서비스업이 골목마다 퍼져나간"(임동근·김종배, 2015: 356) 점이다. 과거의 주택가에는 골목 어귀에 퇴락한 구멍가게 하나 겨우 있을 정도로 상업시설이 드물어 경관을 구성할 수 있는 기반이 존재하지 않았다. 반면에 이제 빌라촌으로 바뀐 주거지역에는 편의점이나 카페, 치킨센터, 슈퍼, 세탁소, 미장원 등이 곳곳에 들어와 있으며 밤에도 환하게 불 켜진 곳이 많다. 옛날의 시골 마을에서는 결혼식이나 회갑연 같은 **잔치**가 없으면 밤에 불을 환히 켜놓는 일이 없었고, 도시 주택가도 밤이 되면 조용하고 한적한 점은 대체로 마찬가지였다. 하지만 빌라촌에는 이제 매일 잔치가 벌어지는 듯 밤마다 **야경**이 형성된다. 이런 경향은 최근에 **편의점**이 빌라촌 곳곳에 파고들면서 더욱 강화되었다. 24시간 열리는 편의점이 주택가에 침투한 것은 19세기 서구에서는 대도시의 특별 구역에만 조성되었던 아케이드, 그리고 한국에서는 1990년대까지도 도심에만 있던 백화점이 작은 규모이기는 하지만 한적한 주택가에까지 들어온 것인 셈이다. 주택가의 경관화가 부추겨진 데에는 이처럼 **주거지의 시장화**가 중요한 요인이 되었다고 할 수 있다.

낙후한 주택가 골목들에서 **상업 젠트리피케이션**이 빈발하고 있는 것도 빌라촌의 (유사)경관화와 공명을 이루는 현상이다. 상업 젠트리피케이션이 진행되면 기존 건조물들이 리모델링되거나 재건축되면서 상업적 공간으로 전환되는 것이 통례다. 그런 곳들─경리단길, 가로수길, 샤로수길 등─에서는 어김없이 경관이 형성된다. 낙후한 골목들이 핫스팟이 되고 나면 멀리서도 사람들이 찾아들고, 전에는 밤이 되면 고즈넉하던 곳들이 이제 불야성을 이루며 **페스티벌 공간**으로 바뀌는 것이다. 전통적으로 특별한 시공간 범주에 속하던 페스티벌은 자본주의적 생산양식이 지배하게 되면서 일상사가 되지만, 최근 이전에는 상품교환이 집중되는 곳에 한정되었던 편이다. 반면에 이제는 사람들로 붐비는 시장이 도시 곳곳에 형성됨으로써 상황이 바뀌었다. 주택가 골목까지 번잡한 상품교환이 일어나는 공간으로 바뀐 것은 상당 부분 상업 젠트리피케이션이 만연한 결과이기도 하다. 그리하여 저녁이면 페스티벌이 벌어져 주택가에도 밤에 경관이 펼쳐지는 곳이 많이 늘어났다.

빌라촌은 아파트단지와 함께 오늘날 서울의 주거지 모습을 규정하는 양대 산맥을 이룬다. 서울의 생김새가 지금처럼 된 것은 무엇보다도 건조환경—특히 아파트와 빌라 건물들—이 대대적으로 새로 조성된 효과라 할 수 있다. 도시 건조환경의 대종을 이루는 것은 주거용 건물들이다. 제3장의 <표 1>을 살펴보면, 2020년 현재 서울에 빌라는 연립형(11만562호)과 다세대형(79만6천호)을 합하면 90만6천호, 아파트는 빌라의 두 배에 좀 못 미치는 177만3천호 정도가 있다. 과거 주거지 주택 유형 대부분을 차지하던 단독주택은 이제 전체의 10%를 조금 넘는 30만7천호에 지나지 않는다. 서울의 주거지역은 그래서 대체로 **아파트단지와 빌라촌으로 양분된** 상태가 되었다. 이런 공간적 분할이 생긴 것은 두 유형의 주택이 동일한 지역에서는 서로 잘 섞이지 않고, 같은 유형은 서로 응집하는 경향이 있기 때문일 것이다.

서울의 주거용 건물들이 크게 아파트단지와 빌라촌으로 양분된 것도 **금융화**와 관련된 현상이다. 두 유형을 비교해보면, 집값이 비싼 아파트단지는 과거에 논밭이나 야산이었거나, 도심의 경우에는 '달동네' 같은 낙후한 지역이었던 데가 대부분이고, 집값이 훨씬 싼 빌라촌은 과거 중산층 단독주택이 밀집한 저층 주거지역이었던 경우가 많다.[173] 이전에 낙후했거나 미개발이던 지역은 고급 아파트단지로, 중산층 주거지역이던 곳은 중하층 주거지로 대거 바뀐 것은, **공간의 생산이 금융화와 결합한 방식**과 관련된다. 앞서본 대로 1990년대 말 이후부터 계속 증가한 가계부채 중에 갈수록

173_ 물론 방배동이나 청담동 같은 곳에는 고급 빌라촌이 조성되어 있기도 하지만, 서울의 빌라촌은 대체로 서민 주거지다.

큰 비중을 차지하는 것이 주택담보대출이다. 주택담보대출의 잔액은 1996년에 약 18.4조원(명목 GDP의 4.0%)에서 2020년에는 910.6조원(47.1%)으로 49.5배나 늘어난다. 가계부채와 주택담보대출의 급증은 금융화의 급속한 진행과 궤를 함께한 현상으로, 가계가 주택을 마련하면서 **금융제도**에 크게 의존했다는 징표다. 주택의 거래를 위해 은행 대출을 받으려면 담보가 필요하고 대출금의 규모는 자산 보유 여하에 따라 정해지게 된다. 이런 점은 개인들이 빌라촌과 아파트단지 어느 곳의 주민이 되느냐에 큰 영향을 미칠 수밖에 없다. 빌라촌으로 바뀐 과거 저층 주거지의 단독주택 건물주는 주택을 팔아 양도 이윤을 챙긴 뒤 고급 아파트단지로 이주할 공산이 크지만, 단독주택 세입자나 아파트단지로 조성된 과거의 낙후한 지역의 주민 다수는—예컨대 뉴타운 사업이 진행된 은평 길음 난곡 등에서 원주민의 재정착률이 20% 미만이었다는 점을 생각하면—빌라촌에 거주하게 되었거나 서울 외곽으로 내몰렸을 확률이 높다. 이때 개별 가계가 어떤 유형의 주택을 갖게 되느냐는 빌라와 아파트의 입주에 필요한 **대출금**을 은행으로부터 얼마나 받을 수 있느냐에 달렸으며, 담보자산의 가치가 이 대출금의 규모를 결정해준다.

　오늘날 통경축을 확보하거나 공제선을 즐기는 것은 빌라촌에서는 매우 어려운 일이 되었다. 그것은 나지막하던 과거의 단독주택 대신에 4, 5층 높이의 건물들이 빽빽이 들어섬에 따라 빌라촌에 형성된 시곡면이 훨씬 더 복잡해졌기 때문이다. 이런 변화도 금융화의 국면에서 젠트리피케이션이 서울의 공간 생산을 지배하게 된 것과 무관하지 않아 보인다. 서울의 저층 주거지를 구성하고 있는 빌라촌의 형성을 전형적 젠트리피케이션으로 간주하기는 어려우나 그렇다고 젠트리피케이션과 전혀 무관하다고 볼 수는 없을 것 같다. 빌라촌에서도 건물의 브랜드화가 진행되었고 일부 빌라촌 골목에서는 상업 젠트리피케이션이 집중적으로 일어나기도 했다. 이 결과 생겨난 빌라촌의 '경관화'는 아파트단지의 대거 건설과 함께 '고도' 서울이 갈수록 '젊은' 도시로 바뀌는 데에, 그리하여 서울의 전면적 생김새를 변화시키는 데에 큰 몫을 한 셈이라 할 수 있다.

7. 경관화와 새것의 지배

경관을 나타내는 독일어 'Landschaft', 네덜란드어 'landschap', 영어 'land-scape'에서 접미사 '-schaft' '-schap' '-scape'는 특징이나 조건, 상태 등을 의미한다. 경관은 그래서 그것을 구성하는 대지의 대지다운 상태나 특징을 가리킨다 볼 수 있다(나카무라, 2004: 4; 進土五十八, 2010: 9). 오늘날 서울에서 형성된 도시경관도 서울이라는 도시를 그 도시답게 만드는 특징적인 모습이요 형태다. 이것은 도시경관이 서울의 생김새를 형성하고 정체성을 규정하는 중대한 요인으로 작용한다는 말이기도 하다. 사실 서울의 도시적 형태는 이제 곳곳에서 넘쳐나는 경관을 빼고서는 생각하기 어렵다. 과거, 예컨대 1970년대 초에 서울의 도시적 경관이 조성된 곳들은 종로나 을지로의 번화가, 명동 등 상업 행위나 도시 행정 업무가 집중된 일부 강북 지역에 국한되어 있었던 편이다. 도심을 벗어난 외곽은 집들 대부분이 단층으로 이루어진 주택가였고, 거기서 경관이 형성된 경우는 드물었다. 당시에는 그래서 서울도 많은 곳이 지방 도시와 그리 다르지 않았고, 서울의 '서울다운' 모습을 만들어내는 도시경관을 보려면 낮이면 사람들과 자동차들로 붐비고 밤이면 네온사인이 빛나는 도심으로 나가는 것이 필요했다.

경관은 「비잔티움으로의 항해」에서 윌리엄 버틀러 예이츠가 말하는 "그리스의 세공사가 두드려 편 금과 금 법랑(琺瑯)으로 만든 그런 형태", 즉 "영원한 예술적 기교"의 세계에 속한다고 볼 수 있다. 예이츠의 시적 화자는 "잉태되어 태어나 죽는 모든 것"(Yeats, 1986: 1951) 즉 자연에 속한 것에서 벗어나 예술의 세계로 들어가기를 바라는데, 오늘날 서울과 같은 곳은 도시 전체가 그런 세계로 전환되었다고 해도 과언이 아니다. 경관으로 바뀐 도시에서는 시간의 작용이 사라진다. 데이비드 하비는 경관적 공간에 대해 다음과 같이 말하고 있다.

> 그런 환경 전체는 비판적 의식보다는 열반으로 이끌고자 고안된 듯싶다. 그리고 수많은 다른 문화제도들―박물관과 문화유산센터, 스펙터클·전시·페스티벌을 위한 마당들―은 향수의 함양, 위생 처리된 집단적 기억의 생산, 무비판적인 미학적 감수성의 양성, 그리고 영구히 현재로 남아 있는 비갈등적 무대로 미래 가능성의 흡수를 그 목표로 가진 듯하다(Harvey, 2000: 168).

전시나 행사, 시각적 과시가 상시로 이루어지는 장소들은 전형적으로 경관을 이루며 자본주의적인 공간으로 작용한다. 그런 공간이 '열반'을 제공하는 것은 각종 향수와 기억과 심미안을 길러 자본주의적 삶을 향유하고 거기에 안주하도록 만들기 때문이다. 그리고 그런 공간에는 모순도 갈등도 없는 탓에 시간이 '영구적 현재'의 상태로 남게 된다. 다시 말해 그런 곳은 잉태와 탄생과 죽음으로 이루어지는 자연의 변화를 거부하는 예술의 영원성이 지배하는, 예이츠의 시적 화자가 꿈꾸는 비잔티움과 같은 곳이다. 그러나 존재하는 어떤 것도 시간의 흐름을 거스를 수 없다면, 영구적 현재는 '그런 것'인 양 인공적으로 만들어지지 않으면 안 된다. 경관이 "비-갈등적 무대"처럼 보이는 것은 그렇다면 경관**으로서** 나타나게끔 끊임없이 단장됨의 효과인 셈이다. 이것은 경관이 계속 **새것**이 되어 나타난다는 말과 같다. 서울이 경관으로 전환되는 것도 끊임없이 새로운 건조환경을 건설하는 것과 궤를 함께한다. 이 결과 서울은 나이가 들수록 젊어지는 도시, "영구히 현재로 남아 있는 비-갈등적 무대", 즉 경관적 공간이 되었다. 그러나 경관적 공간 또는 비갈등적 무대는 시간 속에서 변화할 수밖에 없는 자연적 생명이 지속하기 어려운 **위생 처리된 공간**이기도 하다. 끊임없이 새것으로 전환되어 나타나지만, 그런 공간을 지배하는 것은 따라서 무변화의 상태일 뿐이다.

새것, 갓 태어난 것—상품—이 만연하는 아케이드, 나아가 오늘날의 백화점, 쇼핑몰, 편의점 등은 이제 만보객만 방문하는 곳이 아니다. 벤야민은 자신의 평생 작업 과제로 삼았던 『아케이드 프로젝트』를 위해 쓴 1935년 해제 초고에 다음과 같은 메모를 남겼다.

만보객의 판타스마고리아. 파리의 교통 속도. 경관과 실내로 본 도시. 만보객의 마지막 산책로가 된 백화점. 거기서 그의 환상이 실현되었다. 사적 개인의 작위 (Kunst)로 시작된 만보가 오늘날은 대중에게 필수적인 일이 되었다(Benjamin, 2002: 895/1991: 1231).

벤야민의 말인즉슨 19세기에는 예외적으로 만보객이 겪던 판타스마고리아가 20세기 초반에 이르러서는 널리 만연한 현상이 되었다는 것이다. 하지만 21세기 초반에 사는 우리는 그런 현상의 만연이 또 다른 경지에 이르렀다는 점도 언급해야 한다. 이제 서울에서 보게 되는 것은 예외적으로 시간 여유를 지닌 만보객이 찾아가서 판타스마고리아를 경험하는 만화경적인 예외적 공간도 아니고, 대중이 일상적으로 찾아가지만 그래도 한정되어 있다고 볼 수 있는 장소에 속한 소비공간만도 아니다. 경관은 이제 그런 곳에만 있지 않다. 서울의 경관화를 말하는 것은 경관이 어느 예외적인 공간에만 있는 것이 아니라 서울 **전체**가 경관이 되었다는 것을 말한다. 오늘날 경관은 그런 점에서 보드리야르가 말한, 전체가 디즈니랜드가 된 로스앤젤레스에 가깝다.

디즈니랜드는 로스앤젤레스 전체와 그것을 둘러싼 미국이 더 이상 현실이 아니라 초현실과 시뮬라시옹의 질서에 속하는데도 우리더러 디즈니랜드 이외에는 모든 것이 현실이라 믿게 하려고 상상적인 것으로 제시된다. 현실에 대한 허위적 재현(이데올로기)이 더 이상 문제가 아니라, 현실이 더 이상 현실이 아님을 은폐하고 현실원칙을 구해내려는 것이 문제다'(Baudrillard, 2002: 172).

서울은 이제 경관이 범람하는 도시로서 그 자체가 하나의 도시적 경관으로 바뀌었다. 이것은 서울이 새로운 도시화를 겪으면서 생긴 변화에 속한다. 서울의 경관들은 강남 개발 이전에는 구도심과 신촌, 청량리 일대, 강남의 영등포 일대 등 주로 전통적 도심과 부도심 지역에 조성된 편이었으나, 1980년대에 강남의 개발이 거의 완료된 뒤로는 압구정동과 같은 곳들이 새로운 **경관지대**로 떠오르기 시작했다.174 경관적 면모를 지닌 지역들이 늘어난 것은 "이전에 1도심 2부심 체제를 유지했던 서울"이 "자치구로 나뉘면서 구마다 상업중심지가 생기게" 된 것과 무관하지 않다. 상업중심지로 바뀌게 되면 건물을 지을 수 있는 "용적률도 400%에서 최대 1,200%까지 늘어나게 된다"(임동근 · 김종배, 2015: 269). 한 연구에 따르면, 2013년 현재 서울에는 15개 정도의 도심 또는 부심 지역이 형성되어 있다(서민철, 2014). '경관지대'의 증가는 수도권의 교통망 확산 및 정비와 함께 특히 전철역을 중심으로 **역세권**이 곳곳에서 형성된 결과이기도 하다. 역세권이 경관지대로 전환되는 것은 전철역이 들어서게 되면 낙후된 일대가 재개발되고, 역 주변에 상업시설들이 집중적으로 들어서기 때문이다. 도시경관은 이제 전통적인 상업 지역에만 형성되지 않는다. 상업 젠트리피케이션이 진행된 주택지대도 경관적 공간으로 바뀌었다. 이처럼 곳곳에 도시경관이 들어섬에 따라 서울은 도시 전체가 경관으로 바뀌었다고 해도 과언이 아니다.

도시의 경관화는 도시적 형태의 경관으로의 전환이다. 도시경관은 이

174_ 유하가 1991년에 펴낸 동명의 시집에 실린 「바람부는 날이면 압구정동에 가야 한다」 연작을 쓸 수 있었던 것은 1990년대 초가 되면 강남이 이미 오늘날의 모습과 거의 같아졌기 때문일 것이다. 하지만 1991년에 시인이 서울의 여러 장소 중에서 유독 압구정동을 거명한 것은 당시는 그곳이 특별한 핫스팟이었기 때문이기도 하다. 오늘날은 '압구정동'이 곳곳에 있다.

때 어떤 도시를 도시답게 만드는 특징적인 모습이나 형태로 작용한다. 어떤 사물의 생김새가 그 사물을 그것이게 하는 것 즉 그것의 **형상**(形相)이라면, 서울을 서울**답게** 만들어 그 생김새를 구성함으로써 서울을 서울이게 하는 형상은 무엇보다 도시경관과 관련된다고 할 수 있다. 서울에서 새로운 건조환경이 조성되고 그에 따라 도시 전체가 경관으로 형성되는 것은 서울이 다른 도시들, 예컨대 베이징이나 상하이, 도쿄, 런던, 파리, 뉴욕, 뭄바이, 이스탄불 등과 자신을 구분시키는 독자적 생김새를 갖는 일이 된다. 이 과정을 통해서 서울이 실제로 고유한 독창적 모습을 갖느냐는 것은 물론 별개의 문제다. 경관화를 중단하지 않으면서 자본주의 도시적 형태를 주조하면서 브랜드화를 통해 자신의 **도시적 정체성**을 강화하는 기획을 계속하는 것이 더 중요하다. 이런 일은 도시 간의 경쟁이 강화되고 도시가 기업가형으로 작용하게 된 이후로 계속되어왔다.

역설적인 것은 도시들이 정체성 형성과 브랜드화 작업에 골몰할수록, 각기 고유한 경관을 갖기 위해 안간힘을 쓸수록 **서로 더 닮게 된다**는 것이다. 신도시 건설이나 도심재개발 등의 도시화 실천이 대동소이해지면서 도시들은 서로 비슷해진다. 항구도시인 미국 볼티모어의 포구 지역 재개발 방식을 암스테르담, 바르셀로나, 두바이, 로스앤젤레스, 싱가포르, 함부르크 등이 따라 한 것이 한 예다(Parment and Brorström, 2016: 203). 오늘날 많은 도시가 서로 너무 닮았다면 그것은 그들 도시가 자본주의적인 도시적 형태의 지배를 받게 된 결과다. 고유한 정체성을 형성하기 위해 도시는 나름의 장소성을 지녀야 하고, 그런 점에서 예컨대 마크 오제가 말한 **비장소**와 구별될 필요가 있다. '비장소'는 공항이나 고속버스 터미널처럼 사람들이 익명으로 그곳을 통과하면서 서로 아무런 사회적 관계를 맺지 않는 공간이다. "비장소는 유토피아와 반대되는 것이다. 그것은 존재할 뿐이고, 어떤 유기적 교류(société)도 수용하지 않는다"(Augé, 1995: 111-12/1992: 140). 도시가 장소의 성격을 가지려면, 도시민들이 역사적으로 축적한 사회적 관계들, 그들이 겪은 개별적 경험들이 도시적 형태를 형성하는 주된 자원이 되어야 하겠지만, 오늘날의 도시는 그렇지 않다. 도시는 이제 자본주의적 공간 생산의 '자연법칙'에 따라서 발전하고 있고, 그에 따라 어떤 일률성을 지니게 되었다. 이것은 도시에서 새것들이 만들어질수록 단조로움이 강화되기 때문이기도 하다. 도시는 갈수록 더 많은 도시적 경관들을 내부에 형성하고 그에 따라 그 자체가 경관이 됨으로써 정체성을 유지하고 변신시켜 나가지만, 새것들의 축적으로 이루어지는 이 변화는 **언제나-똑같은-것의 반복**일 공산이 크다. 그 결과 도시들은 '거기가 거기'로 된다.

8. 경관, 죽음의 공간

경관이 되면 도시는 늘 자신을 새것 상태로 유지해야 한다. 이것은 경관 자체가 경관화의 대상이 된다는 말과 다르지 않다. 경관화는 이때 "경관의 자승 작용, 다시 말해 경관이 계속 새로운 경관으로 바뀌어 경관의 곱하기 효과가 만들어지는 과정"(강내희, 2014: 403)에 해당한다. 도시의 경관화가 진행되는 것은 경관-도시란 그 자체가 **상품**이 되기 때문이기도 하다. 최근에 텔레비전이나 일간지 등의 매체 광고를 통해 관광지나 거주지, 영업지로서의 **매력**을 홍보하는 지자체들이 많아졌다. 서울시의 경우 뉴욕의 타임스퀘어 광장 전광판에 서울 홍보 영상을 띄우기 위해 뉴욕시와 MOU를 맺기도 했다(Salazar, 2011.10.3.; 조선일보, 2011.10.10.). 서울시가 '아이.서울.유'라는 로고를 만들어 도시 홍보를 하는 것도 같은 맥락의 일이다. 이런 점은 도시가 이제 상품이 되었음을 말해준다. 상품이 된 도시가 열심히 하는 일 하나가 자신을 판매하기 위한 **마케팅**이며, 이 과정에서 도시는 다양한 방법으로 자신을 매력적인 장소 즉 경관으로 제출하게 되어 있다. 도시 마케팅은 상품으로서의 도시가 행하는 "결사적 도약"(맑스, 2015a: 138)에 해당한다. 그런 도약이 필요한 것은 상품이란 판매되지 않으면 노동력에 의해 생산된 내장된 가치를 실현할 수 없기 때문이다. 가치 실현을 위한 상품의 노력은 새롭고 매력적인 것이 되려고 혈안이 되는 것으로 나타난다.

이와 함께 생겨나는 것이 상품의 "수수께끼 같은 성격"이다. 예컨대 목재로 만든 책상은 "여전히 목재이고 보통의 감각적인 물건"이지만, "상품이 되자마자" 그것은 "감각적이면서 초감각적인 물건(ein sinnlich übersinnliches Ding)"이라는 "신비한 성격"(맑스. 92. 번역 수정)을 갖게 된다. 맑스에 따르면, "노동생산물이 상품형태를 취하자마자 생기는 노동생산물의 수수께끼와 같은 성격"은 상품이라는 "형태 자체에서 오는" 성격이다. **상품형태**는 이때 인간들에게 "인간 자신의 노동이 지닌 사회적 성격을 노동생산물들 자체의 물적 성격, 즉 이들 물건의 사회적 천성으로 보이게 하는"(93. 번역 수정) 효력을 지닌 것으로 이해된다. 이것은 노동생산물은 상품이 되면 **물신**으로 작용한다는 말이다. 물신은 원래 "몽롱한 종교세계"에 속하며, "거기에서는 인간 두뇌의 산물들이 고유한 생명을 부여받은 자립적 인물로 등장해 그들 상호 간 그리고 인간과의 사이에서 일정한 관계를 맺고 있다." 상품세계는 "인간 두뇌의 산물들"이 아니라, "인간 손의 산물들이 그와 같이 등장한다"(94)는 점 때문에 종교세계와 구분된다. 그래도 상품의 형태가 되면, "인간 손의 산물들"에도 물신이 작용하기는 마찬가지다. 종교적 물신이 숭배의 대상이 되곤 한다면, 상품은 곧잘 욕망과 선망의 대상이 되곤 한다.

물신-상품은 늘 **새것**의 모습을 띠는 경향이 있다. 왜냐하면 상품은 끊임없이 새로 만들어지기 때문이다. 상품이 지배하는 곳 어디서든 경관이 만들어지는 것도 그런 점과 무관하지 않다. 그런데 새것이 지배하는 곳, 즉 경관적 공간은 사실상 **변화 없는** 공간이기도 하다. 상품화가 조장하는 경관화와 함께 경관이 계속 새것 상태로 남는 공간은 앞서 본 것처럼 "영구히 현재로 남아 있는 비-갈등적 무대"로서, 변화를 거역한다. 물신인 상품은 늘 새로운 모습을 갖고 나타나지만, 새것은 이때 그것이 나타나는 무대를 똑같은 것으로 꾸밀 뿐이다. 새롭지만 한결같은 것이 계속 나타나서 생기는 효과는 **단조로움**이다. 벤야민의 말대로, "단조로움은 새것을 먹고 산다"(Benjamin, 2002: 111). 새것들로 넘쳐나서 단조로워진 사회가 근대 사회, 즉 자본주의적 생산양식의 지배로 노동생산물이 전면적으로 물신적 성격을 지닌 상품으로 전환된 사회다. 상품-물신은 무엇보다도 근대적 지옥에 속한 존재로 여겨진다.

> "근대적"인 것, 지옥의 시간. 지옥의 형벌들은 언제나 이 영역에서 일어나는 가장 새로운 것이다. 문제는 "언제나 똑같은 것이 계속 일어난다"는 것이 아니고, 하물며 영원회귀가 여기서 문제인 것도 아니다. 그것은 가장 새로운 것 바로 그것을 통해 세상의 모습이 절대로 변하지 않는다는 것, 이 가장 새로운 것이 모든 측면에서 똑같다는 것이다. 이것이 지옥의 영원함을 구성한다. "근대적"인 것을 만들어내는 특징들 전체를 규정하는 것은 지옥을 보여주는 일일 것이다 (Benjamin, 2002: 544/1991: 676).

이런 지옥을 만들어내는 것이 자본주의다. 자본주의는 그 막강한 생산력으로 끊임없이 새것들을 만들어내지만, 어떤 진정한 변화도 만들어내지 않는다. "가장 새로운 것"을 계속 만들어내면서도 그로 인해 "세상의 모습이 절대로 변하지 않는다는 것"이 자본주의의 저주다. 물신은 이때 "역사의 정지된 형태"로서 "새것이 언제나-똑같은-것으로 나타나는 근대적 지옥에 떨어진 새 자연의 물화한 형태에 해당한다"(벅-모스, 2004: 272. 번역 수정).

새것이 지배하는 전형적인 세계, 자신을 끊임없이 경관으로 제시하는 세계의 단적인 한 예를 패션에서 찾을 수 있다. 끊임없이 새로워지려는 경향을 지닌 패션은, 자신의 회전 시간을 자꾸만 단축하고자 하는 자본의 논리를 충실하게 표현한다. 상품의 회전 시간 단축, 멈추지 않는 그것의 새로움 추구는 그런데 **죽음 충동**과 다르지 않다. 상품은 패션을 통해 새로워질수록, 그리하여 상품의 생산 및 판매 속도가 촉진될수록 더 빨리 **폐품**으로 전환된다. 새것 갈망이 곧 죽음 희구라는 것은 발터 벤야민이 19세기의 전형적 경관 공간인 아케이드에서 만보객이 새로 나온 상품들을 바라보는 모습을 이해한 방식이기도 하다. 벤야민은 보들레르의 『악의 꽃』에 실린 마지막 시 「항해」("죽음이여, 늙은 선장이여, 시간이 되었네! 닻을 올리세!")를 인용하며 다음과 같이 말한다. "만보객의 마지막 항해: 죽음. 그 목적지: 새것"(Benjamin, 2002: 11). 만보객이 마지막 항해를 하는 곳은 상품들이 만화경을 이루며 진열되어 있고 그 자체가 경관을 구성하는 아케이드라 할 수 있다. 이 경관적 공간에서 그가 만나는 것은 죽음을 내장한 새것이다. 이것은 아케이드를 세운 자본주의적 근대에 대한 비판이기도 하다. 화려한 아케이드에 넘쳐나는 새것이 곧 죽음이라는 것은 경관적 공간은 생명을 위한 아무런 변화도 가져오지 않는다는 말이다. 사실, 아케이드를 곳곳에 세운 자본주의의 기술적 근대는 무수한 새것들을 만들어냈지만 어떤 근본적인 역사적 변화도 가져오지 않았다. "새것이 언제나 똑같은 것이 되는 시간의 변증법 즉 패션의 특징이 근대적 역사 경험이 지닌 참뜻이다"(벅-모스: 377. 번역 수정).

경관적 공간을 구성하는 새것들은 주로 상품이고, 그 생산을 주도하는 것은 '자본 자체의 가장 적합한 형태'인 '고정자본의 가장 적합한 형태'인 **기계**다(맑스, 2007b: 372). 기계는 노동수단으로서, "노동과정의 진행 중에 자본, 즉 살아있는 노동력을 지배하며 빨아들이는 죽은 노동"(맑스, 2015a: 571. 번역 수정)에 해당한다. 오늘날 그런 **흡혈-기계**들의 범주에는 백화점, 편의점, 쇼핑몰 등의 소비 공간들, 박물관 같은 문화 공간들, 전시 또는 페스티벌 장소들, 젠트리피케이션이 이루어진 골목들, 유수 기업의 본사 건물들, 고급아파트단지, 빌라촌 등 다양한 형태로 만들어져 있는 경관적 공간들도 포함된다고 볼 수 있다. 그리고 한국에서 그런 기계들이 가장 많이 범람하는 장소는 서울과 그 외곽 수도권이다. 서울 메트로폴리스에서는 수직적 도시화가 급속도로 진행되었고, 이 과정에서 수많은 고층, 초고층 건물들이 지어졌다. 상업용이든 주거용이든, 고정자본이든 소비기금이든 그런 건물들은 이제 '이윤 내는 기계'로서 작용하며, 그런 점에서 "노동력을 지배하며 빨아들이는 죽은 노동" 즉 자본으로서 행세한다. 이것은 경관적 공간은 **흡혈귀**가 지배하는 곳이라는 말이기도 하다. 새것들로 가득한 경관은 그렇다면 자본의 화려한 거처, **죽음의 공간**인 셈이다. 이런 점을 말해주는 듯, 도시의 경관화가 집중적으로 이루어진 시기에 한국에서는 **자살률**이 급증했다. 한국의 자살률은 1990년대 중반까지는 인구 10만명당 10명을 넘지 않아서 상당히 낮았던 편이다. 하지만 금융화가 진행되고 사람들이 주택담보대출 중심의 가계부채를 불린 사이에, 주택가의 빌라촌화나 고층 아파트단지의 증가와 함께 서울이 수직 도시로 급변한 사이에, 다시 말해 경관화가 급속하게 이루어진 시기에 사정이 완전히 바뀌었다. 2018년 현재 한국의 자살률은 26.6명으로 OECD 국가들 가운데, 그리고 세계에서 가장 높다.[175]

9. 결론

경관의 전면적 침투는 원경이나 중경보다는 **근경**이 시각적 환경을 지배한다는 말이기도 하다. 경관화는 **안면화**(facialization)와 함께 일어난다. 들뢰즈와 가타리에 따르면 얼굴과 경관은 상관관계에 놓여 있다. "신체 전체의 안면화와 모든 환경의 경관화"는 상통한다(Deleuze and Guattari, 1987: 301).

175_ 21세기에 들어와서 한국의 자살률은 OECD 국가들 가운데서 계속 가장 높았고, 세계적으로는 리투아니아 다음으로 가장 높았다. 2018년에 리투아니아가 OECD에 가입하면서 한국은 OECD 국가 중 자살률 2위를 단 한 해 기록한 뒤 2018년에는 자살률이 리투아니아를 앞지름으로써 OECD 국가들은 물론이고 세계에서도 자살률이 가장 높은 나라가 되었다. "2018년 자살자 수는 13,670명으로 전년 대비 1,207명(9.7%) 증가하였고, 1일 평균 자살자 수는 37.5명이며, 자살률은 인구 10만 명당 26.6명이다"(중앙자살예방센터, 2020: 26).

안면화는 가시거리의 일정한 단축을 전제하고 있다. 안면화가 얼굴 만들기라면, 그것은 얼굴 보기를 전제하며, 이 후자의 행위는 얼굴을 보여주는 사람과 보는 사람이 서로 근접해있을 것을 요구하기 때문이다. 서울의 경관화가 안면화와 함께 진행된다는 것은 그래서 일상적 공제선이 근경 중심으로 이루어지고 그에 따라 도시적 공제선과 원경 및 전경이 실종되는 시각적 환경이 만들어진다는 말과 같다. 대중이 일상적으로 공제선을 잘 볼수 없게 된 것은 건조환경의 밀집 조성과 함께 일상적 시야나 공제선을 차단하는 시곡면이 양산된 결과이지만, 이것은 서울의 경관화가 강화되었기때문이기도 하다.

오늘날 경관화가 도시화의 중요한 경향으로 떠오른 것은 기본적으로 자본주의적 현상이다. 자본주의적 도시의 형성은 프롤레타리아가 도시인구의 다수를 차지하는 대중사회의 성립을 전제하며, 도시경관의 형성도 도시 영역들이 대중에게 대거 개방되는 현상에 속한다. 전자본주의적인 도시의 경우, 안팎으로의 출입이 엄격한 통제를 받는 성문들을 통해서만 이루어진 데서 알 수 있듯이, 비도시 지역과 **뚜렷이 구분되는 선택된 공간**이었다.[176] 거기서는 도시적 경관도 드물었다고 볼 수 있는 것이, 경관은 왕궁이나 세도가의 저택, 성당이나 사당 등 **특권적인 제한된 공간**에서만 형성되었기 때문이다. 하지만 예외적인 공간으로 작용하던 역사적 도시도 자본주의화하면 출입이 자유로워지게 된다. 그 이유는 자본주의적 생산양식에서는 노동력의 착취를 위해 도시로 인구—그중 일부는 취업 상태이지만다른 일부는 계속 과잉의 상태에 있는—를 대량 유입해야 하기 때문이다. 자본주의적 도시는 일정한 시점에 이르러서는 생산된 상품을 소비할 대중

176_ 예컨대 중국 베이징이 전근대 시대에는 인구가 많지 않았던 이유는 거기에 살 수 있는 사람의 자격이 한정되어 있었기 때문이다. 한광휘에 따르면, 베이징에 거주할 자격을 지닌 인구는 관료, 군인 등에 한정되어 있었다(韓光輝, 1996). 이로 인해 중국에서 가장 오래 수도 역할을 맡아온 베이징의 인구는 19세기 말까지도 100만 명이 채 되지 않았다.

을 필요로 하며 이를 위해 상품교환이 집중적으로 이루어지는 공간을 경관으로 전환할 필요가 커지게 된다. 이런 점은 서울이 본격적으로 자본주의화하기 시작한 1960년대 이후 도시의 '관문들'이 버스정류장, 기차역, 공항, 차도, 전철 등으로 다변화하고, 시장과 아케이드, 백화점, 체육관, 미술관, 박물관 등 경관적 공간들이 대폭 늘어난 것으로도 확인된다. 도시경관의 이런 확산은 급속도로 유입된 인구를 자본주의적 주체로 전환해내기 위함이기도 했다. 경관적 공간들이 늘어나는 것은 자본주의적 도시의 특징으로서, 도시 대중이 가치를 생산하는 노동력을 제공하는 것 이외에 소비자가 되어 자유시간, 사생활, 레저, 여흥, 스포츠 등을 통해 가치를 실현하는 데에도 이바지해야 함을 말해준다.177 가치는 생산될 뿐만 아니라 실현되기도 해야 하므로 자본주의적 도시는 가치의 실현에 도움이 되는 경관적 공간을 적정 수준에서 자신의 중요한 공간환경으로 유지할 필요가 있다.

최근에 진행된 서울의 경관화는 한국 자본주의가 금융화의 지배를 받으며 새로운 단계에 접어들었다는 징후다. 1990년대까지 서울에서 도시경관이 형성된 곳들은 주로 도심이나 부도심, 역세권 등에 한정되어 있었다. 당시에는 백화점의 시대가 열려 "사적 개인의 작위"인 "만보가…대중에게 필수적인 일"(Benjamin, 2002: 895/1991: 1231)로 바뀌기도 했지만, 대중의 만보가 향하고 행해지는 시공간은 그래도 특별하고 제한된 축에 속했던 편이다. 반면에 지금은 주택가에도 도시경관이 형성되어 있다. 신축 젠트리

177_ 맑스에 따르면, "어떤 물건도 사용대상이 아니고서는 가치일 수 없다. 만약 어떤 물건이 쓸모없는 것이라면, 거기에 들어있는 노동도 쓸모없는 것이어서 노동으로 계산되지 않으며, 따라서 아무런 가치도 형성하지 못한다"(2015a: 51). 이것은 자본주의적 생산양식이 유지되려면 가치의 생산 못지않게 가치의 실현이 중요하다는 말과 같다. 유독 자본주의적 생산양식에서 소비자본주의의 형태로 상품에 대한 욕구와 필요와 욕망을 체계적으로 조장하는 것은 이렇게 보면 생산된 가치가 실현되지 않아 비-가치가 되는 것을 막는 조치인 셈이다.

피케이션이 뉴타운 조성 사업 등을 통해 진행되면서 경관적 공간인 아파트단지가 대거 건설되었고, 주택가에도 상업 젠트리피케이션이 침투하여 골목들이 상가로 바뀌었다. 개별 건물들이 브랜드화를 꾀하고, 골목에는 전에 없던 서비스업 가게들이 들어와 유사-경관을 형성하고 있는 것은 빌라촌도 마찬가지다.

하지만 새것이 언제나-똑같은-것으로서 어떤 의미 있는 변화도 허용하지 않는 죽음의 상태라면, 그런 새것이 조장하는 경관화가 진행될수록 도시는 **저주의 공간**이 된다. 서울이 전면적으로 도시적 경관으로 전환된 지금 사람들은 그래서 한국을 '헬조선'이라 부르고 있다. 서울의 경관화는 금융화에 의한 젠트리피케이션의 새로운 진행—신축형의 새로운 전개와 상업형의 출현—과 더불어 수직적 도시화가 심화한 가운데, 건물들이 이윤 내는 기계의 성격을 강화한 것과 궤를 함께한다. 경관화가 급속도로 진행된 시기에 한국은 **세계 최고의 자살률**을 가진 나라가 되었다. 그런 점도 서울과 수도권에서 경관화가 집중적으로 진행된 것을 마냥 환영할 것만은 아닌 이유다. 젠트리피케이션으로 심화하는 경관화가 심미화라면, 이때 형성되는 것은 **위생 처리된 아름다움**으로서, "세공사가 두드려 편 금과 금 법랑(琺瑯)으로 만든 그런 형태"라 할 수 있다. 하지만 그린 질서는 도시적인 것이 지닌 자연성, 그것의 생명과 변화 가능성을 우리에게서 앗아갈 뿐이다. 우리에게 필요한 것은 반면에 도시적 경관을 포함한 자본주의적 도시적 형태를 작품화하여 새로운 형태로 전환할 가능성일 것이다. 그런 가능성을 찾는 것은 **도시적 형태의 시학**을 구축하는 기획의 일환으로서, 서울의 경관화와 젠트리피케이션을 부추기는 금융화를 추동하는 자본의 운동을 막는 일, 즉 자본주의적 생산양식의 극복과도 무관할 수 없다. 이와 관련된 진전된 논의는 제9장에서 해보고자 한다.

제 7 장
스펙터클과 판타스마고리아

1. 서론

서울에서는 이제 일상적으로 공제선을 접할 수 있는 사람들이 많지 않다. 자본주의적 도시화로 인해 객관적 공제선이 인공환경과 자연환경의 새로운 결합으로 형성되면서 공제선에의 접근권이 불평등하게 배분되고 있는 것이 중요한 한 이유다. 최근에는 서울과 수도권이 급속도로 수직 도시가 된 가운데 아파트도 고층일수록 시가가 높이 형성되어 있고, 빈곤하면 할수록 시야가 잘 확보되지 않는 저층이나 지하에 거주 공간을 배정받게 된다. 도시적 공제선에 대한 일상적 시야 확보가 갈수록 쉽지 않은 것은 제5장에서 살펴본 대로, 한국 사회가 '공통-결핍의 시대'를 겪고 있기 때문이기도 하다. 문제는 그로 인해 미래를 전망할 수 있는 사람들의 힘도 약화한다는 것이다. 도시에서 공제선을 포함한 원경이나 파노라마 전경을 볼수 있는 기회와 권리는 도시에 대한 인지적 지도를 확보하기 위한 중대한 요건에 속한다. 하지만 건조환경의 엄청난 집적, 수직적 도시화, 그리고 건조물들의 근접 공간 집적에 의한 시곡면 왜곡 등으로 인해 사람들은 이제 '직접성의 지각적 집중포화'(Jameson, 1991: 413) 또는 감각적 과부하를 일상적 경험으로 갖게 되었다. 그러나 도시에 대한 인지적 지도를 확보할 기회나 능력을 상실하고, 도시에서 방향감각을 잃게 되면, "미래에 대한 전망"

(Jameson, 1988: 355)을 세우기도 어려워진다.

일상적 공제선의 소멸은 도시의 경관화와 무관하지 않다. 공제선을 향유할 수 있으려면 원경과 전경의 손쉬운 조망이 필수적이겠으나, 경관화가 진행되면 그런 것이 어려워진다. 경관화는 도시 시각 환경에서 근경의 지배를 강화하며, 사람들의 눈길과 관심을 사로잡는 경향이 있다. 그런 작용은 최근에 금융화의 강화와 함께 도시적 형태가 새롭게 구성되는 과정에서 더욱 강화되었다. 젠트리피케이션이 특히 금융화와 연동해 진행되면서 최근에 조성되는 건축물은 갈수록 대형화하고 고층화한다는 점을 앞 장들에서 살펴본 바 있다. 그런 흐름은 도시화 과정에서 구축되는 건조환경이 사용가치보다는 교환가치가 강조되는 자산 도시주의의 강력한 영향을 받게 됨에 따라 주택 등의 상품화가 강화되는 경향과 결합하여, 건조환경의 고급화를 초래하기도 했다. 건축물의 대형화, 고층화, 고급화를 동반하는 젠트리피케이션을 통해 서울은 전면적으로 눈길을 사로잡는 도시적 경관으로 재탄생했다고 볼 수 있다. 눈길을 사로잡는 경관, 그것은 **스펙터클**이다. 2000년대에 은평구의 진관동에 조성된 은평뉴타운의 모습을 본 한 기자는 다음과 같이 쓰고 있다. "경관이 장관이다. 북한산을 병풍으로 둔 은평뉴타운의 전경을 바라보고 있으니 눈이 호강이다"(서범세, 2020.6.29.). 여기서 장관은 스펙터클과 통하고, 스펙터클은 경관과 통한다.

물론 스펙터클이 최근에 처음 등장한 것은 아니다. 축제나 행렬, 집회, 도시야경, 장터, 빼어난 건물들, 스포츠 경기, 심지어 전쟁이나 살육 현장 등 사람들의 시선을 집중시킨 장면들은 모두 고대나 중세 사회에서도 나타나곤 했던 스펙터클이다. 그러나 전근대에서 스펙터클은 예외적인 현상에 속했다고 해야 한다. 예컨대 정조의 화성 능행이나 로마 콜로세움에서의 검투사 경기, 또는 중세 유럽에서 행해진 죄수의 단두대 처형 등은 매일 벌어진 행사가 아니다. 반면에 지금은 스펙터클이 **일상적 현상**이 되었다. 서울의 도심이나 부도심, 역세권은 물론이고 새로 조성된 은평뉴타운

과 같은 곳의 아파트단지들, 곳곳에 조성된 상가 거리, 젠트리피케이션이 진행된 주택가의 골목들, 심지어 편의점이나 카페 등이 들어선 빌라촌의 골목에서도 경관 즉 스펙터클이 형성되어 있다. 스펙터클은 2000년 전후 이후 금융화가 한국경제, 특히 공간의 생산에서 큰 영향을 미치게 되면서 더욱 만연해졌다.

스펙터클의 만연은 오늘날 우리가 겪는 일상적 경험을 판타스마고리아가 전면적으로 지배한다는 말이기도 하다. 스펙터클이 삶의 일상을 지배하는 것은 자본주의적 생산양식이 지배하는 사회의 필연적 현상에 속한다. 자본주의적 생산의 본격적 작동과 함께 상품의 거대한 더미가 생산되면, 상품의 가치 실현을 위한 판매를 촉진하기 위한 소비자본주의가 필연적으로 작동하게 되고, 그에 따라 스펙터클이 만연하게 되는 것이다. 나아가서 스펙터클이 경험을 지배하게 되면, **판타스마고리아**가 그 경험의 불가결한 일부가 된다. 그것은 스펙터클이 광범위하게 형성되면 상품의 물신주의 또한 일상의 경험에 깊숙이 침투하기 때문이다. 스펙터클 개념을 통해 현대 자본주의 비판을 전개한 기 드보르에 의하면,

> 감각 세계를, 그 너머에 존재하면서 동시에 자신들을 특히 감각적인 것으로 여겨지게끔 만드는 다양한 이미지들로 대체하는 스펙터클에서 반드시 실현되고 마는 것이 있다면 그것은 바로 상품의 물신주의라는 원리, 즉 "감각적인데도 초감각적인 물건들"에 의한 사회의 지배다(Debord, 2005a/2005b: §36).[178]

"스펙터클에서 반드시 실현되고 마는 것"이 "상품의 물신주의"라면, 스펙터클이 있는 곳에서는 판타스마고리아도 필연적으로 작용한다고 볼 수 있다. 오늘날 세계는 자본주의적 생산양식의 전면적 지배로 인해 스펙터클이 만

178_ 드보르의 『스펙터클의 사회』의 인용은 한국어 번역본, 영어번역본―니콜슨과 크냅의 두 번역본―과 불어 원본을 참고했으며, 아래에서는 쪽수 대신 문단 번호로 표시한다.

연하고 있으며 이로 인해 상품의 물신주의가 지배하지 않는 곳이 거의 없다. 상품의 물신주의란 물건들이 "감각적인데도 초감각적인" 상태이며, 이것은 판타스마고리아이기도 하다.

> 노동생산물들의 상품형태와 이 형태가 나타나는 노동생산물들의 가치관계는 노동생산물들의 물리적 성질이나 그로부터 생기는 물적 관계들과는 아무런 관련도 없다. 여기서 인간들에게 물건들의 관계라는 **판타스마고리아적 형태**를 띠는 것은 인간들 자신의 특정한 사회적 관계일 뿐이다(맑스, 2015a: 94. 번역 수정, 강조 첨가).[179]

판타스마고리아는 여기서 인간들 간의 사회적 관계에 따라 만들어진 노동생산물인 상품에서 그런 사회적 관계가 **물건 간의 관계**로 등장하는 현상으로 이해된다. 판타스마고리아가 스펙터클에서 작용할 수밖에 없는 것은 스펙터클 또한 상품의 물신주의를 가동하기 때문이다. 이것은 상품의 물신주의와 스펙터클, 판타스마고리아는 함께 존재하고 작동한다는 말이기도 하다.

　이 장에서는 서울의 도시적 형태를 스펙터클과 판타스마고리아로서 살펴보고자 한다. 한국 사회는 대략 1980년대에 이르러 드보르가 말한 '스펙터클의 사회'로 전환하게 되며, 그런 점이 두드러지게 나타난 곳이 서울과 같은 대도시다. 당시에 그런 변화가 생긴 것은 제3장에서 살펴본 제2차 한강 개발과 그와 연동되어 진행된 자동차 문화의 확산, 3S 정책의 효과로 볼 수 있는, 과거에는 비시장 영역에 속했던 스포츠나 여흥 등의 광범위한

179_ 여기서 '판타스마고리아적 형태'라고 옮긴 부분은 김수행, 강신준, 황선길 등의 번역에서는 '환상적 형태'로, 채만수 번역에서는 '환각적 형태'로 되어 있다. '환상적 형태'나 '환각적 형태'가 잘못된 번역이라 할 수는 없지만, '판타스마고리아'는 맑스가 『자본』에서 단 한 번 사용한 하팍스 레고메논이면서 여기서 살펴볼 중요한 개념임을 고려해 원래의 표현을 복원해 놓는다.

상품화 등과 함께 소비자본주의가 강화된 점과 밀접하게 관련되어 있다. 그리하여 완성된 스펙터클 사회는 1990년대 – 당시에는 '문화의 시대'로 불리기도 하던 – 를 거치면서 더욱 발전하지만, 1990년대 말 이후 한국경제가 금융화를 겪게 되면서 새로운 변곡점을 드러내며 그 지배력이 더욱 강화되었다. 그동안 서울에서 가장 낙후된 곳의 하나로 꼽히던 진관동 일대에 뉴타운이 형성되고 "경관이 장관"을 이루게 된 것도 그런 점을 탁월하게 보여준다. 서울은 그리하여 판타스마고리아, 스펙터클, 그리고 상품의 물신주의가 사람들의 일상적 경험을 지배하는 도시가 되었다. 이 장에서는 그래서 스펙터클과 판타스마고리아가 어떻게 상품의 생산과 관련을 맺으며 오늘날 도시적 형태의 특징을 이루게 되었는지 살펴보고자 한다.

2. 소비자본주의와 스펙터클 사회

한국 사회가 1980년대에 '스펙터클의 사회'로 본격적으로 성장한 것은 이전과는 달리 그 시기에 한국 자본주의가 가치의 생산만이 아니라 실현도 중시하며 **소비자본주의**를 진작시키기 위한 일련의 정책들을 체계적으로 펼침에 따라 생긴 변화다. 그동안 국가 자본주의로서 **발전주의적 성장**을 지속해온 한국 사회는 전두환 정권하에서는 **신자유주의적 정책**을 펼치기 시작하게 된다.[180] 신자유주의 정책이 시작되었다고 해서 발전주의적 전략이 폐기되었다고 할 수는 없다. 1980년대의 한국 자본주의는 국가 자본주의적인 성격을 여전히 유지하고 있었고, 신자유주의 정책도 발전주의적 전략과 더불어 이루어졌다. 국가의 역할을 강조하는 발전주의와 시장의 역할

180_ 1979년 4월에 당시 부총리 신현확이 발표한 '경제안정화시책'이 한국에서 실시된 신자유주의 정책의 효시로 여겨지곤 한다. 하지만 같은 해에 박정희가 중앙정보부장 김재규에 의해 살해당함으로써 유신정권하에서는 신자유주의 정책이 제대로 궤도에 올랐다고 보기 어렵다. 신자유주의 정책이 더 체계적으로 실시된 것은 '모든 것의 상품화를 겨냥하며 '3S 정책' 등 일련의 문화정책들을 실행한 전두환 정권에서였다.

을 강조하는 신자유주의의 결합은 일견 모순적인 축적체제로 보이지만, 신자유주의하에서도 국가는—국가의 무용론을 펼친 신자유주의자들의 주장과는 달리—여전히 총자본의 이익을 위해 작용하며, 자본축적의 조건 개선을 위해 최선을 다한다는 점에서 그런 결합이 결코 불가능한 것이 아니다.[181]

　1980년대에 한국에서 스펙터클의 사회가 완성될 수 있었던 것은 무엇보다 그때부터 한국 사회가 **실질적인 산업사회**로 전환되었기 때문이다. 그런 전환의 계기는 1970년대 초에 박정희 정권이 제3차 경제개발 5개년계획을 실시한 데서 찾을 수 있다. 새로운 자본주의적 발전을 위해 "제철, 석유화학, 기계, 조선" 등의 부문이 "중점 육성 사업"(송명관, 2016)으로 정해진 뒤로 한국은 급속도로 산업화했다. 그리고 그에 따라 노동력에 대한 수요가 증가하면서 서울의 경우 1968년 400만명이던 것이 1979년에 800만명으로 늘어난 데서 볼 수 있듯이 도시인구가 급증한다. 1970년대에 강남 지역이 집중적으로 개발되기 시작한 것도 이런 맥락에서 이해할 수 있다. 당시 도시화와 함께 필요해진 노동력은 농촌의 잠재적 과잉인구로 공급되었다. 이 맥락에서 산업화를 위한 국가적 동원을 시작한 1970년대 초에 새마을운동이 강력하게 전개되었다는 점에 주목할 필요가 있다. 새마을운동이 시작된 것은 명목상으로는 농촌의 부흥이 목적이었지만 산업화에 따라 요구되는 노동력 공급을 위해 농촌인구의 **과잉화**를 유도하려는 것이 실제 목적이었다고 판단된다. 비슷한 시기에 강남 개발이 진행된 것도 농촌의 과잉인구가 대거 서울로 유입됨에 따라 도시를 확장하지 않으면 안 되었기 때문일 것이다.

　산업화의 길을 급속도로 걷고 있기는 했지만 1970년대 말까지의 한국 자본주의는 **가치의 생산**에 중점을 두고 자본을 축적했다고 봐야 한다. 박

181_ 이것은 자본주의의 지배적 경제 논리인 자유주의가 제국, 입헌군주제, 의회군주제, 대통령제민주주의, 나치즘 등 온갖 정치적 경향들과 결합할 수 있는 것과 마찬가지다(알튀세르, 2007: 374).

정희 정권은 '국민총화'를 내세운 노동력 동원 및 착취를 통해 수출 주도적인 경제성장을 지향한 탓에, 내수시장 성장으로 가치를 실현하는 방안은 등한시할 수밖에 없었고, 그로 인해 노동자 대중은 자신들이 생산한 제품들을 소비할 기회를 제대로 얻지 못했다. 당시 한국 자본주의를 '매판 자본주의'로 규정하는 관점이 나온 것도 그런 점과 무관하지 않다. 가치의 국내 실현이 억압됨에 따라 생기는 불만 등을 관리하기 위한 정치적 조치가 인구를 가혹하게 탄압한 '유신체제'였고, 이 체제하에서 한국 사회는 '겨울 공화국'으로 전환되었다. 당시 한국인에게 주로 요구된 주체 형태는 그래서 오로지 **생산자**의 그것이었다고 볼 수 있다. 사람들은 <새마을 노래>—"새벽종이 울렸네, 새 아침이 밝았네, 우리 모두 일어나 새마을을 만드세"—를 들으며 잉여가치의 생산에 적극 기여하는 '생산적 주체'가 되어야만 했다. 반면에 가치의 실현과 연관된 소비를 조장하는 행위는 곧잘 단속 대상이 된다. 박정희 정권이 젊은 세대의 장발이나 미니스커트를 단속하고, '퇴폐' 연예인을 방송계에서 퇴출하는 등의 억압정책을 펼친 것도 '국민'을 오직 '생산적 주체'로 동원하기 위해 '비생산적 행위'를 일절 근절하기 위함이었을 것이다.

그러나 1980년대에 이르게 되면 한국 자본주의는 산업사회의 발전에 따라 **가치의 실현**을 긴박한 문제로 안게 된다. 노동자 시인 박노해가 "전쟁 같은 밤일을 마치고 난/새벽 쓰린 가슴 위로/차가운 소주를 붓는다"(박노해, 2004: 103) 한 것처럼, 노동자계급 대부분은 여전히 가치의 생산에 얽매인 삶을 살아야 했지만, 한국 자본주의는 그래도 새로운 국면에 접어들었다고 볼 수 있다. 10년 넘게 산업화에 매진한 결과, 이제 생산된 상품들을 판매해서 가치를 실현하는 일도 급해진 것이다. 이것은 자본주의적 가치법칙의 필연적 결과이기도 하다. 자본의 축적 과정에서 가치는 "하나의 자동적인 주체", 자본축적 "과정의 주체"로서 "자기 자신을 증식시키는" "가치 자신의 운동"을 전개한다(맑스, 2015a: 201). 그러나 가치의 운동은 절로 이루어지는 것이 아니다. 그것은 **노동력에 의해서만** 상품의 형태로 생산될 수 있으며, 생산된 뒤에도 유통을 거쳐 판매되어야만 실현될 수 있다. 맑스의 말대로, "만약 어떤 물건이 쓸모없는 것이라면, 거기에 들어있는 노동도 쓸모없는 것이어서 노동으로 계산되지 않으며, 따라서 아무런 가치도 형성하지 못한다"(51). 이것은 자기 증식을 하려면 가치는 상품의 현상형태로 시장에서 반드시 팔려야 한다는 말, 즉 가치는 생산된 뒤에는 실현되어야 한다는 말이다. 한국의 자본주의는 산업화에 의해 가치의 대량생산 능력을 갖추게 되면서 이제는 생산된 가치를 적절하게 실현해야 하는 새로운 문제를 안게 되었다고 볼 수 있다. 1980년대에 한국 자본주의는 그리하여 소비자본주의를 촉진하지 않을 수 없었고, 스펙터클의 사회를 형성하게 된다.

1980년대 이전에는 한국 사회에 스펙터클이 존재하지 않았다는 말은 아니다. 서구에서 기 드보르가 상황주의 활동을 전개한 1960년대보다 훨씬 이전인 1920년대에 이미 스펙터클이 상품 물신주의의 중요한 형태로 작용했던 것처럼, 한국에서 스펙터클이 등장한 것도 1980년대 이전이다. 한국은 1960년대에 **대중사회**로 접어들었으며, 서울 도심의 경우는 그때 이미 곳곳에서 스펙터클이 펼쳐지는 도시경관을 형성하고 있었다. 당시 명동이나 종로, 광화문 사거리와 같은 곳들은 상가가 밀집하고 사람들이 많이 모여들어 낮에는 부산하고 화려한 광경이 연출되었고, 밤이면 네온사인으로 빛나는 도시야경이 만들어지곤 했다. 1970년대에 들어오면 도심 지역은 더욱 확장되고 스펙터클도 더 광범위하게 펼쳐진다. 31빌딩과 같은, 당시로서는 엄청난 고층이라 할 건물들이 다수 들어서며 새로운 도시 공제선이 만들어지고, 지하철 1호선이 개통되어 전철역 주변 지역들이 개발되기 시작하고, 소공동 등에서 지하 아케이드가 형성되는 등 지상과 지하에서 새로운 도시적 경관이 만들어졌다. 『선데이서울』을 비롯한 선정적인 이미지를 담은 화려한 표지의 잡지들이 도심 가판대를 장식하고, <영자의 전성시대>(1975년) 같은 영화의 포스터가 사람들의 눈길을 끌었으며, 군사 퍼

<표 5> 1인당 국민소득의 증가 추이

연도	1970	1971	1972	1973	1974	1975	1976	1977	1978	1979
1인당 GNI(U$)	254	290	320	401	554	602	818	1,034	1,431	1,676
연도	1980	1981	1982	1983	1984	1985	1986	1987	1988	1989
1인당 GNI(U$)	1,645	1,800	1,893	2,076	2,257	2,309	2,643	3,321	4,433	5,418

레이드나 전국체전 같은 집체적 행사도 자주 열리곤 했다.

그렇기는 해도 서울에서 일상의 삶을 스펙터클이 본격적으로 지배하기 시작한 것은 아무래도 1980년대의 현상이다. 이때 한국에서는 **자동차 운전**과 **컬러텔레비전 시청**이 개인들의 일상적 경험으로 자리 잡고, 소비를 위한 시간—나중에 보겠지만 드보르가 말한 '유사-순환적 시간'—이 광범위하게 펼쳐진다. 주말이나 휴가 기간이면 자동차 행렬이 고속도로를 메우기 시작하고, 도시 근교로 봉고차를 타고 나가서 블루스타로 삼겹살을 구워 먹는 식의 야외 레저 활동이 활발해지고, 사람들이 거의 매일 생중계되는 스포츠 경기를 일삼아 즐기기 시작한 것도 그 무렵이다. 이런 변화는 한국 경제의 성장과 맞물려서 생겨났다. 1980년대에 한국 자본주의는 괄목할 만한 성장을 기록한다. 1980년 한국의 GDP는 650억달러였다. 이 규모는 2019년 1조6천470억달러의 4%에 불과하지만, 1970년의 90억달러보다는 7.2배가 커진 규모다. 1980년대 한국의 GDP는 연평균 10%에 이를 정도로 급성장을 기록하며, 1990년에는 2천790억달러로 불어난다. 1인당 국민소득(GNI)도 1980년대에는 1970년대의 서너 배에 달하게 되었다. 알다시피 한국경제의 성장 흐름은 1990년대 이후에도 계속되며, 2019년 한국인의 1인당 국민소득은 3만2천 달러를 넘어섰다.

1980년대의 경제성장은 가치의 국내 실현을 위한 국가 정책에 의해서도 커다란 지원을 받았다고 볼 수 있다. 전두환 정권은 전임 정권처럼 쿠데타로 국가권력을 탈취하고 광주항쟁을 무자비하게 진압하며 수많은 목숨을 앗아갔지만 바로 그런 이유로 회유성의 '문화정치'를 펼쳐야만 했고, 이 과정에서 스펙터클을 요긴하게 이용했다. 1981년 5월 '국풍' 행사 개최, 같은 해 9월 올림픽 게임 유치, 1982년 1월 한국인의 일상생활 시간성을 36년 넘게 제약해온 야간통행금지 해제, 1982~86년 제2차 한강종합개발 사업 진행, 1986년 아시안게임과 1988년 올림픽게임 개최, 1981년 이후 스포츠·스크린·섹스의 상품화를 꾀한 '3S 정책' 실시, 1982년 중고등학생의 두발 및 교복 자유화 실시 등 전두환 정권의 문화정책은 매우 집중적이고 체계적이었다. 그런 정책은 '조국 근대화'를 꾀한다며 박정희 정권이 펼친 생산력 증진 중심의 정책과는 크게 구분되는 것이기도 했다. 제5 공화국의 문화정책은 한편으로는 '모든 것의 상품화' 즉 이전에는 시장에서 교환되는 상품이 아니었던 스포츠, 스크린, 섹스 관련 활동이나 제품을 상품으로 전환해냈다는 점에서 **신자유주의적**이었고, 다른 한편으로는 여가 중심의 부재하던 소비시장을 국가가 주도해서 건설했다는 점에서 **발전주의적**이었다고 할 수 있다. 그런 정책은 폭력적 수단으로 정권을 쥔 군부 권위주의 세력이 한편으로는 광주항쟁으로 격화된 민주화운동을 무마하고, 다른 한편으로는 독점자본의 발전에 따라 성장한 노동자계급의 저항을 잠재우고자 선택한 효과적 **인구 지배 전략**이기도 했다.

1980년대에 한국 특히 서울에서 스펙터클 사회가 완성되었다면, 그것은 무엇보다도 산업사회의 성장에 따라 요청되는 소비자본주의의 활성화가 그때 집중적으로 이루어진 결과다. 제3장에서 살펴본 것처럼 한강의 개발은 서울의 생김새를 새롭게 형성하는 데 결정적인 역할을 했다. 그로 인해 강남이 제2의 도심을 갖춘 **신도시**로 발전하기 시작했고, 서울의 동쪽과 서쪽 지역을 잇는 도시화 고속도로인 강변북로와 올림픽대로가 새로 조성되거나 확장되었으며, 아울러 한국 수출산업의 주역이 된 자동차 산업의 내수시장 확장을 위한 **사회적 하부시설**이 확보되었다. 이것은 한강의 개발을 매개로 일어난 일로서, 그 결과 서울의 오늘날 생김새는 크게 보면 동서 수경축과 강북과 강남이 연결되는 남북 육경축을 좌표로 하여 형성되어 있다. 이 무렵에 서울에서 스펙터클이 확산한 것은 새로운 **시각문화**와 **이동문화**의 결합이 이루어진 결과이기도 하다. '3S 정책'은 스크린 문화의 확산을 위해 추진된 측면도 있다. 1980년 연말부터 시험 방송이 시작된 컬러텔레비전 방송과 함께 한국인 다수는 **스크린의 포로**가 된다. 컬러텔레비전 방송이 시작된 뒤 스포츠의 상업화가 추진됨에 따라 사람들은 예컨대 일일연속극의 시청자인 것으로만 멈추지 않고, 야구, 축구, 씨름 경기가 거의 매일 중계됨에 따라서 열렬한 **스포츠팬**으로도 바뀌었다. 아울러 야간의 통행금지 해제와 함께 유흥업의 심야영업이 가능해지고 에로영화 제작이 허용됨에 따라 극장가에 선정적인 포스터가 걸려 있는 가운데 VTR과 VCR이 대거 공급됨에 따라서 사람들이 스크린 앞에서 보내는 시간도 더욱 길어졌다.

1980년대는 **마이카시대**가 열린 십년대이기도 하다. 1970년 서울의 자동차 등록대수는 6만442대, 1975년 8만3천661대, 1980년 20만6천778대, 1985년 44만5천807대, 1990년 119만3천633대였고, 이 가운데 승용차는 1970년 3만4천870대, 1975년 4만7천881대, 1980년 13만505대, 1985년 29만6천848대, 1990년 88만3천415대였다(서울연구데이터서비스, 2003). 1980년대의 자동차 등록 대수는 2019년의 전체 등록 대수 312만4천157대, 승용차 대수 267만803대에 비하면 작은 것이지만, 그래도 서울과 수도권이 그때 자동차 중심의 삶에 포획되기 시작했음을 나타낸다. 승용차가 급증한 것은 개인들의 소비생활을 활발하게 만들기도 했다.[182] 한강의 개발과 함께 올림픽대로가

182_ 미국에서도 1920년대에 소비자본주의가 최초로 만개하기 전에 포드자동차를 위시하여 자동차가 널리 보급되었다. "1895년 미국 전역에서 등록된 자동차는 단 4대밖에 되지 않았다고 알려져 있다. 그러나 자동차 수는 이후에 급속도로 증가해, 1900년에 8,000대, 1910년에 458,000대로 늘어났고, 1912년에는 100만대를 넘어섰으며, 1921년에는 1,000만대, 1937년에는 3,000만대, 1955년에는 6,000만대에 이르게 된다(Warf, 2010: 172). 1920년대에 자동차 보급대수가 급증한 것은 1908년 헨리 포드가 '모델 T' 자동차를 '가

개통되고, 아울러 한강의 남북을 잇는 대교가 속속들이 들어서고, 시내에는 복개 등에 의해 지선도로가 늘어남과 동시에 순환도로·간선도로·고속화도로 등이 신설되거나 확장되고, 이들 도로가 서울에서 지방으로 뻗어나가는 늘어나는 고속도로들과 연결되는 등 교통망을 개선하는 사회적 하부시설이 크게 확장되면서 자동차에 의존하는 **이동문화**가 일상적 삶을 지배하는 정도 역시 심화하기 시작했다. 당시 봉고차나 블루스타의 판매량이 대폭 증가한 것 또한 사람들이 자동차를 활용한 소비생활을 활발하게 전개한 지표에 해당한다.

자동차 문화의 확산은 한국 자동차 산업만이 아니라 1970년대부터 함께 성장하기 시작한 다른 산업 분야의 내수시장 확대에도 중요한 역할을 했다. 중공업 육성 정책의 결과 1980년대 이후 한국에서는 TV, 냉장고, 세탁기와 같은 **가전제품**이 양산되기 시작했고, 이들 제품의 국제경쟁력을 높이기 위한 목적으로 안정적인 **내수시장**을 구축하는 것이 필요했다. 자동차는 내구재 소비제품 가운데 가장 고가품인 점 이외에 다른 소비제품의 구매를 위한 중요한 수단으로 작용할 수 있다는 점에서 소비자본주의의 핵심적 상품에 속한다. 텔레비전의 화면이 눈앞에 부재한 것들을 볼 수 있게 해준다면, 자동차의 전면 유리창은 소비자가 되기 위해 나선 운전자가 이제 구매할 상품을 그려보는 '화면'으로 작용했다고 할 수 있다.

사람들은 이제 앉으나 서나, 멈춰 있으나 움직이고 있으나 **소비자의 역할**을 충실히 할 수 있게 되었다. 자동차를 소유한 사람들의 숫자가 대폭 늘어나면서 소비 대상을 직접 찾아가는 능동적인 소비생활이 일상화되고, 아울러 3S 정책으로 이루어진 컬러텔레비전 방송의 시작과 에로영화의 양산 및 비디오기기 사용의 확산에 따른 스크린의 중요성이 커지면서, 상품의 생산과 판매를 중심으로 하는 가치의 생산과 실현에서 후자의 측면이

족용 말'로 개발해 보급한 것이 중요한 계기가 되었는데, 포드사는 1927년까지 이 차를 1,500만대 이상이나 팔았다'(강내희, 2016a: 259-60).

전에 없는 중요성을 지니게 된다. 스펙터클이 사람들의 일상생활로 깊이 침투하게 된 것은 그와 연관된 현상이다. 스펙터클은 그 자체가 **즉각적인 소비 대상**이기도 하다. 특히 3S 정책과 함께 대량 제공되기 시작한 스포츠 행사는 그 자체로 즉각적으로 소비되는 상품이었다. 이런 변화를 가져왔다는 점에서 전임 정권에 이어 쿠데타로 권력을 탈취하고 광주의 학살을 자행한 전두환 정권은 그 폭압적 성격과는 대조적으로─혹은 그런 점 때문에 오히려─역대 정권 가운데 최초로 **자유주의적 문화정책**을 펼쳤다고 분석된다. 박정희 정권의 경우 가치의 생산 중심으로 국가 경제의 발전을 추진했다면, 전두환 정권은 가치의 실현 문제를 새로운 과제로 안게 되어 스펙터클의 강화를 통해 그 문제를 풀려고 했던 셈이다.

3. 스펙터클과 소외

근대 사회에 들어와서 스펙터클은 쇠퇴한다는 견해가 있다. 『감시와 처벌』(1967)에서 미셸 푸코가 그런 견해를 강력하게 주장한다. 푸코가 "스펙터클의 쇠퇴"(Foucault, 1995: 10)와 "소멸"(11)을 주장한 근거는 근대 사회에서는 "공개 처형의 소멸"(10), "공개 고문의 소멸"(117)이 이루어졌다는 데 있다. 그에 따라 그는 이제 "우리의 사회는 스펙터클의 사회가 아니라 **감시의 사회**"(217. 강조 추가)라는 주장을 펼친다. 푸코의 이런 생각은 그와 동시대를 살았던 기 드보르의 그것과는 사뭇 다르다. 드보르는 푸코의 『감시와 처벌』과 같은 해에 발표된 『스펙터클의 사회』에서 제2차 세계대전 이후 서구 사회의 가장 강력한 특징은 스펙터클에 의해 지배되고 있는 점이라는 상반된 견해를 제출하고 있다.

오늘날 스펙터클은 소멸했다는 푸코의 진단은 사실과 부합하지 않는다. 그가 스펙터클의 소멸을 주장하는 것은 **공개적으로** 행해지는 처벌, 고문, 처형의 광경만 스펙터클인 것으로 간주하고, 18세기 말, 19세기 초에 이르러서는 공개적 고문과 처형은 사라진다고 보기 때문이다(10, 11). "수형자의 낙인찍히고 절단되고 화형당하고 끝장난 신체"가 사라진 대신에 "처벌 장치 자체가 처벌 권력의 작용점으로, 오늘날 아직도 행형학이라 불리는 것의 대상으로 만들어낸 '경범죄자'의 개성, 범법자의 못된 영혼과 짝을 이루는 죄수의 신체가 나타난"(254) 것은 푸코의 말대로 사실이다. 죄수의 '나타남'은 수형자의 그것과는 구분된다. 수형자의 신체는 공개 처형의 스펙터클을 만들어내지만, 죄수의 신체는 감금되어 드러나 보이지 않기 때문에 그럴 수가 없다. 대신에 그것은 **감시**의 대상이 된다. 감시는 "그 자체가 보이지 않을 수 있는 한, 모든 것을 보이게 만들 수 있는"(214) 권력의 작동 방식이다. 감시가 작동하는 전형적인 공간은 감옥, 공장, 학교, 병원 등이며, **근대적 훈육**이 그런 데서 일어난다. 푸코에 따르면 감시로 작동하는 '훈육' 권력은 신체를 파멸시키는 스펙터클을 만들어내지 않는다는 점에서 '주권' 권력과는 다르다. 하지만 공개적 처형과 처벌이 종식되었다고 해서 스펙터클이 사라졌다고 볼 수는 없다. 푸코가 스펙터클의 소멸이 일어났다고 하는 바로 그 시기에 스펙터클을 형성하는 새로운 '신체'가 나타났기 때문이다. 스펙터클은 무엇보다도 **공개적이고 가시적인** 현상에 속한다. 스펙터클이 스펙터클인 것은 그것이 장관, 볼만한 것, 구경거리이기 때문이다. 그러나 공개적 전시와 고문, 처형 대상으로서의 수형자가 사라진 자리에 '등장한' 것이 감금되어 눈에 띄지 않는 죄수의 신체**만은 아님**을 기억할 필요가 있다.

푸코가 스펙터클이 쇠퇴하기 시작했다고 보는 18세기 말과 19세기 초는 산업자본주의가 본격적으로 발달하기 시작한 시기이기도 하다. 그 무렵에 자본주의는 숙련노동자를 착취하던 매뉴팩처 단계에서 벗어나 여성과 아동까지도 노동과정에 투입하는 기계제 생산의 **대공업 시대**로 들어가게 된다. 노동일이 최대한도로 확장되고, 노동자가 기계의 부속물이 되며, 자본의 경기 순환 등에 의해 산업예비군이 축적되는 등, 자본의 축적을 위해 인구의 노동력을 그 한계에 이를 정도로 활용하는 변화가 그때 생겨났다.[183] 스펙터클을 만들어내는 공개적 처형이나 고문 등에 의해 인간의 신체가 처분되는 과거의 관행은 이에 따라 이제는 극복되어야 할 대상이 된다. 새로운 상황에서 인간의 신체는 상품들 가운데 유일하게 가치를 창조할 수 있는 노동력을 가진 신체로서 그 의미와 기능이 바뀌게 되며, 개개인은 맑스가 말하는 **'생산적 노동자'**, 즉 "자본가를 위해 잉여가치를 생산하는 노동자, 또는 자본의 가치증식에 기여하는 노동자"(맑스, 2015a: 688)의 역할을 해야 하게 되었다.[184] "우리의 사회"가 "스펙터클의 사회가 아니라 감시의 사회"가 된 것은 이런 맥락에서 보면 인간의 신체가 새로운 방식으로 관리해야 할 대상이 되었다는 말과 같다. 공개 처형 스펙터클의 주요 요소이던 인간의 신체가 사라지고 '등장한' 것이 감시의 대상인 죄수의 신체만은 아니다. 자본주의적 생산양식이 지배하면서 등장한 가장 중요한 신체는 노동력을 지닌 **노동자의 신체**라고 봐야 한다. 하지만 맑스의 말대로 노동자의 신체는 공개적 장소인 "소란스러운 유통영역을 벗어나" "'관계자 외 출입금지'라고 입구에 쓰인 은밀한 생산 장소"(맑스: 232)에 갇혀 잉여가치를 생산해야만 했다. 하지만 그렇게 사라진 노동자의 신체 대신에 앞으

183_ 노동력의 활용은 크게 세 가지 한계를 가진다. 하나는 하루는 24시간이라는 시간적 한계이고, 다른 하나는 노동의 신체는 너무 혹사당하면 버틸 수 없다는 신체적 한계이며, 또 다른 하나는 인간을 함부로 다루면 안 된다는 도덕적 문명적 사회적 한계다(맑스, 2015a: 309).

184_ '생산적 노동'은 크게 두 가지 의미가 있다. 첫째, 그것은 사용가치를 생산한다는 의미에서 생산적이다. 노동은 이때 "인간과 자연 사이에서 이루어지는 하나의 과정"이며, "이 과정에서 인간은 자신과 자연 사이의 물질대사를 자기 자신의 행위를 통해 매개하고 규제하며 통제한다." 이런 성격을 지닌 노동은 인간이 지구상에서 살아가는 한 반드시 해야 한다는 점에서 "특정한 각각의 사회적 형태와 무관하게" 이루어진다고 볼 수 있다(맑스, 2015a: 237. 번역 수정). 그러나 둘째, 자본주의적 생산양식에서 '생산적 노동'의 의미는 "더욱 좁아진다. 자본주의적 생산은 상품의 생산일 뿐 아니라 본질적으로 잉여가치의 생산이다. 자본가를 위해 잉여가치를 생산하는 노동자, 또는 자본의 가치증식에 기여하는 노동자만이 생산적이다. …따라서 생산적 노동자가 되는 것은 행운이 아니라 불운이다"(맑스: 688).

로 엄청난 사회적 역할을 하게 될 새로운 신체도 등장하게 된다. 자신의 존재 목적을 달성하려면 공개적으로 전시되어야 하는 **상품의 신체**가 바로 그것이다. 그리고 상품과 함께 등장한 것이 새로운 유형의 스펙터클, 예외적으로만 발생하던 고전적 스펙터클과는 달리 갈수록 쉽게 접할 수 있는 **일상적인 사회적 현상**으로서의 스펙터클이다.

이것을 가능케 한 것이 "18세기의 마지막 1/3기"에 이루어진 "대공업의 탄생"(376)이라 할 수 있다. 자본주의적 생산의 본격적 작동과 함께, 자본에 의한 노동의 포섭이 형식적으로만이 아니라 실질적으로도 이루어지게 되었고, 그와 함께 절대적 잉여가치만이 아니라 상대적 잉여가치도 크게 생산될 수 있는 여지가 커졌다. 기계제 생산의 작동은 기술의 발전과 노동생산성의 상승을 필연적으로 동반했으며, 그로 인해 대규모의 상품이 생산되었다. 이것이 1867년에 맑스가 "자본주의적 생산양식이 지배하는 사회의 부는 '거대한 상품 더미'로 나타난다"(43. 번역 수정)고 말한 배경이라 할 수 있다. 그래도 19세기 중반까지의 자본주의적 축적은 노동자 대중의 삶과 관련해서 보면, 가치의 생산 중심으로 이루어졌다고 봐야 한다. 당시의 노동자계급은 맑스의 『자본』'노동일' 장에서 볼 수 있는 것처럼 상상하기 어려울 정도의 장시간 노동―아동들까지 12시간 이상, 심지어 15시간씩 해야 하고 때로는 새벽부터 자정 넘어서까지 이어지는―을 해도 겨우 생존밖에 하지 못하는 처지였기 때문에 가치의 실현에 크게 이바지할 여유가 없었다. 그래도 차티스트 운동을 시작으로 노동자계급의 저항이 갈수록 치열해지면서 19세기 중반 이후 영국에서는 표준노동일 제도가 도입되고 1871년에 노동조합이 합법화되는 등 노동자의 권리 향상이 어느 정도 이루어진 결과 노동일 연장에 의한 절대적 잉여가치의 추출이 어려워지자, 자본은 이제 **상대적 잉여가치**를 증대시키기 위한 특별한 노력을 기울이게 된다.[185] 19세기 말, 20세기 초에 엄청난 기술 발전―전기 발명, 통신기술 발달, 자동차 발명, 테일러리즘 적용 등―을 바탕으로 **제2차 산업혁명**이 진행된 것은 그 때문이다. 하지만 두 번째 산업혁명의 여파로 자본주의는 새로운 문제를 안게 되었다고 볼 수 있다. 생산력이 급증해 맑스의 시대와는 비교할 수 없을 만큼 '거대한 상품 더미'가 만들어짐에 따라 상품의 판매, **가치의 실현**이 중대한 과제로 떠오른 것이다. 19세기 후반 이후부터 19세기 초의 아케이드를 크게 능가하는 엄청난 규모의 백화점들이 세계 대도시들에 들어서고, 곳곳에서 만국박람회가 조직되면서 소비자본주의가 결국 체계적으로 형성된 것은 그런 점과 무관하지 않다. 20세기 초에 이르러 다수의 성숙한 자본주의 사회에서 스펙터클이 일상적 현상으로 구축된 것 또한 생산력의 발전에 따른 상품의 양산 체제로 빚어진 가치 실현의 문제를 해결하기 위함이었다고 볼 수 있다.

스펙터클은 상품의 현상형태인 **이미지**에 의해 만들어진다. 그것은 상품 자체인 것도 이미지 자체인 것도 아니다. 스펙터클은 맑스가 말한 상품의 물신주의가 작동하는 하나의 방식에 해당한다. 물신주의는 "인간 두뇌의 산물들이 독자적인 생명을 지닌 자립적 형상으로 등장"(94. 번역 수정)하는 현상이다. 상품의 경우 실제로는 노동의 사회적 분업에 의해 생산된 물건이다. 하지만 "상품 세계에서는 인간 손의 산물들이 그와 같이" 즉 자립적 형상으로 "등장한다"(94). 그런데 맑스가 말하는 **상품의 물신주의**는 상품의 대상성 또는 물질성에 의해 구현된다고 할 수 있다. 맑스는 상품은 "신비한 성격" "수수께끼와 같은 성격"(92, 93)을 가지고 있다고 하면서도, 그것이 물건임을 부정하지 않는다. 그에 따르면 상품은 "형이상학적 궤변과 신학적 잔소리로 차 있는 기묘한 **물건**"(91. 강조 추가)이다. 상품의 물신성은 그래서 그것의 물건임에 의해 구현되고, 상품이 취하는 '자립적 형상'

185_ "점차 증대하는 노동자계급의 반항 때문에 의회가 노동시간을 강제적으로 단축하고, 먼저 진정한 공장에 대해 표준노동일을 명령하지 않으면 안 되게 되자마자, 즉 노동일의 연장에 의한 잉여가치의 생산 증가가 전혀 불가능하게 된 바로 그 순간부터, 자본은 기계체계의 발전을 한층 더 촉진함으로써 전력을 다해 상대적 잉여가치를 생산하는 데 몰두했다"(553).

은 그것의 물건임에 의해 형성된다고 여겨진다. 스펙터클의 경우, 물건임보다는 **이미지임**을 통해 현상한다고 볼 수 있다. 그러나 그렇다고 이미지처럼 바로 지각의 대상이 되지는 않는 것은, 가시적인 것을 통해 작동하기는 해도 "스펙터클 자체는 맨눈에 지각"되지 않기 때문이다(Debord, 2005a/2005b: §18). 드보르에 따르면 "스펙터클은 이미지 더미가 아니라 이미지에 의해 매개된 사람들 간의 사회적 관계다"(Debord, 2005b: §4).

『스펙터클의 사회』 첫 문장—"현대의 생산조건이 지배하는 사회의 삶 전체는 거대한 스펙터클 더미로 나타난다"(§1)—은 『자본』 첫 문장—"자본주의적 생산양식이 지배하는 사회의 부는 '거대한 상품 더미'로 나타난다"(맑스, 2015a: 43. 번역 수정)—의 전용(détournement)에 해당한다. 맑스의 '상품'을 드보르가 '스펙터클'로 바꾼 것은 자신이 속한 20세기 후반의 자본주의 사회는 맑스가 살았던 1세기 전과는 다른 방식의 지배체제를 작동시킨다고 진단했기 때문일 것이다. 그는 "제2 산업혁명의 도래와 함께 대중에게는 소외된 소비가 소외된 생산에 추가된 하나의 의무가 되었다"(§42)고 본다. 앞서 본 대로 19세기 후반 이후 자본주의적 생산양식은 기술 발전에 의한 노동생산성의 엄청난 상승을 가져온 기술 혁명을 이룩하며, 노동 대중은 그에 따라 이제는 새로운 과제를 짊어져야만 했다. 이제 "노동자들은 생산의 조직 및 감독에 깃들은 모든 측면이 노골적으로 드러내는 온갖 경멸로부터 갑자기 벗어나 생산의 외부에서는 매일 **소비자**의 명분으로 예의 어린 배려를 받으며 자신들이 어른처럼 대접받는 것을 발견하게 되는 것이다"(§43. 강조 추가).

스펙터클의 등장은 자본주의적 생산양식에서 사람들의 경험 방식이나 사물의 존재 방식에서 새로운 변화가 일어났다는 징표에 해당한다. 드보르는 그것을 '가짐'에서 '나타남'으로의 이행인 것으로 파악하고 있다.

경제에 의한 사회적 삶 지배의 초기 단계는 모든 인간적 실현의 규정에서 **임**(l'être, 존재)에서 **가짐**(avoir)으로의 확실한 강등을 수반했다. 사회적 삶이 경제의 축적 결과로 완전히 장악된 현재의 국면은 **가짐**에서 **나타남**(paraître)으로의 전면적 이행으로 나아간다. 모든 실제적 '소유'는 이제 그 즉각적 매력과 최종 효능을 나타남에서 도출해야 하는 것이다(Debord: §17. 원문 강조).

'임'에서 '가짐', 그리고 '나타남'으로의 변화는 "인간적 실현"과 관련하여 두 가지 측면에서 이해될 수 있다. 한편으로 그것은 **대상적 측면**의 변화로서, 노동생산물은 이때 가짐의 대상에서 **나타남의 대상**으로 바뀐다. 이 변화는 기술의 발달과 함께 노동생산성이 상승해 상품의 과잉생산이 이루어짐에 따라, 이제 가치의 생산만이 아니라 그 실현도 핵심적인 과제가 되었다는 말이다. 인간의 노동생산물은 원래는 사용가치만 가진 물건이었지만 자본주의적 생산양식에서는 상품의 형태로 생산되기 때문에 교환가치도 갖게 된다. 사용가치가 어떤 물건의 특정한 그 물건'임'에서 생긴다면, 교환가치는 그것이 상품으로서 시장에서 다른 것과 교환되는 비율에 따라 결정된다. 노동생산물이 교환가치를 지닌 상품의 형태를 띠게 되는 것은 사적 소유가 지배하는 자본주의적 생산양식에서 일어나는 일이다. 맑스는 『1844년 경제학-철학 수고』에서 사적 소유가 지배하는 상황에서 "대상이란 우리가 그것을 **가질** 때―그것이 우리에게 **자본**으로 존재할 때, 또는 우리가 그것을 직접 소유하고, 먹고, 마시고, 입고, 거주할 때 등―에만 **우리 것**이 된다"고 말한 바 있다. 사적 소유의 대상은 이때 다른 "**모든** 신체적 정신적 감각들"은 배제한 채, 오직 "**가짐**'의 감각"에 대해서만 존재하게 된다(Marx, 1975: 300. 원문 강조, *는 강조 추가). 이 대상이 바로 상품이며, 상품이 시장에서 교환될 수 있는 것은 이미 누군가의 소유물이기 때문이다. 부르주아에게 "천부인권의 참다운 낙원"인 시장에서 "각자는 **자기 것만**을 마음대로 처분할"(맑스, 2015a: 232. 강조 추가) 수 있다. 그러나 스펙터클 사회에서 상품은 '가짐'만이 아니라 '나타남'의 대상이기도 하다. 이제 그것은 자신의 물신적 효과를 위해 외관, 이미지에 더 의존하게 되며, 소유만이 아니라 과시의 대상이 된다. 스펙터클 사회가 패션, 스타 체계, 대중매체 등을 발달시키고 거대한 재현 체계를 형성하게 되는 것은 그런 점 때문이다. 상품은 이제 물건이나 대상이기만 한 것이 아니라 이미지나 기호, 재현이기도 하다. 드보르에 따르면, "스펙터클은 이미지가 될 정도로 축적된 자본이다"(Debord: §34).

다른 한편으로 "인간적 실현"의 **주체적 측면**에서 '임'에서 '가짐'으로의 강등이나 '가짐'에서 '나타남'으로의 이행은 자본주의 생산양식에서 사람들이 겪는 **소외의 심화**를 가리킨다. 소외는 처음에는 가난한 사람이 "자기 자신의 생산수단으로부터 분리"(맑스, 2015a: 979)되는 현상이다. 자신의 생산수단을 소유했을 때는 가난한 사람도 삶을 자율적으로 꾸려나갈 수 있었다.186 그는 상품—가치의 현상형태—을 생산할 필요가 없었고, 농노나 가신으로서 신분적 한계를 분명히 겪고 있었던 것과는 별도로 자신과 가족에게 필요한 사용가치를 주로 생산했을 따름이다. 그러나 인클로저로 인해 자신의 생산수단으로부터 분리되어 무소유자로 전락한 뒤로 프롤레타리아는 생존을 위해 자기의 노동력을 판매해야만 했고, 상품 생산의 노동에 종사해야만 했다. 상품 생산자로서 노동자는 "자기 노동을 소유하는 자본가의 감독 아래 노동을 한다"는 점에서, 그리고 "생산물은 자본가의 소유물이

186_ 소유를 절도로 여긴 프루동과는 달리, 맑스는 소유 자체를 죄악시하지는 않았다. 『정치경제학 비판 요강』(1857-58)에서 그는 "아무런 소유 형태가 존재하지 않는 곳에서는 생산에 대해서도 사회에 대해서도 논할 수 없다"며, "어떤 것도 자신의 것으로 만들지 않는 전유란 형용모순(contradictio in subjecto)"(맑스, 2007a: 56)이라고 말하고 있다. 인간은 노동을 통해 자연과의 물질대사를 행하며 이때 비-자아를 전유하고 소유하게 된다. 이런 과정은 다른 생명체와 인간이 공유하는 생존방식이기도 하다. 맑스는 그래서 소유와 생산을 인간 사회 성립을 위한 필수적 조건으로 여긴다. 그는 역사적으로 존재한 '공동소유'나 '공동체 소유'를 인정하며, 다른 맥락에서는 '사회적 소유'를 지지하고 '개인적 소유'도 인정했다. 물론 그렇다고 그가 모든 소유 형태를 지지한 것은 아니다. 맑스가 사적 소유의 극복이 사회주의 건설의 기본 조건이라는 입장을 견지한 것은 널리 알려진 사실이다. 하지만 사적 소유는 소유의 특정한 역사적 형태일 뿐이며 소유 자체는 아니다 (강내희, 2019a: 112).

지 직접적 생산자인 노동자의 소유물은 아니"(맑스: 247)라는 점에서 자신의 활동과 그 결과물로부터 분리되는 또 다른 소외를 겪는다고 볼 수 있다. 이것은 "**임**에서 **가짐**으로의 확실한 강등"을 겪음에 따라 노동자가 처하게 되는 상황에 해당한다. 그뿐만 아니다. 자본주의 사회가 발전함에 따라 노동자는 "**가짐**에서 **나타남**으로의…이행"(Debord: §17)이라는 한층 더 강화된 소외도 겪어야 한다. 이것도 분리 문제와 관련되어 있다. 상품의 경우 가치의 현상형태이고 교환가치를 지니지만 여전히 사용가치를 지닌 물건이다. 상품은 사용가치와 교환가치의 결합물로서—"어떤 물건도 사용대상이 아니고서는 가치일 수 없다"(맑스, 2015a: 51)—물질적으로 쓸모가 있고, 직접적으로 경험되는 대상이다. 반면에 스펙터클을 구성하는 이미지는 실체가 아니며, 상품에서 만들어지는 어떤 효과에 해당한다. 우리는 그것을 경험할 수는 있지만, 이때의 경험이 상품을 물건으로 만지고, 냄새 맡고, 사용할 때 갖는 것과 같은 종류는 아니다. 드보르는 스펙터클에서는 "직접 살아낸 것이 모두 재현으로 사라진다"(Debord: §1)고 말한다. 상품의 물건으로서의 성격이 그 사용가치를 구성하며 그런 점에서 상품을 직접 경험의 대상으로 만든다면, 상품의 이미지는 그것의 사용가치나 교환가치와는 구분되는 **전시가치**를 구성하면서 무엇보다도 상품의 가치 실현을 위해 작용한다고 볼 수 있다.[187] 전시가치의 지배를 받으면 물건은 그 깊이나 역사와는 무관한 이미지로만 평가되고, 그것과의 인간적 관계 또한 **공허해질** 공산이 크다. 아감벤에 따르면, "자신이 주시받고 있다고 느끼는 여성의 얼굴이 무

187_ '전시가치'는 벤야민이 제시한 개념이다. 벤야민은 기술복제시대에 예술작품은 제의가치보다는 전시가치의 성격을 더 많이 갖게 되는 기능전환을 한다고 봤다. 제의가치로서 예술작품은 보이는 것과는 무관하게 존재하는 것 자체로 의미를 갖는다면, "존재하기만 하는 것은 전시가치에 관한 한 아무런 의미가 없다. 어떤 것도 그 자체로 있는 것 - 즉 그것인 것으로 있는 것 - 은 가치가 없다. 가치는 대상이 보여야만 축적된다"(Han, 2015: 9). "어떤 것이 전시가치를 갖고 있다고 하는 것은 그것을 전시하는 데서 인지되는 가치나 이득이 있다는 것을 의미한다. 그것을 보는 사람이 더 많을수록 좋은 것이다"(Anon, 2019.1.19.).

표정해"지는 것은 "시선에 노출되었다는 자각이 의식에 어떤 공백을 만들어 내고 통상 얼굴을 활기 띠게 하는 표현 과정들을 강하게 무너뜨려"(Agamben, 2007: 90) 생긴 결과다. 전시가치가 지배하는 스펙터클의 사회에서는 "직접 살아낸 것"의 후퇴로 인해 능동적 삶이 어려워진다. 다시 말해 이미지에 탐닉하는 삶은 더욱 진전된 **소외된 삶**이 되는 것이다. 드보르는 그래서 능동적인 삶이 수동적인 것으로 바뀌는 것이 스펙터클 사회의 문제라고 본다. 그런 사회에서 만연하는 이미지, 재현, 외관, 기호 등에 포획되면 삶은 직접적 경험으로부터 더욱더 멀어지기 마련이다.

단, 스펙터클의 지배가 이루어진다고 해서 상품이 사라진다고 볼 수는 없다. "현재의 국면은 '가짐'에서 '나타남'으로의 전면적 이행"을 보여준다는 드보르의 진단은 그래서 **오해**의 소지도 없지 않다. 문제는 그 '이행'을 어떻게 이해하느냐는 것이다. 나는 그것을 '가짐'의 전적인 소멸보다는 그것에 '나타남'이 새로 보태지는 과정인 것으로 이해하고 싶다. 상품의 '나타남'이 그것의 '가짐'과 분리될 수는 없다. 스펙터클을 형성하는 상품의 이미지 차원이 나타나려면 가짐의 대상인 **상품의 존재**가 전제되어야 한다. 상품이 사라진다면 그것을 둘러싼 이미지 세계가 구축될 기반 자체가 없는 것과 같다. 스펙터클 사회가 구축되는 것도 상품의 '가짐'을 촉구하기 위해 '나타남'의 현상이 만연한 결과다.

맑스가 말한 '거대한 상품 더미'는 19세기 중반에는 아직 세계의 일부 사회에 국한된 현상이었다. 맑스도 자신의 시대에 "노동자들의 임금이 자본가들에 의해 지급되는 지역은 지구 표면의 1/4에도 미치지 못한다"는 리처드 존스의 말을 인용한 바 있다(2015a: 776). 하지만 20세기 중반에 이르게 되면 '거대한 상품 더미'가 넘쳐나는 곳은 훨씬 더 많아지게 된다. 드보르의 『스펙터클의 사회』는 이런 상황에 대한 비판적 개입이었다고 할 수 있다. 그에 따르면 "상품들의 과다ー즉 상품관계들의 과다ー는 증대된 생존 그 이상이 아니다"(Debord: §40). '증대된 생존'에서는 "일상의 경험이…

더 이상 자연적 질서가 아니라 소외된 노동이 만들어낸 **유사-자연**에 종속된다." 자본주의 사회에서 일상적 시간의 형태가 바뀌는 것은 그 결과라 할 수 있다. 증대된 생존을 지배하는 '유사-순환적 시간'은 "순환적 시간의 자연적 흔적들을 기반으로 하여 새로운 상동(相同) 조합들—불철주야, 주중 노동과 주말 휴식, 주기적 휴가 등—을 만들어낸다"(§150. 강조 추가). 그런 유사-순환적 시간의 형성이 필요한 것은 그것이, 자본주의가 축적을 위해 수행해야 하는, 상품을 통한 가치의 생산과 실현이라는 과제를 가장 효과적으로 해결하는 방식이기 때문이다. 드보르에 따르면, "소비 가능한 유사-순환적 시간은 좁게 이미지 소비에 적합한 시간으로서든 넓게 시간 소비의 이미지로서든 스펙터클의 시간이다." 그러나 현대 사회에서는 "운송 속도를 높이거나 포장 수프를 먹으며…얻어낸 시간"이 사람들에 의해 "하루 세 시간에서 여섯 시간 텔레비전을 시청하는 데 쓰이고 만다"(§153). 이것은 "상품의 생산에서 진행된 과다의 정도가 노동자의 잉여 협력을 요구하기"(§43)에 이르렀다는 말이며, 사람들이 이제 '생산적 노동자'만이 아니라 특수한 의미의 **생산적 소비자** 역할까지 떠맡아야만 하게 되었다는 말이다. '생산적 소비자'는 이때 사람들이 생산과정에서 생산수단을 소비할 때 노동자로서 갖게 되는 주체성과는 구분된다. 후자의 경우 '생산적 소비'는 생산수단—기계 등의 노동수단 또는 고정자본과 원료나 보조재와 같은 유동자본—에 대해 이루어지는 행위이지만, 전자의 경우에는 이미 생산된 상품에 대해 이루어지는 것이다. 반면에 여기서 말하는 소비는 최종적 또는 개인적 소비에 해당한다.[188] 그런 소비가 '생산적'일 수 있는 것은, 이제는 그

188_ '최종적 소비'는 사용가치로서의 상품의 소비로서 '생산적 소비'와 구분되며 '개인적 소비'에 해당한다. 맑스에 따르면, '생산적 소비'는 노동자가 "자기 노동에 의해 생산수단을 소비해 그것을 투하자본의 가치보다 큰 가치의 생산물로 전환"하는 것이고, '개인적 소비'는 노동자가 "자기 노동력의 대가로 지급받은 화폐를 생활수단의 구매에 지출"하는 것이다. "전자[생산적 소비]에서 그[노동자]는 자본의 동력으로 기능하며 자본가에게 속한다. 그러나 후자[개인적 소비]에서 그는 자기 자신에게 속하며 생산과정 밖에서 생활

것이 "상품의 생산에서 진행된 과다"의 문제를 해결하기 위해, 그리고 가치의 실현을 위해 훨씬 더 적극적인, 즉 생산적인 역할을 하게 되기 때문이다. 최종적 소비자는 이때 거대한 상품 더미를 효과적으로 처분해내야 하는 추가적 기능을 수행해야 한다는 점에서 자본주의적 생산양식의 재생산에 중대한 역할을 한다고 할 수 있다.

1980년대 한국에서 사람들이 본격적으로 생산적 소비자로서의 주체 형태를 지니게 된 것은 상품들의 과다와 함께, 증대된 생존의 강화를 위한 유사-순환적 시간이 크게 확장되었기 때문이라고 할 수 있다. 그때가 되면 1970년대에 진행된 **산업화**로 인해 상품 더미가 쌓여감에 따라 그것을 해소할 방안이 갈수록 긴요해지고, 이에 따라 "불철주야, 주중 노동과 주말 휴식, 주기적 휴가"의 체계적 구축, 다시 말해 새로운 자본주의적 시간성을 형성하고, 아울러 이에 어울리는 공간 형태를 형성하는 것이 필요하게 된다. 1980년대 초에 야간통행금지가 해제되자 심야영업ー유흥 또는 퇴폐 산업의 증가를 가져온ー이 늘어났고, 주말이면 스포츠 경기의 실황 중계방송이 정례화하고, 여름 휴가철과 같은 유사-순환적 시간이 생겨난 것은, 카페나 유흥업소, 경기장, 고속도로 등 새로운 **건조환경의 구축**을 동반하며 일어난 일이다. 3S 정책의 경우 이전에는 대체로 시장의 외부에 있던 스포츠, 애정 행위, 여흥과 관련된 활동들을 시장에서 구매하는 상품으로 만드는 과정에서 그런 활동을 배치하기 위한 유사-순환적 시간 형태들과 같은 시간대에 사람들이 배치되는 건조환경의 생산을 위해 활용되었다고 볼 수 있다. 한강의 개발과 마이카시대의 개막도 당시 '여가'라는 새로운 시간성이 큰 규모로 구축된 것과 무관하지 않다. 노동시간 이외의 시간이 가치의

상의 기능을 행한다. 생산적 소비의 결과는 자본가의 생존이고, 개인적 소비의 결과는 노동자 자신의 생존이다"(맑스, 2015a: 779). '생산적 소비자'는 이렇게 보면 생산과정에 속한 노동자의 주체 형태라고 봐야 하지만, 여기서 나는 드보르의 스펙터클 사회론을 수용해서 노동자는 최종적/개인적 소비를 할 때도 생산적이어야 한다는 의미에서 '생산적 소비자'를 사용한다.

실현에 복무하게 됨에 따라서 사람들은 이제 소비자 주체로 전환되어야 했다. 소비자본주의 시대의 대표적 산물인 자동차를 활용하는 **여가활동**이 증가하면서 1980년대에는 **차량 공간**, 즉 도시 안의 지선 및 간선 도로, 고속도로, 주차장처럼 차량을 통해서만 접근할 수 있는 공간들이 늘어나게 된다. 프로스포츠 경기의 일상적 중계와 컬러텔레비전 및 VTR과 VCR 등의 보급으로 사람들은 항상 **관객**(spectator) 즉 스펙터클의 일상적 소비자로 전환되기도 했다. 1980년대 말에 댄스음악이 유행하기 시작한 것은 그런 흐름에 의해 시각문화가 급격하게 확산한 결과일 것이다. 댄스음악은 음악 산업을 청각에서 시청각 중심으로 바꾸고, '서태지와 아이들'로 대표되는 1990년대 이후 폭발적으로 등장한 신세대 문화를 예비했다고 볼 수 있다. 1980년대에 완성 단계에 들어선 스펙터클의 문화는 1990년대로까지 이어지며, 2000년대에 들어와서 만개한 '한류'의 확산까지 준비하게 되는 것이다. 1990년대가 되면 그래서 서울은 전면적으로 스펙터클로 뒤덮이게 된다. 당시 그런 대표적 공간의 하나가 "바람 부는 날이면"(유하, 1991) 많은 젊은 사람들이 가야 하는 압구정동이었다.

4. '장치'의 지배와 판타스마고리아

주로 서민이 거주하는 빌라촌도 이제는 나름의 브랜드화를 꾀하며 유사-경관을 형성하려 하고 있고, 전통적 주택가 다수가, 오랫동안 재개발되지 않았던 점이 오히려 매력점으로 작용해 최근에 상업 젠트리피케이션을 겪고 있는 데서 볼 수 있듯이, 서울이 도시 전체로서 거대한 하나의 경관적 공간으로 바뀌었다면, 이런 변화 속에서 오늘날 스펙터클은 어떻게 작동한다고 볼 수 있는가? 이미 1980년대에 스펙터클의 사회로 전환되었다면, 서울은 지금도 그런 사회로서의 면모를 여전히 유지하고 있는 것인가? 신축형과 상업형을 망라해 지금도 서울에서 진행되고 있는 젠트리피케이션에 의해 형성되는 도시적 경관은 1980년대에 한국 사회에서 일상적으로 구축되었다고 볼 수 있는 스펙터클과 어떤 관계를 지닌 것일까? 그동안 계속 강조해온 것처럼, 서울의 공간 생산은 1990년대 말에 시작된 금융화와 함께 중대한 변화를 겪었다. 서울의 수직적 도시화나 공제선 소멸, 경관화 등의 현상들은 한국에서 진행된 자본의 축적이 금융화의 영향을 받게 되지 않았더라면 나타날 수 없었을 것이다. 1970년대부터 진행된 신축 젠트리피케이션이 2000년대 이후에는 예컨대 뉴타운 사업이나 슈퍼 젠트리피케이션의 형태로 진행되고, 상업 젠트리피케이션이 새로운 젠트리피케이션의 유형으로 등장하게 된 것은 과거에는 주로 사용가치 중심의 소비기금으로 쓰이던 주택을 이제는 교환가치 중심의 금융자산으로 활용하게끔 추동한 MBS, 부동산 ABCP, REF, REITs, 부동산 PF 등의 다양한 금융상품들이 도입되고, 개인들과 가계의 적극적인 금융거래 참여를 유도한 역사상 최저 수준의 저금리 정책을 펼친 금융화의 국면이 전개된 것과 무관하지 않다. 이 과정에서 젠트리피케이션이 만연하고 안팎에 걸쳐 도시적 경관이 형성되면서 서울은 그 자체가 스펙터클로 바뀌었다고 해도 과언이 아니다. 다시 말해 서울은 전체가 경관이 되었고, 경관은 이때 장관 즉 스펙터클을 이루고 있다. 그런데 지금 말하는 스펙터클은 1980년대의 서울에서 집중적으로 등장한 스펙터클과는 무슨 관련이 있는 것인가?

미국 등 성숙한 자본주의 사회에서는 오래전부터 **스펙터클의 퇴색**이 진행되고 있다는 지적이 있다. '스펙터클의 퇴색'은 푸코가 말한 '스펙터클의 쇠퇴'와는 다르다. 후자의 경우 **전근대적 스펙터클의 소멸**을 가리킨다면, 전자는 **근대적 스펙터클의 약화**를 의미한다. '스펙터클의 퇴색'을 주장한 대표적 논자로는 미국의 미술사가 조나단 크래리가 꼽힌다. 크래리는 1984년에 발표한 한 글에서 "1950년대에서 1970년대까지 작용하던 장치인 텔레비전은 더 이상 재현이 아니라 배분과 규제가 관건인 또 다른 네트워크의 중심에서 재구성되기 위해서 이제 사라지고 있다"(Crary, 1984: 284)고 말한 바 있다. 그의 주장인즉슨 가정용 컴퓨터가 보급된 1970년대 중반에 이르게 되면 자동차와 텔레비전 중심으로 작용하던 스펙터클은 그 지배력을 잃게 된다는 것이다. "1970년대부터 이 차량 공간은 위력을 잃기 시작했다. 상품 가득한 스펙터클 지형을 유지하는 일에서 자동차의 우군으로 보이던 텔레비전이 다른 네트워크들과 접목되기 시작한 것이다"(Crary: 290). 이런 견해를 수용하는 안드레오티와 라히지에 따르면, 오늘날 도시에서 자본주의적 지배 효과를 조장하는 핵심 기제는 스펙터클보다는 **판타스마고리아**와 관련되어 있다. "스펙터클이…텔레비전으로 방영된 이미지에 초점을 맞췄다면, 판타스마고리아는…시각적이면서 촉각적이고 구조적(tectonic)이고 다–감각적이고 다–매체적이며, 오늘날 테크놀로지의 엄청나게 우월한 위력을 반영하는 훨씬 더 복잡하고 포괄적인 기술적 환경에 속한다"(Andreotti and Lahiji, 2017: 128).

스펙터클은 사람들에게 수동적 자세를 요구했다고 볼 수 있다. 드보르에 따르면 스펙터클은 "별도의 유사 세계"로서 "관조의 대상일 뿐"(Debord: §2)이다. 스펙터클이 사람들에게 요구하는 것은 그 외관에 대한 '수동적 수용'이다.

> 스펙터클은 손쓸 수도, 논란의 여지도 없는 엄청난 실정성(positivité)으로 제시된다. 그것이 말하는 것이라고는 "나타나는 것은 모두 좋고, 좋은 것은 무엇이든 나타난다"는 것뿐이다. 스펙터클이 원칙적으로 요구하는 태도는 어떤 말대꾸도 허용하지 않는 나타남 방식, 외관의 독점으로 그것이 이미 확보해놓은 이런 **수동적 수용**이다(Debord: §12. 강조 추가).

하지만 크래리는 스펙터클적인 서구문화가 1970년대에 이미 해체 단계에 들어갔다고 본다. "디지털로의 이동이 드보르의 비판 표적이 되었던 상품의 관조적 소비"를 그때 "사실상 약화"(Andreotti and Lahiji, 2017: 121)시켰다는 것이다. 안드레오티와 라히지에 따르면, 스펙터클 대신에 등장한 것이 "오늘날 테크놀로지의 엄청나게 우월한 위력을 반영하는 훨씬 더 복잡하고 포괄적인 기술적 환경에 속한"(128) **판타스마고리아**다. 그들은 "과거의 스펙터클에 비하면 오늘날의 판타스마고리아는, 주체가 판타스마고리아적인 꿈 세계의 조성에 **자율적 행위자***로서 '적극적으로 참여할' 때 쓰는 **전송수단**(means of transmission)에 더욱더 결정적으로 의존"(129. 원문 강조, *는 강조 추가)한다고 본다. 판타스마고리아의 조건으로 작용하는 전송수단 또는 기술적 환경이 사람들로 하여 능동적으로 만드는 예를 우리는 이용자와의 인터페이스를 강화하는 디지털 기술에서 확인할 수 있다.

안드레오티와 라히지가 말하는 '판타스마고리아'는 미셸 푸코의 장치(dispositifs), 특히 조르조 아감벤이 푸코를 재해석하여 사용하는 **장치 개념**과 무관하지 않다. 아감벤은 푸코를 따라서 "장치란 언제나 주체화의 과정을 내포하기 마련"이라고, "자신의 주체를 생산해내기 마련"(Agamben, 2009: 11)이라고 본다. 그러나 아감벤이 말하는 장치와 그의 "역사적 선구자들"(Andreotti and Lahiji: 128) 사이에는 차이점도 없지 않다. 이제는 장치들이 **편재한다**는 것 즉 "오늘날은 개인들의 삶이 어떤 장치로 설계되거나 오염되거나 통제되지 않는 단 한 순간도 없다"(Agamben: 15)는 것이 그 하나이고, 이제 "장치들은 더 이상 주체의 생산을 통해서라기보다는 **탈주체화**라고 부를 수 있는 과정을 통해 작용한다"(20. 강조 추가)는 것이 다른 하나다. 장치들이 탈주체화의 효과를 지닌 것은 그것들이 편재하기 때문이다. 아감벤은 오늘날 "장치들의 끝없는 증가는 마찬가지로 극단적인 주체화 과정의 확산과 상응한다"(15)고 하며, "모든 주체화의 과정에는 탈주체화의 계기가 분명히 내포되어 있다"(20)고 지적한다. 이것은 "주체화의 과정은 탈-주체화의 과정과 꼭 마찬가지"(Andreotti and Lahiji: 148)라는 말과 같다. 그 두 과정이 서로 큰 차이가 없는 "현단계 자본주의"에서는 그래서 "새로운 주체의 재구성"이 "유충 또는…유령 형태로밖에는 생기지 않"(Agamben: 20-21)게 된다.

아감벤이 말하는 장치들에 의한 탈주체화 효과는 벨기에의 법철학자 앙투아네트 루브루아가 말하는 **알고리즘적 통치성**을 연상시킨다. 루브루아에 따르면 "알고리즘적 통치성은 어떤 종류의 주체도 생산하지 않는다"(Rouvroy, 2013: 153). 이것은 알고리즘적 통치성이란 "현실적 사실이나 육신 지닌 사람들을 시험하고 질문하고 점검하고 평가하는 부담을 면제시켜주는" '데이터 행동주의'에 입각하여, "모든 유형의 대면, 특히 그 통치 효과에 의해 영향을 받는 사람들과의 대면을 애써 **피하기**"(Rouvroy: 149. 강조 추가) 때문이다. 알고리즘적 통치성은 그런 점에서 신자유주의적 통치양식과 대조된다. 루브루아에 따르면, 신자유주의는 "끊임없이 반복되는 '자기-되기'의 기획을 규범적 지향으로 갖고 있고, '자기-통제' '자기-기업가정신' '자기-평가'에 열심인 '과잉-주체들'을 생산한다"(153).[189] 그러나 알고리즘적 통치성과 신자유주의적 통치성의 이런 구분에 대해서는 해석을 달리할 여지도 있다. 자기-통제나 자기-평가에 열중하는 신자유주의적 과잉-주체는 **자기-되기** 과정에 몰두하는 존재이며 그런 점에서 주체화의 기획에 능동적으로 참여한다. 하지만 그런 과잉-주체가 안정적인 주체, 즉 자기-되기를 성취하고 나면 자기 정체성을 일정하게 유지하는 주체라고 보기는 어렵다. 노동에 대한 자본의 공격으로 인해 일자리 불안정성이 갈수록 증가하는 신자유주의 시대에 자기-되기란 사람들에게 계속 바뀌는 일자리에 적

189_ 여기서 우리는 신자유주의적 주체가 자기계발적 주체임을 환기하게 된다. 서동진에 따르면 한국에서 이런 주체형태가 등장한 것은 1990년대 초부터 '경영담론'이 확산된 것이 계기였다. 기업에서 업적 평가를 위해 사용하던 '균형성과표(balanced score sheet, BSC)' 같은 것이 사회공학적 테크놀로지로 널리 활용되면서 "기존에는 경제적인 행위로 가치를 평가하지 않았던 다양한 사회적 삶(지식과 학습, 감정적인 상호작용, 몰입과 헌신 등)을 '자산'으로 구성하고 이를 자본이 효과적으로 전유할 수 있도록"(서동진, 2009: 198) 하는 변화가 생긴 것이다. 1990년대 이후 '스펙 쌓기'에 몰두하는 취업을 앞둔 젊은 층, '재테크' 비밀을 알려주는 책들을 찾는 독자층, 주식투자 강좌를 수강하는 사람들, 개인 업적 관리를 챙기는 회사원들이 늘어난 것은 한국인들이 개인적 '자산'의 포트폴리오 만드는 데 열중하는 '자기 계발하는 주체'로 대거 전환되었음을 말해준다.

응하기 위한 새로운 주체성 형성의 과정이기 십상이며, 과잉-주체는 **가변적이고 유동적인 주체성**을 띨 공산이 높은 것이다. 신자유주의적 통치성에 의한 주체 생산은 그렇다면 "장치들의 끝없는 증가"와 "주체화 과정의 극단적 확산"(Agamben, 2009: 15)으로 탈주체화가 강화되는 현상과 꼭 상치되어야 할 이유가 없게 된다. 아감벤이 말한 "현단계 자본주의"의 "주체화 과정과 탈주체화 과정"의 결합으로 생긴 "유충 또는…유령 형태"의 '주체'(Agamben: 21)는 **되다 만 주체, 주체답지 못한 주체**다. 그런 주체는 루브루아가 말하는 '어떤 종류의 주체도 아닌' 주체를 상기시키지만, 그렇다고 해서 주체가 전혀 아닌 것도 아니다. 아감벤에 따르면, "동일한 개인, 동일한 실체가 다수의 주체화 과정들의 장소—셀룰러 전화 사용자, 웹 서퍼, 이야기 작가, 탱고 마니아, 반-세계화 활동가 등—가 될 수 있다"(14-15). 한 개인이 이런 다양한 형태의 주체가 되는 것은 그/그녀가 '주체-되기'에 몰두해 '과잉-주체'가 된 것일 수도 있지만, 선택된 어떤 주체 형태도 **잠정적으로만** 취해졌다는 말이기도 하다. 과잉-주체는 그렇다면 사실상 덜된 주체일 수 있으며, 신자유주의는 그런 점에서 어떤 종류의 주체도 생산하지 않는다고 하는 알고리즘적 통치성과 꼭 대척되는 것은 아니다. 루브루아에 따르면, 알고리즘적 통치성은 "주체화 과정과 반항을 허용하지 않고 성찰적인 인간 주체들과의 어떤 조우도 우회하고 회피한다"(Rouvroy: 144-45). 혹여 그것이 "위험(risks)과 기회에 대한 계산적이고, 선제적이며, 맥락 및 행동에 민감한 관리"(144)를 위해 '주체'를 필요로 하더라도, 그 주체는 "현실적이고 경험적이고 현전적이고 지각력 있는 주체와는 다른" 기껏 "확률론적인 주체"일 뿐이다(153). 확률론적 주체는 통계적으로 성립되는 주체로서, 데이터의 세계에서 **양적으로 측정된** 형태로서만 존재한다. 즉 데이터마이닝으로 알아낸 경향이나 취향, 행태 등으로 구성된 프로필일 뿐인 셈인 것이다. 이런 존재는 실제 세계의 주체와는 구분된다는 점에서 신자유주의적 통치성에 따라 생산된 주체들과도 구분되지만 그래도, 아니 그런 점 때문에, 신자유주의적 주체와도 공존하는 것이 가능하다. 신자유주의적 통치성에 따라 자기-계발적으로 행동하며, 스스로 자기-포트폴리오를 만들어가는 주체는 알고리즘적 통치성에 의해 가장 쉽게 포획될 수 있는 주체 형태라고 할 수 있다.

안드레오티와 라히지에 따르면 오늘날 도시적 형태를 규정하는 지배적 건축은 이제 판타스마고리아의 방식으로 작동한다. **판타스마고리아의 건축**은 "미디어 테크놀로지에 의해 야기된 공간적 재편"을 가리킨다(Andreotti and Lahiji: 144). 두 사람은 이제 "세계는 거대한 장치들 더미―또는 덧붙이자면 판타스마고리아들―로 나타난다"(128)고 보고 있다. 맑스의 '거대한 상품들 더미'를 대체한 드보르의 '거대한 스펙터클들 더미'가 이제 판타스마고리아들로 이루어진 '거대한 장치들 더미'로 나타난다는 것이다. 이런 진단과 관련해서 스펙터클은 그렇다면 **사라진** 것이냐는 질문이 제기될 수 있다. 안드레오티와 라히지는 스펙터클과 판타스마고리아의 차이에 대해 다음과 같이 말한다.

> 스펙터클이 자본주의가 소비 경제로 확장된 시대를 대변한다면, 판타스마고리아는 탈규제와 자유로운 자본 흐름으로 초래된 신자유주의의 승리 국면을 나타낼 것이다. 스펙터클이 대량소비주의의 텔레비전 기술에 연계되어 있다면, 판타스마고리아는 조디 딘이 말한 동시대 '커뮤니케이션 자본주의'의 디지털 및 웹 기반 체계가 지닌 내측력(medial force)을 반영한다. 판타스마고리아는 이런 의미에서 삶의 모든 측면이 시장들과 정보 네트워크들의 템포, 작동, 새로운 공간적 좌표와 그것을 연결하는 새로운 규범적 궤도들과 연계되게끔 재구성되는 새로운 단계의 자본주의적 총체화를 의미할 것이다(127).

스펙터클과 판타스마고리아는 여기서 일견 서로 다른 시대를 대변하는 것처럼 나타난다. 스펙터클이 2차 세계대전 이후 케인스주의의 작동으로 유효수요가 증가하면서 소비자본주의가 발전한 1960년대 말 이전까지의 지배적인 시각적 현상이라면, 판타스마고리아는 1970년대 이후 자본의 노동에 대한 공격이 격화되는 신자유주의 시대의 지배적인 시각적 현상인 것으로 볼 수 있다. 하지만 스펙터클에서 판타스마고리아로의 '이행'은 드보르가 말한 상품에서 스펙터클로의 '이행'처럼 조심스럽게 이해하는 것이 필요해 보인다. 안드레오티와 라히지도 상품과 스펙터클, 그리고 판타스마고리아의 관계에서 후래자가 전래자를 넘어서기만 하는 것으로 이해하고 있지는 않다. 그들에 따르면, "드보르한테서 보이는 상품에서 스펙터클로의 이동처럼 스펙터클에서 판타스마고리아로의 변화는 결과가 원인이 되고, 징후로 여겨졌던 것이 (되먹임 회로의 방식으로) 자체의 힘을 갖게 되는 변증법적 반전을 함축하고 있기도 하다"(127). 상품과 스펙터클, 스펙터클과 판타스마고리아가 되먹임 회로를 통해 서로 관계를 맺는다면, 후래자가 나타났다고 해서 전래자의 작용이 중단되지는 않을 것이다. 하지만 안드레오티와 라히지는 상품과 스펙터클, 판타스마고리아가 차례대로 나타나는 것처럼 말하고 있어서 판타스마고리아의 출현을 상품과 스펙터클의 시대 다음에 오는 현상인 것으로 여기게 하는 측면도 없지 않다.

스펙터클처럼 판티스마고리아도 오늘날 처음 나타난 현상은 아니다. 판타스마고리아는 18세기 말에 등장한 극장의 이름이었다. 영어 '판타스마고리아(phantasmagoria)'는 1801년에 프랑스의 극작가 루이 세바스티엥 메르시에가 새로 만들어낸 프랑스어 '판타스마고리(phantasmagorie)'에서 건너왔으며, "유령들" "환영들"을 의미하는 '판타스마(phantasma)'와 "모임" "집합"을 의미하는 '아고라(agora)'가 합쳐진 말로 알려져 있다.190 이처럼 이미 19세

190_ 옥스퍼드영어사전에 따르면, '-agoria'는 그리스 어원과는 관계가 없고 그저 그럴듯하게 들려서 덧붙인 말일 수도 있다. 판타스마고리아는 프랑스 혁명 직후 에티엔 가스파르 로베르가 파리에서 송 에 뤼미에르(son et lumière)를 올리고 그것을 '판타스마고리(Fantasmagorie)'라고 부른 데서 유래했다. 'phantasmagorie'는 1801년에 루이 세바스티엥 메르시에가 처음 사용한 표기법이다.

기 초에 등장했다는 점에서 판타스마고리아는 최근에 처음 나타난 새로운 현상만을 가리키지는 않는다. 앞서 인용한 것처럼 맑스의 경우 "인간들 자신의 특정한 사회적 관계"가 상품에서 "물건들의 관계"로 나타나는 것을 판타스마고리아로 규정한 바도 있다. "상품형태와 상품형태를 지니는 노동생산물들의 가치관계"는 사회적 관계, 즉 사람들이 개별적 생산자들로서 서로 맺고 있는 관계이며, 그런 것으로서 양자는 "노동생산물의 물리적 성질이나 그로부터 생기는 물적 관계와는 아무런 관련도 없다"(맑스, 2015a: 94. 번역 수정). 하지만 상품에는 가치관계가 결코 가시적인 형태로는 나타날 수 없으므로—"상품체의 감각적이고 거친 대상성과는 정반대로 상품의 가치대상성에는 티끌만큼의 물질도 들어있지 않다"(맑스: 59. 번역 수정)—가치를 나타내는 인간들의 사회적 관계는 상품에서는 물건들의 관계로서만 나타나게 된다. 즉 인간들 자신의 특정한 사회적 관계가 물건들의 관계로 나타남으로써 판타스마고리아적 형태가 만들어지는 것이다.[191] 판타스마고리아는 이렇게 보면 사회적 관계를 지닌 노동생산물이 상품의 형태를 띠게 될 때 생겼다고 봐야 한다. 알다시피 노동생산물이 상품으로 등장한 것은 자본주의적 생산양식이 작동하기 시작한 뒤이므로 이미 몇 세기 전의 일이다. 따라서 판타스마고리아가 전적으로 새로운 현상이라 할 수는 없다. 라히지와 안드레오티가 판타스마고리아들과 동일시하는 '거대한 장

191_ 상품의 판타스마고리아는 이때 상품이 물리적 성질을 지닌 감각적 존재이면서도 사회적 관계를 지닌 초감각적인 존재이기도 한 데서 생기는 효과다. 노동생산물들은 상품 형태가 되면 "감각적임과 동시에 초감각적인 또는 사회적인 물건들(sinnlich übersinnliche oder gesellschaftliche Dinge)"(맑스, 2015a: 93. 번역 수정)이 되는 것이다. 참고로 김수행의 번역은 "감각적임과 동시에 초감각적[즉 사회적] 물건"(93), 강신준 번역은 "감각적이면서 동시에 초감각적이기도 한 물적 존재 또는 사회적인 물적 존재"(맑스, 2008a: 134)로 되어 있다. 황선길의 번역은 "감각으로는 지각할 수 없는 사회적 물건"(맑스, 2019a: 117)으로서 해석이 완전히 다르다. 영어 번역은 "sensuous things which are at the same time suprasensible or social"(Marx, 1976: 165), 프랑스어 번역은 "des choses sensibles suprasensibles, des choses sociales"(Marx, 1993: 83)다.

치들 더미'도 오늘날만의 현상이 아니다. '장치들'은 신자유주의 국면 이전에도 학교나 가족, 병원, 공장 등 다양한 형태로 작용하며 인간 주체를 형성해왔다. 이런 점에서 '장치'와 '판타스마고리아'를 신자유주의 시대의 건축이나 도시만의 고유한 특징을 나타내는 개념으로 사용하는 데에는 문제가 있다.

정리해보자면, 판타스마고리아는 상품 생산이 시작된 이래, 즉 자본주의적 생산양식이 지배하게 된 이래 작동해왔다고 봐야 한다. 자본주의적 생산양식의 특징은 노동생산물을 가치의 형태로 생산한다는 데 있다. 노동생산물은 원래 사람들에게 유용한 사용가치이지만, 그것이 가치까지 갖게 되는 것은 역사적으로 특수한 현상에 속한다. 노동생산물이 가치물이 된 것은 대대적으로 시장에서 교환되는 상품으로서, 그것도 이제는 자기의 노동력을 상품으로 판매한 노동자에 의해 생산되기 시작했기 때문이다. 상품 생산 체제는 인구의 노동자화를 전제하며, 그런 점에서 노동생산물이 사용가치만 지니고 있던 시기와는 다른 사회적 상황을 요구한다. 즉 인구의 다수는 노동자계급이 되고 소수는 자본가계급이 되는 자본주의적 생산양식이 사회를 지배해야만 상품은 노동생산물의 지배적 형태가 되는 것이다. 상품으로 전환된 노동생산물이 갖게 되는 가치는 그래서 사회적 관계의 산물에 속한다고 할 수 있다. 즉 가치란 자본주의적 생산양식에서 사회적으로 규정된 노동생산물의 어떤 성격 또는 특징인 셈인 것이다. 가치의 크기는 그래서 **사회적으로 필요한 노동시간**에 의해서만 측정될 수 있다. 그런데 우리가 시장에서 보는 가치물인 상품에서는 상품의 가치, 이것을 형성시키는 사회적 관계는 전혀 인지되지 않고 볼 수 있는 것은 오직 감각되는 물건뿐이다. 여기서 상품의 판타스마고리아가 형성된다. "인간들 자신의 특정한 사회적 관계"가 상품에서는 "물건들의 관계라는 판타스마고리아적 형태"를 띠는 것이다. 판타스마고리아는 그래서 노동생산물이 상품의 형태를 띰에 따라 그것의 한 현상형태가 된 것이며, 상품이 존재하는 한 존재한다고 봐야 한다. 드보르가 (상품의) "가짐에서" (스펙터클의) "나타남으로의 전면적 이행"을 말할 때도, 안드레오티와 라히지가 스펙터클에서 판타스마고리아—장치들—로의 이행을 말할 때도 상품은 결코 사라진 것이 아니다. '거대한 장치들 더미'든 '거대한 스펙터클들 더미'든 작동하려면 '거대한 상품들 더미'가 이미 계속 존재하고 있어야 하는 것이다.

판타스마고리아의 작용은 그렇다면 아무런 새로운 변화를 겪지 않았다는 말인가? 맑스와 드보르의 시대, 그리고 오늘날은 상품과 스펙터클, 장치의 작용 범위나 방식에서 중대한 차이가 있다. 19세기 중엽에 노동자의 생활수단을 제공하는 노동기금이 임금 형태로 자본에 의해 제공된 것은 "지구상에서 예외적으로만"(맑스, 2015a: 775-76) 나타난 현상이었고, 1960년대에 드보르가 말한 '스펙터클의 사회'가 완성된 곳도 미국이나 유럽 등 성숙한 자본주의 사회에 국한되었던 편이다. 반면에 21세기의 세 번째 십년대가 시작된 오늘날은 상품과 스펙터클, 장치의 과다와 만연, 증가가 전지구적인 현상이 되었으며, 한국도 자본주의적 생산의 급속한 발전으로 인해 상품(각종 재화와 서비스)과 스펙터클(이미지, 기호, 재현, 미디어), 장치(감옥, 학교, 병원, 병영만이 아니라 파생상품이나 기획금융 같은 금융제도, 이것들을 작동시키는 알고리즘 등)가 일상생활 전반에 넘쳐나고 있다. 젠트리피케이션의 진행과 함께 서울의 도시적 공간은 이제 거의 전면적으로 경관으로 바뀌었다. 그 경관이 장관 즉 스펙터클이 된 것은 최근에 올수록 강화된, 도시의 상품화 즉 도시가 "진열되고 경쟁하고 매혹하고자 하는 하나의 제품"(Lindell, 2013: 1)이 되는 건조환경상의 변화임과 동시에, 금융화와 함께 역사적 최저 수준의 금리를 활용하고자 사람들이 대거 투자자로 변신한 가운데 MBS나 부동산 PF와 같은 금융상품의 제도화가 이루어지고, 아파트 같은 주거용 부동산이 금융자산으로 작동하게끔 만드는 온갖 장치들—개인이 참여할 수 있는 부동산펀드, 차익거래, 온라인 투자, 알고리즘 투자, 이런 투자에도 사용되는 휴대전화, "부자 되세요" 하고 부추기는 광고, 각종 매체의 주식 현황 보도 등―이 작동한 결과에 해당한다. 오늘날은 상품과 스펙터클과 장치가 이처럼 서로 맞물려 자본주의적 지배 효과를 만들어내고 있으며, 그로 인해 판타스마고리아가 전면적으로 만들어지고 있다. 이것은 '장치들'의 **편재성**으로 빚어진 효과에 해당한다. 장치는 과거에도 없었던 것이 아니지만 아감벤의 지적대로 "오늘날은 개인들의 삶이 어떤 장치로 설계되거나 오염되거나 통제되지 않는 단 한 순간도 없다"(Agamben, 2009: 15). 서울의 생김새와 관련해서 이런 점은 금융화 시대 이후 서울이 전면적으로 도시적 경관으로 바뀐 점과도 공명한다. 서울의 경관화는 판타스마고리아가 우리의 일상을 거의 완전히 지배하고 있다는 말과 다르지 않다. 판타스마고리아의 이런 만연은 끝없이 증가한 '장치들'과 그것이 연동된 현상이다. 그리고 판타스마고리아는 이제 장치들의 증가 이전의 스펙터클과는 다른 효과를 만들어내고 있다. 스펙터클은 "손 쓸 수도 논란의 여지도 없는 엄청난 실정성"으로 나타나 "어떤 말대꾸도 허용하지" 않고 "수동적 수용"을 요구했다(Debord: §12). 반면에 "오늘날의 판타스마고리아는 주체가 판타스마고리아적인 꿈 세계의 조성에 자율적 행위자로서 '적극적으로 참여할' 때 쓰는 전송수단에 더욱더 결정적으로 의존"(Andreotti and Lahiji: 129)하는 경향이 있다. 경관은 이제 스펙터클이기만 한 것이 아니라 장치로서도 작용한다. 경관적 공간은 사람들에게 '수동적 수용'을 강요하는 '실정성'의 힘으로만 나타나지 않고 그들이 '적극적으로' 그것을 조성하게 하는 **참여자**가 되게 한다는 점에서 새로운 판타스마고리아라고 할 수 있다. 오늘날 서울의 경관을 구성하는 데 핵심적 역할을 하는, 세계의 모든 도시 가운데 가장 많다는 고층 건물들은 사람들이 금융자산으로 활용하고자 그 조성과 매매에 적극적으로 참여하고 있는 주택 건물 등으로 형성된 건조환경이기도 하다. MBS나 부동산펀드, 부동산 기획금융의 매매에 사람들이 대거 가담하지 않았다면 크게 달라졌을 것이라는 점에서 서울의 생김새는 새로운 판타스마고리아로 작용한다고 여겨진다.

5. 박물관 도시

1990년대 초에 1천1백만 명에 육박하며 인구 과포화 상태에 이른 뒤, 서울은 집중적 도시화와 함께 건조환경을 크게 새로이 구축하면서 도시 전체가 경관으로 바뀌었다. '서울의 경관화'는 이때 도시 전체가 상품화했고 그와 함께 주거지역도 경관 즉 스펙터클의 지배를 받는 곳이 대폭 늘어났으며, 그에 따라 도시 전체가 '장치들'로 만연한 상황을 가리킨다. '장치'에는 실로 다양한 사물, 습속, 실천, 제도가 포함될 수 있다. 아감벤은 장치에는 "(어떤 면에서는 권력과의 연관이 명백한) 감옥, 정신병원, 판옵티콘, 신앙고백, 공장, 학문분야, 사법조치 등만이 아니라 펜, 글쓰기, 문학, 철학, 농업, 담배, 항해, 컴퓨터, 셀룰러전화, 그리고⋯언어 자체"(Agamben: 14)도 포함될 수 있다고 말한다. 감옥이나 정신병원 등 훈육사회의 전형적 제도들은 물론이고 펜이나 전화기, 담배 같은 소소한 것들까지도 포함할 수 있다면, '장치'에는 오피스텔이나 빌라, 아파트 등의 주택 유형들도 포함될 것이다. 아감벤은 "살아있는 존재들이 제스처, 행동, 견해 또는 담론을 포획하고 정향하고 결정하고 차단하고 설계하고 통제하고 또는 확보하는 능력을 어떻게든 지닌 것은 말 그대로 무엇이든 장치로 부르고"(14) 있다. 이것은 사람들을 '주체'로 만드는 것은 무엇이든 장치라는 말과 같다. 아감벤에 따르면 '장치'란 "사람들이 그 속에서 그리고 그것을 통해 어떤 존재 근거도 결여한 순수 통치 활동을 실현하는 어떤 것"이며, 그런 점 때문에 "장치들은 언제나 주체화의 과정을 함축한다, 즉 자신의 주체를 생산해야 한다"(11).[192] 오늘날 서울에서는 아파트야말로 그런 능력을 지닌 대표적 장치

192_ '장치'의 프랑스어 '디스포지티프(dispositif)'는 라틴어 '디스포지티오(dispositio)'에서 나왔고, 이것은 그리스어 '오이코노미아(oikonomia)'의 번역어다. 아감벤에 따르면, '오이코노미아'는 라틴 교부들이 삼위일체설을 도입하는 과정에서 반대자들로부터 이단이라는 비난을 들을 것을 예방하기 위해 신의 존재 또는 실체와 구분되는 섭리를 가리키기 위한 용어로 사용되었다. 이 결과 존재들은 크게 두 부류로 나뉜다. "한편으로 살아있는 존재들(또는 실체들)과 다른 한편으로 살아있는 존재들이 끊임없이 포획되는 장치들"(2009:

일 것이다. 수많은 사람이 **투기적 주체**로 바뀐 것도 아파트가 장치로서 작동해 생긴 효과로 볼 수 있다. 서울에서 사람들은 대거 **아파트 인간**으로 변했다. '아파트 인간'은 아파트 거주로 특정한 습성이나 취향을 지니게 된 사람들만을 가리키지 않는다. 그것은 아파트의 소유와 특히 그것의 금융자산으로서의 활용을 통해 자산의 증식에 혈안이 된 인간 유형이기도 하다. 실물경제와 금융부문의 분리가 커져만 가는 금융화 시대에 주식시장과 함께 대표적인 투자시장이자 자산시장으로 작동하는 부동산시장에서 아파트는 개인과 가계의 복리에 갈수록 중요한 장치가 되었다. 이것은 지난 세월 한국 자본주의가 사람들더러 삶의 안정을 위해 임금 소득이나 사회적 복지보다는 개인적 자산 증식에 의존하게끔 만들고, 그에 따라 부동산 특히 아파트 투자에 매달리게 만든 결과이기도 하다. 아파트 인간은 그 과정에서 등장한 투기적 주체의 한 유형이며, 처음에는 중산층 여성이 주류를 이루다가 이제는 유동성 동원이 가능한 사람들을 모두 포함한다.193 갈수록 많은 사람이 아파트 인간으로 바뀌면서 서울은 아파트를 지배적인 주택 유형으로 지닌 아파트 공화국, 아파트 천지가 되었고, 아울러 세계에서 고층 건물이 가장 많은 수직 도시가 되었다.

그뿐만 이니라 '아파트 장치'는 많은 다른 장치들과 연동하여 거대한 장치 네트워크를 형성하고 있기도 하다. 아파트단지를 둘러싼 건조환경의 조성, 그것의 유지를 위해 동원되는 각종 서비스 체계─예컨대 지하철이나 버스 등의 운행을 제공하는 교통체계, 단지 주민을 대상으로 하는 각종 상행위, 전기와 상하수도 등의 공급체계, 아파트 관리 회사, 인터넷 서비스 공급체계, 아파트 관련 부동산업, 주민 자녀들의 과외 수업을 제공하는 사

---

13)이 그것이다. 살아있는 존재들이 장치들에 포획되면 '주체'가 된다. '주체(subject)'는 이때 신민 또는 호출된 인간 유형에 가깝다.

193_ 여성이 아파트 인간이 된 것은 한국 사회에 특유한 젠더적 불평등이 반영된 결과라고 할 수 있다. 중산층 가정에서는 임금 소득에 대한 책임은 남성이 지는 대신에 여성은 가사노동과 함께 가계의 자산을 불리는 책임도 함께 떠맡는 경우가 많다.

설학원 네트워크 등등—와 함께, 아파트를 주제로 하는 각종 담론, 단지 조성 조건을 규정하는 지방자치체의 조례, 가계의 아파트 매입 여부를 좌우하는 주택담보인정비율(LTV), 총부채상환비율(DTI), 총부채원리금상환비율(DSR) 등 정부의 부동산 규제 정책, 금융화와 밀접한 관련을 맺고 있는 은행의 이자율 정책, 브랜드아파트 출현에 영향을 미친 분양가 규제제도, 거주 주택 유형에 따른 사회적 차별(임대아파트 아동들과 같은 학교 다니기 반대하기), 아파트 가격 담합 네트워크, 재개발 주택조합의 설립과 관련 이권을 둘러싼 주민들 간의 갈등 구도, 신축 젠트리피케이션과 관련된 온갖 사안들, 아파트 거주를 선망하는 빌라촌 주민의 자산 관리 행위, 아파트 거주로 생긴 습속과 행태(예컨대 한겨울에도 실내에서 속옷 바람으로 지내는 생활방식, 배달문화의 전면적 확산), 아파트 소유자로서의 투표 행위, 주민의 외출 또는 레저 방식(예컨대 아파트 주민은 잔치를 벌이려면 외부 공간을 이용해야 해서 아파트단지 조성은 필연적으로 외식업을 번창시킨다) 등이 네트워크에는 서로 관련을 맺고 있는 실로 다양한 '장치들'이 포함된다. 오늘날 서울의 시간성과 공간성은 이들 장치를 기반으로 하여 형성되며, 서울 시민들은 그와 함께 생긴 다양한 주체 형태들—금융적 주체, 자가용 이용자, 외식 향유자, 아파트 보유자, 보수적 유권자 등—로 구성된다고 볼 수 있다. 서울의 생김새는 그렇다면 아파트를 중심으로 한 일련의 장치들이 하나의 거대한 네트워크를 형성하면서 다양한 주체 형태를 만들어내고, 그와 함께 서울의 건조환경이 새로이 구축됨에 따라 형성된 측면이 크다. 오늘날 서울이 거의 전면적으로 경관으로 전환된 것도 그 과정에서 생긴 일이다.

아파트 장치와 그것과 연동된 장치 네트워크에 의해 그 도시적 형태가 결정적으로 규정되면서 서울은 이제 **박물관**이 되었다고 여겨진다. '박물관'은 오늘날의 세계가 취하고 있는 특징적인 한 형태다.

세계의 박물관화는 오늘날 기정사실이다. 사람들의 삶을 규정했던 정신적 잠재력들—예술, 종교, 철학, 자연의 이념, 심지어 정치—은 얌전하게 박물관으로 물러났다. '박물관'은 여기서 특정한 물리적 공간이나 장소가 아니라 한때…진실하고 결정적이라 느껴졌던 것들이 옮겨 들어간 **분리된 차원**이다. 이런 의미로 박물관은 (세계유산 지역으로 선포된 에보라나 베네치아 같은) 도시 전체, (공원 또는 자연보존지역으로 선포된) 어떤 지역, 그리고 심지어 (이미 사라진 어떤 삶 형태를 대변하는) 일단의 개인들과도 일치할 수 있다(Agamben, 2007: 83-84. 강조 추가).

"세계의 박물관화"가 "기정사실"이 되었다는 것은 이제는 모든 것이 박물관이 될 수 있다는 말이다. 아감벤이 말하는 '박물관'은 용산의 국립박물관이나 신문로에 있는 서울역사박물관과 같은 구체적인 특정한 장소가 아니다. 거기에는 자연보존지역이나 소멸 위기 문화의 보유자들, 그리고 서울과 같은 도시도 포함된다. 물론 서울의 경우는 아감벤이 박물관 도시의 전형적 예로 드는 포르투갈의 에보라(2011년 인구 5만7천73명)나 이탈리아의 베네치아(2017년 26만1천905명)와는 비교할 수 없을 만큼 규모가 큰 메트로폴리스이며, 두 도시 각각이 전체로 하나의 관광지를 형성하는 것과는 달리 그 안에 다수의 관광지 외에 거주, 상업, 공업, 교육, 행정 등 상이한 기능들을 지닌 다수의 지역으로 이루어져 있어서 뭉뚱그려 하나의 박물관으로 치부하기는 어렵다. 그렇다고 서울이 박물관이 될 소지가 없는 것은 아니다. 아감벤에 따르면, 박물관은 "진실하고 결정적이라 느껴졌던 것들" 즉 직접 경험하고 만들고 사용한 것들이 "옮겨 들어간 분리된 차원"에 해당한다. 그런 점에서 그것은 어떤 **불가능성**의 영역에 속한다고 할 수 있다. "오늘날 모든 것이 박물관이 될 수 있는 것은 단지 그 용어가 사용하기 거주하기 경험하기 불가능함의 전시를 가리키기 때문이다"(Agamben: 84). 우리는 박물관에 옮겨 들어간 것들은 사용할 수도, 경험할 수도 없으며, 박물관에서 거주할 수도 없다. 서울이 박물관이 될 수 있는 것도 그처럼 사용과 거주와 경험의 불가능성이 드러나는 곳이기 때문이다. 사람들이 주거하는 아파트나 빌라는 사용과 거주의 흔적을 남기기 어려운 공간, 그래서 새로 신축되거나 아니면 리모델링을 통해 세월의 흔적을 지워야 하는 곳으로 바뀌고 있고, 골목과 같은 일상생활의 공간도 다음 장에서 보겠지만 이전과는 달리 주민들이 사용할 수 없는 공간이 되었다. 아감벤이 말하는 박물관은 드보르의 스펙터클 개념을 환기한다. 드보르는 스펙터클에서는 "직접 살아낸 것이 모두 재현으로 사라진다"(Debord: §1)고 보고 있다. 직접적 경험이 모두 재현으로 바뀐 것이 스펙터클이라면, 그것은 진실하고 결정적인, 즉 진정한 삶을 영위하지 못하게 만드는 박물관과 다르지 않다. 서울도 이제는 전반적으로 스펙터클이 되었다는 점에서 이미 박물관이 된 셈이다.

'박물관'은 '장치'와도 일맥상통한다. 아감벤에 따르면, '장치'에는 주체화의 기능 이외에 종교적 기능도 있다. '종교'는 이때 "사물들 장소들 동물들 또는 사람들을 **범속한 사용**으로부터 떼어내어 분리된 어떤 영역으로 옮기는 무엇"(Agamben, 2009: 18. 강조 추가)에 해당한다. "종교를 규정하는" 그런 "분리 과정들을 일반화하고 극단으로 밀어붙이는" 것이 오늘날은 "자본주의 그리고 다른 현대적 권력 형태들"(19)이다. 종교에 의한 '분리'의 핵심적 작용은 대상들을 사용 불가능하게 만드는 데 있다. 왜냐하면 종교는 어떤 물건을 '성스러운' 것으로 만들어 그것을 함부로 즉 '비속한' 것으로 써먹지 못하게 만들기 때문이다. 자본주의가 이제 그런 분리의 기능을 떠맡고 있는 것은, 자꾸만 사용가치보다 교환가치를 상품의 핵심 요소로 만드는 데서 비롯된다. 교환가치로서의 상품은 소비의 대상이지만, 자본주의적 소비는 스펙터클처럼 사용을 금한다는 것이 아감벤의 생각이다. 그에 따르면,

'스펙터클'이라는 말을 지금 우리가 살고 있으며 모든 것이 자신과 분리되어 전시되는 자본주의의 극단적 단계에 대해 사용한다면, 스펙터클과 소비는 사

용하기의 단일한 불가능성이 지닌 두 측면이다. 그 자체로 사용될 수 없는 것은 소비 또는 스펙터클한 전시로 넘겨진다. 이것은 그것을 비속하게 만들 수 없게 되었다는 의미다. …비속하게 만들기가 성스러운 것의 영역으로 옮겨놓은 것을 범속한 사용으로 되돌리는 것이라면, 극단적 형태의 자본주의적 종교는 절대로 비속할 수 없는 어떤 것을 만들어내고자 한다(Agamben, 2007: 82).

자본주의적 종교가 만들어내는 분리 영역으로서 소비에서 '사용'이 허용되지 않는 것은 거기서는 '비속한 것들'과는 구분되는 '성스러운 것들'만 존재하기 때문이다. '사용 금지'가 통상적으로 일어나는 소비영역의 하나가 관광산업이다. "세계의 위대한 경이들 가운데 하나(예를 들면 알람브라에 있는 '사자의 안뜰')와 마주한 사람들의 압도적 다수는 그것을 경험하려는 의도가 없고 카메라가 대신 경험해줄 것을 선호한다"(Agamben, 1993: 15). 또 다른 예로는 박물관에서 사람들이 진열품들을 만지지 못하고 오직 보기만 하는 것을 들 수 있다. 거기서는 박람회장에서처럼 물건들의 "사용가치가 부차적이 되는 구조"(Benjamin, 2002: 18)가 만들어진다.

서울이 박물관 도시라는 것은 "사용하기 거주하기 경험하기 불가능함"의 전형적 전시장이 되었다는 말이다. 자본주의적 도시는 르페브르의 용어를 사용하자면 '제품(produit)'이며, 자신을 '작품(oeuvre)'으로 다루기를 금한다. 도시는 '도시적인 것'이 되어야만 작품이 될 수 있다. 르페브르는 도시를 "현재적이고 즉각적인 현실, 실제-물질적인 건축적 실상"으로, 도시적인 것을 "사유에 의해 상상되고 구성되고 재구성되어야 하는 관계들로 이루어지는 사회적 현실"(Lefebvre, 1996: 103)로 규정한다. 도시는 도시적인 것으로 전환되어야만 작품이 될 수 있겠지만, 서울과 같은 자본주의적 도시는 제품으로 만들어져 있으므로 그럴 수가 없다. 작품은 이때 "가상적이거나 가능한 대상"이라면, 제품은 "명확하게 규정된 확정적 대상"(Lefebvre, 2003: 16)에 속한다. 제품-도시로서의 서울은 박물관처럼 **사용 불가능성의**

영토다. 그것은 스펙터클을 형성하면서 상품 생산 사회가 형성한 도시적 형태를 우리 눈앞에 펼치고 있다. 자본주의적 생산이 만들어내는 것은 상품들의 과다이지만, 이 과다는 그 생산자들에게 **박탈의 과다**로 돌아온다. "그들의 소외된 생산물들이 축적되면서 모든 시간, 모든 공간이 그들에게 **낯선 것**이 된다. 스펙터클은 이 새로운 세계의 지도, 영토 자체의 규모로 그려진 지도다"(Debord, 2005b: §31. 원문 강조). 박물관 도시로서 서울은 시간과 공간이 사람들에게 낯설어진 스펙터클이 되었다고 볼 수 있다. 스펙터클에서는 모든 것이 재현으로 사라지며, 따라서 거주와 사용, 경험이라는 **삶의 직접성**은 소멸한다. 사람들은 거기서 자기 삶을 제대로 살 수가 없다. 박물관 방문객에게 주어진 행동 수칙 "진열품에 손대지 마시오"가 오늘날 도시 전반에서 사람들의 행동을 규제하는 금지명령으로 작동한다. 곳곳에서 CCTV가 작동하고 있는 서울과 같은 도시는 전체가, 사람들의 행적을 기록하는 감시 장치를 가동하는 "거대한 감옥의 실내"(Agamben, 2009: 23)가 된 셈이다. 감옥 또는 박물관이 된 도시는 사람들이 멋대로 사용할 수 없는 **금지된 공간**으로 작용한다.

　박물관을 사용 불가능성의 대표적 전시장으로 규정한다면, 서울의 주택 유형 가운데 가장 높은 비중을 차지하는 아파트가 전형적인 예일 것이다. 2020년 현재 서울의 건축물(59만3천194동) 가운데 주거용은 44만3천800동으로 74.8%에 이른다(국토교통 통계누리 건축물통계).[194] 이것은 전국의 지자체 가운데 가장 높은 수치다. 전국의 주거용 건축물은 전체 727만5천266동 가운데 460만3천214동으로 63.3%에 이른다. 하나 더 기억할 점은 주택 유형으로는 아파트가 가장 높은 비율을 차지한다는 것이다. 2020년 서울의

---

[194]　http://stat.molit.go.kr/portal/cate/statView.do?hRsId=19&hFormId=522&hSelectId=540&hPoint=00&hAppr=1&hDivEng=&oFileName=&rFileName=&midpath=&month_yn=N&sFormId=522&sStart=2020&sEnd=2020&sStyleNum=94&sDivEng=N&EXPORT= 2021년 8월 30일 접속.

전체 주택 301만5천371호 가운데 아파트는 177만2천670호(58.8%)다. 아울러 여기에 연립주택 11만562호, 다세대주택 79만6천66호를 합하게 되면, 공동주택은 267만9천298호로서 전체 주택의 88.9%에 이른다. 서울이 '아파트 천지'라고 불리는 이유가 여기에 있는 셈이다. 아파트는 사용가치와 교환가치를 함께 지닌 상품이지만, 최근에는 갈수록 금융자산으로 기능하게 됨으로써 소유는 해도 사용하기는 어려운 공간으로 바뀌고 있다.[195] 고가일수록 아파트는 가격 하락을 일으킬 수 있는 손상을 허용하지 않으며, 개조할 때도 교환가치가 떨어지지 않는 식으로 하게끔 강제한다. 갭 투자로 산 아파트에서는 소유자가 살 수가 없으며, 개별 소유자가 단지 안 아파트의 시가 하락을 막고자 맺은 담합 때문에 자기 아파트를 특정 가격 이하의 매물로 내놓지 못할 경우도 있다. 아파트 매입 시에 과도한 부채를 떠안아 이자와 원금 상환에 치여 살거나 아파트를 떠받들고 사는 사람도 적지 않다. '사용 대상'으로서 주택은 일부 뜯기고, 일부 고쳐지고, 일부 추가된 흔적을 갖기 마련이다. 이때 주택에 대한 경험은 세월 속에 이루어진 그것의 사용과 함께 증가하게 된다. 반면에 아파트는 시간이 지나면 물론 노후화되기야 하겠지만 최대한 원형 상태를 보존해서 **쓰임의 흔적을 지워야만** 그 '가치'를 지킬 수 있다. 아파트는 그런 점에서 박물관처럼 '사용 불가능의 전시물'인 셈이다. 한국에서는 사용과 경험의 흔적을 담기에 주거용 건축물의 수명이 너무 짧기도 하다.

　서울의 박물관화는 세계의 박물관화와 통한다. 박물관화는 세계가 박물관 안으로 들어갔다는 것, 다시 말해서 쓸 것들, 만질 것들, 먹을 것들이 모두 그럴 수 없는 것들로 바뀌었다는 것, 그래서 구체적인 살아있는 삶이 박제되었다는 것과 같다. 도시의 박물관화에서도 비슷한 일이 일어난다면,

---

195_ 최근 JTBC가 방영한 TV 드라마 <월간 집>에서는 잡지사의 대표가 주인공 여성에게 '살고 싶은 집이 아니라 사고 싶은 집을 취재 대상으로 삼을 것을 강조하는 장면이 나온 적이 있다.

서울에서는 "직접 살아낸 것이 모두 재현으로 사라져"(Debord: §1) 경험될
수 없는 것이 되었다고 볼 수 있다. 도시는 이제 주로 **전시된 것**으로서 존
재한다. 이것은 도시가 상품화되면 필연적으로 생기는 경향이다. 사물들이
나 행위들이 직접적 경험의 대상이 될 수 없게 되는 것은 그것들이 상품이
되었다는 것, 그것도 상품의 사용가치 측면은 사상되고 교환가치의 측면만
주로 강조된다는 것을 의미한다. 교환가치는 나아가서 전시가치로 전환되
기도 한다. 전시가치로 전환되는 경우 상품들은 사용가치는 물론이고 심지
어 교환가치까지 상실하게 되며, 오직 보이기만 할 뿐이다. 거리의 상품들,
고가의 아파트들, 경관들은 그래서 사람들에게 '그림의 떡'이 된다. 수직 도
시, 경관적 공간, 박물관 도시로서의 서울은 한편으로는 거대한 상품 더미
가 서울에 축적되었다는 것, 어마어마한 규모의 생산이 이루어졌다는 것,
그리고 자본의 거대한 축적이 이루어졌다는 것을 의미하지만, 동시에 그런
과다는 박탈의 과다일 뿐이기도 하다.

6. 판타스마고리아적 경관

여기서 잠깐 서울의 자본주의적 도시적 형태를 크게 규정하는 경관의
형성을 역사적으로 개관해본다면, 1970년대까지도 경관은 아직 **도심에 국
한해** 있었던 편이다. 상품, 특히 대중이 소비할 상품의 생산이 그때까지는
아직 본격적으로 이루어지지 않았기 때문이다. 당시 서울의 도심에는 미도
파나 신세계 등 상당히 화려한 백화점들이 있기는 했으나 그런 곳에서 쇼
핑을 할 수 있는 여유를 가진 사람들이 많지는 않았다. 산업화가 시작되기
는 했어도 수출품 생산에 전념한 탓에 아직은 내수시장이 대규모로 형성
되지 못한 점 때문이다. 그런 점에서 당시 서울의 백화점들은 '19세기의 수
도 파리'의 몇몇 지역을 화려한 경관으로 만들었던 아케이드와 크게 다르
지 않았다고 할 수 있다.[196] 벤야민에 따르면, "파리의 아케이드 대부분은
1822년 이후 15년 안"에 등장했다(Benjamin, 2002: 3, 15). 그때라면 자본주의

적인 기계제 생산이 이미 도입되기는 했지만 생산된 상품의 종류나 규모
가 대중적 소비를 촉진할 만큼 다양하거나 크지 않았던 시기에 해당한다.
당시 인구 대부분은 최장의 노동일에 시달리면서도 최하 수준의 임금을
받는 형편이었기 때문이다. 아케이드의 상품은 그래서 "시장-안-상품이라
기보다는 교환가치가 사용가치 못지않게 실제적 의미를 상실하고, 순전히
재현적 가치가 전면에 나서는 진열-중-상품"(벅-모스, 2004: 115. 번역 수정)
의 성격이 컸다고 할 수 있다. '재현적 가치' 또는 '전시가치' 중심의 진열-
중-상품은 대중들로서는 "도저히 살 수 없을 고가의 가격표"를 달고 있어
서 "사적 소유의 가능성이 전혀 없는"(116) 대상이었다. 1970년대까지 서울
의 백화점에 진열된 상품들도 비슷했다고 볼 수 있다. 그 무렵에 경관이
서울의 도시적 형태를 아직 전면적으로 지배하지 못한 것은 백화점과 같
은 화려한 소비공간들이 19세기 초의 파리 아케이드처럼 도심 등 도시의
한정된 공간에서만 스펙터클을 형성했기 때문일 것이다.

196_ 서구와는 반대로, 한국에서는 백화점이 아케이드보다 먼저 출현했다. 미도파나 화신 등
의 백화점이 서울에 처음 등장한 것은 일제강점기인 1930년대이고, 아케이드가 소공동
지하도에 처음 등장한 것은 1965년이다. 아케이드와 백화점이 한국에서 출현한 순서가
서구와 반대인 것은 한국의 자본주의적 발전이 1세기 넘게 뒤처졌기 때문이다. 1930년
대에 백화점이 한국에 등장한 것은 그때 이미 서구와 일본에서 백화점이 소매업태로
등장해 있어서 가능했을 것이다. 아케이드와 백화점은 처음에는 사치품 시장에 속했던
것으로 봐야 한다. 1820년대에 파리에 등장한 아케이드, 그리고 19세기 후반에 등장한
봉마르셰(1852), 프렝탕(1865), 사마리텐느(1869) 같은 백화점을 이용한 고객은 대부분
부르주아였다. 하지만 20세기 초에 이르게 되면 서구에서는 소비자본주의가 대중화된다.
미국의 경우 1908년에 자동차회사를 설립한 헨리 포드가 노동자에게 당시로서는 엄청나
게 높은 일급 5달러의 임금을 지급해 노동자도 합리적 소비로 저축을 해서 자사의 모델
T 자동차를 구매하도록 자동차의 대중화를 꾀하기도 했다. 당시 발달한 산업자본주의가
대중의 삶을 지배함에 따라 '광란의 20년대'가 펼쳐졌다고 볼 수 있다. 그것은 노동자계
급이 '생산적 소비자'로 전환될 것을 요청받았다는 말이기도 하다. 한국의 경우 식민지하
의 서울에서 비슷한 시기에 백화점이 처음 들어왔지만, 소비력을 지닌 계층은 극히 제한
되었다고 봐야 하며, 1970년대까지도 상황은 크게 바뀌지 않는다. 1970년대 초에 산업화
가 시작되기는 했지만, 당시 한국 자본주의는 수출 입국에 전념한 탓에 내수시장은 제대
로 형성하지 못한 상태였다. 1970년대까지는 주로 도심 지역에만 경관이 형성되었던
것도 그런 점과 무관하지 않다.

반면에 오늘날은 곳곳이 경관이고, 경관은 장관을 이룬다. 장관 즉 스펙터클이 서울을 뒤덮기 시작한 것은 산업화로 양산되기 시작한 상품들의 가치 실현을 위해 내수시장이 대대적으로 형성되면서 거대한 상품 더미가 곳곳에서 나타난 1980년대다. 이때부터 스펙터클은 일상의 생활에 전면적으로 침투하게 된다. 그리고 그것의 효과는 1990년대를 거치며 더욱 강화되고, 2000년대에 들어와서는 금융화와 결합함으로써 극도로까지 증강된 상태다. 이것은 상품 생산과 함께 작용하기 시작한 판타스마고리아가 삶의 구석구석까지 밀고 들어와 지배하게 되었다는 말이기도 하다. 그에 따라 우리는 백화점, 아케이드, 쇼핑몰, 박물관, 미술관, 놀이공원 등 여가시간을 이용해 가끔 방문하는 곳들, 교통이 번잡한 장소에는 어김없이 들어서 있는 상점들, 골목 안 여기저기 형성되어 있는 미용실 슈퍼 편의점 등 주거지역 상업시설들만이 아니라, 시내 곳곳에 설치된 광고판과 전광판이나, 브랜드로 자신을 드러내는 빌라와 아파트 등 주거 건물들을 통해서도, 아니 그들 건물 내부의 개별 가구들 안에 설치된 케이블 TV나 PC의 화면을 통해서도, 특히 이제는 어른, 아이 할 것 없이 지닌 스마트폰 화면을 통해서도 "주체화 과정의…극단적 확산"에 상응해서 "끝없는 증가"(Agamben, 2009: 15)를 보여주는 '장치'의 작용을 경험하게 되었다. '장치'가 안드레오티와 라히지가 지적하는 대로 '판타스마고리아'와 통한다면, 이제 판타스마고리아 역시 끝없이 증가한 셈이다. 판타스마고리아의 만연은 상품과 스펙터클, '장치'가 확산한 결과에 해당한다. 서울의 경관화도 같은 맥락에서 이해할 수 있다. 그것은 상품과 스펙터클과 '장치'가 증가하고 확산한 현상으로서 판타스마고리아가 공간적으로 펼쳐지는 한 방식이다.

경관과 판타스마고리아는 일맥상통한다. 무엇보다도 둘은 **시간과 역사와 자연**을 생략하거나 외면하는 공통점이 있다. 자연과 역사의 변화 대신 인공적 질서가 지배하는 그런 곳에서는 시간의 흐름이 정지되는 법이다. 제6장에서 우리는 경관적 공간이 그런 곳, 즉 "영원한 예술적 기교"(Yeats,

1986: 1951)의 세계임을 확인한 바 있다. 테오도르 아도르노에 따르면 판타스마고리아도 시간 정지를 그 특징으로 한다.

> 시간의 정지와 판타스마고리아에 의한 자연의 완전한 엄폐가 그리하여, 시간이 별들에 의해서만 보장되는 청순한 어떤 시대에 대한 기억 속에 합쳐진다. 시간은 판타스마고리아 즉 영원의 신기루가 덮어 감추는 가장 중요한 생산요소다. 날들과 달들이 서로 만나 하나의 순간 안으로 들어가듯 사라지면, 판타스마고리아는 그것을 순간을 지속하는 어떤 것으로 나타냄으로써 만회한다(Adorno, 2005: 76-77).

판타스마고리아는 여기서 철저하게 시간, 자연, 역사의 은폐로 나타난다. 그것은 "날들과 달들"이 "하나의 순간"으로 응고된 것을 마치 "지속하는 어떤 것" 즉 영원인 것으로 둔갑시킨다. 그런 점에서 그것은 "신기루"이고, 꿈의 영역에 속한다. 아도르노에게 '꿈'은 상품과 밀접하게 연결되어 있다.

> 꿈이 최대로 고양된 지점에 상품이 가장 가까이 있다. 판타스마고리아가 꿈으로 기우는 것은 구매 희망자의 기망당한 소망 충족으로서만이 아니라 대체로 상품 제조에 들어간 노동을 은폐하기 위함이다. …꿈꾸는 자는 자신의 이미지가 마치 기적인 양 무력하게 그것과 접하고 기적이 영원히 지속할 것인 양, 자기 노동의 냉혹한 바퀴 안에 붙잡혀 있다. 그의 눈앞에는 자신이 만들었다는 것을 잊어버린 대상이 마치 절대적으로 객관적인 구현체인 양 마법적으로 매달려 있다(Adorno: 80).

판타스마고리아가 꿈이기도 한 것은 "상품 제조에 들어간 노동"의 현실을 "은폐하고", 인간의 노동생산물이 마치 그 자체로 존재하는 "객관적 구현체인 양" 만드는 마법을 부리기 때문이다. 일견 그것은 꿈꾸는 자더러 그런

"기적이 영원히 지속할 것인 양" 믿게 한다는 점에서 열반의 세계를 만들어낸다. '열반'은 이때 비판적 의식이 불필요한 경지로서 경관적 공간이 제공하는 어떤 것이다. 경관적 공간은 "위생 처리된 집단적 기억 생산, 무비판적인 미학적 감수성 양성, 그리고 영구히 현재로 남아 있는 비갈등적 무대로의 미래 가능성의 흡수를 그 목표로"(Harvey, 2000: 168) 삼아서 작동한다. 그런 점에서 그 공간은 시간, 노동, 갈등을 은폐하는 꿈 세계로서의 판타스마고리아다.

판타스마고리아적 경관이 오늘날 서울의 생김새를 규정하는 중요한 한 특징이 되었다. '판타스마고리아적 경관'은 판타스마고리아와 결합하여 그것의 지배를 받는 경관이다. 그것은 서울의 경관화가 만들어내는 도시적 형태상의 특징이기도 하다. 서울은 2000년 이후 한국경제가 금융화의 지배를 받게 된 것과 궤를 함께하며 급속하게 그런 경관으로 바뀌게 되었다. 판타스마고리아적 경관의 형성은 주체가 "자율적 행위자로서 적극적으로 참여한" 결과로서 "판타스마고리아적 꿈 세계의 조성"에 해당한다(Andreotti and Lahiji, 2017: 129). 건조환경의 일대 변화를 수반한 이 과정을 통해 서울은 경관적 공간을 집중적으로 조성하는 아파트와 빌라, 상가 천지가 되기도 했다. '아파트 인간'을 포함한 새로운 주체를 생산하는 주택 장치와 상가 장치, 이것들과 연동된 다양한 건조환경 장치들, 나아가서 다른 장치들의 집적과 결합을 통해 거대한 **경관 장치들**의 집합이 만들어진다 할 수 있다. 그런 장치들은 오늘날 각종 젠트리피케이션을 진행하는 제도, 행태, 아비투스, 관행, 담론, 사회적 관계 및 (법률가, 정치인, 행정가, 시행사, 시공사, 학자군, 투자자 등) 이해관계 집단 등을 포함한다. 이들 장치가 만들어내는 주체들은 "판타스마고리아적 꿈 세계의 조성"에 자율적으로 참여한다는 점에서, "엄청난 실정성으로 제시되는" 스펙터클에 대한 "수동적 수용"(Debord: §12)을 요구받는 주체와는 다르다. 하지만 스펙터클은 오늘날 스펙터클로서만 존재하는 것이 아니라 '장치'로서 존재한다는 점도 유념해야 한다. 예컨대 스펙터클을 형성하는 도시적 경관은 '가짐'의 대상인 상품이 '나타남'의 대상도 된 모습이지만, 동시에 건축학, 도시계획, 도시 행정, 주택 소유, 건축물 패션, 자본시장, 금융공학, 젠더와 세대 불평등, 도시화, 미학적 감수성, 유사-순환적 시간성, 라이프스타일, 각종 담론구성체 등과 관련된 수많은 '장치들'—그 과정에서 다양한 형태의 주체들이 생산되는—이 구축한 것이기도 하다. 이처럼 스펙터클이, 끝없는 증가를 그 특징으로 지닌 '장치'와 연동하여, 그리고 그 자체가 '장치'로 작용하면서 구축되는 것이 오늘날의 도시적 경관이다. 이 경관은 그래서 스펙터클 '장치'라 할 수 있으며, 아울러 그런 것으로 작동하는 판타스마고리아적 경관이라 할 수 있다. 판타스마고리아는 이때 장치로서만이 아니라 스펙터클의 이미지, 상품의 물질성을 통해서도 작동하는 물신주의이지만, 과거의 상품 및 스펙터클과 다른 점이 있다면, 이제는 그 형성에 주체들의 일견 **적극적 참여**가 이루어진다는 것이다. 물론 그렇다고 해서 그것의 물신주의적 성격이 사라진다고는 할 수 없다.

판타스마고리아적 경관이 서울의 생김새를 지배하게 된 것은 최근에 사람들이 대거 투자와 투기에 적극성을 띤 투자자 주체 또는 금융적 주체 형태를 띠게 된 것과 긴밀하게 공명한다. 여기에는 실물경제와 금융부문의 분리 현상, MBS나 ABCP, PF 등 부동산 관련 금융상품 시장의 구축, 국제 금융시장의 차익거래를 가능케 하는 금융시장 개방, 알고리즘 거래를 용이하게 만드는 디지털테크놀로지, 역사적 최저 수준의 이자율 등, 이제 거대한 규모로 구축된 금융적 장치 네트워크가 크게 작용했다. 금융화가 진행되기 전에 사람들은 주로 임금 소득에 의존해서 살았고, 대체로 저축을 통해 미래에 닥칠 삶의 위험에 대비했던 편이다. 한국의 가계 저축률이 1990년대 말까지 세계에서 가장 높은 축에 속했던 것도 그런 점과 무관하지 않다.[197] 그러나 외환위기 이후에 가계부채가 급속도로 늘어나고, 그와 함께 자살률이 높아지고, 젊은 세대가 스스로 '포기 세대'로 인식하고 한국을 가리켜 '헬조선'이라고 부르는 경우가 늘어난 데서 볼 수 있듯이, 경관의 판타스마고리아에 자율적이고 능동적인 주체로서 참여하는 것이 스펙터클에 대한 수동적 수용과 그리 큰 차별적 효과를 만들어낸다고 볼 수는 없다. 판타스마고리아적 주체는 오히려 스펙터클적 주체보다 더 적극적으로 **자본주의적 지배를 수용하는** 셈이라 할 수 있다.

상품, 스펙터클, 장치의 만연과 함께 서울에서 판타스마고리아의 지배가 극도로 강화된 것은 자본주의적 대도시로서 서울의 도시적 형태가 자본의 금융화 및 그와 연동된 다양한 건조환경 구축 방식의 변화들과 맞물려 빚어지면서 생겨난 현상이기도 하다. 서울은 이제 시역의 대부분이 판타스마고리아적 경관으로 뒤덮이고, 곳곳에서 상품의 물신주의가 팽배해 있다. 이것은 자본주의적 생산양식의 지배로 인해 도시의 생김새가 가치의 생산과 실현 그리고 분배를 중심으로 형성된 결과다. 가치는 "가치대상성"으로서는 "티끌만큼의 물질"도 없으므로, 그 생산과 실현과 분배의 과정에서 상품체를 자신의 현상형태로 삼아야만 한다. 판타스마고리아적 경관이 오늘날 서울의 생김새를 지배하는 것은 그런 점에서, **가치의 생산과 실현과 분배가 도시적 경관화와 긴밀한 관련을 맺고 있다**는 징표라고 할 수 있다. 서울의 경관화는 21세기에 들어와서 한국 자본주의가 본격적으로 금융화를 진행하고 그와 맞물려 부동산자산에 대한 투자와 거래가 급증하면서 주거용과 상업용 건축물들을 포함한 건조환경 단위들이 대규모로 조성되

197_ 한국의 가계 저축률은 "1980년대 후반~1990년대 초반만 해도 20%를 웃돌다가 1999년 (13.2%) 이후 한 자릿수로 떨어졌다. 역대 최고치는 1988년 23.9%이며, 1990년 이후로는 1991년의 23.4%가 가장 높다. 2015~2019년 5년 평균치는 6.9% 수준이다"(한겨레, 2020.11.29.). 이 기사에는 언급되고 있지 않지만, 2000년대 한국의 가계 저축률은 2002년 1%대를 기록한 뒤 한동안 3~4%대로 횡보하며 OECD 국가들 가운데 최하위 수준이었다. 이것은 당시 이자율이 하락하면서 저축보다는 대출이 더 장려되었기 때문이라고 할 수 있다. 2010년대에 저축률이 상승한 것은 "성장추세가 둔화되면서 경제주체들의 장기경제성장 전망이 어두워져 가계의 소비가 위축"(노산하, 2020: 2)되었기 때문으로 분석된다.

는 과정에서 이루어졌다. 아파트나 빌라 같은 주거용 건축물이나 상가나 백화점, 쇼핑몰 같은 상업용 건축물, 이들 건축물과 연계된 수많은 다른 건조환경 단위들, 나아가서 이 모든 것과 관련된 장치들 네트워크가 서로 결합해서 판타스마고리아를 자아내는 것도 같은 맥락의 일이다. 이 과정은 서울을 중심으로 전개된 행성적 도시화, 수직적 도시화, 일상적 공제선의 실종을 초래한 시곡면 왜곡, 젠트리피케이션, 경관화, 공간의 금융화 등 우리가 앞에서 본 서울의 도시화 과정, 즉 서울의 생김새를 새롭게 형성하는 과정과 긴밀하게 관련되어 있다.

판타스마고리아는 노동생산물이 상품으로 존재하게 되면서 생겨나는 효과에 해당한다. 노동생산물은 상품이 되면서 사용가치 이외에 가치—노동생산물들을 일정한 비율로 서로 교환될 수 있게 해주며 사회적으로 필요한 노동시간에 의해 그 양이 측정되는—를 갖게 되지만, 가치는 그 자체로 티끌만큼의 물질도 없다는 점에서, "유령 같은 대상성"(맑스, 2015a: 47. 번역 수정)을 지닌다. 여기서 판타스마고리아가 생긴다고 볼 수 있다. 노동생산물들이 상품이 되는 것은 "인간노동"이 "공통적인…사회적 실체"로서 그 안에 "응고되어"(47) 있고, 그 생산에 사회적으로 필요한 노동시간으로서의 가치를 갖게 되기 때문이다. 그러나 가치의 대상성은 상품체의 대상성과는 달리 아무런 물질성도 갖고 있지 않기 때문에 가치물로서의 상품은 상품체로서는 감각적이면서 사회적 실체 또는 가치로서는 초감각적인 물건이 되고, 상품의 그런 감각적이면서 동시에 초감각적인 물건임이 그것의 '유령 같은 대상성' 또는 '판타스마고리아적 형태'를 구성하게 된다. 판타스마고리아는 그렇다면 노동생산물이 상품으로 생산되면서 등장하기 시작한 셈이다. 이것은 그것은 자본주의적 생산양식이 지배하는 사회에서 노동생산물이 일반적으로 갖게 되는 특징이라는 말이기도 하다. 즉 판타스마고리아는 상품 생산이 지배하는 사회에서 인간이 보편적으로 갖게 되는 경험인 셈인 것이다.

7. 결론

그렇다면 판타스마고리아의 지배로부터 어떻게 벗어날 수 있느냐는 질문이 떠오름 직하다. 물신주의를 내장하고 있는 상품 생산 체계 즉 자본주의적 생산양식이 지배하고 있는 한 그렇게 되기는 쉽지 않을 것이다. 아도르노의 경우 상품의 판타스마고리아를 그 안에 들어간 노동, 즉 사회적 관계의 은폐로 이해하며, 그런 점에서 판타스마고리아 자체에서는 어떤 해방의 가능성도 없는 것으로 간주한다. 이것이 그가 벤야민의 '아케이드 프로젝트'에 대해 비판적이었던 핵심적 이유였다. 아도르노는 판타스마고리아를 꿈으로, 꿈을 기만인 것으로 여긴다. 앞서 인용한 것처럼 그에 따르면, "꿈이 최대로 고양된 지점에 상품이 가장 가까이 있다. 판타스마고리아가 꿈으로 기우는 것은 구매 희망자의 기망당한 소망 충족으로서만이 아니라 대체로 상품 제조에 들어간 노동을 은폐하기 위함이다"(Adorno: 80). 하지만 벤야민은 꿈과 판타스마고리아를 달리 이해한다.

상품을 판타스마고리아의 세계로, 판타스마고리아를 환상으로 보는 것은 벤야민도 마찬가지다. 단, 벤야민은 판타스마고리아를 물신으로만 보지 않고 '소망 이미지'로도 보고 있다. 그에게 판타스마고리아는 '꿈'에 갇힌 상태만이 아니라 '깨어남'으로 이어질 **가능성의 상태**이기도 하다. 수잔 벅-모스는 벤야민의 판타스마고리아 이해를 다음과 같이 요약한다.

> **물신**이 신화적 판타스마고리아 즉 역사의 정체된 형태로서 상품의 핵심어가 된다. 그것은 새 자연의 물화한 형태에 속하며, 새것이 언제나-똑같은-것으로 나타나는 근대적 지옥에 빠져 있다. 그러나 이 물신화한 판타스마고리아는 산업적 자연의 인간적, 집단적 잠재력이 자신을 일깨울 집단적 정치 행동을 기다리며 냉동된 채 있는 형태이기도 하다. **소망 이미지**가 그 잠재력의 한시적 형태, 꿈 형태다. 그것을 통해 옛 의미들이 깨어남의 '변증법'을 예견하며 회귀한다(벅-모스, 2004: 272-73. 원문 강조, 번역 수정).

벅-모스의 말처럼 벤야민은 판타스마고리아를 기술에 의해 등장하는 새 자연이 지닌 물화한 형태, 언제나-똑같은-것으로 등장하는 새것, 그래서 역사가 정체된 형태라고 보지만, **동시에** 인간 잠재력을 내포한 어떤 것으로 생각한다. 판타스마고리아에서는 이 잠재력이 "냉동된 채로 있는" 것은 사실이다. 판타스마고리아는 그런 점에서 인간 잠재력의 부정적 형태에 해당한다. 하지만 그 잠재력이 "자신을 일깨울 집단적 정치 행동을 기다리는" 상태이기도 하면, 판타스마고리아에 아무런 **긍정적** 측면이 없는 것은 아니다. 그것은 해방의 가능성을 보여주는 **변증법적 이미지**가 되기도 한다.

"변증법적인 이미지가 나타나는" 것은 "긴장들로 가득 찬 성좌 속에서 사유가 정지하게 되는 곳"(Benjamin, 2002: 475)이다. 예컨대 서로 다른 시간대가 갑자기 함께하며 하나의 성좌를 이룰 때 그런 이미지가 형성된다.

> 지나간 것이 지금 있는 것에 자신의 빛을 비추거나 지금 있는 것이 지나간 것에 자신의 빛을 비추는 것이 아니다. 그보다 이미지는 존재해온-것(das Gewesene)이 섬광 속에 지금과 함께해서 그 안에서 하나의 성좌를 형성하는 그런 것이다. 다시 말해 이미지는 정지상태의 변증법이다. 왜냐하면 현재와 과거의 관계가 순전히 시간적이고 연속적인 관계라면, 존재해온-것과 지금의 관계는 변증법적이기 때문이다. 그것은 진행이 아니라, 갑자기 출현하는 이미지다. 오직 변증법적 이미지만이 진정한(즉 진부하지 않은) 이미지다(Benjamin, 2002: 462/1991: 576-77).

판타스마고리아가 이런 변증법적 이미지가 될 수 있는 것은 거기서도 동시에 존재해 긴장을 조성하는 양면적인 것들이 포함되어 있기 때문이다. 벤야민에 따르면 "양면성이, 이미지로 나타나는 변증법의 외관, 즉 정지상태 변증법의 법칙이다." "그런 이미지는 거리인 만큼이나 집도 되는 아케이드에 의해 제시된다"(Benjamin, 2002: 10). 전형적인 판타스마고리아적 공간인 아케이드는 여기서 변증법적 이미지로 간주되고 있다. 아케이드는 한편으로 보면 다른 어떤 곳보다도 물신의 지배를 많이 받으며, 그런 점에서 역사의 정체가 가장 심각한 수준으로 이루어지는 곳이다. 하지만 그곳은 또한 '소망 이미지'가 가장 활발하게 작용하는 곳이기도 하다.

> '소망 이미지'로서 아케이드와 실내, 전시회장과 파노라마는 '꿈 세계의 잔여물'이다. 그것들은 [에른스트] 블로흐적인 앞서-꿈꾸기, 미래-예견하기의 일부다. "사실 모든 시대는 다가올 시대를 꿈꿀 뿐만 아니라 꿈꾸면서 자신의 깨어남을 촉발한다"("Exposé of 1935," section VI, 끝부분)(Tiedemann, 2002: 939).

이렇게 보면 판타스마고리아는 꼭 기만적이기만 한 것은 아니다. 『아케이드 프로젝트』를 편집한 볼프 티데만이 지적하듯이, 벤야민이 문화에 관심을 가졌던 이유는 "이데올로기 비판을 통해 그 깊은 의미가 파헤쳐지는" 문화의 "이데올로기적 내용"보다는 "현혹과 약속을 동시에 품고 있는" "그것의 표면 또는 외면"(Tiedemann, 2002: 938/1991: 27) 때문이었다. 문화의 표면 또는 외면에서 일어나는 것이 판타스마고리아라면, 그것은 물신으로서 작용하며 기만적일 수도 있으나 **소망 이미지**로 작용할 때는 미래에 대한 희망을 담고 있다는 점에서 긍정적 효과를 가질 수도 있다. 아도르노와는 달리 판타스마고리아를 이렇게 **희망의 피력**으로도 이해한다는 점에서 벤야민의 생각은 제5장에서 공제선과 관련된 논의를 하면서 언급한 이데올로기 개념을 환기한다. 제임슨과 발리바르에게서 이데올로기는, 지배효과이기는 하지만 대중의 이데올로기로 작용하게 되면 더 나은 미래에 대한 기대를 형성하는 힘이 되는 것으로 이해되고 있다. 이데올로기는 꼭 지배의 효과인 것만이 아니고 대중의 여망, 힘의 발현이기도 하다는 것이다. 다만 판타스마고리아가 제공하는 희망은 "산업적 자연의 인간적, 집단적 잠재력이 자신을 일깨울 집단적 정치 행동을 기다리며 냉동된 채로 있는 형태"라는 점도 잊을 수는 없다. 희망은 이때 정치적 행동과 결합할 수 있는 잠재력이지만 동시에 냉동되어 불활성의 상태에 있기도 하다. 판타스마고리아의 효과는 그렇다면 **양면적**인 것인 셈이다.

서울이 오늘날 경관으로 전환된 것도 그런 양면성을 띤다. 한편으로 보면, 서울의 생김새를 지배하는 스펙터클과 판타스마고리아에는 대중의 여망, 기대가 담겨 있다. 빌라 건물에 브랜드명을 붙이는 것이 그런 한 예다. 상대적으로 집값이 싼 빌라촌 건물들에 브랜드명을 붙이는 것은 일종의 **전시효과**를 만들어내는 행위에 속한다. 19세기의 파리 아케이드에 진열된 상품들이 전시효과를 지녔던 것은 사람들이 구경할 수는 있어도 가지기는 어려운 대상이었기 때문이다. 빌라촌 주민에게도 브랜드 건물, 특히 고급 브랜드 아파트는 자신들이 갖지 못한 상품에 해당한다. 그런 점에서 빌라 건물의 브랜드화는 갖지 못한 대상을 가공적으로 전시하는 것과 같다. 이때 브랜드화는 부재한 상품의 전시이며, 브랜드는 **소망 이미지**가 된다. 이렇게 보면, 과거 달동네나 다른 낙후 지역에서 살다가 젠트리피케이션으로 축출되어 빌라촌에 살게 된 사람들에게는 빌라 건물의 브랜드화가 더 나은 삶에 대한 소망의 피력이 되는 셈이다. 이런 점은 서울이 판타스마고리아적 경관으로 전환된 것이 꼭 지배효과만 작용한 것의 결과는 아님을 말해준다. 빌라의 브랜드화, 골목의 상업 젠트리피케이션, 아파트 건물의 고층화와 고급화, 아파트단지의 빗장 공동체화, 심지어 조망권의 독점 현상까지도 더 나은 삶에 대해 사람들이 품은 여망의 표현일 수 있다.

그래도 잊어서는 안 될 것은 여전히 판타스마고리아는 "산업적 자연의 인간적, 집단적 잠재력"―자본주의적 생산양식과 함께 가능해진 테크놀로지로 조성되는 새로운 자연이 가져올 해방의 잠재력―이 "냉동된 채로 있는 형태"라는 점이다. 사실 판타스마고리아적 경관 장치에 포획되면 사람들은 노동자인 경우에도 금융자산을 늘리는 데 급급한 투자자 주체성의 굴레를 벗어나기 힘들다. 다시 말해 우리는 자본의 가치법칙을 통해 형성되는 물신주의의 늪에 더욱 깊이 빠지고, 자본주의적 생산양식의 재생산에 계속 복무하게 되는 것이다. 냉동 상태의 인간적 잠재력을 일깨우려면 소망 이미지를 더 능동적으로 작동시켜 우리의 삶이 꿈 상태로만 있지 않고 잠과 깸이 함께 하는 깨어남의 상태로 있도록 할 필요가 있다. 이것은 죽음의 공간으로 주로 작용하는 경관에 삶의 가능성을 불어넣는 일이기도 하다. 상품의 물신성, 스펙터클, 판타스마고리아에 깃들은 냉동된 인간 잠재력을 깨워내려면 소망 이미지를 활성화해야 할 터인데, 그런 노력은 자본의 가치법칙을 해체하는 작업과 연결되어야 한다고 본다. 다시 말해 자본주의적 생산양식에서 작동하는 가치의 운동을 극복하는 것이 냉동 상태의 인간적 잠재력을 해방하는 것이라는 말이다. 서울의 경관화가 **죽음의 공간 만들기**로 귀착되지 않으려면, 상품의 물신성을 해체해야 하고, 그러려면 가치법칙을 해체하는 것이 필요하다.

제 8 장
골목과 자본의 순환

1. 서론

자본주의 도시적 형태를 규정하는 가장 큰 요인은 자본의 운동이다. 자본은 축적을 위해 존재한다. "자본의 축적은 누진적으로 증가하는 규모로 자본이 재생산되는 것"(맑스, 2015a: 793)으로서, "자본주의적 생산의 일반적 경향에 포함되어"(2015b: 93) 있다. 서울의 생김새가 지난 수십 년 사이에 완전히 새로 형성된 것도 자본의 그런 축적 운동과 무관하지 않다. 1990년 대 말 이후 한국에서 자본은 금융화를 주된 축적 전략으로 가동해 가치 운동을 전개했고, 그에 따라 새로운 방식의 공간 생산을 이끌었다. 이와 연동하여 서울에서 일어난 주요한 공간적 변화가 수직적 도시화, 일상적 공제선의 실종, 경관화, 스펙터클 및 판타스마고리아의 만연 등이다. 이런 변화는 특히 건조환경의 집중적 구축을 동반한 것으로서, 자본의 급성장과 더불어 자연적 사회적 물질대사의 규모가 비대해진 결과이기도 하다. 서울의 도시적 형태가 최근에 새롭게 형성된 것은 그렇다면 한국에서 자본의 축적이 진행되는 과정에서 공간의 생산이 새롭게 이루어진 결과인 셈이다.

도시적 형태와 자본의 운동 간의 긴밀한 관련성은 서울에서 골목의 모습이 변한 데서도 확인된다. 오늘날 서울에는 골목다운 골목이 거의 다 사라졌다. 골목의 사전적 정의는 "큰길에서 들어가 동네 안을 이리저리 통하는 좁은 길"이다. 전통적으로 골목은 농촌은 물론이고 도시에서도 마을 공동체의 실핏줄과 같은 역할을 해왔지만, 도시화의 진행과 함께 최근에 그 형태가 크게 바뀌었다. 현행법에서 골목이 '길'로 정의되는 도로의 종류에 포함되어 있다는 것이 그런 점을 잘 보여준다. 최근에 주소 체계가 지번 중심에서 도로명 중심으로 바뀌면서 한국의 도로는 크게 '대로'와 '로' '길'의 세 종류로 나뉘었다. '도로명주소법 시행령' 제6조에 따르면, '대로'는 "폭이 40미터 이상이거나 왕복 8차로 이상인 도로", '로'는 "폭이 12미터 이상 40미터 미만이거나 왕복 2차로 이상 8차로 미만인 도로", '길'은 "대로와 로 이외의 도로"로 규정되어 있다. 이에 따라 사람들이 통상 '골목' 또는 '골목길'로 부르는 도로는 이제 모두 '길'에 속하게 되었다. 역사적으로 가장 친근한 길 이름으로 사용되어온 '골목'은 그에 따라 법적 명칭의 지위를 상실한 셈이나, 그것은 현실적 변화의 반영이기도 하다. 전통적인 골목은 이제 서울과 같은 대도시에서는 크게 쇠퇴했으며, 도로 유형으로서 그 형태나 기능이 철저히 바뀌었다. 그것은 지난 세월 도시화와 함께 도시적 형태가 변화를 겪으면서 일어난 일이다.

지난 수년에 걸쳐 서울시는 '골목길 재생 사업' 정책을 추진해 오고 있다. 골목길의 '재생'이 시정 과제로 설정된 것은 골목길이 남아 있는 곳은 대체로 낙후된 지역들로 도시의 균형적 발전을 위해 골목길의 환경을 개선할 필요가 생겼기 때문이다. 제6장에서 살펴본 것처럼 도심의 낙후된 지역에 상업 젠트리피케이션이 진행되면서 지가 상승, 임대료 급증, 원주민 축출 등의 부작용이 발생하게 된 것도 골목길 재생을 시급한 시정 과제로 만든 중요한 이유다. 서울에 골목길이 아직 남아 있는 곳은 주로 저층 주거지에 속한다. '저층 주거지'란 "5층 이하의 저층주택이 밀집한 주거지"로서, 서울의 면적 605.2㎢ 가운데 124.5㎢를 차지하고, "전체 주거지역의 38.2%를 차지한다"(맹다미 외, 2017: i). 1960년대에 서울의 자본주의적 도시화가 시작된 이래 구도시의 재개발이 진행되며 대거 사라진 골목길이 저층 주거지에 조금이나마 남아 있는 것은 거기서는 개발이 많이 제한되었기 때문이다. 1962년에 제정된 건축법은 도로를 4미터 이상으로 규정했고, 특히 1975년의 개정을 통해, 새로 신축하는 건물은 반드시 4미터 이상의 도로에 접하도록 만들었다.[198] 오늘날 전통적인 골목을 보기 힘든 것은 도시화의 진행 과정에서 강남과 같은 신도시 지역은 물론이고 구도시 지역에서도 신축 건물이 들어설 때는 건물과 건물 사이를 4미터 이상 띄우도록 했기 때문이다. 이 결과 도시 재개발이 진행되면 기존의 골목들은 대부분 더 넓은 길로 바뀌게 된다. 서울시가 선정한 골목길 재생 사업의 대상 지역들 가운데는 그래서 건물들의 입지 조건이나 건물주의 경제적 여건이 열악하여 젠트리피케이션 등의 형태로 재개발이 진행되지 못한 곳들이 많다.

서울시의 전체 424개동 가운데 286개동의 4미터 미만 보행 위주 도로에 대한 한 조사에 따르면, 잔존 골목길은 도심권 114개동에 40%, 동북권 91개동에 32%, 서남권 39개동에 14%, 서북권 30개동에 10%, 동남권 12개동에 4%로 분포되어 있다(강희은, 2018: 32). 잔존 골목의 대부분이 도심권과 동북권에 집중된 것은 1970년대에 강남 개발의 촉진을 위해 강북의 종로구와 중구 전역, 용산구와 마포구의 시가지 전역, 성북구와 성동구의 일부 지역 약 840만평을 '특정시설 제한구역'으로 지정하여 도시 개발을 억제한 결과이기도 하다(손정목, 1999: 93; 김진원·한민경, 2007: 41-42 재인용). 이 결과 강북 특히 도심권에서는 백화점, 도매시장, 공장, 카바레, 바, 고등학교 등의 신설이나 건축물의 신축과 개축과 증축이 금지되고, 입시학원과 결혼식장, 자동차 관련 업체, 중고차 매매 업체 등은 사대문 밖으로 이전되

198_ 현형 건축법 시행령 제28조(대지와 도로의 관계)에 따르면, "연면적의 합계가 2천 제곱미터(공장인 경우에는 3천 제곱미터) 이상인 건축물(축사, 작물 재배사, 그 밖에 이와 비슷한 건축물로서 건축조례로 정하는 규모의 건축물은 제외한다)의 대지는 너비 6미터 이상의 도로에 4미터 이상 접하여야 한다."

고, 한강 이북의 택지 공급에 대한 원천적 차단을 위한 모든 토지의 형질 및 지목 변경 금지 등의 조치가 취해졌고, 청계천로와 을지로에 있던 각종 전기 전자제품상 1만2천개의 점포가 용산구와 원효로로 집단이주를 강제 당하기도 했다(이종훈 외, 2004: 20-21). 저층 주거지에 옛 골목이 상대적으로 많이 남아 있는 도심권과 동북권은 이 과정에서 **재개발이 지연된 지역들**이다. 예컨대 을지로와 퇴계로 지역에 인쇄업, 철공업 등에 종사하는 작은 공장들이 아직 남아 있는 것도 그들 업태가 그런 낙후된 지역에 적합한 형태로 적응한 결과에 속한다.

그러나 골목은 이제 서울에서 많이 사라졌고, 오늘날 골목으로 불리는 길들은 많은 경우 도시화 과정에서 전통적인 형태와는 달리 이전이라면 큰길이라 불릴 만큼 넓게 바뀌었다. 골목들이 이제 대부분 **거리**가 된 것이다. 표준국어대사전은 '거리'를 "사람이나 차가 많이 다니는 길"로 정의하고 있다. 서울에서 골목이 거리로 바뀐 시기는 대략 1990년대 초 이후로서, 기존에 도시화한 지역들이 대거 재개발을 시작한 시기와 겹친다. 그때부터 서울에서는 제2차 도시화가 진행되면서 주로 단층 단독주택들로 이루어졌던 과거의 주거지들이 대거 아파트단지나 빌라촌으로 바뀌었고, 전통 골목들도 사라지기 시작했다. 이런 변화는 공간적으로 전개된 자본의 운동과 긴밀하게 관련되어 있다. 과거의 골목들이 새로운 형태로 바뀐 것은, 자기-증식하는 가치로서 자본이 최근에 서울에서 전개한 운동 방식을 통해 생긴 변화인 셈인 것이다.

서울시가 골목길 재생 사업을 하면서 제출한 행정적인 작업 정의에 따르면 '골목길'은 "너비 4미터 미만의 자동차가 다니지 못하는 길로서 대지에 접한 보행로"(강희은, 2018: 34; 류제홍, 2018: 88)로 규정된다. 하지만 '골목' '골목길'을 좀 느슨한 방식으로 정의해도 좋지 않을까 싶다. 과거의 좁은 골목은 예컨대 빌라촌으로 형성된 곳에서는 대부분이 자동차가 다닐 수 있을 정도로 넓어졌지만, 사람들은 그런 길도 골목이라고 부른다. 이것은 전통 마을에서 집 밖으로 나서면 바로 만나는 길이 골목이었듯이, 오늘날은 빌라 건물을 나설 때 바로 만나는 길이 예외 없이 자동차 통행이 가능한 4미터 이상의 도로이기 때문일 것이다. 이런 길들은 최근에 서울의 생김새가 바뀌는 과정에서 조성되었으며, 자본주의적 도시화에 의해 그 형태적 특징들이 규정되었다고 할 수 있다. 그런 길을 우리는 **거리가 된 골목**이라 말할 수 있을 것이다.

이 장에서는 서울의 도시적 형태와 자본의 운동 간의 관계를 거리가된 골목의 형태에 초점을 맞추어 살펴보고자 한다. 자본은 자기-증식하는 가치이며, 자본의 운동은 그런 점에서 가치가 자기-증식하는 과정이기도 하다.199 자기-증식하는 가치의 운동은 물질적 과정, 다시 말해 **물질대사**의 작용을 수반하며 이루어지는 과정이다. 자본의 운동이 도시화 과정, 특히 도시적 형태의 형성에서 중대한 작용을 할 수 있는 것도 그 때문이다. 자본의 가치증식 운동은 사용가치와 교환가치를 지닌 상품의 생산과 유통, 판매, 소비를 통해 이루어지며, 이 과정은 거대한 물질대사를 수반한다. 이 것은 자본주의적 생산양식이 지배하는 사회에서는 물질적 부가 가공하리만치 거대한 상품 더미로 나타나게 되는 것과도 무관하지 않다. 오늘날 서울의 골목 형태가 거리의 그것처럼 바뀐 것도 서울에서 진행된 가치의 운동에 따라 대규모의 건조환경이 구축되는 과정에서 앞에서 살펴본 젠트리피케이션과 경관화, 수직 도시 또는 아파트 공화국의 등장, 도시 공제선의

199_ '자기 증식'은 오해의 소지가 있다. 그 표현은 "가치는 그 자체가 가치이기 때문에 가치를 낳는다는 신비스러운 성질"이 있고, 그래서 "살아있는 자식을 낳거나 적어도 황금의 알을 낳는다"(맑스, 2015a: 201)는 환상을 자아낸다. 그러나 가치는 증식되려면 창조되어야 하며, 시장에서 교환되는 상품 가운데 그런 창조 능력을 지닌 것은 노동력뿐이다. 자본의 자기 증식은 따라서 그런 노동력에 의해 창조된 잉여가치가 원래의 자본가치에 더해지는 현상에 해당한다. 그런데 잉여가치를 창조하는 것은 노동자가 자기의 노동력 가치를 생산하기 위해 해야 하는 필요노동에 더하여 아무런 보상을 받지 않고 행하는 잉여노동이다. 이렇게 보면 "자본의 자기 증식이라는 비밀은 자본이 일정한 양의 타인의 지불받지 않는 노동을 자유롭게 처분할 수 있다는 사실로 환원되어 버린다"(723).

실종, 스펙터클과 판타스마고리아의 만연과 같은 물질대사의 대대적 변화와 궤를 함께할 것이다. 그런 변화가 최근에 일어난 한국 자본주의의 금융화와 연동해서 빚어졌다면, 서울의 오늘날 도시적 형태를 규정한 결정적 요인은 자본의 **새로운 가치 운동**이라고 할 수 있다. 이것은 제2장에서 살펴본 형상의 두 측면을 활용해서 말하자면, 자본의 가치가 **에이도스**로서 작용하여 **모르페**로서의 서울의 생김새를 규정한다는 말이 된다. 골목이 최근에 들어와서 큰길처럼 바뀐 것도 도시적 형태의 변화를 가치 운동이 추동한 결과다.

2. 자본의 운동과 골목의 조성

자본은 증식되는 과정에서 화폐자본, 생산자본, 상품자본의 형태로 순환하며 변신한다. "자본가치 전체는" 그런 순환을 통해 "끊임없이 유통하고 있으며" 그런 점에서 "모든 자본은 유통하고 있는 자본(zirkulierendes Kapital)이다"(맑스, 2015b: 191).[200] 자신의 순환 과정에서 자본은 처음에는 화폐자본

200_ 여기서 '유통하고 있는 자본'은 '유통자본(Zirkulationskapital)'과 구분될 필요가 있다. '유통자본'은 "생산과정에 속하는 자본형태인 생산자본과 대립되는 상품자본·화폐자본"(맑스, 2015b: 233)을 가리킨다. 반면에 '유통하고 있는 자본'은 상품자본과 화폐자본만이 아니라 생산자본도 포함할 수 있다. '유통하고 있는 자본'과 '유통자본'은 표현상의 유사점 때문에 서로 혼동을 불러일으키기 쉽다. 맑스가 『자본』 2권에서 자본의 총유통시간(회전시간)을 다루는 제5장과 자본의 총유통시간에서 생산시간을 뺀 '진정한 유통시간'을 다루는 제14장에서 '회전시간(Die Umlaufszeit)'이라는 동일한 제목을 붙이고 있다는 점도 그런 혼동을 불식하는 데 큰 도움이 되지 않는다. 맑스는 유동자본을 가리키는 말로 'flüssiges Kapital'과 'zirkulierendes Kapital'을 혼용하고 있기도 하다. 유동자본은 유통자본과는 달리 생산자본에 속하며 생산자본 중 고정자본과 구분되는 자본이다. 유동자본은 유통하고 있는 자본과도 구분된다. 유통하고 있는 자본은 유통자본만이 아니라 생산자본도 포함할 수 있으며, 그런 점에서 유동자본과 구분되는 고정자본까지 포함한다. 정리하면, '유통하고 있는 자본'은 자본 전체를 가리키고, '유통자본'은 자본 가운데 생산자본을 제외한 상품자본과 화폐자본을 가리키고, '유동자본'은 유통자본과 구분되는 생산자본 중 고정자본이 아닌 부분을 가리킨다. 3장의 각주 92 참조.

의 형태로 나타나 시장에서 상품들(생산수단과 노동력)을 구매해 그것들을 생산자본으로 활용해서 가치와 잉여가치가 들어있는 생산물 즉 상품을 생산한 다음, 이것을 상품자본으로 시장에서 판매해서 획득한 화폐자본을 임금(노동자), 이윤(산업자본가와 상업자본가), 지대(토지소유자), 이자(금융자본가), 조세(국가) 등으로 분배하고, 이윤 일부를 다시 가치증식의 운동인 자본의 순환에 투하하여 확대재생산, 즉 축적을 이룬다. 골목의 형태가 서울에서 자본주의적 도시화를 통해 형성되는 한, 그것의 형성은 자본의 이런 순환운동과 무관할 수 없다. 왜냐하면 자본의 운동은 사용가치와 가치를 지닌 상품의 생산과 유통과 분배와 소비를 거치게 되는 과정에서 자연과의 물질대사를 하게 되고, 그로 인해 도시화 과정에도 영향을 미치게 되기 때문이다. 이 과정은 각종 건조환경의 구축을 동반하여 필연적으로 도시적 형태를 변화시키는 과정이기도 하다. 자본의 운동과 함께 발생하는 도시적 형태의 변화에는 **골목 형태의 변화**도 포함된다.

　골목의 형태와 자본의 운동은 구체적으로 어떤 관계를 맺고 있는 것인가? "도로는 노동, 노동수단, 원료 등을 일정하게 소비함으로써만 실존하게 된다"(맑스, 2007b: 159). 도로의 조성에 들어가는 노동과 노동수단, 원료는 한 개인이 조달하기 어렵다. 도로, 나아가 도로망을 형성하려면 사회적 잉여와 부가 동원되는 집단적 기획이 요청된다. 맑스에 따르면, "원래의 아시아적·자급자족적 공동체들은 도로에 대한 욕구를 가지지 않았다." 그것은 그런 데서는 잉여의 생산이 크지 않은 점 때문이라 할 수 있다. "부역에 의한 가도 건설이나 이와는 다른 형태인 조세에 의한 가도 건설은 [어떤한] 나라의 일부 잉여노동이나 잉여생산물을 강제로 가도로 전환하는 일"(맑스: 158. 번역 수정)인데, 자급자족하는 촌락에서는 잉여노동과 잉여생산물의 동원에 한계가 있을 수밖에 없다. 이렇게 보면, 서울에서 골목이 대거 '길'로 조성되는 등 새로운 도로망이 구축된 것은 사회적 잉여, 자본의 축적을 반영한다고 할 수 있다.

도로는 운하나 교량 등과 같이 **일반적 생산조건**에 속한다. 도로의 건설이 "공동체 자체를 대표하는 정부가 아니라 자본에 의해 수행되기 위해서"는 일반적 생산조건의 변화가 요구되는바, "자본에 기초한 생산의 최대한 발전"이 바로 그런 것이다. 이것은 "국가로부터 공공사업들의 분리, 그리고 자본 자신에 의해 수행되는 공사들로 공공사업들의 이행"이 일상적으로 일어난다는 말로서, 그럴 때 "현실의 공동체가 자본의 형태로 구성된 정도"(165-66. 번역 수정)가 최고도에 이르게 된다. 공동체의 일반적 생산조건이 자본의 형태로 구성되는 정도는 최근에는 신자유주의적 축적체제가 구축됨으로써 극단으로 치달은 듯싶다. 2007년 12월에 총길이 128킬로미터로 완전 개통이 이루어진 수도권 제1 순환도로―최근까지는 '서울외곽순환도로'라고 불리던―의 일부 구간이 민간 자본의 투자로 건설되어 이용 차량이 통행료를 내게끔 만든 것이 그런 한 예다.

하지만 "자본의 의미에서 생산적이지 않으면서도, 즉 포함된 잉여노동이 유통, 교환에 의해서 잉여가치로 실현되지 않으면서도 필요한 사업들, 지출들이 있을 수 있다"(166). 이런 사업들과 지출들은 자본의 직접적 투자를 통해 조성되기 어려운 일반적 생산조건이며, 거기에는 골목도 포함된다. 도시 골목들이 개별 자본의 투자보다는 주로 조세를 이용해서, 서울의 경우 대부분 서울시나 개별 구청의 예산으로 조성되는 것은 골목이 그런 조건으로 작용하기 때문이다. 골목을 통해 잉여가치의 직접적 생산을 기대하기는 어렵기 때문에 자본이 골목 조성에 직접 참여할 일은 전혀 없을 것이라 할 수 있다. 시골에 있든 도시에 있든 골목을 "자본의 의미에서 생산적"인 즉 잉여가치를 생산하는 상품으로 만들 경우, 사람들은 골목을 지나다닐 때마다 통행료를 내야만 할 것이다. 그런 일이 벌어진다면 대대적인 저항이 일어날 공산이 크며, 자본이 그런 위험을 무릅쓸 정도로 어리석지도 않다.

골목이 가치의 형성과 증식에 직접 작용하지는 않는데도, 가치의 증식을 중심으로 작동하는 자본주의 사회에서 골목이 조성되는 것은 "그것이 공동체에 필요한 사용가치이기 때문이고, 공동체가 여하간 그것을 필요로 하기 때문이다"(159). 골목을 조성하는 데 필요한 노동과 노동수단, 원료 등은 그래서 자본, 즉 자기-증식하는 가치의 유통 외부에서 제공되며, 사회적 부 가운데 자본에 속하지 않는 부분—노동자의 임금, 이윤 가운데 자본가의 개인적 소비로 할당된 부분, 조세의 일부 등—에서 지급된다. 골목의 조성에 동원되는 노동은 넓은 의미에서 "부역의 형태로든 조세라는 간접적 형태로든" 개인이 "자신의 생존을 위해서 필요한 직접적인 노동을 초과해서 수행해야 하는 잉여노동이다."[201] 이 잉여노동은 개인이 "수행하는 잉여노동이 아니라 그의 필요노동의 일부", 즉 그가 "공동체 구성원으로 재생산되고 그럼으로써" 그의 "생산적 활동의 일반적 조건이 되는 공동체가 재생산되기 위해 필요한 노동의 일부"(159)에 해당한다. 이때 개인은 이 잉여노동에 직접 참여한다기보다는 세금 납부를 통해 간접적으로 참여하는 것이 통례다. 도시의 골목 조성과 관리는 대개 조세에 기초한 예산으로 운영되는 산하 부서(청소행정과에서 운영하는 '골목 가꿈이 봉사단' 등)나 골목 건설이나 개보수 공사를 수주한 건설회사 등에 의해 집행된다. 그런 점에서 골목은 도시 **공동체의 공적 사안**이지, 사적 자본의 사업 대상은 아니다.

물리적 공간으로서 골목은 하비가 말하는 **사회적 하부시설**에 속한다. 골목의 조성에 투여되는 가치는 "사회적 하부시설로의 [가치의] 흐름의 일부"로서 "잉여가치 생산을 위한 사회적 조건들을 고양하기 위해 설계된 투

201_ 과거 농촌에서는 마을 안 골목이나 바깥의 큰길을 조성하거나 보수할 때 부역의 한 형태인 품앗이로 하는 경우가 많았지만, 오늘날 특히 도시에서는 조세가 주로 사용된다. "자본주의적 생산이 덜 발전한 단계에서는 긴 노동기간, 따라서 또 장기간에 걸치는 다액의 투자를 필요로 하는 사업들은, 특히 이런 사업들이 거대한 규모로만 수행될 수 있는 경우에는, 전혀 자본주의적으로 건설되지 않았다. 예컨대 도로·운하 등은 공동체 또는 국가의 비용(노동력은 옛날에는 대개 강제노동에 의거하였다)으로 건설되었다"(맑스, 2015b: 286. 번역 수정).

자로 볼 수 있다"(하비, 1995: 527). 골목은 만들어지고 나면 오래 지속된다는 점에서 고정자본과 비슷하게 보이지만 후자와는 달리 가치의 형성과 증식 과정에 직접 참여하지는 않는다. 그것은 상품 즉 가치와 잉여가치를 내장하고 있는 물건이 아니며, 따라서 자본이 아니다. 그래도 오늘날 골목이 자본의 운동과 무관하다고는 할 수 없는 것은 과거와는 달리 가치생산의 기반으로 작용하는 경우가 많아졌기 때문이다. 과거 좁은 길 형태의 골목은 주로 **소비기금**의 역할을 했다. '소비기금'은 자본가나 노동자가 필요로 하는 "소비수단의 준비금"(맑스, 2010: 183)으로서 **최종적 소비**의 대상이며, 상품의 생산을 위한 재고 등으로 활용되는 생산기금과는 구분된다. 소비기금 가운데는 공원이나 도로처럼 집단에 의해 사용되는 부류가 있다. 사람들이 지나다닐 수 있는 공통의 통로, 공동체적 삶을 누릴 수 있는 마당 등으로 작용하면 좁은 골목도 **사회적 소비기금**이 된다. 과거의 골목은 대부분이 자본주의적인 의미의 생산적 노동—잉여가치의 직접적 생산을 위한 노동—에서 분리된 재생산적 삶의 활동이 펼쳐지는 주거지역에 위치해서 그런 사회적 소비기금으로 자주 사용되곤 했다. 골목이 어린이들의 놀이 장소, 어른들의 환담 장소로 쓰인 것이 그런 경우다. 골목은 지금도 그와 같은 역할을 하는 때가 없지 않다. 거주민 다수가 승용차를 소유하고 있는 상황에서 주택가의 골목은 차량 통행과 주차를 위한 집단적 통로로, 또 가끔은 동네 노인들이 빌라 건물의 턱이나 갈수록 사라지고 있는 단독주택 담벼락 밑에 놓인 의자에 걸터앉아 담소를 나누는 곳으로 사용되곤 한다.

그러나 골목은 이제 **잉여가치의 생산과 실현**에 보탬이 되는 경우가 훨씬 더 많아졌다. 그 자체가 잉여가치를 생산하고 실현하는 것은 아니나, 골목은 사회적 하부시설로서, 흔히 잉여가치 생산을 위한 **사회적 생산조건**의 일부가 되어 기능한다. 오늘날 빌라촌 골목에서는 주민들의 일상적인 사회적 관계보다는 상품 관계—골목 안 가게들로의 상품 운송, 판매 행위, 음식이나 식료품 배달 등—가 훨씬 더 빈번하게 일어나고 있다. 이것은 골목 안 건물들의 용도가 크게 바뀐 결과이기도 하다. 과거에는 골목길의 주택들은 예외 없이 주거용이었으나, 지금은 주차장용으로 1층에 필로티가 조성된 경우를 제외하면 종합식료품상이나 편의점, 반찬가게, 미용실 등 근린 상업시설이 들어선 곳이 많다. 이 결과 골목의 모습은 완전히 달라졌으며, 이전에는 예외 없이 거주지 외부에 위치하던 상가가 안에서도 조성되어, 골목은 이제 잉여가치의 생산과 실현을 위한 공간으로도 작용하게 되었다.

골목이 거리로 변한 가장 큰 원인의 하나는 자본주의적 도시화 과정에서 주거지 안의 길들도 **차도**의 역할을 해야 할 필요가 커졌다는 데서 찾을 수 있다. 이 맥락에서 서울시의 행정구역이 오늘날의 넓이로 크게 확장되기 바로 전 해인 1962년에 주거지의 도로를 너비 4미터 이상의 길로 규정한 건축법이 시행되었다는 점이 주목된다. 이 법은 한국 자본주의가 자동차 산업을 본격적으로 육성하기 시작한 뒤, 특히 국산 자동차의 첫 고유모델인 포니 자동차가 출시된 해이기도 한 1975년에 '도로'를 "보행과 자동차 통행이 가능한 너비 4미터 이상의 도로"로 새로 규정함으로써, 화재가 발생하면 긴급히 출동해야 하는 소방차를 포함한 차량의 통행이 가능하도록 골목이 넓어지게 하는 데에도 중요한 역할을 했다. 자동차도로로도 사용될 수 있게 되면서 골목은 사회적 하부시설로서 기능을 더욱 강화하게 된다. 오늘날 아파트단지 이외의 주택가—주로 빌라촌의 형태로 형성된—에 있는 저층 주거지에서 **거리로 변한** 골목들이 많아진 것도 골목이 "자동차 통행이 가능한" 건축법상의 '도로'가 되어야만 했던 때문이라 할 수 있다. 빌라촌 골목 양쪽으로 늘어서 있는 건물들은 대부분 10여 가구 안팎을 수용하고 있어서 옛날 같으면 작은 마을과 맞먹을 정도이며, 대부분 **필로티 구조**인 건물 1층은 입주 가구 수 정도의 자동차를 주차하는 공간으로 사용되는 경우가 많다. 2019년 12월 31일 현재 서울의 자동차 등록 대수는 모두 312만4천대이고 이 중에서 자가용 승용차가 253만9천대다. 2020년 서울의 인구가 970만명 수준임을 고려하면, 그것은 대략 4명당 1명꼴로 승용차를 보유하고 있는 셈으로, 그런 점이 골목이 넓어지는 데에도 원인이 되었을 것이다. 거리가 된 골목은 이렇게 보면, 그것을 하부시설로 이용하는 사람들이 소비자로서, 생산자로서 살아가는 방식의 변화를 반영한다고 하겠다. 골목이 오늘날의 모습을 갖게 된 것은 "잉여가치생산을 위한 사회적 조건들을 고양하기 위해" 진행된 "사회적 하부시설로의 [가치의] 흐름의 일부"(하비, 1995: 527)가 투자된 결과인 셈인 것이다.

3. 골목의 형태와 자본의 순환

자본주의적 건조환경의 한 유형으로서 도시 골목은 그 자체가 자본의 생산물인 것은 아니라는 점에서 가치의 직접적 현상형태라고는 할 수 없지만, 그렇다고 가치 운동과 무관하지는 않다. 주택가에서 형성되는 골목은 일상적 삶의 공간이며, 일상적 삶이 자본의 축적과 어떤 관련을 맺는가에 따라서 가치 운동과 맺는 관계도 변하게 된다. 아직 금융화가 진행되기 이전의 도시 골목은 자본의 순환—화폐자본과 생산자본과 상품자본의 형태로 변화하며 축적되는—에서 **벗어나 있는** 측면이 강했다. 기존의 골목이 형성된 시기에는 한국의 자본주의적 발전이 크게 진전되지 않아 가치의 생산과 실현을 위한 행위, 즉 자본의 생산과 유통이 골목에서 일어나는 경우가 흔치 않았던 편이다. 물론 골목 안이나 어귀에 영세한 가내수공업을 하는 가옥이나 구멍가게가 있기도 했지만, 그런 곳들을 진정한 자본주의적 생산과 유통의 공간으로 간주하기는 어렵다.[202] 아직 자본주의적 도시화가

202_ 영세가내수공업은 "생산자의 생존을 목적으로 하는 생산"(맑스, 2015b: 88)에 종사하는 경우가 대부분이다. 거기서는 그래서 화폐자본의 순환, 생산자본의 순환, 상품자본의 순환이 서로 맞물려 진행되며 잉여가치를 생산하는 하나의 개별적 산업자본의 작용이 본격

심화하지 않았던 시기의 골목과 주거지는 기본적으로 **사용가치의 공간**으로 머물러 있었다고 봐야 한다. 골목이 곧잘 주민의 놀이공간, 공유공간이 되곤 했던 것도 그런 점 때문이다. 사용가치 중심의 실물자산으로서 소유자들의 주거와 일상생활을 위한 공간으로 작용한 것은 골목 안의 주택들도 마찬가지다. 당시 사람들은 대부분 공장이나 회사, 가게 등의 노동 현장에서 벗어나 귀가하고 나면, 자신들의 임금이나 수입을 지출해 구매한 상품들을 소비하고 살아가는 **재생산 위주의 삶**을 살았다. 집안에서 소소한 생산 행위가 일어나기도 했지만, 그런 것은 대체로 사용가치의 생산에 국한되었기 때문에 가치의 생산이나 실현과는 거리가 멀었던 편이다.[203] 물론 자본의 생산과정과 유통과정, 즉 자본의 순환 전반에서 벗어난 그런 골목 중심 일상생활이 그 자체로 대중에게 다양한 형태의 궁핍—복지, 교육, 의료, 문화생활 지원 체계 등의 부족—에서 벗어난 풍족한 삶을 제공했다고 할 수는 없다. 그렇기는 해도 자본의 직접적 지배를 받지는 않았다는 점에서 당시 골목을 중심으로 이루어진 일상생활은 오늘날은 기대하기 어려운 **시간적 여유나 호혜적 인간관계** 속에 영위되었던 편이다.[204]

적으로 일어나기 어렵다. 과거 골목 어귀에 있던 영세한 가게들도 진정한 상품자본 유통에 크게 참여한 것은 아니다.

203_ 과거에는 사용가치의 확보를 상품의 구매 즉 교환가치의 교환과는 무관하게 달성하는 경우가 많았다. 집에서 김치를 담아 먹던 관행이 좋은 예다. 배추와 무, 고추, 젓갈 등 재료는 시장에서 사가져 와도 김장은 집안에서 하고, 반찬도 시장에서 사가져 온 식재료로 주부의 솜씨로 만들어 먹는 것이 오랜 관행이었다. 물론 그것은 대부분 여성의 가사노동을 희생으로 이루어진 일이었지만, 그만큼 교환가치의 지배는 덜 받았음을 말해준다. 오늘날은 여성이 부불 가사노동은 덜 하는 대신에 임금노동을 해야 해 착취당하는 일이 많아졌고, 아울러 가사노동 전담자가 없어져 가정에서 필요로 하는 물품과 서비스는 대부분 상품으로 구매해야만 한다. 그런 경향은 3대가 함께 살던 대가족은 물론이고 부모와 자녀로만 구성된 '정상' 4인 가족도 비중이 줄어들고 대신 1인 가계는 늘어나면서 더욱 심화하고 있다.

204_ 이런 점이 2015년 말에 방영된 <응답하라 1988>과 같은, 금융화 이전 시기 서울의 도시적 삶을 그린 드라마가 인기를 끈 이유일 것이다. 그 드라마의 시청률이 높았던 이유 중 하나는 거기서 묘사된 주택가의 골목에 대해 사람들이 적잖은 향수를 느꼈기 때문이 아닐까 싶다. 극 중에서는 경관처럼 바뀐 오늘날 빌라촌 골목과는 전혀 다른, 아직 자본

자본의 순환에 포획되지 않을 경우, 사람들은 자본주의적 생산물로서의 상품을 일상적으로 소비하며 살아가더라도 **자본의 직접적 지배로부터 벗어난** 삶을 꾸리는 것이 어느 정도 가능하다. 자본의 순환에서 벗어나게 되면 사람들은 임금 소득 또는 수입으로 개인적 소비를 하게 된다. 이때 행해지는 "상품의 소비는 그 상품이 나온 자본순환에는 포함되지 않"(맑스, 2015b: 89)는 경우도 많다. 임금으로 받아 상품의 구매에 쓰는 화폐도 그때는 "자본성격은 사라지고 그 화폐성격만 남는"(맑스: 35) 것이다. 물론 사람들이 상품 구매에 사용하는 화폐는 대부분 다시 자본의 순환으로 복귀한다는 점에서 자본의 지배에서 완전히 벗어났다고는 할 수 없다. 인구 가운데 절대다수인, 임금노동을 하며 살아가는 사람들은 자신들의 임금 수입을 대부분 자본주의적 생산을 통해 공급되는 생활수단을 구하는 데 쓴다. 생활수단은 노동력을 재생산하는 데 필요하다는 점에서 이것은 노동자들이 자신들을 재생산하는 과정에서도 자본의 가치 실현 또는 이윤 획득에 복무한다는 것과 같다. 임금으로 받은 화폐로 자신들이 생산한 상품들을 구매함으로써 노동자들이 임금(가변자본)을 자본가들에게 되돌려주는 일이 반복되는 것을 데이비드 하비는 "노동자계급 전체가 소비와 관련해 자본과의 '회사 매점' 관계에 갇혀있"(하비, 2016b: 99. 번역 수정)는 꼴인 것으로 말하고 있다.[205]

그렇기는 해도 노동자들의 소비 활동 자체가 자본의 순환에 직접 포함

의 순환에 완전히 포획되지 않은 일상의 모습의 펼쳐지는 골목이 재현되고 있다. 향수를 통해 소환된 그런 골목의 모습은 풍경에 더 가깝다고 할 수 있을 것이다.

205_ "자본가계급은, 노동자계급이 생산하고 자본가계급이 취득하는 생산물의 일정한 부분에 대한 청구서를 끊임없이 노동자계급에게 준다. 마찬가지로 노동자들은 이 청구서를 끊임없이 자본가에게 되돌려주고, 그 대신 자기 자신의 생산물 중 자기 몫으로 되는 부분을 받는다"(맑스, 2015a: 774). "노동력과[의] 교환으로 지출된 자본은 생활수단으로 전환되며, 이것의 소비[로] 현존 노동자들의 근육·신경·골격·뇌수가 재생산되고 새로운 노동자들이 탄생한다. …노동자의 개인적 소비는 노동력과[의] 교환으로 자본이 넘겨준 생활수단을 자본이 다시 착취할 수 있는 새로운 노동력으로 전환하는 것에 불과하다"(780. 번역 수정).

되지 않는다는 것은 중요하다. 임금 소득으로 살아갈 때 노동자는 화폐를 자본이 아니라 유통수단으로서만 사용하며, 이 화폐는 상품 구매를 통해 대부분이 다시 자본의 순환으로 복귀하더라도, 노동자의 수중에 있는 동안은 그가 "자신의 필요나 기분이 내키는 대로 사용할 수 있"(하비: 99)기 때문에 꼭 '회사 매점'에서만 사용되진 않는다. 자본의 순환에서 빠져나온 상태에서는 노동자들의 임금 수입 가운데 일부가 그들의 **독립적 활동영역을 위한 기금**으로 사용될 수도 있다. 예컨대 노동자들이 임금 소득으로 "생산과정에서 고정자본이 수행하는 것과 다소 유사한 역할을 소비영역에서 수행"(하비, 1995: 310)하는 소비기금을 마련하는 것이, 그런 경우다. 이런 소비기금은 개인적 소비의 수단인 개별 주택이 될 수도 있지만, **집합적 사용**대상이 되는 것도 가능하다. 노동조합이 조합비를 모아 조합원의 활동 공간—노동자학교나 노동자 문화학교, 노동조합의 숙박시설, 노동운동 활동가들을 위한 쉼터 등—을 세울 수도 있고, 지역을 기반으로 하는 집합적 소비기금인 '민중의 집'을 세울 수도 있다.206

여기서 주목하는 골목도 금융화 이전에는 그런 소비기금에 속했던 편이다. 물론 과거에 골목이 그런 역할을 했던 것이 그것을 그런 용도로 의식적으로 만든 결과라고 하기는 어렵다. 대략 1990년대 말 이전까지 서울의 골목 다수가 소비기금의 기능을 할 수 있었던 것은 자본주의적 도시화의 제1차 순환이 진행되고 있던 시기에는 골목이 아직 자본의 순환과는 직접 연결되지 않은 채 자연발생적으로나 무계획적으로 형성되었기 때문일 공산이 크다. 그때도 골목의 주민들이 자본의 운동과 무관한 삶을 살았던 것은 아니다. 1960년대 이후 인구의 급증 속에 서울 시내 곳곳에 형성된,

---

206_ 물론 이것은 가능성일 뿐 현실이 되려면 노동자계급의 '개방적' 노력이 필수적이다. 자본의 순환과 지배에서 벗어난 독립된 시공간을 구축하려면 노동운동의 사회운동으로의 확장이 필요할 것이기 때문이다. 이 과정에서 예컨대 노동운동과 문화운동의 결합이나 연대를 생각해볼 수 있다.

달동네 등의 골목에서 살던 사람들은 다수가 '산업의 역군', 생산적 노동자였다. 그때는 노동시간이 훨씬 더 길었다는 점에서 사람들은 특히 생산자본—가치와 잉여가치를 생산하는 데 동원되는 불변자본(생산수단)과 가변자본(노동력)의 결합으로 이루어지는—의 지배를 공고하게 받았다고 할 수 있다. 그렇기는 해도 과거 도시 골목에 소비기금 성격이 더 강했다면 그것은 생산과 재생산의 시간이 **상대적으로 확연하게 구분되어** 있었기 때문이다. 사람들은 노동력을 착취당하는 생산의 시간에는 자본의 순환에 직접 포획되어 있었지만, 임금 소득으로 골목에서 살아가는 시간에는 그래서 자유로운 삶의 영위가 얼마간 가능했던 편이다. 그때는 골목이 아직은 자본의 운동에 직접 지배당하기 전이기도 했다.

이것을 우리는 산업자본 중 생산자본의 순환에서 발생하는 한 독자적 순환의 형성 효과로서 파악할 수 있다. 생산자본 순환의 공식은 $P\cdots C'-M'-C\cdots P$다. 이 공식은 생산과정(P)이 유통과정($C'-M'-C$)을 매개로 하여 재생산된다는 점을 나타낸다. $C'-M'-C$에서 C'은 생산과정을 거쳐 잉여가치가 더해진 상품, M'은 이것이 판매되어 최초의 자본가치(M)와 잉여가치(ΔM 또는 m)가 함께 실현된 화폐, 그리고 마지막의 C는 자본가가 최초의 자본가치를 다시 생산과정에 투여하는 데 필요한 생산요소들—생산수단과 노동력—로 구성되는 상품의 형태를 가리킨다. $C'-M'-C$에서 두 번째 과정이 $M'-C$로 나타나는 것은 생산과정이 단순재생산으로 이어지는 것을 가리키며, 이때 M'에서 분리된 m은 자본가의 수입으로 소비되고, 남은 M은 원래의 자본가치로서 생산과정이 계속되도록 생산요소들을 구매하는 데 들어가기 때문에 $M-C$로 전환된다.[207] 즉 $M-C$는 재생산 활동에 나선 자본가가 시장에서 상품을 구매하는 과정이며, 이때 상품은 생산수단과 노

207_ 확대재생산이 일어날 경우, 생산자본의 순환 공식은 $P\cdots C'-M'-C'(=MP+LP)\cdots P'$이 된다. 이것은 "생산자본이 더 큰 규모로, 더 큰 가치를 가진 것으로 재생산되며, 증대된 생산자본으로 제2차 순환을 개시한다…는 것을 표현하고 있다"(맑스 2015b: 93).

동력이다. M—C는 그래서 M—MP(생산수단)와 M—LP(노동력)로 이루어진다. 이 가운데 M—LP는 노동자가 보면 자기 노동력을 상품으로 판매하는 행위이므로 LP—M인 셈이다. LP는 여기서 상품이므로 LP—M은 곧 C—M이다. 눈여겨볼 점은 "노동자의 소비를 포함하는 노동자 측의 유통 LP—M—C에서, 첫 번째 고리"(LP—M)"만이 M—LP"(자본가에 의한 노동력의 구매) "의 결과로서 자본의 순환에 속해" 있고, "둘째의 행위 M—C는, 비록 개별자본의 유통에서 생기는 것이기는 하지만 그 유통에 속하지는 않는다"(맑스, 2015b: 88)는 것이다.208 이것은 P…C'—M'—C…P의 순환에서 자본의 순환과는 분리되는 독자적인 순환 C(=LP)—M—C가 생겨난다는 말과 같다.209 여기서 C—M은 상품자본이 화폐로 전환되는 것을 가리킨다.210 "상품자본이 화폐로 전환된 이후"에는 증식을 위한 자본의 순환운동은 "자본의 운동과 수입의 운동으로 분할된다"는 점을 지적할 필요가 있다.211 그것은 사회적 총생산의 측면에서든 개별 상품자본의 생산물 관점에서든

208_ 이런 점은 화폐자본의 순환에서도 마찬가지다. "M—LP는 노동자의 관점에서 보면 LP—M 또는 C—M, 즉 그의 개인적 소비를 매개하는 순환 LP—M—C(생활수단)의 제1국면이다. 제2국면 M—C는 이제 개별자본의 순환에 속하지 않는다"(맑스 2015b: 67-68). 상품자본의 순환 C'—M'—C…P…C'에 포함된 유통과정 C'—M'—C 중의 M'—C 국면에서도 M—LP가 포함되어 있다는 점에서 자본의 순환에 포함되지 않는 독자적 순환이 있다.
209_ 이것은 화폐자본의 순환(M—C…P…C'—M')과 상품자본의 순환(C'—M'—C…P…C')에서도 마찬가지다. 두 순환 모두에서 생산자본으로 바뀌기 전의 유통과정 M—C에서 C는 생산수단(MP)+노동력(LP)이며, 여기서 나타나는 M—LP 과정은 생산자본에서 나타나는 M—LP와 동일하게 자본의 순환에서 벗어난 운동을 전개할 수 있다.
210_ 상품자본이 화폐로 전환된다는 것은 화폐자본으로 전환된다는 것과는 다른 함의를 지닌다. 상품자본에서 화폐자본으로의 형태 변화는 자본의 순환을 가리키지만, 상품자본이 화폐로 전환하는 것은 자본의 순환이 비자본의 순환이 된다는 것이다. 화폐는 이때 유통수단으로서 단순상품유통을 매개할 뿐이며, 자본으로는 작용하지 않는다.
211_ 인용된 부분은 맑스가 상품자본의 순환에 대해 말하는 것이기는 하지만, 화폐자본, 생산자본에도 적용된다. 이것은 상품자본의 순환(C'—M'—C…P…C'), 화폐자본의 순환(M—C…P…C'—M'), 생산자본의 순환(P…C'—M'—C'(=MP+LP)…P')에서 공통으로 생산자본(P) 국면 이전에는 M—C의 형태 변화—즉 화폐자본이 상품(생산수단+노동력)으로 전환되는 과정—가 포함되어 있고, 이 중에서 M—LP의 경우 상품자본이 화폐로 전환된 것이기 때문이기도 하다.

"개인적 소비기금과 재생산기금으로 분할되는 것"(맑스: 111. 번역 수정)을 가리킨다.

과거에 골목과 주택가에서 사람들이 영위하는 일상적 삶이 자본의 순환에서 벗어날 수 있었던 것도 그런 점과 무관하지 않다. 노동자 쪽의 유통 LP—M—C에서 M—C는 자본의 유통에서 벗어나 있는 과정이다. 이 M—C는 노동자가 자신의 임금으로 생활수단을 구매하는 과정이며, 이때 사용되는 화폐는 그가 임금으로 취득한 것으로서, 자본의 직접적 순환운동에는 속하지 않는다. 물론 그렇다고 M—C가 자본의 운동과 전적으로 무관했던 것은 아니다. 앞서본 대로 노동자가 그때 행하는 소비 행위는 자본가의 '회사 매점'에서 일어나는 경우가 허다했기 때문이다.212 하지만 그런 소비 행위도 골목과 주택가에서 전개되는 일상생활의 시공간과는 분리되어 일어났다고 봐야 한다. 사람들은 전에는 화폐를 사용하기 위해서도 골목을 벗어난 시장으로 나가야만 했다.

이렇게 보면 오늘날 골목과 주택가의 모습이 변한 것은 한국에서 진행되는 자본순환에 중대한 변동이 생겼다는 말이 된다. 자본의 순환으로부터 상대적으로 많이 벗어나 있었던 일상생활의 회로가 이제는 그 순환에 포획되었다는 것이 무엇보다 중요하다. 골목을 포함한 집합적 소비수단들이 자본의 운동으로부터 자유로울 수 있는 여지의 크기는 자본의 사회 지배, 특히 일상적 삶에 대한 자본의 지배가 얼마나 전면적인가에 달려있다. 대략 1990년 이전 서울의 주택가, 특히 강북의 오래된 주택가에 형성된 골목들이 강남에 조성된 신도시의 골목들과 달랐던 것은 대부분이 계획적으로 조성되기보다는 자연발생적으로 형성되었다는 점 때문이다. 강북 구도시의 옛날 주거지 골목들은 주거지의 지형, 거기 흐르는 하천의 굴곡을 그대

212_ 최근에 M—C가 자본의 운동에 대폭 포획된 것은 금융화 이후 자본과 노동 간의 계급투쟁에서 노동이 패배한 결과, 특히 노동자계급이 신자유주의적 지배이데올로기에 포섭된 결과라 할 수 있다.

로 둔 채 들쭉날쭉 들어선 집들 사이로 형성되었기 때문에 대체로 좁고 구부러진 데가 많았다. 당시 골목에서 자동차 통행이 여간 어렵지 않았던 것도 그런 점 때문이다. 하지만 그로 인해 골목들은 오롯이 거주민만을 위한 일상생활 공간이 되었다고 볼 수도 있다. 골목은 기본적으로 **주민의 전용공간**이었기 때문에 사람들 소리로 왁자지껄하다가도 어느새 한적한 곳으로 바뀌곤 했다. 과거의 도시 골목들은 그래서 누추했을지언정 주민들이 자유시간을 나름의 방식대로 누리는 **공유공간**의 성격은 강했던 편이다. '공유공간'은 사적인 누구의 것도 아닌 공동체의 구성원 전체가 향유할 수 있는 공간을 가리킨다. 과거의 골목이 그런 곳이 될 수 있었던 것은 아직 자본의 직접적 지배를 받지 않아 집합적 소비기금의 공간 또는 비자본주의적인 성격이 강한 사회적 하부구조로 작용했기 때문이라 할 수 있다.

서울의 골목 형태에 근본적 변화가 생기기 시작한 것은 한국 사회가 산업자본주의적 발전을 개시한 1970년대보다 상당히 뒤의 일이다. 서울의 골목들은 1990년대 이후에 자동차의 지배를 받기 시작하면서 새로운 모습을 갖추게 된다. 이 무렵은 자본주의적 도시화가 서울에서 **새로운 주기**를 시작한 때였다. 서울은 1960년대부터 자본주의적 도시화를 거치며 비대해지기 시작했는데, 그런 도시화의 첫 번째 주기가 종료된 것이 1990년대 초 무렵이다. 서울의 인구는 1992년에 1천97만명으로 정점을 찍고 그 뒤로는 줄어들어 2020년에는 970만명 정도다. 골목의 최근 형태 변화는 그래서 서울의 도시화가 1990년대 초 이후 새로운 단계에 접어든 것과 무관하지 않다. 그때부터 서울에서는 도시 재개발, 즉 두 번째의 자본주의적 도시화가 본격적으로 진행되고 1980년대에 형성된 스펙터클의 사회도 더욱 난숙한 단계에 접어들게 된다. 첫 번째 자본주의적 도시화 과정에서 형성된 전통적 주거지들은 서울 시역의 개발—강북의 개발에서 시작하여 강남의 개발, 목동과 상계동의 개발, 그리고 주택 200만호 건설과 함께 진행된 제1기 신도시의 건설 등—이 얼추 종결된 뒤, 각각의 형성 시기와 비슷한 순서로

재개발 대상이 되고, 이 과정에서 새로운 형태로 전환되기 시작했다. 기존의 저층 주거지들이 대거 고층 건물들로 이루어진 아파트촌으로 바뀌거나 다층 공동주택이 주를 이루는 빌라촌으로 바뀐 것이다. 이 과정은 금융화가 본격적으로 진행된 2000년대 이후에는 더욱 강화된다. 골목의 형태와 기능이 크게 바뀐 것은 따라서, 금융화와 함께 자본의 운동이 새로운 방식으로 전개된 것과 밀접한 관련이 있는 셈이다. 나중에 보겠지만 금융화는 정보고속도로의 확산과 함께 진행되었으며, 이로 인해 자연적 사회적 물질 대사가 새로이 전개되면서 사람들의 일상 모습도 크게 바뀌게 되었다.

오늘날 서울의 저층 주거지 골목들은 이전의 전통 주택가 골목들과 비교하면 훨씬 더 **넓고 곧고 길고 깔끔해진** 편이다. 재개발이 이루어지지 않은 주거지의 대지에 접한 경우를 제외하면 골목들은 대부분 폭이 4미터 이상으로 넓어지고 긴 직선도로가 되어 차량 통행의 조건이 크게 개선되었다. 골목이 새로운 모습을 갖추게 된 것은 도시 재개발 과정에서 **도시계획**이 적용된 결과이기도 하다. 도시계획은 재개발 과정에서 도로의 폭을 규정한 도로법과 주택법 등을 반영함으로써 특히 과거의 좁은 골목길들을 차도로 바꾸는 데 큰 작용을 했다.[213] 과거 골목 안 주택들을 예외 없이 둘러싸고 있던 담장이 철거된 것도 눈여겨볼 부분이다. 이전에는 골목 양쪽으로 담장이 이어진 경우가 많았지만, 지금은 그렇지 않다. 담장의 철거는 빌라 건물이 대거 필로티 구조로 바뀐 것과도 공명한다. 필로티로 지으면 건물 내부는 물론 건물과 골목을 연결하는 공간이 비게 되어 주차와 차

213_ 도시계획에는 도로법과 주택법이 적용된다. 도로법에서 도로는 4미터 이상이 되어야 해서, 주택을 신축할 때는 대지에 접한 도로가 4미터 미만일 경우 대지를 뒤로 물려야만 주택의 건설이 가능하다(신축 건물이 2,000㎡가 넘으면 도로는 6미터로 더 넓어져야 한다). 따라서 좁은 골목길에서는 건축주가 대지의 손실을 감수해야 함에 따라 택지의 합동 개발이 아닌 경우에는 신축이 어렵게 된다. 서울에 전통 골목들이 남아 있는 곳들이 대부분 낙후 지역인 것은 그런 점 때문이기도 하다. 물론 이제는 그런 지역이 많이 줄어들었다.

량 통행에 활용될 수 있고, 길이 더 넓어지는 효과가 생긴다. 이런 변화가 생긴 것은 빌라촌의 주민 대부분이 자동차 보유자라는 사실과 무관하지 않을 것이다.

서울의 골목 형태가 변한 것은 자본의 운동이 새롭게 전개된 것과 밀접하게 관련되어 있다. 골목은 이제 자본주의적 일상생활의 영위에 필수적인 두 상품 즉 **주택과 자동차**를 소비하기 위한 핵심 조건 또는 하부구조로 작용한다.[214] 주택과 자동차는 가장 값비싼 소비 품목에 속하면서 **소비생활의 핵심적 기반**이기도 하다. 주택은 그 안에 텔레비전, 냉장고, 김치냉장고, 세탁기, 냉온방기, 건조기, 마이크로웨이브 오븐, 토스터, 가정용 컴퓨터 등 각종 가전제품이 들어갈 수 있는 공간을 제공하고, 자동차는 가족 구성원이 출퇴근과 함께 쇼핑이나 여가생활을 할 수 있는 주된 수단이 된다. 이때 자동차와 주택은 '자본의 가장 적합한 형태'인 **기계**로 작용하는 셈이라고 할 수 있으며, 이런 점은 골목에도 적용될 수 있다. 골목의 형태 변화는 이렇게 보면 한국 사회가 한편으로 산업자본의 성장과 함께 소비 자본주의를 발전시킴에 따라 사람들의 자동차 보유가 늘어나고, 다른 한편으로 이와 함께 도시화가 진행되는 동안 특히 최근에 와서 금융화로 인해 **자산 도시주의**가 지배하게 되면서 저층 주거지까지 재개발을 통해 빌라촌으로 전환되어 주택 상품이 대거 공급된 데 따른 현상이라 하겠다.

골목의 형태 변화와 관련하여 자본의 운동이 새롭게 전개되는 다른 한 방식은 거기서 진행되는 자본의 유통에서 볼 수 있다. 도시 골목은 이제 개별 산업자본이 **생산자본의 순환**에서 하는 기능을 수행하는 경우가 많아졌다. 골목이 **상품의 공간적 위치 변화**를 만들어내는 도로로 사용되며 고

214_ 1990년대 초 이후에 서울의 외곽에 신도시 건설을 비롯한 아파트 건설이 집중적으로 이루어진 것은 그때부터 승용차 수가 급격하게 늘어난 것과 밀접한 관련이 있다. "광범위한 자동차 문화"가 구축되어야만 "자가 소유"의 확대가 일어나는 것이다(Hudson, 1998: 3).

정자본과 유사한 기능을 하는 것이 한 예다. 오늘날 서울의 골목들은 거대 유통기업들―쿠팡, 배달의 민족 등―의 물류망에 깊숙이 포획되어 있고, 그런 점에서 자본의 운동에도 포섭된 셈이다. 차량 이동이 가능한 도로로 바뀐 결과 골목은 이제 그 안에 포진된 편의점이나 슈퍼와 같은 소매점들로 상품들을 운송하는 차량을 위한 통로가 되어 있기도 하다. 이런 점은 골목이, 앞서본 대로 개별 자본의 직접적 투자보다는 조세를 이용해서 조성되는 '일반적 생산조건'을 구성한다는 점에서 엄밀한 의미의 고정자본은 아니더라도, 생산자본으로서의 운수업이 잉여가치 생산을 위해 요긴하게 활용하는 하부시설로서 기능함을 보여준다.[215] 물류 업체들의 차량이 지나다니는 골목은 그들 업체 노동자들의 생산적 노동―즉 잉여가치를 생산하는―이 이루어지는 **실질적 노동현장**인 셈이며,[216] 이것은 기본적으로 골목이 차도 역할을 겸할 수 있게 **형태 변화**가 이루어져 가능해진 변화다. 하지만 그로 인해 골목은 공유공간으로서 작용하던 이전의 성격을 크게 박탈당했다고 봐야 한다.

골목이 운수 공간으로도 작용하게 되었다는 것은 **자본의 유통 공간**이

215_ "운수업은 한편에서는 독립적 생산부문을 이루며 그리하여 생산자본의 특수한 투자분야를 이룬다. 다른 한편으로 그것은 유통과정 **내부에서** 유통과정을 위해 생산과정의 계속으로 나타난다는 점에 의해 구별된다"(맑스, 2015b: 181. 원문 강조, 번역 수정).

216_ 운수는 특이한 산업분야다. "운송은 곡식이나 철근 같은 객관적인 물건을 생산하지 않으며 생산되자마자 소비된다(그것은 유통시간이 제로다). 그러나 운송은 가치를 생산한다. 공간적 위치의 변화가 그 생산물이다"(하비, 2016b: 173. 번역 수정). 여기서 주목할 점이 운송이 지닌 "유용효과의 교환가치는, 기타 상품의 경우와 마찬가지로, 그 유용효과를 만들어내는 데 소비된 생산요소(노동력과 생산수단)의 가치와, 운수업에 종사하는 노동자들의 잉여노동이 창조한 잉여가치의 합계에 의해 결정된다"(맑스, 2015b: 64; 하비: 173에서 재인용)는 것이다. 이렇게 보면 쿠팡과 같은 회사는 자사의 노동자에게 임금을 지급하고 또 배달 차량을 사서 유지하는 데는 비용을 쓰겠지만, 골목 사용과 관련해서는 아무런 비용을 들이지 않는다는 점에서 생산수단 일부를 공짜로 활용하고 있는 셈이다. 이것은 골목을 생활공간으로 사용하던 주민의 입장으로는 그들의 중요한 소비기금을 수탈당한 것과 같다. 골목이 거리로 바뀐 대부분의 저층 주거지에서는 삶의 조건이 운수업체의 성장에 따라 더욱 열악해지는 것이다.

되었다는 말이다. 오늘날 도시 골목에는 대형 유통기업의 배달 차량 이외에도 개별 가정에서 주문한 음식물이나 식료품 배달을 하는 택배 회사의 배송 차량이나 소형 오토바이 같은 운송 수단이 시도 때도 없이 다니고 있다. 골목은 그래서 주민들의 활동이 멈추면 낮이든 밤이든 한적하던 과거와는 전혀 다른 모습이 되었다. 그렇다고 일상적 삶의 공간—즉 노동력이 개인적 소비를 통해 재생산되는 공간—이기를 아예 멈춘 것은 아니나, 골목은 이제 과거 소규모 가내수공업이 군데군데 있을 때와는 크게 다른 의미의 가치 생산 공간이 되었다고 할 수 있다.217 단, 이 변화는 골목이 그자체로 운수업을 위한 공간으로 바뀌었다기보다는 과거보다는 훨씬 더 높은 수준으로 상품자본의 유통 공간으로 작용함에 따라 생긴 부수적 현상임에 속한다. 그것은 일상적 삶의 공간으로서 골목이 지녔던 사용가치 소비공간으로서의 성격은 약화하고 **교환가치의 영역**이라는 성격은 강화됨으로써 생긴 변화인 셈인 것이다. 운수업은 "유통과정 내부에서 유통을 위해 생산과정의 계속으로 나타난다"(맑스, 2015b: 181. 번역 수정)는 점에서 유통과정 속의 생산과정에 해당한다. 오늘날 골목에서 상품생산물의 운반 차량이 수시로 다니고 있는 것은 유통과정 내부에서 생산과정이 계속되고 있다는 좋은 증거다. 그로 인해 서울의 골목들은 자본의 순환에 더욱 깊숙이 포획되었다고 할 수 있다.

최근에 들어와서 골목은 더 넓어져 자동차가 지나다닐 수 있는 차도가

217_ 지금도 도시 골목에서는 작은 규모의 생산 활동을 하는 경우가 있다. 과거 주물공장, 철공소 등이 운집해있던 을지로 4가 '철의 골목' 정도는 아니지만, 공예품 제작, 목공작업, 도계 작업 등이 벌어지는 가내수공업 현장들이 듬성듬성 배치된 골목들이 있는 것이다. 하지만 가내수공업은 "생산자의 생존을 목적으로 하는 생산"에 주력한다는 점에서 "잉여가치의 생산을 목적으로 하는"(맑스, 2015b: 88) 생산과는 구분된다. 다시 말해 소규모 생산자본의 잔존형태인 가내수공업은 자본의 순환과 설령 이런저런 방식으로 이어져 있다고 하더라도 골목의 일상적 모습을 크게 지배하고 있지는 않다. 오늘날 골목의 변화는 생산자본의 활동보다는 상품자본의 유통이 과거와는 비교할 수 없을 정도로 활발하게 진행되고 있는 데서 찾아야 한다.

된 정도를 넘어서서 상점들이 즐비한 **상가**로 변한 곳도 많다. 과거에 골목에서 볼 수 있었던 상점은 어귀의 구멍가게 정도였다고 한다면, 오늘날에는 **근린생활시설들**이 많이 들어섰기 때문이다. 그 결과 골목은 이제 장터와 진배없어졌다. 반면에 과거의 전통시장들은 많이 사라졌거나 크게 위축된 편이다. 이전과는 달리 사람들이 정기적으로 시장에 가는 경우도 드물어졌다. 슈퍼마켓, 편의점, 그 밖의 다양한 가게들이 골목 곳곳에 들어서기도 했지만, 택배 서비스가 광범위하게 조직되어 시장에 직접 나갈 필요를 없게 만들고 있기 때문이다. 하지만 이 결과 일상 공간인 골목은 상품자본에 의해 그만큼 깊숙이 포획되어 버린 셈이다. 상품자본은 순환하는 방식이 화폐자본이나 생산자본과는 다르다. 후자가 증식되어야 할 자본가치로서 순환을 시작한다면, "상품자본의 순환은 자본가치로서 개시하는 것이 아니라 상품형태로 있는 증식된 자본가치로서 개시"(맑스, 2015b: 103)한다. 도시 골목에 상점들이 다수 들어서 있다는 것은 상인들이 많다는 것이고 그들에 의한 상품 판매가 널리 이루어지고 있다는 말이다. "상인의 수중에 있는 상품은 상품자본이고, 상품이 이전에는 상품자본이 아니었다고 하더라도 그것이 상인의 수중에 들어가면 상품자본이 된다"(114). 오늘날 골목은 거리로, 상가로 바뀜으로써 판매를 통해 가치를 실현해야 할 상품자본의 공간으로도 바뀌었다. 그리고 이것은 골목이 이제 사용가치 중심의 공간에서 **교환가치와 가치의 공간**으로 바뀌었다는 말이기도 하다.

4. 골목의 직선화와 금융화

골목의 형태 변화는 그것의 기능 변화와 궤를 함께한다. 어떤 사물 또는 존재의 행동 방식은 그 형태에 의해 규정되기 때문이다. 생물학적으로도 "형태는 아주 오묘한 방식으로 행동을 변경시킨다"(에델만, 2006: 79).[218] 최근에 서울의 도시 골목이 새로운 형태를 가지게 된 것 또한 골목의 '행동', 즉 **기능 변화**를 수반했다고 볼 수 있다. 골목은 자연적인 길이 아니다. 자연적인 길은 "사람을 포함한 몸집 큰 동물들이나 물, 돌과 같은 물질의 신체적 이동"에 의해 형성되며, 따라서 "지형 조건에 따라 형태가 정해"(강내희, 2016a: 162)진다. 그런 길의 예로는 사람들이 자주 다녀서 생긴 숲속이나 들판의 오솔길, 짐승들이 먹이나 물, 소금을 찾아 걸어 다녀 남긴 흔적을 사람들이 사용해 생겨난 길(인디언 길)이 있다. 반면에 골목은 사람들이 집단생활을 영위하는 마을에서 인위적으로 형성된 경우가 대부분이다. 그런데도 자연적인 길처럼 꼬불꼬불한 형태가 많은 것은 골목은 주로 사람들과 동물들—맨몸이거나 지게 진 사람들, 소나 당나귀 등—의 **신체적 이동** 용도로 사용된다는 점과 무관하지 않다. 그곳을 지나다니는 사람이나 짐승의 신체적 특징과 행동 방식을 생각하면 전통적인 골목이 왜 좁고 꼬불꼬불한 형태여야 했는지 바로 이해할 수 있다. 자연적 신체의 이동을 위해 사용되는 길은 사람이나 동물의 신체와 지형의 상호작용에 따라 굴곡지기 쉽고, 굴곡진 길은 자연적 신체의 통행에 적합하다.219

길은 기본적으로 **속도 기계**다. 지구상의 많은 생명체는 이동하려면 땅 위에서 움직여야 하는데, 길은 그 이동을 더 용이하게 하는 기술적 효용성을 지닌다. 길은 그래서 지상에서 인간 신체의 효율적 이동을 돕는 기계인

218_ 인간은 신체 형태가 직립형으로 바뀌면서 '만물의 영장'이 되었으며, 특히 '존재'가 되었다. "존재하다"를 의미하는 영어의 'exist'는 프랑스어 'exister'에서, 그리고 이 프랑스어는 라틴어 'existere' 'exsistere'에서 나온 것이다. 라틴어 단어의 의미는 "튀어나오다" "발생하다"의 의미를 갖는데, 이렇게 보면 "존재하다"는 인간이 자연상태에서 튀어나온 이질적 존재가 된 것을 가리킨다. 인간은 발 골격의 형태가 바뀌면서 직립보행, 나아가서 식립주행의 능력을 지니게 되었고, 이와 함께 손의 사용을 통해 두뇌가 발달하게 되며 아울러 다른 동물들과 자신을 구분하는 이질적 존재가 되었다고 할 수 있다(강내희, 2016a: 18-19).

219_ 산골의 버스길 가운데는 꾸불꾸불한 길이 많다는 점에서 꼭 자연적 신체 때문에 길이 굴곡져야 하는 것이 아니기는 하다. 그러나 '구곡간장' 차도를 오르는 시골버스는 속도가 현저히 저하되어 큰 동물의 몸짓에 가까운 행동을 한다는 점에서 자연적 신체에 더 가까워진 것도 사실이다.

셈이다(강내희: 157). 그런데 신체 이동을 인간 자신이 하는 경우 길은 다른 동물이나 사물(물이나 돌)이 만들어낸 것처럼 혹은 구부러지고 혹은 뻗어 가는 자연적 길의 모습을 띠지만, 신체 이동을 하더라도 인공적 수단에 의 해 할 경우는 직선화되는 경향이 있다. 로마 공도나 진시황의 치도(馳道)와 같은 고대의 '왕도'에서 근대의 철도나 자동차도로, 고속도로, 고속철도에 이르기까지 신체 운반 기계가 다니는 길들이 그런 예라 하겠다. 길의 직선 화는 고속 기능의 강화와 긴밀한 관계를 맺고 있다. 길의 직선도는 지형과 도 연관되어 있지만, 그것을 활용하는 이동기계—이것은 사람이나 짐승, 물, 돌 등의 자연적인 형태, 바퀴나 엔진 등을 장착한 인공적 형태를 띠거 나, 정보고속도로처럼 비물질적인 '신체'를 가질 수도 있다—의 속도와도 비례한다. 산에 난 오솔길이나 농촌의 논길 같은 인도에 비하면 차도, 특히 고속도로나 고속철도 등 고속 차량이 다니는 도로의 직선도가 훨씬 더 높 은 법이다.

　　속도 기계로서의 성능을 강화하는 방식으로 이루어지는 길의 직선화와 그에 따른 가속 경향은 최근에는 **정보고속도로의 등장**과 함께 극단으로 치달았다. 정보고속도로의 속도는 이제 빛의 속도에까지 육박한다. 인터넷 연결 서비스 제공 회사인 스프레드 네트웍스 사가 2010년에 미국의 시카 고와 뉴욕 간의 "현물·선물 차익거래를 위해…두 도시를 연결하는 왕복 광섬유 경로를 161km나 단축"하고 "주문 체결 속도를 기존의 1000분의 17 초에서 1000분의 13초로 단축"(경향신문, 2019.07.27.)한 것이 좋은 예다. 불 과 4밀리초의 거래 속도 단축을 위해 스프레드 네트웍스사는 3억달러를 투자한 것으로 알려졌는데, 그 목적은 고빈도 거래자들의 경쟁력을 높이기 위해 금융상품 거래에서 장애로 여겨지는 대기시간—새 정보를 받아 반응 하는 데 걸리는 시간—을 최대한 줄이기 위함이었다고 한다(Wah, 2014.4.4.). 서울의 골목들이 곧고 넓은 모양으로 바뀐 것도 최고속도를 지향하는 정 보고속도로가 이제 광범위하게 깔린 것과 무관하지 않다. 골목은 그 자체가 정보고속도로인 것은 아니나, 후자가 새로운 길 체계로 등장함에 따라 형태와 기능이 크게 바뀌었다고 볼 수 있다. 길의 종류는 크게 세 가지로 서, 사람들을 포함한 동물들의 자연적 신체 이동을 위한 길(오솔길, 산길, 옛 골목길, 당나귀길 등), 인공적 운송수단을 이용해 신체 이동 시간을 단 축해 주는 길(마로, 차도, 철도, 항로, 고속도로, 고속철도, 항공로 등), 그리 고 신체의 한계를 뛰어넘는 길(정보고속도로)이 그것이다. 길 체계에서 이 제 지배적인 역할을 하는 것은 세 번째 종류의 것이며,[220] 그것에 의해 다 른 둘도 이제 그 기능과 역할이 새롭게 규정되고 있다(강내희: 157-59).

서울의 골목은 1980년대 말 정도까지는 주로 자연적인 신체의 이동을 위해 사용되었으나, 마이카시대의 개시와 함께 도시 재개발이 진행되고 차 량 통행이 가능한 큰길로 바뀌기 시작한 1990년대 이후에는 인공적 이동 기계의 통행로로 사용되기 시작했고, 인터넷 서비스가 널리 보급된 21세기 에 들어와서는 정보고속도로의 보조 역할도 맡게 되었다. 도시 골목들이 그 형태와 기능에서 중대한 변화를 겪은 것은 다양한 길들의 속도가 빛의 속도에 가까운 정보고속도로의 속도에 통합되었기 때문이다. 오늘날 도시 골목을 오가는 자연적 신체들(사람, 애완동물)과 기계적 신체들(승용차, 오 토바이, 배달 트럭 등)의 속도는 한편으로는 골목의 물리적 조건을 그 한세 로 삼고, 다른 한편으로는 정보고속도로에 의해 통제된다고 볼 수 있다. 골 목은 그래서, 기본적으로는 자연적이거나 기계적인 신체의 이동을 위해 작 용하면서, 그런 물리적 신체들의 이동과 이제 보편적으로 확산한 정보고속 도로에서 일어나는 가상적 신체(정보)의 이동이 연동되는 공간적 조건이 된 셈이다. 서울의 골목들에서 이루어지는 삶의 속도가 아직 사람들과 차 량들의 신체 이동에 지배되고 있던 1990년대보다 훨씬 더 빨라진 것은 그 런 점과 무관하지 않다. 지금 도시 골목이 지나칠 정도로 부산스러워진 것

220_ 만약 '웜홀 이동'이 가능해진다면 현재 보급된 정보고속도로의 성능을 훌쩍 뛰어넘어 신체적 한계를 심대하게 벗어난 이동을 가능케 하는 길 체계에 속하게 될 것이다.

은 인터넷으로 주문한 상품들, 음식들의 배달 행위가 시간을 가리지 않고 이루어지고 있기 때문이기도 하다. 골목은 여전히 물리적 신체들의 이동을 위해서도 사용되지만, 정보고속도로의 영향을 받게 됨으로써 **새로운 가속화**를 겪었다고 할 수 있다.

직선화한 서울의 골목은 속도 기계인 길의 한 종류가 성능을 강화한 사례다. 걸어서 가면 사람은 하루에 수십 킬로밖에는 가지 못하겠지만 버스나 자동차, 기차를 타고 가면 걸어서 같은 거리를 한 시간 안에 갈 수 있고, 고속버스나 고속전철을 이용하면 더 빨리 갈 수도 있다. 길의 가속화는 성능 개선된 이동기계와 직선화된 길의 결합, 그리고 상이한 종류 길들 간의 기능적 연계 강화가 이루어진 효과다. 한국에서는 1970년에 경부고속도로가 완공된 이후 계속 고속도로, 고속철도가 건설되었고, 많은 지역이 갈수록 더 조밀하게 연결됨으로써 전국이 일일생활권으로 바뀌었는데, 근래에는 인터넷망이 광범위하게 보급되면서 정보의 소통과 그에 입각한 물류 교환의 속도가 더욱 빨라졌다. 그런 변화를 겪게 된 것은 도시의 골목 생태계도 예외가 아니다. 한반도의 남쪽 신체를 관통해서 사회적 물질대사 속도를 증가시키는 대동맥들이 늘어난 것에 상응하여 도시 구석구석에 '미세혈관들'이 새로 생겨났다. 그리하여 서울의 다른 지역, 다른 도시, 심지어 해외로부터 인터넷으로 주문한 상품들이 항공로나 항로, 고속도로, 도시 간선도로 등을 거쳐 구매자의 집까지 '눈 깜짝할 사이에' 배달되고 있다. 이것은 가장 최근의 **시공간 압축** 즉 속도의 증가에 의한 공간의 축소로 **자본의 회전시간이 단축된 현상**이기도 하다.[221]

221_ '시공간 압축'은 맑스가 말한 "시간을 통한 공간의 절멸"(맑스, 2007b: 157. 번역 수정)을 데이비드 하비가 새롭게 표현한 것으로, "공간과 시간의 객관적 성질들이 아주 급격하게 변화하여 우리가 세상을 표현하는 방법을 바꾸어야 하는 (때로는 완전히 근본적으로) 과정을 가리킨다." 하비는 '압축'이라는 단어를 사용하는 이유를 "자본주의 역사는 생활의 속도를 빨라지게 하는 특징을 가지는 한편, 공간적 장벽을 극복하는 능력이 커짐에 따라 세계가 때때로 우리들 내부로 내려앉는 듯하기" 때문인 데서 찾는다(하비, 1994:

도시 골목의 형태 변화는 자본의 운동이 새로워진 것과 연동되어 있다. "축적을 위한 축적"(맑스, 2015a: 812)을 절대 계율로 삼고 있는 한, 자본은 자신의 회전시간을 최대한 단축해야 하며, 그에 따라 사회적 물질대사의 속도를 높이게 된다. 자본의 순환 속도, 즉 자본이 화폐자본에서 생산자본, 생산자본에서 상품자본, 상품자본에서 다시 화폐자본으로 형태 변화를 겪는 속도가 빨라질수록 그와 연동된 물질대사의 변화도 빨라지는 것이다. 최근에 도시 골목의 속도가 빨라진 것, 거기서 이루어지는 자연적 기계적 신체―사람들, 차량들, 상품들―와 비신체―정보―의 이동 속도, 물류 속도가 빨라진 것은 자본의 운동 속도가 빨라진 것과 궤를 함께한다. 이런 점을 반영하는 골목의 형태 변화인 직선화가 두드러지기 시작한 것은 1990 년대 이후다. 한국 사회는 1940년대 중반에 형성된 분단체제로 인한 민족 모순과 1960년대 이후 군부의 장기 집권으로 인한 정치적 모순, 그리고 1970년대 초 이후의 산업화로 심화한 계급 모순의 중첩으로 빚어진 사회 세력들 간의 갈등적 적대적 관계를 배경으로 1980년대 말까지 민족해방운동, 민주화운동, 민중해방운동으로 구성된 격렬한 사회운동―이른바 민민운동―의 격랑을 겪다가 '1987년 체제'의 수립으로 민주화라는 이름의 자유화 과정을 맞게 된다.[222] 자유주의 헤게모니가 수립된 시점은 마침 1986 ~88년의 '3저 호황'이 진행되던 중이었고, 이후 1990년대 중반까지 한국 자본주의는 자본의 비교적 순조로운 성장 속에 노동자계급의 임금도 일정 한 등귀를 이룬 '짧은 포드주의' 시기를 가졌다고 할 수 있다.[223] 이런 점은

---

294).

[222] 여기서 말하는 '자유주의 세력'은 군사독재를 자행한 보수 우파와 그에 저항한 개혁 세력을 모두 포괄하는 개념이다. 개혁적 자유주의 세력은 1987년 체제가 성립되기 전에는 탄압의 대상이었으나 그 이후에는 정권 수립을 놓고 우파와 경쟁하게 되었다. 87년 체제 수립 이후 진행된 '민주화'는 그런 점에서 자유주의 헤게모니의 공고한 구축에 해당한다 (강내희, 2016b).

[223] 이 시기에 '포드주의'가 형성된 것은 1980년대 말의 노동자 대투쟁과 노동자계급의 조직화로 노동자계급에 대한 양보가 불가피했기 때문이라고 할 수 있다. 이 결과 한국 사회는

서울의 골목 형태가 바뀌기 시작한 시점이 당시 수도권에서 자본의 운동이 일정하게 변하고 있던 시기였음을 말해준다. 자본의 운동은 가치와 잉여가치가 생산되고 실현되며 증식되는 과정이며, 자본주의적 생산양식이 지배하는 사회에서 사물들—인간들, 상품들, 건물들, 도로들 등등—이 연동해서 변화하는 과정, 즉 사회적 자연적 물질대사가 역사특수적으로 이루어지는 과정이기도 하다.

1990년대에 골목의 직선화가 이루어지기 시작한 것은 한국에서 산업자본—화폐자본, 생산자본, 상품자본의 세 형태로 변화하며 축적되는—이 급성장을 이루고, 특히 상품자본의 유통이 갈수록 **일상생활과 연계된 것**과 관련된 현상이다. 그 무렵에 이르러 가치의 실현 문제, 즉 산업화의 진전과 함께 갈수록 대량으로 생산되는 상품들의 가치 실현을 위한 **내수시장의 확대**가 1980년대 후반의 '3저 호황'을 거치며 한국 자본에는 더욱 화급한 과제가 되었다고 볼 수 있다. 골목의 형태 변화는 또한 서울에서 진행된 행성적 도시화 과정의 일환이기도 하고, 과거에는 자본의 지배로부터 상대적으로 벗어나 있던 전통적 골목이 세계화된 자본의 흐름과 연결되는 과정이기도 하다. 이런 점은 1980년대 말 이후 주택가 주변에 등장하기 시작한 24시간 편의점들에 국산 상품만이 아니라 수입 상품들까지 진열되기 시작한 데서도 알 수 있다. 서울의 골목들이 새로운 모습을 드러내기 시작한 것은 그렇다면 일상생활의 공간이 국내외 상품자본의 유통 체계에 포섭된 징표였던 것인 셈이다. 도시 골목은 과거에는 비자본주의적 삶이 제법 영위될 수 있는 공간이었으나, 자본의 운동과 더욱 긴밀하게 연계됨으로써 더 이상 전통적인 좁은 길로 남을 수 없게 되고, 차도나 거리, 상가의 모습을 띠게 된다.

드물게 지니계수의 호전이 이루어지기도 했다. 1990년대 초에 한국 사회가 '문화의 시대로 접어든 것은 그로 인해 생겨난 사회적 부의 하향 이동 추세를 역전시키기 위해 소비자본주의가 작동되었음을 보여준다.

서울의 골목들은 1990년대부터 오늘날의 생김새를 갖기 시작했지만, 자본의 금융화가 진행된 2000년대 이후 그 형태가 더욱 새로워졌다. 금융화는 화폐거래자본, 이자 낳는 자본의 운동(M—M′)을 중심으로 전개되며, 이 운동의 특징은 자본이 화폐자본—생산자본—상품자본—화폐자본으로의 형태 변화를 거치지 않는다는 것이다. M—M′은 일견 화폐(M)가 아무런 매개 없이 더 큰 규모의 화폐(M′=M+ΔM)로 바뀌는 모습을 보여준다. 최근에 들어와서 금융시장이 크게 성장한 것은 M—M′의 운동이 활성화한 결과다. 골목의 형태가 바뀐 것도 자산시장의 중요한 몫을 차지하는 부동산시장이 금융시장과 연결되는 **금융적 매개**가 왕성해진 것과 무관하지 않다. 골목의 직선화 경향은 1990년대 초부터 나타나기 시작했지만 금융 자유화가 본격화되는 2000년 초 이후에 더 뚜렷해진다. 이 시기는 과거의 저층 주거지들이 대거 빌라촌으로 전환되며 도로망이 새로이 조성된 시기이기도 하다.

<표 6>은 제3장에서 살펴본 <표 1>의 자료 가운데 서울에 해당하는 내용으로만 다시 만든 것이다. 거기서 빌라촌을 형성하는 주된 주택 유형인 다가구·연립·다세대 주택들이 대략 1990년부터 늘어나지만, 빌라 건물의 대다수를 차지하는 다세대는 특히 금융화가 전개된 2000년대 이후에 대폭 늘어난 것을 확인할 수 있다. 이전에 지배적인 주택 유형을 이루던 단독주택의 비율이 급감한 것은 서울의 제2차 자본주의적 도시화에 따라 도시 재개발이 계속 진행되었다는 말과 같다. 2000년 이전까지는 다세대주택보다 훨씬 더 많던 연립주택이 크게 줄어든 점도 눈에 띈다. 1995년 서울의 연립주택은 21만8천403호로 전체 주택의 12.9%를 차지하고 있었으나 2020년에는 11만562호로 3.6%에 불과하다. 연립주택이 이처럼 대폭 감소한 것은 1970년대 이전부터 건설되기 시작해 노후화가 일찍 진행됨에 따라서 일찍 재개발 대상이 되었고, 함께 철거되기 시작한 단독주택보다는 규모가 커서 아파트 건물로 전환된 경우가 많았기 때문으로 여겨진다. 반

<표 6> 1970년 이후 서울의 주택 유형 증감 추이

연도	단독(%)	아파트(%)	연립(%)	다세대(%)	비주거용 건물내주택(%)	계
1970	515,916(88.4)	23,987(4.1)	34,418(5.9)		9,291(1.6)	583,612
1975	618,045(83.0)	58,459(7.9)	39,583(5.2)		28,160(3.9)	744,247
1980	684,083(70.7)	183,846(19.0)	68,885(7.1)		31,319(3.2)	968,133
1985	688,740(58.6)	306,398(26.1)	137,011(11.6)		44,013(3.7)	1,176,162
1990	659,552(46.1)	502,501(35.1)	181,156(12.7)	48,762(3.4)	39,010(2.7)	1,430,981
1995	561,947(33.3)	716,251(42.5)	218,403(12.9)	134,923(8.0)	56,587(3.3)	1,688,111
2000	489,662(25.5)	974,910(50.9)	215,319(11.2)	177,275(9.2)	59,371(3.2)	1,916,537
2005	443,806(19.8)	1,217,308(54.3)	140,016(6.2)	412,187(18.4)	28,832(1.3)	2,242,149
2010	397,103(16.2)	1,441,769(59.0)	140,451(5.7)	443,778(18.1)	23,407(1.0)	2,446,508
2015	355,039(12.7)	1,636,896(58.6)	117,235(4.2)	654,372(23.4)	29,702(1.1)	2,793,244
2020	307,075(10.2)	1,772,670(58.8)	110,562(3.6)	796,066(26.4)	28,998(0.1)	3,015,371

면에 중산층 단독주택들이 밀집한 주거지역은 연립주택 지역이나 판잣집이 많던 달동네 등과는 달리 일거에 철거된 경우가 적었던 편이다. 그런 주택들이 손 바뀐 순서에 따라 빌라 건물들로 전환되었다는 것은 1990년에 4만8천762호에 불과했던 다세대주택이 1995년 13만4천923호, 2000년 17만7천275호, 2005년 41만2천187호, 2010년 44만3천778호, 2015년 65만4천372호, 2020년 79만6천66호로 대폭 늘어났다는 사실로 확인할 수 있다. 이런 과정에 따라 서울의 주택들은 연립주택과 단독주택은 대폭 줄어들고, 아파트와 다세대주택은 엄청나게 늘어났다고 볼 수 있는데, 이 결과 서울의 주거지역들은 크게 아파트단지와 빌라촌으로 크게 양분된 상태가 된다. 이런 변화가 2000년대 이후에 더욱 강화된 것은 이미 말한 것처럼 그때 금융화가 본격적으로 진행되었기 때문이다.

골목의 형태 변화와 속도 증가는 1990년대에는 차량의 손쉬운 이동—이와 함께 소비자본주의의 생활공간 침투—과 관련된 현상이었다면, 2000년대에 들어와서는 **금융화와 정보고속도로의 확산**으로 새로운 영향을 받게 되었다. 금융화가 진행된 뒤로 M—M′의 운동이 강화되고, 이 운동이 정보고속도로의 기능 강화 속에 **정보의 소통 속도 증가**와 결합함에 따라 자본의 순환에는 새로운 **속도 압박**이 가해졌다고 볼 수 있다. M—M′에서 눈여겨볼 점은 화폐가 더 큰 화폐로 전환하는 과정이 생략되어 있다는 것, 돈이 돈을 만드는 것 같다는 것이다. 화폐에서 화폐로의 전환이 스프레드 네트웍스 사가 시도한 것처럼 빛의 속도에 가까울 정도로 빨리 이루어지면, 자본의 순환—화폐자본과 생산자본, 상품자본을 포괄하는 산업자본 전체의 순환—에 가해질 속도 압박도 커질 수밖에 없다. 물론 실물경제와 자산시장의 분리 현상으로 인해 화폐자본의 순환에서 일어나는 속도 증가가 그대로 산업자본 전체에 반영되는 것은 아니겠으나, 그래도 한 형태의 자본에서 이루어지는 회전시간의 단축이 다른 형태의 자본이 회전하는 속도에 영향을 미치지 않을 수는 없을 것이다. 오늘날 골목이 상가처럼 바뀌고 거기서 경관이 형성되고 있는 것, 유통 공간으로 전환된 것, 나아가서 부산해진 것 등은 자본의 전반적 순환 또는 회전 속도가 증가한 결과다. 최근에 이런 경향을 주도해온 것은 물론 금융화다.

5. 외밀한 공간

골목의 모습이 바뀐 것은 금융화로 인해 사람들이 대거 투자자로 바뀐 것과 공명한다. 과거 골목에서 아이들은 땅따먹기하고, 노인들은 환담하고, 동네 여인네들은 수다를 떨기도 하는 장면이 자주 연출되곤 했던 것은 대중의 일상적 삶이 자본의 전면적 지배, 특히 금융자본의 지배를 아직 받지 않았던 시기의 모습이다. 금융 자유화와 함께 자산 도시주의가 활발하게 작동하기 전, 주택이 아직 금융자산으로 취급되기 전에는 도시 주거지들이 재개발되는 경우가 드물었고, 그래서 **한적한** 골목이 많이 남아 있었다. 반면에 오늘날의 주택가 골목은 거리처럼 바뀌어 북적거릴 때가 더 많다. 과거에도 골목이 부산한 적이 없었던 것은 아니나, 주민들 간의 교류가 일어날 때만 그랬을 뿐이다. 지금 골목에서 들리는 소리는 주민들의 목소리보다는 골목 슈퍼에서 호객하는 소리, 배달 차량의 소음인 경우가 훨씬 더 많다고 할 수 있다.224 골목이 상품자본의 유통을 위한 공간이 되면서 생긴 이런 변화는 주민과 골목의 **어떤 공백 현상**에 조응한다. 도시 마을 공동체의 '마당'이기를 그친 골목에는 이제 아이든 어른이든 주민들이 서로 교류하는 모습은 보기 힘들다. 골목을 지나다니는 사람들은 대부분이 서로 모를 것이다. 골목을 함께 공유하지 않게 되면서 사람들은 골목에서 더 이상 거주하지 않게 되었다고 볼 수 있다.225 **'거주'**는 대지와의 친근한 접촉, 어떤 장소에 오래 머무름의 형태로서, 장소를 전유하는 한 방식이다. 거주를 통해서 사람들은 특정한 장소에 귀속되며, 그곳을 정든 곳으로 삼게 된다. 그런 곳은 '내 것'—누구보다 또는 누구 못지않게 내가 잘 아는 나의 고향—이 된다.226 그러나 도시 골목은 이제 같은 곳에 머물러 함께 지내며 서로 친근해진 사람들이 공유할 수 있는 마당이기보다는 타인들끼리 스쳐 지나가는 **통로**일 뿐이다.227 그런 경향이 강화된 것은 골목이 차도의 구실을 하게 된

224_ 과거 골목에서도 찹쌀떡 장수, 칼갈이 등 외부에서 들어온 사람들의 목소리가 들리지 않던 것은 아니다. 그러나 그들의 목소리가 소음이었다고 보기는 어렵다.

225_ 오늘날의 골목은 마크 오제가 말한 '비-장소'에 가깝다. 비-장소는 공항이나 버스터미널처럼 사람들이 통과만 하는, 서로 사회적 관계를 맺기 어려운 공간으로서 '거주'가 불가능한 곳에 속한다. 골목은 원래 마을 공동체에 속한 기본적으로 장소적 성격의 공간이었으나 이제는 통과 공간의 역할을 더 많이 하는 셈이다.

226_ 어떤 장소, 공간을 거기에 속한 서로 다른 사람들이 모두 '내 것'으로 여길 때 그런 곳은 하나의 코먼이 된다고 할 수 있다. 이때 소유는 개인적 소유인 것이지 사적 소유가 아니다. 사적 소유가 배타적 소유라면 개인적 소유는 공동체적 소유가 될 가능성이 더 크다.

227_ 과거의 좁은 길 골목에서는 사람들이 만나면 서로 수인사를 나누기 마련이었다. 내가 어릴 때 살던 고향 마을에서는 골목에서 사람들이 서로 아무런 말도 섞지 않고 지나친다는 것은 상상도 못 할 일이었다. 옛날 시골 마을에서는 이웃의 가축도 알아봐서 골목에서 모이를 쪼고 있는 닭을 주인집으로 쫓아 보내곤 했다. 그런 점은 전통적 공동체에서는 비인간 생명체들과도 상당히 긴밀한 사회적 관계가 형성되어 있었음을 말해준다. 반면에 오늘날 도시 골목에서 형성된 긴밀한 '사회적' 관계는 인간들 사이보다는 인간과 반려동물 사이, 특히 반려동물들 사이에서 더 쉽게 찾아볼 수 있다. 개가 전봇대 밑동에 코를 갖다 대고 다른 개들의 냄새 흔적을 맡으면 주인은 비로소 발걸음을 멈춘다. 사람들 간의

점 때문이기도 하지만, 양쪽에 들어선 다가구나 다세대주택들이 금융자산으로 변신하여 그 사용가치—거주—보다는 교환가치—시세—의 등락이 더 큰 관심사가 되었기 때문이기도 할 것이다.

그런 점 때문일까, 오늘날 사람들은 골목에 있어도 거기 있지 않은 경우가 많아졌다. 자크 라캉에 따르면 "나는 내가 있지 않은 곳에서 생각한다. 따라서 나는 내가 생각하지 않는 곳에 있다"(Lacan, 1989: 126). 여기서 문제가 되는 것은 생각 또는 의식과 존재 간의 **불일치**다. 무의식은 내가 생각하는 의식 공간과는 다른 곳에 있고, 무의식의 생각이 더 결정적이기 때문에 나는 내가 있다고 생각하는 곳에 있기보다는 내가 있지 않은 곳 즉 무의식의 장소에서 '정말로' 생각하는 셈이 된다. 오늘날의 골목 생활, 도시 골목에서 '사는' 사람들의 처지도 이와 비슷하다. 의식하는 내가 있는 곳을 실제로 지배하는 것이 무의식이라면, 나는 내가 있다고 의식하는 그곳에 사실상 있지 않은 셈이다. 나아가서 사람들은 그들이 있는 그곳에 정작 있지 않은 셈이기도 하다. 위에서 오늘날 골목에서는 일종의 '공백'이 생긴다고 말했는데, 그것은 사람들이 골목에서 살면서도 골목에서 살지 않게 되는, 삶의 최근 방식이 보여주는 한 특징에 해당한다.

이와 관련하여 참조할 수 있는 것이 라캉이 말한 **외밀함**(extimité)이리는 개념이다. '외밀함'은 외재성과 심리적 내면성 또는 내밀함에 대한 전통적인 심리학적 구분을 무너뜨린다.

> 외밀함은 심리의 외부와 가장 내부, 외면적인 것과 가장 내면적인 것, 주체의 외부 세계와 내부 세계, 문화와 개인의 속마음, 사회적인 것과 정신적인 것,

---

인사도 개들 간의 인사가 먼저 이루어져야만 가능하다. 서로 만난 개들끼리 인사를 나누면, 사람들과 개들 간에 인사가 오가고, 사람들끼리 서로 아는 체하는 것은 그다음의 일이다. 인간들 사이보다는 동물들 사이에서 사회적 관계가 더 돈독하게 형성되고 있는 것이다.

표면과 깊이, 행동과 사유 또는 감정 등 두 항 간의 비-구분과 근본적 동질성을 가리킨다. 외부성-내부성이라는 모든 이원성 표현들은 외-부성과 내-밀함을 바로 결합하고, 두 영역의 상호 침투와 상호 변형을 분명히 말해주는 '외밀함'의 개념으로 가설적으로 대체될 수 있다. 이들 영역은 더 이상 관습적 심리학에서 의미하던 것이 아니다. 그 영역들은 실제로 사라진다. 외부성은 차라리 내밀함이지만, 외부성으로서의 내밀함은 더 이상 내밀함인 것도 외부성인 것도 아닌 차라리 어떤 외밀함이다(Pavón-Cuéllar, 2014: 661).

오늘날 골목은 외밀한 공간이 되었다. 여전히 골목과 그 안의 주택들에서 사람들이 살고는 있지만, 거기서 '거주하는' 경우는 드물다. 전철 안에서 스마트폰 화면에 빠져든 사람들만큼이나 흔해진, 골목에서 휴대전화를 하며 걸어가는 사람을 생각해보자. 특히 무선 이어폰을 귀에 꽂고 혼자 웃고 떠들며 가는 사람은 영락없이 '정신 나간' 모습이다. 미친 사람의 특징은 자신의 가장 내밀한 곳이 이미 외부가 되었다는 것, 정신을 호출당해 더 이상 그 자신이 아니라는 것, 자신이 있는 그곳에 있지 않다는 것 등에서 찾아진다. 골목에서 그런 모습으로 통화하는 사람은 더 이상 자신이 있는 곳에 속해 있지 않다. 그런 식으로는 그는 신체적으로 가장 가까운 골목 안 사람들과 가장 무관해진 꼴이기 때문이다. 그때 그의 관심과 존재는 멀리 떨어진 어떤 외부에 더 속한 셈이 된다. 안에 있으면서도 안에 있지 않은 그런 사람들이 늘어난 골목은 '공백의 공간'에 속한다. '공백'은 이때 골목이 물리적으로 비어있음을 가리키기보다는 지나다니는 행인들과 차량들, 가게들과 거기 진열된 상품들, 건물 브랜드 표지판들 등으로 인해 골목이 이전보다 훨씬 더 붐비게 된 결과 오히려 더 강화된 어떤 **공허함**이다. 이웃 주민의 부재, 거주의 어려움 또는 불가능성의 강화와 함께 골목의 '여기'는 더 이상 여기가 아니게 되고 그것의 전통적 내밀성—이웃들끼리 지지고 볶고 섞여 살게 하는 마당으로서의 그 성격을 포함한—은 이제 대부분 상품의 형태의 **유입물들**로 대체되었다고 할 수 있다. 골목의 공백은 그런 점에서 그것이 외밀한 공간이 되었다는 표지에 해당한다.

그런 공백 또는 외밀함은 골목에서만 나타나는 것도 아니다. 특히 인터넷 서핑의 보편화로 인해 사람들은 일상적으로 신체가 있는 곳에 있지 않게 되는 일이 많아졌다. 인터넷과 접속한 순간 그들은 자신들이 있지 않은 먼 곳으로 마음대로 '갈' 수 있고, 그러면 자신들이 있는 곳은 공백의 공간으로 바뀌게 된다. 각자 스마트폰 화면을 응시하며 정신이 팔린 연인들은 바로 앞의 애인과는 혹시 가상 세계에서는 접속할는지 몰라도 서로 전혀 다른 세상에 속한 셈인 것이며, 그 순간 데이트 장소는 공백의 공간, 비-장소일 뿐이다. 인터넷 접속은 재택근무—코로나 대유행 덕분에 정규 노동 형태에 속하게 될 것으로 예상되는—를 가능케 만들기도 하지만, 전통적으로 자본의 순환으로부터 가장 자유롭던 가정의 공간적 공백을 더 심화할 공산이 크다.

공백은 공간적인 현상인 것만도 아니다. 지금 아닌 시간, 특히 미래 시간에 의해 사람들이 호출당하는 정도가 최근에 유례없는 심화를 겪었다. 골목의 공백과 마찬가지로 이것 역시 금융화와 함께 일어난 변화다. 저층 주거지가 빌라촌으로 대거 새로 개발되는 과정에 거리가 된 골목이 '외밀함'을 띠게 된 것과 조응하여, 사람들의 시간 사용 방식도 공백 메커니즘에 의해 크게 지배되고 있다. **시간의 공백** 현상은 무엇보다도 금융화의 심화 속에 사람들이 대거 채무자가 된 것과 긴밀하게 관련된다.[228] 가계부채의

228_ 채무자의 다수는 투자자이기도 하다. 자기 노동력을 판매해 임금을 취득한 노동자가 투자자가 되는 것은 그들의 투자금이 대체로 대출금이라는 점에서 동시에 채무자가 되는 것이며, 이것은 노동자가 자본의 순환에 포획되는 셈이 된다. 문제는 노동자계급이 대거 투자자로 전환되면 그들의 정치적 실천이 반계급적인 것이 된다는 데 있다. 차입자금으로 주식이나 펀드 투자에 나서는 노동자들은 주택담보대출로 부동산 보유자가 된 노동자들과 마찬가지로 자본주의 체제의 재생산을 위한 정책을 지지할 공산이 크다. 한국의 노동자계급이 진보정당을 지지하는 경우가 많지 않은 것은 진보세력의 정치적 조직화가 제대로 되지 못한 점 이외에, 노동자계급이 채무자-투자자로 대거 전환되어 자본의 논

그치지 않는 증가가 말해주듯이 지금 빚진 상태에 놓인 사람들이 수없이 많다. 빚을 진다는 것은 **현재 시간을 저당 잡힌다**는 것이다. 노동으로 수입을 마련할 수 있는 사람들에게 부채란 미래 노동을 담보로 차입한 금액에 해당하며, 그런 점에서 그것은 그들의 "미래 노동에 대한 청구"로 작용하게 된다. 빚을 지게 되면 허둥지둥 살아야 하는 것은 "부채를 갚기 위해" 더 많은 "노동을 해야 하기"(Harvey, 2018b) 때문이다. 하지만 그렇게 노동하는 시간은 채무자에게는 자신의 현재 삶을 위한 시간에서는 지워진 것과 다르지 않다. 이것은, 사람들이 주택담보대출이나 등록금대출, 자동차담보대출 등의 빚을 내는 것이 거주와 교육, 교통이라는 현재적 삶의 필요를 충족하기 위함임을 생각하면, 허망한 일인 셈이다. 그러나 어쨌건 빚진 상태가 되면 채무자의 현재는 '공백의 시간'으로 바뀌고 만다. 이런 과정은 골목이 공백의 공간이 되는 것과 별로 다르지 않다. 골목의 공백이 외부가 내부로 침투해 들어와서 내부의 충일함이 사라지듯이, 현재시간의 공백은 미래가 현재로 파고들어 와 현재의 충일함이 제거된 상태를 가리킨다.

이런 상황은 **미래할인**의 관행의 확산으로 강화된 측면이 크다. '미래할인'은 **양의 시간에 대한 선호**에 따라 미래가치를 현재가치보다 낮게 평가하는 관행이다. '양의 시간 선호'는 사람들이 먼 미래에 주어질 혜택보다는 당장 지금의 필요 충족을 선호하는 경향으로, 부채에 대한 이자율 적용의 논거로 작용해왔다. 오이겐 폰 뵘-바베르크나 어빙 피셔 등 신고전주의 경제학자들은 이자란 잉여가치의 일부, 따라서 자본가가 노동자로부터 착취한 부불노동으로 증식된 가치 일부라는 맑스의 이론에 맞서서, 이자는 어떤 가치를 당장 즉 근시안적으로 쓰지 않고 절약한 것에 대한 보상이며 착취와는 무관하다는 논지를 펼친 바 있다(강내희, 2014: 319-20). 두 사람은 '양의 시간 선호' 개념을 동원해서 이자 수취의 정당성을 주장한 셈이다.

리에 깊숙이 포획된 점 때문이기도 하다고 여겨진다.

그런 논리에 의해 허용된 미래할인의 관행은 제2차 세계대전 이후 케인스주의를 통해 일정하게 통제되다가 1970년대 이후 신자유주의적 금융화가 새로운 자본주의적 축적체제를 주도하게 된 뒤로 아무런 도전도 받지 않는 상식으로 자리 잡는다. 1990년대 말 이후 가계부채의 규모가 급증한 데서 볼 수 있듯이 한국에서도 이자율을 적용하는 미래할인의 관행이 대중의 일상생활을 지배할 만큼 널리 확산했다. 금융 자유화와 함께 갈수록 사람들이 주택이나 자동차, 냉장고 등의 고가 상품의 구매를 위해 대거 부채에 의존하게 된 것이다. 사람들이 부채에 의존하는 것은 현재의 필요를 충족하기 위함이지만, 부채를 많이 지면 질수록 **미래 노동에 대한 약속**에 얽매이게 되고, 그에 따라 현재시간이 소멸하는 상황에 놓이게 된다. 현재의 만족을 위해 부채를 많이 안게 될수록 그 만족을 누릴 현재시간은 오히려 고갈되는 것이 이때의 아이러니다.

금융화 시대에 사람들이 격심한 **시간기근**을 겪고 있는 것도 그런 점과 무관하지 않다.[229] 시간기근은 **빚진 존재**이기도 한 투자자 주체가 미래에 상환해야 할 부채를 갚기 위해 현재시간을 고갈시켜 생긴 현상이다. 미래시간에 의해 호출당하면 당할수록 현재시간은 더 비워진다. 미래로부터 온 시간이 넘쳐날수록 지금의 시간이 없어지는 이 상황은 외부의 유입물들이 넘쳐날수록 공백 상태가 심화하는 여기 이곳의 공간적 상황과 닮은꼴이다. 공백은 이때 시간과 공간이 중첩된 시공간적 성격을 띠게 된다. 시간기근에 쪼들리면 사람들은 자신들이 처한 공간에 온전하게 있기 어렵고, 이런 점은 시간의 현재와 공간의 내부가 끊임없이 미래와 외부에 소환되게끔 함으로써 **시공간적 외밀함**의 상태를 만들어낸다고 볼 수 있다. 이 외밀함

229_ 빌라촌 골목에 반찬가게가 생겨난 것이나 편의점에서 도시락을 팔기 시작한 것은 주택가의 주민들 가운데 시간기근을 겪고 있는 사람들이 늘었다는 한 징후다. 이것은 최근에 1인 가구가 늘어나고 '정상' 4인 가족도 맞벌이 부부가 늘어나면서 직접 조리해서 식사할 수 없는 사람들이 많아졌다는 것을 말해준다.

은 '지금 여기'가 '거기 나중'에 지배되어 전자의 내용이 흐트러진 상황이기도 하다. 이리하여 사람들은 여기서 여기 아닌 공간의 지배를 받고, 지금 아닌 시간의 지배를 지금 받게 된다.

시간기근과 '공백' 현상은 골목의 속도 증가, 즉 자본의 순환에 포획된 골목이 유통 공간으로 바뀌며 거기서 일어나는 물질대사가 가속된 것과 연결된 현상으로서, 붐빔과 분주함의 분위기를 동반한다. 이 변화는 골목이 자본의 유통과정에 깊숙이 편입되었음을 말해주고 있다. 기본적으로 **사용가치의 소비**를 위한 공간으로 작동하던 시기와는 달리, 서울의 도시 골목들은 이제 교환가치를 교환하는 공간으로서의 성격이 강해졌고, 이로 인해 자본의 운동 가운데서도 특히 **가치의 실현**과 긴밀하게 연결되었다. 골목이 상점들이 즐비한 거리처럼 바뀐 것도 이제는 거주민들의 삶과 교류가 펼쳐지는 생활공간 또는 마당보다는 상품들이 판매되는 시장이나, 행인들과 상품들과 차량들의 통로라는 성격이 더 강해진 결과다. 골목의 이런 변화가 생긴 것은 물론 그것이 이제 다가구나 다세대 주택들이 밀집한 저층 주택가에서 새로운 기능을 맡게 된 것과 무관하지 않다. 골목 안 빌라들은 아파트의 수준에는 미치지 못하나 금융화 이전의 주택들과는 질적으로 다른 금융자산으로서의 성격을 강하게 띠고 있고, 빌라촌에서도 사람들은 현재적 삶의 필요를 위해 빚을 내며 살아가야 하는 삶의 방식, 즉 부채경제에 익숙해 있다.[230] 오늘날 주로 빌라촌에 형성되어 있는 서울의 도시 골목에서 시공간적 외밀함이 삶의 지배적 모습이 된 것도 그런 점과 무관하지 않다. 금융화 과정에서 사람들이 갈수록 빚진 존재가 되고, 개인과 가계의 차입금으로 조성된 빌라촌 골목이 갈수록 유통 공간으로 작용함에

230_ 노동하는 가난한 사람들이 오늘날처럼 엄청난 규모의 부채를 짊어지게 된 것은 역사적으로 유례가 없는 일이다. 노동자의 주된 수입원은 임금이기 때문에 자기의 임금으로 감당할 수 없는 규모의 부채를 노동자가 지는 것은 노동자의 수입과 소비가 금융제도와 연결되어야만 가능하다. 라파비차스가 말하고 있듯이, 자본주의 역사에서 그것을 가능케 한 것은 개인과 가계가 공식 금융제도로부터 융통을 하게 만든 금융화였다.

따라 시공간적 공백이 빌라촌을 지배하게 되었다고 할 수 있다. 이런 점은 도시 골목의 형태 변화도 자본의 운동에 크게 좌우됨을 말해준다.

6. 인류세와 도시 골목

최근의 골목 형태 변화는 인류세의 도래와도 무관하지 않다. 인류세가 도래한 근본적 원인은 "인간과 토지 사이의 **물질대사의 교란**"(맑스, 2015a: 682. 강조 추가)에서 찾을 수 있으며, 이 교란은 자본의 **악무한적 순환**에 따른 결과다. 지질 시대로서 인류세가 시작한 시점이 '대가속(great acceleration)' 이 일어난 대략 1950년대 초라는 사실도 그런 점을 말해준다. **대가속**은 이산화탄소·이산화질소·메탄의 농도나 지표면 온도, 경작지 규모 등이 급격하게 증가하고 상승해 지구 시스템의 자연환경이 급격하게 변화한 현상이다.

대가속과 자본의 악무한적 순환 간에 긴밀한 관계가 있다는 것은 대가속이 일어나기 시작한 20세기 중엽부터 자본의 성장이 급격하게 이루어졌다는 사실로 입증된다. 앞서 본 것처럼, 세계의 GDP는 1960년에 1조3천700억달러이던 것이 2019년에는 87조8천억달러로 64.1배나 성장하고, 한국의 GDP는 39.58억달러에서 1조6천470억달러로 무려 416.1배나 성장했다. 이와 관련해서 눈여겨볼 점은 산업혁명과 함께 자본주의적 생산이 본격화된 18세기 중엽 이후 세계 GDP가 1조달러 규모에 이르는 데 200년 이상의 시간이 걸렸다면,[231] 1960년 이후에는 1조달러가 더 늘어나는 데 걸리는 햇수가 급

231_ 앵거스 매디슨에 의하면, 1820년 세계 경제의 상품 및 서비스 총산출이 6천940억달러였고, 이 금액은 1913년에 2.7조달러, 1950년에 5.3조달러, 1973년에 16조달러, 2003년에 약 41조달러에 이르게 된다(하비, 2012: 45). 단 이 수치는 1990년 불변달러로 계산한 것이다. 여기서 내가 참고한 통계는 세계은행의 것이며, 그것에 따르면 1960년의 세계 GDP는 1.37조달러였다. 이것을 기준으로 보면 세계 GDP가 1조달러 규모에 이르는 데에는 200년이 훨씬 더 걸렸을 것으로 추정하는 것이 가능하다.

그림 3 사회경제적 추세

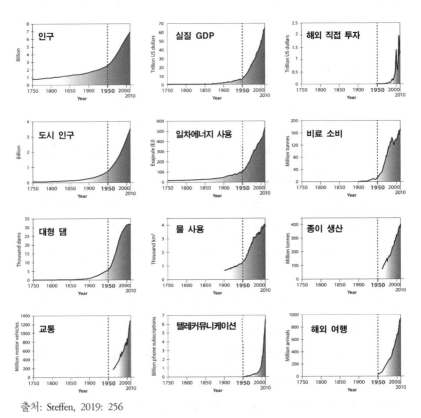

출처: Steffen, 2019: 256

속도로 짧아지고, 1990년대부터는 1년도 채 걸리지 않게 된다는 것이다. 이것은 자본이 복률로 성장해서 생긴 효과로서, 20세기 중엽에 지구의 행성 체계에 대가속 시기 즉 인류세가 시작된 것과 궤를 함께한다. 지질학적 인류세의 형성은 "인간의 행위가 너무나 만연하고 엄청나서 자연의 위대한 힘과 맞먹게" 된 것의 결과다. 최근에 지구의 행성 체계와 상태를 연구한 과학자들에 따르면, 그로 인해 지구의 상태는 '미지의 세계'로 들어가게 되었다. "지구가 생물학적으로 덜 다양하고, 숲이 덜 울창하고, 훨씬 더 더우며, 어쩌면 더 습하고 더 험악한 상태"가 되는 것이다(Steffen et al., 2011: 614). 사실

그림 4 지구 시스템 추세

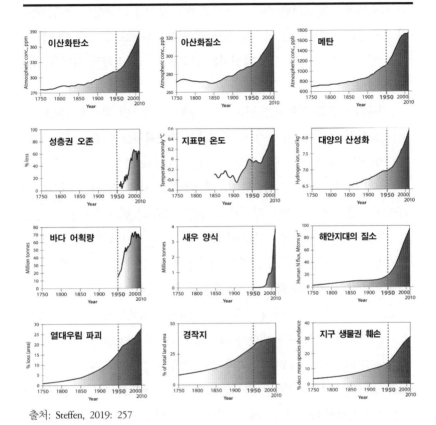

출처: Steffen, 2019: 257

이 세계는 이제 더 이상 미지의 세계가 아니다. 그것은 기후 위기나 신종질병—에볼라, 사스, 메르스, 코비드 19 등—의 대유행과 함께 이미 우리 눈앞에 있다. 문제는 그런 위기의 원인을 규명하고 해결 방안을 찾는 것이다. 인류세가 도래한 것은 인간의 행위 때문이라며 그 책임을 인류 전체에게 지우려는, 그래서 어떤 세력이 책임을 져야 하는지 따지지 못하게 하려는 시도도 있다. 하지만 그렇게 하는 것은 인류세의 도래에 핵심적으로 작용했다고 봐야 하는 지구상의 자연적 사회적 물질대사를 주도한 것이 자본주의적 생산이라는 점을 외면하고, 인류 멸망의 범죄를 저지르는 자본가계급에게 면죄부를 주는 일일 것이다. 20세기 중반 이후에 자본의 운동이 훨씬 더 강력해지지 않았다면 인류세는 도래하지 않았을 가능성이 크다. 하지만 지구상의 물질대사는 자본의 강력한 나선형 운동으로 인해 거대한 교란을 일으키게 되었고, 지구 행성에는 위험천만한 지질학적 시대가 열리고 말았다.

인류의 생존을 위협하는 인류세의 도래는 그렇다면 최근에 일어난 서울의 도시적 형태 변화, 특히 도시 **골목의 직선화**와는 어떤 관련이 있는 것인가? 인류세 현상은 산업 발전과 함께 화석연료 연소가 증가하면서 온실가스의 대기 중 농도가 상승하며 기후 이상 등 지구 시스템에 격변이 생겨났다는 경고에 해당한다. 온실가스 가운데 기후의 변화에 가장 큰 영향을 미치는 것으로 알려진 이산화탄소(CO_2)의 경우 지난 80만년 동안 대기 중 농도가 연평균 300ppm을 초과한 적이 한 번도 없었으나, 최근에는 급격하게 상승하여 2018년에는 경악할 수준인 407.8ppm으로 치솟았다(Lindsey, 2020.2.20.). 오스트레일리아와 미국 캘리포니아 등지에서 빈발하는 대형화재, 세계 전역에서의 태풍 빈발과 그 규모 증대, 한국의 열대야 현상과 게릴라성 폭우의 빈발, (초)미세먼지의 증가 등 갈수록 심각해지고 있는 이상 기후 또는 환경 악화 현상은 **화석연료**의 과다 사용으로 이산화탄소를 포함한 온실가스의 배출량이 급증한 결과다. CO_2의 농도가 위험한 수준으로 올라간 것은 도시의 물리적 형태가 변한 것과도 무관하지 않다. 이 변화를 주도한 것은 건조환경의 대대적 구축으로서, 여기에는 CO_2를 발생시키는 **시멘트**가 주원료인 콘크리트가 대량으로 사용된다. 도로, 하수도, 교량, 건물 등 도시의 물리적 시설들을 건설하려면 대량의 콘크리트가 소요된다는 점에서 다양한 건조환경의 구축으로 이루어지는 **도시화**는 온실가스 농도 변화 등으로 촉발되는 인류세의 도래를 촉진하는 주요 원인이라고 할 수 있다. 서울의 생김새를 바꿔내며 최근에 집중적으로 진행된 수직적 도시화도 같은 맥락에서 봐야 한다. 그것이 인류세와 결코 무관할 수 없는 것은 그것 또한 엄청난 양의 시멘트 사용을 통해 이루어져야 하기 때문이다.

서울의 골목들이 최근에 새로운 형태로 바뀐 것, 저층 건물들이 밀집한 빌라촌이 최근에 집중적으로 조성된 것도 인류세의 도래와 무관하지 않다. 빌라촌의 건물들은 요즘 기준으로는 고층이라 할 수는 없지만 대개 4~6층은 되기 때문에 주로 단층이던 과거의 주택 건물들에 비하면 상당히 높은 축에 속하며, 수직적 도시화를 주도한 아파트들과 고층 건물들과 마찬가지로 CO_2를 발생시키는 **시멘트**를 주원료로 하여 건립된다. 빌라촌을 보면 건물들 사이에 녹지대나 공지가 형성되어 있는 아파트단지와는 달리 건물들이 다닥다닥 붙어있는 경우가 많다.[232] 대개 10가구 안팎을 수용하고 있어서 하나하나가 조그만 마을 규모를 이루는 빌라 건물들이 밀집한 빌라촌이 조성되는 데에도 아파트단지가 조성되는 데 필요한 만큼의 시멘트가 들어가야 할 것이다. 이런 점은 최근의 빌라촌 조성과 골목의 형태 변화가 서울의 수직적 도시화를 주도한 아파트단지 조성과 마찬가지로 서울에서 진행된 새로운 도시화의 일환으로서 인류세의 도래에 작용했을 것임을 말해준다.

대기속을 촉진한 온실가스 배출에 결정적인 역할을 한 것은 사실 시멘트보다는 석탄과 서유, 천연가스, 셰일가스 등 **화석연료**의 사용이다. 세계적으로 시멘트로 인한 CO_2 배출량이 전체의 8%라면, 화석연료 연소로 배출되는 것은 약 85%에 이른다(Erickson and Lazarus, 2013). 화석연료의 사용도 골목의 형태 변화와 관련되어 있다. 철근콘크리트 구조의 새로운 건물들로 형성된 빌라촌에 직선화된 골목들이 배치되고 나면, 화석연료의 사용량이 필연적으로 증가하게 된다. 빌라 건물 1층의 필로티 구조와 직선화된 골목의 연동으로 휘발유나 디젤유를 소비하는 자동차 대수가 증가하고, 건물

232_ 빌라촌의 인구밀도가 아파트단지보다 그리 낮지 않은 것도 이 맥락에서 고려해야 할 점이다. 은평구의 경우 상대적으로 빌라촌이 많은 지역인데, 인구밀도가 1만6천 정도로서 아파트단지가 많은 강남구나 서초구, 송파구에 비해 인구밀도가 전혀 낮지 않다.

내부에서도 천연가스나 석탄 등을 에너지원으로 하는 조리·냉장·세탁·건조·냉방·보온 용도의 가전제품들이 늘어나는 것이다. 빌라촌 골목이 거리가 되어 상품자본의 유통영역으로 준시장이 된 점도 무시할 수 없다. 이제 시장처럼 바뀐 골목 곳곳에는 상품들이 진열되어 있고, 그것들은 주로 화석연료를 사용해 만든 생산물이다. 이제는 주택가 내부까지 상품의 유통영역으로 만든 이런 변화는 골목의 형태 변화와 궤를 함께하며, 인류세의 도래에도 이바지했다고 볼 수 있다. 오늘날은 빌라촌 주민들도 삶의 방식이 반생태적이기로는 아파트단지 거주자들과 크게 다르지 않다. 한 조사에 따르면 세계 온실가스 방출량의 72%가 가계 소비로 인해 형성된다고 한다.[233]

도시 골목이 인류세적 상황에 얼마나 깊이 포획되었는가는 자연환경이 어떤 몰골로 바뀌었는지 봐도 알 수 있다. 빌라촌의 골목들이 이제 상당히 넓고 쭉 뻗은 모습이 된 것은 옛 주택들이 철거되면서 담이 사라진 것과 무관하지 않다. **담장의 제거**는 자동차의 통행은 수월하게 만들었을지라도, 그 안의 **마당**을 없애는 효과도 함께 가져왔다. 빌라촌으로 변하기 전 저층 주거지의 단독주택 마당에는 키 큰 유실수와 정원수가 심겨있는 경우가 많았다. 한여름에도 주택가 골목이 그래도 시원했던 것은, 그런 나무들이 담장 밖으로 가지를 뻗쳐 그늘을 만들어내곤 했기 때문이다. 그러나 오늘날 빌라촌에는 군데군데 녹지대가 형성된 아파트단지와는 달리, 식목할 공간이 사실상 없다. 거기서 초목이 생명을 유지할 수 있는 공간은 건물 외

233_ 세계적 차원에서 보면 온실가스 방출량의 "72%는 가계소비와 관계가 있고, 10%는 정부소비(세계 GDP의 16%), 그리고 18%는 투자(세계 GDP의 21%)와 관계가 있다. 영양 공급이 가장 중요한 소비 범주이며, 그중 식량이 온실가스 방출의 근 20%를 차지한다. …주택의 운영과 관리에 해당하는 '주거'는 방출량의 19%를 야기하고 그 대부분이 건물에 의한 직접적 에너지 소비와 관계가 있다"(Hertwich and Peters, 2009: 6417; Dubois et. al., 2019: 145). 단, 이런 이유로 개인들과 가계에 인류세의 도래 책임을 전가하는 것은 곤란하다. 사람들이 소비를 하고 있기는 하지만 그것들을 생산해 이윤을 취하는 것은 기업이기 때문이다.

곽에 겨우 남은 자투리땅뿐이다. 이 결과 서울의 하층계급 주민은 그들의 주거지에서 도시 공제선과 마찬가지로 **나무와 풀**을 접하는 것도 어려워졌다. 여름철 '열섬', '열대야' 현상이 저층 주거시일수록 더 극성을 부리는 것도 그런 점과 무관하지 않다. 지구 온난화의 일반적 현상에 속하기는 해도, 빌라촌의 열대야가 유독 심한 것은 그래도 낮 동안에 골목과 건물이 열기로 달궈지는 것을 완화해줄 녹지가 절대적으로 부족하기 때문이기도 하다. 빌라촌의 주민 가운데는 그들의 옛 주거지에 젠트리

빌라 건물 모퉁이에 겨우 자리 잡은 수목
(사진-필자)

피케이션이 진행되어 축출된 사람들이 적지 않을 것이다. 그런 사람들에게 빌라는 이전의 단독주택 셋방보다는 상당히 개선된 주거환경을 제공한다고 할 수 있다. 하지만 빌라촌 전반의 **자연환경**은 이전의 단독주택 밀집 주거지 시절과 비교하면 훨씬 더 열악해진 편이다.

이전에 달동네에서 살았을 수도 있는 사람들이 빌라촌에 거주할 수 있게 된 것은 그들도 아파트 입주자들처럼 주택담보대출을 받을 수 있게 해준 금융화의 덕분이라 할 수 있다. 하지만 그로 인해 적잖은 **가계부채**를 짊어지게 되었다면, 그들의 삶이 꼭 개선되기만 했다고 하기는 어렵다. 가난한 사람들이 판자촌이나 다른 빈촌에서 빌라촌으로 옮겨 살게 되었다고 해서 그들의 빈곤이 사라지는 것도 아니다. 골목이 더 넓어지긴 했지만, 건

물들이 서로 다닥다닥 붙어있는 빌라촌과 건물들이 널찍널찍하게 자리한 아파트단지의 주거환경 차이는 부동산 가격이 계속 오르는 아파트와 시간이 지나도 가격이 별로 오르지 않는 빌라 간 **불평등의 간극**을 그대로 보여준다.

오늘날 서울에서 골목들이 밀집한 저층 주거지에 거주하는 사람들이 열악한 환경을 견뎌야 하는 것은 인류세의 도래로 지구 생태계가 악화한 것의 후유증이기도 하지만, 거기서 영위되는 삶의 방식이 인류세를 도래시킨 대가속을 강화하는 측면도 없지 않다. 사람들은 빌라에서 살아도 인류세 상황을 악화시키는 삶의 방식에서 벗어나기 어렵다. 오늘날 서울의 주택가는 폐기물의 대량생산 현장이나 다를 바 없다. 일반 쓰레기, 음식물 쓰레기, 재활용품, 대형폐기물 등으로 분류해서 골목마다 내놓는 쓰레기양이 정말 많은 것이 예컨대 내가 어릴 적 살던 고향마을의 모습과는 너무나 대비된다. 과거 농촌에서는 "인간이 식품과 의복의 형태로 소비한 토지 성분들을 토지로 복귀시키지 않고"(맑스, 2015a: 682) 사는 일이 거의 없었다. 반면에 오늘날 특히 도시에서는 우리가 섭취하는 음식물을 제외하면 토지 성분들 대부분이 폐기물로 배출된다.[234]

7. 결론

서울의 생김새가 바뀌면서 사람들의 친근한 생활공간인 도시 골목의 형태도 바뀌었다. 이 변화는 사회적 자연적 물질대사가 최근에 서울에서 새롭게 진행된 결과라 할 수 있다. 인간과 자연 사이의 물질대사는 인간의

---

[234] 엄밀하게 말하면 도시에서는 몸속에 섭취된 음식물의 찌꺼기도 폐기물로 버려진다. 사람들이 대부분 직접 생산자로 살던 과거의 농촌에서는 똥오줌도 모두 소중하게 모아서 거름으로 만들어 썼다. 반성해보자면, 내가 하루에 배출하는 폐기물이 내 할머니가 평생 배출한 것보다 훨씬 더 많지 않을까 싶다.

노동을 통해 "각각의 특정한 사회적 형태와는 무관하게" 일어나지만, 자본주의적 생산양식이 지배하게 되면 **노동의 성격 변화**가 일어나는 것에 의해 중대한 영향을 받게 된다. 노동은 한편으로는 인간이 지구상에서 생존하기 위해 모든 생명체가 보편적으로 행하는, "자기 자신의 행위에 의해 자신과 자연 사이의 물질대사를 매개하고 규제하며 통제하는 과정"(맑스, 2015a: 237. 번역 수정)이다. 그런 것으로서 노동은 **유용한 구체적 노동**이며, 인간이 생명 유지를 위해 필요로 하는 사용가치를 생산한다. 하지만 다른 한편으로 노동은 자본주의적 생산양식에서는 사용가치를 형성하는 구체적 노동만이 아니라 가치를 형성하는 **추상노동**이기도 하다.[235] 추상노동은 구체노동과는 달리 상이한 노동생산물들에 사회적 실체로서 공통으로 들어 있는 인간노동이다. 이 노동에 의한 생산물들은 사용가치만이 아니라 가치로서도 여겨지며, 그 생산에 들어간 사회적으로 필요한 노동량의 비율에 따라 생산자들 사이에 교환되는 상품이 된다. 자본주의적 생산양식이 지배하는 사회에서 사회적 자연적 물질대사가 기본적으로 자본의 운동에 지배받게 되는 것은 거기서는 노동이 추상노동의 성격도 갖기 때문이다. 추상노동에 의해 생산된 생산물은 **가치의 현상형태로서 상품**이 된다. 추상노동은 임금노동의 형태를 띠며, 임금노동이 지배적인 노동 형태가 됨에 따라 "상품생산은 생산의 일반적 형태"(맑스, 2015b: 43)가 되었다고 할 수 있다. 오늘날 거대한 건조환경이 조성된 것도 추상노동, 임금노동이 지배적인 노동 형태가 된 것과 무관하지 않다. 임금노동이 지배할수록 가치생산의 규모가 거대해지며, 그에 따라 생산된 상품 더미도 거대해진다. 상품은 가치의 현상형태들—생산수단과 노동력, 상품, 가격, 화폐, 이윤 등—가운데 **물**

235_ "한편으로 모든 노동은 생리학적 의미에서 인간노동력의 지출이며, 이 동등한 또는 추상적인 인간노동이라는 속성에서 상품의 가치를 형성한다. 다른 한편으로 노동은 특수한 합목적적 형태로 인간노동력을 지출하는 것이며, 이런 구체적 유용노동이라는 속성에서 사용가치를 생산한다"(맑스, 2015a: 58).

리적이고 소재적인 성격이 가장 강하다. 이것은 상품은 상품체로서도 존재한다는 말로서, 그 규모가 가공하리만치 거대해진 것은 1960년과 2019년 사이에 한국의 GDP가 412배나 증가한 데서 보듯이 그동안 엄청난 자본축적이 이루어진 결과다. 상품 더미의 거대함은 상품이 "구체적 형상을 띠고 있는…가치체"(맑스, 2015a: 65)이고, 가치는 "유령 같은 대상성"을 지녀 거기에 "티끌만큼의 물질도 들어있지 않"(맑스: 47, 59. 번역 수정)은 탓에 **악무한적 증식**을 이룰 수 있기 때문이다. 오늘날 도시화가 거대한 건조환경의 구축과 함께 진행되는 것도 그런 점과 무관하지 않다. 건조환경도 물리적이고 소재적인 상품체로서 구성되며, 가치의 생산과 실현이 상품의 생산과 유통, 판매 등의 형태로 이루어지는 한, 자본 운동의 크기에 비례하여 커지게 된다. 서울의 새로운 도시적 형태가 형성된 것은 그런 점에서 자본의 축적 운동에 따라 건조환경이 비대해진 결과라고 할 수 있다.

서울에 빌라촌이 형성되고 골목의 모습이 바뀐 데서 볼 수 있듯이 새로운 건조환경이 조성된 것은 최근에 자본의 **금융화**가 진행됨으로써 공간의 생산에서 변동이 생기고 도시적 형태가 새롭게 형성된 사례에 속한다. 자본의 축적이 주로 **실물경제와 자산시장, 산업자본과 금융자본의 괴리**를 바탕으로 이루어지는 것이 금융화다. 금융화의 국면에서는 치부가, 산업자본에서 진행되는 가치 및 잉여가치의 생산과 실현에 의한 이윤의 획득보다는 자산시장의 가격 상승에 의한 **자본이득의 취득**을 통해 주로 이루어진다.[236] 2020년의 코로나 사태로 인한 실물경제의 불황에도 불구하고 부

236_ "1979년과 2004년 사이에 미국의 [상위] 1%는 부에서 수익―이자, 배당금, 지대, 자본이득―이 차지하는 몫을 국가 전체의 38%에서 58%로 올렸다. 이 부 가운데 공장을 지어 노동을 고용하고 재화와 서비스를 생산해 이윤을 남기고 파는 식으로 산업적으로 창조된 것은 거의 없다. 투자자들은 당기순이익이 아니라 주로 자본이득의 형태로 '총수익'을 추구했다. 정부는 자본이득에 대해 임금과 이윤에 대해 징수되는 것의 일부 비율로만 과세해 이것을 부추긴다. 그리하여 금융 간접비의 엄청난 과도 성장이 '실질' 경제성장과는 크게 독립해 있다. 그 결과는 환경오염이 지구온난화를 일으키는데도 부동산과 다른 자산 가격을 올리기 위해 새로운 신용 확대가 이루어져 버블경제를 '가열'하는 것이다"

동산 가격과 주가의 급상승이 일어난 것이 그런 점을 잘 보여주고 있다. 서울의 도시 골목이 새로운 모습을 갖게 된 것도 최근에 자본의 금융화가 진행되면서 **자산 가격의 상승**에 의한 자본이득의 획득이 주된 치부 수단이 된 것과 무관하지 않다. 자산시장에서 가장 중요한 몫을 차지하는 것이 부동산이다.[237] 부동산은 실물자산으로서, 그에 대한 투자가 이루어지려면 먼저 조성될 필요가 있다. 이 과정에서 금융자본이 동원되어 산업자본 순환의 두 지점 즉 순환의 출발점과 종결점에서 개입하게 된다. "동일한 금융업자가 대단위 주택사업을 하도록 개발업자에게 대출하고 그다음 주택을 구매하도록 구매자들에게 대출해 주택시장을 지켜낼 수 있다." 이것은 금융제도에 의해 주택시장의 공급과 수요가 활성화된다는 말과 같다. 하지만 그에 따라 부동산시장이 "주택의 생산과 실현에서 자산 거품현상"이 생기기 쉬운 "폐쇄된 순환"이 될 개연성도 높아진다(하비, 2016b: 287. 번역 수정). 그런 점을 충격적으로 보여준 것이 2008년의 미국발 금융위기를 촉발한 비우량주택담보대출(서브프라임모기지) 위기다. 한국의 경우 부동산의 폭락 사태가 아직 일어나지는 않았으나, 자산 도시주의의 강화와 함께 부동산의 건설과 매매가 집중적으로 이루어져 고층 건물의 집적과 수직적 도시화, 빌라촌 골목의 형태 변화 등이 최근에 발생했다. 서울에서 작동한 도시주의는 **양극화**의 형태를 띠고 있다. 한편으로 환금성이 뛰어나고 지속적 가격 상승이 이루어지는 아파트 건물이 집중적으로 건설되고, 다른 한편으로 옛 저층 주거지들에 자산가치가 상대적으로 낮은 빌라 건물들이 집중적으로 들어선 것이다. 도시 골목들은 이런 양극화 과정에서 하층계급의 주거지로 조성된 빌라촌에 주로 배치되었고, 과거와는 형태도 많이

(Hudson, 2012: 17).

237_ 허드슨에 따르면 미국에서는 은행대출의 80% 정도가 주택담보대출이다(Hudson, 2012: 449). 한국의 주택담보대출 비중도 엄청나게 높다. 2020년 주택담보대출의 잔액 규모는 910.6조원으로 GDP의 47.1%에 이른다.

달라졌다.

오늘날 서울의 골목은 자본의 금융화가 진행되면 **일상의 생활영역**이 어떤 모습으로 바뀌게 되는지도 잘 보여준다. "자본주의적 생산양식의 경향은 모든 생산을 가능한 한 상품생산으로 전환시키는 것이며, 이것을 달성하는 주된 무기는 모든 생산을 자본주의적 생산양식의 유통과정에 끌어들이는 것이다"(맑스, 2015b: 131). 주택가 골목들은 이전에는 주민들의 생활공간일 뿐이었고, 그 안에 가게들이 거의 없어서 상품자본의 직접적 유통과는 대체로 **분리되어** 있었다. 그러나 골목은 금융화가 시작된 1990년대 말 이후 자산 도시주의가 강화되고 도시 재개발이 확산하면서, 새로운 형태와 기능을 갖추게 된다. 이것은 골목이 **자본의 회전시간 단축**을 위해 속도 기계로서의 성능을 강화해야 할 필요가 커진 것과 무관하지 않다. 상품의 생산과 판매와 소비를 통한 가치증식의 과정을 단축하는 데 중요한 역할을 하는 것이 골목의 형태 변화 가운데서도 특히 **직선화**다. 직선화한 도시 골목은 이제 집안에서도 음식이나 물품을 주문 배달시키고, 해외에서 직구한 상품이 빌라 건물 바로 앞까지 송달될 수 있게 하는 유통망의 핵심이 되었다.

골목의 형태 변화는 서울의 생김새가 새롭게 형성된 것을 보여주는 가장 가까운 사례의 하나다. 그것은 서울에서 일어난 수직적 도시화와 경관화, 젠트리피케이션, 시곡면의 형성, 도시 공제선의 실종, 스펙터클 및 판타스마고리아의 만연과 궤를 함께하는 건조환경의 변화에 속한다. 골목의 직선화는 유사 경관인 빌라촌이 조성되고 거기서 골목의 차도 역할이 커졌다는 말이기도 하다. 즉, 자본의 운동이 도시 골목까지 가치의 실현을 위한 **유통영역**으로 전환함에 따라 주거지의 골목도 새로운 형태를 갖추게 된 것이다. 골목과 주택가가 사람들의 가장 '외밀한' 공간이 된 것도 같은 맥락의 일로 여겨진다. 도시 골목의 외밀성은 자본의 지배가 전면화함에 따라 원래 내밀한 생활공간이었던 곳이 그 외부인 자본의 호출을 끊임없이 받게 됨에 따라 생긴 효과다.

"자본 유통의 형태 변화가 관념적일수록, 즉 유통시간이 0이거나 0에 가까워질수록 자본은 더 많이 기능하며, 자본의 생산성과 자기 가치증식도 더 커진다"(맑스: 149. 번역 수정). 도시 골목이 이제 통로처럼 바뀌고 번잡해 진 것은 그런 점과 무관하지 않다. 자본은 회전시간을 단축해서 가치증식 을 최대로 만들기 위해 유통시간을 단축하며, 이에 따라 "모든 일에 속도를 높이려고 필사적"(하비, 2016b: 159)이다. 자본이 유통시간을 포함한 자신의 회전시간을 단축하려는 것은 악무한적 축적을 추구하는 자신의 본성에 따 른 것이지만 오늘날 자본의 그런 운동을 가능케 하는 기술적 조건은 무엇 보다도 **정보고속도로의 확산**이다. 인터넷망이 골목 구석구석까지 깔림에 따라서 안방까지도 유통영역으로 전환되고, 지구 아무리 먼 곳의 상품도 행성적 도시화의 교통망을 따라 쉽게 골목 안 빌라 주택의 안방으로 배달 된다.

문제는 이런 편리함의 대가가 너무 크다는 것이다. 골목에서는 더 이상 '거주'가 가능하지 않다. 골목은 이제 자본의 순환에서 벗어난 생활공간으 로만 작용하지 않는다. 최근에 그것은 **비-장소**로서의 성격을 너무 많이 키 웠다. 그 후유증의 하나로 이제 골목에서는 사람들 간의 **사회적 관계**가 형 성되기 힘들어졌다. 사람들이 밀고 가는 유모차에 아이 대신 반려동물을 '태우는' 일이 늘어난 것이 단적인 예다. 사람들은 유통영역이 된 골목에서 '생산적 소비자'의 역할을 맡게 됨에 따라 노동과정에서 벗어난 뒤에도 자 본의 축적을 위해 봉사해야만 한다. 금융거래의 확산으로 이제 집안에서도 주식 투자에 몰두하는 개인들이 늘어났다. 전통적으로 휴식을 위한 비자본 의 공간에서까지 자본의 순환운동에 얽매인 결과 사람들은 갈수록 시간기 근에 시달린다. 자본의 운동이 강화되면 자연적 사회적 물질대사는 자본의 가치법칙에 더욱 종속될 수밖에 없다. 20세기 중엽 이후 인류세를 도래시 킨 '대가속'이 발생한 것은 그 무렵에 자본의 운동 규모가 지구 행성의 안정적 시스템을 교란할 정도로 커진 결과다. 오늘날의 금융화는 대가속을 저지하기는커녕 더욱 악화시키고 있다. 그것은 금융화가 부동산자산을 늘리는 건조환경 조성을 부추기기 때문이기도 하다.

인류의 미래를 위협하는 인류세 상황의 전개와 악화를 막으려면 금융화의 흐름을 중단시켜야만 한다. 이를 위해서는 신자유주의의 극복이 필수적이다. 왜냐하면 금융화를 지배적 축적 전략으로 가동하는 것이 신자유주의 체제이기 때문이다. 하지만 신자유주의적 금융화를 추진하는 궁극적 동기는 자본의 운동에 있다는 점을 고려하면, 궁극적이고 근본적인 해답은 **자본주의적 생산양식의 극복과 해체**일 수밖에 없다. 그런 일은 자본의 운동을 제압할 수 있는 사회적 운동을 요청하며, 특히 노동의 정치적 역량 강화를 전제한다. 자본과의 투쟁은 계급투쟁이며, 이 투쟁은 노동자계급의 참여 없이는 불가능하다. 서울의 생김새와 관련하여 생각해보면, 이것은 노동하며 살아가는 사람들이 자본의 지배에서 벗어나려면 골목의 형태까지도 새롭게 바꿔내야 한다는 말일 수 있다. 골목의 직선화로 사람들은 이제 자신들의 생활영역에서까지도 자본의 순환에 포섭된 삶을 살고 있다. 자본의 지배에서 벗어나려면 일상의 삶을 바꿔야 하며, 여기에는 골목의 형태와 나아가서 주택가의 모습을 바꾸는 일도 포함된다. 이것은 자본의 포섭에서 벗어나 자유로운 개인으로 살아가려면 서울의 생김새, 그 도시적 형태를 근본적으로 바꿔낼 필요가 있다는 말이기도 하다. 이것은 금융화를 통해 서울의 모습을 바꿔내고 있는 신자유주의 체제, 나아가서 자본주의 자체의 극복을 위해서는 '도시적인 것' 차원에서 도시적 형태를 새롭게 만들어내는 노력도 함께 요구된다는 것인 셈이다.

제 9 장
도시적 형태의 시학

1. 서론

서울은 이제 **금융화된 도시적 형태**를 갖추고 있다. 금융화된 도시적 형태란 자본의 금융화로 가동되는 가치법칙의 영향을 받아 형성된 도시 공간의 모양을 가리킨다. 금융화가 자본의 축적 방식인 한, 금융화된 도시적 형태도 기본적으로는 자본주의적일 수밖에 없다. 서울이 자본주의적인 도시로 성장하기 시작한 것은 오래전의 일이다. 식민지 조선의 수도였던 경성이었을 때, 서울은 이미 자본주의적인 도시의 면모를 일부 갖추고 있었다. 제한적인 인구를 대상으로 한 것이기는 하나 화신, 미스코시, 조지야 백화점과 같은, 상품의 물신주의가 지배하는 판타스마고리아적 소비공간들이 서울에 들어선 것이 1930년대다. 그래도 서울이 자본주의적인 도시적 형태를 제대로 갖추기 시작한 것은 해방과 한국전쟁 이후 시간이 더 지난 뒤로 봐야 한다. 한국은 1960년대에 경제개발 5개년계획과 함께 산업자본주의적 발전 전략을 가동했고, 서울은 이때 10년간 300만명이라는 엄청난 인구 증가를 겪으며 본격적인 자본주의적 도시화의 순환을 시작하게 된다. 도심을 중심으로 스펙터클이 형성되는 등 서울에서 소비자본주의적인 문화가 싹트기 시작한 것도 그때다. 제1차 자본주의적 도시화는 1990년대 초까지 이어지며, 대규모 신축 젠트리피케이션을 집중적으로 진행해 서울이 수직 도시로 전환하는 데 필요한 기초를 구축한다. 이런 흐름을 주도한 것은 강남의 신도시 개발이었고, 강남 개발에 특히 중요한 역할을 한 것은 한강 개발이었다. 1967~70년의 제1차, 1982~86년의 제2차 한강종합개발사업을 통해 서울은 동서 수경축을 정비해 강북의 구도시와 강남의 신도시가 각기 반원을 이루는 오늘날의 모습을 갖게 된다. 이것은 한국 사회가 스펙터클의 사회로 발전하는 과정이기도 했다. 1990년대에 신세대가 등장하며 '문화의 시대'가 열리게 된 물적 기반도 산업화와 함께 서울의 자본주의적 도시화가 일차적으로 완성된 데서 찾아진다. 그러나 오늘날 서울의 도시적 형태와 1990년대 말 이전의 그것 사이에는 중대한 차이가 있다. 2000년 이후 신자유주의적인 금융화가 본격적으로 진행되고 자본의 운동이 새롭게 전개됨에 따라 서울은 또 다른 도시적 형태를 형성하게 되었다. 서울의 생김새가 이제 금융화된 자본주의적인 도시적 형태를 띠게 된 것은 그 결과다.

서울의 금융화된 생김새는 수직 도시화나 경관화, 시곡면의 형성과 일상적 공제선의 실종, 골목의 직선화 등에서 나타난다. 그런 모습은 시역과 외곽 수도권에 즐비한 고층 건물들의 집적과 함께, 물류와 노동력의 이동을 위해 조성된 광범위한 교통망도 전제하고 있다. 광대한 교통망이 형성된 것은 서울과 수도권에 인구가 밀집했다는 것, 이들을 수용하기 위한 아파트 등 주택 건물들을 위시한 거대한 건조환경이 형성되었다는 것, 행성적 도시화의 일환인 집중적 도시화와 확산적 도시화가 동시에 진행되었다는 것 등을 나타낸다. 최근에 이런 변화가 강화된 것은 금융화의 진행과 밀접하게 관련되어 있다. 서울이 '세계에서 가장 수직적인 도시'가 되고 일상적 공제선이 사라지면서 하늘 보기가 어려워진 것이나 출퇴근을 위해 사람들이 매일 두세 시간씩이나 소비해야 하는 것은 부동산시장이 금융시장과 연계되는 **금융적 매개**가 활성화한 가운데 **자산 도시주의**가 강력하게 작동하며 서울이 집중·확산적으로 도시화한 결과다. 한강과 강남 신도시의 개발, 목동 및 상계동 신시가지의 조성, 주택 200만호 건설의 일환인 서울 외곽의 신도시 조성 등에서 볼 수 있듯이, 서울에서 건조환경이 대규모로 구축된 사례가 1990년대 말 이전에도 없었던 것은 아니다. 하지만 그때까지 진행된 자본주의적 도시화가 주로 시역 안에 있던 '빈 땅'을 채운 **개발**의 과정이었다면, 1990년대 중엽 이후부터 시작된 도시화는 대부분 **재개발**의 형태를 띠었고, 이 흐름은 1990년대 말 이후 금융화의 전개로 더욱 강화된다. 현재 건축물 수가 1993년에 비해 훨씬 적어진 데서 볼 수 있듯이, 이 **두 번째 자본주의적 도시화**의 순환을 거치는 과정에서 서울은 건축물의 대형화와 고층화, 고급화를 거치며 새로운 도시적 형태를 갖추었다. 이 시기는 건조환경의 구축이 금융화의 지배를 받으며 이루어진 시기와 일치한다.

　서울의 도시적 형태가 금융화된 데에는 주식시장과 더불어 자산시장의 대종을 이루는 부동산시장이 크게 성장한 것도 중요한 작용을 했다. 2016년 기준으로 한국인의 가계자산에서 부동산자산이 차지하는 비중은 73.3%로, 미국(34.9%), 일본(43.7%), 영국(55.3%), 캐나다(56.7%), 독일(67.9%), 프랑스(68.8%), 이탈리아(69.3%)보다 훨씬 더 높다(뉴시스, 2017.06.14.). 2015년 기준 GDP 대비 민간 토지 자산총액의 비율도 OECD 13개 국가의 평균인 179%보다 월등히 높은 309%다(노컷뉴스, 2018.8.31.). 통계청의 2018년 국민대차대조표에 따르면 한국의 국부는 1경5천50조원이고, 이중 부동산자산은 1경3천261조원(토지자산 8천222.6조원, 건설자산 5천38.2조원)으로 전체의 88.1%나 된다(신용상, 2020: 29). 1991년에 GDP의 29.1%까지 치솟던 건설 투자 비중의 경우 2017년에 이르러서는 16.1%로 많이 줄어들었지만, OECD 평균 10.5%와 비교하면 여전히 높다(관계부처합동, 2018: 6). 한국에서 인구와 자본이 가장 밀집한 서울의 도시적 형태가 새로이 바뀐 것은 이렇게 보면 부동산시장의 성장과 긴밀하게 연계된 현상인 셈이다. 가계의 부동산자산 비중이 크다는 것은 그만큼 주택 등 건축물에 대한 투자가 많다는 것, 교통과 에너지, 교육, 보건, 행정 등과 관련된 시설들로 이루어진 건조환경 단위들이 새롭게 많이 조성되었다는 것을 말해준다.

　이 맥락에서 결정적인 역할을 한 것이 최근에 들어와서 급격하게 발전한, 다양한 형태의 금융수단과 금융상품을 가동하고 있는 금융제도다. 1997년의 외환위기 국면에서 IMF의 요구에 따른 금융 자유화 조치로 인해 한국의 금융제도는 거대한 전환을 거치며, 부동산 부문에도 과거에는 없던 금융상품들과 금융수단들을 대거 도입하게 된다. 부동산기획금융(PF), 부동산투자신탁(REITs), 주택저당증권(MBS), 부동산펀드(REF), 주택저당채권(CMO), 자산담보부기업어음(ABCP) 등이 그 예들이다. 이들 금융적 수단과 상품의 도입은 아파트나 빌라, 상가 건물들의 매매와 건설에서 신용화폐의 역할을 크게 키워냈다. 신용화폐는 자본의 축적이 진행되면서 증대하는 상품량의 유통을 위해 필요한 화폐가 충분하지 않을 때 발생하는 '신용 압박'을 해결하는 중요한 수단이며, "자본주의의 지속적인 확대에 필요할 뿐만 아니라 핵심적"(하비, 2016b: 345. 번역 수정)인 역할을 한다. 서울을 수직 도시로 만든 고층 건물들이 최근에 집중적으로 들어선 것도, 신용화폐를 가동하는 금융제도가 건조환경의 각종 단위를 건설하는 데 필요한 자금을 부동산개발업자에게 대부하고, 개별 가계들에는 주택을 담보로 한 대출을 제공함으로써 건설산업이 필요로 하는 자본의 흐름을 원활하게 만든 결과다. 하지만 그에 따른 거대한 건조환경의 조성은 "주택 생산 및 실현에서의 자산 거품"이라는 자본의 "폐쇄된 순환"(하비: 287. 번역 수정)을 만들어내기도 한다.

　이미 언급한 대로 1997년에 211조원 정도였던 한국의 가계부채는 2020년에는 1천726.1조원으로 GDP 1천933.2조원의 89.3%로 커졌고, 이 가운데 주택담보대출은 910.6조원으로 GDP의 47.1%, 가계부채의 52.8%에 이른다. 사람들이 엄청난 부채를 짊어지게 된 것은 신용에 대한 대중의 접근을 쉽게 만든 '금융의 민주화'에서 그 원인을 찾을 수 있다(Erturk, et. al., 2006). 최근에 거대한 건조환경과 함께 새로운 도시적 형태가 형성된 것도 그런 조치로 개인과 가계가 부동산 자금 대출을 쉽게 받을 수 있게 됨에 따라 주택담보대출을 늘릴 수 있었기 때문이다. 이 흐름에는 금융기관이 가계들에 대출해준 부채를 기초자산으로 한 MBS나 ABCP, 부동산펀드, 리츠 등 부동산 관련 금융상품 시장이 성장한 현상도 동반되었다. 부동산시장이 급성장한 것은 국내 금융자본이 대거 부동산 부문으로 동원된 것 이외에, "부동산 자금 조달"이 "축적의 지역적 네트워크"로부터 분리되어 "글로벌 자본시장"과 결합한 영향 때문이기도 하다(Gotham, 2009: 363). 이 결과 한국의 부동산시장은 이제 전면 자유화되고 개방된 상태다.

서울의 지금 모습은 그래서 한국의 자본주의적 성장을 보여주는 단적인 징표에 해당한다. 이것을 탁월하게 보여주는 것이 가치의 한 현상형태인 상품으로 생산된, 고정자본과 소비기금의 단위들로 구성된 거대한 건조환경이다. 이 결과 서울은 아파트와 빌라 건물들을 위시한 건조환경 단위들로 만원인 상태가 되었다. 문제는 이런 성장이 축복이기만 한 것은 아니라는 데 있다. 수직 도시화와 경관화, 행성적 도시화, 스펙터클과 판타스마고리아의 지배 등이 이루어지는 동안 수많은 사람이 엄청난 규모의 부채를 짊어진 공통-결핍의 상황에 빠졌다. 부동산이 최고의 치부 수단이 됨에 따라 사람들은 '영끌' 대출을 해서라도 아파트와 빌라, 상가에 투자하고 있지만, 그로 인해 엄청난 부채에 허덕이게 되고, 투자에 실패하면 '벼락 거지'로 전락한다. GDP의 규모가 말해주듯 한편으로는 어마어마한 국부가 축적되었지만 다른 한편으로 '헬조선'이 된 것이 현금의 한국이다. 가계 간의 소득 격차가 36개 OECD 회원국 가운데 멕시코, 칠레, 미국 다음으로 크고(경향신문, 2019.4.11.), 젊은이들이 연애·결혼·출산·내집마련·인간관계·꿈·희망 등을 빼앗긴 '포기세대'로 전락하고 있으며, 이를 반영하듯 출산율이 최근에 세계 최하인 0.98%로 떨어지고(중앙일보, 2019.2.27.), 중간 가계 소득의 50% 이하인 빈곤층 노인이 48.6%로 OECD 34개국 가운데 가장 높은 상황(McCurry, 2017.8.2.) 등이 그런 점을 웅변해준다. 국부가 어마어마하게 증대했는데도 사회적 불평등이 심화한 것은 '자본주의적 축적의 일반법칙'에 의해 "자본축적"은 "빈곤축적"을 필연적으로 동반한 결과다(맑스, 2015a: 879). 문제가 경제적 불평등만으로 끝나지도 않는다. 그동안 개발과 재개발을 반복하며 자본주의적 도시화를 진행한 탓에 서울의 인류세적 상황은 이미 심각한 수준에 이르렀다. 이것은 서울의 오늘날 생김새를 빚어낸 자본주의적 도시화가 자연환경의 파괴와 삶의 터전 오염을 기반으로 하여 이루어진 결과가 아닐 수 없다. 자본주의적 금융화가 추동하는 공간 생산을 계속한다면 자연의 파괴와 사회적 불평등을 심화시키는 물질대사의 균열은 그치지 않고, 삶의 생태계 파괴는 더욱 악화할 것이다. 어떻게 해야 할 것인가?

이 질문에 대한 답변을 구하기 위해 여기서 취하려는 관점은 도시적 형태에 대한 **시학적 관점**이다. 제1장에서 말한 것처럼 시학은 도시적 형태와 관련하여 이중적 의미를 지닌다. 한편으로 시학은 "그것은 어떻게 만들어져 있느냐"는 질문을 통해 특정한 방식으로 조성된 도시 특징을 찾아내는 작업이다. 이때 도시적 형태는 주어진 것, 제품, 기성품으로 제시된다. 다른 한편 창조와 발명의 기술 또는 학문이라는 점에서 시학은 도시적 형태가 설사 주어진 것으로 제시되더라도 그것을 완성품이나 기성품으로 보지 않고 변형 가능한 대상으로 보는 관점에 가깝다. '주어진' 도시로서 서울의 도시적 형태를 새롭게 하려면 도시를 '작품'으로 다루는 것이 필요하며, 이것은 **도시에 대한 권리**를 행사하는 일이 된다. 하지만 오늘날 도시를 그들의 작품으로 만들고 있는 것은 소수의 특권적 세력이다. 따라서 도시에 대한 권리를 민주화할 필요가 있으며, 그런 점에서 도시를 작품으로 만드는 작업은 도시에 대한 권리의 신장을 위한 투쟁과 병행되어야 할 것이다. 이런 투쟁을 어떻게 할 것인가? 그리고 어떻게 서울의 도시적 형태를 바꿔낼 것인가? 이 장에서는 이런 질문들을 염두에 두고 논의를 전개하고자 한다.

2. 가치 운동의 지양

단도직입해서 말하자면, 서울의 오늘날 지배적인 도시적 형태는 지양해야만 한다. 서울의 생김새는 지금 자본주의적임과 동시에 특히 금융화되어 있다. 빈 곳은 한 군데도 남겨 두지 않으려는 듯 개발과 재개발이 계속되고, 갈수록 건물들이 '새것'으로 바뀌고 높아지며, 거주 공간에서 볼 수 있는 하늘은 찢어져 있고, 건조환경 어디서나 시야가 막혀 도시 전경 보기가 어렵고, 골목의 형태까지 상품유통을 위해 직선으로 바뀌고 있는 것은, 우리가 원하지 않아도 매일 쓰레기를 양산해야 하고 자연을 훼손하며 살아가야 하는 것은, 미세먼지가 두려워 숨쉬기도 어렵게 된 것은 우리의 삶이 자본, 특히 금융자본의 운동에 전면적으로 포획된 결과다. 자본의 가치법칙은 **어떤 필연성**을 작동시킨다. 노동생산물들의 "가치량은 교환자들의 의지·예견·행위와는 무관하게 끊임없이 변동"하며, "사회에서 교환자들 자신의 운동은 그들에게 물건들의 운동이라는 형태를 지니고, 이들 물건은 그들의 통제 아래 있기보다는 그들을 사실상 통제한다"(맑스, 2015a: 97. 번역 수정). 이렇게 여기는 것은 자본주의적 시장에서는 사람들의 자유가 보장된다는 자유주의적 관점에 대한 비판으로서, 그 자유는 사실 '보이지 않는 손' 즉 가치법칙의 지배를 받고 있다는 지적이다.[238] 맑스는 자본주의적 생산이 지배하는 상황에서는 **가치법칙이 자연법칙으로 작용한다**고 본다. "생산물의 생산에 사회적으로 필요한 노동시간" 즉 가치는 "우리 머리 위로 집이 무너져 내릴 때의 중력의 법칙과 같이 **규제적인 자연법칙**으로서 자신을 관철"한다는 것이다(맑스: 97. 강조 추가). 엄밀하게 말하면, 자본의

238_ 이런 견해를 가장 강력하게 제출한 사람은 아담 스미스다. 스미스는 그러나 맑스와는 달리 '보이지 않는 손' 또는 시장의 힘을 긍정적으로 간주했다. 다시 말해 그는 시장에서 일어나는 개인들의 오판이나 잘못과는 무관하게 시장의 힘은 궁극적으로 바람직한 결과 ―예컨대 국부의 증대― 를 가져온다고 본 것이다. 반면에 맑스는 시장의 힘이 계속 작동하게 되면 '자본주의적 축적의 일반법칙'에 의해 갈수록 소수가 사회적 부를 독점하게 되고 노동하는 대중은 빈곤에 직면하게 된다고 본다(맑스, 2015a: 879).

가치법칙은 자연법칙이 아니다. 그것은 자연계에서 보편적으로 적용되는 법칙(보편성)이라기보다는 사회적 법칙(일반성)에 속한다. 가치법칙이 중력 법칙과 같다는 말은 따라서 한정된 의미로 이해될 필요가 있다. 자본의 운동법칙인 가치법칙이 '규제적인 자연법칙'으로 작용하는 것은 **역사적으로 특수한** 사회구성체, 자본주의적 생산양식에서뿐이다. 이것은 자본주의적 생산양식에서는 가치법칙이 자연법칙과 다를 바 없으나 자본주의적 생산 양식이 철폐될 경우, 그 법칙은 철폐된다는 말이기도 하다.

자본주의적 생산양식에서 도시적 형태가 가치의 '자연법칙'에 따라 형성된다는 것은 세계 수많은 도시의 유사성을 통해 확인되고 있다. 제6장에서 살펴본 것처럼, 자본주의적 도시들의 모습은 오늘날 '거기가 거기'다. 그것은 자본의 운동에 기초한 도시화는 아무리 새것들의 끊임없는 축적으로 진행되더라도 **언제나—똑같은—것의 반복**이기 때문이다. 물론 자연적 환경과 역사적 궤적이 다른 만큼 도시들이 정말 똑같을 수야 없지만, 그래도 금융화가 진행된 이후 글로벌 도시들은 정도의 차이는 있어도 모두 행성적 도시화의 흐름에 포획되었고, 예외 없이 고층 건물들을 이윤 내는 기계들로 집중적으로 조성하는 일에 매진해왔다. 이것은 자본의 운동에 지배되는 공간 생산의 필연적 결과이기도 하다. 수직적 도시화나 경관화, 도시의 상품화, 주택의 금융상품화가 도시화 과정을 지배하는 것은 서울에만 국한되지 않는다. 공간의 생산을 통해 자본 운동의 활성화를 꾀하고자 다양한 종류의 젠트리피케이션을 추진하며 도시적 형태를 바꿔내고 있는 것은 세계 자본주의적 도시들에 공통적이다. 따라서 서울의 도시적 형태를 근본적으로 바꿔내려면, 가치법칙에 바탕을 둔 자본주의적 공간 생산—지대소득 증대를 위한 젠트리피케이션, 금융시장과의 연계에 의한 부동산 개발, 자산 도시주의, 주택의 금융 자산화 등—의 지양이 필수적이며, 이것은 결국 **자본의 운동을 극복할 것**을 요구한다. 도시적 형태의 형성이 가치의 형성 및 증식 운동에 지배되는 한, 서울의 생김새가 근본적으로 바뀔

가망은 없다.

신자유주의적 금융화 시대에 자본이 축적되는 방식은 전통적 자본주의에서와는 다르다. 후자의 경우는 유통의 국면에서는 화폐자본과 상품자본, 생산의 국면에서는 생산자본의 형태와 기능을 취하는 산업자본의 운동을 중심으로 자본의 축적이 이루어진다. 다시 말해 자본이 자신의 "기능상의 특수한 형태들"인 화폐자본과 생산자본, 상품자본의 "형태를 모두 차례차례 취하"(맑스, 2015b: 61)며 가치를 형성하고 증식시키는 것이다. 가치의 형성과 증식은 생산수단과 노동력으로 구성되는 **생산자본**의 작용에서 이루어진다. 생산과정을 통해 원래 투하된 가치에 잉여가치가 추가된 상품이 유통과정을 통해 판매됨으로써 실현된 잉여가치가 자본가의 수입이 되어 모두 소비되지 않고 그 일부가 다시 원래의 자본순환에 추가되어 재생산과정이 이루어지는 것이 산업자본의 운동이다. "산업자본의 일반적 형태는 자본주의적 생산양식이 전제되고 있는 한…화폐자본의 순환"(70)이라는 점에서 M―C…P…C′―M′으로 표현될 수 있다. 반면에 금융화 국면에서 자본의 지배적 축적 공식은 M―M′이며, 여기서 자본의 운동은 "자기 자신에 대한 관계로서, 즉 화폐를 낳는 화폐로서"(2015c: 438) 둔갑해, 잉여가치가 생산되는 생산과정이 생략된 채로 나타난다. "자본의 총순환 M―C―M′을 고찰한다면, 일정한 가치액이 끊임없이 투자되고, 이 가치액과 잉여가치(또는 이윤)를 합한 것이 유통영역에서 끊임없이 끌려 나오는 것"이 보이지만, M―M′에서는 그 매개 과정이 보이지 않는 것이다. 하지만 "자본으로서 M이 겪는 이 [매개]과정 바로 그것에 대부화폐자본가의 이자가 근거하며, 그 과정에서 이자가 생긴다"(439-40). 그런데도 M―M′의 순환을 거치는 **금융자본** 또는 **이자 낳는 자본**에서는 "자본의 현실적 운동이 소멸되어 눈에 보이지 않"(443)는 것은 "재생산과 독립적으로 자기 자신의 가치를 증식시키는" 자본의 "능력"이 있다고 여기게 만들지만, 그런 작용은 "가장 극단적인 형태의 자본 신비화"(500. 번역 수정)일 뿐이다. 그것은 자본이 자기-증식하는 가치로서 "살아있는 자식을 낳거나 적어도 황금의 알을 낳는다"(2015a: 201)는 생각과 흡사하다. 이자 낳는 자본에서 그런 물신주의가 가장 강력하게 작용하는 것은 그것이 자본관계를 가장 피상적으로 나타내기 때문이다. "완성된 형태의 자본은 생산과정과 유통과정의 통일이며, 따라서 일정한 기간에 일정한 잉여가치를 낳는 자본"인 것인데, 이자 낳는 자본은 그런 형태가 "생산과정과 유통과정의 매개 없이 직접적으로 나타"(2015c: 499)나는 듯 보이게 하는 것이다.[239] 그러나 그것은 "내재적인 신비한 속성에 의해 순수한 자동기관으로서 잉여가치를 기하급수적으로 생산하는 힘이 축적된 노동생산물, 그것도 화폐형태로 고정된 생산물에 있다고 보는" "자본물신의 관념"(508. 번역 수정)에 불과하다. 노동력에 의한 가치 형성과 증식 없이는 자본의 축적은 이루어질 수 없다.

자본주의에서 중요한 한 문제는 산업자본과 금융자본의 관계다. 한편으로 보면 양자의 관계는 불가분하다. 금융자본의 축적은 산업자본이 생산한 이윤의 일부인 이자를 통해 이루어지기 때문에 금융자본은 산업자본 없이는 존립하기 어렵고, 산업자본 또한 필요한 화폐자본을 확보하려면 금융자본의 도움을 받는 것이 필요하다. 그에 따라 두 자본은 상호보완적이고 호혜적인 관계를 맺을 수도 있지만, 최근에 와서는 어느 때보다 서로 괴리된 상태에 놓였다고 봐야 한다. 금융자본이 산업자본의 성장에 공헌한 대표적 사례로는 19세기 말과 20세기 초에 "산업자본과 은행자본의 결합"(Lapavitsas, 2013a: 35)이 이루어져 제2차 산업혁명이 일어난 것을 들 수 있다. 당시는 금융자본이 산업자본을 적극적으로 지원했기 때문에 화학, 전기, 석유, 철강, 자동차 산업 등의 분야에서 거대한 기업들이 성장할 수 있

239_ 이것은 화폐자본 일반의 모습이기도 하다. 화폐자본의 순환(M – C…P…C′ – M′)에서 종결형태 M′은 "단순히 하나의 결과로서, 그 결과를 낳은 과정의 매개 없이 표현되고 있다"(맑스, 2015b: 55). 순환 M…M′에서 결과로 나타나는 M′은 그 형성과정을 전혀 보여주지 않는다. "지금 M′은 스스로 독립적으로 존재하며, 그것을 생산한 운동과는 관련이 없다. 그 운동은 지나가 버렸고 그 대신 M′이 거기에 있는 것이다"(54).

었다. 그러나 1970년대 이후 금융자본과 산업자본은 서로 분리되는 경향이 커졌으며, 이로 인해 산업자본과 실물경제는 위축되고, 반면에 금융자본이 주도하는 자산시장은 갈수록 확장되고 있다. 이미 본 것처럼 주식시장이나 채권시장, 부동산시장 등에 투하되는 금융자본은 대부분 산업자본 중심의 실물경제와는 무관하게 움직인다. 실물경제 기업의 이윤과 배당도 주로 자사 주식의 환매를 위해 쓰이고 있다.

이 맥락에서 제기되는 질문은 생산자본과 분리된 **금융자본은 어떻게 축적될 수 있느냐**는 것이다. 오늘날 금융자본의 규모는 실로 어마어마하다. 세계의 자산시장 규모는 2017년 말 기준으로 1천조달러(약 107경원)를 넘어섰으며(중앙일보, 2018.1.7.), 2020년 6월 한국의 자산시장에 풀린 유동성의 규모는 GDP의 1.5배인 3,000조원에 달한다(한국경제, 2020.6.10.). 마이클 허드슨에 따르면, 2008년 이후 양적 완화를 통해 자산시장이 급격하게 확대되는 동안에 미국의 GDP는 대부분 금융 · 보험 · 부동산(FIRE) 부문에서 성장이 이루어져 그 과실 대부분을 상위 인구 5%가 차지하고 하위 95%의 소득과 순자산가치는 오히려 감소했다(Hudson, 2017: 208, 318). 사회적 불평등이 심화한 것은 2000년대 이후 실질임금이 정체되고 있는 한국도 예외가 아니다. 그래서 드는 의문은 한편으로는 실물경제의 파탄이 일어나고 있는데 **어떻게** 다른 한편으로는 금융자본의 급성장이 가능하냐는 것이다. 이유는 오직 하나, 실물 부문에서 생산된 가치가 **추출되어** 금융 부문으로 **이전되었기** 때문일 것이다.[240] 최근에 들어와서 산업자본에서 형성된 가치가 금융자본 쪽으로 거대한 규모로 빨려 들어갔다고 볼 수 있다. 실물경제

240_ 맑스에 따르면, "대부자본은 산업자본가와 상업자본가를 희생시키면서 축적된다"(맑스 2015c: 644-45). 금융자본가의 지배로 인해 대가를 치러야 하는 것이 다른 부문의 자본가들만은 물론 아니다. 실물 부문에서 금융 부문으로의 가치 이전이 이루어지면 노동자들 역시 큰 희생을 면하기 어렵다. 주택담보대출, 의료 및 실손 보험, 신용카드, 학자금 융자, 자동차 할부 등의 원금 상환과 이자 납부 등으로 인해 노동자의 임금 수입 중 갈수록 많은 부분이 금융비용으로 지출되기 때문이다.

는 계속해서 열악한데도 부동산시장과 주식시장은 거침없는 활황을 보여주는 것이 그 한 증거다. 그것은 현실적인 자본, 즉 산업자본이 생산한 이윤이 금융자본에 흡수되어 대거 화폐자본으로 전환되었음을 말해준다. 서울의 도시적 형태가 최근에 근본적으로 바뀐 것도 실물경제로부터 추출되어 금융 부문으로 이전된 가치가 부동산 부문에 대거 집중된 결과라 할 수 있다.

서울의 오늘날 생김새는 그런 점에서 자본의 증식이 금융화의 논리에 의해 이루어져 형성된 **가치의 현상형태**에 해당한다. 이것은 예컨대 고정자본과 소비기금—가치의 가장 물질적 현상형태인 상품으로 생산되는—으로 구성되는 건조환경, 그중에서도 특히 공장이나 아파트, 빌라, 상가 등의 건물들로 나타나고 있다. 건축물들의 거대한 집적은 (이윤 내는) "기계적 괴물"(맑스, 2015a: 516)들이 지금 우리의 삶을 지배한다는 말과 다르지 않다. 그것은 사회적 부가 거대한 부동산자산 형태로 조성되어 있다는 표시이기도 하다. 이미 언급한 대로 2018년 한국의 국부 1경5천50조원 가운데 부동산자산은 1경3천261조원이고, 이중 토지자산은 8천222.6조원이며 건설자산은 5천38.2조원이다(신용상, 2020: 29).[241] 그런 엄청난 규모의 부동산자산으로 형성된 부는 **현란한 경관**의 모습을 하고 있지만, 경관적 공간은 흡혈귀 자본이 지배하는 **죽음의 공간**에 해당한다. 부동산시장의 활성화와 주택의 금융 자산화가 강화되는 동안 '아파트 인간'으로 전환된 사람들은 주택을 장만하느라 짊어진 과도한 부채의 원금과 이자 갚기로 허리가 휘어지고 있다. 이윤 내는 기계 즉 자본이라는 괴물에 종속되는 것이 얼마나 치명적인가는 자본의 금융화가 강화된 2000년대 이후에 한국의 자살률이 세계 최고 수준이 되었다는 사실이 웅변해준다. 금융자본의 팽창과 부동산

241_ 토지자산이 건설자산보다 훨씬 더 많으나, 건설자산과 토지자산은 서로 분리되어 있다기보다는 대부분 결합해 있다고 봐야 한다. 건설자산을 구성하는 건물들은 예외 없이 대지를 그 기반으로 하고 있기 때문이다.

시장의 성장이 만들어내는 또 다른 파괴적 효과는 가장 육중한 상품 형태인 건축물들을 증가시켜 갈수록 많은 화석연료를 소비시키고, 그 결과 기후 위기를 위시한 인류세의 상황을 더욱 악화시킨다는 점이다. 미세먼지로 인해 갈수록 많은 사람의 수명이 단축되고 있다는 점을 고려하면, 경관적 공간을 죽음의 공간으로 여기는 것을 비유적 과장이라고만 치부할 수는 없다.242

가치의 현상형태로서의 상품은 가치만이 아니라 사용가치도 함께 가져야 한다는 점에서 구체적인 물질적 존재양식을 갖는다. "사용가치는…물리적 재료적 사물 세계에 존재"(Harvey, 2010: 37)하기 때문이다. 금융화의 시대에 서울과 같은 대도시에서 건축물을 중심으로 한 대규모 건조환경이 급속도로 구축된 것은 물리적 존재로서의 상품이 대량 생산되었다는 말이기도 하다. 이런 흐름이 생겨난 것은 최근에 화폐자본의 축적이 극단적으로 이루어진 것과 궤를 함께한다.243 금융제도는 대규모 건조환경의 조성에도 핵심적인 추진 동력이 될 수 있다. 이미 언급한 것처럼 그것은 부동

242_ 시멘트로 만든 콘크리트가 주재료인 건조환경의 대규모 조성과 함께 남성의 생식능력도 크게 위축되고 있다. 자본주의적 건조환경은 플라스틱 용기와 식품 랩, 방수복, 청소용품의 향, 비누와 샴푸, 전자기기와 카펫 등 석유화학제품을 일상적 용품으로 사용하게 만든다. 하지만 그런 것들에 들어있는 유해화학물질의 영향으로 남성의 정자는 1973년 이후 그 수가 60%나 감소했고 남근의 크기와 고환 부피도 줄어들었다는 연구 보고가 있다 (Brockovich, 2021.3.18.).

243_ 사용가치 중심의 생산에 비해 교환가치 중심의 생산이 '거대한 상품 더미'를 만들어낼 공산이 훨씬 더 크지만, 이 경향을 극단적으로 강화할 수 있는 것이 화폐자본의 무한한 축적 잠재력이다. "신용제도의 핵심 부분은 축적이 무한 성장의 세계로의 길을 막는 어떤 화폐적 장벽도 모두 돌파하는 그것의 능력이다. 종이화폐(IOUs)에는 무한히 창출할 가능성이 있다. 2001년 이후 미국의 주택 거품현상에서 그런 일이 일어났다. 가격은 올라가고 있었고, 상승하는 주택의 자산가치로 모두가 돈을 벌었다. 그리고 더 많이 벌수록 가격은 더 올랐다. 사람들이 주택 가격이 소득과는 너무나 일치하지 않는다는 것을 깨달을 때까지 주택은 인출금액에 아무런 한도가 없는 현금인출기와 같았다. 똑같은 일이 1980년대 일본의 부동산 호황 때도 일어났다. 파국이 다가오면 소유자들의 유동성(현실적 경화의 확보)이 가장 중요하다. 유동성이 부족한 정도에 따라 압류, 손실, 자산 감가가 쌓이고 또 쌓인다"(Harvey, 2013: 164/하비, 2016b: 346-47).

산개발업자와 주택소비자 양자에게 부동산의 개발과 구입에 필요한 자금을 대부하고 대출해줌으로써 부동산시장에서 가치의 생산과 실현이 원활하게 이루어지도록 만들기 때문이다. 자본의 운동은 화폐가 충분히 공급되지 않으면 차질을 빚게 된다. 이때 생겨나는 신용 압박의 문제를 해결해주는 가장 유력한 장치가 **신용제도**다. 신용제도는 "자본주의적 생산의 대립적 성격" 즉 자본과 노동의 적대적 관계로 인해 발생하는 자본주의적 "생산의 내재적 속박과 한계"를 돌파할 수 있게 해준다(맑스, 2015c: 569-70). 물론 신용제도는 "과잉생산과 상업의 지나친 투기의 주요한 지렛대"가 될 수도 있다. 그것은 "그 성질상 탄력적인 [자본의] 재생산과정"이 "극한까지 강행"(569)될 수 있도록 하는 것이다. 부동산시장에서 신용의 팽창과 투기로 인해 건조환경의 개발이 과도하게 진행되는 것도 그런 경우라 하겠다.

가치의 운동이 지속되는 한, 특히 그것이 금융자본의 지배 아래 있는 한, 신용제도가 조장하는 투기에 의한 자본 재생산과정의 '극한적 강행' 형태로 진행되는 서울의 도시화가 중단될 것을 기대하기는 어려울 것이다. 자본의 운동이 금융자본에 지배되고, 공간의 생산이 '생산의 내재적 속박과 한계'를 벗어난 가치증식에 동원되면, 부동산의 재개발이나 재건축이 극한적으로 이루어지는 것은 필연적이다. 그러나 자본의 운동인 한에서 그것은 젠트리피케이션의 형태를 띨 개연성이 높고, 그 결과 소수는 개발 이득을 얻고 가난한 다수는 축출되는 사회적 불평등을 심화시킬 수밖에 없다. 도시 재개발로 수직 도시, 경관적 공간이 만들어지면 '부수적 피해'가 동반된다. 건조환경의 대규모 조성으로 시멘트 사용, 화석연료 소비가 늘어나면서 이산화탄소가 양산되며 기후 위기가 악화함으로써 인류의 생존이 위협받는 것이 단적인 예다.244 금융자본주의의 지배 아래 자본의 운동

244_ 영국 서섹스 대학의 벤저민 소바쿨 교수가 이끈 최근의 한 연구에 의하면, 화석연료를 사용해서 발전(發電)하게 되면 심각한 기상이변이 잦아지고 치명적인 대기오염이 생겨나는 등의 '부정적 외부효과'로 엄청난 규모의 보이지 않는 사회적 환경적 비용이 발생할

이 지속되는 한, 자본주의적 도시화의 심화와 함께 도시적 경관의 확산은 계속될 것이다. 하지만 바로 그런 점 때문에 가치 운동의 지양과 자본주의적 생산양식의 철폐가 절체절명의 과제로 떠오르게 된다. 도시가 경관화와 함께 죽음의 공간이 되는 것을 막기 위해서는 자본의 축적 운동을 철폐해야만 하는 것이다.

3. 삶 공간과 도시에 대한 권리

서울을 삶의 공간으로 전환하려면 그 도시적 형태를 형성하는 원리, 다시 말해 서울의 **모르페**를 규정하는 **에이도스**를 바꿔내는 것이 필수적이다. 서울의 생김새는 이제 기본적으로 금융자본의 가치법칙을 자신의 에이도스로 삼고 있는 셈이며, 서울의 '인형태(모르페)'가 금융화된 모습을 띠고 있는 것도 그 결과다. 수직 도시화, 경관화, 상품화, 브랜드화, 스펙터클화 등의 지배를 받게 되면서 서울은 판타스마고리아적 공간으로 변모했고, **사용가치**가 중심이어야 할 생활공간까지 **교환가치**의 지배를 받고 있다. 교환가치가 사용가치를 압도하게 되면, 생활공간도 자본의 순환에 포섭되고 만다. 저층 주거지들에 새로운 형태로 조성된 직선화된 골목들이 상품의 유통 공간이 된 것이나, 도시 전역의 시장화가 진행되고 있는 것이 단적인 예다. 도시에서 거주와 휴식, 교류, 유희, 창조, 호혜적 관계, 문화(자연적 성장의 돌봄), 자유시간 등으로 구성되는 삶이 가능해지려면 교환가치와는 무관한 사용가치가 풍부해지는 것이 필요하다. 이를 위해 앙리 르페브르는 도시를 **제품-도시**에서 **작품-도시**로 전환할 것을 주장한 바 있다. 그것은 도시가 **도시적인 것**이 되어야 한다는 제안이었다. 르페브르에 따르면, 도시가 "어떤 명확하게 규정된 확정적 대상, 과학적 대상, 행위의

수 있다. 화석연료에 의존한 에너지 및 수송 체계로 발생하는 간접비용은 세계 GDP의 4분의 1이 훨씬 넘는 25조 달러에 달한다(Sovacool, et al., 2021; *Independent*, 2021.2.27.).

직접적 목표"라면, 도시적인 것은 "가상적이거나 가능한 대상"(Lefebvre, 2003: 16)이고, 도시가 "현재적이고 즉각적인 현실, 실제-물질적 건축적 실상"이라면, 도시적인 것은 "사유에 의해 상상되고 구성되고 재구성되어야 하는 관계들로 이루어진 사회적 현실"(1996: 103)에 속한다. 도시는 그렇다면 완성된 모르페로 우리 눈앞에 나타난 직접적 대상인 셈이며, 도시적인 것은 아직 모르페가 확정되지 않은 무정형의, 잠재성과 가능성의 영역인 셈이라 하겠다.

단, 잠재적이고 가능한 것이라고 해서 도시적인 것을 관념적인 것으로 여길 일은 아니다. 르페브르에 따르면, "도시적 삶, 도시적 사회 즉 도시적인 것은 어떤 실제-물질적 기반, 어떤 조직 형태(morphology) 없이 지낼 수 없다."

> 그것들은 그것[조직 형태]을 가지고 있고 그것을 가지고 있지 않다. 만약 그것들
> 이 그것을 가지고 있지 않다면, 도시적인 것과 도시적 사회가 그 기반 없이
> 상상된다면, 그것은 그것들이 가능성들로 여겨진다는 것이고, 현실 사회의 잠재
> 성들이 말하자면 지식과 도시계획 사상을 통해, 즉 우리의 '성찰들'을 통해 체현
> 과 구현을 추구하고 있다는 것이다. 이들 가능성은 구현되지 못하면 쇠퇴해서
> 사라지게 되어 있다. 도시적인 것은 영혼이나 정신, 철학적 실체가 아니다(103).

도시적인 것은 여기서 실제-물질적인 구체적 형태, 즉 모르페는 아직 아니나 그런 것을 구현할 힘을 지닌 어떤 **현실적인 것**으로 제시되고 있다. 그것은 "사유에 의해 상상되고 구성되고 재구성되어야 하는 관계들", 도시와 관련된 성찰들과 그에 기반을 두거나 연관된 식견과 계획 등으로 이루어진다는 점에서 "사회적 현실"에 속한다. 그런 것으로서 도시적인 것은 이미 건축적 실상인 완성된 도시에도 개입하는 기획 같은 것으로 존재한다고 할 수 있다. 도시가 작품-도시가 가장 잘 될 수 있는 것은 그런 기획이

최대한 활용될 때일 것이다.

그러나 오늘날 서울은 철저하게 제품-도시의 상태에 놓여 있다. 교환 가치의 지배를 받는 제품-도시는 '거기서 거기'의 모습에서 잘 벗어나지 못한다. 교환가치는 어떤 생산물이 그에 의해 다른 생산물들과 상이한 양적 비율로 교환될 수 있게 해준다는 점에서 일견 다양성을 허용하는 듯하지만, 교환 비율이 결국 생산물들의 가치량에 의해 결정되는 한 일률적이다. 반면에 생산물들의 사용가치는 각각의 물질적 특성에 따라 서로 다르며, 같은 물건이라도 사용하는 사람에 따라 다른 의미와 용도를 지닌다. 도시를 작품 즉 사용가치로 만든다는 것은 이렇게 보면 일률적인 가치법칙의 지배로부터 도시를 해방해 사람들이 그것을 가치증식과 분리된 비자본주의적 삶을 위한 용도로 다양하게 사용할 수 있게 하는 것이다. 그래야만 도시는 "이미 생산된 그것의 공간을 더 폭넓은 사회적 필요에 기초해 새로 다듬어낼 능력을 지닌 도시 주민들의 삶 공간이 된다"(Fraser, 2015: 91).

르페브르에 따르면, 도시 공간은 지각된 공간(l'espace perçu), 개념화된 공간(l'espace conçu), 살아진 공간(l'espace vécu)의 세 층위로 이루어져 있다(Lefebvre, 1991: 38).[245] 이들 공간은 그가 "공간 생산의 삼항적 계기로 제시한 공간적

245_ 르페브르가 사회적 공간의 세 종류로 말한 'l'espace perçu' 'l'espace conçu' 'l'espace vécu'
    는 통상 '지각된 공간' '인지된 공간' '체험된 공간'으로 번역되지만, 여기서는 '인지된
    공간' 대신 '개념화된 공간' '체험된 공간' 대신 '살아진 공간'을 선택한다. 'l'espace
    conçu'에 사용된 'concevoir'를 '인지하다'로 옮기면 'perçu'의 원형인 'percevoir'를 한국어
    로 옮길 때 사용하는 '지각하다'와 잘 구별되지 않는다. 여기서는 'concevoir'가 '(일정한
    방식으로 사태를) 생각하다'와 통함을 고려하여 '개념화하다'를 번역어로 선택했다. 참고
    로 영어 번역에서는 'conçu'를 'conceived'와 'conceptualized'로 옮기고 있다. 다음으로,
    'l'espace vécu'를 '체험된 공간' 대신 '살아진 공간'으로 옮기는 것은 그 공간이 도시민들
    의 거주 등 삶을 가능하게 하는 데 중요한 역할을 한다는 점을 고려해서다. 'l'espace
    vécu'가 영어로 'lived space'로 번역된다는 점도 참고했다. 하비의 경우 『포스트모더니티
    의 조건』에서 르페브르의 3항 구도를 참고한다고 하면서도, 구체적인 공간적 실천을
    '경험되는 것', 공간 재현을 '지각되는 것', 재현 공간을 '상상되는 것'과 연결하고 있다(하
    비, 1994: 270-72). 하비의 분류는 공간적 실천과 지각되는 공간, 공간 재현과 개념화되
    는 공간, 재현 공간과 살아지는 공간을 연결하는 르페브르의 그것과는 매우 다른 셈이나,

실천, 공간 재현, 재현 공간"(최병두, 2018: 156)에 각각 조응한다. "사회적 공간의 세 가지 계기"로서 지각 공간, 개념 공간, 삶 공간은 서로 연결되어 있다. 르페브르에 따르면, "지각된, 개념화된, 살아진 영역들이 '주체' 즉 특정한 사회적 집단의 개별 성원이 혼돈을 겪지 않고 한 집단에서 다른 집단으로 움직일 수 있게 서로 연결되어 있어야 한다는 것"은 "논리적 필연성"이다(Lefebvre: 40).

그러므로 여기에는 온전한 안경이 있고 저기에는 깨진 안경이나 거울이 있는 것처럼, 한쪽에 전체적인(개념화된) 공간이 있고, 다른 한쪽에 파편화된(살아진) 공간이 있는 것은 아니다. 공간은 전체적이면서 깨져 있고, 온전하면서 파손되어 있기 때문이다. 동시에 개념화되고 지각되고 살아지는 것처럼(355-56).

그러나 사회적 공간의 세 가지 형태가 "일관성 있는 전체를 구성하느냐는 다른 문제다"(40).[246] 세 공간 간에는 불균등한 관계가 성립될 수 있다. 르페

여기서는 두 사람이 왜 그런 차이를 드러내는지 살펴볼 여유가 없다.

246_ "사회적 공간의 세 가지 계기를 이해하려 할 때 **신체**를 생각해보는 것이 도움이 될 수 있다. 어떤 집단이나 사회의 한 구성원인 어떤 '주체와 공간의 관계가 그와 신체의 관계를 함축하고 그 역도 마찬가지라는 점에서 더욱 그렇다. 전반적으로 볼 때 사회적 실천은 신체의 사용— 손과 팔다리, 감각기관의 사용, 그리고 노동 동작과 노동과 무관한 활동 동작— 을 전제한다. 이것은 **지각**의 영역(심리학의 견지에서는 외부 세계에 대한 지각의 실제 기반)이다. 신체의 **재현**을 놓고 본다면, 이것은 이데올로기가 뒤섞여 퍼지는 축적된 과학적 지식— 해부학·생리학의 지식, 질병과 그 치료의 지식, 그리고 신체와 자연의 관계와 신체와 그 환경의 관계에 대한 지식— 에서 유래한다. 신체적으로 **살아진** 경험은 그것대로 매우 복잡하고 아주 특이한데, 여기서는 문화가 상징들과 오래된 유대-기독교 전통— 그 일부 측면들이 정신분석에 의해 규명된— 에 의거한 환상적 직접성을 지니고 개입하기 때문이다. **살아진** '심장'은 이상하게도 **개념화된** 심장이나 **지각된** 심장과는 다르다. …지각-개념-삶 3항공간적 용어로는 공간적 실천, 공간 재현, 재현 공간은 추상적 '모델'로 취급되면 모든 힘을 잃게 된다. …삶·개념·지각 영역들이 '주체 즉 특정한 사회적 집단의 개별 성원이 혼돈을 겪지 않고 한 집단에서 다른 집단으로 움직일 수 있게 서로 연결되어 있을 것, 그만큼은 논리적 필연성이다. 그것들이 일관성 있는 전체를 구성하느냐는 다른 문제다"(40. 원문 강조).

브르는 "모든 사회적 실천들처럼 공간적 실천은 개념화되기 전에 살아진다"면서 삶 공간의 우선성을 주장하지만, "살아진 것에 대한 개념화된 것의…우위"(34)가 작용함도 지적한다. "어떤 사회(또는 생산양식)에서든 지배적인 것"은 "살아진 것과 지각된 것을 개념화된 것으로 동일시하는 과학자들, 기획자들, 도시계획가들, 토지구획 관료들과 사회공학자들, 그리고 과학적 취향을 지닌 특정 유형의 예술가에게 속한 공간"(38-39), 즉 개념 공간이라는 것이다. 개념 공간의 우위가 작동하는 것은 **살아지는** 것보다 **알려지는** 것 또는 **보이는** 것에 우선성을 부과하는"(61. 원문 강조) 식자층에서 흔히 볼 수 있는 경향, "결국 읽기와 쓰기의 우선성을 함축하는, 시각적 영역에 부여되는 절대적 우선성"(146) 때문이라 할 수 있다.

개념 공간이 "어떤 사회에서든…지배적인 것"이라면, 자본주의적 생산양식에서는 그것은 무엇보다도 자본의 운동법칙에 종속될 것이다. 자본의 운동은 자기-증식하는 가치의 운동이며, 이것은 노동생산물이 상품으로 생산되고 판매되어 그 가치와 잉여가치가 실현된 뒤 잉여가치 일부가 최초의 자본가치에 추가되어 재생산이 진행되는 과정이다. 그러나 산업자본의 이런 운동은 오늘날 금융자본의 운동 때문에 지배되거나 교란되고 있다. 서울이 금융화된 도시적 형태를 갖추게 된 것도 한국의 공간 생산에서 개념 공간을 형성하는 공간 재현이 금융자본의 운동에 지배된 결과다. 서울의 금융화된 생김새는 무엇보다도 젠트리피케이션이 곳곳에서 진행됨으로써 형성되었다. 신축형이든 상업형이든 젠트리피케이션은 부동산 개발과 금융시장의 결합인 금융적 매개를 활성화하는 자산 도시주의가 팽배함에 따라 나타난 공간 생산의 방식이다. 서울 곳곳에 지금 브랜드화한 고층 건물들—이윤 내는 기계들—이 들어서 있고, 저층 주택가가 빌라촌으로 바뀐 것이나, 서울과 비서울의 경계가 불분명할 정도로 교외화가 진행된 것도 금융화의 공간적 효과다.

문제는 그런 도시적 형태는 "살아진 것에 대한 개념화된 것의…우위"

를 나타내며, "삶과 더불어 관행이 사라지게 만든다"(34)는 것이다. '관행'의 사라짐은 삶 공간이 소멸했거나 약화했다는 표시다. 관행의 축적을 위해서는 삶 공간의 풍부한 확보가 필수적이다. 삶 공간은 개념 공간을 지배하는 교환가치보다는 사용가치를 위한 공간의 유형이라 할 수 있다. 그러나 자본의 운동법칙이 공간 생산을 지배하게 되면, 주택가나 골목과 같은 탁월한 삶의 공간에서도 관행을 형성하는 것이 어려워진다. 거주와 생활, 그에 따른 습속과 전통의 축적에 크게 몫을 해온 골목도 이제는 통로 또는 유통 공간으로 바뀌었다. 이로 인해 주택가까지 화려한 모습으로 바뀐 곳도 많지만, 새것 중심의 그런 경관은 자연적 변화를 허용하지 않는 위생 처리된 공간이기도 하다. 이것은 삶 공간에 대한 개념 공간의 우위가 발휘된 효과로서 자본주의적 생산양식에서는 사용가치에 대한 교환가치의 우위로 나타나며, 금융화의 시대에는 산업자본에 대한 금융자본의 우위로 나타난다. 서울에 새 건물이 들어섰다 하면 아파트와 빌라 건물이라는 점이 그런 점을 구체적으로 보여주고 있다. 이런 현상은 자산 도시주의와 주택의 금융 자산화가 활성화한 가운데 금융자본을 장악한 은행들이 부동산 담보 대출을 공격적으로 판매해 생겨났으며, 사용가치보다는 교환가치의 명령이 더 크게 작용하는 공간 재현의 작용에 공간적 실천이 지배된 결과다.

하지만 "모든 사회적 실천처럼 공간적 실천은 개념화되기 전에 살아진다"(34)는 점이 부정될 수는 없다. 사람들은 어디서든 거주하고 교류하고 유희하고 놀고 창조하며 쉴 수 있어야 한다. 그들은 삶 공간에서 살 수 있는 것이지 개념 공간, 예컨대 박물관과 같은 곳에서 살아가는 것이 아니다. 박물관이 아감벤의 말처럼, 그 안의 물건들을 성스러운 것으로 모시는 분리된 '종교적' 공간이라면, 삶 공간은 오히려 그것들을 '비속한' 것, 범속한 사용 대상으로 만드는 공간(Agamben, 2007: 82)에 해당한다. 르페브르는 도시란 삶 공간이 되어야 한다고 믿었기에 그것을 작품으로 간주했다. 작품-도시는 '도시적인 것'이다. "**도시적인** 것은 하나의 체계, 이미 닫혀버린 하나의 책으로서 그 시민들에게 자신을 강요하는 대신에, 일정하게 그들의 **작품**이 된다"(Lefebvre, 1996: 117. 원문 강조). 거주자들에게 작품이 되는 도시는 그들에게 체계나 강요, 명령으로 다가오는 개념 공간이 아니라, "사람이 살고 있고 거주가 가능한 공간, 개념화된 공간의 고루한 디자인에서 벗어나 예측 불가, 만남, 움직임, 즉흥성에 기초해서 구축된 영역", "요컨대 살아지는 공간"(Fraser, 2015: 77)이다.

단, 살아지는 공간은 저절로 주어지지 않는다는 것이 문제다. 도시를 삶 공간으로 전환하기 위해서는 **도시에 대한 권리(도시권)의 확보**가 절대적으로 필요하다. 도시권이 필요한 것은 무엇보다도 특권적인 소수가 도시를 배타적으로 독점해 대다수 인구를 거기서 배제하는 상황을 종식해야 하기 때문이다.[247] 그런 상황은 자본주의적 도시화의 결과에 속한다. 서울과 같은 자본주의적 도시는 최근에는 금융화에 의한 도시화가 새롭게 진행됨으로써 상품화와 브랜드화가 이루어지고 경관적 공간으로 대거 바뀌었다. 하지만 그런 형태는 공간의 사용가치가 교환가치에 의해 압도되어 도시적 삶이 어려워진 모습이다. 서울의 경우 그런 것은 2000년대 이후에 더욱 두드러졌지만, 자본주의적 도시화가 어제오늘의 현상인 것은 아니다. 르페브르는 이미 1960년대 말에 사용가치가 우선하는 도시를 만들기 위해 도시권을 "하나의 외침이요 요구"로 규정한 바 있다. 당시 그는, 도시화의 폐해를 치유하는 방안으로 일부 논자들처럼 '자연에 대한 권리'를 주장하는 것은 농촌과 자연이 도시화 과정에 포획되어 "구매되고 판매되는 교환가치와 상품"(Lefebvre, 1996: 158)이 된 상황을 외면한 채 오히려 자본주의적 도시화의 흐름을 지지하는 것으로 보고, 그 대신 도시에 대한 권리를 회복하는 것을 긴요한 과제로 여겼다. 도시권은 다양한 개념적 층위를 지닌다. 르페브르는 도시권을, 1) 도시를 작품으로 다룰 권리, 2) 도시를 전유할 권

247_ 이하의 내용은 강내희(2017b)에서 가져와서 맥락에 맞게 수정하고 보완한 것이다.

리, 3) 도시에 거주할 권리, 4) 도시에 대한 의사결정 과정에 참여할 권리, 5) 도시에서 차이적 공간을 생산할 권리, 6) 도시생활에 필요한 정보에 대한 권리, 7) 도시 중심에 대한 권리, 8) 도시생활에 대한 권리 등으로 이해한다.[248]

도시적 형태의 시학이라는 관점에서 이들 권리 가운데 특히 주목해야 할 것은 **도시를 작품으로 다룰 권리**가 아닐까 싶다. 왜냐하면 도시적 형태의 시학은 **공간-시학**이고, 여기서 도시적 형태는 르페브르가 말하는 '도시적인 것'이 되어야 할 것이기 때문이다. 도시적인 것이 도시민들에게 "자신을 강요하는" "닫혀버린 하나의 책"이라기보다는 작품이라면, 오늘날의 도시적 형태는 후자보다는 전자에 훨씬 더 가깝다. 자본주의적인 생산양식에서 그것은 가치법칙의 지배를 받는 **인형태**로서 **제품**이 된다. 도시적 형태의 제품 성격은 금융 자산화로 인해 주택들이 교환가치의 지배를 받고 있다는 사실이 말해주고 있다. 서울의 도시적 형태도 제품의 굴레에서 벗어나지 못했으며, 혹여 작품이 되었다면 특권적 소수에게만 그럴 뿐이다. 이때 그것은 '**삶을 대체한 예술**'에 가깝다. 제인 제이콥스에 따르면, "도시 또는 심지어 도시 한 지역을 규율 잡힌 예술작품으로 전환하면 질서가 부여될 수 있는 커다란 건축학적 문제인 양 그 도시와 지역에 접근하는 것은 삶을 예술로 대체하려는 오류를 범하는 것이다"(Jacobs, 1993: 486).[249] 서울의 경관화된 모습도 삶을 대체한 그런 예술에 해당한다. 예로서는, 차경 기법을 활용해 조성한 고급 주택단지 주변의 자연풍경을 극히 적은 사람들

248_ 여기서 언급한 도시권들은 강현수(2009: 50-58)와 곽노완(2011: 203)을 참고해 나름대로 정리한 것이다.

249_ '삶을 대체한 예술'의 비판을 통해 제이콥스가 예술을 거부하기만 하는 것은 물론 아니다. 그녀에 따르면, "삶을 예술로 대치하려고 하는 대신에 도시 설계자들은 예술과 삶 양자의 위상을 드높이는 전략으로 되돌아가야 한다. 삶을 밝혀주고 분명히 하며 삶의 의미와 질서를 우리에게 설명해주는― 이 경우 도시의 질서를 밝혀주고 분명히 하며 설명해주는― 전략 말이다"(Jacobs: 489).

이 사적 향유의 대상으로 즐기고 있는 것이나, 자산가가 강변 고급 고층아파트에 입주해 한강의 멋진 풍광을 혼자 즐기는 것 등을 들 수 있다. 도시에 대한 그런 심미적 향유는 고도의 건축학적 전문성을 통해 구축된 공간적 질서에 기반을 두고 있지만, 삶의 공간을 교환가치가 포획한 결과이기도 하다. 이런 점은 예술작품으로서의 건축이 르페브르가 말한 도시적인 것으로서의 작품과는 다름을 말해준다. 단, 제이콥스와 르페브르가 상반된 주장을 펼친다고 볼 필요는 없다. "도시는 **정말** 예술작품**이다** 하고 말할 때"의 르페브르는 "역설적으로 제이콥스가 도시는 예술작품이 **아니다** 하고 주장했을 때 의도한 것을 그대로 말하고 있다"(Fraser, 2015: 77. 원문 강조). 일견 서로 다른 주장들이 같을 수 있는 것은 도시란 삶의 공간이어야 한다는 인식을 공유하고 있기 때문이다. 삶 공간으로서의 도시를 강조하기 위해 한 사람은 도시는 예술(작품)만 되어서는 안 된다고 하고, 다른 사람은 오히려 도시는 작품이 되어야 한다고 하고 있다.

도시권은 넓게 보면 사람들이 도시에서 주거·일자리·교통·정보·통신·교육·보건·복지·소득·공간·시간 등과 관련된 자원들을 자유롭고 풍부하게 활용할 수 있는 권리에 해당할 것이다. 도시가 삶 공간이 되기 위해서는 그런 권리를 누릴 수 있어야만 하겠지만, 사용가치가 교환가치에 의해 압도당하고 있고, 가치법칙을 에이도스로 지닌 도시적 형태가 지배하는 자본주의 도시에서는 그런 일이 쉽지 않다. 도시적 권리를 풍부하게 누리려면 도시적 형태를 새롭게 형성할 필요가 있고, 그러려면 가치법칙의 지양을 통해 도시의 지배적 인형태를 바꿔내는 것이 요구된다. 이때 '도시를 작품으로 다룰 권리'가 특별히 요청되는 것은 그것이 도시적 형태에서 가장 직접적이고 중요한 역할을 한다고 볼 수 있기 때문이다. 작품은 '도시'와 구분되는 '도시적인 것'에 해당한다. '도시'가 사람들에게 강요되는 완성된 체계, "이미 닫혀버린 책"(Lefebvre, 1996: 117)이라면, '도시적인 것'은 "체현과 구현"을 기다리는 공간적 "가능성들"과 "잠재성들"(1991: 103)

의 차원이다. 도시를 작품으로 다룰 수 있는 권리는 도시에서 그런 차원들을 키워내고자 도시를 도시적인 것으로 전환하는 데 요구되는 권리라 할 수 있다.

도시를 작품으로 취급할 수 있기 위해서는 다른 측면의 도시권도 당연히 중요하다. 예컨대 도시에 거주하고 도시를 전유하며 도시생활을 할 수 있는 권리가 없다면 도시를 작품으로 취급할 수 있는 기회조차 얻지 못할 것이고, 도시에 대한 의사결정 과정에 참여할 수 없다면 도시를 작품으로 만들어낼 수 있는 기회는 크게 제한될 것이며, '차이적 공간'—르페브르가 공간적 동질성을 생산하는 자본주의적 추상공간의 대안 형태로 제시한—을 생산할 권리가 없다면 도시가 오늘날처럼 금융화된 도시적 형태에 포획된 상태에서 벗어나지 못할 것이다. 도시 중심에 대한 권리도 박탈당하면 예컨대 젠트리피케이션에 의해 축출될 때처럼 중심에 집중된 삶의 자원들과 기회들—도시를 작품으로 전환하는 데 필수적인—을 잃게 된다.250 도시를 작품으로 다룰 권리를 중심으로 도시권을 생각하려는 것은 그래서 도시권의 다른 권리들을 부정하려는 것이 아니다. 그래도 도시의 도시적인 것 되기가 작품-도시되기라는 점을 고려하면, 도시적인 것의 확보를 위해서는 도시권을 도시를 작품으로 다룰 권리로 생각하는 것이 무엇보다 중요하다고 볼 수 있다. 도시는 이 경우 시학적, 특히 공간-시학적 대상으로 상정된다. 공간 시학의 대상으로서 작품-도시는 허구적 세계를 그 안에 품게 되며, 그에 따라 '시적 정의'가 구현될 수 있는 공간이 될 수 있다.

250_ 예컨대 앤디 메리필드는 '도시 중심에 대한 권리'를 "단순한 방문권…젠트리피케이션이 일어난 옛 도시를 멍하니 바라보며 당신이 그로부터 축출당한 도시를 하루 즐기는 추억 여행이 아니라 그 중심의 삶에 참여하고, 활동의 열기 속에 있을 권리"(Merrifield, 2011: 475; Tsavdaroglou, 2020: 231에서 재인용)로 이해한다.

4. 도시권의 민주화와 시적 정의

도시에 거주하며 도시를 전유하고 필요한 정보를 수집해 도시생활을 누리고, 도시와 관련된 주요 의사결정 과정에 참여하며 도시에서 '차이적 공간'을 생산함으로써 도시를 작품으로 다룰 수 있는 권리를 갖지 못하면 도시에서의 삶은 척박해질 수밖에 없다. 도시의 문화적·정치적·경제적 자원들을 누리지 못하는 삶은 어떤 측면에서든 빈곤을 면하기 어렵다. 그런 자원들을 활용할 기회는 따라서 도시적 삶을 풍부하게 만들기 위해 누구나 누려야 할 권리가 되어야 한다. 그리고 그것은 도시를 작품으로 가꾸어 삶 공간으로 전환하는 데에도 필수적이다. 단, 도시에 대한 권리를 누구나 누려야 할 보편적 권리로 간주할 때 **주의해야 할 점**도 없지 않다. 사실 "도시에 대한 권리는 텅 빈 기표다. 모든 것은 누가 그 의미를 채우느냐에 좌우된다. 금융가와 개발업자도 그것을 주장하고 있고, 또 그렇게 할 모든 권리를 가질 수 있다"(Harvey, 2012: xv). 문제는 이렇게 되면 권리와 권리가 충돌하게 된다는 것이다. 여기서 "동등한 권리와 권리가 서로 맞섰을 때는 힘이 문제를 결정한다"는 원리가 다시 상기된다(맑스, 2015a: 313). 금융자본이 도시적 형태를 결정하는 힘을 장악한 결과 서울의 생김새는 이제 금융화된 특징을 지니게 되었다. 이런 현상은 도시에 대한 권리의 쟁취를 놓고 사람들이 서로 경쟁함에 따라 결국 주택단지 개발권, 도시 자원에 대한 접근권, 도시의 시각 환경 결정권, 도시 정책에 대한 영향권 등을 금융자산을 보유한 소수가 장악한 결과다. 그동안 곳곳에서 다양한 형태의 젠트리피케이션이 진행되었다는 사실은 그런 특권이 널리 행사되었음을 말해준다. 그것은 "자유·평등·소유·벤담"이 지배하는 "천부인권의 참다운 낙원"(232)으로서, 고전 정치경제학자들의 유토피아가 실현된 모습이기도 하다. 문제는 그런 '낙원'에서는 '자본주의적 축적의 일반법칙'이 작용해 소수에게는 "부의 축적", "노동자계급 측"에게는 "빈곤·노동의 고통·노예상태·무지·잔인·도덕적 타락의 축적"(879)이 필연적이라는 데 있다.

그래서 긴급하게 요청되는 것이 도시권만이 아니라 **도시권의 민주화**
다. 민주적이지 않은 도시권은 공간의 생산에서 도시 자원들을 소수가 독
점하는 전횡으로 이어진다. 데이비드 하비에 따르면 도시권은 개별적 권리
라기보다는 **공통적 권리**다.

> 도시에 대한 권리는 도시 자원에 접근할 개인적 자유 훨씬 이상의 것이다. 그것
> 은 도시를 바꿈으로써 우리 자신을 바꿀 권리인 것이다. 더구나 그것은 이 변혁
> 이 불가피하게 도시화 과정을 고쳐 만들 집합적 권력 행사에 의존해야 한다는
> 점에서, 개별적이 아니라 공통적인 권리다(Harvey, 2008, 23).

하비가 도시권을 개별적 개인의 자유나 권리를 넘어선 '공통적 권리'로 볼
것을 요청하는 이유는 명확하다. "도시 자원에 접근할" 권리로서 개인적인
사적 자유는 사실 너무 많이 허용되고 있다.[251] '소유권 지상주의'라고 해
야 할 그런 자유의 남용이, 금융화에 기초한 신자유주의적 축적 전략에 의
해 오늘날 공간이 생산되는 방식이다. 도시 자원을 활용하는 사적 권리는
최근에 **협치**(governance)의 형태로 공공영역에까지 확대되었다. 그런 **의사-
민주주의적** 절차가 채택되면, 공간 생산에 실제로 참여하는 민중―오늘날
갈수록 프레카리아트로 전환되고 있는 노동자·여성·성 소수자·노약
자·이주민·신체부자유자·청소년·학생 등―은 배제당하고, 엘리트 집

251_ 하비가 말하는 '개별적(individual) 권리'는 '개인적(personal) 권리'와는 구분될 필요가 있
     다. 후자가 예컨대 개인적 소유에 대한 권리라면, 전자는 개인의 소유도 강탈하는 부르주
     아적 사적 권리에 해당한다. 맑스는 '사적 소유'는 "생산자 자신의 노동에 기반을 두는
     것"과 "타인노동의 착취에 기반을 두는 것"(2015a: 1048)으로 구분했는데, 후자의 경우
     가 부르주아적 사적 소유다. 『코뮌주의 선언』에서 맑스와 엥겔스는 코뮌주의가 되면 "자
     본이 공동 소유로, 사회 모든 구성원들의 소유"로 전환되고, 이에 따라 사회적 소유가
     사적 소유의 성격을 탈피하게 되지만, "개인적 소유는 그에 따라 사회적 소유로 전환되
     지 않는다. 변하는 것은 소유의 사회적 성격이다"라고 말한 바 있다(Marx and Engels,
     1968: 47). 제7장의 각주 186 참고.

단―정치인·행정가·학자·법률가·사업가·금융가·시민사회지도자 등―이 공간과 관련된 중요한 의사결정의 과정을 주도하게 된다. 다시 말해 개념 공간을 지배하는 **공간 재현의 전문가들**이 공간의 생산을 장악하게 되는 것이다. 부동산 개발에서 널리 활용되는 공공-민간 협력(public-private partnership, PPP)이 좋은 예다. 통상 협치의 형태로 진행되는 PPP는 공공 부문과 개인 부문에 대한 사적 지배를 강화한다는 점에서 의사-민주주의적 의사결정 행위에 속한다.252 한 논자에 따르면, "PPP의 언어는 다른 전략들과 목적들을 '제대로 보지 못하게' 하기 위한 게임이다. 그런 목적의 하나는 민영화이고, 사적 제공자들이 공적 조직에 손해를 입히며 공적 서비스를 공급하도록 장려하는 것이다"(Khanom, 2010: 154). 이런 맥락에서 보면 하비가 도시권을 공통적 권리로 만들자는 것은 도시권을 소수의 권리로 제한시키는 PPP와 같은 신자유주의적 공간 생산의 방식을 중단시키고, 그 과정에서 배제되는 사람들의 권리를 복원하고 확대하자는 제안이라 하겠다.

도시의 자원들을 소수의 개인이 사적으로 독점하는 것이 아니라, 그것들을 도시 민중―생존과 생활을 위해 노동을 해야 하거나 공적 지원에 의존해야 하는 도시민―의 삶을 위한 공통 자원으로 전환하고, 도시도 삶 공간으로 바뀌낼 민중적 능력의 강화 또는 도시권의 민주화를 위해 여기서 제안하는 방안은 **시학적 접근**이다. 도시권을 민중의 공통적 권리로 만들려면, 도시권의 단순한 확보만으로는 부족하다. 하비가 도시권을 개별적이 아니라 공통적인 권리로 간주할 것을 주장하는 것은 누구든 모두, 즉 사회적 약자들만이 아니라 금융가와 개발업자, 재벌까지도 도시권을 행사하고 있는 상황에서는 세력 관계의 불균형으로 인해 특권적 소수가 그것을 독점하는 것이 거의 필연적이기 때문이다. 공통적 권리로서 도시권은 **민주화된 도시권**에 해당한다. 다만 도시권의 민주화도 제대로 실천하는 것이 필

252_ 공공 부문과 개인 부문, 사적 부문 간의 차이와 관계에 대해서는 곽노완(2011, 207-08) 참조.

요할 것이다. 제5장에서 본 것처럼 1987년 민주화 체제 수립 이후 과거 출입이 통제되던 서울의 광장은 '자유의 공간'으로 전환되었지만, 사회구성원들의 **공유지(커먼즈)**라기보다는 더 자유로운 일부에게만 열려있는 선별된 공간―'천부인권의 참다운 낙원'―으로 바뀌었다. 그런 점은 형식상의 민주화로는 광장의 '약속'―광장에 나가면 확보하리라던 안정된 일자리, 적절한 소득, 주거 공간, 성평등, 교육 기회, 보건 혜택, 노후보장, 여가시간, 취미활동, 생태적 환경, 경관 향유 등―이 제대로 지켜지는 것은 아님을 말해준다. 실질적 민주화가 이루어지려면 지금과 같은 자유민주주의가 아니라 민중민주주의의 실현이 필요하다. 이 맥락에서 도시권에 대한 시학적 접근도 재해석이 요구된다. 한편으로 우리는 도시를 작품 즉 시학적 대상으로 다뤄 거주와 교류와 유희와 창조와 휴식 등이 가능한 삶 공간으로 만들어야 하겠지만, 그런 삶의 기회를 소수만 장악하는 것을 막을 필요도 있다. 사실 오늘날 서울을 자신들의 작품으로 만들어 공제선과 도시 전경을 즐기며 여유로운 삶을 누리는 사람들은 갈수록 소수라고 봐야 한다. 도시를 작품으로 다룰 시학적 권리는 그래서 민중적 권리가 되어야 한다. 이를 위해 요구되는 것이 **시적 정의**의 관점이다.

'시적 정의'는 17세기 후반 영국의 비평가 토마스 라이머가 만들어낸 용어로서, "문학작품의 끝부분에서 인물들의 미덕이나 악덕에 따라 현세의 보상과 처벌이 배분되는 것"을 가리킨다. 시에서 정의가 구현될 수 있는 것은 그것이 **허구의 세계**이기 때문이다. 라이머는 "(극적인 비극을 포함한) 시란 그 자체의 이상적 영역으로서 적절함과 도덕의 이상적 원칙을 따라야 하는 것이지 흔히 현실 세계에서 사태가 풀리듯 멋대로의 방식을 따라서는 안 된다"(Abrams and Harpham, 2009: 270)고 생각했다. 선량한 인물은 보상받고 악덕한 인물은 처벌받게 하는 시 즉 허구의 세계는 **이상적 원칙**이 실현될 수 있다는 점에서 현실 세계와는 다르다. 허구를 통해 실현되는 정의는 이때 **규제적 이념**에 해당한다. 칸트에 따르면 구성적 이념이 직접 경험에 주어진 대상에 관한 생각이라면, 규제적 이념은 직접 경험할 수는 없어도 상정할 수는 있는 생각이다(Kant, 1996). 예컨대 '지구'나 '사회' '신' 등은 우리의 직접 경험 대상이 아니라는 점에서 설정된 대상이며, 그런 점에서 어떤 것을 이해하는 지침이 되는 규제적 이념이 된다. 시적 정의가 규제적 이념의 한 형태가 될 수 있는 것은 그런 이상적 상태가 실제 세계에서 바로 나타나지는 않더라도 적어도 가능성과 잠재성으로서는 제시될 수 있다는 점 때문이다.

도시가 시적 정의를 구현하려면 먼저 시학적 대상 즉 작품으로 전환되는 것이 필요하다. 시적 정의는 허구를 통해 실현될 수 있는 정의이기 때문이다. 도시가 시적 정의를 실천하는 데 필요한 허구적 차원이 르페브르가 '도시'와 구분한 '도시적인 것'이라 할 수 있다. 도시적인 것은 가능성과 잠재성의 차원으로서 도시에서 허구가 작동하는 차원이다. 사람들은 도시가 도시적인 것 즉 작품이 되어야만 거기서 창조적 힘 즉 상상을 발휘해 자신들의 염원과 희망을 표현할 수 있다. 이 맥락에서 시적 정의가 요청되는 것은 그것이 작동해야만 도시를 작품으로 주조할 수 있는 권리가 도시를 사적 소유와 향유를 위한 작품—하늘 높은 줄 모르고 올라가는 수직적 고층 건물들, 유통 공간이 된 도시 골목, 빗장 친 아파트단지, 고급 아파트단지 안의 조경 등—으로 전환하는 배타적이고 특권적인 기회로만 작용하지 않고, 사람들의 공통적 권리를 보장하는 **공간적 정의**를 실천하는 자원이 될 것이기 때문이다. 도시권의 민주화가 실질적인 효과를 생산하려면 시학적 대상, 작품이 된 도시에서도 시적 정의가 원리로서 작동하는 것이 필요하다.

도시권의 민주화를 위해 시적 정의가 요구되는 것은 **민주주의의 허구적 성격**과도 관련되어 있다. 민주주의는 그것이 '아직 아닌' '실현되지 않은' 사회적 현실인 한에서는 허구에 속한다. 이 허구는 시학적 대상의 특성이지만 그렇다고 현실과 무관하지는 않다. 작품-도시의 경우에는 완성된 제품 즉 '도시'로서는 존재하지 않지만, '도시적인 것'으로서는 현존한다. 도시적인 것은 앞서본 것처럼 "실제-물질적 기반, 어떤 형태 없이는 지낼 수 없"으며, 만약 형태가 없다면, 가능성과 잠재성을 구현하고 체현하기 위한 "도시계획과 지식" "우리의 성찰들"로서 현실적으로 존재하는 것이다 (Lefebvre, 1996: 103). 그런 점에서 그것은 현실 속의 이차원(異次元)에 속한다고 볼 수 있다. 페미니스트 철학자 주디스 버틀러는 일본의 정치사상가 무라야마 마사오가 제출한 '민주주의의 자원'—사회적 형태들 가운데 '아직 아닌 것' '실현되지 않은 것'—이란 개념을 활용해 다음과 같이 말한다.

> 그런 가능성들과 이상들은 특정한 민주적 운동을 자극할 뿐 아니라 민주주의의 형태를 특별한 의미에서 '허구적인' 것으로 수립한다. 이 허구는 현실을 이해하는 기존의 틀을 초과하는 것이 될 것이며, 기존 양식의 규칙 및 선례, 사회적 실제들을 초과하고 기존 존재론의 한계에 도전할 것이다(Butler, 2010: 155).

이것은 시적 정의가 관철되는 이상적 공간으로서의 허구가 현실을 바꿔내는 힘이라는 말과 같다. 허구가 현실의 기존 틀, 기존 양식의 규칙, 사회적 실제를 초과해 현실을 바꿔낸다면, 그것은 현실의 지배적 이야기와는 다른 새로운 이야기를 꾸며내는 능력에서 나올 것이다. 허구는 그런 점에서 **현실-구성적**이다.[253] 구성되어야 하는 현실은 아직 실현되지 않은 민주주의처럼 현실 속에서 그 모습을 온전하게 드러내지 않을 때가 많겠지만, 현실을 바꿔내는 힘으로서는 현존한다. 허구적인 시적 정의가 현실의 한 층위를 이룰 수 있는 근거도 여기에 있다. 허구적 세계는 이때 시적 정의를 구

253_ 그런 한 대표적인 경우가 한국의 농촌과 어촌에서 흔히 볼 수 있는 '의람'이다. 의람의 좋은 예로는 경남 함양군 안의면의 상림, 남해군 삼동면의 물건리 방조어부림, 전남 담양군 담양읍의 관방제림 등이 있다. "의람의 조성을 시작(詩作)과 유사한 실천으로 본다면 의람은 시적 정의를 허구적으로만 구현한 것으로 그치지 않는다. 그것은 실물로 존재하며 그런 점에서 시적 정의가 현실에서 구현된 사례에 속하는 것이다"(강내희, 2016d: 35).

현하는 공간인 셈이고, 도시권의 맥락에서 볼 때 그것은 '또 다른 세상' 또는 '작품-도시'를 만들어내려는 다양한 실천들ㅡ도시권을 획득하기 위한 투쟁, 작품-도시를 위한 기획과 토론 등ㅡ이 이루어지는 공간이 될 것이다. 허구적 실천은 그렇다면 시적 정의의 구현을 위해 요청되는 어떤 현실적 차원, 다시 말해 윤리와 당위의 실현을 위해 현실 안에서 진행되는 실천의 차원인 셈이다.

이런 실천 영역을 확보하는 일이 탁월하게 **정치적**임을 새삼 강조할 필요가 있을까. 도시권을 공통적 권리로 확보하기 위한 허구적 실천, 즉 시적 정의를 구현하는 실천은 도시권을 사적 권리로 전유해 공통적 권리로서의 도시권을 억압하려는 세력ㅡ신자유주의 체제에서 도시권을 독점한 특권적 소수ㅡ과의 투쟁으로 이루어질 수밖에 없다. 여기서 말하는 허구적 실천은 따라서 기본적으로 **민주주의적**이다. 허구는 이때 어떤 '가능성의 장치'ㅡ도시적인 것을 확보하게 해주는ㅡ가 된다. 허구가 탁월하게 정치적인 것은 그것이 민주적 원리로 작용할 수 있기 때문이다. 허구의 능력은 상상의 능력이며, 상상은 공감을 불러일으키는 효력을 갖는다. 미국의 철학자 마사 누스바움은 그래서 공공적 정의는 문학적 상상력에 바탕을 둘 필요가 있다고 주장하고 있다. 그녀에 따르면, 소설은 "독자들을 그들 자신과는 아주 다른 사람들의 삶에 관여하게 만들고, 비슷하게 그려진 사람들에게 불평등한 번영 기회를 제공하는 계급 차별을 비판하게 만든다"(Nussbaum, 1995: 46). 다음의 말도 같은 맥락에서 이해될 수 있다.

[소설들 속의] 상상은 공감과 같다. 우리는 타자가 겪은 것을 모두 경험할 수 없지만, 소설 작품에서는 아무리 가공할 인간일지라도 이해할 수 있다. 훌륭한 소설은 인간들의 복잡성을 보여주고 이들 인물 모두가 목소리를 낼 충분한 공간을 만들어내는 소설이다. 이래서 소설은 민주적이라고 불린다. 소설은 민주주의를 주장하는 것이 아니라 본성상 민주적인 것이다(Nafisi, 2003: 32; Hess: 18에서 재인용).

나피시는 여기서 소설이 "본성상 민주적"인 이유를 궁극적으로 그것이 **상상의 산물**이라는 데서 찾고 있다. 현실에서는 타자의 경험을 공유하기 어려운 데 반해 작품 속 인물의 목소리를 듣거나 내면을 들여다보는 것은 그렇지 않은 것은 소설은 그런 **공감**이 가능한 허구적 세계를 구축해내기 때문이다. '허구의 민주주의'는 그렇다면 무엇보다 허구가 공감의 가교를 만들어낸다는 사실에서 기원한다. "소설은 우리를 우리와 다른 사람들의 삶과 대면시키고, 우리가 그 인물들에 대해 공감할 수 있도록 해준다"(Hess: 7). "우리와 다른 사람들"은 나파시가 말하는 "가공할 인간" 외에 타자화되어 배제된 사람들도 포함할 것이다. 그런 타자-인물들에 대한 공감 능력은 민주주의의 실천에 필수적이라 할 수 있다. 단, 타자들과의 공감을 가능케 한다는 점에서 "본성상 민주적"일지라도, 허구는 **위험할** 여지도 없지 않다. 모든 가능성에 열려있다는 점에서, 그것은 불의를 허용하거나 조장할 수도 있을 것이기 때문이다. 선인을 해코지한 악인의 보상을 조장하는 서사적 구성이 그런 경우라 할 수 있다. 이런 위험을 방지하는 것이 허구적 장치, 곧 **시적 정의**다. 생각 가능한 모든 것이 일어날 수 있는 허구의 세계에서 시적 정의는 불의의 지배를 방지하는 "적절함과 도덕의 이상적 원칙"(Abrams and Harpham, 2009, 270)이 될 수 있는 것이다.

도시를 작품으로 다룰 권리를 민중-민주화하는 데에도 시적 정의의 원리가 중요하다. 도시권이 '텅 빈 기표'로서 누구든 그 의미를 채울 수 있다면, 도시권의 의미는 권리와 권리가 서로 맞부딪치는 과정에서 힘센 쪽에 의해 결정될 공산이 크다. 서울에서 지금 통경축이나 공제선, 도시 전경이 확보된 탁 트인 전망을 일상적으로 누릴 기회가 소수에게만 주어진 것도 그런 점과 무관하지 않다. 이런 맥락에서 시적 정의가 요청되는 것은 도시를 작품으로 다룰 권리를 **민중의 공통적 권리**로 전환해내기 위함이다. "본성상 민주적인" 허구의 세계에서 선악을 분별하는 시적 정의는 현실 세계에서도 만인의 민주주의가 소수의 특권으로 둔갑하지 않게 만드는 작용을 할 수 있다. 도시권과 관련하여 시적 정의의 '허구적 효과'가 만들어지는 것은 물론 도시가 '작품'으로 전환되었을 때의 일이다. 즉 도시적인 것으로서 가능성과 잠재성의 영역이 되었을 때, 도시에서는 허구가 현실-구성적인 작용을 하는 작품 세계가 펼쳐지게 되고, 여기서 권리들이 서로 충돌할 때 개입하여 공통적 권리가 관철되게끔 하는 것이 **공간-시학적인 시적 정의**인 것이다. 시적 정의의 실천은 이때 도시권을 공통적인 권리로 전환해내기 위해 아래로부터 전개되는 공간적 정의의 실천에 속하게 된다. 그것은 오늘날 과두세력의 협치에 장악된 도시권을 민중-민주화하는 급진적 원리인 셈인 것이다.

5. 시적 정의와 도시적 형태

'시적 정의'의 개념은 도시권을 민중민주주의의 관점에서 해석함으로써 새로운 도시적 형태의 형성 방향을 제시한다. 시적 정의는 허구에 속하지만, 도시적 형태의 형성에서는 허구가 관념이나 정신의 차원으로만 남지 않고 '도시적인 것'처럼 현실-구성적일 수도 있다. 그것은 아직 실현되지 않은 민주주의의 자원들—'이직 아닌' 것, '실현되지 않은' 것—을 활용하여 현실의 지배적 모습을 바꿔내는 힘으로 작용할 수 있는 것이다. 도시 공간의 새로운 현실적 층위를 생산하는 허구에서 시적 정의가 요구되는 것은, 도시의 자원들을 활용할 권리가 소수의 특권으로 귀착되지 않고 민중민주적인 공통적 권리가 되어야 할 것이기 때문이다. 허구적 장치로서, 시적 정의는 도시를 사람들이 공유할 수 있는 작품으로 창조하는 **민중적 시작**(詩作)에서 핵심적이라 할 수 있다. 다시 말해 그것은 작품으로서의 도시를 도시민의 공통적 삶 공간으로 만들어내는 **공간-시작법**의 가장 중요한 자원인 셈이다. 그런 공간의 생산에 활용되어야만 도시권도 오늘날 지배적인 그에 대한 자유민주주의적 해석에서 벗어날 수 있다. 하비에 따르면 "공통적인 권리"가 되기 위해서 도시권은 "도시를 완전히 다른 이미지의 사회주의적 정치체로서 재건하고 재창조할 권리로 해석되어야 한다." "빈곤과 사회적 불평등을 근절하는, 그리고 파멸적인 환경 악화의 상처를 치유하는 정치체"가 그런 것이다. 단, 도시가 사회주의적인 정치체가 되기 위해서는 전제가 있다. "영속적인 자본축적을 촉진하는 파괴적 도시화 형태들의 생산이 중단되어야 한다"(Harvey, 2012: 138). 도시화가 파괴적인 형태를 띠는 것은, 한편으로는 사회적 물질대사, 다른 한편으로는 자연적 물질대사가 균열을 일으킨다는 말로서, 이 균열이 빚어지는 것은 도시화의 자본주의적 성격 때문이다. 도시화의 파괴적 형태를 근절하려면 따라서 자본의 가치증식을 종식해야 하겠지만, 이 운동을 통제하고 철폐하려면 반대로 파괴적 도시화의 근절, 그리고 새로운 도시적 형태의 창조가 필요하다. 그것은 파괴적 도시화의 중단과 자본주의적 생산의 철폐, 새로운 도시적 형태의 형성은 상호 관계를 맺고 있기 때문이다.

오늘날 파괴적 형태의 도시화와 자본의 축적을 동시에 진행하는 주요 메커니즘은 **자산 도시주의**다. 부동산시장과 금융시장을 연결하는 금융적 매개를 통해 아파트나 빌라, 상가 등 건조환경 단위들을 주식이나 채권과 같은 금융자산으로 전환해 부동산의 건설과 거래를 활성화하는 자산 도시주의는 금융화의 시대에 더욱 강화되었으며, 개인들을 부동산의 교환가치 증식에 매진하게 함으로써 도시에 대한 공통적 권리보다는 소수의 배타적 권리 증진에 기여하고 있다. 공간적 생산과 관련해 시적 정의를 실천할 필요가 있는 것은 자산 도시주의를 통제해 도시권을 공통적 권리로 전환함과 동시에 도시적 형태를 비-파괴적인 방식으로 형성하기 위함이다. 시적 정의를 구현하는 공간적 실천은 자연적 사회적 물질대사가 균열을 일으키지 않고 진행될 것, 그런 점에서 지배적인 도시적 형태가 대전환될 것을 요구한다. 부동산시장을 대상으로 가공자본이 형성되는 자본화─특히 주택의 금융 자산화─의 심화와 더불어 환금성 높은 아파트가 대량 조달되고,[254] 새로운 도시화의 과정에서 고층 건물들이 집적되어 수직 도시화 현상이 강화되고, 이로 인해 왜곡된 시곡면이 곳곳에 형성됨으로써 일상적 공제선이 실종된 것이 지금 서울의 두드러진 도시적 형태다. 도시의 역사성이나 장소성, 도시의 숨결—도시가 지닌 삶의 리듬—과 도시적 시공간의 직조가 절단되고 훼손되는 것도 끊이지 않는 재개발과 재건축, 크고 작은 젠트리피케이션의 부작용이다. 자산 도시주의에 의한 공간 생산으로 인해 서울은 이제 유서 깊은 건축물과 마을도 자산 증식의 기회가 주어지기만 하면 모두 철거되는 등 시간의 켜를 축적하지 못하는, 자연적 변화가 억압되고 영구적 현재의 지배를 받는 **늙지 않는 도시**가 되었다.

자연적 변화를 억압하며 끊임없이 재개발되면 도시는 **화려한 죽음의 도시**가 된다. 도시적 경관을 뽐내는 서울이 대표적인 경우다. 서울에는 자본주의적 생산의 산물인 거대한 상품 더미가 가득 차 있다. 이 더미의 대종을 차지하는 것은 무엇보다도 건축물을 중심으로 조성된 건조환경이다. 상품은 가치의 현상형태들 가운데 가장 물질적인 존재이며 상품들 가운데서도 건조환경에 속하는 것들은 특히 규모가 크다. 지난 수십 년간 젠트리피케이션을 통해 그런 건조환경이 대거 조성됨으로써 서울은 화려한 경관을 자랑하는 도시가 되었지만 동시에 죽음의 도시가 되기도 했다. 이 맥락에서 상품 더미의 거대함을 가리키는 말로 맑스가 사용한 'ungeheure'는 "(유령으로부터) 안전하다"를 의미하는 'geheuer'의 부정적 표현이라는 점이 주목된다. 상품 더미가 '거대하다' 함은 이때 그것이 섬뜩하도록 크다는 말과 같다. 이 **섬뜩함**은 상품 더미가 너무 크기 때문만으로 생기지 않는다. 제6장에서 우리는 상품화한 도시는 화려한 경관 공간으로 바뀌지만, 동시에 죽음의 공간이 된다는 것을 살펴본 바 있다. 상품이 되면 노동생산물은

254_ 주식, 국채 등 일정한 수익을 내지만 잉여가치의 직접적 생산에 참여하지 않는 자본이 가공자본이며, 이 "가공자본의 형성을 자본화라고 부른다"(맑스, 2015c: 599). 주택담보 대출도 증권화에 의해 MBS, ABCP 등 다양한 가공자본을 만들어낼 수 있다.

물신주의의 지배를 받게 되고 **판타스마고리아적 형태**가 된다. 거대한 상품이 된 물건, 예컨대 고층아파트 건물은 이때 **유령** 또는 죽음이 지배하는 공간과 진배없다. 이런 경향을 강화하는 것이 전통적으로 소비기금이던 주택 건물들마저도 이제 유사 고정자본으로서 이윤 내는 기계가 되었다는 점이다. 이 결과 수입—자본의 순환에서 벗어난 부—으로 확보된 건물들도 이제는 "살아있는 노동력을 지배하며 빨아들이는 자본, 즉 죽은 노동"(맑스, 2015a: 571. 번역 수정)이 되었다고 할 수 있다.[255] "노동력을 빨아들이는 자본"은 **흡혈귀**의 다른 이름에 해당한다. 세계에서 가장 수직적인 도시, 고층 건물로 뒤덮인 현란한 경관을 갖추게 된 서울은 그래서 거대한 **죽음의 도시**가 된 것과 마찬가지다.[256]

서울을 화려한 죽음의 공간으로 만드는 것은 끊이지 않고 계속되는 젠트리피케이션이다. 크게 신축형과 상업형으로 나뉘고, 아종으로는 슈퍼형, 관광형, 식도락형 등을 포함하는 젠트리피케이션이 서울의 파괴적 도시화를 이끌었다고 할 수 있다. 젠트리피케이션을 추동하는 가장 강력한 힘은 물론 자본의 운동에서 나온다. 서울에서는 지금 공간의 교환가치를 증식시키려는 젠트리피케이션으로 창조적 파괴가 그치지 않음에 따라, 도시적 시공간의 켜나 결은 쌓을 틈을 찾기도 어려워졌다. 그 결과가 도시의 경관화이자 도시적 자원에 대한 **사적 독점**의 강화이고, 영구적 현재가 지배하는 즉 자연적 변화가 허용되지 않는 위생 처리된 죽음 공간의 탄생이다. 이것

255_ '수입'은 여기서 자본의 순환 과정 중 생산과정에서 형성된 잉여가치 가운데 자본가가 재생산과정에 투하하지 않고 개인적 소비를 위해 사용하는 부분과 노동자의 임금 가운데 저축된 부분을 가리키며, 재생산과정에 투하되어 증식되는 '자본'과는 구분된다.

256_ 고층아파트 건물이 죽음의 공간일 수 있는 것은 고가의 아파트를 구입하기 위해 차입한 대규모 부채가 많은 사람의 숨길을 짓누르곤 하기 때문이다. 한국의 자살률이 세계 최고 수준에 이른 시기는 주택담보대출이 급증하고 자산 도시주의가 강화됨과 함께 수직 도시화가 이루어지면서 서울에 현란한 도시경관이 본격적으로 조성되기 시작한 2000년대 이후다. 경관이 되어 현란한 서울과 같은 대도시가 죽음의 공간이 되었다는 것은 결코 과장이 아니다.

은 그동안 소유권 지상주의에 의한 사적 권리의 행사가 위로부터의 계획—교환가치 증식을 위한 도시 개발을 주도한 의사-민주주의적 협치—과 연동하여 도시적 형태를 생산해온 결과이기도 하다.257 자본의 축적을 촉진하는 파멸적 도시화를 극복한 새로운 공간적 실천이 요구되는 것은 그에 따른 폐해—사회적 자연적 물질대사의 균열—를 더 이상 방치할 수 없기 때문이다. 단, 나는 그런 실천에는 **공간적 시학의 구축과 시적 정의의 구현**이 반드시 포함되어야 할 것이라고 본다.

서울을 삶의 공간으로 전환해내려면 서울의 도시적 자원에 대한 권리의 민중-민주화가 필요하고, 금융자본 지배하의 공간 생산과는 다른 방식이 이루어져야 하겠지만, **도시적 형태를 바꿔내는 것**이 특히 중요하다. 도시의 경관화에 의한 위생 처리된 죽음 공간의 형성, 왜곡된 시곡면의 만연과 일상적 공제선의 실종, 지대 수익을 높이려 건물 총면적을 최대화하며 자행되는 이웃의 일조권 및 차경권 침해, 원경 및 공제선의 실종과 근경의 지배로 생기는 "직접성의 지각적 집중포화"(Jameson, 1991: 413), 수직 도시화와 함께 늘어난 도시 '괴물들'—이윤 내는 고층 건물들—과의 빈번한 접촉으로 빚어지는 인지부조화, '장치들의 편재'(Agamben, 2009: 15)로 인한 판타스마고리아의 일상 지배 또는 상품들의 방대한 집적으로 늘어난 물신들 또는 유령들의 도시 배회, 미래할인의 일상화로 인한 시공간적 공백의 지배, 주택의 금융 자산화와 가계부채의 증가로 빚진 존재가 된 사람들이 겪는 시간기근 등 오늘날의 도시적 형태는 그 왜곡이 너무나 심각하다. 그것

257_ 사적 권리의 행사에서도 권리 간의 힘겨루기가 필연적이며, 결국 힘이 사태를 정리한다. 예컨대 한국에서 그동안 일어난 도시 개발 과정에서 진행된 토지정리는 "공적사용(공익, public use)이라는 명분 아래 국가주권을 동원한 강제수용(공용수용, eminent domain) 방식으로 사유재산권 박탈과 이전을 수반"했다. 이것은 "실제로는 사적 자본의 이익을 위한" "사적 공용수용"이다(김용창, 2017: 191). 이 경우 소유권 지상주의를 구가할 수 있는 세력은 특정한 사적 자본, 예컨대 국가권력을 활용할 수 있는 재벌 등에 국한되고, 군소 토지소유자의 권리는 외면된다.

은 파괴적 도시화와 자본축적의 상호의존이 빚어낸 결과이기도 하다. 하지만 이로 인해 빈곤과 사회적 불평등의 심화, 파멸적인 환경 악화가 필연적으로 빚어진다면, 도시적 형태를 변화시키는 것은 더 이상 미룰 수 없는 과제가 된 셈이다. 어떻게 해야 할 것인가?

도시적 형태를 바꿔내려면 **새로운 공간-시학적 실천**이 요구된다. 서울에서 지배적으로 작용하는 공간 시학은 자본의 가치법칙을 에이도스로 삼아 금융화된 도시적 형태—금융자산이 아파트나 빌라 건물들이 건조환경을 지배하고 있는 경관화된 수직 도시—를 그 모르페로 생산해내고 있다. 금융자본의 운동에 지배당한 이런 공간-시작법을 해체하려면 공통적 권리로서의 도시권이 강화되고, 아울러 **시적 정의가 구현되는 공간 시학의 수립**이 필요하다. 그런 공간 시학은 공통적 권리로서 도시권의 회복을 통해, 젠트리피케이션으로 인해 삶의 터전에서 축출된 결과 '도시 중심'—자유로운 접근의 대상, 만남의 장소이며 집단적 토론과 공적 의사결정의 공간—이 제공하는 각종 기회와 권리로부터 소외된 사람들이 도시를 자신들의 작품으로 만들 수 있을 것을 전제한다. 사람들이 비-배제적으로 **작가될 권리**를 구가할 수 있을 때 시적 정의가 제대로 실현될 수 있다. 시적 정의는 그때 도시권의 민중민주적 구현 원리인 셈이다. 그리고 그것은 "도시를 바꿈으로써 우리 자신을 바꾸는 권리"(Harvey, 2008: 23)이기도 하다. 민중이 도시적 형태를 다시 '써낼' 능력을 지닌 **작가**, 즉 **공간-시학의 주체**로 새롭게 탄생할 기회를 획득하는 것, 그것이 진정한 도시권의 회복일 것이다.

새로운 도시의 탄생과 '우리 자신의 변화'는 어느 한쪽이 다른 한쪽을 일방적으로 결정한다기보다는 서로 전제하는 변증법적인 관계를 맺고 있는 것으로 봐야 한다. 도시가 새롭게 탄생하면 우리 자신도 새로운 인간으로 변하겠지만, 새로운 도시 공간을 만들어내려면 우리 자신의 '도시 작가' 되기도 함께 필요하다. 이것은 우리가 새로운 인간으로 탄생하는 것과 사회를 변혁시키는 과정, 즉 인간혁명과 사회혁명은 서로 맞물려 있다는 말이기도 하다.258 **공통적 권리**로서의 도시권의 회복은 이런 관점에서 보면, 한편으로는 소수 세력에 의해 장악된 도시를 새로운 형태로 전환해내기 위해 우리 자신의 집합적 능력을 발휘할 기회를 얻는 일이면서, 다른 한편으로는 그런 기회의 발휘를 통해 바뀐 공간 형태 속에서 우리 자신이 새로운 삶을 영위하는 일이 될 것이다. 이때 시적 정의의 관점이 중요한 것은 그동안 도시화 과정에서 배제된 집합적 주체인 '민중'이 자신의 목소리와 관점, 희망, 욕망을 되찾아야 할 것이기 때문이다. 도시의 공간적 변화와 그것을 통한 우리 자신의 변화를 실현하려면 반드시 창조적, 허구적, 시적 능력이 그런 변화의 과정에서 발휘될 필요가 있다. 이것은 도시적 삶을 새롭게 구성할 관점이 요구된다는 말이기도 하다.

6. 발명학으로서의 시학

시적 정의는 시의 세계에서 구현된다. '시'는 이때 넓은 의미로 이해될 필요가 있다. 고대 그리스어에서 시는 "지은 것" "만든 것"을 의미하는 '포에마(poēma)'였으며, 그런 점에서 광의의 창조물에 해당했다. 플라톤의 『향연』에서 여성 현자 디오티마는 소크라테스에게 다음과 같이 말한다.

당신은 '시'가 적용 범위가 넓은 용어라는 것을 알겠지요. 전에는 존재하지 않던 어떤 것이 존재하게 되면 이런 일의 전체 원인은 '창조'입니다. 모든 기술의 산물이 창조물이고 그것을 만드는 기술자는 모두 창조자입니다(Plato, 2008: 42).

258_ 심광현에 따르면, 인간혁명은 주체양식의 변혁이며, 사회변혁은 생산양식의 변혁이다. 인간혁명에서 사회혁명까지 다 이루기 위해서는 두 양식의 변혁에 통치양식과 생활양식의 변화가 합쳐져야 한다. 다시 말해 생산양식(어프던스), 주체양식(오토포이에시스), 그리고 통치양식과 생활양식(미메시스)의 변화가 서로 선순환을 이루어야만 예컨대 맑스의 코뮌주의나 칸트의 세계공화국 같은 이념이 실현될 수 있다는 것이다(심광현·유진화, 2020: 631).

'시'와 '창조'는 그리스어로는 모두 '포이에시스(poiēsis)'로 나타난다. 생산적 기술 또는 학문을 실천적 기술 또는 학문과 구분하고 시학이라고 한다면, 시학은 시와 창조의 문제를 다루는 학문이고 기술인 셈이다. 그런데 창조의 기술 또는 학문으로서 시학은 **발명학**(heuretics)이 될 수 있다.259

'발명학'은 그레고리 울머가 제창한 시학적 실천의 방식이다. 울머는 발명학을 "발명의 논리" 또는 "발견이나 발명의 기술을 다루는 논리학의 한 분야"로 규정했다. 좀 더 구체적으로 그것은 "이론으로부터 하나의 방법을 생성함을 가리키는 일반적 이름"(Ulmer, 1994: 39)이다. 울머의 작업에 영향을 받은 마이클 자렛에 따르면, '발명학'은 신학적 전통에서 "해석학의 이면 또는 억압된 타자"에 해당한다. 해석학이 경전 안에 담겨 있다고 여겨지는 의미를 찾아내려는 시학이라면, 발명학은 그런 일에 "실패한 미심쩍은 해석학"이다. "해석학은 '성경을 어떻게 이해할 수 있는가?' 하고 묻고, 발명학은 '성경으로 무엇을 만들어낼 수 있는가?' 하고 묻는다"(Jarrett, n.d.)는 점에서 서로 구분된다. 이것은 해석학이 경전의 **읽기** 중심이라면, 발명학은 **글쓰기**에 가깝다는 말과 같다(Jarret, 2007). 발명학은 그렇다면 기존의 텍스트를 구실로 삼아 새로운 텍스트를 만들어내는 시학적 실천이라 할 수 있다. "그것은 해석보다는 생산에 주력하고, 우리더러 '현존 작품의 의미는 무엇인가?'가 아니라, '주어진 이론에 기초했을 때 또 하나의 텍스트가 어떻게 생산될 수 있을 것인가?' 하고 묻게끔 한다"(Mason, 2007: 35). 그런 점에서 발명학은 "사물들, 장소들, 동물들, 또는 사람들을 범속한 사용으로부터 떼어내어 분리된 어떤 영역으로 옮기는"(Agamben, 2009: 18) '종교'와는 대조되는 셈이다. 종교적 태도는 어떤 대상을 성스러운 것으로 여기고, 그것을 범속한 것들이 있는 장소와 분리된 예컨대 '박물관' 같은 곳에 모셔둔 채 그 의미를 찾아내려는 태도이며, 따라서 해석학에 속한다. 반면

259_ 아래의 내용은 강내희(2016c, 2019b)에서 전개한 논의를 이 책의 맥락에 맞게 고치고 보완한 것이다.

에 발명학이 선호하는 것은 종교적인 것을 비속하게 만들기, 그것의 신성 모독이나 오용이다. '비속하게 만들기(to profane)'는 "성스러운 것의 영역으로 옮겨놓은 것을 범속한 사용으로 되돌리는 것"(Agamben: 2007: 82)에 해당한다. 비속화는 이때 성스러운 것을 해석학이 텍스트를 대하듯이 모시기만 하지 않고, 거기서 어떤 새로운 것을 만들어내기 위해 함부로 대하는 것도 주저하지 않는 **창조적 텍스트 사용법**이라는 점에서 발명학의 태도에 가깝다.

서울의 생김새 형성에 참여하는 공간 시학은 해석학보다는 발명학을 모델로 삼아야 하지 않을까 한다. 오늘날 도시의 지배적 공간 시학이 만들어내고 있는 텍스트 즉 도시적 형태는 금융화된 형태이며, 이것은 지금까지 우리가 살펴본 것처럼 자본의 가치법칙에 따라 형성되었다. 그런 텍스트는 **가치법칙의 해석학적 수용**이 낳은 결과에 해당한다. 자본주의적 생산양식에서 가치법칙은 중력의 법칙과 같은 자연법칙으로 작용하며(맑스, 2015a: 97), 그런 점에서 그것은 신학의 전통에서 해석학이고 종교적인 대상이 되는 **경전**(經典)의 위상을 누리는 셈이다. 자본의 가치법칙이 경전으로 작용해서 빚어지는 지배적인 도시적 텍스트가 오늘날 서울의 지배적 생김새에 해당한다. 서울은 수직적 경관을 이루며 고층 건물들이 곳곳에 들어서 있는 곳이지만, 그것들 대부분은 이윤 내는 기계들로서 큰 자산이 없으면 접근할 수 없으며, 그것들로 구성된 도시 전경이나 공제선은 대중에게는 일상적으로 향유하기 어려운 대상들이 되었다. 건축물들의 대형화·고층화·고급화와 도시의 경관화·브랜드화·수직화·스펙터클화·박물관화를 일으킨 젠트리피케이션은 아무리 창의성을 뽐낼지언정 중력의 법칙과도 같은 **가치법칙에 따른** 교환가치의 논리를 따른다고 봐야 한다. 가치법칙에 종속된 공간 시학은 그런 점에서 해석학적 실천에 종속된 것인 셈이다.

철학의 전통에서 해석학적 대상의 위상을 지닌 것은 **형이상학** 또는 그것의 대상이라고 할 수 있다. '형이상학'은 이때 진리 그 자체를 추구하는 철학적 원리로 여겨진다. 형이상학이 철학의 제일 원리들—진리, 존재, 절대, 이성 등—을 정립할 수 있는 위상을 갖게 된 것과는 대조적으로 평가 절하된 것이 **은유**다. 플라톤, 아리스토텔레스, 데카르트, 헤겔 등으로 이어진 서구의 형이상학적 철학 전통은 진리 자체의 추구에 매진하면서 은유를 잘해야 부차화했다고 볼 수 있다. (서양)철학 담론에서 은유는 그래서 한편으로는 지양해야 할 대상이 된다.

> 철학 담론은 철학 담론으로서 두 개의 태양 사이에서 자리가 바뀌고 해소되는 어떤 은유를 그려낸다. 은유의 이 **소멸**은 어떤 죽음이나 탈구로 해석되지 않고, 내면화하는 상기(Erinnerung)나 의미의 회상으로, 생생한 은유성의 생생한 고유성으로의 지양(relève)으로 해석된다. 이것은 기원과 그 자체 간의 은유적 분리를, 동방의 차이를 요약하고-내면화하고-변증법화하고-통제하고-지양하려는 억누를 수 없는 철학적 욕망이다. 이 욕망의 세계에서 은유는 동방이 말하고 애쓰고 글 쓰게 되면서 자신의 쾌락을 유예하고, 자신을 자신으로부터 분리하며 부재 즉 존재하는 것의 이름을 대자마자 동방에서 태어난다(Derrida, 1982: 269. 원문 강조).

철학적 욕망의 세계에서 은유가 동방에서 태어난다고 보는 것은 헤겔의 예가 보여주듯 **은유에 대한 형이상학의 우위**를 말하는 것이면서 동시에 '동방'에 대한 '서양'의 우위를 말하는 것이다. 헤겔에 따르면,

> 세계사는 동에서 서로 움직인다. 왜냐하면 유럽이 정녕 역사의 종말이고 아시아는 시작이기 때문이다. 동쪽이라는 말은 그 자체가 전적으로 상대적이지만, 세계사는 탁월한 의미의 동쪽을 지니고 있다. 왜냐하면 지구가 둥글기는 해도, 세계사는 지구를 전혀 선회하지 않고 거꾸로 확정적인 하나의 동쪽 즉 아시아를 갖고 있기 때문이다. 여기서 외부의 물리적 태양이 떠오르고 그것은 서쪽에서

진다. 여기서 더 고귀한 광택을 흩뿌리는 자의식이라는 태양이 일제히 떠오른다. 세계사는 통제되지 않는 자연적 의지의 훈련으로서 자신의 의지를 보편적 원리에 복종시키고 주체적 자유를 부여한다(Hegel, 1900: 110; Derrida, 1982: 269에서 재인용).

헤겔은 서양은 형이상학, 동방은 은유의 자리로 제시하고 있다. 그에 따르면, 세계사의 초기에는 동방에서 태양이 떠올랐지만, "더 고귀한 광택을 흩뿌리는 자의식이라는 태양"이 떠오르는 곳은 서양이다. 이 서양에서 "통제되지 않는 자연적 의지"를 훈련해 "보편적 원리에 복종시키는" 이성의 활동이 이루어진다. 이성이 이때 진리로의 길로 안내하는 형이상학적 **길잡이**라면, 은유는 거기서 나타나는 **장애물**, 따라서 형이상학이 최대한 기피하고 우회해야 할 대상에 해당할 것이다.

형이상학은 그래서 데리다가 말하는 '백색 신화'가 된다.

> 형이상학—서구문화를 재조립하고 반영하는 백색 신화. 백인은 자신의 신화, 인도-유럽 신화, 자신의 로고스, 즉 자기 어법의 뮈토스를 그가 여전히 대문자 이성(la Raison)으로 부르고 싶어 하는 것이 보편적 형태로 간주한다. …백색 신화—형이상학은 자신을 만들어낸 전설적 장면, 하얀 잉크로 새겨져서 여전히 능동적으로 움직이는 장면, 팔림프세스트 안에서 뒤덮여 보이지 않는 도안을 자기 내부에서 지워버렸다(Derrida, 1982: 213).

형이상학은 여기서 자신을 존재케 한 어떤 원초적 장면을 지워버림으로써 존재하는 것으로 제시된다. 거기서 지워진 장면은 은유가 활동하는 장면이다. 하지만 형이상학 또는 철학 담론에서 "은유는 더 이상 의식되지 않고, 고유한 의미인 것으로 치부된다. …철학적 문화는 체질적으로 언제나 뭔가를 지워버리는 문화였던 셈일 것이다"(Derrida: 211). 하지만 형이상학은 자신을 만들어낸 신화를 없애버릴 수가 없다. 그 신화는 팔림프세스트 안에서 계속 하얀 흔적으로 남는다. 이처럼 은유가 형이상학에 의해 지워지고 있지만 그래도 계속 남아서 능동적으로 움직인다면, 둘은 결코 서로 분리될 수 없는 관계인 셈이다. 철학은 그래서 은유를 결코 우회할 수 없으며, 형이상학은 **은유에 의해서만** 진리 그 자체를 추구하는 자신의 '고유한' 작업을 수행할 수 있다. "은유로써[에] 그리고 은유를 통해 일어나지 않는 것은 어떤 것도 없다. 은유를 포함해 일어나는 어떤 모든 것과 관련된 진술도 은유 **없이는** 만들어질 수 **없**을 것이다"(Derrida, 2007: 50. 원문 강조). 이것은, 형이상학 역시 일어나는 모든 것에 포함되는 한, 그것이 행하는 진술은 어떤 것이든 은유 없이는 만들어질 수 없다는 말이기도 하다. 그리고 그것이 형이상학의 역설이다. 형이상학은 설령 은유적인 것을 배제하고 오직 고유한 것, 진리 그 자체만을 추구할 때도 은유에 의존해야만 그런 작업을 할 수 있다. 하지만 그래도 형이상학은 자신에게서 은유를 자꾸만 지워내려고 한다. 은유의 장면이 하얀 잉크로 새겨져 여전히 능동적인 활동을 하고 있는데도 말이다. 그래서 그것은 '백색 신화'가 된다.

서울의 생김새와 관련하여 '형이상학'은 서울의 서울임을 규정하고 서울의 도시적 형태 자체를 구성하는 원리로서, 오늘날 그것은 가치법칙의 지배를 받고 있다. 그런 점은 서울이 미셸 세르토가 소개한 **개념-도시**에 속함을 말해준다. "유토피아적이고 도시계획적인 담론"을 기반으로 하며, "자신의 고유한 공간"을 생산하고, 시간의 흐름과 함께하는 "전통에서 생긴 불확정적이고 완고한 저항들을 어떤 무시간성(a nowhen) 또는 공시적 체계로 대체"하고, "보편적이고 익명적인 주체"로서의 "도시 자체"를 만들어내는 것이 '개념-도시'다. 그것은 그래서 "사회경제적이고 정치적인 전략들에 대한 총체적이며 거의 신화적인 한 표지"이며, "도시계획적인 기획"이라 할 수 있다(Certeau, 1984: 94). 개념-도시는 자신의 이상적 상태―"도시 그 자체"―를 상정한다는 점에서 형이상학적 기획에 속한다. 오늘날 서울이 형이상학적인 개념-도시가 된 것은 무엇보다도 가치법칙의 지배를 받고 있기 때문이다. 가치법칙은 자본주의적 생산양식에서 중력의 법칙 즉 '철칙'으로 작용한다. 그것은 가치의 형성과 증식, 실현, 분배를 중심으로 하는 자본주의적 생산의 원리로서, 자본주의의 존재 목적ー자본의 축적ー과 '진리'를 구현한다는 점에서 자본주의의 '형이상학'에 속한다고 볼 수 있다. 도시화의 과정에서 가치의 가장 물리적 현상형태인 상품들 가운데 특히 건조환경을 대규모로 조성시켜 오늘날의 지배적인 도시적 형태를 형성해낸 것도 가치법칙이다.

도시적 형태는 이때 텍스트가 된다. 제1장에서 살펴본 도시형태론이 관심을 기울이는 것도 그것이 도시에서 구성되는 사회학적이고 기술공학적인 조건들이다. 하지만 오늘날의 도시적 텍스트는 '작품'보다는 '제품'에 더 가깝고, 시학의 관점에서 보면 발명학적이기보다는 해석학적이다. 주거용이든 상업용이든 지금 건물들은 가치법칙을 존재 근거로 삼아 이윤 내는 기계들로 작동하며 자신들의 **건축적 경전**에 종속되어 있다. 이 경전은 그 자체로 현존하지는 않지만, 서울에 빼곡히 들어선 건물들이 그 대표적 현상형태. 세계에서 가장 수직적인 도시에 들어선 수많은 건물이 빌라 건물은 빌라 건물대로, 아파트 건물은 아파트 건물대로 서로 엇비슷한 형태를 지닌 것은 그것들이 나름의 경전 즉 건축적 모델에 따라 조성된 결과라고 해석할 수 있다. 이 모델이 바로 자본주의적 형이상학인 가치법칙ー건축물들을 이윤 내는 기계들로 전환해내는ー이며, 자본주의적 생산의 철칙이자 진리로서 그것은 공간의 생산에서도 건축물의 총면적을 최대한 늘리고자 고층화와 대형화를 유발한다든가, 사람들의 노동력 가동ー즉 착취ー을 원활히 하려는 목적으로 골목의 직선화, 시역 안팎의 교통망 확충을 불러오는 등의 다면적인 작용을 해왔다. 이런 공간적 변형을 초래하는 가치법칙은 자본주의적 형이상학이 추구하는 궁극적 대상이며, 오늘날의 도시적 형태가 따라야 하는 모델이고 경전이라 할 수 있다. 도시적 형태는 이때

가치의 생산과 실현과 분배 원리에 따라 직조되는 **자본주의적 텍스트**가
된다.

이런 맥락에서 발명학은 자본주의적 형이상학 또는 가치법칙에서 은유
의 계기를 찾아내려는 공간 시학인 셈이다. 형이상학의 타자로서 은유는
자본주의적 생산의 원리로 작동하는 가치법칙과의 **비동일성 효과**를 일으
킬 수 있는 **공간-시학적 접근**이 될 수 있다. 형이상학의 요구—존재의 진
리 자체의 현전 또는 "존재의 진리를 현전에 의해 규정하는 것"—를 따르
지 않거나 설령 따르려고 해도 그렇게 하지 못하는 것이 은유다. 왜냐하면
은유는 아무리 창의적일지언정 유사성에 머문 대상 재현만 할 수 있을 뿐,
대상 그 자체를 현현하지는 못하기 때문이다. 하지만 형이상학은 그것대로
자신의 주장이나 진술을 제시하려면 "전의체계(tropic system)의 우회로"(Derrida,
1982: 254) 즉 은유를 통해야만 한다. 은유가 형이상학의 지배를 받는 것만
큼이나 형이상학도 은유에 의존해야 하는 것이다. 은유와 형이상학 또는
철학의 관계는 이런 점에서 '상호 대리적'이다.260 그런데 우리가 가장 오
래되고 권위 있는 정의를 참고할 경우, 은유는 '실패한 형이상학'에 해당한
다. 아리스토텔레스에 따르면, 은유란 어떤 사물에 "부적절한 이름을 옮겨
서 붙이는 것"(아리스토텔레스, 2010: 427. 번역 수정)이다. 다시 말해 은유는
형이상학의 과제라 할 사물 그 자체에 대한 올바른 명명을 제대로 하지 못
한 사례에 속한다. 이것은 시가 철학에 대해, 은유가 형이상학에 대해 하위
일 수밖에 없는 이유이기도 하다. 그러나 은유는 그래서 공간-시학의 **발명
학적 자원**이 되기도 한다. 도시의 형이상학이 가치법칙에 의해 도시적 형

260_ "은유는 데리다의 해체론에서 철학이 자신의 바깥에 속한다고 생각할 때 철학의 안으로
　　재구성되고, 자신의 안쪽에 있다고 생각할 때 그 바깥에 있는 것으로 재구성된다. 이러한
　　관계를 표현하는 해체론의 용어는 '보충·대리의 논리(logique du supplément)'다. 따라서
　　데리다의 은유론을 하나의 가설이나 테제 형식으로 요약하자면 단순하기 짝이 없다. 그
　　것은 철학과 은유가 상호 보충하는 동시에 상호 대리적 관계에 있다는 것이다"(김상환,
　　1999: 60).

태를 지배하고 있다면, 도시에서 일어나는 은유 작용들은 지배적인 것과는 다른 도시적 형태의 형성에 이바지할 수 있다. 발명학이 경전적 텍스트를 '비속적으로'나 '부적절하게' 활용하여 범속하게 사용할 수 있는 새로운 텍스트를 만들어내듯이, 도시의 은유화 또는 **은유작업**은 도시에 '부적절한' 이름을 옮겨붙이는 작업에 해당한다. 이 명명은 물류나 병참의 문제이기도 하다. 은유를 나타내는 그리스어 '메타포라(metaphora)'는 그 동사 형태인 'metapherein'의 'meta-'가 "위치 변화"를, 'pherein'은 "옮기다"를 의미한다는 점에서 어떤 것을 한 장소에서 다른 장소로 옮기는 것을 가리킨다. 도시의 은유작업은 그래서 도시에서 일어나는 지배적 물류—또는 자본의 가치법칙을 준수하며 전개되는 자연적 사회적 물질대사—를 새롭게 만들어내는 것인 셈이다. 이런 관점에서 보면 은유를 발명학의 자원으로 활용하는 도시의 공간 시학은 하나의 체계—자본의 가치법칙만 따르는—로 닫혀버려 그 의미를 해석만 할 수 있는 도시적 텍스트의 성분들을 해체하여 적절하게든 부적절하게든 새로운 장소들로 이동시켜 새로운 도시적 텍스트를 만들어내는 창조적 기획이라 하겠다. 도시의 은유작업은 그래서 오늘날의 도시적 형태를 지배하고 있는 가치법칙의 형이상학을 지양하고, 도시적 형태를 해석학적 텍스트에서 발명학적 텍스트로 전환하는 일이 될 것이다.

7. **결론**

서울의 공간 시학에서 발명학적 접근 또는 은유작업이 제대로 이루어지기 위해서는 도시에 대한 **공통적 권리**의 확보가 필요하다. 공간 시학의 발명학적 접근은 도시적 형태의 형이상학 즉 가치법칙의 지배 아래 생산된 도시적 텍스트를 새로운 텍스트로 만드는 기획에 속한다. 오늘날의 지배적인 도시적 텍스트가 경관으로 이루어진 화려한 죽음의 공간임을 고려하면, 그것은 삶 공간을 구성하는 텍스트를 '써내는' 작업이 된다고 볼 수 있다. 이런 '글쓰기'는 물론 도시를 작품-도시, 도시적인 것으로 전환할 수 있을 때 가능할 것이다. 오늘날 서울과 같은 자본주의적 도시가 '화려한 죽음의 공간'이 된 것은 소수의 '더 자유로운' 개인들이 도시권을 독점하고 도시를 자신들의 배타적 작품으로 만들어 교환가치가 지배하는 도시적 형태가 형성된 결과다. 하지만 그런 도시는 공간의 시적 정의를 구현할 수 없으며, 갈수록 많은 사람을 궁핍과 죽음으로 이끌 공산이 크다. 이런 상황을 종식하려면 필요한 것이 도시를 삶 공간으로 만들어내고, 이를 위해 비자본주의적인 도시적 형태를 창조하는 것, 이 작업을 위해 새로운 공간-시학적 실천을 수행하는 것이다. 그런 실천은 도시를 허구의 세계 또는 작품 세계로 전환하는 것을 전제하지만, 도시를 작품으로 다룰 권리가 소수의 특권으로 전락하지 않게 하려면 시적 정의가 요구된다는 점에서 특히 **도시권의 민중민주화**가 무엇보다 중요하다. 그런 민주화가 필요한 것은 자본의 형이상학이 지배함에 따라 예컨대 자산 도시주의가 팽배하고, 그에 따라 도시에서 교환가치가 사용가치를 압도함에 따라, 갈수록 민중이 사회적 불평등과 공통결핍의 상황으로 내몰리고 있기 때문이다. 민중민주적인 공간-시학적 실천은 가치법칙을 경전과 모델로 삼아 오늘날의 지배적 도시적 텍스트를 생산하고 있는 특권적 작가들의 공간적 글쓰기를 중단시키기 위한 저항적 개입으로서, 발명학적 시학 또는 은유작업에 속한다. 나아가서 그것은 **비자본주의적인 도시적 형태**를 지향한다는 점에서 오늘날과는 달리 사용가치의 생산이 중심이 되는 생산양식을 지향한다고 할 수 있다.

발명학적 시학으로서 새로운 도시적 형태의 시학은 자본의 가치법칙을 극복할 것을 전제한다. 가치법칙의 철폐는 **삶 공간**의 구축을 위해 필수적이다. 왜냐하면 자본주의적 생산양식이 지속되는 한, 공간 생산에서 교환가치의 지배는 필연적일 수밖에 없고, 스펙터클과 판타스마고리아가 지배하는 경관적 공간 또는 죽음의 공간도 좀체―계속 출몰하는 유령들처럼―사라지지 않을 것이기 때문이다. 이것은 비자본주의적 도시적 형태의 시학은 가치법칙을 극복하는 운동의 일환이 되어야 한다는 말이기도 하다. 수직 도시화, 경관화, 젠트리피케이션, 스펙터클화, 판타스마고리아화, 상품화 등 오늘날 지배적인 도시적 형태가 보여주는 경향들은 예외 없이 가치 운동에 종속되어 있다. 그런 점은 공간의 시적 정의를 구현하는 발명학적 공간 시학은 가치법칙에 바탕을 둔 자본주의적 공간 생산과는 다른 형태의 공간 생산을 시도해야 함을 시사해준다. 도시적 형태의 형성이 자본의 가치법칙에 지배되는 한, 서울의 생김새가 오늘날처럼 금융화된 형태를 계속 띠는 것을 막을 길은 없다. 서울을 화려하지만 죽음의 공간으로 만드는 경관화를 중단시키려면 지대 소득의 증대를 위해 금융시장과 부동산시장의 연계를 통해 계속되는 젠트리피케이션이 중단되어야 하며, 이를 위해서는 크고 작은 젠트리피케이션을 부추기는 주택의 금융 자산화를 강화하는 금융화, 나아가서 궁극적으로는 가치법칙의 지배를 받는 자본의 운동이 철폐되어야 한다. 발명학적인 공간 시학이 민중민주적 권리의 신장과 궤를 함께하지 않을 수 없는 것은 그런 점 때문이라 할 수 있다.

서울의 오늘날 생김새는 도시에 대한 권리가 상위의 소수에게 장악되어 그들만의 작품 만들기로 형성된 도시적 형태다. 그것은 지배적인 공간적 글쓰기, 즉 자본의 가치법칙을 원리로 삼아서 생산된 도시적 텍스트로서 가치의 현상형태에 속한다. 도시에 대한 공통적 권리, 민중민주적 권리가 신장되어야만 자본의 가치법칙 지배 아래 교환가치 위주로 건설되는 건조환경의 단위들이 사용가치 중심으로 활용될 수 있을 것이다. 이것은 공간-시학적 실천이 가치의 형성과 증식을 통한 자본축적을 위한 공간적 생산 또는 공간 재현을 지양할 것을 전제한다. 오늘날 도시적 형태와 텍스트를 규정하는 것이 금융화이고, 이 금융화는 자본주의적 생산양식에 의해 추동된다는 점을 고려하면, 그런 실천은 공간의 탈금융화와 함께 탈상품화, 탈가치법칙화를 지향해야 할 것이다. 그런 실천이 보편화되어야만, 주택은 더 이상 금융자산으로만 치부되지 않고 삶의 거처로 사용될 수 있고,

골목은 더 이상 통로나 유통 공간만이 아니라 거주와 생활을 위한 공간이 될 수 있으며, 도시적 경관은 더 이상 경관화를 겪지 않고 풍경으로 전환될 기회를 얻을 수 있고, 도시적 형태는 더 이상 가치법칙을 자신의 에이도스로 삼지 않게 됨으로써 자신의 새로운 모르페를 가질 수 있게 된다.

도시적 형태가 가치법칙을 그 에이도스로 지닌 해석학적 대상으로서 자본주의적 텍스트로 직조되는 오늘날의 지배적 흐름을 막기 위해서는 공간의 시적 정의를 구현할 수 있는 시학적 실천, 발명학적 접근, 도시의 은유작업이 요구되지만, 이때 잊지 말아야 할 것이 있다. 그런 실천과 작업을 위해서 요청되는 도시에 대한 권리는 누구나 누리는 권리라는 사실이 그것이다. 단, 동등한 권리와 권리가 서로 맞설 때는 힘이 사태를 결정한다. 관건은 이 결정이 어느 방향으로 이루어지느냐는 것이다. 도시적 형태를 삶 공간의 형태로 전환해내는 창조적 행위도 그런 역학 관계와 무관하게 이루어질 수 없다. 시적 정의를 구현하는 공간-시학의 창조적 실천도 민중민주주의를 구현하려면 투쟁을 우회하지 못한다. 문제는 결국 계급투쟁이다.

■ 인용문헌

한국문헌 및 자료

강내희. 2019a. 「인류세와 자본의 현상형태, 그리고 행성적 도시화」, 『문화/과학』, 100호

_____. 2019b. 「도시의 은유작업과 (한국) 인문학의 공간-시학적 과제」, 『문화/과학』, 97호

_____. 2017a. 「공간의 금융화와 서울의 젠트리피케이션─문화정치경제적 분석」, 『IDI 도시연구』 통권 제12호

_____. 2017b. 「도시에 대한 권리와 시적 정의」, 최병두 외, 『희망의 도시』, 한울

_____. 2016a. 『길의 역사: 직립 존재의 발자취』, 문화과학사

_____. 2016b. 「1987년 체제 이후 한국에서의 신자유주의 지배와 문화지형 변동」, 『인문학으로 사회변혁을 말하다』, 문화과학사

_____. 2016c. 「인문학과 향연─시학과 발명학으로서의 인문학」, 『인문학으로 사회변혁을 말하다』

_____. 2016d. 「'의람'과 시적 정의, 또는 사회미학과 코뮌주의」, 『인문학으로 사회변혁을 말하다』

_____. 2014. 『신자유주의 금융화와 문화정치경제』, 문화과학사

강신욱. 2018. 「최근 소득불평등의 추이와 특징」, 『월간 노동리뷰』, 2018년 8월호

강용배. 2006.12.1. 「한강종합개발사업」.
     http://www.archives.go.kr/next/search/listSubjectDescription.do?id=001337

강준만. 2008.8. 「서울, '스펙터클로서의 촛불시위」, 『인물과 사상』

강현수. 2009. 「'도시에 대한 권리' 개념 및 관련 실천 운동의 흐름」, 『공간과 사회』, 통권 제32호

강희은. 2018. 「서울의 골목길 재생정책 추진방향」, 서울특별시(도시재생본부 재생정책과), 『골목길 재생 활성화 기반 마련을 위한 심포지엄』

공유마당. 연도미상. https://gongu.copyright.or.kr/

곽노완. 2017. 「마르크스 지대론의 확장과 현대 도시지대론을 위한 시론」, 『마르크스주의 연구』, 제14권 3호

_____. 2011. 「도시권에서 도시공유권으로」, 『마르크스주의 연구』, 제8권 제3호.

곽노필. 2016.7.31. 「'km' 빌딩 시대…도시가 구름 위로 솟는다」, 『한겨레』

관계부처・서울시. 2015.8.24. 「한강 자연성회복 및 관광자원화 추진 방안－중앙정부와 서울시 협력계획」

관계부처합동. 2018.6.28. 「건설산업 혁신방안: 건설기술・생산구조・시장질서・일자리 혁신」

구형찬. 2004. 「종교연구에서 "유형론"과 "형태론": 그 전략적 구분의 가능성과 의의」, 『종교학연구』, 23권

국토교통 통계누리. 연도미상. 「건축물통계」. 2021년 8월 30일 접속

　　　http://stat.molit.go.kr/portal/cate/statView.do?hRsId=19&hFormId=522&hSelectId=540&hPoint
　　　=00&hAppr=1&hDivEng=&oFileName=&rFileName=&midpath=&month_yn=N&sFormId
　　　=522&sStart=2020&sEnd=2020&sStyleNum=94&sDivEng=N&EXPORT=

권태균. 2016. 『노마드－변화하는 1980년대 한국인의 삶에 대한 작은 기록』, 눈빛

김기찬. 2014. 『잃어버린 풍경』(개정판), 눈빛

김백영. 2017. 「올림픽은 강남 개발에 어떤 영향을 미쳤는가? 1970~1980년대 잠실 올림픽타운 조성사업을 중심으로」, 박배균・황진태 편, 『강남 만들기, 강남 따라 하기－투지 지향 도시민과 투기성 도시개발의 탄생』, 동녘

김상일・허자연. 2016. 「서울시 상업 젠트리피케이션의 실태와 정책적 쟁점」, 서울연구원

김상환. 1999. 「데리다와 은유」, 『기호학 연구』, 5권

김석기. 2017. 「최근 건설 투자의 GDP에 대한 성장기여도와 그 시사점」, 『주간금융브리프』, 26권 16호, 한국금융개발원

김선웅. 2015.5.27. 「서울시 행정구역의 변천과 도시공간구조의 발전」, 서울연구원

김영철. 2018. 「'건축(建築)'과 '아키텍처(Architecture)'에서 아르키텍토니케(Architektonike) 개념의 수용에 관한 연구」, 『대한건축학회논문집』, Vol. 34, No. 9

김용창. 2017. 「신자유주의 도시 인클로저와 실존의 위기, 거주자원의 공유화」, 최병두 외, 『희망의 도시』, 한울

김원동. 2012. 「한국의 농촌・농업의 현주소와 쟁점 및 과제」, 『농촌사회』, 제22집 제1호

김인숙. 1995(엄광용 개정, 2017). 「현대자동차(주)」, 한국민족문화대백과사전

김진영. 2017.11.29. 「되돌아본 한강종합개발」, 『안전정보』

김진원·한민경. 2007. 「서울 25개 자치구의 '사회적 잘 차이」, 『대학원 논문대회 우수논 문집』, 통계청

김필규. 2015. 「ABCP 시장의 현황과 개선방안」, 『자본시장리뷰』, 2015년 여름호

김필호. 2016. 「신사동 가로수길과 방배동 사이길—강남의 역류성 젠트리피케이션」, 신현 준·이기웅 편, 『서울, 젠트리피케이션을 말하다』, 푸른숲

나카무라 요시오. 2004. 『풍경학 입문』, 김재호 역, 문중

남궁윤선. 1999. 「주거지역에 따른 청소년 내 하위집단들의 복식문화 연구」, 『한국의류학 회지』, Vol. 23, No. 5

노산하. 2020. 「최근 가계저축률 상승 요인에 대한 소고」, 『자본시장포커스』, 2020-24호

노주석. 2013.10.18. 「노주석 선임기자의 서울택리지: 한강(중)」, 『서울신문』

대구광역시. 2009. 『대구광역시경관계획 설계지침』

돌산가인. 2015.3.16. 「서울숲 남산길 5구간 (금호산~매봉산) 산책 - (2015-03-15)」. http://m.blog.daum.net/ipbg1/6879413?categoryId=704973

드보르, 기. 1996. 『스펙터클의 사회』, 이경숙 역, 현실문화연구

라파르그, 폴. 2005. 『게으를 수 있는 권리』, 조형준 역, 새물결

레이코프, 조지. 2006. 『코끼리는 생각하지 마』, 유나영 역, 삼인

류제홍. 2018. 「정의되지 않은 길을 정의한다—"좋은 골목길"에 대한 조작적 정의」, 『골목 긴 재생 활성화 기반 마련을 위한 심포지엄』, 서울특별시(도시재생본부 재생정책과)

맑스, 칼. 2019a. 『자본 I-상』, 황선길 역, 라움

_____. 2019b. 『자본 I-하』, 황선길 역, 라움

_____. 2018. 『자본론: 경제학 비판 I-1』, 채만수 역, 노사과연

_____. 2015a. 『자본론 I』, 김수행 역, 비봉출판사

_____. 2015b. 『자본론 II』, 김수행 역, 비봉출판사

_____. 2015c. 『자본론 III』, 김수행 역, 비봉출판사

_____. 2010. 『자본 II』, 강신준 역, 도서출판 길

_____. 2008a. 『자본 I-1』, 강신준 역, 도서출판 길

_____. 2008b. 『자본 I-2』, 강신준 역, 도서출판 길

_____. 2007a. 『정치경제학 비판 요강 I』, 김호균 역, 그린비

_____. 2007b. 『정치경제학 비판 요강 II』, 김호균 역, 그린비

맹다미·장남종·백세나. 2017. 『서울시 저층거주지 실태와 개선 방향』, 서울연구원

문갑순. 2018.7.23. 「2010~2017년 우리나라 콩 수입 동향」.

   http://www.soyworld.or.kr/bbs/circulation/view?idx=1872&page=9&search_value=

문영찬. 2015. 「세계관과 변증법적 유물론(6)」, 노동사회과학연구소

   http://lodong.org/wp/?p=4372

미디어버스. 2013. 『공공 도큐먼트 2―누가 우리의 이웃을 만드는가』, 미디어버스

민주화운동기념사업회. 연도미상. 「목동철거민투쟁」, 오픈아카이브

   https://archives.kdemo.or.kr/collections/view/10000060

박기형. 2019. 「도시 공간 생산의 정치: 성장연합의 전략적 수단과 그 변화를 중심으로」,
   서강대학교 석사학위논문

박노해. 2004. 『노동의 새벽』 (1984), 느린 걸음

박배균. 2017. 「머리말: '강남 만들기'와 '강남 따라 하기'를 통해 본 한국의 도시화」, 박배
   균·황진태 편, 『강남 만들기와 강남 따라 하기』

방경식. 2011. 『부동산용어사전』, 부연사

백대현. 2014. 「콘크리트의 변천사」, 『KICT Zine』, 한국기술연구원

벅-모스, 수잔. 2004. 『발터 벤야민과 아케이드 프로젝트』, 김정아 역, 문학동네

변미리·민보경·박민진·계봉오·임채윤. 2019. 『통계로 보는 서울의 인구와 가구』, 서
   울연구원

비욘드플랫폼. 2017.7.25. 「한국 부동산 PF 시장의 역사」, *brunch*.

   https://brunch.co.kr/@beyondplatform/14

사이토 코헤이. 2020. 『마르크스의 생태사회주의―자본, 자연, 미완의 정치경제학 비판』,
   추선영 역, 두번째테제

서동진. 2009. 『자유의 의지 자기계발의 의지―신자유주의 한국 사회에서 자기계발하는
   주체의 탄생』, 돌베개

서민철. 2014. 「서울의 도심 및 부심 설정과 특화 기능 탐색」, 『대한지리학회지』, 제49권
   제2호

서범세. 2020.6.29. 「북한산을 병풍으로…자연 품은 '은평뉴타운'의 재발견」, 『한경비즈니
   스』, 제1283호

서울시정개발연구원. 2010.「3장 주택과 건설」,『지표로 본 서울 변천: 주요통계와 동향』

서울연구데이터서비스. 2010.「자동차등록대수」,『데이터로 본 서울』

    http://data.si.re.kr/node/357

서울특별시. 2020.「서울시 빈집 현황(구별) 통계」

    https://data.seoul.go.kr/dataList/11005/S/2/datasetView.do

_____. 2014.「서울특별시 안전관리 기본계획―재난 및 안전사고 종합대책」

서울특별시 공보관실 편. 1984.『사진으로 보는 서울백년』, 서울특별시

서울특별시사편찬위원회. 2002~2010.『사진으로 보는 서울 1~6』, 서울특별시

서울특별시수질보전과. 2007.『한강 생태계 조사연구: 한강 생태지도』

세계자연기금. 2015.『지구생명 보고서 2014―생물종과 공간, 사람과 장소』, 한국외국어대
    통번역센터 역, 세계자연기금 한국본부

손재영·이준용. 2012.「우리나라 부동산 금융의 현황과 과제」, 손재영 편,『부동산 금융
    의 현황과 과제』, 한국개발연구원

손정목. 1999.「서울 도시계획 이야기 (34): 강남개발계획의 전개 (4)―제1, 제2 영동지구
    구획정리사업」,『국토』, 208호

_____. 2003a.『서울 도시계획이야기 1―서울 격동의 50년과 나의 증언』, 한울

_____. 2003b.『서울 도시계획 이야기 5―서울 격동의 50년과 나의 증언』, 한울

송교욱·이창헌. 2015.「부산 연안역의 기후 변화 적응방안」, 부산발전연구원

송명관. 2016.「박정희 신화의 허와 실. ② 박정희 경제 신화의 허와 실」,『워키스』, 12호

신용상. 2020.『일반투자자의 시장접근성 제고를 위한 공모·상장형 부동산 유동화시장
    활성화 방안 연구―공모형 리츠 및 부동산 DABS 거래소를 중심으로』, 한국금융연
    구원

신재은. 2011.11.7.「한강종합개발, 4대강에서 만난 도플갱어」,『함께사는길』

신중진·임지영. 2000.「아파트 분양가 자율화 이후의 차별화계획요소에 관한 연구」,『대
    한건축학회 논문집: 계획계』, 16(12)

신현방. 2017.「투기적 도시화, 젠트리피케이션, 도시권」, 최병두 외,『희망의 도시』, 한울

_____. 2016.「발전주의 도시화와 젠트리피케이션, 그리고 저항의 연대」,『공간과 사회』,
    제26권 3호(통권 57호)

신현준. 2016.「젠트리피케이션, 쫓겨나는 사람들을 위한 블루스」,『환경과 조경』, 2016년

3월호

신현준 · 이기웅. 2016. 「동아시아 젠트리피케이션의 로컬화—네 도시의 대안적 어바니즘 과 차이의 생산」, 『로컬리티 인문학』, No. 16

심광현 · 유진화. 2020. 『인간혁명에서 사회혁명까지—문명 전환을 위한 지식순환의 철학 과 일상혁명 스토리텔링』, 희망읽기

아리스토텔레스 2010. 『시학』, 로즐린 뒤퐁록/장 랄로 주해, 김한식 역, 펭귄클래식코리아

_____. 2007. 『형이상학』, 김진성 역주, 이제이북스

아카이브강남. 연도미상. 강남구청.

　　https://www.gangnam.go.kr/board/photoarchives/list.do?mid=ID01_031201

알튀세르, 루이. 2007. 「이데올로기와 이데올로기적 국가장치(하나의 연구를 위한 노트)」, 『재생산에 대하여』, 김웅권 역, 동문선

양승용. 2019.1.25. 「2018년 ABS 발행시장 분석」, *Issue Report*, 한국기업평가

에델만, 제럴드. 2006. 『신경과학과 마음의 세계』, 황희숙 역, 범양사

염형철. 2010.4.7. 「전두환 ‘각하의 약속은 거짓이었다」, 『오마이뉴스』

유기훈. 2020.2.25. 「폐쇄병동 110명 감염, 6명 사망…인간의 조건을 묻다」, 『오마이뉴스』

유정복 · 박상우 · 채찬들. 2010. 「초고층 수직 도시에 적합한 신교통체계 개발방향 연구」, 한국교통연구원

유하. 1991. 『바람부는 날이면 압구정동에 가야 한다』, 문학과 지성사

유현준. 2015. 『도시는 무엇으로 사는가』, 을유문화사

윤혁렬 · 박현찬. 2008.5.19. 「한강의 르네상스: 치수에서 이수로」, SDI 정책리포트 제12호, 서울시정개발원

이보라 · 박승국. 2012. 「아파트 브랜드가 가격 형성에 미치는 영향 분석」, 대한건설정책 연구원

이승훈. 2020.5.11. 「동부이촌동 그리고 서부이촌동: 이승훈 소장의 완벽한 부동산 투자 34부」.

　　https://brunch.co.kr/@a01082690611/41

이인성. 2009.2.10. 「한강의 경관을 모든 시민에게」, 『신동아』 별책부록.

　　http://shindonga.donga.com/3/all/13/108256/1 (2019년 6월 13일 접속)

이인혁. 2009. 「부동산 PF 유동화 시장의 동향 및 분석」, 『하나 산업정보』, 21호

이재현. 2016.1.19. 「[이재현의 유행어사전] 젠트리피케이션」, 『한국일보』

이종훈・김상권・김세종・이영음. 2004. 『서울시 강남북 경제격차 현상분석 및 정책대안 연구』, 서울시정개발연구원

이준용. 2017. 『국토정보시스템 부동산관련 정책정보 및 통계 품질개선 연구』, 국토교통부

이지웅. 2014. 「1997년 경제위기 이후 주택의 금융화에 관한 연구―주택담보대출과 그 증권화를 중심으로」, 『한국공간환경학회 2014년 추계학술대회 발표집』, 한국공간학회

이호철. 1977. 『서울은 만원이다』 (1966), 서음출판사

임동근・김종배. 2015. 『메트로폴리스 서울의 탄생―서울의 삶을 만들어낸 권력, 자본, 제도 그리고 욕망들』, 반비

임현진. 2020. 「비교자본주의 시각에서 본 아시아의 발전국가: 한국의 경험을 중심으로」, 『아시아리뷰』, 제9권 제2호(통권 18호)

장남종. 2015. 「서울시 뉴타운 사업」.
https://seoulsolution.kr/ko/content/%EC%84%9C%EC%9A%B8%EC%8B%9C-%EB%89%B4%ED%83%80%EC%9A%B4-%EC%82%AC%EC%97%85

장성수. 1996. 「1960-1970년대 한국 아파트의 변천에 관한 연구」, 서울대 박사학위 논문

전상봉. 2017.12.3. 「'오르락내리락' 강남은 울퉁불퉁하다」, 『오마이뉴스』

_____. 2017.8.28. 「압구정동은 똥이다」, 『오마이뉴스』

_____. 2017.8.17. 「"강남으로 가기 싫다" 경기고・휘문고・서울고의 '반발'」, 『오마이뉴스』

정기용. 2008. 『서울 이야기』, 현실문화

정헌목. 2015. 「가치 있는 아파트 만들기: 수도권 대단지의 사례를 통해 본 아파트 공동체의 사회문화적 함의」, 서울대학교 대학원 박사학위 논문

줄레조, 발레리. 2007. 『아파트 공화국』, 후마니타스

중앙자살예방센터. 2020. 「2020자살예방백서」, 중앙자살예방센터

중원평정. 2019.10.22. 「사라지는 서울의 단독주택, 장기적으로는 아파트 이상의 가치 투자가 될 수 있다」.
https://m.blog.naver.com/ljw828/221685506952

지주형. 2017. 「강남 개발과 강남적 도시성의 형성: 반공 권위주의 발전국가의 공간선택성을 중심으로」, 박배균・황진태 편, 『서울 만들기와 서울 따라 하기』

_____. 2011. 『한국 신자유주의의 기원과 형성』, 책세상

진태원. 2010. 「국민이라는 노예? 전체주의적 국민국가론에 대한 비판적 고찰」, 『민족문화
연구』, 제51호

차학봉. 2007.7.27. 「롯폰기힐스와 모리사장의 수직 도시론」.

https://m.blog.naver.com/PostView.naver?isHttpsRedirect=true&blogId=hbcha123&dog
No=100040182924

최명식・이형찬・전은호・이원동. 2016. 「젠트리피케이션 대응을 위한 지역 토지자산 공
유방안 연구」, 국토연구원

최병두. 2018. 「르페브르의 일상생활 비판과 도시・공간적 소외」, 『대한지리학회지』, 제
53권 제2호

_____. 2017. 「한국의 자본축적 과정과 도시화: 위기와 대안」, 최병두 외, 『희망의 도시』,
한울

_____. 2007. 「발전주의에서 신자유주의로의 이행과 공간정책의 변화」, 『한국지역지리
학회지』, 제13권 1호

최열. 2020. 『옛 그림으로 본 서울』, 혜화1117

최완수. 2002.6.6. 「겸재 정선이 본 '한양 진경' ⑨ 압구정」, 『동아일보』

_____. 2002.4.11. 「겸재 정선이 본 '한양 진경' ① 장안연우」, 『동아일보』

통계청. 2019.8.10. 「주택의 종류별 주택-읍면동(2015), 시군구(2016~)」

푸코, 미셸. 1990. 『성의 역사 제1권─앎의 의지』, 이규현 역, 나남

플루서, 빌렘. 2004. 『그림의 혁명』, 김현진 역, 커뮤니케이션북스

코스토프, 스피로. 2009. 『역사로 본 도시의 모습』, 양윤재 역, 공간사

하비, 데이비드. 2016a. 「실현의 위기와 일상생활의 변모」, 『창작과비평』, 44(3)

_____. 2016b. 『맑스 「자본」 강의』, 강신준 역, 창비

_____. 2012. 『자본이라는 수수께끼─자본주의 세계 경제의 위기들』, 이강국 역, 창비

_____. 1995. 『자본의 한계─공간의 정치경제학』, 최병두 역, 한울

_____. 1994. 『포스트모더니티의 조건』, 구동회・박영민 역, 한울

한국경관협의회. 2008. 『경관법과 경관계획』, 보문당

한국경제. 연도미상. 「금융의 증권화」, 『한경 경제용어사전』.

https://dic.hankyung.com/apps/economy.view?seq=425

한국은행. 2019. 「가계신용 동향」.

http://www.index.go.kr/potal/stts/idxMain/selectPoSttsIdxSearch.do?idx_cd=1076
_____. 2015.2. 『국민계정리뷰』, 2014년 제4호
_____. 1999.6.15. 「1999년 1/4분기 가계신용 동향」 보도자료
홍석만·송명관. 2013. 『부채전쟁―세계 경제 위기의 진실, 누가 이 빚을 갚을 것인가?』, 나름북스
황진태. 2020. 『내 고향 서울엔』, 돌베개

신문기사 및 보도자료

강원도민일보. 2020.1.6. 「국토면적 11.8%에 사람도 GRDP도 50% 이상 넘어갔다」
경실련. 2018.10.15. 「다주택자 최상위 1위~100위 주택보유 현황 공개」
경향신문. 2021.2.4. 「용적률 700%·층수 완화 '고밀개발'…서울시의 '35층 룰 사실상 폐기 수순」
_____. 2019.10.30. 「2050년 3억명 침수 위기…"상하이·호찌민·방콕 수몰 위험"」
_____. 2019.7.27. 「코딩에 빠진 증권가, 대세로 떠오른 알고리즘 매매」
_____. 2019.4.11. 「소득불평등 파악 주요 지표 악화…OECD 36개국 중 32위 그쳐」
_____. 2017.10.7. 「서울 주택 늘어나면 내 집 마련 쉬워질까」
_____. 2014.9.12. 「한국 소득불평등, 2019년 OECD 국가 중 1위 된다」
_____. 2008.10.31. 「'부동산 부양' 10년전 잘못 되풀이」
_____. 2008.4.28. 「뉴타운은 허울, 서민만 쫓겨나…원주민 재정착률 불과 17%」
노컷뉴스. 2018.8.31. 「우리나라 부동산 보유세 낮나, 높나?」
뉴스1. 2016.12.7. 「세계 6위 마천루 롯데월드타워, 서울시에 사용승인 신청」
뉴시스 2020.9.13. 「거대 유동성 부동산시장으로 가나」
_____. 2017.6.14. 「가계 자산 중 부동산 비중 73.6%…쏠림 심해져」
동아일보. 2019.6.12. 「건물 감싼 4만2000장 은빛 유리, 에너지 샐 틈 없어」
매일경제. 2020.12.9. 「'변창흠표 공급대책에 서울 역세권 고밀개발 등 거론」
_____. 2020.4.1. 「서울 아파트 공시가격 14.7% 급등…종부세 대상 31만 가구로 늘어」
_____. 2020.1.21. 「매머드급 규모 '뉴타운 사업' 막바지에 이른 '서대문구 남가좌동'」

_____. 2018.4.16.「한국 에너지 소비량 OECD 5위…석탄 소비량은 '2위'」

_____. 2018.4.9.「'피난안전구역 설치' 49층 이하 준초고층아파트 늘어」

_____. 2009.5.4.「수색지역에 이마트 입점예정인 '수색자이' 상가 분양」

머니투데이. 2009.3.8.「50억짜리 고급단독 '게이트힐즈' 가보니」.

　　　　https://news.mt.co.kr/mtview.php?no=2009030804162454172&outlink=1&ref=https

　　　　%3A%2F%2Fwww.google.com

문화일보. 2020.5.8.「58조 해외부동산펀드 수익률 -20%…투자주의보」

미디어오늘. 2005.5.18.「"5월27일 전남도청에 157명 있었다"」

비즈니스워치. 2017.7.12.「'관리 답답한' 부동산 PF」

서울경제. 2016.3.25.「아쉽고 불편한 서울의 아이콘…세빛섬'」

서울신문. 2005.10.28.「초고층아파트 수 한국 '세계 4위'」

연합뉴스. 2020.6.12.「목동6단지 안전진단 최종 통과…목동 재건축 본격화하나(종합)」

_____. 2019.7.12.「이동성의 미래 엿보기-티센크루프, 2020년 무로프 MULTI 공개 예정」

_____. 2019.5.7.「'자투리땅' 총동원해 3기 신도시 30만가구 로드맵 '마무리'」

_____. 2017.10.25.「되돌아본 탄핵 '촛불'…광장에 불 밝혀 정권교체까지」

연합인포맥스. 2020.4.16.「건설사 PF-ABCP 차환 위험 확대…유동성 문제로 커지나」

_____. 2015. 3. 6.「작년 부동산 PF대출 28조원…전년 대비 64%↑」

옥스팜 코리아. 2016.1.21.「62명의 부유층이 전 세계 인구의 절반에 해당하는 부 소유」

조선일보. 2017.3.14.「초고층 건물에서 화재가 발생한다면?」

_____. 2011.10.10.「"뉴욕 타임스퀘어에 서울 홍보 영상 올려요"」

주거환경신문. 2009.11.2.「'재정착률', 보다 중요한 것은 주거안정」

주택정보포털. 2017.「연도별 PF대출금액」

중앙일보. 2020.8.8.「주식…부동산에 3000조 뭉칫돈…자산시장 너무 뜨겁다」

_____. 2019.12.3.「'하늘 위의 집' 롯데월드타워 기준시가 내렸다」

_____. 2019.9.25.「IPCC "2100년 해수면 1.1m 상승"…부산 해운대도 잠긴다」

_____. 2019.4.3.「롯데월드타워 1주년: 포항 지진 때도 상당수가 못느껴…안전·내진
　　　　설계 실증」

_____. 2019.2.27.「출산율 0.98명 '최악 저출산'…韓, 세계 첫 0명대 국가 됐다」

_____. 2018.1.7.「양적완화로 글로벌 금융자산 1000조 달러 돌파…세계 총생산의 12배」

_____. 2017.6.19. 「50층 이상 107개, 고층 건물 느는데 25층까지 닿는 소방 사다리차 2대뿐」

_____. 2017.5.9. 「한강 조망권 가격이 무려 7억6000만원…서울 아파트 한 채 평균값보다 비싸」

_____. 2017.2.8. 「동탄화재 놀란 서울시, 35층 이상 건물 긴급 불시 점검」

_____. 2015.4.30. 「2030세대 80% "5포가 아니라 7포세대예요"」

_____. 2015.2.9. 「타워팰리스 주민도 '에너지 빈곤층'?…고가 주상복합도 룸텐트 인기」

_____. 2015.2.7. 「상권개발 표류 7년만에 본궤도…은평뉴타운의 '재평가'」

_____. 2015.2.1. 「"취직해 창문 있는 집 살고 싶다"…청년 주거빈곤층 139만명」

코리아넷뉴스. 2017.3.21. 「'수직 도시' 롯데월드타워」

파이낸셜뉴스. 2019.6.25. 「MBS 발행잔액 116兆 돌파」

한겨레. 2021.7.29. 「우리나라 인구 절반은 수도권에 산다…10가구 중 셋은 '나홀로 가구'」

_____. 2020.11.29. 「밖에서 돈 못쓰니…"가계 저축률 21년 만에 두 자릿수"」

_____. 2019.9.24. 「지난해 자살률 증가세 전환…다시 OECD 1위로」

_____. 2019.5.1. 「자산운용시장 2천조 시대…부동산펀드 매년 26%씩 성장」

_____. 2019.3.5. 「지난해 2.7% 성장…1인당 국민소득은 3만1349달러」

_____. 2019.1.21. 「새 억만장자 이틀에 한명 꼴…매일 2조8천억원씩 재산 불렸다」

_____. 2016.11.6. 「한국 세계 '기후 변화 4대 악당국가'로 등극」

_____. 2016.7.26. 「'58년 개띠'의 상가 사냥, '94년 개띠'를 몰아내다」

_____. 2009.12.14. 「서울 인구밀도 뉴욕 8배·도쿄 3배」

한겨레 21. 2020.8.30. 「한국이 기후악당으로 불리는 이유」

한국건설신문. 2012.1.13. 「PF사업 정상화를 위한 '공모형 PF 조정위원회' 출범」

한국경제. 2020.6.10. 「시중 통화량 3000兆 돌파…저금리에 넘치는 유동성」

_____. 2020.5.8. 「'준강남' 흑석뉴타운 최대 단지 20일 분양」

_____. 2019.5.13. 「부자 겨냥 부동산펀드 과세 강화?…국민연금에 '부유세' 물리는 꼴」

_____. 2019.12.5. 「'100兆 부동산PF'에 경고장 날린 금융당국」

_____. 2013.10.21. 「서울의 30층 이상 고층 건물 80%는 강남에 있다」

한국금융신문. 2021.1.4. 「2020년 금융시장 가격변수의 움직임…그리고 2021년 연초 탐색전」

_____. 2020.9.16. 「서울 주요 아파트 가격 3년간 50% 상승···'내 집 마련' 더욱 어려워져」

한국일보. 2021.1.4. 「700만 동학개미가 쏘아 올린 증시, 주가도 집값처럼?」

한우리경제. 2016.1.13. 「2015년 은행 가계대출 78조 증가···역대 최대치」

KBS. 2010.10.26. 「부동산 개발투자(PF), 거품은 꺼지는가」.

  http://news.kbs.co.kr/economic/2010/10/26/2183229.html

_____. 2015.3.29. 「중국 유령도시 속출...부동산 거품 붕괴 우려」.

  https://news.kbs.co.kr/news/view.do?ncd=3046290

MSN 뉴스. 2019.9.18. 「[fn스트리트] 아파트 수명」

외국문헌

伊達美德. n.d. <まちもり通信>. https://sites.google.com/site/machimorig0/home (2020년 6월 3일 접속)

卡爾 馬克思. 2001. 『资本论: 政治经济学批判』, 第一卷, 北京: 人民出版社

進士五十八. 2010. 「景観と風景」, Re (建築保全センター機關紙), 2010年1月, No. 165

渡辺章郎. 2009. 「三好學を起点とする「景観」および「景観類義語」の概念と展開に關する研究」, 『日本都市計畵學會都市計畵論文集』, No. 44-1

韓光輝. 1996. 『北京人口历史地理』, 北京大学出版社

Abrams, M. H. and Geoffrey Galt Harpham. 2009. *A Glossary of Literary Terms*, 9th ed. Boston, MA: Wadsworth Cengage Learning

Adorno, Theodor. 2005. *In Search of Wagner*. Trans. Rodney Livingstone. London and New York: Verso

Agamben, Georgio. 2009. *What Is an Apparatus? and Other Essays*. Trans. David Kishik and Stefan Pedatella. Stanford, CA: Stanford University Press

_____. 2007. "In Praise of Profanation." In: *Profanations*. Trans. Jeff Fort. New York: Zone Books

_____. 1993. *Infancy and History: Essays on the Destruction of Experience*. Trans. Liz Heron. London & New York: Verso

Akristiniy, Vera A. and Yulia I. Boriskina. 2018. "Vertical cities: the new form of high-rise construction evolution," E3S Web of Conferences 33, 01041 (2018).

    https://www.e3s-conferences.org/articles/e3sconf/pdf/2018/08/e3sconf_hrc2018_01041.pdf

Al-Kodmany, Kheir. 2018a. *The Vertical City: A Sustainable Development Model*. Southampton, UK & Boston, USA: WIT Press

_____. 2018b. "Sustainability and the 21st Century Vertical City: A Review of Design Approaches of Tall Buildings," *Buildings*, 8(8), 102

_____. 2012. "The Logic of Vertical Density: Tall Buildings in the 21st Century City," *International Journal of High-Rise Buildings*, Vol. 1, No. 2

Andreotti, Libera and Nadir Lahiji. 2017. *The Architecture of Phantasmagoria: Secrets of the City*. London and New York: Routledge

Andreou, Alex. 2014.1.20. "Trickle-down economics is the greatest broken promise of our lifetime," *The Guardian*

Angelo, Hillary and David Wachsmuth. 2014. "Urbanizing Urban Political Ecology: A Critique of Methodological Cityism." In: Neil Brenner, ed., *Implosions/Explosions: Towards a Study of Planetary Urbanization*. Berlin: Jovis

Angus, Ian. 2016. *Facing the Anthropocene: Fossil Capitalism and the Crisis of the Earth System*. New York: Monthly Review Press

Anon. 2019.1.19. "The Hollowing of Anarchy: Exhibition Value."

    https://anarchistnews.org/content/hollowing-anarchy-exhibition-value

Antrop, Marc and Veerle Van Eetvelde. 2017. *Landscape Perspectives: The Holistic Nature of Landscape*. Dordrecht, The Netherlands: Springer

Areppim. 2019. "World Billionaires' Number and Wealth."

    https://stats.areppim.com/stats/stats_rich_19_trend_usdxnbr.htm

Aristotle. 2016. *De Anima*. Tr. Christopher Shields. Oxford and New York: Oxford University Press

_____. 1996. *Physics*. Tr. Robin Waterfield. Oxford and New York: Oxford University Press

_____. 1994. *Metaphysics: Books Z and H*. Tr. David Bostock. Oxford and New York: Oxford University Press

_____. 1920. *On the Art of Poetry*. Tr. Ingram Bywater. London: Oxford University Press

Asafu-Adjaye, John et al. 2015. "An Ecomodernist Manifesto."

    https://www.researchgate.net/publication/281607422_An_Ecomodernist_Manifesto

Atkin, Albert. 2013. "Peirce's Theory of Signs." In: Edward N. Zalta, ed., *The Stanford Encyclopedia*

    of Philosophy. https://plato.stanford.edu/archives/sum2013/entries/peirce-semiotics

Augé, Marc. 1995. *Non-Places: Introduction to an Anthropology of Supermodernity*. Tr. John Howe.

    London & New York: Verso

_____. 1992. *Non-lieux: introduction à une anthropologie de la surmodernité*. Paris: Seuil

Auerbach, Erich. 1984. "Figura." In: *Scenes from the Drama of European Literature*. Minneapolis:

    University of Minnesota Press

Balibar, Etienne. 1993. "The Non-Contemporaneity of Althusser." In: E. Ann Kaplan and

    Michael Sprinker, eds., *The Althusserian Legacy*. London & New York: Verso

Barthes, Roland. 1989. "The Return of the Poetician." In: *The Rustle of Language*. Tr. Richard

    Howard. Berkeley and Los Angeles: The University of California Press

Batty, Michael and Paul Longley. 1994. *Fractal Cities: A Geometry of Form and Function*. London:

    Academic Press

Baudrillard, Jean. 2002. "Simulacra and Simulations." In: *Selected Writings*. 2nd ed. Ed. Mark

    Poster. Stanford, CA: Stanford University Press

Benjamin, Walter. 2002. *The Arcades Project*. Tr. Howard Eiland and Kevin McLaughlin.

    Cambridge, MA & London: Belknap Press

_____. 1991. *Das Passagen-Werk. Walter Benjamin: Gesammelte Schriften*. V. Frankfurt: Suhrkamp

_____. 1983. *Charles Baudelaire: A Lyric Poet in the Era of High Capitalism*. London & New York:

    Verso

Berque, Augustin. 2009. "Des eaux de la montagne au paysage."

    http://www.mfj.gr.jp/web/wp/WP-C-15-IRMFJ-Berque-09-24.pdf

Blackburn, Robin. 2006. "Finance and the fourth dimension," *New Left Review*, 39

Bolier, David. 2017.9.25. "The Commons, Short and Sweet."

    https://blog.p2pfoundation.net/commons-short-sweet/2017/09/25

Brady, Ronald H. 1987. "Form and Cause in Goethe's Morphology." In: F. Amrine, F. J. Zucker,

    and H. Wheeler, eds., *Goethe and the Sciences: A Reappraisal*. Dordrecht, Holland: D. Reidel

Brenner, Neil. 2016. "The Urban Revolution?" In: *Critique of Urbanization: Selected Essays*. Berlin: Bauverlag

_____. 2014. "Introduction: Urban Theory Without an Outside." In: Brenner, ed., *Implosions/ Explosions: Towards a Study of Planetary Urbanization*. Berlin: Jovis

Brenner, Neil and Stuart Elden. 2009. "Introduction to *State, Space, World:* Lefebvre and the Survival of Capitalism." In: Henri Lefebvre, *State, Space, World: Selected Essays*. Ed. Neil Brenner and Stuart Elden. Minneapolis: University of Minnesota Press

Brenner, Neil and Christian Schmid. 2017. "Elements for a new epistemology of the urban." In: Suzanne Hall and Ricky Burdett, eds., *The Sage Handbook of the 21st Century City*. London: Sage

_____. 2015. "Towards a new epistemology of the urban?" *City*, Vol. 19, Nos. 2-3

_____. 2014a. "Planetary Urbanization." In: Brenner, ed., *Implosions/Explosions*

_____. 2014b. "'Urban Age' in Question." In: Brenner, ed., *Implosions/Explosions*

Brewster, Ben. 1977. "Glossary." In: Louis Althusser, *For Marx*. Tr. Brewster. London: NLB

Brockovich, Erin. 2021.3.18. "Plummeting sperm counts, shrinking penises: toxic chemicals threaten humanity," *The Guardian*

Buchanan, Colin. 2008. "The economic impact of high density development and tall buildings in central business districts." British Property Federation.
https://www.bpf.org.uk/sites/default/files/resources/Economic-impact-of-high-density-develop ment-and-tall-buildings-in-central-districts.pdf

Buck-Morss, Susan. 1989. *The Dialectics of Seeing: Walter Benjamin and the Arcades Project*. Cambridge, MA & London: The MIT Press

Caniggia, Gianfranco and Gian Luigi Maffei. 2001. *Architectural composition and building typology: interpreting basic building*. Florence: Alinea Editrice

_____. 1984. *Composizione architettonica e tipologia edilizia II: il progetto nell'edilizia do base*. Venice: Marsilio

Carona, John. 2014. *In the Common Interest: Embracing the New American Community*. Austin, TX: Emerald Book Company

Certeau, Michel de. 1984. *The Practice of Everyday Life*. Tr. Steven Rendall. Berkeley & Los Angeles:

University of California Press

Chiuini, Michele. 2016. "Steel and Baked Clay: The Invention of the Curtain Wall in American Skyscrapers."

https://www.researchgate.net/publication/317833232_STEEL_AND_BAKED_CLAY_The_Invention_of_the_Curtain_Wall_in_American_Skyscrapers

Clark, Erik. 2005. "The order and simplicity of gentrification: a political challenge." In: Rowland Atkinson and Gary Bridge, eds., *Gentrification in a Global Context: The New Urban Colonialism*. London: Routledge

Clay, Phillip L. 1979. *Neighbourhood Renewal: Middle-class Resettlement and Incumbent Upgrading in American Neighborhoods*. Lexington, MA: Lexington Books

Cohen, Sheldon Marc. Winter 2016. "Aristotle's Metaphysics." In: *Stanford Encyclopedia of Philosophy*. https://plato.stanford.edu/entries/aristotle-metaphysics/

Conzen, Michael P. 2013a. "Experiments in cross-cultural urban morphology." Proceedings of the Joint Meeting of the International Seminar on Urban Form and the European Association for Architectural Education. Delft University of Technology, Delft, The Netherlands, 16-19 October, 2012

_____. 2013b. "Substance, method, and meaning in urban morphology," *Urban Morphology* 17

Crary, Jonathan. 1989. "Spectacle, Attention, Counter-Memory," *October*, Vol. 50 (Autumn)

_____. 1984. "Eclipse of the Spectacle." In: Brain Wallis and Marcia Tucker, eds., *Art After Modernism: Rethinking Representation*. New York: The New Museum of Contemporary Art

CTBUH. n.d. "CTBUH Height Criteria: Tall, Supertall, and Megatall."

https://www.ctbuh.org/resource/height

Davis, Mike. 2001. "The Flames of New York," *New Left Review*, 12 (Nov.-Dec. 2001)

Debord, Guy. 2005a. *The Society of the Spectacle*. Tr. Donald Nicholson-Smith. New York: Zone Books

_____. 2005b. *The Society of the Spectacle*. Tr. Ken Knabb. London: Rebel Press

_____. 2003. *La société du spectacle* (1967). Versão para eBook

_____. 1990. *Comments on The Society of the Spectacle*. Tr. Malcolm Imrie. London and New York: Verso

Deleuze, Gille and Félix Guattari. 1987. *A Thousand Plateaus: Capitalism and Schizophrenia*. Tr. Brian Massumi. Minneapolis: University of Minnesota Press

Derrida, Jacques. 2007. "The *Retrait* of Metaphor." In: *Psyche: The Inventions of the Other*, Volume I. Stanford: Stanford University Press

_____. 1994. *Specters of Marx: The State of the Debt, the Work of Mourning and the New International*. Tr. Peggy Kamuf. New York and London: Routledge

_____. 1982. "White Mythology: The Metaphor in the Text of Philosophy." In: *Margins of Philosophy*. Tr. Alan Bass. Chicago: University of Chicago Press

De Santis, Danielle. 2015. "Wesen, Eidos, Idea: Remarks on the 'Platonism' of Jean Héring and Roman Ingarden," *Studia Phaenomenologica*, XV

Dubois, Ghislain et. al. 2019. "It starts at home? Climate policies targeting household consumption and behavioral decisions are key to low-carbon futures," *Energy Research & Social Science*, Vol. 52

Duménil, Gérard and Dominique Lévy. 2011. *The Crisis of Neoliberalism*. Cambridge, MA: Harvard University Press

Elliott, Larry. 2019.1.21. "World's 26 richest people own as much as poorest 50%, says Oxfam," *The Guardian*

_____. 2017.1.16. "World's eight richest people have same wealth as poorest 50%," *The Guardian*

Emporis. n.d. "high-rise building (ESN 18727)." https://www.emporis.com/building/standard/3/high-rise-building

Erickson, Peter and Michael Lazarus. 2013. "Accounting for Greenhouse Gas Emissions Associated with the Supply of Fossil Fuels." Stockholm Environment Institute discussion brief. https://www.jstor.org/stable/pdf/resrep00382.pdf?refreqid=excelsior%3Af72d0befe55942 4bf0073fe268bc4552

Erturk, Ismail, Julie Froud, Sukhdev Johal, Adam Leaver, and Karel Williams. 2006. "The Democratization of Finance? Promises, Outcomes and Conditions," *Journal of Management and Social Sciences*, Vol. 2, No. 1 (Spring)

Esty, Benjamin C. 2004. *Modern Project Finance: A Casebook*. New York: John Wiley & Sons

Farha, Leilani. 2017.3.29. "Housing is not just a commodity, but a social good," *Bangkok Post*

Foster, John Bellamy. 2018. "Marx, Value, and Nature," *Monthly Review*, Vol. 70, No. 3

_____. 2017. "The Long Ecological Revolution," *Monthly Review*, Vol. 69, No. 6

_____. 2000. *Marx's Ecology: Materialism and Nature*. New York: Monthly Review

_____. 1999. "Marx's Theory of Metabolic Rift: Classical Foundations for Environmental Sociology," *American Journal of Sociology*, Vol. 104, No. 2

Foster, John Bellamy and Brett Clark. 2009. "The Paradox of Wealth: Capitalism and Ecological Destruction," *Monthly Review*, Vol. 61, Issue 6

Foucault, Michel. 1995. *Discipline and Punish: The Birth of the Prison*. New York: Vintage Books

Fraser, Benjamin. 2015. *Toward an Urban Cultural Studies: Henri Lefebvre and the Humanities*. New York: Palgrave Macmillan

Freeman, Richard. 2005.8.3. "China, India and the Doubling of the Global Labor Force: who pays the price of globalization?" *The Asia-Pacific Journal*, Vol 3, Issue 8

Gadamer, Hans-Georg. 2016. "On the Way Back to the Beginning." In: *Hermeneutics Between History and Philosophy. The Selected Writings*, Vol. 1. London and New York: Bloomsbury

_____. 1987. *Neuere Philosophie I: Hegel Husserl Heidegger. Gesammelte Werke*, Bd. 3. Tübingen: J. C. B. Mohr

_____. 1986. *The Idea of the Good in Platonic-Aristotelian Philosophy*. Tr. P. Christopher Smith. New Haven and London: Yale University Press

Gemici, Kurtuluş, 2015. "Beyond the Minsky and Polanyi Moments: Social Origins of the Foreclosure Crisis," GPN Working Paper Series

Gilbert, Cass. 1900.6.30. "The Financial Importance of Rapid Building," *Engineering Record* 41

Gomez-Luque, Mariano. 2019. *Late Capitalist Skyscraper Theoretically Considered*. Doctoral dissertation. Harvard University Graduate School of Design

Gotham, Kevin Fox. 2005. "Theorizing urban spectacles: Festivals, tourism and the transformation of urban space," *City*, Vol. 9, No. 2

Gouré, Leon. 1962. *Civil Defense in the Soviet Union*. Berkeley and Los Angeles: University of California Press

Graham, Stephen. 2020. "Verticality and centrality: the politics of contemporary skyscrapers."

In: Jonathan Bach and Michał Murawski, eds., *Re-Centering the City: Global Mutations of Socialist Modernity*. London: UCL Press

_____. 2017. "Contemporary Skyscrapers Turning Nowhere into Somewhere," *Géocarrefour*, Vol. 91, No. 2.

https://journals.openedition.org/geocarrefour/10129

_____. 2016. "Vanity and Violence: On the Politics of Skyscrapers," *City*, Vol. 20, Issue 5

Haggett, Peter. 2001. *Geography: a global synthesis*. 4th ed. New York: Pearson Hall.

Han, Byung-chul. 2015. *The Transparency of Society*. Tr. Erik Butler. Stanford, CA: Stanford University Press

Harris-White, Barbara. 2015. "Globalisation, Development and the Metabolic Rift."

https://www.southasia.ox.ac.uk/sites/default/files/southasia/documents/media/general-south_asia_wp21_soas_globalisation_lecture.pdf

Harvey, David. 2018a. *Marx, Capital, and the Madness of Economic Reason*. New York: Oxford University Press

_____. 2018b. "Leading Marxist Scholar David Harvey on Trump, Wall Stree, and Debt Peonage," *The Intercept*.

https://theintercept.com/2018/01/21/marxist-scholar-david-harvey-on-trump-wall-street-and-debt-peonage/

_____. 2016. "Realization Crises and The Transformation of Daily Life."

http://magazine.changbi.com/en/articles/89062?board_id=2492

_____. 2013. *A Companion to Marx's Capital Volume Two*. London & New York: Verso

_____. 2012a. "History versus Theory: A Commentary on Marx's Method in Capital," *Historical Materialism*, Vol. 20, Issue 2

_____. 2012b. *Rebel Cities: From the Right to the City to the Urban Revolution*. London & Brooklyn, NY: Verso

_____. 2010. *A Companion to Marx's Capital*. London & New York: Verso

_____. 2008. "The Right to the City," *New Left Review*, 53

_____. 2001. "Globalization and the Spatial Fix," *Geographische Revue*, 2

_____. 2000. *Spaces of Hope*. Berkeley: University of California Press

_____. 1990. "Flexible Accumulation through Urbanization Reflections on 'Post-Modernism' in the American City," *Perspecta*, Vol. 26

_____. 1989a. "From Managerialism to Entrepreneurialism: The Transformation in Urban Governance in Late Capitalism," *Geografiska Annaler. Series B, Human Geography*, Vol. 71, No. 1

_____. 1989b. "The urban process under capitalism: a framework for analysis." In: Harvey, *The Urban Experience*. Oxford, UK: Basil Blackwell

_____. 1974. "Class monopoly rent, finance capital and the urban revolution," *Regional Studies*, Vol. 8, Issue 3-4

Heath, Tom, Sandy G. Smith, and Bill Lim. 2000. "Tall Buildings and the Urban Skyline: The Effect of Visual Complexity and Preferences," *Environment and Behavior*, Vol. 32, No. 4

Hegel, Georg Wilhelm Friedrich. 1900. "Introduction." In: *Lectures on the Philosophy of History*. Tr. J. Sibree. New York: The Colonial Press

Heidegger, Martin. 1989. *Die Grundprobleme der Phänomenologie*. Frankfurt: Klostermann

_____. 1988. *The Basic Problems of Phenomenology*. Tr. Albert Hofstadter. Indianapolis: Indiana UP

Hendrix, John Shannon. 2013. *The Contradiction Between Form and Function in Architecture*. London and New York: Routledge

Hertwich, Edgar and Glenp Peters. 2009. "Carbon Footprint of Nations: A Global, Trade-Linked Analysis," *Environmental Science & Technology*, vol. 43, no. 16

Hess, Carol Lakey. n.d. "A Novel Approach to Justice: The Power of Fiction in Working for Justice." http://old.religiouseducation.net/member/06_rea_papers/Hess_Carol_Lakey.pdf

Hillier, Bill and Julienne Hanson. 1984. *The Social Logic of Space*. Cambridge: Cambridge University Press

Hobsbawm, Eric. 1994. *The Age of Extremes: The Short Twentieth Century, 1914-1991*. London: Abacus

Hoek, Marga. 2018. *The Trillion Dollar Shift: Achieving the Sustainable Develolpment Goals; Business for Good Is Good Business*. London and New York: Routledge

Hudson, Michael. 2020.4.21. "US Coronavirus 'Bailout' Scam Is $6 Trillion Giveaway to Wall St.–Economist Michael Hudson Explains," *Moderate Rebels*.

https://michael-hudson.com/2020/04/another-giveaway/

_____. 2017. *J Is for Junk Economics: A Guide to Reality in an Age of Deception*. Glashütte: ISLET

_____. 2015. *Killing the Host: How Financial Parasites and Debt Bondage Destroy the Global Economy*. Petrolia, CA: CounterPunch Books

_____. 2012. *The Bubble and Beyond: Fictitious Capital, Debt Deflation and the Global Crisis*. Dresden: Islet

_____. 1998. "Financial Capitalism v. Industrial Capitalism." Contribution to The Other Canon Conference on Production Capitalism vs. Financial Capitalism. Oslo, September 3-4, 1998. http://othercanon.org/wp-content/uploads/2020/02/Michael-Hudson-Financial-Capitalism -v.-Industrial-Capitalism.pdf

Huriot, Jean-Marie. 2012.1.25. "Deplorable symbols: Towers of power," *Metropolitiques.eu*. http://www.metropolitiques.eu/Towers-of-Power.html

Isin, Engin F. 2002. "City, Democracy, Citizenship: Historical Images, Contemporary Practices." In: Engin F. Isin and Bryan S. Turner, eds., *Handbook of Citizenship Studies*. London: Sage

Jacobs, Jane. 1993. *The Death and Life of Great American Cities* (1961). New York: The Modern Library

Jameson, Fredric. 1991. *Postmodernism or, The Cultural Logic of Late Capitalism*. Durham: Duke University Press

_____. 1988. "Cognitive Mapping." In: Cary Nelson and Lawrence Grossberg, eds., *Marxism and the Interpretation of Culture*. Urbana: University of Illinois Press

Jarrett, Michael. 2007.5.9. "On Hip-Hop, A Rhapsody," *Electronic Book Review*

_____. n.d. "Heuretics Defined." http://www2.york.psu.edu/~jmj3/defheu.htm

Jones, Phil, Arshad Isakjee, Chris Jam, Colin Lorne and Saskia Warren. 2017. "Urban landscapes and the atmosphere of place: exploring subjective experience in the study of urban form," *Urban Morphology*, 21(1)

Kaika, Maria. 2011. "Autistic Architecture: The Fall of the Icon and the Rise of the Serial Object of Architecture," *Environment and Planning D Society and Space*, vol. 29

Kang, Nae-hui. 2019. "En tiempo de escasez común: capitalaismo neoliberal y radicalización de las políticas de identidad en Corea del Sur," *Chakana: Revista Internacional de Estudios Coreanos*, Vol. 3

Kant, Immanuel. 1996. *The Critique of Pure Reason*. Tr. Werner S. Pluhar. Indianapolis/Cambridge: Hackett Publishing Company

Karvouni, Maria. 1999. "*Demas*: The Human Body as a Tectonic Construct." In: Alberto Pérez-Gómez and Stephen Parcell, eds., *Chora 3: Intervals in the Philosophy of Architecture*. Montreal & Kingston: McGill-Queen's University Press

Keegan, Mathew. 2019.7.16. "Which is the world's most vertical city?" *The Guardian*

Keeling, Charles D. August 1997. "Climate change and carbon dioxide: An introduction," *Proceedings of the National Academy of Sciences of the United States of America*, Vol. 94.

Khanom, Nilufa Akhter. 2010. "Conceptual Issues in Defining Public Private Partnerships (PPPs)," *International Review of Business Research Papers*, Vol. 6, No. 2

Kim, Gyu Dong and Joo Ho Lee. 2016. "Key Technologies for Super Tall Building Construction: Lotte World Tower," *International Journal of High-Rise Buildings*, Vol. 5, No. 3

Kim, Kwang-Joong. 2012. "The study of urban form in South Korea," *Urban Morphology*, 16(2)

King, Raymond. n.d. "Vertical City: A Solution for Sustainable Living."

  https://www.kickstarter.com/projects/rayking/vertical-city-a-solution-for-sustainable-living

Kohler, Niklaus and Wei Yang. 2007. "Long-term management of building stocks," *Building Research & Information*, 35(4)

Kolnberger, T. 2018. "Cemeteries and urban form: a historico-geographical approach," *Urban Morphology*, 22(2)

Kotz, David M. 2015. *The Rise and Fall of Neoliberal Capitalism*. Cambridge, MA: Harvard University Press

Kropf, Karl. 2014. "Ambiguity in the definition of built form," *Urban Morphology*, 18

Kropf, Karl and Sylvain Malfroy. 2013. "What is urban morphology supposed to be about? Specialization and the growth of a discipline," *Urban Morphology*, 17

Lacan, Jacques. 1989. *Écrits: A Selection*. Tr. Alan Sheridan. London and New York: Routledge

Lamarche, Frangois. 1976. "Property development and the foundations of the urban question." In: C. G. Pickvance, ed., *Urban Sociology: Critical Essays*. London: Tavistock Publications

Lapavitsas, Costas. 2013a. *Profiting Without Producing: How Finance Exploits Us All*. London & New York: Verso

_____. 2013b. "The financialization of capitalism: 'Profiting without producing'," *City*, 17(6)

Larkham Peter J. and Andrew N. Jones, eds. 1991. *A glossary of urban form*. Historical Geography Research Series 26. Birmingham: Institute of British Geographers

Lauderdale, James Maitland. 1819. *An Inquiry into the Nature and Origin of Public Wealth and into the Means and Causes of its Increase*. Edinburgh: Archibald Constable and Co.

Lee, Dong Yeun. 2004. "Consuming Spaces in the Global Era: Distinctions between Consuming Spaces in Seoul," *Korean Journal*, Autumn 2004

Lees, Loretta. 2003. "Super-gentrification: The Case of Brooklyn Heights, New York City," *Urban Studies*, Vol. 40, No. 12

Lefebvre, Henri. 2009. *State, Space, World: Selected Essays*. Ed. Neil Brenner and Stuart Elden. Minneapolis: University of Minnesota Press

_____. 2003. *The Urban Revolution* (1970). Tr. Robert Bononno. Minneapolis and London: University of Minnesota Press

_____. 1996. *The Right to the City*. In: *Writings on Cities*. Tr. Eleonore Kofman and Elizabeth Lebas. Oxford, UK: Blackwell

_____. 1991. *The Production of Space*. Tr. Donald Nicholson-Smith. Oxford, UK & Cambridge, USA: Blackwell

Lehne, Johanna and Felix Preston. 2018. *Making Concrete Change: Innovation in Low-carbon Cement and Concrete*. London: Chatham House

Liedman, Sven-Eric. 2007. "Is content embodied form?" In: John Michael Krois et al. eds., *Embodiment in Cognition and Culture*. Amsterdam/Philadelphia: John Benjamins

Lilley, Keith D. 2009. "Urban Morphology." In: Rob Kitchin and Nigel Thrift, eds., *International Encyclopedia of Human Geography*, Vol. 12. Amsterdam: Elsevier

Lindell, Johan. 2013. "The City as Spectacle: A Debordian Critique of the City as Commodigy and Brand." Paper presented at the Spectacular/Ordinary/Contested Media City Conference, Helsinki, 15-17 May 2013.
https://www.academia.edu/3523315/The_City_as_Spectacle_A_Debordian_Critique_of_the_City_as_Commodity_and_Brand

Lindsey, Rebecca. Feb 20, 2020. "Climate Change: Atmospheric Carbon Dioxide."

https://www.climate.gov/news-features/understanding-climate/climate-change-atmospheric
-carbon-dioxide

Louvroy, Antoinette. 2013. "The end(s) of critique: Data behaviourism versus due process." In: Mireille Hildebrandt and Katja de Vries, eds., *Privacy, Due Process and the Computational Turn: The philosophy of law meets the philosophy of technology*. New York: Routledge

Lukić, Ivana. 2011. "Relation between creativity and planned regulation in the process of shaping urban skyline," *Limes: Borderland Studies*, 4: 2

Lynch, Kevin. 1960. *The Image of the City*. Cambridge, MA and London: The MIT Press

Marshall, Stephen and Olgu Çalışkan. 2011. "A joint framework for urban morphology and design," *Built Environment*, 37

Marx, Karl. 1993. *Grundrisse: Foundations of the Critique of Political Economy (Rough Draft)*. Tr. Martin Nicolaus. London: Penguin Books

_____. 1993. *Le Capital: Critique de l'économie politique*. Livre premier. Paris: PUF

_____. 1983. *Ökonomische Manuskripte 1857/1858*. Karl Marx Friedrich Engels Werke [*MEW*], Band 42. Berlin: Dietz

_____. 1981. *Capital: A Critique of Political Economy*. Volume 3. Tr. David Fernbach. London: Penguin Books

_____. 1976. *Capital: A Critique of Political Economy*. Volume 1. Tr. Ben Fowkes. London: Penguin Books

_____. 1975. *Economic and Philosophic Manuscripts of 1844*. In: Karl Marx and Frederick Engels, *Collected Works*, Volume 3. Moscow: Progress Publishers

_____. 1964. *Das Kapital: Kritik der politischen Ökonomie*. Band 3. *MEW*, Band 25. Berlin: Dietz Verlag

_____. 1962. *Das Kapital: Kritik der politischen Ökonomie*. Band 1. *MEW*, Band 23. Berlin: Dietz Verlag

Mason, Eric D. 2007. "Moving Thumos: Emotion, image, and the enthymeme." University of South Florida dissertation

Merlin, Pierre, et. al. 1988. *Morphologie urbaine et parcellaire*. Saint-Denis: Presses Universitaires de Vincennes

McCurry, Justin. 2017.8.2. "South Korea's inequality paradox: long life, good health and poverty," *The Guardian*

McIntyre, Douglas A. 2019.1.8. "China Has 65 Million Empty Apartments," *24/7 Wall St.* https://247wallst.com/economy/2019/01/08/china-has-65-million-empty-apartments/

Merrifield, Andy. 2011. "The right to the city and beyond," *City*, 15(3/4)

Moudon, Anne Vernez. 1997. "Urban morphology as an emerging interdisciplinary field," *Urban Morphology*, 1

Nafisi, Azar. 2003. *Reading Lolita in Tehran: A Memoir in Books*. New York: Random House

Neate, Rupert. 2014.2.23. "Scandal of Europe's 11m empty homes," *The Guardian*

New York Habitat, 2014.12.8. "4 Things You Didn't Know About Paris' Stairs." https://www.nyhabitat.com/blog/2014/12/08/4-things-did-not-know-about-paris-stairs/

Notomi, Noburu. 2006. "Plato's Metaphysics and Dialectic." In: Mary Louise Gill and Pierre Pellegrin, eds., *A Companion to Ancient Philosophy*. Oxford: Blackwell

Nussbaum, Martha. 1995. *Poetic Justice: The Literary Imagination and Public Life*. Boston: Beacon Press

Oliveira, Vítor. 2016. *Urban Morphology: An Introduction to the Study of the Physical Form of Cities*. Cham, Switzerland: Springer

_____. ed. 2018. *Teaching Urban Morphology*. Cham: Springer

_____. 2019. "An Introduction to the Work of JWR Whitehand." In: Vítor Oliveira, ed., *J. W. R. Whitehand and the Historico-geographical Approach to Urban Morphology*. Cham: Springer

Onwe, Joshua Chukwuma and Ngoz Adeleye. 2018. "ARDL Empirical insights on financial intermediation and economic growth in Nigeria," *Journal of Business & Economic Management*, 6(12).

Parment, Anders and Sara Brorström. 2016. "Branding Various-Sized Destinations: A Study of Millennial Attitudes." In: Ahmet Bayraktar and Can Uslay, eds., *Global Place Branding Campaigns across Cities, Regions, and Nations*. Hershey, PA: IGI Global

Pattison, Timothy. 1977. *The Process of Neighborhood Upgrading and Gentrification: An Examination of Two Neighborhoods in the Boston Metropolitan Area*. Cambridge, MA: MIT Press

Pavón-Cuéllar, D. 2014, "Extimacy." In: Thomas Teo, ed., *Encyclopedia of Critical Psychology*. New York: Springer

Plato. 2008. *The Symposium*. Tr. M. C. Howatson. Ed. Howatson and Frisbee C. C. Sheffield. Cambridge: Cambridge University Press

Postone, Moishe. 1993. *Time, Labor, and Social Domination: A Reinterpretation of Marx's Critical Theory*. Cambridge & New York: Cambridge University Press

Preus, Anthony. 2015. *Historical Dictionary of Ancient Greek Philosophy*. 2nd ed. Lanham, MD: Rowman & Littlefield

Rankin, Katharine N. 2008. "Commercial Change in Toronto's West-Central Neighbourhoods." http://www.urbancentre.utoronto.ca/pdfs/publications/RP214RankinCommercialChangeWest Toronto9-2008.pdf

Reed, B. M. 2012. "Poetics, Western." In: Ronald Greene, et. al. eds., *Princeton Encyclopedia of Poetry and Poetics*. 4th edition. Princeton and Oxford: Princeton University Press

Risen, Clay. 2013.2.15. "The rise of the supertalls," *Popular Science*

Rouvroy, Antoinette. 2013. "The end(s) of critique: data behaviourism versus due process." In: Mireille Hildebrandt and Katja de Vries, eds., *Privacy, Due Process and the Computational Turn: The philosophy of law meets the philosophy of technology*. Oxford and New York: Routledge

Rykwert, Joseph. 1988. *The Idea of a Town: The Anthropology of Urban Form in Rome, Italy and the Ancient World*. Cambridge, MA: MIT Press

Salazar, Cristian. 2011.10.3. "Seoul, NYC Form Partnership to Boost Tourism," *NBC New York*

Saussure, Ferdinand de. 1959. *Courses in General Linguistics* (1916). Tr. Wade Baskin. New York: Philosophical Library

Scheer, Brenda Case. 2016. "The epistemology of urban morphology," *Urban Morphology*, 20
_____. 2013. "The master plan is dead: long live urban morphology," *Urban Morphology*, 17

Schläpfer, Joey Lee and Luís M. A. Bettencourt. 2015. "Urban Skylines: building heights and shapes as measures of city size," arXiv: 1512.00946

Schwanen, Tim. 2018. "Introduction to the Handbook of Urban Geography." In: Schwanen and Ronald van Kempen, eds., *Handbook of Urban Geography*. Cheltenham, UK &

Northampton, MA, USA: Edward Elgar Publishing

Shaban, Hazma and Heather Long. 2020.12.30. "The stock market is ending 2020 at record highs, even as the virus surges and millions go hungry," *The Washington Post*

Shakespeare, William. 2008. *The First Part of the History of Henry IV*. Ed. John Dover Wilson. London: Cambridge University Press

Shreve, R. H. 1930. "The Empire State Building Organization," *Architectural Forum*, 52.

Slater, Terry R. ed. 1990. *The Built Form of Western Cities: Essays for MRG Conzen on the Occasion of His Eightieth Birthday*. Leicester: Leicester University Press

Smith, Sarah. n.d. "Vertical City Concept: How to Live a Sustainable Life." https://www.smartcitiesdive.com/ex/sustainablecitiescollective/vertical-city-concept-how-live -sustainable-life/1163942/

Sohn-Rethel, Alfred. 1978. *Intellectual and Manual Labour: A Critique of Epistemology*. London: Macmillan

Soules, Matthew. 2014a. "All That Is Solid: Asset Urbanism and the Financial Dynamics of Post-Industrial Space." In: Alice Y Kim and Jaepil Choi, eds, *Open Cities: The New Post-Industrial World Order*. Washington, DC: ACSA Press

_____. 2014b. "Asset Urbanism: Ghosts, Zombies, and the Simultaneity of Amplified Growth and Decay." In: *Globalizing Architecture—Flows and Disruptions: Proceedings of the 102nd Annual Meeting of the Association of Collegiate Schools of Architecture*. Washington DC: ACSA Press

Sovacool, Benjamin K., Jonsoo Kim, and Minyoung Yang. 2021. "The hidden costs of energy and mobility: A global meta-analysis and research synthesis of electricity and transport externalities," *Energy Research & Social Science*, Vol. 72

Steffen, Will. 2019. "7.5 The Mid-20th-Century 'Great Acceleration'," "Chapter 7: The Stratigraphic Boundary of the Anthropocene." In: Jan Zalasiewicz, et. al. eds., *The Anthropocene as a Geological Time Unit: A Guide to the Scientific Evidence and Current Debate*. Cambridge: Cambridge University Press

Steffen, Will, Wendy Broadgate, Lisa Deutsch, Owen Gaffney, and Cornelia Ludwig. April 2015. "The Trajectory of the Anthropocene: The Great Acceleration," *Anthropocene Review*, 2/1

Steffen, Will, Asa Persson, Lisa Deutsch, Jan Zalasiewicz, Mark Williams, Katherine Richardson, Carole Crumley et al. 2011. "The Anthropocene: From Global Change to Planetary Stewardship," *AMBIO: A Journal of the Human Environment*, 40(7)

Steffen, Will, Paul J. Crutzen, and John R. McNeill. 2011. "The Anthropocene: Are Humans Now Overwhelming the Great Forces of Nature?" *AMBIO: A Journal of the Human Environment* 38/8

Steffen, Will et al. 2004. *Global Change and the Earth System: A Planet under Pressure*. Berlin: Springer

Stevenson, Deborah. 2003. *Cities and Urban Cultures*. Maidenhead and Philadelphia: Open University Press

Swanson, Ana. 2015.3.24. "How China used more cement in 3 years than the U.S. did in the entire 20th Century," *Washington Post*

Tairako, Tomonaga. 2002. "Philosophy and Practice in Marx," *Hitotsubashi Journal of Social Studies*, 34

Tatarkiewicz, Wladyslaw. 1973. "Form in the History of Aesthetics." In: Philip P. Wiener, ed., *Dictionary of the History of Ideas: Studies of Selected Pivotal Ideas*, Vol. II. New York: Charles Scribner's Sons

Tempey, Nathan. 2018.3.14. "Lights out: New York City's ghost apartments multiply," *Brick Underground*

The World Bank. n.d. "Urban Population (% of Total) in World."
http://www.tradingeconomics.com/world/urban-population-percent-of-total-wb-data.html

Tiedemann, Wolff. 2002. "Dialectics at a Standstill: Approaches the the Passagen-Werk." In: Walter Benjamin, *The Arcades Project*. Cambridge, MA & London: Belknap Press

_____. 1991. "Einleitung des Herausgebers." In: Benjamin, *Das Passagen-Werk. Walter Benjamin: Gesammelte Schriften*, V. Frankfurt: Suhrkamp

Tsavdaroglou, Charalampos. 2020. "The Refugees' Right to the Center of the City and Spatial Justice: Gentrification vs Commoning Practices in Tarlabaşı-Istanbul," *Urban Planning*, Vol. 5, Issue 3.

Ulmer, Gregory L. 1994. *Heuretics: The Logic of Invention*. Baltimore and London: Johns Hopkins University Press

UN Department of Economic and Social Affairs. 2014. *World Urbanization Prospects. The 2014 Revision.* New York.

http://esa.un.org/unpd/wup/Publications/Files/WUP2014-Highlights.pdf

Ünlü, Tolga. 2018. "Planning Practice and the Shaping of the Urban Pattern." In: Vítor Oliveira, ed., *Teaching Urban Morphology*

Uttal, David H and Lisa S. Tan. 2000. "Cognitive mapping in childhood." In: Rob Kitchin and Scott Freundschuh, eds., *Cognitive Mapping: Past, present and future.* London & New York: Routledge

Varnelis, Kazys. 2005. "A brief history of horizontality: 1968/1969 to 2001/2002," *Pasajes de Arquitectura y Crítica,* March 2005

Wah, Elaine. 2014.4.4. "Michael Lewis says the market's rigged. But his 'Flash Boys' rigged themselves," *The Guardian.*

Wainwright, Oliver. 2019.2.5. "Super-tall, super-skinny, super-expensive: the 'pencil towers' of New York's super-rich," *The Guardian*

Walker, Richard A. 1974. "Urban ground rent: Building a new conceptual theory," *Antipode,* 6(1)

Ward, Callum and Manuel B. Aalbers. 2016. "Virtual special issue editorial essay: 'The shitty rent business': What's the point of land rent theory?" *Urban Studies.* Virtual special issue.

Ward, Stephen. 1998. *Selling Places: The Marketing and Promotion of Towns and Cities 1850-2000.* London: Routledge

Warf, Barney. 2010. "Automotivity." In: Warf, ed., *Encyclopedia of Geography,* Vol. 1. Thousand Oaks, CA: Sage Publications

Watts, Jonathan et al. 2020.11.25. "UK supermarket and fast food chicken linked to deforestation in Brazil," *The Guardian*

Weisman, Leslie Kanes. 2000. "Women's Environmental Rights: A Manifesto." In: Jane Rendell, Barbara Penner and Iain Borden, eds., *Gender Space Architecture: An Interdisciplinary Introduction.* London: Routledge

Wenstrom, William E. 2007. "Morphe."

https://www.wenstrom.org/downloads/written/word_studies/greek/morphe.pdf

Whitehand, J. W. R. 2016. "Editorial comment: Recent changes in urban morphology," *Urban*

Morphology, 20(1)

_____. 2001. "British urban morphology: the Conzenian tradition," *Urban Morphology*, 5(2)

_____. 1992. "Recent Advances in Urban Morphology," *Urban Studies*, Vol. 29, Nos. 3/4

Whitehand, J. W. R. and P. J. Larkham, eds. 1992. *Urban Landscapes: International Perspectives*. London: Routledge

Williams, Rosalind. 2017. "Redesigning Design."

https://rosalindwilliams.com/2019/03/redesigning-design-2/

Willis, Carol. 1995. *Form Follows Finance: Skyscrapers and Skylines in New York and Chicago*. New York: Princeton Architectural Press

Yeats, William Butler. 1986. "Sailing to Byzantium." In: M. H. Abrams, ed., *The Norton Anthology of English Literature*. 5th ed. New York: W. W. Norton & Company

<h1 style="text-align:center">찾아보기</h1>